2014

中国教育经费统计年鉴

China Educational Finance Statistical Yearbook

教育部财务司
国家统计局社会科技和文化产业统计司 编

中国统计出版社
China Statistics Press

图书在版编目(CIP)数据

中国教育经费统计年鉴. 2014 / 教育部财务司, 国家统计局社会科技和文化产业统计司编. -- 北京 : 中国统计出版社, 2015.5
ISBN 978-7-5037-7419-5

Ⅰ. ①中… Ⅱ. ①教… ②国… Ⅲ. ①教育经费-统计资料-中国-2014-年鉴 Ⅳ. ①G526.72-54

中国版本图书馆 CIP 数据核字(2015)第 071382 号

中国教育经费统计年鉴—2014

作　　者/教育部财务司　国家统计局社会科技和文化产业统计司
责任编辑/尹　伊
封面设计/李雪燕
出版发行/中国统计出版社
通信地址/北京市丰台区西三环南路甲 6 号　　邮政编码/100073
电　　话/邮购(010)63376909　　书店(010)68783171
网　　址/http://www.zgtjcbs.com
印　　刷/河北天普润印刷厂
经　　销/新华书店
开　　本/787×1092mm　1/16
字　　数/948 千字
印　　张/39.5　彩插 0.25
版　　别/2015 年 5 月第 1 版
版　　次/2015 年 5 月第 1 次印刷
定　　价/220.00 元

《中国教育经费统计年鉴—2014》
编辑委员会

前　言

《中国教育经费统计年鉴—2014》比较全面、系统地反映了2013年全国教育经费来源和使用的情况，为国家和地方编制教育发展规划、制定教育财政政策提供了重要的参考依据。它对于研究教育经费结构和使用效益有一定价值；对于各地之间的情况交流，提高教育财务管理水平，也将会起到促进作用。随着我国公共财政体制的逐步建立和各项财政制度改革的深入，为完整、准确地反映政府收支活动，经国务院同意，财政部制定了《政府收支分类改革方案》，决定自2007年1月1日起，全面实施政府收支分类改革。改革后，政府收支的分类范围、分类体系和具体科目设置方法等都有较大变化。为了与这项改革相适应，并配合近年来教育事业自身的改革和发展，特对全国教育经费统计部分指标作了相应的调整。

全国教育经费统计资料的各项数据是从最基层单位开始填报，经过乡（镇）、县（市、区）、地（市）、省（自治区、直辖市）等教育主管部门层层汇总的。各级教育和统计部门对教育经费统计工作十分重视，从人员、时间、设备等方面给予了保证，并认真组织，按照准确、及时、完整的要求编制报表，保证了全国教育经费统计资料汇总工作的顺利完成。

教育部财务司组织了全国教育经费统计资料的审核、整理工作，以及全国教育经费统计分析的计算机程序编制工作。国家统计局社会科技和文化产业统计司对全国教育经费统计工作给予了很大的支持，并与教育部财务司联衔编印出版此年鉴。参加这项工作的除教育部财务司的同志外，还有上海智力开发研究所以及陈永年、周亚君、宋吉国、张利生、苗笑明等地方教育部门的同志。

目前，中国教育经费统计工作还处于充实、完善阶段，加之全国性教育经费统计涉及范围广，工作量大，因此在资料的收集、编排、整理等环节上难免有不足之处，诚望同志们提出批评和建议，以便今后加以改进，把教育经费统计工作做得更好。

编　者

2015年1月

目　录

第一部分　全国教育经费收支

第三部分 各地区各级各类教育机构教育经费收入情况

第四部分 各地区各级各类教育机构教育经费支出明细

第五部分　各地区各级各类教育机构公共财政预算教育事业费和基本建设支出明细

2013 年教育经费简况

2013 年全国教育经费来源情况（亿元）

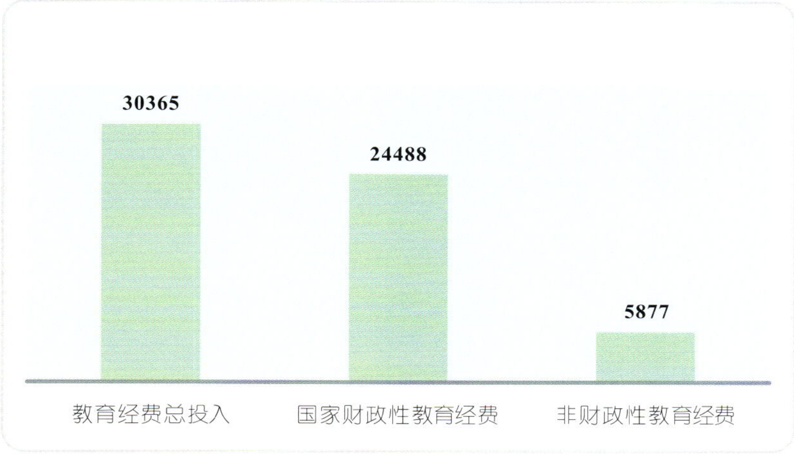

2013 年全国教育经费来源构成情况

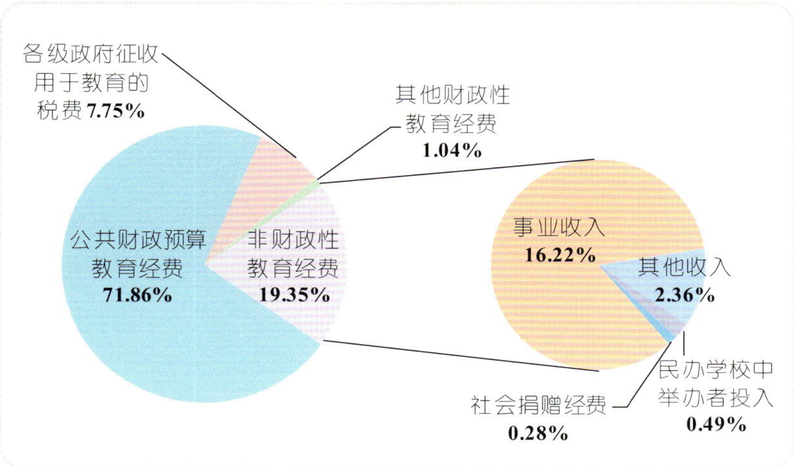

2013 年各级各类教育经费总投入情况（亿元）

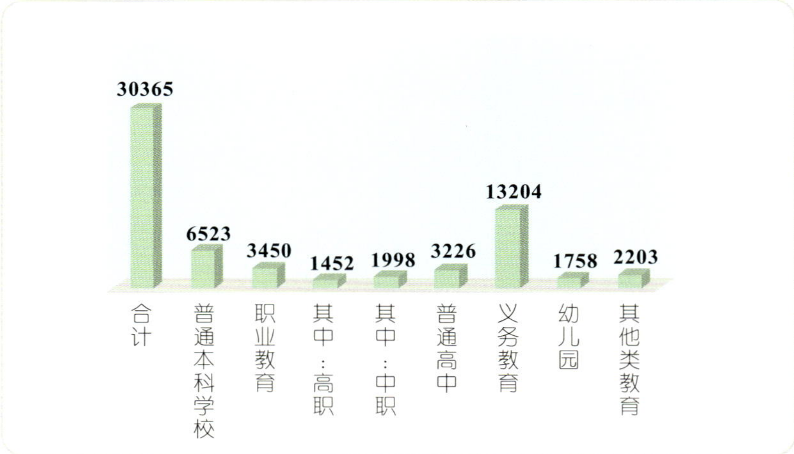

2013 年教育经费总投入在各级各类教育中的分配比例情况

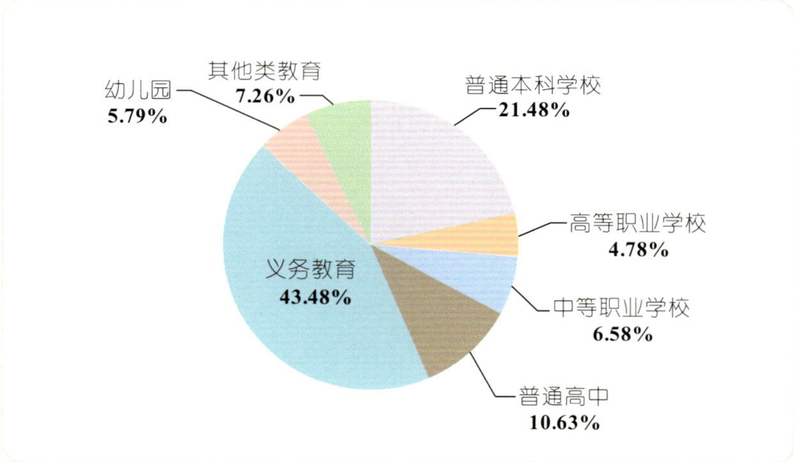

2013年各级各类教育国家财政性教育经费投入情况（亿元）

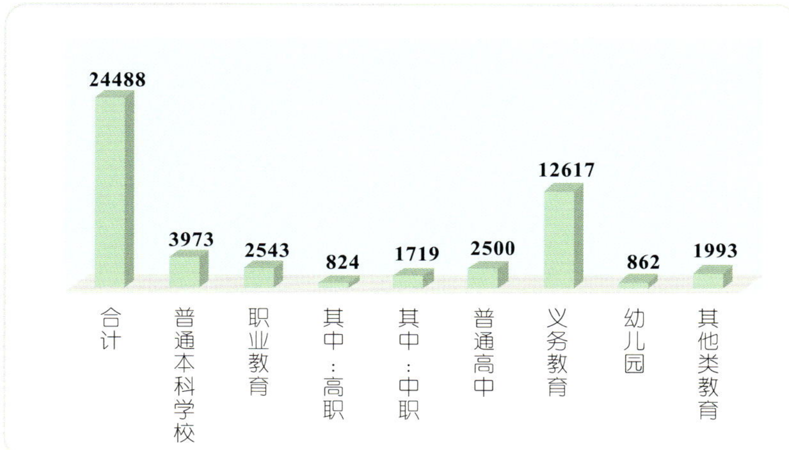

2013年国家财政性教育经费在各级各类教育中的分配比例情况

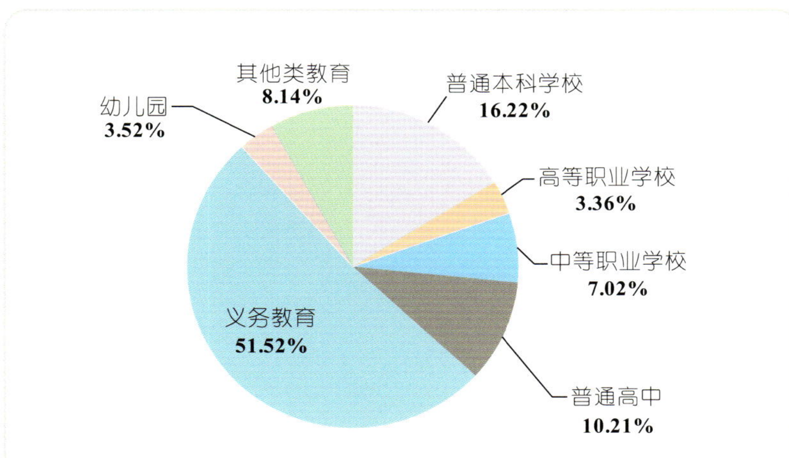

2013 年各级各类学校生均公共财政预算教育事业费支出及增长情况

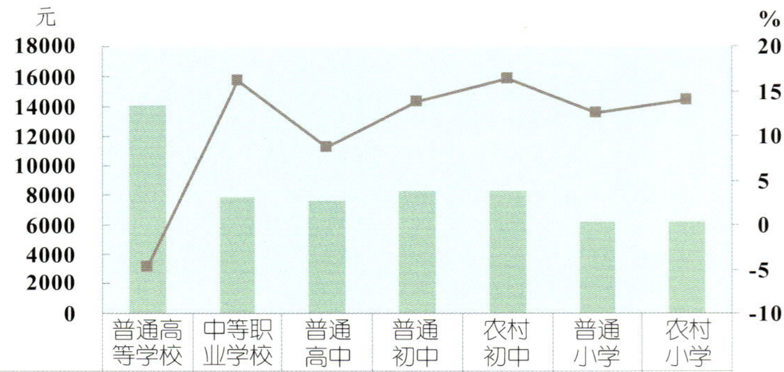

	普通高等学校	中等职业学校	普通高中	普通初中	农村初中	普通小学	农村小学
生均额	15592	8785	8448	9258	9196	6902	6855
增长率	-4.7	16.1	8.6	13.8	16.3	12.6	13.9

2013 年各级各类学校生均公共财政预算公用经费支出及增长情况

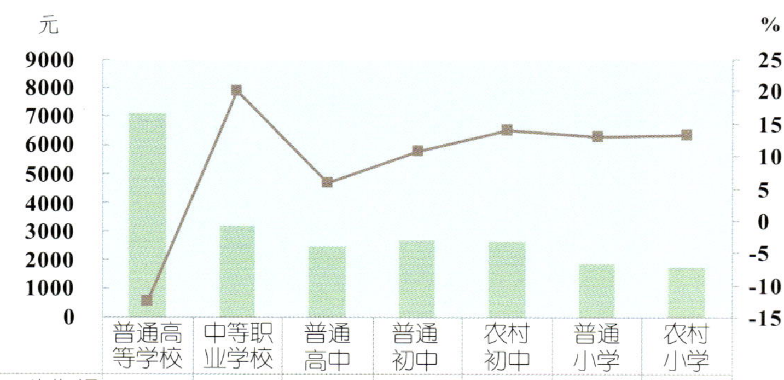

	普通高等学校	中等职业学校	普通高中	普通初中	农村初中	普通小学	农村小学
生均额	7899	3578	2742	2984	2968	2068	1974
增长率	-12.6	20.2	5.7	10.8	14.1	13.1	13.2

第一部分

全国教育经费收支

1-1 全国教育经费

指 标	总 计		
	合 计	中 央	地 方
总 计	**3036471815**	**252901174**	**2783570641**
一、国家财政性教育经费	2448821774	163646725	2285175049
1.公共财政预算教育经费	2181846421	143379719	2038466702
（1）教育事业费拨款	1945365905	112445091	1832920814
（2）基本建设拨款	58621713	5534346	53087367
（3）科研拨款	17419591	11772069	5647522
（4）其他拨款	160439212	13628213	146810999
2.各级政府征收用于教育的税费	235355266		235355266
（1）教育费附加	136579532		136579532
（2）地方教育附加	65182307		65182307
（3）地方基金	33593427		33593427
3.企业办学中的企业拨款	4820400	2066185	2754215
4.校办产业和社会服务收入用于教育的经费	2788183	1318763	1469420
5.其他属于国家财政性教育经费	24011504	16882058	7129446
二、民办学校中举办者投入	14740887		14740887
三、社会捐赠经费	8554445	2473165	6081280
#农村	396290		396290
四、事业收入	492620868	69987431	422633437
#学杂费	373768686	33810059	339958627
五、其他收入	71733841	16793853	54939988

总收入

单位:千元

教育部门和其他部门			企业办学			民办学校
合　计	中　央	地　方	合　计	中　央	地　方	地　方
2773742559	**242377072**	**2531365487**	**28639147**	**10524102**	**18115045**	**234090109**
2402725450	155491553	2247233897	20031201	8155172	11876029	26065123
2148819879	137311872	2011508007	10275347	6067847	4207500	22751195
1915558581	107189555	1808369026	8836784	5255536	3581248	20970540
58104555	5181326	52923229	384560	353020	31540	132598
17419591	11772069	5647522				
157737152	13168922	144568230	1054003	459291	594712	1648057
227319814		227319814	4814056		4814056	3221396
134375269		134375269	222498		222498	1981765
59881218		59881218	4589411		4589411	711678
33063327		33063327	2147		2147	527953
			4820400	2066185	2754215	
2679205	1300918	1378287	108978	17845	91133	
23906552	16878763	7027789	12420	3295	9125	92532
						14740887
7319683	2435355	4884328	99940	37810	62130	1134822
396290		396290				
301464964	68479420	232985544	6652900	1508011	5144889	184503004
202792910	32791946	170000964	5312811	1018113	4294698	165662965
62232462	15970744	46261718	1855106	823109	1031997	7646273

1-2 各级各类教育机构

学校类别	总计	国家财政性教育经费	公共财政预算教育经费	教育事业费拨款	基本建设拨款	科研拨款	其他拨款	各级政府征收用于教育的税费	教育费附加
总计	**3036471815**	**2448821774**	**2181846421**	**1945365905**	**58621713**	**17419591**	**160439212**	**235355266**	**136579532**
一、高等学校	817861475	493339068	450273056	389278243	14134396	17293649	29566768	15933365	5374846
1.普通高等学校	797576578	479687633	441943836	381823109	14057367	17292100	28771260	10708770	4873098
高等本科学校	652337106	397320685	366419236	315324585	11015164	17077998	23001489	5454968	1668658
高职高专学校	145239472	82366948	75524600	66498524	3042203	214102	5769771	5253802	3204440
2.成人高等学校	20284897	13651435	8329220	7455134	77029	1549	795508	5224595	501748
二、中等职业学校	199786913	171900418	139862065	120577946	7055353		12228766	30789637	20925859
1.中等专业学校	96284503	81114653	65763508	55744886	3615358		6403264	14715688	9361225
2.职业高中	73334468	66622124	52910146	46519947	2999550		3390649	13568392	10010659
#农村	9026302	8111976	6439815	5804905	316574		318336	1652123	1255631
3.技工学校	21585677	16880224	14540143	12344748	414605		1780790	1937683	1162765
4.成人中专学校	8582265	7283417	6648268	5968365	25840		654063	567874	391210
三、中学	839052504	738846244	650403470	588882606	18780761		42740103	87755765	49763238
1.普通中学	838291150	738194579	649847190	588344526	18780761		42721903	87665817	49739305
普通高中	322626836	249962308	213050621	191658493	6682063		14710065	36630472	20316921
#农村	46524240	35541405	31364221	28989452	668405		1706364	4149599	2016181
普通初中	515664314	488232271	436796569	396686033	12098698		28011838	51035345	29422384
#农村	277780138	271541571	249922754	228570505	6643574		14708675	21492510	11923473
2.成人中学	761354	651665	556280	538080			18200	89948	23933
四、小学	795124786	764219860	696415566	630008748	11240876		55165942	67308407	40652145
1.普通小学	795089406	764184749	696380599	629975716	11240876		55164007	67308263	40652017
#农村	493411377	483715310	451241804	409080948	7056274		35104582	32280788	18182675
2.成人小学	35380	35111	34967	33032			1935	144	128
五、特殊教育	9610398	9319061	7774585	7110952	158295		505338	1543886	841086
1.特殊教育学校	9198072	8917613	7477347	6848603	156615		472129	1439796	813499
2.工读学校	412326	401448	297238	262349	1680		33209	104090	27587
六、幼儿园	175805370	86237156	72220650	65782685	2655410		3782555	12551955	6414410
#农村	66738339	35593358	30757101	28241816	1685381		829904	4689495	2054458
七、教育行政单位	33075299	30727260	27592809	23996771	965380		2630658	3123450	2238498
八、教育事业单位	85643635	76288101	67137805	59138663	1030894		6968248	8743361	5812044
九、其他	80511435	77944606	70166415	60589291	2600348	125942	6850834	7605440	4557406

教育经费收入情况(全国)

单位:千元

地方教育附加	地方基金	企业办学中的企业拨款	校办产业和社会服务收入用于教育的经费	其他属于国家财政性教育经费	民办学校中举办者投入	社会捐赠经费	#农村	事业收入	#学杂费	其他收入
65182307	**33593427**	**4820400**	**2788183**	**24011504**	**14740887**	**8554445**	**396290**	**492620868**	**373768686**	**71733841**
8310239	2248280	1540976	1849604	23742067	3403222	4359056		274632264	204839432	42127865
3677704	2157968	1486917	1812780	23735330	3403222	4332601		268723992	199999161	41429130
2422284	1364026	214323	1612308	23619850	1420202	3936840		214860753	153450444	34798626
1255420	793942	1272594	200472	115480	1983020	395761		53863239	46548717	6630504
4632535	90312	54059	36824	6737		26455		5908272	4840271	698735
5849456	4014322	827939	164466	256311	887614	424840	3226	21222092	15288247	5351949
2762967	2591496	443157	101492	90808	455559	264085	1679	11197056	8256281	3253150
2382446	1175287	84212	10760	48614	350445	105168	1449	5133996	3740822	1122735
257250	139242	1850	559	17629	36565	6453	1196	689064	495801	182244
600313	174605	264972	50057	87369	33916	37096		3861138	2831118	773303
103730	72934	35598	2157	29520	47694	18491	98	1029902	460026	202761
23832422	14160105	531082	146457	9470	3571872	2054116	153655	84582217	61888099	9998055
23767988	14158524	531082	146409	4081	3571872	2054034	153639	84517948	61878950	9952717
9000535	7313016	176323	101480	3412	1202119	1072785	67019	65068790	47276075	5320834
986213	1147205	24937	2648		686918	215153	41682	9443412	6728030	637352
14767453	6845508	354759	44929	669	2369753	981249	86620	19449158	14602875	4631883
6662156	2906881	118684	7623		879518	379125	79340	3310853	2280608	1669071
64434	1581		48	5389		82	16	64269	9149	45338
18234894	8421368	476048	19839		2874345	1216993	216234	20774150	15762870	6039438
18234878	8421368	476048	19839		2874345	1216993	216234	20773901	15762870	6039418
9727521	4370592	186059	6659		1259399	669834	204690	5163353	3496223	2603481
16								249		20
360311	342489		422	168	1779	36865	4184	71230	25452	181463
349476	276821		302	168	1779	36860	4184	67702	25452	174118
10835	65668		120			5		3528		7345
4303315	1834230	1436873	27678		4002055	300034	16509	82030577	75565996	3235548
1614593	1020444	145253	1509		1570174	85854	14470	28611165	26339994	877788
762158	122794	3413	7588			87626	1355	940553		1319860
2090982	840335	1433	404172	1330		66920	1127	6448510		2840104
1438530	1609504	2636	167957	2158		7995		1919275	398590	639559

1-3　各级各类教育机构

学校类别	总　计	国家财政性教育经费	公共财政预算教育经费	教育事业费拨款	基本建设拨款	科研拨款	其他拨款	各级政府征收用于教育的税费	教育费附加
总　　计	**263827616**	**174573167**	**152905918**	**117472923**	**5634254**	**13467470**	**16331271**	**359544**	**57745**
一、高等学校	238590401	154023623	133924023	103922335	5245074	13467470	11289144	359544	57745
1.普通高等学校	237840353	153932852	133849787	103865059	5243074	13467470	11274184	359544	57745
高等本科学校	234944219	152631903	133086350	103213125	5243074	13466010	11164141	359544	57745
高职高专学校	2896134	1300949	763437	651934		1460	110043		
2.成人高等学校	750048	90771	74236	57276	2000		14960		
二、中等职业学校	1069015	730165	554539	461482	49130		43927		
1.中等专业学校	819010	555935	424399	341811	49130		33458		
2.职业高中	31576	29947	26034	25459			575		
#农村									
3.技工学校	175368	102310	69850	60104			9746		
4.成人中专学校	43061	41973	34256	34108			148		
三、中　学	4891586	4068002	3851167	3495056	107886		248225		
1.普通中学	4891586	4068002	3851167	3495056	107886		248225		
普通高中	2596428	1921878	1845962	1701668	28526		115768		
#农村	722227	627310	603282	536349	18798		48135		
普通初中	2295158	2146124	2005205	1793388	79360		132457		
#农村	1748092	1652599	1557535	1392135	76519		88881		
2.成人中学									
四、小　学	3488467	3268604	3053006	2741575	104324		207107		
1.普通小学	3488467	3268604	3053006	2741575	104324		207107		
#农村	2642078	2536777	2401151	2153222	103673		144256		
2.成人小学									
五、特殊教育									
1.特殊教育学校									
2.工读学校									
六、幼儿园	1827082	1182413	381232	270931	73000		37301		
#农村	412792	346450	264363	195968	64280		4115		
七、教育行政单位	210201	147767	137201	131185			6016		
八、教育事业单位	9348157	7398928	7336759	5511962	8910		1815887		
九、其　他	4402707	3753665	3667991	938397	45930		2683664		

教育经费收入情况(中央)

单位:千元

地方教育附加	地方基金	企业办学中的企业拨款	校办产业和社会服务收入用于教育的经费	其他属于国家财政性教育经费	民办学校中举办者投入	社会捐赠经费	#农村	事业收入	#学杂费	其他收入
301174	**625**	**2066185**	**1318763**	**17922757**		**2473165**		**69987431**	**33810059**	**16793853**
301174	625	672800	1146632	17920624		2374749		67282730	32955055	14909299
301174	625	657265	1146632	17919624		2374573		66711977	32426523	14820951
301174	625	124913	1141634	17919462		2369127		65559767	31628078	14383422
		532352	4998	162		5446		1152210	798445	437529
		15535		1000		176		570753	528532	88348
		166846	6647	2133		125		215079	148181	123646
		128363	1930	1243		125		156621	105000	106329
		3913						1629	791	
		26853	4717	890				56047	41608	17011
		7717						782	782	306
		208078	8757			37706		384384	215559	401494
		208078	8757			37706		384384	215559	401494
		70948	4968			26419		377377	215500	270754
		24028				2394		52969	36526	39554
		137130	3789			11287		7007	59	130740
		95064				9301		4101	51	82091
		215363	235			30920		16772	1351	172171
		215363	235			30920		16772	1351	172171
		135626				19966		10929	87	74406
		795616	5565			28112		509889	463270	106668
		82021	66			1572		56469	47155	8301
		3413	7153			48		14115		48271
		1433	60736			384		1092520		856325
		2636	83038			1121		471942	26643	175979

1-4 各级各类教育机构

学校类别	总计	国家财政性教育经费	公共财政预算教育经费					各级政府征收用于教育的税费	
				教育事业费拨款	基本建设拨款	科研拨款	其他拨款		教育费附加
总计	**2772644199**	**2274248607**	**2028940503**	**1827892982**	**52987459**	**3952121**	**144107941**	**234995722**	**136521787**
一、高等学校	579271074	339315445	316349033	285355908	8889322	3826179	18277624	15573821	5317101
1.普通高等学校	559736225	325754781	308094049	277958050	8814293	3824630	17497076	10349226	4815353
高等本科学校	417392887	244688782	233332886	212111460	5772090	3611988	11837348	5095424	1610913
高职高专学校	142343338	81065999	74761163	65846590	3042203	212642	5659728	5253802	3204440
2.成人高等学校	19534849	13560664	8254984	7397858	75029	1549	780548	5224595	501748
二、中等职业学校	198717898	171170253	139307526	120116464	7006223		12184839	30789637	20925859
1.中等专业学校	95465493	80558718	65339109	55403075	3566228		6369806	14715688	9361225
2.职业高中	73302892	66592177	52884112	46494488	2999550		3390074	13568392	10010659
#农村	9026302	8111976	6439815	5804905	316574		318336	1652123	1255631
3.技工学校	21410309	16777914	14470293	12284644	414605		1771044	1937683	1162765
4.成人中专学校	8539204	7241444	6614012	5934257	25840		653915	567874	391210
三、中学	834160918	734778242	646552303	585387550	18672875		42491878	87755765	49763238
1.普通中学	833399564	734126577	645996023	584849470	18672875		42473678	87665817	49739305
普通高中	320030408	248040430	211204659	189956825	6653537		14594297	36630472	20316921
#农村	45802013	34914095	30760939	28453103	649607		1658229	4149599	2016181
普通初中	513369156	486086147	434791364	394892645	12019338		27879381	51035345	29422384
#农村	276032046	269888972	248365219	227178370	6567055		14619794	21492510	11923473
2.成人中学	761354	651665	556280	538080			18200	89948	23933
四、小学	791636319	760951256	693362560	627267173	11136552		54958835	67308407	40652145
1.普通小学	791600939	760916145	693327593	627234141	11136552		54956900	67308263	40652017
#农村	490769299	481178533	448840653	406927726	6952601		34960326	32280788	18182675
2.成人小学	35380	35111	34967	33032			1935	144	128
五、特殊教育	9610398	9319061	7774585	7110952	158295		505338	1543886	841086
1.特殊教育学校	9198072	8917613	7477347	6848603	156615		472129	1439796	813499
2.工读学校	412326	401448	297238	262349	1680		33209	104090	27587
六、幼儿园	173978288	85054743	71839418	65511754	2582410		3745254	12551955	6414410
#农村	66325547	35246908	30492738	28045848	1621101		825789	4689495	2054458
七、教育行政单位	32865098	30579493	27455608	23865586	965380		2624642	3123450	2238498
八、教育事业单位	76295478	68889173	59801046	53626701	1021984		5152361	8743361	5812044
九、其他	76108728	74190941	66498424	59650894	2554418	125942	4167170	7605440	4557406

教育经费收入情况(地方)

单位:千元

地方教育附加	地方基金	企业办学中的企业拨款	校办产业和社会服务收入用于教育的经费	其他属于国家财政性教育经费	民办学校中举办者投入	社会捐赠经费	#农村	事业收入	#学杂费	其他收入
64881133	**33592802**	**2754215**	**1469420**	**6088747**	**14740887**	**6081280**	**396290**	**422633437**	**339958627**	**54939988**
8009065	2247655	868176	702972	5821443	3403222	1984307		207349534	171884377	27218566
3376530	2157343	829652	666148	5815706	3403222	1958028		202012015	167572638	26608179
2121110	1363401	89410	470674	5700388	1420202	1567713		149300986	121822366	20415204
1255420	793942	740242	195474	115318	1983020	390315		52711029	45750272	6192975
4632535	90312	38524	36824	5737		26279		5337519	4311739	610387
5849456	4014322	661093	157819	254178	887614	424715	3226	21007013	15140066	5228303
2762967	2591496	314794	99562	89565	455559	263960	1679	11040435	8151281	3146821
2382446	1175287	80299	10760	48614	350445	105168	1449	5132367	3740031	1122735
257250	139242	1850	559	17629	36565	6453	1196	689064	495801	182244
600313	174605	238119	45340	86479	33916	37096		3805091	2789510	756292
103730	72934	27881	2157	29520	47694	18491	98	1029120	459244	202455
23832422	14160105	323004	137700	9470	3571872	2016410	153655	84197833	61672540	9596561
23767988	14158524	323004	137652	4081	3571872	2016328	153639	84133564	61663391	9551223
9000535	7313016	105375	96512	3412	1202119	1046366	67019	64691413	47060575	5050080
986213	1147205	909	2648		686918	212759	41682	9390443	6691504	597798
14767453	6845508	217629	41140	669	2369753	969962	86620	19442151	14602816	4501143
6662156	2906881	23620	7623		879518	369824	79340	3306752	2280557	1586980
64434	1581		48	5389		82	16	64269	9149	45338
18234894	8421368	260685	19604		2874345	1186073	216234	20757378	15761519	5867267
18234878	8421368	260685	19604		2874345	1186073	216234	20757129	15761519	5867247
9727521	4370592	50433	6659		1259399	649868	204690	5152424	3496136	2529075
16								249		20
360311	342489		422	168	1779	36865	4184	71230	25452	181463
349476	276821		302	168	1779	36860	4184	67702	25452	174118
10835	65668		120			5		3528		7345
4303315	1834230	641257	22113		4002055	271922	16509	81520688	75102726	3128880
1614593	1020444	63232	1443		1570174	84282	14470	28554696	26292839	869487
762158	122794		435			87578	1355	926438		1271589
2090982	840335		343436	1330		66536	1127	5355990		1983779
1438530	1609504		84919	2158		6874		1447333	371947	463580

1-5　各级各类教育机构教育经费

学校类别	总　计	公共财政预算教育经费	教育事业费拨款	基本建设拨款	科研拨款	其他拨款	各级政府征收用于教育的税费	教育费附加
总　计	**2773742559**	**2148819879**	**1915558581**	**58104555**	**17419591**	**157737152**	**227319814**	**134375269**
一、高等学校	725716607	440301467	380346323	14089306	17293649	28572189	10817922	5178202
1.普通高等学校	710458667	432107739	373009004	14014277	17292100	27792358	10174207	4676804
高等本科学校	589617299	359865426	309471204	10972074	17077998	22344150	5006029	1533425
高职高专学校	120841368	72242313	63537800	3042203	214102	5448208	5168178	3143379
2.成人高等学校	15257940	8193728	7337319	75029	1549	779831	643715	501398
二、中等职业学校	186163149	135087096	116176998	6962853		11947245	30407186	20613878
1.中等专业学校	89492695	63227058	53379203	3585358		6262497	14465463	9169273
2.职业高中	69479941	51576190	45267594	2937050		3371546	13464229	9916787
#农村	8531029	6256974	5634684	304074		318216	1640392	1244254
3.技工学校	19071788	13768813	11680443	414605		1673765	1911731	1137564
4.成人中专学校	8118725	6515035	5849758	25840		639437	565763	390254
三、中　学	785447776	643270256	582431852	18701080		42137324	87079980	49305887
1.普通中学	784686422	642713976	581893772	18701080		42119124	86990032	49281954
普通高中	296394433	210795079	189635771	6671581		14487727	36287365	20135579
#农村	42195529	30903765	28625148	659477		1619140	4023343	2009262
普通初中	488291989	431918897	392258001	12029499		27631397	50702667	29146375
#农村	271740148	248026827	226895809	6577239		14553779	21473932	11909183
2.成人中学	761354	556280	538080			18200	89948	23933
四、小　学	763956935	690213967	624467669	11151457		54594841	66415677	39880934
1.普通小学	763921555	690179000	624434637	11151457		54592906	66415533	39880806
#农村	483449790	447972172	406188093	6967537		34816542	32018864	17942019
2.成人小学	35380	34967	33032			1935	144	128
五、特殊教育	9526936	7726022	7093196	128295		504531	1543305	840666
1.特殊教育学校	9114610	7428784	6830847	126615		471322	1439215	813079
2.工读学校	412326	297238	262349	1680		33209	104090	27587
六、幼儿园	104008804	67567021	61478204	2520872		3567945	11583493	5947754
#农村	42889906	28557784	26210907	1604582		742295	4390079	1887760
七、教育行政单位	32984274	27545017	23954995	965380		2624642	3123450	2238498
八、教育事业单位	85604049	67101504	59111395	1030894		6959215	8743361	5812044
九、其　他	80334029	70007529	60497949	2554418	125942	6829220	7605440	4557406

收入情况(全国教育和其他部门)

单位:千元

地方教育附加	地方基金	事业收入	#学杂费	校办产业和社会服务收入用于教育的经费	捐赠收入	其他收入	附1:本年实际收取学费	#普通本专科学费	附2:上级补助收入
59881218	**33063327**	**325066352**	**202792910**	**2679205**	**7319683**	**62537626**	**207868428**	**105550257**	**7373389**
3653795	1985925	230347745	140619204	1800125	3984983	38464365	144730270	105550257	2093361
3565310	1932093	224629237	135926650	1767067	3958528	37821889	139770445	104595935	2006412
2321950	1150654	186007595	103485947	1605312	3763226	33369711	105146860	72506074	1112626
1243360	781439	38621642	32440703	161755	195302	4452178	34623585	32089861	893786
88485	53832	5718508	4692554	33058	26455	642476	4959825	954322	86949
5789213	4004095	15348692	10657078	105743	400912	4813520	10694647		1104244
2714108	2582082	8543892	6152394	67858	252801	2935623	6178835		657924
2372509	1174933	3316906	2245362	9873	93245	1019498	2278210		187287
257250	138888	443711	276391	559	4543	184850	277270		11695
599574	174593	2684754	1984078	25855	36394	644241	1962517		201326
103022	72487	803140	275244	2157	18472	214158	275085		57707
23753178	14020915	45441845	29678744	146457	1474964	8034274	30166071		1681261
23688744	14019334	45377576	29669595	146409	1474882	7983547	30156922		1667292
8966155	7185631	43808595	29669595	101480	856146	4545768	30156922		741160
982257	1031824	6536292	4447978	2648	181543	547938	4493696		309263
14722589	6833703	1568981		44929	618736	3437779			926132
6658806	2905943	440342		7623	338610	1452814			565332
64434	1581	64269	9149	48	82	50727	9149		13969
18134130	8400613	1668771		19629	1024003	4614888			1444674
18134114	8400613	1668522		19629	1024003	4614868			1444368
9710718	4366127	748273		6659	635035	2068787			937139
16		249				20			306
360189	342450	44043		422	35257	177887			48957
349354	276782	40515		302	35252	170542			48846
10835	65668	3528		120	5	7345			111
3899043	1736696	22919416	21441592	27190	238155	1673529	21941217		533031
1533292	969027	9433282	8853607	1443	64115	443203	8941155		134174
762158	122794	940553		7588	87578	1280088			89689
2090982	840335	6447089		404172	66536	2841387			351985
1438530	1609504	1908198	396292	167879	7295	637688	336223		26187

1-6 各级各类教育机构教育经费

学校类别	总计	公共财政预算教育经费	教育事业费拨款	基本建设拨款	科研拨款	其他拨款	各级政府征收用于教育的税费	教育费附加
总计	**253303514**	**146838071**	**112217387**	**5281234**	**13467470**	**15871980**	**359544**	**57745**
一、高等学校	235296670	132743045	102870166	5209984	13467470	11195425	359544	57745
1.普通高等学校	234636360	132701159	102838951	5209984	13467470	11184754	359544	57745
高等本科学校	233466355	132117731	102323175	5209984	13466010	11118562	359544	57745
高职高专学校	1170005	583428	515776		1460	66192		
2.成人高等学校	660310	41886	31215			10671		
二、中等职业学校	249791	176986	153402	19130		4454		
1.中等专业学校	227770	156405	133055	19130		4220		
2.职业高中	22021	20581	20347			234		
#农村								
3.技工学校								
4.成人中专学校								
三、中 学	2486800	1916889	1761240	28274		127375		
1.普通中学	2486800	1916889	1761240	28274		127375		
普通高中	1735930	1217472	1116790	18090		82592		
#农村	475576	415444	374748	9870		30826		
普通初中	750870	699417	644450	10184		44783		
#农村	529008	520871	484827	10184		25860		
2.成人中学								
四、小 学	1182830	1074701	994080	14936		65685		
1.普通小学	1182830	1074701	994080	14936		65685		
#农村	769546	755511	702282	14936		38293		
2.成人小学								
五、特殊教育								
1.特殊教育学校								
2.工读学校								
六、幼儿园	434375	27478	17341			10137		
#农村	4250							
七、教育行政单位	119176	89409	89409					
八、教育事业单位	9308571	7300458	5484694	8910		1806854		
九、其 他	4225301	3509105	847055			2662050		

收入情况(中央教育和其他部门)

单位:千元

地方教育附加	地方基金	事业收入	#学杂费	校办产业和社会服务收入用于教育的经费	捐赠收入	其他收入	附1:本年实际收取学费	#普通本专科学费	附2:上级补助收入
301174	**625**	**86395797**	**32791946**	**1300918**	**2435355**	**15973829**	**31905331**	**12335793**	**962889**
301174	625	84220053	32340557	1135788	2373361	14464879	31462867	12335793	220366
301174	625	83666608	31826342	1135788	2373185	14400076	30948652	12335793	213696
301174	625	83120278	31388525	1135778	2367739	14365285	30509816	11907046	209696
		546330	437817	10	5446	34791	438836	428747	4000
		553445	514215		176	64803	514215		6670
		60383	43407			12422	42381		10802
		58943	42805			12422	41779		9610
		1440	602				602		1192
		255584	114819	8757	24880	280690	113814		424811
		255584	114819	8757	24880	280690	113814		424811
		254006	114819	4968	23185	236299	113814		245872
		32174	20616			27958	20616		243435
		1578		3789	1695	44391			178939
		935				7202			178365
		5879		25	10484	91741			262569
		5879		25	10484	91741			262569
		1371				12664			261717
		287819	268818	5499	26209	87370	268487		44341
		510	510			3740	510		
		14115		7153		8499			
		1091099		60736		856278			
		460865	24345	82960	421	171950	17782		

1-7 各级各类教育机构教育经费

学校类别	总计	公共财政预算教育经费	教育事业费拨款	基本建设拨款	科研拨款	其他拨款	各级政府征收用于教育的税费	教育费附加
总计	**2520439045**	**2001981808**	**1803341194**	**52823321**	**3952121**	**141865172**	**226960270**	**134317524**
一、高等学校	490419937	307558422	277476157	8879322	3826179	17376764	10458378	5120457
1.普通高等学校	475822307	299406580	270170053	8804293	3824630	16607604	9814663	4619059
高等本科学校	356150944	227747695	207148029	5762090	3611988	11225588	4646485	1475680
高职高专学校	119671363	71658885	63022024	3042203	212642	5382016	5168178	3143379
2.成人高等学校	14597630	8151842	7306104	75029	1549	769160	643715	501398
二、中等职业学校	185913358	134910110	116023596	6943723		11942791	30407186	20613878
1.中等专业学校	89264925	63070653	53246148	3566228		6258277	14465463	9169273
2.职业高中	69457920	51555609	45247247	2937050		3371312	13464229	9916787
#农村	8531029	6256974	5634684	304074		318216	1640392	1244254
3.技工学校	19071788	13768813	11680443	414605		1673765	1911731	1137564
4.成人中专学校	8118725	6515035	5849758	25840		639437	565763	390254
三、中学	782960976	641353367	580670612	18672806		42009949	87079980	49305887
1.普通中学	782199622	640797087	580132532	18672806		41991749	86990032	49281954
普通高中	294658503	209577607	188518981	6653491		14405135	36287365	20135579
#农村	41719953	30488321	28250400	649607		1588314	4023343	2009262
普通初中	487541119	431219480	391613551	12019315		27586614	50702667	29146375
#农村	271211140	247505956	226410982	6567055		14527919	21473932	11909183
2.成人中学	761354	556280	538080			18200	89948	23933
四、小学	762774105	689139266	623473589	11136521		54529156	66415677	39880934
1.普通小学	762738725	689104299	623440557	11136521		54527221	66415533	39880806
#农村	482680244	447216661	405485811	6952601		34778249	32018864	17942019
2.成人小学	35380	34967	33032			1935	144	128
五、特殊教育	9526936	7726022	7093196	128295		504531	1543305	840666
1.特殊教育学校	9114610	7428784	6830847	126615		471322	1439215	813079
2.工读学校	412326	297238	262349	1680		33209	104090	27587
六、幼儿园	103574429	67539543	61460863	2520872		3557808	11583493	5947754
#农村	42885656	28557784	26210907	1604582		742295	4390079	1887760
七、教育行政单位	32865098	27455608	23865586	965380		2624642	3123450	2238498
八、教育事业单位	76295478	59801046	53626701	1021984		5152361	8743361	5812044
九、其他	76108728	66498424	59650894	2554418	125942	4167170	7605440	4557406

收入情况(地方教育和其他部门)

单位:千元

地方教育附加	地方基金	事业收入	#学杂费	校办产业和社会服务收入用于教育的经费	捐赠收入	其他收入	附1:本年实际收取学费	#普通本专科学费	附2:上级补助收入
59580044	**33062702**	**238670555**	**170000964**	**1378287**	**4884328**	**46563797**	**175963097**	**93214464**	**6410500**
3352621	1985300	146127692	108278647	664337	1611622	23999486	113267403	93214464	1872995
3264136	1931468	140962629	104100308	631279	1585343	23421813	108821793	92260142	1792716
2020776	1150029	102887317	72097422	469534	1395487	19004426	74637044	60599028	902930
1243360	781439	38075312	32002886	161745	189856	4417387	34184749	31661114	889786
88485	53832	5165063	4178339	33058	26279	577673	4445610	954322	80279
5789213	4004095	15288309	10613671	105743	400912	4801098	10652266		1093442
2714108	2582082	8484949	6109589	67858	252801	2923201	6137056		648314
2372509	1174933	3315466	2244760	9873	93245	1019498	2277608		186095
257250	138888	443711	276391	559	4543	184850	277270		11695
599574	174593	2684754	1984078	25855	36394	644241	1962517		201326
103022	72487	803140	275244	2157	18472	214158	275085		57707
23753178	14020915	45186261	29563925	137700	1450084	7753584	30052257		1256450
23688744	14019334	45121992	29554776	137652	1450002	7702857	30043108		1242481
8966155	7185631	43554589	29554776	96512	832961	4309469	30043108		495288
982257	1031824	6504118	4427362	2648	181543	519980	4473080		65828
14722589	6833703	1567403		41140	617041	3393388			747193
6658806	2905943	439407		7623	338610	1445612			386967
64434	1581	64269	9149	48	82	50727	9149		13969
18134130	8400613	1662892		19604	1013519	4523147			1182105
18134114	8400613	1662643		19604	1013519	4523127			1181799
9710718	4366127	746902		6659	635035	2056123			675422
16		249				20			306
360189	342450	44043		422	35257	177887			48957
349354	276782	40515		302	35252	170542			48846
10835	65668	3528		120	5	7345			111
3899043	1736696	22631597	21172774	21691	211946	1586159	21672730		488690
1533292	969027	9432772	8853097	1443	64115	439463	8940645		134174
762158	122794	926438		435	87578	1271589			89689
2090982	840335	5355990		343436	66536	1985109			351985
1438530	1609504	1447333	371947	84919	6874	465738	318441		26187

1-8　各级各类教育机构教育经费

学校类别	总　计	公共财政预算教育经费				各级政府征收用于教育的税费		
			教育事业费拨款	基本建设拨款	其他拨款		教育费附加	地方教育附加
总　　计	**28639147**	**10275347**	**8836784**	**384560**	**1054003**	**4814056**	**222498**	**4589411**
一、高等学校	14093432	3161361	2931162	35090	195109	4590649	33822	4556827
1.普通高等学校	9180400	3102369	2889847	33090	179432	46599	33822	12777
高等本科学校	3150302	1862062	1783393	33090	45579	10365	8	10357
高职高专学校	6030098	1240307	1106454		133853	36234	33814	2420
2.成人高等学校	4913032	58992	41315	2000	15677	4544050		4544050
二、中等职业学校	4175954	1600606	1426190	30000	144416	171491	157043	14436
1.中等专业学校	2488019	1101399	996005	30000	75394	128111	116675	11436
2.职业高中	211701	45094	35782		9312	22465	19465	3000
#农村	12165	8138	8138					
3.技工学校	1366283	396113	346929		49184	20715	20703	
4.成人中专学校	109951	58000	47474		10526	200	200	
三、中　学	3787130	2436923	2043119	79612	314192	20100	9172	9383
1.普通中学	3787130	2436923	2043119	79612	314192	20100	9172	9383
普通高中	1553287	843380	735261	10436	97683	8615	1572	5944
#农村	261283	188071	161834	8928	17309			
普通初中	2233843	1593543	1307858	69176	216509	11485	7600	3439
#农村	1277871	1062405	933049	66335	63021	613	405	208
2.成人中学								
四、小　学	3073447	2367208	1955391	89388	322429	10569	6815	3754
1.普通小学	3073447	2367208	1955391	89388	322429	10569	6815	3754
#农村	1975743	1685156	1490084	88737	106335	785	585	200
2.成人小学								
五、特殊教育								
1.特殊教育学校								
2.工读学校								
六、幼儿园	3201167	466270	320536	104540	41194	21247	15646	5011
#农村	581385	276910	208515	64280	4115	8936	8700	25
七、教育行政单位	91025	47792	41776		6016			
八、教育事业单位	39586	36301	27268		9033			
九、其 他	177406	158886	91342	45930	21614			

收入情况(企业办)

单位:千元

地方基金	企业拨款	事业收入	#学杂费	校办产业和经营收益用于教育的经费	捐赠收入	其他收入	附:本年实际收取学杂费	#普通本专科学费
2147	**4820400**	**6657048**	**5312811**	**108978**	**99940**	**1863378**	**5279920**	**2481803**
	1540976	3637304	2809369	49479	32427	1081236	2774647	2481803
	1486917	3446293	2661752	45713	32427	1020082	2627030	2390955
	214323	999365	812521	6996	5388	51803	812521	769813
	1272594	2446928	1849231	38717	27039	968279	1814509	1621142
	54059	191011	147617	3766		61154	147617	90848
12	827939	1092662	747116	58723	2068	422465	748079	
	443157	525064	401560	33634	1430	255224	402523	
	84212	49679	24323	887		9364	24323	
	1850	1220				957		
12	264972	506865	312538	24202	638	152778	312538	
	35598	11054	8695			5099	8695	
1545	531082	629402	575014		31289	138334	575882	
1545	531082	629402	575014		31289	138334	575882	
1099	176323	467899	427881		18647	38423	428749	
	24937	25788	20064		10264	12223	20064	
446	354759	161503	147133		12642	99911	147133	
	118684	9453	6139		9335	77381	6139	
	476048	100191	85982	210	20964	98257	85982	
	476048	100191	85982	210	20964	98257	85982	
	186059	16357	6829		20029	67357	6829	
590	1436873	1184991	1093032	488	12060	79238	1093032	
211	145253	137681	122843	66	1647	10892	122843	
	3413				48	39772		
	1433	1421			384	47		
	2636	11077	2298	78	700	4029	2298	

1-9 各级各类教育机构教育经费

学校类别	总计	公共财政预算教育经费	教育事业费拨款	基本建设拨款	其他拨款	各级政府征收用于教育的税费	教育费附加	地方教育附加
总计	**10524102**	**6067847**	**5255536**	**353020**	**459291**			
一、高等学校	3293731	1180978	1052169	35090	93719			
1.普通高等学校	3203993	1148628	1026108	33090	89430			
高等本科学校	1477864	968619	889950	33090	45579			
高职高专学校	1726129	180009	136158		43851			
2.成人高等学校	89738	32350	26061	2000	4289			
二、中等职业学校	819224	377553	308080	30000	39473			
1.中等专业学校	591240	267994	208756	30000	29238			
2.职业高中	9555	5453	5112		341			
#农村								
3.技工学校	175368	69850	60104		9746			
4.成人中专学校	43061	34256	34108		148			
三、中 学	2404786	1934278	1733816	79612	120850			
1.普通中学	2404786	1934278	1733816	79612	120850			
普通高中	860498	628490	584878	10436	33176			
#农村	246651	187838	161601	8928	17309			
普通初中	1544288	1305788	1148938	69176	87674			
#农村	1219084	1036664	907308	66335	63021			
2.成人中学								
四、小 学	2305637	1978305	1747495	89388	141422			
1.普通小学	2305637	1978305	1747495	89388	141422			
#农村	1872532	1645640	1450940	88737	105963			
2.成人小学								
五、特殊教育								
1.特殊教育学校								
2.工读学校								
六、幼儿园	1392707	353754	253590	73000	27164			
#农村	408542	264363	195968	64280	4115			
七、教育行政单位	91025	47792	41776		6016			
八、教育事业单位	39586	36301	27268		9033			
九、其 他	177406	158886	91342	45930	21614			

收入情况(中央企业办)

单位:千元

地方基金	企业拨款	事业收入	#学杂费	校办产业和经营收益用于教育的经费	捐赠收入	其他收入	附:本年实际收取学杂费	#普通本专科学费
	2066185	**1508011**	**1018113**	**17845**	**37810**	**826404**	**1018113**	**512162**
	672800	979054	614498	10844	1388	448667	614498	512162
	657265	961746	600181	10844	1388	424122	600181	511229
	124913	355866	239553	5856	1388	21222	239553	214372
	532352	605880	360628	4988		402900	360628	296857
	15535	17308	14317			24545	14317	933
	166846	154696	104774	6647	125	113357	104774	
	128363	97678	62195	1930	125	95150	62195	
	3913	189	189				189	
	26853	56047	41608	4717		17901	41608	
	7717	782	782			306	782	
	208078	128800	100740		12826	120804	100740	
	208078	128800	100740		12826	120804	100740	
	70948	123371	100681		3234	34455	100681	
	24028	20795	15910		2394	11596	15910	
	137130	5429	59		9592	86349	59	
	95064	3166	51		9301	74889	51	
	215363	10893	1351	210	20436	80430	1351	
	215363	10893	1351	210	20436	80430	1351	
	135626	9558	87		19966	61742	87	
	795616	222070	194452	66	1903	19298	194452	
	82021	55959	46645	66	1572	4561	46645	
	3413				48	39772		
	1433	1421			384	47		
	2636	11077	2298	78	700	4029	2298	

1-10　各级各类教育机构教育经费

学校类别	总　计	公共财政预算教育经费	教育事业费拨款	基本建设拨款	其他拨款	各级政府征收用于教育的税费	教育费附加	地方教育附加
总　计	**18115045**	**4207500**	**3581248**	**31540**	**594712**	**4814056**	**222498**	**4589411**
一、高等学校	10799701	1980383	1878993		101390	4590649	33822	4556827
1.普通高等学校	5976407	1953741	1863739		90002	46599	33822	12777
高等本科学校	1672438	893443	893443			10365	8	10357
高职高专学校	4303969	1060298	970296		90002	36234	33814	2420
2.成人高等学校	4823294	26642	15254		11388	4544050		4544050
二、中等职业学校	3356730	1223053	1118110		104943	171491	157043	14436
1.中等专业学校	1896779	833405	787249		46156	128111	116675	11436
2.职业高中	202146	39641	30670		8971	22465	19465	3000
#农村	12165	8138	8138					
3.技工学校	1190915	326263	286825		39438	20715	20703	
4.成人中专学校	66890	23744	13366		10378	200	200	
三、中 学	1382344	502645	309303		193342	20100	9172	9383
1.普通中学	1382344	502645	309303		193342	20100	9172	9383
普通高中	692789	214890	150383		64507	8615	1572	5944
#农村	14632	233	233					
普通初中	689555	287755	158920		128835	11485	7600	3439
#农村	58787	25741	25741			613	405	208
2.成人中学								
四、小 学	767810	388903	207896		181007	10569	6815	3754
1.普通小学	767810	388903	207896		181007	10569	6815	3754
#农村	103211	39516	39144		372	785	585	200
2.成人小学								
五、特殊教育								
1.特殊教育学校								
2.工读学校								
六、幼儿园	1808460	112516	66946	31540	14030	21247	15646	5011
#农村	172843	12547	12547			8936	8700	25
七、教育行政单位								
八、教育事业单位								
九、其 他								

收入情况(地方企业办)

单位:千元

地方基金	企业拨款	事业收入	#学杂费	校办产业和经营收益用于教育的经费	捐赠收入	其他收入	附:本年实际收取学杂费	#普通本专科学费
2147	**2754215**	**5149037**	**4294698**	**91133**	**62130**	**1036974**	**4261807**	**1969641**
	868176	2658250	2194871	38635	31039	632569	2160149	1969641
	829652	2484547	2061571	34869	31039	595960	2026849	1879726
	89410	643499	572968	1140	4000	30581	572968	555441
	740242	1841048	1488603	33729	27039	565379	1453881	1324285
	38524	173703	133300	3766		36609	133300	89915
12	661093	937966	642342	52076	1943	309108	643305	
	314794	427386	339365	31704	1305	160074	340328	
	80299	49490	24134	887		9364	24134	
	1850	1220				957		
12	238119	450818	270930	19485	638	134877	270930	
	27881	10272	7913			4793	7913	
1545	323004	500602	474274		18463	17530	475142	
1545	323004	500602	474274		18463	17530	475142	
1099	105375	344528	327200		15413	3968	328068	
	909	4993	4154		7870	627	4154	
446	217629	156074	147074		3050	13562	147074	
	23620	6287	6088		34	2492	6088	
	260685	89298	84631		528	17827	84631	
	260685	89298	84631		528	17827	84631	
	50433	6799	6742		63	5615	6742	
590	641257	962921	898580	422	10157	59940	898580	
211	63232	81722	76198		75	6331	76198	

1-11 各级各类教育机构

学校类别	总计	公共财政预算教育经费	教育事业费拨款	基本建设拨款	其他拨款	各级政府征收用于教育的税费	教育费附加	地方教育附加
总计	**234090109**	**22751195**	**20970540**	**132598**	**1648057**	**3221396**	**1981765**	**711678**
一、高等学校	78051436	6810228	6000758	10000	799470	524794	162822	99617
1.普通高等学校	77937511	6733728	5924258	10000	799470	487964	162472	99617
高等本科学校	59569505	4691748	4069988	10000	611760	438574	135225	89977
高职高专学校	18368006	2041980	1854270		187710	49390	27247	9640
2.成人高等学校	113925	76500	76500			36830	350	
二、中等职业学校	9447810	3174363	2974758	62500	137105	210960	154938	45807
1.中等专业学校	4303789	1435051	1369678		65373	122114	75277	37423
2.职业高中	3642826	1288862	1216571	62500	9791	81698	74407	6937
#农村	483108	174703	162083	12500	120	11731	11377	
3.技工学校	1147606	375217	317376		57841	5237	4498	739
4.成人中专学校	353589	75233	71133		4100	1911	756	708
三、中 学	49817598	4696291	4407635	69	288587	655685	448179	69861
1.普通中学	49817598	4696291	4407635	69	288587	655685	448179	69861
普通高中	24679116	1412162	1287461	46	124655	334492	179770	28436
#农村	4067428	272385	202470		69915	126256	6919	3956
普通初中	25138482	3284129	3120174	23	163932	321193	268409	41425
#农村	4762119	833522	741647		91875	17965	13885	3142
2.成人中学								
四、小 学	28094404	3834391	3585688	31	248672	882161	764396	97010
1.普通小学	28094404	3834391	3585688	31	248672	882161	764396	97010
#农村	7985844	1584476	1402771		181705	261139	240071	16603
2.成人小学								
五、特殊教育	83462	48563	17756	30000	807	581	420	122
1.特殊教育学校	83462	48563	17756	30000	807	581	420	122
2.工读学校								
六、幼儿园	68595399	4187359	3983945	29998	173416	947215	451010	399261
#农村	23267048	1922407	1822394	16519	83494	290480	157998	81276
七、教育行政单位								
八、教育事业单位								
九、其 他								

教育经费收入情况(民办)

单位:千元

地方基金	举办单位、个人投入	事业收入	#学杂费	校办产业和经营收益用于教育的经费	捐赠收入	其他收入	附:本年实际收取学杂费	#普通本专科学费
527953	**14740887**	**184557284**	**165662965**	**497448**	**1134822**	**7187077**	**166644225**	**59443358**
262355	3403222	64307031	61410859	177871	341646	2486644	62383657	59443358
225875	3403222	64306931	61410759	177871	341646	2486149	62383557	59443258
213372	1420202	51430948	49151976	117057	168226	1302750	50166190	48404356
12503	1983020	12875983	12258783	60814	173420	1183399	12217367	11038902
36480		100	100			495	100	100
10215	887614	4780738	3884053	32275	21860	340000	3884059	
9414	455559	2128100	1702327	14237	9854	138874	1702337	
354	350445	1767411	1471137	3680	11923	138807	1471133	
354	36565	244133	219410	1583	1910	12483	219410	
	33916	669519	534502	12894	64	50759	534502	
447	47694	215708	176087	1464	19	11560	176087	
137645	3571872	38510970	31634341	70099	547863	1764818	31626482	
137645	3571872	38510970	31634341	70099	547863	1764818	31626482	
126286	1202119	20792296	17178599	34956	197992	705099	17172315	
115381	686918	2881332	2259988	2462	23346	74729	2259988	
11359	2369753	17718674	14455742	35143	349871	1059719	14454167	
938	879518	2861058	2274469	6927	31180	131949	2275078	
20755	2874345	19005188	15676888	88702	172026	1237591	15693500	
20755	2874345	19005188	15676888	88702	172026	1237591	15693500	
4465	1259399	4398723	3489394	44925	14770	422412	3489394	
39	1779	27187	25452		1608	3744	25452	
39	1779	27187	25452		1608	3744	25452	
96944	4002055	57926170	53031372	128501	49819	1354280	53031075	
51206	1570174	19040202	17363544	42027	20092	381666	17363362	

1-12 各级各类教育机构

学校类别	合计	事业性经费支出	个人部分	工资福利支出	对个人和家庭的补助支出	#助学金
总计	**2943065881**	**2877085326**	**1528910031**	**1042427433**	**486482598**	**113233553**
一、高等学校	774265464	754661094	316749326	196803921	119945405	46865463
1.普通高等学校	754726528	735228926	309956262	192192124	117764138	46507857
高等本科学校	611294156	595397452	249711812	152478913	97232899	37781355
高职高专学校	143432372	139831474	60244450	39713211	20531239	8726502
2.成人高等学校	19538936	19432168	6793064	4611797	2181267	357606
二、中等职业学校	194875223	186886263	91288970	57109760	34179210	13456683
1.中等专业学校	94485499	90439192	42946538	26000784	16945754	6910440
2.职业高中	71266595	68231545	33005039	21294912	11710127	4721723
#农村	8893294	8562614	4076545	2880914	1195631	562842
3.技工学校	20638161	19758498	10121253	6367379	3753874	1652167
4.成人中专学校	8484968	8457028	5216140	3446685	1769455	172353
三、中学	821165526	802028590	474151646	343168767	130982879	27818091
1.普通中学	820415264	801278328	473824194	342909393	130914801	27817618
普通高中	307637139	300744151	164899937	122453911	42446026	8822886
#农村	44873055	44179484	25071084	19333346	5737738	1416573
普通初中	512778125	500534177	308924257	220455482	88468775	18994732
#农村	275711941	269001318	170113351	119983179	50130172	13208504
2.成人中学	750262	750262	327452	259374	68078	473
四、小学	784663333	773079432	504195015	334719793	169475222	22654326
1.普通小学	784627921	773044020	504164410	334692553	169471857	22654202
#农村	489101443	481853128	327356004	213437291	113918713	17811632
2.成人小学	35412	35412	30605	27240	3365	124
五、特殊教育	9487227	9328932	5033188	3559275	1473913	175681
1.特殊教育学校	9094933	8938318	4834155	3429700	1404455	171205
2.工读学校	392294	390614	199033	129575	69458	4476
六、幼儿园	172115385	169358961	88420882	77948342	10472540	2232859
#农村	65626447	63901737	29816980	26856030	2960950	1334667
七、教育行政单位	32757863	31792483	13125960	7558266	5567694	
八、教育事业单位	77999653	76926823	24287800	14517972	9769828	
九、其他	75736207	73022748	11657244	7041337	4615907	30450

教育经费支出明细(全国)

单位:千元

公用部分	商品和服务支出	其他资本性支出	专项公用支出	专项项目支出	基本建设支出
1348175295	**643117404**	**705057891**	**227558323**	**477499568**	**65980555**
437911768	249866887	188044881	87148778	100896103	19604370
425272664	240378980	184893684	85772832	99120852	19497602
345685640	204058553	141627087	68700188	72926899	15896704
79587024	36320427	43266597	17072644	26193953	3600898
12639104	9487907	3151197	1375946	1775251	106768
95597293	39336346	56260947	17300867	38960080	7988960
47492654	19388764	28103890	8613962	19489928	4046307
35226506	12661535	22564971	6128773	16436198	3035050
4486069	1651221	2834848	706179	2128669	330680
9637245	5094743	4542502	2217923	2324579	879663
3240888	2191304	1049584	340209	709375	27940
327876944	137250326	190626618	47094276	143532342	19136936
327454134	137062393	190391741	47073262	143318479	19136936
135844214	56154363	79689851	20002819	59687032	6892988
19108400	7855350	11253050	2517510	8735540	693571
191609920	80908030	110701890	27070443	83631447	12243948
98887967	40933225	57954742	12862904	45091838	6710623
422810	187933	234877	21014	213863	
268884417	115551841	153332576	38024213	115308363	11583901
268879610	115547288	153332322	38024108	115308214	11583901
154497124	66689064	87808060	19655997	68152063	7248315
4807	4553	254	105	149	
4295744	1783401	2512343	803670	1708673	158295
4104163	1709714	2394449	735148	1659301	156615
191581	73687	117894	68522	49372	1680
80938079	39437343	41500736	12055983	29444753	2756424
34084757	13982685	20102072	4594644	15507428	1724710
18666523	11970048	6696475	2537302	4159173	965380
52639023	28595827	24043196	7670791	16372405	1072830
61365504	19325385	42040119	14922443	27117676	2713459

1-13 各级各类教育机构

学校类别	合计	事业性经费支出	个人部分	工资福利支出	对个人和家庭的补助支出	#助学金
总 计	**246863590**	**237249887**	**97024765**	**56735126**	**40289639**	**15966891**
一、高等学校	220968140	211753488	88073835	50032095	38041740	15645365
1.普通高等学校	220531989	211319337	87900832	49910646	37990186	15644945
高等本科学校	217499464	208286812	86387211	48742965	37644246	15533472
高职高专学校	3032525	3032525	1513621	1167681	345940	111473
2.成人高等学校	436151	434151	173003	121449	51554	420
二、中等职业学校	1196415	1147285	600068	427017	173051	61834
1.中等专业学校	940833	891703	438834	311015	127819	40180
2.职业高中	32768	32768	25249	18227	7022	478
#农村						
3.技工学校	179754	179754	111670	85552	26118	12264
4.成人中专学校	43060	43060	24315	12223	12092	8912
三、中学	5359486	5250542	3438733	2560260	878473	115113
1.普通中学	5359486	5250542	3438733	2560260	878473	115113
普通高中	2778502	2749794	1675164	1254648	420516	53285
#农村	954930	935950	591605	485053	106552	20147
普通初中	2580984	2500748	1763569	1305612	457957	61828
#农村	1936387	1858992	1349929	1011246	338683	54229
2.成人中学						
四、小学	3718527	3612904	2581210	1930157	651053	96828
1.普通小学	3718527	3612904	2581210	1930157	651053	96828
#农村	2904845	2799873	2021623	1532097	489526	90066
2.成人小学						
五、特殊教育						
1.特殊教育学校						
2.工读学校						
六、幼儿园	1884508	1803994	1176464	1043032	133432	27961
#农村	412691	343337	150665	117334	33331	25212
七、教育行政单位	208018	208018	112847	81782	31065	
八、教育事业单位	9358394	9349484	633310	433110	200200	
九、其 他	4170102	4124172	408298	227673	180625	19790

教育经费支出明细(中央)

单位:千元

公用部分	商品和服务支出	其他资本性支出	专项公用支出	专项项目支出	基本建设支出
140225122	**101716136**	**38508986**	**22647038**	**15861948**	**9613703**
123679653	87488728	36190925	21628593	14562332	9214652
123418505	87250172	36168333	21607383	14560950	9212652
121899601	86369659	35529942	21379654	14150288	9212652
1518904	880513	638391	227729	410662	
261148	238556	22592	21210	1382	2000
547217	382680	164537	93481	71056	49130
452869	311425	141444	83844	57600	49130
7519	6118	1401	1030	371	
68084	47416	20668	7583	13085	
18745	17721	1024	1024		
1811809	1070424	741385	278465	462920	108944
1811809	1070424	741385	278465	462920	108944
1074630	649250	425380	176070	249310	28708
344345	209751	134594	63837	70757	18980
737179	421174	316005	102395	213610	80236
509063	254941	254122	64203	189919	77395
1031694	530460	501234	140734	360500	105623
1031694	530460	501234	140734	360500	105623
778250	388879	389371	102183	287188	104972
627530	387172	240358	51754	188604	80514
192672	35908	156764	15850	140914	69354
95171	72644	22527	21787	740	
8716174	8318880	397294	373968	23326	8910
3715874	3465148	250726	58256	192470	45930

1-14 各级各类教育机构

学校类别	合计	事业性经费支出	个人部分	工资福利支出	对个人和家庭的补助支出	#助学金
总计	**2696202291**	**2639835439**	**1431885266**	**985692307**	**446192959**	**97266662**
一、高等学校	553297324	542907606	228675491	146771826	81903665	31220098
1.普通高等学校	534194539	523909589	222055430	142281478	79773952	30862912
高等本科学校	393794692	387110640	163324601	103735948	59588653	22247883
高职高专学校	140399847	136798949	58730829	38545530	20185299	8615029
2.成人高等学校	19102785	18998017	6620061	4490348	2129713	357186
二、中等职业学校	193678808	185738978	90688902	56682743	34006159	13394849
1.中等专业学校	93544666	89547489	42507704	25689769	16817935	6870260
2.职业高中	71233827	68198777	32979790	21276685	11703105	4721245
#农村	8893294	8562614	4076545	2880914	1195631	562842
3.技工学校	20458407	19578744	10009583	6281827	3727756	1639903
4.成人中专学校	8441908	8413968	5191825	3434462	1757363	163441
三、中学	815806040	796778048	470712913	340608507	130104406	27702978
1.普通中学	815055778	796027786	470385461	340349133	130036328	27702505
普通高中	304858637	297994357	163224773	121199263	42025510	8769601
#农村	43918125	43243534	24479479	18848293	5631186	1396426
普通初中	510197141	498033429	307160688	219149870	88010818	18932904
#农村	273775554	267142326	168763422	118971933	49791489	13154275
2.成人中学	750262	750262	327452	259374	68078	473
四、小学	780944806	769466528	501613805	332789636	168824169	22557498
1.普通小学	780909394	769431116	501583200	332762396	168820804	22557374
#农村	486196598	479053255	325334381	211905194	113429187	17721566
2.成人小学	35412	35412	30605	27240	3365	124
五、特殊教育	9487227	9328932	5033188	3559275	1473913	175681
1.特殊教育学校	9094933	8938318	4834155	3429700	1404455	171205
2.工读学校	392294	390614	199033	129575	69458	4476
六、幼儿园	170230877	167554967	87244418	76905310	10339108	2204898
#农村	65213756	63558400	29666315	26738696	2927619	1309455
七、教育行政单位	32549845	31584465	13013113	7476484	5536629	
八、教育事业单位	68641259	67577339	23654490	14084862	9569628	
九、其他	71566105	68898576	11248946	6813664	4435282	10660

教育经费支出明细(地方)

单位:千元

公用部分	商品和服务支出	其他资本性支出			基本建设支出
			专项公用支出	专项项目支出	
1207950173	**541401268**	**666548905**	**204911285**	**461637620**	**56366852**
314232115	162378159	151853956	65520185	86333771	10389718
301854159	153128808	148725351	64165449	84559902	10284950
223786039	117688894	106097145	47320534	58776611	6684052
78068120	35439914	42628206	16844915	25783291	3600898
12377956	9249351	3128605	1354736	1773869	104768
95050076	38953666	56096410	17207386	38889024	7939830
47039785	19077339	27962446	8530118	19432328	3997177
35218987	12655417	22563570	6127743	16435827	3035050
4486069	1651221	2834848	706179	2128669	330680
9569161	5047327	4521834	2210340	2311494	879663
3222143	2173583	1048560	339185	709375	27940
326065135	136179902	189885233	46815811	143069422	19027992
325642325	135991969	189650356	46794797	142855559	19027992
134769584	55505113	79264471	19826749	59437722	6864280
18764055	7645599	11118456	2453673	8664783	674591
190872741	80486856	110385885	26968048	83417837	12163712
98378904	40678284	57700620	12798701	44901919	6633228
422810	187933	234877	21014	213863	
267852723	115021381	152831342	37883479	114947863	11478278
267847916	115016828	152831088	37883374	114947714	11478278
153718874	66300185	87418689	19553814	67864875	7143343
4807	4553	254	105	149	
4295744	1783401	2512343	803670	1708673	158295
4104163	1709714	2394449	735148	1659301	156615
191581	73687	117894	68522	49372	1680
80310549	39050171	41260378	12004229	29256149	2675910
33892085	13946777	19945308	4578794	15366514	1655356
18571352	11897404	6673948	2515515	4158433	965380
43922849	20276947	23645902	7296823	16349079	1063920
57649630	15860237	41789393	14864187	26925206	2667529

1-15 各级各类教育机构教育经费

学校类别	合计	事业性经费支出	个人部分	工资福利支出	对个人和家庭的补助支出	#助学金
总　计	**2684627692**	**2619848116**	**1407495172**	**935386851**	**472108321**	**103515720**
一、高等学校	683917136	664946352	289606823	175521570	114085253	42357251
1.普通高等学校	669387298	650521282	283039557	171097968	111941589	42005697
高等本科学校	551959711	536514923	231545861	138389714	93156147	34536940
高职高专学校	117427587	114006359	51493696	32708254	18785442	7468757
2.成人高等学校	14529838	14425070	6567266	4423602	2143664	351554
二、中等职业学校	181179811	173287202	83877819	51986868	31890951	11656276
1.中等专业学校	87625126	83610542	39439185	23605784	15833401	6075321
2.职业高中	67388717	64416167	30753828	19819784	10934044	4035318
#农村	8402131	8083951	3779076	2662133	1116943	492530
3.技工学校	18126796	17247161	8726135	5288740	3437395	1440510
4.成人中专学校	8039172	8013332	4958671	3272560	1686111	105127
三、中学	769852032	750825502	446708044	318614374	128093670	26243322
1.普通中学	769101770	750075240	446380592	318355000	128025592	26242849
普通高中	287884558	281008087	154478876	113092291	41386585	8205415
#农村	41308945	40624484	23610849	18041925	5568924	1322766
普通初中	481217212	469067153	291901716	205262709	86639007	18037434
#农村	268845618	262210795	166624084	117094605	49529479	12911777
2.成人中学	750262	750262	327452	259374	68078	473
四、小学	752254928	740802900	486700608	319098477	167602131	21630424
1.普通小学	752219516	740767488	486670003	319071237	167598766	21630300
#农村	478932302	471796482	321912202	208915334	112996868	17300703
2.成人小学	35412	35412	30605	27240	3365	124
五、特殊教育	9399271	9270976	4999217	3530088	1469129	171316
1.特殊教育学校	9006977	8880362	4800184	3400513	1399671	166840
2.工读学校	392294	390614	199033	129575	69458	4476
六、幼儿园	101838884	99235293	46690928	37601000	9089928	1426681
#农村	42142315	40507880	16034072	13637358	2396714	910083
七、教育行政单位	32666762	31701382	13084589	7540673	5543916	
八、教育事业单位	77960067	76887237	24260844	14499781	9761063	
九、其他	75558801	72891272	11566300	6994020	4572280	30450

支出明细(全国教育和其他部门)

单位:千元

公用部分	商品和服务支出	其他资本性支出	专项公用支出	专项项目支出	基本建设支出
1212352944	**564310073**	**648042871**	**207056615**	**440986256**	**64779576**
375339529	216766395	158573134	78777346	79795788	18970784
367481725	211934452	155547273	77526079	78021194	18866016
304969062	182981112	121987950	63435870	58552080	15444788
62512663	28953340	33559323	14090209	19469114	3421228
7857804	4831943	3025861	1251267	1774594	104768
89409383	35443497	53965886	16317139	37648747	7892609
44171357	17564958	26606399	8030453	18575946	4014584
33662339	11567939	22094400	5889050	16205350	2972550
4304875	1533309	2771566	673855	2097711	318180
8521026	4238664	4282362	2080440	2201922	879635
3054661	2071936	982725	317196	665529	25840
304117458	122721016	181396442	43889506	137506936	19026530
303694648	122533083	181161565	43868492	137293073	19026530
126529211	50322650	76206561	18902440	57304121	6876471
17013635	6951208	10062427	2275243	7787184	684461
177165437	72210433	104955004	24966052	79988952	12150059
95586711	39398312	56188399	12355670	43832729	6634823
422810	187933	234877	21014	213863	
254102292	106772108	147330184	35422110	111908074	11452028
254097485	106767555	147329930	35422005	111907925	11452028
149884280	64370738	85513542	18639545	66873997	7135820
4807	4553	254	105	149	
4271759	1764266	2507493	801212	1706281	128295
4080178	1690579	2389599	732690	1656909	126615
191581	73687	117894	68522	49372	1680
52544365	21026830	31517535	6744281	24773254	2603591
24473808	8315769	16158039	2816871	13341168	1634435
18616793	11941264	6675529	2517096	4158433	965380
52626393	28584338	24042055	7669650	16372405	1072830
61324972	19290359	42034613	14918275	27116338	2667529

1-16 各级各类教育机构教育经费

学校类别	合计	事业性经费支出	个人部分	工资福利支出	对个人和家庭的补助支出	#助学金
总计	**236245305**	**226994493**	**90574258**	**52154389**	**38419869**	**15543286**
一、高等学校	217665752	208486190	86316726	48770346	37546380	15497015
1.普通高等学校	217312545	208132983	86194411	48684364	37510047	15497013
高等本科学校	216017053	206837491	85612371	48273560	37338811	15437715
高职高专学校	1295492	1295492	582040	410804	171236	59298
2.成人高等学校	353207	353207	122315	85982	36333	2
二、中等职业学校	279576	260446	142408	103734	38674	6735
1.中等专业学校	256363	237233	123946	90661	33285	6288
2.职业高中	23213	23213	18462	13073	5389	447
#农村						
3.技工学校						
4.成人中专学校						
三、中学	2966770	2938496	1781284	1459786	321498	18647
1.普通中学	2966770	2938496	1781284	1459786	321498	18647
普通高中	1947555	1929465	1104718	878075	226643	16778
#农村	717401	707531	433807	380768	53039	9846
普通初中	1019215	1009031	676566	581711	94855	1869
#农村	709113	698929	517426	462151	55275	572
2.成人中学						
四、小学	1406200	1391264	982053	847091	134962	515
1.普通小学	1406200	1391264	982053	847091	134962	515
#农村	1031871	1016935	753794	673206	80588	291
2.成人小学						
五、特殊教育						
1.特殊教育学校						
2.工读学校						
六、幼儿园	498586	498586	356603	313968	42635	584
#农村	4250	4250	3800	3800		
七、教育行政单位	116917	116917	71476	64189	7287	
八、教育事业单位	9318808	9309898	606354	414919	191435	
九、其他	3992696	3992696	317354	180356	136998	19790

支出明细(中央教育和其他部门)

单位:千元

公用部分	商品和服务支出	其他资本性支出			基本建设支出
			专项公用支出	专项项目支出	
136420235	**99517071**	**36903164**	**22183740**	**14719424**	**9250812**
122169464	86505569	35663895	21441767	14222128	9179562
121938572	86293150	35645422	21424676	14220746	9179562
121225120	85957031	35268089	21272411	13995678	9179562
713452	336119	377333	152265	225068	
230892	212419	18473	17091	1382	
118038	76172	41866	37717	4149	19130
113287	72708	40579	36801	3778	19130
4751	3464	1287	916	371	
1157212	777513	379699	199646	180053	28274
1157212	777513	379699	199646	180053	28274
824747	534075	290672	143511	147161	18090
273724	185252	88472	58472	30000	9870
332465	243438	89027	56135	32892	10184
181503	126644	54859	30128	24731	10184
409211	262752	146459	61995	84464	14936
409211	262752	146459	61995	84464	14936
263141	184391	78750	42481	36269	14936
141983	113692	28291	14119	14172	
450	440	10	10		
45441	43860	1581	1581		
8703544	8307391	396153	372827	23326	8910
3675342	3430122	245220	54088	191132	

1-17 各级各类教育机构教育经费

学校类别	合计	事业性经费支出	个人部分	工资福利支出	对个人和家庭的补助支出	#助学金
总计	**2448382387**	**2392853623**	**1316920914**	**883232462**	**433688452**	**87972434**
一、高等学校	466251384	456460162	203290097	126751224	76538873	26860236
1.普通高等学校	452074753	442388299	196845146	122413604	74431542	26508684
高等本科学校	335942658	329677432	145933490	90116154	55817336	19099225
高职高专学校	116132095	112710867	50911656	32297450	18614206	7409459
2.成人高等学校	14176631	14071863	6444951	4337620	2107331	351552
二、中等职业学校	180900235	173026756	83735411	51883134	31852277	11649541
1.中等专业学校	87368763	83373309	39315239	23515123	15800116	6069033
2.职业高中	67365504	64392954	30735366	19806711	10928655	4034871
#农村	8402131	8083951	3779076	2662133	1116943	492530
3.技工学校	18126796	17247161	8726135	5288740	3437395	1440510
4.成人中专学校	8039172	8013332	4958671	3272560	1686111	105127
三、中学	766885262	747887006	444926760	317154588	127772172	26224675
1.普通中学	766135000	747136744	444599308	316895214	127704094	26224202
普通高中	285937003	279078622	153374158	112214216	41159942	8188637
#农村	40591544	39916953	23177042	17661157	5515885	1312920
普通初中	480197997	468058122	291225150	204680998	86544152	18035565
#农村	268136505	261511866	166106658	116632454	49474204	12911205
2.成人中学	750262	750262	327452	259374	68078	473
四、小学	750848728	739411636	485718555	318251386	167467169	21629909
1.普通小学	750813316	739376224	485687950	318224146	167463804	21629785
#农村	477900431	470779547	321158408	208242128	112916280	17300412
2.成人小学	35412	35412	30605	27240	3365	124
五、特殊教育	9399271	9270976	4999217	3530088	1469129	171316
1.特殊教育学校	9006977	8880362	4800184	3400513	1399671	166840
2.工读学校	392294	390614	199033	129575	69458	4476
六、幼儿园	101340298	98736707	46334325	37287032	9047293	1426097
#农村	42138065	40503630	16030272	13633558	2396714	910083
七、教育行政单位	32549845	31584465	13013113	7476484	5536629	
八、教育事业单位	68641259	67577339	23654490	14084862	9569628	
九、其他	71566105	68898576	11248946	6813664	4435282	10660

支出明细(地方教育和其他部门)

单位:千元

公用部分	商品和服务支出	其他资本性支出	专项公用支出	专项项目支出	基本建设支出
1075932709	**464793002**	**611139707**	**184872875**	**426266832**	**55528764**
253170065	130260826	122909239	57335579	65573660	9791222
245543153	125641302	119901851	56101403	63800448	9686454
183743942	97024081	86719861	42163459	44556402	6265226
61799211	28617221	33181990	13937944	19244046	3421228
7626912	4619524	3007388	1234176	1773212	104768
89291345	35367325	53924020	16279422	37644598	7873479
44058070	17492250	26565820	7993652	18572168	3995454
33657588	11564475	22093113	5888134	16204979	2972550
4304875	1533309	2771566	673855	2097711	318180
8521026	4238664	4282362	2080440	2201922	879635
3054661	2071936	982725	317196	665529	25840
302960246	121943503	181016743	43689860	137326883	18998256
302537436	121755570	180781866	43668846	137113020	18998256
125704464	49788575	75915889	18758929	57156960	6858381
16739911	6765956	9973955	2216771	7757184	674591
176832972	71966995	104865977	24909917	79956060	12139875
95405208	39271668	56133540	12325542	43807998	6624639
422810	187933	234877	21014	213863	
253693081	106509356	147183725	35360115	111823610	11437092
253688274	106504803	147183471	35360010	111823461	11437092
149621139	64186347	85434792	18597064	66837728	7120884
4807	4553	254	105	149	
4271759	1764266	2507493	801212	1706281	128295
4080178	1690579	2389599	732690	1656909	126615
191581	73687	117894	68522	49372	1680
52402382	20913138	31489244	6730162	24759082	2603591
24473358	8315329	16158029	2816861	13341168	1634435
18571352	11897404	6673948	2515515	4158433	965380
43922849	20276947	23645902	7296823	16349079	1063920
57649630	15860237	41789393	14864187	26925206	2667529

1-18 各级各类教育机构教育经费

学校类别	合 计	事业性经费支出	个人部分	工资福利支出	对个人和家庭的补助支出	#助学金
总 计	**28676027**	**28280470**	**13420820**	**10344161**	**3076659**	**921306**
一、高等学校	14192781	14156565	4287719	3300474	987245	373783
1.普通高等学校	9297376	9263160	4062266	3112624	949642	367731
高等本科学校	3152514	3119424	1158365	799949	358416	130493
高职高专学校	6144862	6143736	2903901	2312675	591226	237238
2.成人高等学校	4895405	4893405	225453	187850	37603	6052
二、中等职业学校	4199675	4169675	2368217	1772968	595249	277398
1.中等专业学校	2491000	2461000	1321542	949426	372116	168717
2.职业高中	211177	211177	112916	90590	22326	14002
#农村	12268	12268	7652	5884	1768	1393
3.技工学校	1387456	1387456	869405	688434	180971	84868
4.成人中专学校	110042	110042	64354	44518	19836	9811
三、中学	3665349	3584679	2390988	1730991	659997	112255
1.普通中学	3665349	3584679	2390988	1730991	659997	112255
普通高中	1407193	1396575	871040	641330	229710	46475
#农村	249739	240629	166997	113189	53808	10531
普通初中	2258156	2188104	1519948	1089661	430287	65780
#农村	1285233	1218022	856251	571226	285025	54191
2.成人中学						
四、小学	3123034	3032347	2145620	1539253	606367	109048
1.普通小学	3123034	3032347	2145620	1539253	606367	109048
#农村	1975538	1885502	1321594	907489	414105	92188
2.成人小学						
五、特殊教育						
1.特殊教育学校						
2.工读学校						
六、幼儿园	3187095	3075041	2069005	1917374	151631	48822
#农村	580134	510780	270602	234660	35942	26173
七、教育行政单位	91101	91101	41371	17593	23778	
八、教育事业单位	39586	39586	26956	18191	8765	
九、其 他	177406	131476	90944	47317	43627	

支出明细(企业办)

单位:千元

公用部分	商品和服务支出	其他资本性支出			基本建设支出
			专项公用支出	专项项目支出	
14859650	**9682745**	**5176905**	**1124907**	**4051998**	**395557**
9868846	6792866	3075980	567822	2508158	36216
5200894	2136918	3063976	556475	2507501	34216
1961059	611164	1349895	163666	1186229	33090
3239835	1525754	1714081	392809	1321272	1126
4667952	4655948	12004	11347	657	2000
1801458	1139202	662256	219676	442580	30000
1139458	599861	539597	149079	390518	30000
98261	79489	18772	6503	12269	
4616	2498	2118	508	1610	
518051	420962	97089	61115	35974	
45688	38890	6798	2979	3819	
1193691	627716	565975	116210	449765	80670
1193691	627716	565975	116210	449765	80670
525535	340563	184972	49723	135249	10618
73632	27492	46140	5383	40757	9110
668156	287153	381003	66487	314516	70052
361771	135027	226744	35176	191568	67211
886727	373928	512799	97016	415783	90687
886727	373928	512799	97016	415783	90687
563908	217262	346646	61422	285224	90036
1006036	673734	332302	98668	233634	112054
240178	67181	172997	24320	148677	69354
49730	28784	20946	20206	740	
12630	11489	1141	1141		
40532	35026	5506	4168	1338	45930

1-19 各级各类教育机构教育经费

学校类别	合计	事业性经费支出	个人部分	工资福利支出	对个人和家庭的补助支出	#助学金
总计	**10618285**	**10255394**	**6450507**	**4580737**	**1869770**	**423605**
一、高等学校	3302388	3267298	1757109	1261749	495360	148350
1.普通高等学校	3219444	3186354	1706421	1226282	480139	147932
高等本科学校	1482411	1449321	774840	469405	305435	95757
高职高专学校	1737033	1737033	931581	756877	174704	52175
2.成人高等学校	82944	80944	50688	35467	15221	418
二、中等职业学校	916839	886839	457660	323283	134377	55099
1.中等专业学校	684470	654470	314888	220354	94534	33892
2.职业高中	9555	9555	6787	5154	1633	31
#农村						
3.技工学校	179754	179754	111670	85552	26118	12264
4.成人中专学校	43060	43060	24315	12223	12092	8912
三、中学	2392716	2312046	1657449	1100474	556975	96466
1.普通中学	2392716	2312046	1657449	1100474	556975	96466
普通高中	830947	820329	570446	376573	193873	36507
#农村	237529	228419	157798	104285	53513	10301
普通初中	1561769	1491717	1087003	723901	363102	59959
#农村	1227274	1160063	832503	549095	283408	53657
2.成人中学						
四、小学	2312327	2221640	1599157	1083066	516091	96313
1.普通小学	2312327	2221640	1599157	1083066	516091	96313
#农村	1872974	1782938	1267829	858891	408938	89775
2.成人小学						
五、特殊教育						
1.特殊教育学校						
2.工读学校						
六、幼儿园	1385922	1305408	819861	729064	90797	27377
#农村	408441	339087	146865	113534	33331	25212
七、教育行政单位	91101	91101	41371	17593	23778	
八、教育事业单位	39586	39586	26956	18191	8765	
九、其他	177406	131476	90944	47317	43627	

支出明细(中央企业办)

单位:千元

公用部分	商品和服务支出	其他资本性支出	专项公用支出	专项项目支出	基本建设支出
3804887	**2199065**	**1605822**	**463298**	**1142524**	**362891**
1510189	983159	527030	186826	340204	35090
1479933	957022	522911	182707	340204	33090
674481	412628	261853	107243	154610	33090
805452	544394	261058	75464	185594	
30256	26137	4119	4119		2000
429179	306508	122671	55764	66907	30000
339582	238717	100865	47043	53822	30000
2768	2654	114	114		
68084	47416	20668	7583	13085	
18745	17721	1024	1024		
654597	292911	361686	78819	282867	80670
654597	292911	361686	78819	282867	80670
249883	115175	134708	32559	102149	10618
70621	24499	46122	5365	40757	9110
404714	177736	226978	46260	180718	70052
327560	128297	199263	34075	165188	67211
622483	267708	354775	78739	276036	90687
622483	267708	354775	78739	276036	90687
515109	204488	310621	59702	250919	90036
485547	273480	212067	37635	174432	80514
192222	35468	156754	15840	140914	69354
49730	28784	20946	20206	740	
12630	11489	1141	1141		
40532	35026	5506	4168	1338	45930

1-20 各级各类教育机构教育经费

学校类别	合计	事业性经费支出	个人部分	工资福利支出	对个人和家庭的补助支出	#助学金
总计	**18057742**	**18025076**	**6970313**	**5763424**	**1206889**	**497701**
一、高等学校	10890393	10889267	2530610	2038725	491885	225433
1.普通高等学校	6077932	6076806	2355845	1886342	469503	219799
高等本科学校	1670103	1670103	383525	330544	52981	34736
高职高专学校	4407829	4406703	1972320	1555798	416522	185063
2.成人高等学校	4812461	4812461	174765	152383	22382	5634
二、中等职业学校	3282836	3282836	1910557	1449685	460872	222299
1.中等专业学校	1806530	1806530	1006654	729072	277582	134825
2.职业高中	201622	201622	106129	85436	20693	13971
#农村	12268	12268	7652	5884	1768	1393
3.技工学校	1207702	1207702	757735	602882	154853	72604
4.成人中专学校	66982	66982	40039	32295	7744	899
三、中学	1272633	1272633	733539	630517	103022	15789
1.普通中学	1272633	1272633	733539	630517	103022	15789
普通高中	576246	576246	300594	264757	35837	9968
#农村	12210	12210	9199	8904	295	230
普通初中	696387	696387	432945	365760	67185	5821
#农村	57959	57959	23748	22131	1617	534
2.成人中学						
四、小学	810707	810707	546463	456187	90276	12735
1.普通小学	810707	810707	546463	456187	90276	12735
#农村	102564	102564	53765	48598	5167	2413
2.成人小学						
五、特殊教育						
1.特殊教育学校						
2.工读学校						
六、幼儿园	1801173	1769633	1249144	1188310	60834	21445
#农村	171693	171693	123737	121126	2611	961
七、教育行政单位						
八、教育事业单位						
九、其他						

支出明细(地方企业办)

单位:千元

公用部分	商品和服务支出	其他资本性支出			基本建设支出
			专项公用支出	专项项目支出	
11054763	**7483680**	**3571083**	**661609**	**2909474**	**32666**
8358657	5809707	2548950	380996	2167954	1126
3720961	1179896	2541065	373768	2167297	1126
1286578	198536	1088042	56423	1031619	
2434383	981360	1453023	317345	1135678	1126
4637696	4629811	7885	7228	657	
1372279	832694	539585	163912	375673	
799876	361144	438732	102036	336696	
95493	76835	18658	6389	12269	
4616	2498	2118	508	1610	
449967	373546	76421	53532	22889	
26943	21169	5774	1955	3819	
539094	334805	204289	37391	166898	
539094	334805	204289	37391	166898	
275652	225388	50264	17164	33100	
3011	2993	18	18		
263442	109417	154025	20227	133798	
34211	6730	27481	1101	26380	
264244	106220	158024	18277	139747	
264244	106220	158024	18277	139747	
48799	12774	36025	1720	34305	
520489	400254	120235	61033	59202	31540
47956	31713	16243	8480	7763	

1-21 各级各类教育机构

学校类别	合 计	事业性经费支出	个人部分	工资福利支出	对个人和家庭的补助支出	#助学金
总　计	**229762162**	**228956740**	**107994039**	**96696421**	**11297618**	**8796527**
一、高等学校	76155547	75558177	22854784	17981877	4872907	4134429
1.普通高等学校	76041854	75444484	22854439	17981532	4872907	4134429
高等本科学校	56181931	55763105	17007586	13289250	3718336	3113922
高职高专学校	19859923	19681379	5846853	4692282	1154571	1020507
2.成人高等学校	113693	113693	345	345		
二、中等职业学校	9495737	9429386	5042934	3349924	1693010	1523009
1.中等专业学校	4369373	4367650	2185811	1445574	740237	666402
2.职业高中	3666701	3604201	2138295	1384538	753757	672403
#农村	478895	466395	289817	212897	76920	68919
3.技工学校	1123909	1123881	525713	390205	135508	126789
4.成人中专学校	335754	333654	193115	129607	63508	57415
三、中学	47648145	47618409	25052614	22823402	2229212	1462514
1.普通中学	47648145	47618409	25052614	22823402	2229212	1462514
普通高中	18345388	18339489	9550021	8720290	829731	570996
#农村	3314371	3314371	1293238	1178232	115006	83276
普通初中	29302757	29278920	15502593	14103112	1399481	891518
#农村	5581090	5572501	2633016	2317348	315668	242536
2.成人中学						
四、小学	29285371	29244185	15348787	14082063	1266724	914854
1.普通小学	29285371	29244185	15348787	14082063	1266724	914854
#农村	8193603	8171144	4122208	3614468	507740	418741
2.成人小学						
五、特殊教育	87956	57956	33971	29187	4784	4365
1.特殊教育学校	87956	57956	33971	29187	4784	4365
2.工读学校						
六、幼儿园	67089406	67048627	39660949	38429968	1230981	757356
#农村	22903998	22883077	13512306	12984012	528294	398411
七、教育行政单位						
八、教育事业单位						
九、其 他						

教育经费支出明细(民办)

单位:千元

公用部分	商品和服务支出	其他资本性支出	专项公用支出	专项项目支出	基本建设支出
120962701	**69124586**	**51838115**	**19376801**	**32461314**	**805422**
52703393	26307626	26395767	7803610	18592157	597370
52590045	26307610	26282435	7690278	18592157	597370
38755519	20466277	18289242	5100652	13188590	418826
13834526	5841333	7993193	2589626	5403567	178544
113348	16	113332	113332		
4386452	2753647	1632805	764052	868753	66351
2181839	1223945	957894	434430	523464	1723
1465906	1014107	451799	233220	218579	62500
176578	115414	61164	31816	29348	12500
598168	435117	163051	76368	86683	28
140539	80478	60061	20034	40027	2100
22565795	13901594	8664201	3088560	5575641	29736
22565795	13901594	8664201	3088560	5575641	29736
8789468	5491150	3298318	1050656	2247662	5899
2021133	876650	1144483	236884	907599	
13776327	8410444	5365883	2037904	3327979	23837
2939485	1399886	1539599	472058	1067541	8589
13895398	8405805	5489593	2505087	2984506	41186
13895398	8405805	5489593	2505087	2984506	41186
4048936	2101064	1947872	955030	992842	22459
23985	19135	4850	2458	2392	30000
23985	19135	4850	2458	2392	30000
27387678	17736779	9650899	5213034	4437865	40779
9370771	5599735	3771036	1753453	2017583	20921

1-22 各级各类教育机构公共财政预算

学校类别	合计	事业费支出	个人部分	工资福利支出	对个人和家庭的补助支出	#助学金
总计	**1975949849**	**1917328136**	**1169232516**	**825428181**	**343804335**	**96397574**
一、高等学校	396277581	382143185	189503645	112520125	76983520	35375463
1.普通高等学校	388811053	374753686	185260930	109678125	75582805	35110740
高等本科学校	319364402	308349238	150372402	88093252	62279150	28113116
高职高专学校	69446651	66404448	34888528	21584873	13303655	6997624
2.成人高等学校	7466528	7389499	4242715	2842000	1400715	264723
二、中等职业学校	125719118	118663765	70374219	45643843	24730376	11351254
1.中等专业学校	57954505	54339147	31960372	19847257	12113115	5739704
2.职业高中	49137166	46137616	27172993	18395260	8777733	4170342
#农村	6057413	5740839	3346752	2439142	907610	496536
3.技工学校	12653748	12239143	7049842	4402187	2647655	1289405
4.成人中专学校	5973699	5947859	4191012	2999139	1191873	151803
三、中学	602880604	584099843	394779974	298778511	96001463	25798528
1.普通中学	602341504	583560743	394491522	298543171	95948351	25798470
普通高中	197103335	190421272	128563356	99296463	29266893	7790917
#农村	29246518	28578113	20068096	15931203	4136893	1275944
普通初中	405238169	393139471	265928166	199246708	66681458	18007553
#农村	233005220	226361646	153161625	114237140	38924485	12745068
2.成人中学	539100	539100	288452	235340	53112	58
四、小学	634329887	623089011	435357120	310927347	124429773	21721276
1.普通小学	634297203	623056327	435328530	310900675	124427855	21721153
#农村	412327892	405271618	288114755	204173102	83941653	17238242
2.成人小学	32684	32684	28590	26672	1918	123
五、特殊教育	7277025	7118730	4524579	3421339	1103240	153044
1.特殊教育学校	7005493	6848878	4359594	3301407	1058187	148673
2.工读学校	271532	269852	164985	119932	45053	4371
六、幼儿园	67554072	64898662	34222352	27200084	7022268	1973058
#农村	29617416	27932035	12169274	9865915	2303359	1208157
七、教育行政单位	23938259	22972879	10803025	7191897	3611128	
八、教育事业单位	55728384	54697490	20016475	13155914	6860561	
九、其他	62244919	59644571	9651127	6589121	3062006	24951

教育事业费和基本建设支出明细(全国)

单位:千元

公用部分	商品和服务支出	其他资本性支出		基本建设支出
		专项公用支出	专项项目支出	

公用部分	商品和服务支出	其他资本性支出	专项公用支出	专项项目支出	基本建设支出
748095620	**352228389**	**395867231**	**128581188**	**267286043**	**58621713**
192639540	104342891	88296649	46978964	41317685	14134396
189492756	102930852	86561904	46382399	40179505	14057367
157976836	87923993	70052843	38971124	31081719	11015164
31515920	15006859	16509061	7411275	9097786	3042203
3146784	1412039	1734745	596565	1138180	77029
48289546	22042760	26246786	8408533	17838253	7055353
22378775	10406984	11971791	3852225	8119566	3615358
18964623	7649527	11315096	3076219	8238877	2999550
2394087	1015225	1378862	346326	1032536	316574
5189301	2789757	2399544	1301560	1097984	414605
1756847	1196492	560355	178529	381826	25840
189319869	83950409	105369460	25033276	80336184	18780761
189069221	83862176	105207045	25027922	80179123	18780761
61857916	23517311	38340605	8233317	30107288	6682063
8510017	3116646	5393371	1114724	4278647	668405
127211305	60344865	66866440	16794605	50071835	12098698
73200021	34398176	38801845	8980925	29820920	6643574
250648	88233	162415	5354	157061	
187731891	91030344	96701547	23933887	72767660	11240876
187727797	91026498	96701299	23933788	72767511	11240876
117156863	56287006	60869857	13753575	47116282	7056274
4094	3846	248	99	149	
2594151	1315033	1279118	446293	832825	158295
2489284	1258783	1230501	429154	801347	156615
104867	56250	48617	17139	31478	1680
30676310	9675482	21000828	3693300	17307528	2655410
15762761	3705838	12056923	1782369	10274554	1685381
12169854	7657419	4512435	1597182	2915253	965380
34681015	18329031	16351984	4750513	11601471	1030894
49993444	13885020	36108424	13739240	22369184	2600348

1-23 各级各类教育机构公共财政预算

学校类别	合 计	事业费支出	个人部分	工资福利支出	对个人和家庭的补助支出	#助学金
总 计	**124064151**	**118429897**	**62660104**	**35233429**	**27426675**	**11922703**
一、高等学校	108379505	103134431	56971785	30965027	26006758	11632810
1.普通高等学校	108309871	103066797	56917750	30941005	25976745	11632392
高等本科学校	107585362	102342288	56494670	30665197	25829473	11540000
高职高专学校	724509	724509	423080	275808	147272	92392
2.成人高等学校	69634	67634	54035	24022	30013	418
二、中等职业学校	538693	489563	292571	186580	105991	50048
1.中等专业学校	421795	372665	211379	138688	72691	32451
2.职业高中	25937	25937	20929	15735	5194	478
#农村						
3.技工学校	56853	56853	42855	25213	17642	8207
4.成人中专学校	34108	34108	17408	6944	10464	8912
三、中学	3654650	3546764	2584104	2027743	556361	106276
1.普通中学	3654650	3546764	2584104	2027743	556361	106276
普通高中	1769178	1740652	1254589	983294	271295	48527
#农村	574647	555849	431402	362484	68918	19716
普通初中	1885472	1806112	1329515	1044449	285066	57749
#农村	1481152	1404633	1036665	821300	215365	51046
2.成人中学						
四、小学	2875551	2771227	1994534	1574536	419998	89631
1.普通小学	2875551	2771227	1994534	1574536	419998	89631
#农村	2274748	2171075	1587520	1263220	324300	83494
2.成人小学						
五、特殊教育						
1.特殊教育学校						
2.工读学校						
六、幼儿园	343931	270931	105781	69285	36496	26071
#农村	260248	195968	53383	26881	26502	25185
七、教育行政单位	130901	130901	73064	66461	6603	
八、教育事业单位	7079895	7070985	315049	172576	142473	
九、其 他	1061025	1015095	323216	171221	151995	17867

教育事业费和基本建设支出明细(中央)

单位:千元

公用部分	商品和服务支出	其他资本性支出			基本建设支出
			专项公用支出	专项项目支出	
55769793	**38519695**	**17250098**	**11386329**	**5863769**	**5634254**
46162646	30480839	15681807	10727297	4954510	5245074
46149047	30467740	15681307	10726797	4954510	5243074
45847618	30303533	15544085	10639981	4904104	5243074
301429	164207	137222	86816	50406	
13599	13099	500	500		2000
196992	132387	64605	45069	19536	49130
161286	100216	61070	41534	19536	49130
5008	4107	901	901		
13998	11573	2425	2425		
16700	16491	209	209		
962660	554838	407822	122526	285296	107886
962660	554838	407822	122526	285296	107886
486063	287345	198718	61748	136970	28526
124447	60448	63999	22066	41933	18798
476597	267493	209104	60778	148326	79360
367968	188383	179585	44391	135194	76519
776693	413262	363431	91741	271690	104324
776693	413262	363431	91741	271690	104324
583555	297612	285943	71879	214064	103673
165150	19700	145450	10738	134712	73000
142585	6948	135637	6357	129280	64280
57837	46052	11785	11785		
6755936	6381765	374171	353085	21086	8910
691879	490852	201027	24088	176939	45930

1-24 各级各类教育机构公共财政预算

学校类别	合计	事业费支出	个人部分	工资福利支出	对个人和家庭的补助支出	#助学金
总计	**1851885698**	**1798898239**	**1106572412**	**790194752**	**316377660**	**84474871**
一、高等学校	287898076	279008754	132531860	81555098	50976762	23742653
1.普通高等学校	280501182	271686889	128343180	78737120	49606060	23478348
高等本科学校	211779040	206006950	93877732	57428055	36449677	16573116
高职高专学校	68722142	65679939	34465448	21309065	13156383	6905232
2.成人高等学校	7396894	7321865	4188680	2817978	1370702	264305
二、中等职业学校	125180425	118174202	70081648	45457263	24624385	11301206
1.中等专业学校	57532710	53966482	31748993	19708569	12040424	5707253
2.职业高中	49111229	46111679	27152064	18379525	8772539	4169864
#农村	6057413	5740839	3346752	2439142	907610	496536
3.技工学校	12596895	12182290	7006987	4376974	2630013	1281198
4.成人中专学校	5939591	5913751	4173604	2992195	1181409	142891
三、中学	599225954	580553079	392195870	296750768	95445102	25692252
1.普通中学	598686854	580013979	391907418	296515428	95391990	25692194
普通高中	195334157	188680620	127308767	98313169	28995598	7742390
#农村	28671871	28022264	19636694	15568719	4067975	1256228
普通初中	403352697	391333359	264598651	198202259	66396392	17949804
#农村	231524068	224957013	152124960	113415840	38709120	12694022
2.成人中学	539100	539100	288452	235340	53112	58
四、小学	631454336	620317784	433362586	309352811	124009775	21631645
1.普通小学	631421652	620285100	433333996	309326139	124007857	21631522
#农村	410053144	403100543	286527235	202909882	83617353	17154748
2.成人小学	32684	32684	28590	26672	1918	123
五、特殊教育	7277025	7118730	4524579	3421339	1103240	153044
1.特殊教育学校	7005493	6848878	4359594	3301407	1058187	148673
2.工读学校	271532	269852	164985	119932	45053	4371
六、幼儿园	67210141	64627731	34116571	27130799	6985772	1946987
#农村	29357168	27736067	12115891	9839034	2276857	1182972
七、教育行政单位	23807358	22841978	10729961	7125436	3604525	
八、教育事业单位	48648489	47626505	19701426	12983338	6718088	
九、其 他	61183894	58629476	9327911	6417900	2910011	7084

教育事业费和基本建设支出明细(地方)

单位:千元

公用部分	商品和服务支出	其他资本性支出	专项公用支出	专项项目支出	基本建设支出
692325827	**313708694**	**378617133**	**117194859**	**261422274**	**52987459**
146476894	73862052	72614842	36251667	36363175	8889322
143343709	72463112	70880597	35655602	35224995	8814293
112129218	57620460	54508758	28331143	26177615	5772090
31214491	14842652	16371839	7324459	9047380	3042203
3133185	1398940	1734245	596065	1138180	75029
48092554	21910373	26182181	8363464	17818717	7006223
22217489	10306768	11910721	3810691	8100030	3566228
18959615	7645420	11314195	3075318	8238877	2999550
2394087	1015225	1378862	346326	1032536	316574
5175303	2778184	2397119	1299135	1097984	414605
1740147	1180001	560146	178320	381826	25840
188357209	83395571	104961638	24910750	80050888	18672875
188106561	83307338	104799223	24905396	79893827	18672875
61371853	23229966	38141887	8171569	29970318	6653537
8385570	3056198	5329372	1092658	4236714	649607
126734708	60077372	66657336	16733827	49923509	12019338
72832053	34209793	38622260	8936534	29685726	6567055
250648	88233	162415	5354	157061	
186955198	90617082	96338116	23842146	72495970	11136552
186951104	90613236	96337868	23842047	72495821	11136552
116573308	55989394	60583914	13681696	46902218	6952601
4094	3846	248	99	149	
2594151	1315033	1279118	446293	832825	158295
2489284	1258783	1230501	429154	801347	156615
104867	56250	48617	17139	31478	1680
30511160	9655782	20855378	3682562	17172816	2582410
15620176	3698890	11921286	1776012	10145274	1621101
12112017	7611367	4500650	1585397	2915253	965380
27925079	11947266	15977813	4397428	11580385	1021984
49301565	13394168	35907397	13715152	22192245	2554418

1-25 各级各类教育机构公共财政预算

学校类别	合计	事业费支出	个人部分	工资福利支出	对个人和家庭的补助支出	#助学金
总计	**1946188940**	**1888084385**	**1153705048**	**818470089**	**335234959**	**89265679**
一、高等学校	387762256	373672950	184983989	111453810	73530179	32274200
1.普通高等学校	380415493	366401216	180775362	108636495	72138867	32013009
高等本科学校	313847006	302874932	147419551	87492451	59927100	25964119
高职高专学校	66568487	63526284	33355811	21144044	12211767	6048890
2.成人高等学校	7346763	7271734	4208627	2817315	1391312	261191
二、中等职业学校	121253077	114290224	67736383	44807579	22928804	9830817
1.中等专业学校	55570850	51985492	30639780	19379775	11260005	5045355
2.职业高中	47813790	44876740	26331727	18203574	8128153	3575923
#农村	5878730	5574656	3240805	2401219	839586	429726
3.技工学校	12014169	11599564	6658202	4241414	2416788	1121024
4.成人中专学校	5854268	5828428	4106674	2982816	1123858	88515
三、中学	596351101	577650021	390978245	296400268	94577977	24745000
1.普通中学	595812001	577110921	390689793	296164928	94524865	24744942
普通高中	195066374	188394793	127247659	98493271	28754388	7403330
#农村	28873445	28213968	19812407	15755853	4056554	1216733
普通初中	400745627	388716128	263442134	197671657	65770477	17341612
#农村	231265865	224688626	152159758	113603241	38556517	12505904
2.成人中学	539100	539100	288452	235340	53112	58
四、小学	628721466	617570009	432489100	309138797	123350303	20939849
1.普通小学	628688782	617537325	432460510	309112125	123348385	20939726
#农村	409349890	402382353	286537025	203229566	83307459	16794801
2.成人小学	32684	32684	28590	26672	1918	123
五、特殊教育	7229064	7100769	4516350	3415976	1100374	150356
1.特殊教育学校	6957532	6830917	4351365	3296044	1055321	145985
2.工读学校	271532	269852	164985	119932	45053	4371
六、幼儿园	63166730	60645858	32634087	26383858	6250229	1300506
#农村	27511875	25907293	11502411	9584240	1918171	841064
七、教育行政单位	23896483	22931103	10782407	7177723	3604684	
八、教育事业单位	55701116	54670222	19995886	13141122	6854764	
九、其他	62107647	59553229	9588601	6550956	3037645	24951

教育事业费和基本建设支出明细(全国教育和其他部门)

单位:千元

公用部分	商品和服务支出	其他资本性支出	专项公用支出	专项项目支出	基本建设支出
734379337	**345201366**	**389177971**	**126477861**	**262700110**	**58104555**
188688961	103377106	85311855	46306364	39005491	14089306
185625854	101971744	83654110	45786799	37867311	14014277
155455381	87456703	67998678	38618431	29380247	10972074
30170473	14515041	15655432	7168368	8487064	3042203
3063107	1405362	1657745	519565	1138180	75029
46553841	20972461	25581380	8155784	17425596	6962853
21345712	9920546	11425166	3677159	7748007	3585358
18545013	7317195	11227818	3024588	8203230	2937050
2333851	974463	1359388	338234	1021154	304074
4941362	2570953	2370409	1277676	1092733	414605
1721754	1163767	557987	176361	381626	25840
186671776	82035811	104635965	24771728	79864237	18701080
186421128	81947578	104473550	24766374	79707176	18701080
61147134	23010420	38136714	8160488	29976226	6671581
8401561	3065894	5335667	1097390	4238277	659477
125273994	58937158	66336836	16605886	49730950	12029499
72528868	34011074	38517794	8916404	29601390	6577239
250648	88233	162415	5354	157061	
185080909	89208877	95872032	23615746	72256286	11151457
185076815	89205031	95871784	23615647	72256137	11151457
115845328	55502338	60342990	13624145	46718845	6967537
4094	3846	248	99	149	
2584419	1306771	1277648	445895	831753	128295
2479552	1250521	1229031	428756	800275	126615
104867	56250	48617	17139	31478	1680
28011771	8470139	19541632	3110095	16431537	2520872
14404882	3238632	11166250	1489286	9676964	1604582
12148696	7646465	4502231	1586978	2915253	965380
34674336	18323398	16350938	4749467	11601471	1030894
49964628	13860338	36104290	13735804	22368486	2554418

1-26 各级各类教育机构公共财政预算

学校类别	合计	事业费支出	个人部分	工资福利支出	对个人和家庭的补助支出	#助学金
总计	**118457339**	**113176105**	**58983863**	**32623344**	**26360519**	**11573376**
一、高等学校	107288740	102078756	56259601	30543168	25716433	11535137
1.普通高等学校	107247117	102037133	56227898	30535203	25692695	11535137
高等本科学校	106662322	101452338	55918994	30304599	25614395	11486126
高职高专学校	584795	584795	308904	230604	78300	49011
2.成人高等学校	41623	41623	31703	7965	23738	
二、中等职业学校	205433	186303	104065	75348	28717	4501
1.中等专业学校	184731	165601	85832	62278	23554	4054
2.职业高中	20702	20702	18233	13070	5163	447
#农村						
3.技工学校						
4.成人中专学校						
三、中学	1841350	1813076	1270649	1039737	230912	15754
1.普通中学	1841350	1813076	1270649	1039737	230912	15754
普通高中	1174221	1156131	791923	638358	153565	14441
#农村	404074	394204	310333	266619	43714	9770
普通初中	667129	656945	478726	401379	77347	1313
#农村	507306	497122	379347	325198	54149	332
2.成人中学						
四、小学	1038960	1024024	727165	607260	119905	40
1.普通小学	1038960	1024024	727165	607260	119905	40
#农村	735318	720382	550445	471459	78986	
2.成人小学						
五、特殊教育						
1.特殊教育学校						
2.工读学校						
六、幼儿园	17351	17351	14787	14704	83	77
#农村						
七、教育行政单位	89125	89125	52446	52287	159	
八、教育事业单位	7052627	7043717	294460	157784	136676	
九、其他	923753	923753	260690	133056	127634	17867

教育事业费和基本建设支出明细(中央教育和其他部门)

单位:千元

公用部分	商品和服务支出	其他资本性支出	专项公用支出	专项项目支出	基本建设支出
54192242	**37697078**	**16495164**	**11171371**	**5323793**	**5281234**
45819155	30246802	15572353	10637542	4934811	5209984
45809235	30236882	15572353	10637542	4934811	5209984
45533344	30093614	15439730	10554115	4885615	5209984
275891	143268	132623	83427	49196	
9920	9920				
82238	45835	36403	32625	3778	19130
79769	44153	35616	31838	3778	19130
2469	1682	787	787		
542427	338783	203644	83004	120640	28274
542427	338783	203644	83004	120640	28274
364208	214197	150011	50100	99911	18090
83871	43602	40269	20269	20000	9870
178219	124586	53633	32904	20729	10184
117775	82683	35092	22524	12568	10184
296859	186570	110289	43752	66537	14936
296859	186570	110289	43752	66537	14936
169937	119889	50048	31616	18432	14936
2564	1688	876	176	700	
36679	35098	1581	1581		
6749257	6376132	373125	352039	21086	8910
663063	466170	196893	20652	176241	

1-27 各级各类教育机构公共财政预算

学校类别	合计	事业费支出	个人部分	工资福利支出	对个人和家庭的补助支出	#助学金
总计	**1827731601**	**1774908280**	**1094721185**	**785846745**	**308874440**	**77692303**
一、高等学校	280473516	271594194	128724388	80910642	47813746	20739063
1.普通高等学校	273168376	264364083	124547464	78101292	46446172	20477872
高等本科学校	207184684	201422594	91500557	57187852	34312705	14477993
高职高专学校	65983692	62941489	33046907	20913440	12133467	5999879
2.成人高等学校	7305140	7230111	4176924	2809350	1367574	261191
二、中等职业学校	121047644	114103921	67632318	44732231	22900087	9826316
1.中等专业学校	55386119	51819891	30553948	19317497	11236451	5041301
2.职业高中	47793088	44856038	26313494	18190504	8122990	3575476
#农村	5878730	5574656	3240805	2401219	839586	429726
3.技工学校	12014169	11599564	6658202	4241414	2416788	1121024
4.成人中专学校	5854268	5828428	4106674	2982816	1123858	88515
三、中学	594509751	575836945	389707596	295360531	94347065	24729246
1.普通中学	593970651	575297845	389419144	295125191	94293953	24729188
普通高中	193892153	187238662	126455736	97854913	28600823	7388889
#农村	28469371	27819764	19502074	15489234	4012840	1206963
普通初中	400078498	388059183	262963408	197270278	65693130	17340299
#农村	230758559	224191504	151780411	113278043	38502368	12505572
2.成人中学	539100	539100	288452	235340	53112	58
四、小学	627682506	616545985	431761935	308531537	123230398	20939809
1.普通小学	627649822	616513301	431733345	308504865	123228480	20939686
#农村	408614572	401661971	285986580	202758107	83228473	16794801
2.成人小学	32684	32684	28590	26672	1918	123
五、特殊教育	7229064	7100769	4516350	3415976	1100374	150356
1.特殊教育学校	6957532	6830917	4351365	3296044	1055321	145985
2.工读学校	271532	269852	164985	119932	45053	4371
六、幼儿园	63149379	60628507	32619300	26369154	6250146	1300429
#农村	27511875	25907293	11502411	9584240	1918171	841064
七、教育行政单位	23807358	22841978	10729961	7125436	3604525	
八、教育事业单位	48648489	47626505	19701426	12983338	6718088	
九、其他	61183894	58629476	9327911	6417900	2910011	7084

教育事业费和基本建设支出明细(地方教育和其他部门)

单位:千元

公用部分	商品和服务支出	其他资本性支出	专项公用支出	专项项目支出	基本建设支出
680187095	**307504288**	**372682807**	**115306490**	**257376317**	**52823321**
142869806	73130304	69739502	35668822	34070680	8879322
139816619	71734862	68081757	35149257	32932500	8804293
109922037	57363089	52558948	28064316	24494632	5762090
29894582	14371773	15522809	7084941	8437868	3042203
3053187	1395442	1657745	519565	1138180	75029
46471603	20926626	25544977	8123159	17421818	6943723
21265943	9876393	11389550	3645321	7744229	3566228
18542544	7315513	11227031	3023801	8203230	2937050
2333851	974463	1359388	338234	1021154	304074
4941362	2570953	2370409	1277676	1092733	414605
1721754	1163767	557987	176361	381626	25840
186129349	81697028	104432321	24688724	79743597	18672806
185878701	81608795	104269906	24683370	79586536	18672806
60782926	22796223	37986703	8110388	29876315	6653491
8317690	3022292	5295398	1077121	4218277	649607
125095775	58812572	66283203	16572982	49710221	12019315
72411093	33928391	38482702	8893880	29588822	6567055
250648	88233	162415	5354	157061	
184784050	89022307	95761743	23571994	72189749	11136521
184779956	89018461	95761495	23571895	72189600	11136521
115675391	55382449	60292942	13592529	46700413	6952601
4094	3846	248	99	149	
2584419	1306771	1277648	445895	831753	128295
2479552	1250521	1229031	428756	800275	126615
104867	56250	48617	17139	31478	1680
28009207	8468451	19540756	3109919	16430837	2520872
14404882	3238632	11166250	1489286	9676964	1604582
12112017	7611367	4500650	1585397	2915253	965380
27925079	11947266	15977813	4397428	11580385	1021984
49301565	13394168	35907397	13715152	22192245	2554418

1-28 各级各类教育机构公共财政预算

学校类别	合 计	事业费支出	个人部分	工资福利支出	对个人和家庭的补助支出	#助学金
总 计	**9188111**	**8803551**	**5091887**	**3377909**	**1713978**	**741527**
一、高等学校	2939820	2904730	1207598	666254	541344	256167
1.普通高等学校	2896555	2863465	1173510	641569	531941	252635
高等本科学校	1814549	1781459	596631	362641	233990	72786
高职高专学校	1082006	1082006	576879	278928	297951	179849
2.成人高等学校	43265	41265	34088	24685	9403	3532
二、中等职业学校	1446414	1416414	816819	400940	415879	241265
1.中等专业学校	1029300	999300	536540	268395	268145	154458
2.职业高中	35155	35155	20773	7742	13031	12714
#农村	8138	8138	6151	4758	1393	1393
3.技工学校	335203	335203	234477	114234	120243	64296
4.成人中专学校	46756	46756	25029	10569	14460	9797
三、中学	2123445	2043833	1441556	1097438	344118	99605
1.普通中学	2123445	2043833	1441556	1097438	344118	99605
普通高中	746602	736166	494609	369289	125320	40093
#农村	170806	161878	121287	95865	25422	10164
普通初中	1376843	1307667	946947	728149	218798	59512
#农村	999505	933170	657481	496102	161379	50877
2.成人中学						
四、小学	2047066	1957678	1400215	1081136	319079	99223
1.普通小学	2047066	1957678	1400215	1081136	319079	99223
#农村	1578373	1489636	1040825	793413	247412	85189
2.成人小学						
五、特殊教育						
1.特殊教育学校						
2.工读学校						
六、幼儿园	425050	320510	121966	65010	56956	45267
#农村	272652	208372	57737	30277	27460	25940
七、教育行政单位	41776	41776	20618	14174	6444	
八、教育事业单位	27268	27268	20589	14792	5797	
九、其 他	137272	91342	62526	38165	24361	

教育事业费和基本建设支出明细(企业办)

单位:千元

公用部分	商品和服务支出	其他资本性支出	专项公用支出	专项项目支出	基本建设支出
3711664	**1332895**	**2378769**	**390951**	**1987818**	**384560**
1697132	393823	1303309	174371	1128938	35090
1689955	387146	1302809	173871	1128938	33090
1184828	211535	973293	85866	887427	33090
505127	175611	329516	88005	241511	
7177	6677	500	500		2000
599595	246348	353247	82488	270759	30000
462760	136463	326297	59112	267185	30000
14382	11370	3012	3012		
1987	1787	200	200		
100726	78027	22699	19125	3574	
21727	20488	1239	1239		
602277	356978	245299	47025	198274	79612
602277	356978	245299	47025	198274	79612
241557	188798	52759	14413	38346	10436
40591	16861	23730	1797	21933	8928
360720	168180	192540	32612	159928	69176
275689	106693	168996	22147	146849	66335
557463	258552	298911	52775	246136	89388
557463	258552	298911	52775	246136	89388
448811	180377	268434	40793	227641	88737
198544	35925	162619	19606	143013	104540
150635	9065	141570	9030	132540	64280
21158	10954	10204	10204		
6679	5633	1046	1046		
28816	24682	4134	3436	698	45930

1-29 各级各类教育机构公共财政预算

学校类别	合计	事业费支出	个人部分	工资福利支出	对个人和家庭的补助支出	#助学金
总计	**5606812**	**5253792**	**3676241**	**2610085**	**1066156**	**349327**
一、高等学校	1090765	1055675	712184	421859	290325	97673
1.普通高等学校	1062754	1029664	689852	405802	284050	97255
高等本科学校	923040	889950	575676	360598	215078	53874
高职高专学校	139714	139714	114176	45204	68972	43381
2.成人高等学校	28011	26011	22332	16057	6275	418
二、中等职业学校	333260	303260	188506	111232	77274	45547
1.中等专业学校	237064	207064	125547	76410	49137	28397
2.职业高中	5235	5235	2696	2665	31	31
#农村						
3.技工学校	56853	56853	42855	25213	17642	8207
4.成人中专学校	34108	34108	17408	6944	10464	8912
三、中学	1813300	1733688	1313455	988006	325449	90522
1.普通中学	1813300	1733688	1313455	988006	325449	90522
普通高中	594957	584521	462666	344936	117730	34086
#农村	170573	161645	121069	95865	25204	9946
普通初中	1218343	1149167	850789	643070	207719	56436
#农村	973846	907511	657318	496102	161216	50714
2.成人中学						
四、小学	1836591	1747203	1267369	967276	300093	89591
1.普通小学	1836591	1747203	1267369	967276	300093	89591
#农村	1539430	1450693	1037075	791761	245314	83494
2.成人小学						
五、特殊教育						
1.特殊教育学校						
2.工读学校						
六、幼儿园	326580	253580	90994	54581	36413	25994
#农村	260248	195968	53383	26881	26502	25185
七、教育行政单位	41776	41776	20618	14174	6444	
八、教育事业单位	27268	27268	20589	14792	5797	
九、其他	137272	91342	62526	38165	24361	

教育事业费和基本建设支出明细(中央企业办)

单位:千元

公用部分	商品和服务支出	其他资本性支出	专项公用支出	专项项目支出	基本建设支出
1577551	**822617**	**754934**	**214958**	**539976**	**353020**
343491	234037	109454	89755	19699	35090
339812	230858	108954	89255	19699	33090
314274	209919	104355	85866	18489	33090
25538	20939	4599	3389	1210	
3679	3179	500	500		2000
114754	86552	28202	12444	15758	30000
81517	56063	25454	9696	15758	30000
2539	2425	114	114		
13998	11573	2425	2425		
16700	16491	209	209		
420233	216055	204178	39522	164656	79612
420233	216055	204178	39522	164656	79612
121855	73148	48707	11648	37059	10436
40576	16846	23730	1797	21933	8928
298378	142907	155471	27874	127597	69176
250193	105700	144493	21867	122626	66335
479834	226692	253142	47989	205153	89388
479834	226692	253142	47989	205153	89388
413618	177723	235895	40263	195632	88737
162586	18012	144574	10562	134012	73000
142585	6948	135637	6357	129280	64280
21158	10954	10204	10204		
6679	5633	1046	1046		
28816	24682	4134	3436	698	45930

1-30 各级各类教育机构公共财政预算

学校类别	合计	事业费支出	个人部分	工资福利支出	对个人和家庭的补助支出	#助学金
总计	**3581299**	**3549759**	**1415646**	**767824**	**647822**	**392200**
一、高等学校	1849055	1849055	495414	244395	251019	158494
1.普通高等学校	1833801	1833801	483658	235767	247891	155380
高等本科学校	891509	891509	20955	2043	18912	18912
高职高专学校	942292	942292	462703	233724	228979	136468
2.成人高等学校	15254	15254	11756	8628	3128	3114
二、中等职业学校	1113154	1113154	628313	289708	338605	195718
1.中等专业学校	792236	792236	410993	191985	219008	126061
2.职业高中	29920	29920	18077	5077	13000	12683
#农村	8138	8138	6151	4758	1393	1393
3.技工学校	278350	278350	191622	89021	102601	56089
4.成人中专学校	12648	12648	7621	3625	3996	885
三、中学	310145	310145	128101	109432	18669	9083
1.普通中学	310145	310145	128101	109432	18669	9083
普通高中	151645	151645	31943	24353	7590	6007
#农村	233	233	218		218	218
普通初中	158500	158500	96158	85079	11079	3076
#农村	25659	25659	163		163	163
2.成人中学						
四、小学	210475	210475	132846	113860	18986	9632
1.普通小学	210475	210475	132846	113860	18986	9632
#农村	38943	38943	3750	1652	2098	1695
2.成人小学						
五、特殊教育						
1.特殊教育学校						
2.工读学校						
六、幼儿园	98470	66930	30972	10429	20543	19273
#农村	12404	12404	4354	3396	958	755
七、教育行政单位						
八、教育事业单位						
九、其他						

教育事业费和基本建设支出明细(地方企业办)

单位:千元

公用部分	商品和服务支出	其他资本性支出			基本建设支出
			专项公用支出	专项项目支出	
2134113	**510278**	**1623835**	**175993**	**1447842**	**31540**
1353641	159786	1193855	84616	1109239	
1350143	156288	1193855	84616	1109239	
870554	1616	868938		868938	
479589	154672	324917	84616	240301	
3498	3498				
484841	159796	325045	70044	255001	
381243	80400	300843	49416	251427	
11843	8945	2898	2898		
1987	1787	200	200		
86728	66454	20274	16700	3574	
5027	3997	1030	1030		
182044	140923	41121	7503	33618	
182044	140923	41121	7503	33618	
119702	115650	4052	2765	1287	
15	15				
62342	25273	37069	4738	32331	
25496	993	24503	280	24223	
77629	31860	45769	4786	40983	
77629	31860	45769	4786	40983	
35193	2654	32539	530	32009	
35958	17913	18045	9044	9001	31540
8050	2117	5933	2673	3260	

1-31 各级各类教育机构公共财政预算

学校类别	合 计	事业费支出	个人部分	工资福利支出	对个人和家庭的补助支出	#助学金
总 计	**20572798**	**20440200**	**10435581**	**3580183**	**6855398**	**6390368**
一、高等学校	5575505	5565505	3312058	400061	2911997	2845096
1.普通高等学校	5499005	5489005	3312058	400061	2911997	2845096
高等本科学校	3702847	3692847	2356220	238160	2118060	2076211
高职高专学校	1796158	1796158	955838	161901	793937	768885
2.成人高等学校	76500	76500				
二、中等职业学校	3019627	2957127	1821017	435324	1385693	1279172
1.中等专业学校	1354355	1354355	784052	199087	584965	539891
2.职业高中	1288221	1225721	820493	183944	636549	581705
#农村	170545	158045	99796	33165	66631	65417
3.技工学校	304376	304376	157163	46539	110624	104085
4.成人中专学校	72675	72675	59309	5754	53555	53491
三、中学	4406058	4405989	2360173	1280805	1079368	953923
1.普通中学	4406058	4405989	2360173	1280805	1079368	953923
普通高中	1290359	1290313	821088	433903	387185	347494
#农村	202267	202267	134402	79485	54917	49047
普通初中	3115699	3115676	1539085	846902	692183	606429
#农村	739850	739850	344386	137797	206589	188287
2.成人中学						
四、小学	3561355	3561324	1467805	707414	760391	682204
1.普通小学	3561355	3561324	1467805	707414	760391	682204
#农村	1399629	1399629	536905	150123	386782	358252
2.成人小学						
五、特殊教育	47961	17961	8229	5363	2866	2688
1.特殊教育学校	47961	17961	8229	5363	2866	2688
2.工读学校						
六、幼儿园	3962292	3932294	1466299	751216	715083	627285
#农村	1832889	1816370	609126	251398	357728	341153
七、教育行政单位						
八、教育事业单位						
九、其 他						

教育事业费和基本建设支出明细(民办)

单位:千元

公用部分	商品和服务支出	其他资本性支出	专项公用支出	专项项目支出	基本建设支出
10004619	**5694128**	**4310491**	**1712376**	**2598115**	**132598**
2253447	571962	1681485	498229	1183256	10000
2176947	571962	1604985	421729	1183256	10000
1336627	255755	1080872	266827	814045	10000
840320	316207	524113	154902	369211	
76500		76500	76500		
1136110	823951	312159	170261	141898	62500
570303	349975	220328	115954	104374	
405228	320962	84266	48619	35647	62500
58249	38975	19274	7892	11382	12500
147213	140777	6436	4759	1677	
13366	12237	1129	929	200	
2045816	1557620	488196	214523	273673	69
2045816	1557620	488196	214523	273673	69
469225	318093	151132	58416	92716	46
67865	33891	33974	15537	18437	
1576591	1239527	337064	156107	180957	23
395464	280409	115055	42374	72681	
2093519	1562915	530604	265366	265238	31
2093519	1562915	530604	265366	265238	31
862724	604291	258433	88637	169796	
9732	8262	1470	398	1072	30000
9732	8262	1470	398	1072	30000
2465995	1169418	1296577	563599	732978	29998
1207244	458141	749103	284053	465050	16519

1-32 各级学校生均教育经费支出（全国教育和其他部门）

单位：元

学校类别	教育经费支出	事业性经费支出	个人部分	公用部分	基本建设支出
总计	**12801.85**	**12492.94**	**6711.75**	**5781.20**	**308.91**
一、高等学校	25434.44	24728.93	10770.29	13958.64	705.51
1.普通高等学校	26086.47	25351.25	11030.24	14321.01	735.22
高等本科学校	29533.45	28707.05	12389.21	16317.84	826.40
高职高专学校	16845.12	16354.34	7386.83	8967.51	490.78
2.成人高等学校	11821.66	11736.42	5343.21	6393.21	85.24
二、中等职业学校	13925.94	13319.30	6447.06	6872.23	606.65
1.中等专业学校	14567.07	13899.67	6556.49	7343.18	667.40
2.职业高中	13301.83	12715.08	6070.49	6644.60	586.75
#农村	10791.75	10383.08	4853.87	5529.21	408.67
3.技工学校	11239.93	10694.49	5410.84	5283.65	545.44
4.成人中专学校	25431.48	25349.74	15686.49	9663.25	81.74
三、中学	11968.16	11672.37	6944.55	4727.83	295.79
1.普通中学	11963.84	11667.87	6943.72	4724.15	295.97
普通高中	12909.53	12601.17	6927.26	5673.92	308.36
#农村	11023.33	10840.68	6300.57	4540.10	182.65
普通初中	11461.55	11172.16	6952.46	4219.70	289.39
#农村	11002.97	10731.43	6819.38	3912.05	271.54
2.成人中学	18998.30	18998.30	8291.81	10706.49	
四、小学	8406.59	8278.61	5438.97	2839.64	127.98
1.普通小学	8407.01	8279.02	5439.16	2839.86	127.99
#农村	8159.06	8037.49	5484.07	2553.42	121.57
2.成人小学	4067.07	4067.07	3514.99	552.08	
五、特殊教育	49813.03	49133.11	26494.20	22638.91	679.92
1.特殊教育学校	49375.48	48681.39	26314.20	22367.19	694.09
2.工读学校	62536.90	62269.09	31728.52	30540.57	267.81
六、幼儿园	6516.85	6350.24	2987.84	3362.41	166.61
#农村	4225.08	4061.21	1607.53	2453.68	163.86

1-33　各级学校生均公共财政预算教育经费支出（全国教育和其他部门）

单位:元

地　区	公共财政预算教育经费支出	事业费支出	个人部分	公用部分	基本建设支出
总　计	**9412.72**	**9131.70**	**5579.88**	**3551.82**	**281.02**
一、高等学校	16194.04	15605.63	7725.45	7880.18	588.41
1.普通高等学校	16188.08	15591.72	7692.66	7899.07	596.36
高等本科学校	18663.95	18011.46	8766.79	9244.67	652.49
高职高专学校	9959.31	9504.17	4990.36	4513.81	455.14
2.成人高等学校	16508.28	16339.69	9456.84	6882.85	168.59
二、中等职业学校	9319.82	8784.64	5206.39	3578.25	535.18
1.中等专业学校	9238.27	8642.23	5093.65	3548.58	596.04
2.职业高中	9437.94	8858.20	5197.61	3660.59	579.74
#农村	7550.68	7160.12	4162.51	2997.61	390.55
3.技工学校	7449.65	7192.57	4128.57	3064.00	257.09
4.成人中专学校	18519.66	18437.92	12991.24	5446.68	81.74
三、中学	9270.91	8980.18	6078.17	2902.01	290.73
1.普通中学	9268.22	8977.31	6077.42	2899.89	290.91
普通高中	8747.31	8448.14	5706.13	2742.01	299.17
#农村	7704.90	7528.92	5286.96	2241.96	175.98
普通初中	9544.89	9258.37	6274.62	2983.75	286.52
#农村	9464.96	9195.77	6227.40	2968.37	269.18
2.成人中学	13651.21	13651.21	7304.25	6346.97	
四、小学	7026.08	6901.46	4833.15	2068.31	124.62
1.普通小学	7026.40	6901.77	4833.30	2068.47	124.63
#农村	6973.66	6854.96	4881.42	1973.53	118.70
2.成人小学	3753.76	3753.76	3283.56	470.20	
五、特殊教育	38311.65	37631.73	23935.16	13696.57	679.92
1.特殊教育学校	38140.60	37446.51	23853.81	13592.69	694.09
2.工读学校	43285.83	43018.01	26300.81	16717.20	267.81
六、幼儿园	4042.15	3880.84	2088.31	1792.52	161.32
#农村	2758.27	2597.40	1153.20	1444.20	160.87

1-34 各级学校生均教育经费支出（中央教育和其他部门）

单位:元

学校类别	教育经费支出	事业性经费支出			基本建设支出
			个人部分	公用部分	
总 计	**47153.43**	**45307.02**	**18078.19**	**27228.83**	**1846.42**
一、高等学校	46105.77	44161.36	18283.53	25877.83	1944.41
1.普通高等学校	46089.08	44142.22	18280.68	25861.54	1946.86
高等本科学校	46523.73	44546.72	18438.39	26108.33	1977.01
高职高专学校	18018.97	18018.97	8095.58	9923.39	
2.成人高等学校	-	-	-	-	-
二、中等职业学校	30094.29	28035.09	15329.17	12705.92	2059.20
1.中等专业学校	30879.67	28575.40	14929.66	13645.75	2304.26
2.职业高中	23494.94	23494.94	18686.23	4808.70	
#农村					
3.技工学校					
4.成人中专学校					
三、中 学	22839.40	22621.74	13713.05	8908.69	217.66
1.普通中学	22839.40	22621.74	13713.05	8908.69	217.66
普通高中	27932.75	27673.29	15844.38	11828.91	259.46
#农村	21528.06	21231.87	13017.86	8214.02	296.18
普通初中	16937.80	16768.55	11243.49	5525.06	169.24
#农村	14457.53	14249.90	10549.38	3700.52	207.63
2.成人中学					
四、小 学	13705.92	13560.34	9571.85	3988.49	145.58
1.普通小学	13705.92	13560.34	9571.85	3988.49	145.58
#农村	13414.69	13220.51	9799.59	3420.93	194.17
2.成人小学					
五、特殊教育					
1.特殊教育学校					
2.工读学校					
六、幼儿园	11001.21	11001.21	7868.38	3132.83	
#农村	6381.38	6381.38	5705.71	675.68	

1-35　各级学校生均公共财政预算教育经费支出（中央教育和其他部门）

单位:元

地　区	公共财政预算教育经费支出	事业费支出	个人部分	公用部分	基本建设支出
总　计	**26130.88**	**24965.87**	**13011.44**	**11954.44**	**1165.00**
一、高等学校	25279.50	24051.91	13255.95	10795.96	1227.58
1.普通高等学校	25269.69	24042.11	13248.48	10793.62	1227.58
高等本科学校	25556.09	24307.78	13398.08	10909.70	1248.30
高职高专学校	8301.44	8301.44	4385.04	3916.40	
2.成人高等学校	–	–	–	–	–
二、中等职业学校	22113.35	20054.14	11201.83	8852.31	2059.20
1.中等专业学校	22251.39	19947.12	10338.71	9608.41	2304.26
2.职业高中	20953.44	20953.44	18454.45	2498.99	
#农村					
3.技工学校					
4.成人中专学校					
三、中学	14175.46	13957.80	9781.97	4175.82	217.66
1.普通中学	14175.46	13957.80	9781.97	4175.82	217.66
普通高中	16841.23	16581.77	11358.13	5223.64	259.46
#农村	12125.62	11829.43	9312.60	2516.83	296.18
普通初中	11086.67	10917.42	7955.70	2961.73	169.24
#农村	10343.05	10135.42	7734.20	2401.22	207.63
2.成人中学					
四、小学	10126.51	9980.94	7087.52	2893.42	145.58
1.普通小学	10126.51	9980.94	7087.52	2893.42	145.58
#农村	9559.39	9365.22	7155.98	2209.24	194.17
2.成人小学					
五、特殊教育					
1.特殊教育学校					
2.工读学校					
六、幼儿园	382.85	382.85	326.27	56.57	
#农村					

1-36 各级学校生均教育经费支出（地方教育和其他部门）

单位:元

学校类别	教育经费支出	事业性经费支出			基本建设支出
			个人部分	公用部分	
总　计	**11961.06**	**11689.78**	**6433.54**	**5256.24**	**271.27**
一、高等学校	21032.25	20590.57	9170.26	11420.31	441.67
1.普通高等学校	21583.62	21121.15	9398.07	11723.08	462.46
高等本科学校	23917.06	23471.02	10389.57	13081.45	446.05
高职高专学校	16832.88	16336.99	7379.44	8957.55	495.89
2.成人高等学校	11590.43	11504.78	5269.22	6235.56	85.66
二、中等职业学校	13914.39	13308.78	6440.72	6868.06	605.61
1.中等专业学校	14544.52	13879.39	6544.92	7334.47	665.13
2.职业高中	13299.84	12712.98	6068.03	6644.95	586.86
#农村	10791.75	10383.08	4853.87	5529.21	408.67
3.技工学校	11239.93	10694.49	5410.84	5283.65	545.44
4.成人中专学校	25431.48	25349.74	15686.49	9663.25	81.74
三、中　学	11946.16	11650.22	6930.85	4719.37	295.95
1.普通中学	11941.82	11645.69	6930.01	4715.68	296.13
普通高中	12862.41	12553.90	6899.29	5654.61	308.51
#农村	10929.07	10747.44	6240.31	4507.14	181.63
普通初中	11453.69	11164.13	6946.31	4217.82	289.56
#农村	10996.02	10724.35	6811.88	3912.48	271.67
2.成人中学	18998.30	18998.30	8291.81	10706.49	
四、小学	8400.51	8272.55	5434.23	2838.32	127.96
1.普通小学	8400.93	8272.96	5434.41	2838.54	127.97
#农村	8152.16	8030.69	5478.41	2552.28	121.47
2.成人小学	4067.07	4067.07	3514.99	552.08	
五、特殊教育	49813.03	49133.11	26494.20	22638.91	679.92
1.特殊教育学校	49375.48	48681.39	26314.20	22367.19	694.09
2.工读学校	62536.90	62269.09	31728.52	30540.57	267.81
六、幼儿园	6503.81	6336.72	2973.64	3363.08	167.09
#农村	4224.93	4061.06	1607.26	2453.80	163.88

1-37 各级学校生均公共财政预算教育经费支出（地方教育和其他部门）

单位:元

地区	公共财政预算教育经费支出	事业费支出	个人部分	公用部分	基本建设支出
总计	**9037.96**	**8776.75**	**5413.29**	**3363.46**	**261.21**
一、高等学校	14236.76	13786.05	6534.01	7252.03	450.71
1.普通高等学校	14186.42	13729.19	6468.11	7261.08	457.23
高等本科学校	16388.57	15932.78	7237.81	8694.97	455.79
高职高专学校	9976.97	9516.98	4996.81	4520.17	459.99
2.成人高等学校	16414.75	16246.16	9385.61	6860.55	168.59
二、中等职业学校	9310.68	8776.58	5202.11	3574.48	534.09
1.中等专业学校	9220.28	8626.60	5086.40	3540.20	593.68
2.职业高中	9435.70	8855.84	5195.02	3660.82	579.86
#农村	7550.68	7160.12	4162.51	2997.61	390.55
3.技工学校	7449.65	7192.57	4128.57	3064.00	257.09
4.成人中专学校	18519.66	18437.92	12991.24	5446.68	81.74
三、中学	9260.98	8970.11	6070.67	2899.43	290.88
1.普通中学	9258.28	8967.22	6069.91	2897.31	291.05
普通高中	8721.93	8422.63	5688.41	2734.22	299.30
#农村	7665.24	7490.34	5250.84	2239.50	174.90
普通初中	9542.68	9255.99	6272.21	2983.79	286.68
#农村	9463.19	9193.88	6224.37	2969.51	269.31
2.成人中学	13651.21	13651.21	7304.25	6346.97	
四、小学	7022.52	6897.93	4830.56	2067.37	124.60
1.普通小学	7022.84	6898.23	4830.71	2067.52	124.61
#农村	6970.26	6851.66	4878.44	1973.22	118.60
2.成人小学	3753.76	3753.76	3283.56	470.20	
五、特殊教育	38311.65	37631.73	23935.16	13696.57	679.92
1.特殊教育学校	38140.60	37446.51	23853.81	13592.69	694.09
2.工读学校	43285.83	43018.01	26300.81	16717.20	267.81
六、幼儿园	4052.79	3891.01	2093.44	1797.57	161.78
#农村	2758.45	2597.57	1153.28	1444.29	160.88

第二部分

各地区按来源分类教育经费收入

2-1 教育经费

地区	总计			教育部门和其他部门		
	合计	中央	地方	合计	中央	地方
合计	**3036471815**	**252901174**	**2783570641**	**2773742559**	**242377072**	**2531365487**
北京	177217700	77234041	99983659	171060917	77207926	93852991
天津	63652878	6656727	56996151	60164474	6565794	53598680
河北	105051625	2070191	102981434	96573821	1458293	95115528
山西	69199293	16825	69182468	63541325	2495	63538830
内蒙古	61312375	96788	61215587	59273669	96788	59176881
辽宁	100982977	7962357	93020620	94416282	7962357	86453925
吉林	60668429	5864958	54803471	56685600	5789600	50896000
黑龙江	70951911	10889336	60062575	66338644	9532221	56806423
上海	112871062	22173910	90697152	101015211	22060199	78955012
江苏	216678007	18049660	198628347	201205902	18003350	183202552
浙江	152456540	7552150	144904390	132310398	7552150	124758248
安徽	108351157	4220731	104130426	99857679	4189606	95668073
福建	86967948	4687833	82280115	78481708	4687833	73793875
江西	82949064	99105	82849959	76320150	59998	76260152
山东	185499518	7537906	177961612	171479551	7118608	164360943
河南	156861862	1090597	155771265	138965949	738109	138227840
湖北	108534253	18811470	89722783	98580390	18544871	80035519
湖南	113451840	5606326	107845514	102743981	5589757	97154224
广东	257292474	9537443	247755031	215160543	9371229	205789314
广西	77941914		77941914	73335472		73335472
海南	22899658	670981	22228677	20304508	670981	19633527
重庆	71150846	5494628	65656218	65458196	5493037	59965159
四川	150835891	12780641	138055250	136055063	12745573	123309490
贵州	68198625	200680	67997945	64823809	137305	64686504
云南	90562091	492974	90069117	85270544	492974	84777570
西藏	12067436		12067436	11982624		11982624
陕西	101655932	12386729	89269203	92645611	12371824	80273787
甘肃	51055590	2945247	48110343	49448668	2931691	46516977
青海	15708981	14906	15694075	15305053	14906	15290147
宁夏	16411991	622644	15789347	15423570	622644	14800926
新疆	67031947	7133390	59898557	59513247	364953	59148294

总收入

单位:千元

企业办学			民办学校
合 计	中 央	地 方	地 方
28639147	**10524102**	**18115045**	**234090109**
255150	26115	229035	5901633
1567652	90933	1476719	1920752
1094193	611898	482295	7383611
402356	14330	388026	5255612
322068		322068	1716638
618914		618914	5947781
152050	75358	76692	3830779
2073473	1357115	716358	2539794
5215222	113711	5101511	6640629
349529	46310	303219	15122576
813995		813995	19332147
557982	31125	526857	7935496
23360		23360	8462880
80542	39107	41435	6548372
3066095	419298	2646797	10953872
1210687	352488	858199	16685226
430559	266599	163960	9523304
99741	16569	83172	10608118
802775	166214	636561	41329156
38426		38426	4568016
288913		288913	2306237
262893	1591	261302	5429757
347961	35068	312893	14432867
429122	63375	365747	2945694
438123		438123	4853424
			84812
410085	14905	395180	8600236
293872	13556	280316	1313050
64098		64098	339830
70328		70328	918093
6858983	6768437	90546	659717

2-2 国家财政性

地区	总计			教育部门和其他部门		
	合计	中央	地方	合计	中央	地方
合计	**2448821774**	**163646725**	**2285175049**	**2402725450**	**155491553**	**2247233897**
北京	138389090	48970102	89418988	138156170	48955007	89201163
天津	54265079	4404871	49860208	53289338	4363856	48925482
河北	86638716	1399112	85239604	85332980	1071362	84261618
山西	57179444	13105	57166339	56410520	875	56409645
内蒙古	55565187	96788	55468399	54963405	96788	54866617
辽宁	82893576	5228591	77664985	82186018	5228591	76957427
吉林	50721038	4484203	46236835	50400599	4431183	45969416
黑龙江	58104945	6840994	51263951	56309732	5789436	50520296
上海	89106707	12702712	76403995	83466636	12674314	70792322
江苏	169281315	11625625	157655690	167644013	11593062	156050951
浙江	112754357	3848258	108906099	109394822	3848258	105546564
安徽	89033169	3087282	85945887	88115617	3079671	85035946
福建	67997489	2855430	65142059	67483280	2855430	64627850
江西	69404926	77222	69327704	68576627	59998	68516629
山东	154733223	4774597	149958626	150676543	4510272	146166271
河南	127370927	865085	126505842	124740470	717017	124023453
湖北	79623857	12647171	66976686	79122751	12575589	66547162
湖南	88303495	3811899	84491596	87308398	3806280	83502118
广东	190898681	5841225	185057456	185853492	5717545	180135947
广西	65405553		65405553	65123202		65123202
海南	18928908	665048	18263860	18717279	665048	18052231
重庆	55675875	3395766	52280109	54606803	3394924	51211879
四川	119961755	7702801	112258954	117852480	7680189	110172291
贵州	59710807	169470	59541337	59356521	137305	59219216
云南	78702177	492974	78209203	78051140	492974	77558166
西藏	11819995		11819995	11803663		11803663
陕西	81139540	8672615	72466925	79255877	8658792	70597085
甘肃	44835008	2184959	42650049	44459169	2178969	42280200
青海	14701613	14906	14686707	14558663	14906	14543757
宁夏	14386461	528959	13857502	14217522	528959	13688563
新疆	61288861	6244955	55043906	55291720	364953	54926767

教育经费

单位：千元

企业办学			民办学校
合　计	中　央	地　方	地　方
20031201	**8155172**	**11876029**	**26065123**
106710	15095	91615	126210
946101	41015	905086	29640
565382	327750	237632	740354
225140	12230	212910	543784
254490		254490	347292
348063		348063	359495
120489	53020	67469	199950
1734246	1051558	682688	60967
4739043	28398	4710645	901028
124674	32563	92111	1512628
120030		120030	3239505
197426	7611	189815	720126
21614		21614	492595
39007	17224	21783	789292
2252786	264325	1988461	1803894
516929	148068	368861	2113528
143333	71582	71751	357773
26818	5619	21199	968279
493452	123680	369772	4551737
13996		13996	268355
58629		58629	153000
145655	842	144813	923417
177910	22612	155298	1931365
133684	32165	101519	220602
134600		134600	516437
			16332
125315	13823	111492	1758348
252127	5990	246137	123712
54851		54851	88099
13499		13499	155440
5945202	5880002	65200	51939

2-3 公共财政预算

地 区	总 计			教育部门和其他部门		
	合 计	中 央	地 方	合 计	中 央	地 方
合 计	**2181846421**	**143379719**	**2038466702**	**2148819879**	**137311872**	**2011508007**
北 京	116220588	43054444	73166144	116102478	43053690	73048788
天 津	47400694	4097923	43302771	46646269	4094957	42551312
河 北	77798270	1053411	76744859	77011507	1026784	75984723
山 西	51732163	10561	51721602	51163392	875	51162517
内蒙古	49220418	16677	49203741	48915979	16677	48899302
辽 宁	73516890	4262479	69254411	73036490	4262479	68774011
吉 林	45830096	4320130	41509966	45626692	4320130	41306562
黑龙江	54780856	6146367	48634489	53701081	5768963	47932118
上 海	69922022	10785202	59136820	69325297	10777046	58548251
江 苏	141622936	9804819	131818117	140485437	9798995	130686442
浙 江	91191825	2140022	89051803	88448617	2140022	86308595
安 徽	80458330	2878227	77580103	79677485	2871361	76806124
福 建	59230948	2416696	56814252	58777220	2416696	56360524
江 西	65061763	3223	65058540	64277928		64277928
山 东	135761814	4363909	131397905	132638661	4363909	128274752
河 南	119748419	572973	119175446	117406169	572077	116834092
湖 北	71011114	11048559	59962555	70629796	11025746	59604050
湖 南	82679132	3779451	78899681	81712542	3773832	77938710
广 东	168340639	4537651	163802988	164532594	4481475	160051119
广 西	60771652		60771652	60500081		60500081
海 南	17511936	643958	16867978	17348564	643958	16704606
重 庆	51432983	3363072	48069911	50511648	3362230	47149418
四 川	109381805	6935528	102446277	107706291	6914078	100792213
贵 州	55236065	113486	55122579	54926933	94768	54832165
云 南	73336208	445343	72890865	72770282	445343	72324939
西 藏	11609883		11609883	11593551		11593551
陕 西	76182562	8175240	68007322	74458212	8174440	66283772
甘 肃	41261428	2014695	39246733	41118665	2014695	39103970
青 海	13607436	7112	13600324	13494917	7112	13487805
宁 夏	13221419	528869	12692550	13062060	528869	12533191
新 疆	56764127	5859692	50904435	51213041	360665	50852376

教育经费

单位:千元

企业办学			民办学校
合　计	中　央	地　方	地　方
10275347	**6067847**	**4207500**	**22751195**
4057	754	3303	114053
724937	2966	721971	29488
92264	26627	65637	694499
33801	9686	24115	534970
26564		26564	277875
122246		122246	358154
4941		4941	198463
1019148	377404	641744	60627
91375	8156	83219	505350
67763	5824	61939	1069736
75269		75269	2667939
107406	6866	100540	673439
5020		5020	448708
6434	3223	3211	777401
1419298		1419298	1703855
243874	896	242978	2098376
47539	22813	24726	333779
11247	5619	5628	955343
191303	56176	135127	3616742
5348		5348	266223
14589		14589	148783
40869	842	40027	880466
83530	21450	62080	1591984
112810	18718	94092	196322
94977		94977	470949
			16332
76703	800	75903	1647647
20271		20271	122492
25724		25724	86795
4509		4509	154850
5501531	5499027	2504	49555

2-4 公共财政预算

地区	总计			教育部门和其他部门		
	合计	中央	地方	合计	中央	地方
合计	**1945365905**	**112445091**	**1832920814**	**1915558581**	**107189555**	**1808369026**
北京	91780434	32695868	59084566	91669568	32695758	58973810
天津	44765357	2844528	41920829	44058424	2843010	41215414
河北	72532399	872627	71659772	71804013	851513	70952500
山西	46213915	10163	46203752	45687200	477	45686723
内蒙古	39210730		39210730	38916841		38916841
辽宁	62886527	3334552	59551975	62408842	3334552	59074290
吉林	42765736	3270816	39494920	42574229	3270816	39303413
黑龙江	49558643	4765083	44793560	48966381	4466920	44499461
上海	60504535	8152612	52351923	60080674	8144456	51936218
江苏	130351674	8062856	122288818	129267611	8057644	121209967
浙江	84525390	1782503	82742887	82155691	1782503	80373188
安徽	70243184	1936686	68306498	69570961	1929820	67641141
福建	54153713	2122802	52030911	53724534	2122802	51601732
江西	61599495	3223	61596272	60968294		60968294
山东	132807877	3075302	129732575	129715994	3075302	126640692
河南	103930259	514476	103415783	101652588	513580	101139008
湖北	62221704	9054493	53167211	61868999	9031842	52837157
湖南	76633216	2867756	73765460	75713091	2862998	72850093
广东	147145041	3819413	143325628	143769234	3763458	140005776
广西	56470381		56470381	56209435		56209435
海南	15023276	632352	14390924	14863741	632352	14231389
重庆	39140923	2770196	36370727	38325472	2769354	35556118
四川	100840667	5905675	94934992	99220267	5886563	93333704
贵州	51188681	62542	51126139	50902062	44114	50857948
云南	60889624	372561	60517063	60354120	372561	59981559
西藏	8851739		8851739	8835407		8835407
陕西	69333133	6247875	63085258	67661073	6247075	61413998
甘肃	36327415	1774334	34553081	36185721	1774334	34411387
青海	9986907		9986907	9904337		9904337
宁夏	10670232	441269	10228963	10526913	441269	10085644
新疆	52813098	5052528	47760570	47996864	274482	47722382

教育事业费拨款

单位：千元

企业办学			民办学校
合　计	中　央	地　方	地　方
8836784	**5255536**	**3581248**	**20970540**
3413	110	3303	107453
681034	1518	679516	25899
67457	21114	46343	660929
29401	9686	19715	497314
18665		18665	275224
120618		120618	357067
4496		4496	187011
550629	298163	252466	41633
84006	8156	75850	339855
66871	5212	61659	1017192
66658		66658	2303041
85515	6866	78649	586708
5020		5020	424159
6424	3223	3201	624777
1415651		1415651	1676232
229592	896	228696	2048079
43199	22651	20548	309506
10273	4758	5515	909852
149208	55955	93253	3226599
3842		3842	257104
12872		12872	146663
35636	842	34794	779815
77528	19112	58416	1542872
95926	18428	77498	190693
87313		87313	448191
			16332
57274	800	56474	1614786
20182		20182	121512
23022		23022	59548
4509		4509	138810
4780550	4778046	2504	35684

2-5 公共财政预算

地区	总计			教育部门和其他部门		
	合计	中央	地方	合计	中央	地方
合计	**58621713**	**5534346**	**53087367**	**58104555**	**5181326**	**52923229**
北京	4663332	1960460	2702872	4663332	1960460	2702872
天津	1022205	457934	564271	1022205	457934	564271
河北	1388502	42490	1346012	1388502	42490	1346012
山西	1932509		1932509	1932509		1932509
内蒙古	1315866		1315866	1315866		1315866
辽宁	2984334	254990	2729344	2984334	254990	2729344
吉林	492177	140000	352177	492177	140000	352177
黑龙江	1655783	99120	1556663	1655783	99120	1556663
上海	3678901	195520	3483381	3678901	195520	3483381
江苏	755387	451312	304075	755387	451312	304075
浙江	241718	30000	211718	241718	30000	211718
安徽	1315640	56500	1259140	1285640	56500	1229140
福建	569190	51450	517740	569190	51450	517740
江西	1366453		1366453	1366453		1366453
山东	621180	228590	392590	621180	228590	392590
河南	2458210		2458210	2458210		2458210
湖北	3144422	351804	2792618	3144422	351804	2792618
湖南	2008232	80000	1928232	2005732	80000	1925732
广东	4381279	30700	4350579	4299739	30700	4269039
广西	2314683		2314683	2311583		2311583
海南	580039	5527	574512	580039	5527	574512
重庆	2384310	84310	2300000	2384310	84310	2300000
四川	2781469	239764	2541705	2768969	239764	2529205
贵州	1987871		1987871	1987871		1987871
云南	2153523	54700	2098823	2150863	54700	2096163
西藏	2028450		2028450	2028450		2028450
陕西	1649823	151500	1498323	1649823	151500	1498323
甘肃	1617201	103000	1514201	1617201	103000	1514201
青海	1894085		1894085	1872247		1872247
宁夏	522020	79000	443020	512020	79000	433020
新疆	2712919	385675	2327244	2359899	32655	2327244

基本建设拨款

单位:千元

企业办学			民办学校
合计	中央	地方	地方
384560	**353020**	**31540**	**132598**
			30000
			2500
31540		31540	50000
			3100
			12500
			2660
			21838
			10000
353020	353020		

2-6 公共财政预算

地区	总计			教育部门和其他部门		
	合计	中央	地方	合计	中央	地方
合计	**17419591**	**11772069**	**5647522**	**17419591**	**11772069**	**5647522**
北京	2329348	2167835	161513	2329348	2167835	161513
天津	647891	522718	125173	647891	522718	125173
河北	71449	3600	67849	71449	3600	67849
山西	95595		95595	95595		95595
内蒙古	77044		77044	77044		77044
辽宁	223104	76380	146724	223104	76380	146724
吉林	791511	501329	290182	791511	501329	290182
黑龙江	973043	923869	49174	973043	923869	49174
上海	1998325	1407623	590702	1998325	1407623	590702
江苏	1132399	695762	436637	1132399	695762	436637
浙江	664728	156693	508035	664728	156693	508035
安徽	837953	778293	59660	837953	778293	59660
福建	222091	64213	157878	222091	64213	157878
江西	91188		91188	91188		91188
山东	803946	482779	321167	803946	482779	321167
河南	191058	42093	148965	191058	42093	148965
湖北	1113606	894875	218731	1113606	894875	218731
湖南	912431	701335	211096	912431	701335	211096
广东	818677	199635	619042	818677	199635	619042
广西	111706		111706	111706		111706
海南	25677	2100	23577	25677	2100	23577
重庆	517873	391414	126459	517873	391414	126459
四川	440292	258234	182058	440292	258234	182058
贵州	190367	45280	145087	190367	45280	145087
云南	200675	1226	199449	200675	1226	199449
西藏	3068		3068	3068		3068
陕西	1756307	1388485	367822	1756307	1388485	367822
甘肃	66132	39452	26680	66132	39452	26680
青海	42077		42077	42077		42077
宁夏	38558		38558	38558		38558
新疆	31472	26846	4626	31472	26846	4626

科研拨款

单位:千元

企业办学			民办学校
合　　计	中　　央	地　　方	地　　方

2-7 公共财政预算

地区	总计			教育部门和其他部门		
	合计	中央	地方	合计	中央	地方
合计	**160439212**	**13628213**	**146810999**	**157737152**	**13168922**	**144568230**
北京	17447474	6230281	11217193	17440230	6229637	11210593
天津	965241	272743	692498	917749	271295	646454
河北	3805920	134694	3671226	3747543	129181	3618362
山西	3490144	398	3489746	3448088	398	3447690
内蒙古	8616778	16677	8600101	8606228	16677	8589551
辽宁	7422925	596557	6826368	7420210	596557	6823653
吉林	1780672	407985	1372687	1768775	407985	1360790
黑龙江	2593387	358295	2235092	2105874	279054	1826820
上海	3740261	1029447	2710814	3567397	1029447	2537950
江苏	9383476	594889	8788587	9330040	594277	8735763
浙江	5759989	170826	5589163	5386480	170826	5215654
安徽	8061553	106748	7954805	7982931	106748	7876183
福建	4285954	178231	4107723	4261405	178231	4083174
江西	2004627		2004627	1851993		1851993
山东	1528811	577238	951573	1497541	577238	920303
河南	13168892	16404	13152488	13104313	16404	13087909
湖北	4531382	747387	3783995	4502769	747225	3755544
湖南	3125253	130360	2994893	3081288	129499	2951789
广东	15995642	487903	15507739	15644944	487682	15157262
广西	1874882		1874882	1867357		1867357
海南	1882944	3979	1878965	1879107	3979	1875128
重庆	9389877	117152	9272725	9283993	117152	9166841
四川	5319377	531855	4787522	5276763	529517	4747246
贵州	1869146	5664	1863482	1846633	5374	1841259
云南	10092386	16856	10075530	10064624	16856	10047768
西藏	726626		726626	726626		726626
陕西	3443299	387380	3055919	3391009	387380	3003629
甘肃	3250680	97909	3152771	3249611	97909	3151702
青海	1684367	7112	1677255	1676256	7112	1669144
宁夏	1990609	8600	1982009	1984569	8600	1975969
新疆	1206638	394643	811995	824806	26682	798124

其他拨款

单位:千元

企业办学			民办学校
合　计	中　央	地　方	地　方
1054003	**459291**	**594712**	**1648057**
644	644		6600
43903	1448	42455	3589
24807	5513	19294	33570
4400		4400	37656
7899		7899	2651
1628		1628	1087
445		445	11452
468519	79241	389278	18994
7369		7369	165495
892	612	280	52544
8611		8611	364898
21891		21891	56731
			24549
10		10	152624
3647		3647	27623
14282		14282	50297
4340	162	4178	24273
974	861	113	42991
10555	221	10334	340143
1506		1506	6019
1717		1717	2120
5233		5233	100651
6002	2338	3664	36612
16884	290	16594	5629
7664		7664	20098
19429		19429	32861
89		89	980
2702		2702	5409
			6040
367961	367961		13871

2-8 各级政府征收

地区	总计			教育部门和其他部门		
	合计	中央	地方	合计	中央	地方
合计	**235355266**		**235355266**	**227319814**		**227319814**
北京	14760336		14760336	14738423		14738423
天津	6435999		6435999	6317559		6317559
河北	8176611		8176611	8128948		8128948
山西	5251509		5251509	5243132		5243132
内蒙古	5876165		5876165	5806748		5806748
辽宁	7938461		7938461	7938461		7938461
吉林	4321411		4321411	4319867		4319867
黑龙江	2582008		2582008	2567818		2567818
上海	16842306		16842306	11902578		11902578
江苏	25114723		25114723	24670125		24670125
浙江	19310571		19310571	18743929		18743929
安徽	7502886		7502886	7456941		7456941
福建	8216618		8216618	8180754		8180754
江西	4015826		4015826	4006275		4006275
山东	17687606		17687606	17504273		17504273
河南	6909791		6909791	6895862		6895862
湖北	6683870		6683870	6660919		6660919
湖南	5456368		5456368	5443895		5443895
广东	20180081		20180081	19265284		19265284
广西	4459663		4459663	4459200		4459200
海南	1304153		1304153	1302002		1302002
重庆	3607654		3607654	3566944		3566944
四川	9445593		9445593	9108069		9108069
贵州	4310587		4310587	4290008		4290008
云南	5131228		5131228	5086369		5086369
西藏	210112		210112	210112		210112
陕西	4335973		4335973	4223231		4223231
甘肃	3145253		3145253	3144033		3144033
青海	1035419		1035419	1034049		1034049
宁夏	1115770		1115770	1115670		1115670
新疆	3990715		3990715	3988336		3988336

用于教育的税费

单位:千元

企业办学			民办学校
合　计	中　央	地　方	地　方
4814056		**4814056**	**3221396**
9957		9957	11956
118440		118440	
1870		1870	45793
140		140	8237
			69417
200		200	1344
13990		13990	200
4544050		4544050	395678
5711		5711	438887
27246		27246	539396
2182		2182	43763
			35864
			9551
85777		85777	97556
			13929
129		129	22822
			12473
114		114	914683
			463
			2151
			40710
193		193	337331
1371		1371	19208
252		252	44607
2368		2368	110374
			1220
66		66	1304
			100
			2379

2-9 教育费

地区	总计			教育部门和其他部门		
	合计	中央	地方	合计	中央	地方
合计	**136579532**		**136579532**	**134375269**		**134375269**
北京	8126749		8126749	8107053		8107053
天津	3665619		3665619	3547179		3547179
河北	3927184		3927184	3896216		3896216
山西	3001130		3001130	2994053		2994053
内蒙古	3287070		3287070	3261469		3261469
辽宁	4820115		4820115	4820115		4820115
吉林	2377717		2377717	2377485		2377485
黑龙江	2213116		2213116	2198926		2198926
上海	10937481		10937481	10542075		10542075
江苏	14293506		14293506	14079284		14079284
浙江	8941695		8941695	8599840		8599840
安徽	3585362		3585362	3543168		3543168
福建	4107760		4107760	4088264		4088264
江西	2261700		2261700	2252149		2252149
山东	9641467		9641467	9517840		9517840
河南	4372860		4372860	4360136		4360136
湖北	3229937		3229937	3223471		3223471
湖南	4378797		4378797	4366454		4366454
广东	14072029		14072029	13562127		13562127
广西	2400423		2400423	2399963		2399963
海南	450089		450089	447938		447938
重庆	2014517		2014517	1985915		1985915
四川	5655864		5655864	5543846		5543846
贵州	2234007		2234007	2232127		2232127
云南	4470662		4470662	4426203		4426203
西藏	157027		157027	157027		157027
陕西	3507251		3507251	3400798		3400798
甘肃	1549750		1549750	1548530		1548530
青海	434562		434562	433872		433872
宁夏	501731		501731	501731		501731
新疆	1962355		1962355	1960015		1960015

附加

单位:千元

企业办学			民办学校
合计	中央	地方	地方
222498		**222498**	**1981765**
9464		9464	10232
118440		118440	
			30968
140		140	6937
			25601
			232
13990		13990	200
			395406
4696		4696	209526
4239		4239	337616
2170		2170	40024
			19496
			9551
68561		68561	55066
			12724
			6466
			12343
			509902
			460
			2151
			28602
193		193	111825
13		13	1867
252		252	44207
340		340	106113
			1220
			690
			2340

2-10 地方

地区	总计			教育部门和其他部门		
	合计	中央	地方	合计	中央	地方
合计	**65182307**		**65182307**	**59881218**		**59881218**
北京	4526535		4526535	4524318		4524318
天津	2025917		2025917	2025917		2025917
河北	3152495		3152495	3135800		3135800
山西	1638935		1638935	1637635		1637635
内蒙古	1225625		1225625	1181809		1181809
辽宁	1749330		1749330	1749330		1749330
吉林	1639242		1639242	1638130		1638130
黑龙江						
上海	4990816		4990816	446766		446766
江苏	9019191		9019191	8981155		8981155
浙江	5890667		5890667	5724755		5724755
安徽	1908333		1908333	1904614		1904614
福建	2612137		2612137	2602149		2602149
江西	887484		887484	887484		887484
山东	5477000		5477000	5440818		5440818
河南	1680370		1680370	1679352		1679352
湖北	1412863		1412863	1412063		1412063
湖南	687491		687491	687361		687361
广东	4881906		4881906	4526456		4526456
广西	1254978		1254978	1254975		1254975
海南	358762		358762	358762		358762
重庆	404778		404778	394500		394500
四川	2308344		2308344	2244725		2244725
贵州	1401386		1401386	1401080		1401080
云南						
西藏	52805		52805	52805		52805
陕西	641031		641031	634742		634742
甘肃	1000846		1000846	1000846		1000846
青海	408879		408879	408810		408810
宁夏	330842		330842	330742		330742
新疆	1613319		1613319	1613319		1613319

教育附加

单位：千元

企业办学			民办学校
合　　计	中　　央	地　　方	地　　方
4589411		**4589411**	**711678**
493		493	1724
1870		1870	14825
			1300
			43816
			1112
4544050		4544050	
765		765	37271
23007		23007	142905
			3719
			9988
17005		17005	19177
			1018
			800
			130
114		114	355336
			3
			10278
			63619
13		13	293
2028		2028	4261
66		66	3
			100

2-11 地方

地区	总计			教育部门和其他部门		
	合计	中央	地方	合计	中央	地方
合计	**33593427**		**33593427**	**33063327**		**33063327**
北京	2107052		2107052	2107052		2107052
天津	744463		744463	744463		744463
河北	1096932		1096932	1096932		1096932
山西	611444		611444	611444		611444
内蒙古	1363470		1363470	1363470		1363470
辽宁	1369016		1369016	1369016		1369016
吉林	304452		304452	304252		304252
黑龙江	368892		368892	368892		368892
上海	914009		914009	913737		913737
江苏	1802026		1802026	1609686		1609686
浙江	4478209		4478209	4419334		4419334
安徽	2009191		2009191	2009159		2009159
福建	1496721		1496721	1490341		1490341
江西	866642		866642	866642		866642
山东	2569139		2569139	2545615		2545615
河南	856561		856561	856374		856374
湖北	2041070		2041070	2025385		2025385
湖南	390080		390080	390080		390080
广东	1226146		1226146	1176701		1176701
广西	804262		804262	804262		804262
海南	495302		495302	495302		495302
重庆	1188359		1188359	1186529		1186529
四川	1481385		1481385	1319498		1319498
贵州	675194		675194	656801		656801
云南	660566		660566	660166		660166
西藏	280		280	280		280
陕西	187691		187691	187691		187691
甘肃	594657		594657	594657		594657
青海	191978		191978	191367		191367
宁夏	283197		283197	283197		283197
新疆	415041		415041	415002		415002

基金

单位:千元

企业办学			民办学校
合　计	中　央	地　方	地　方
2147		**2147**	**527953**
200		200	
			272
250		250	192090
			58875
12		12	20
			6380
211		211	23313
			187
129		129	15556
			49445
			1830
			161887
1345		1345	17048
			400
			611
			39

2-12 企业办学中的

地区	总计			教育部门和其他部门		
	合计	中央	地方	合计	中央	地方
合计	**4820400**	**2066185**	**2754215**			
北京	92176	14341	77835			
天津	96577	36361	60216			
河北	471248	301123	170125			
山西	191199	2544	188655			
内蒙古	227926		227926			
辽宁	225817		225817			
吉林	115046	53020	62026			
黑龙江	701108	674154	26954			
上海	71103	20000	51103			
江苏	48900	26739	22161			
浙江	15227		15227			
安徽	86598	702	85896			
福建	16594		16594			
江西	32573	14001	18572			
山东	744258	264325	479933			
河南	271183	147172	124011			
湖北	90469	43619	46850			
湖南	13410		13410			
广东	271477	62577	208900			
广西	7854		7854			
海南	39822		39822			
重庆	101247		101247			
四川	85277	272	85005			
贵州	17303	11247	6056			
云南	39366		39366			
西藏						
陕西	44939	13023	31916			
甘肃	231755	5990	225765			
青海	23287		23287			
宁夏	8990		8990			
新疆	437671	374975	62696			

企业拨款

单位:千元

企业办学			民办学校
合　计	中　央	地　方	地　方
4820400	**2066185**	**2754215**	
92176	14341	77835	
96577	36361	60216	
471248	301123	170125	
191199	2544	188655	
227926		227926	
225817		225817	
115046	53020	62026	
701108	674154	26954	
71103	20000	51103	
48900	26739	22161	
15227		15227	
86598	702	85896	
16594		16594	
32573	14001	18572	
744258	264325	479933	
271183	147172	124011	
90469	43619	46850	
13410		13410	
271477	62577	208900	
7854		7854	
39822		39822	
101247		101247	
85277	272	85005	
17303	11247	6056	
39366		39366	
44939	13023	31916	
231755	5990	225765	
23287		23287	
8990		8990	
437671	374975	62696	

2-13 校办产业和社会服务收入

地区	总计			教育部门和其他部门		
	合计	中央	地方	合计	中央	地方
合计	**2788183**	**1318763**	**1469420**	**2679205**	**1300918**	**1378287**
北京	780098	485223	294875	779578	485223	294355
天津	33769	11216	22553	27662	9528	18134
河北	14028	328	13700	14028	328	13700
山西	3971		3971	3971		3971
内蒙古	7580		7580	7580		7580
辽宁	50976	43463	7513	50976	43463	7513
吉林	6852		6852	6550		6550
黑龙江	21243	12496	8747	21243	12496	8747
上海	179512	119509	60003	148772	119267	29505
江苏	332808	88178	244630	330508	88178	242330
浙江	139805	83300	56505	139273	83300	55973
安徽	19641	263	19378	19641	263	19378
福建	36853	12500	24353	36853	12500	24353
江西	8569		8569	8569		8569
山东	135598	86651	48947	132340	86651	45689
河南	65127		65127	63665		63665
湖北	82658	48987	33671	77624	43999	33625
湖南	75062	22334	52728	73062	22334	50728
广东	231772	46655	185117	203268	41728	161540
广西	40255		40255	40035		40035
海南	9993	598	9395	5829	598	5231
重庆	23569	5430	18139	20679	5430	15249
四川	65742	24721	41021	57982	24721	33261
贵州	38331		38331	38331		38331
云南	85841		85841	85836		85836
西藏						
陕西	228940	198511	30429	227635	198511	29124
甘肃	26391	22400	3991	26290	22400	3890
青海	6203		6203	429		429
宁夏	202		202	202		202
新疆	36794	6000	30794	30794		30794

用于教育的经费

单位:千元

企业办学			民办学校
合　计	中　央	地　方	地　方
108978	**17845**	**91133**	
520		520	
6107	1688	4419	
302		302	
30740	242	30498	
2300		2300	
532		532	
3258		3258	
1462		1462	
5034	4988	46	
2000		2000	
28504	4927	23577	
220		220	
4164		4164	
2890		2890	
7760		7760	
5		5	
1305		1305	
101		101	
5774		5774	
6000	6000		

2-14 其他属于

地区	总计			教育部门和其他部门		
	合计	中央	地方	合计	中央	地方
合计	**24011504**	**16882058**	**7129446**	**23906552**	**16878763**	**7027789**
北京	6535892	5416094	1119798	6535691	5416094	1119597
天津	298040	259371	38669	297848	259371	38477
河北	178559	44250	134309	178497	44250	134247
山西	602		602	25		25
内蒙古	233098	80111	152987	233098	80111	152987
辽宁	1161432	922649	238783	1160091	922649	237442
吉林	447633	111053	336580	447490	111053	336437
黑龙江	19730	7977	11753	19590	7977	11613
上海	2091764	1778001	313763	2089989	1778001	311988
江苏	2161948	1705889	456059	2157943	1705889	452054
浙江	2096929	1624936	471993	2063003	1624936	438067
安徽	965714	208090	757624	961550	208047	753503
福建	496476	426234	70242	488453	426234	62219
江西	286195	59998	226197	283855	59998	223857
山东	403947	59712	344235	401269	59712	341557
河南	376407	144940	231467	374774	144940	229834
湖北	1755746	1506006	249740	1754412	1505844	248568
湖南	79523	10114	69409	78899	10114	68785
广东	1874712	1194342	680370	1852346	1194342	658004
广西	126129		126129	123886		123886
海南	63004	20492	42512	60884	20492	40392
重庆	510422	27264	483158	507532	27264	480268
四川	983338	742280	241058	980138	741390	238748
贵州	108521	44737	63784	101249	42537	58712
云南	109534	47631	61903	108653	47631	61022
西藏						
陕西	347126	285841	61285	346799	285841	60958
甘肃	170181	141874	28307	170181	141874	28307
青海	29268	7794	21474	29268	7794	21474
宁夏	40080	90	39990	39590	90	39500
新疆	59554	4288	55266	59549	4288	55261

国家财政性教育经费

单位:千元

企业办学			民办学校
合　　计	中　　央	地　　方	地　　方
12420	**3295**	**9125**	**92532**
			201
40		40	152
			62
			577
			1341
			143
			140
1775		1775	
			4005
1756		1756	32170
1240	43	1197	2924
			8023
			2340
195		195	2483
410		410	1223
162	162		1172
161		161	463
2054		2054	20312
574		574	1669
54		54	2066
649		649	2241
1150	890	260	2050
2200	2200		5072
			881
			327
			490
			5

2-15 民办学校中

地区	总计			教育部门和其他部门		
	合计	中央	地方	合计	中央	地方
合计	**14740887**		**14740887**			
北京	33844		33844			
天津	7818		7818			
河北	502622		502622			
山西	483214		483214			
内蒙古	94534		94534			
辽宁	192140		192140			
吉林	348265		348265			
黑龙江	23799		23799			
上海	7348		7348			
江苏	711909		711909			
浙江	358551		358551			
安徽	468696		468696			
福建	783210		783210			
江西	268970		268970			
山东	576100		576100			
河南	1992978		1992978			
湖北	965606		965606			
湖南	634370		634370			
广东	3191361		3191361			
广西	175505		175505			
海南	254695		254695			
重庆	321481		321481			
四川	1300068		1300068			
贵州	253964		253964			
云南	331442		331442			
西藏	39499		39499			
陕西	263207		263207			
甘肃	41108		41108			
青海	38189		38189			
宁夏	62260		62260			
新疆	14134		14134			

举办者投入

单位：千元

企业办学			民办学校
合　计	中　央	地　方	地　方
			14740887
			33844
			7818
			502622
			483214
			94534
			192140
			348265
			23799
			7348
			711909
			358551
			468696
			783210
			268970
			576100
			1992978
			965606
			634370
			3191361
			175505
			254695
			321481
			1300068
			253964
			331442
			39499
			263207
			41108
			38189
			62260
			14134

2-16 社会捐赠

地区	总计			教育部门和其他部门		
	合计	中央	地方	合计	中央	地方
合计	**8554445**	**2473165**	**6081280**	**7319683**	**2435355**	**4884328**
北京	1125321	1039720	85601	1060731	1039709	21022
天津	131957	55652	76305	126921	55652	71269
河北	68458	2090	66368	65245	2061	63184
山西	44944		44944	30600		30600
内蒙古	40167		40167	37736		37736
辽宁	106326	85589	20737	101091	85589	15502
吉林	63614	5024	58590	52879	5024	47855
黑龙江	26692	13016	13676	22761	13016	9745
上海	269887	205922	63965	223803	205922	17881
江苏	1456418	218722	1237696	1209180	218722	990458
浙江	742926	172959	569967	378147	172959	205188
安徽	162981	21774	141207	141122	21774	119348
福建	623319	154894	468425	546929	154894	392035
江西	93778		93778	89874		89874
山东	308913	36894	272019	250450	36894	213556
河南	64920		64920	54173		54173
湖北	239015	78595	160420	212116	78595	133521
湖南	174531	33403	141128	150436	33403	117033
广东	1183069	93862	1089207	1124313	93862	1030451
广西	89976		89976	58766		58766
海南	79208	9	79199	78708	9	78699
重庆	200163	22855	177308	177136	22855	154281
四川	439427	103798	335629	421968	103798	318170
贵州	106138	100	106038	81629		81629
云南	256306		256306	216133		216133
西藏	15671		15671	15651		15651
陕西	164141	84760	79381	162340	84760	77580
甘肃	54438	5857	48581	52739	5857	46882
青海	10568		10568	6506		6506
宁夏	36630		36630	32857		32857
新疆	174543	37670	136873	136743		136743

经费

单位:千元

企业办学			民办学校
合计	中央	地方	地方
99940	**37810**	**62130**	**1134822**
31	11	20	64559
1270		1270	3766
30	29	1	3183
54		54	14290
242		242	2189
			5235
			10735
			3931
4011		4011	42073
218		218	247020
19911		19911	344868
387		387	21472
19		19	76371
			3904
362		362	58101
763		763	9984
389		389	26510
10		10	24085
8932		8932	49824
			31210
200		200	300
523		523	22504
692		692	16767
100	100		24409
24067		24067	16106
			20
59		59	1742
			1699
			4062
			3773
37670	37670		130

2-17 农村捐赠

地 区	总计			教育部门和其他部门		
	合 计	中 央	地 方	合 计	中 央	地 方
合 计	**396290**		**396290**	**396290**		**396290**
北 京						
天 津	1589		1589	1589		1589
河 北	5865		5865	5865		5865
山 西	1671		1671	1671		1671
内蒙古	595		595	595		595
辽 宁	265		265	265		265
吉 林	100		100	100		100
黑龙江	33		33	33		33
上 海						
江 苏	36660		36660	36660		36660
浙 江	7735		7735	7735		7735
安 徽	9281		9281	9281		9281
福 建	95084		95084	95084		95084
江 西	7603		7603	7603		7603
山 东	42735		42735	42735		42735
河 南	5682		5682	5682		5682
湖 北	16319		16319	16319		16319
湖 南	10210		10210	10210		10210
广 东	109738		109738	109738		109738
广 西	1662		1662	1662		1662
海 南	97		97	97		97
重 庆	5697		5697	5697		5697
四 川	16814		16814	16814		16814
贵 州	2633		2633	2633		2633
云 南	7828		7828	7828		7828
西 藏						
陕 西	7806		7806	7806		7806
甘 肃	832		832	832		832
青 海	533		533	533		533
宁 夏	1223		1223	1223		1223
新 疆						

经费

单位：千元

企业办学			民办学校
合　计	中　央	地　方	地　方

2-18 事业

地 区	总计			教育部门和其他部门		
	合 计	中 央	地 方	合 计	中 央	地 方
合 计	**492620868**	**69987431**	**422633437**	**301464964**	**68479420**	**232985544**
北 京	30137472	21584044	8553428	24758110	21577691	3180419
天 津	8233982	1910110	6323872	5799542	1868315	3931227
河 北	16631658	571490	16060168	10152533	352514	9800019
山 西	10435624	2158	10433466	6105988	1620	6104368
内蒙古	5157528		5157528	3826058		3826058
辽 宁	16569938	2416123	14153815	11141567	2416123	8725444
吉 林	8619675	1116356	7503319	5373807	1096166	4277641
黑龙江	10974055	2607153	8366902	8226217	2310541	5915676
上 海	19141583	7726603	11414980	13844809	7719007	6125802
江 苏	36958206	5275022	31683184	24689229	5261723	19427506
浙 江	29953206	2150195	27803011	15157868	2150195	13007673
安 徽	17127464	737975	16389489	10311965	714895	9597070
福 建	15787162	1476144	14311018	8868885	1476144	7392741
江 西	12162258	18515	12143743	6830017		6830017
山 东	27976310	2351738	25624572	18948926	2304784	16644142
河 南	24767373	59920	24707453	12142089	17900	12124189
湖 北	23486262	5373276	18112986	15882095	5230835	10651260
湖 南	21289615	1506424	19783191	12468266	1496758	10971508
广 东	57650041	2726014	54924027	24521295	2690085	21831210
广 西	11367743		11367743	7358897		7358897
海 南	3265797	3524	3262273	1199922	3524	1196398
重 庆	12623142	1741388	10881754	8639261	1740639	6898622
四 川	27014634	4292566	22722068	16172268	4288510	11883758
贵 州	6810044	23947	6786097	4219109		4219109
云 南	9176602		9176602	5521655		5521655
西 藏	181825		181825	152914		152914
陕 西	17880993	3137443	14743550	11156810	3136361	8020449
甘 肃	5457630	552113	4905517	4286728	545090	3741638
青 海	703306		703306	491947		491947
宁 夏	1538410	80000	1458410	800151	80000	720151
新 疆	3541330	547190	2994140	2416036		2416036

收入

单位:千元

企业办学			民办学校
合　　计	中　　央	地　　方	地　　方
6652900	**1508011**	**5144889**	**184503004**
122228	6353	115875	5257134
581405	41795	539610	1853035
402648	218976	183672	6076477
171583	538	171045	4158053
66170		66170	1265300
172219		172219	5256152
29232	20190	9042	3216636
326214	296612	29602	2421624
329678	7596	322082	4967096
212392	13299	199093	12056585
657800		657800	14137538
256271	23080	233191	6559228
1518		1518	6916759
37469	18515	18954	5294772
663849	46954	616895	8363535
295842	42020	253822	12329442
214858	142441	72417	7389309
63011	9666	53345	8758338
277018	35929	241089	32851728
24066		24066	3984780
222185		222185	1843690
113013	749	112264	3870868
122392	4056	118336	10719974
199427	23947	175480	2391508
154626		154626	3500321
			28911
263841	1082	262759	6460342
41175	7023	34152	1129727
4249		4249	207110
54666		54666	683593
571855	547190	24665	553439

2-19 学杂费

地区	总计			教育部门和其他部门		
	合计	中央	地方	合计	中央	地方
合计	**373768686**	**33810059**	**339958627**	**202792910**	**32791946**	**170000964**
北京	16495926	9013805	7482121	11321179	9010488	2310691
天津	6466082	1175836	5290246	4190264	1162582	3027682
河北	14214714	354253	13860461	8140847	249622	7891225
山西	8114930	1889	8113041	4392811	1620	4391191
内蒙古	4064583		4064583	2850029		2850029
辽宁	12781812	1077027	11704785	7909781	1077027	6832754
吉林	7288142	1087547	6200595	4380019	1073377	3306642
黑龙江	8447099	873489	7573610	6045808	702352	5343456
上海	14201215	4695982	9505233	9014953	4688420	4326533
江苏	26242483	1796475	24446008	15073878	1787054	13286824
浙江	23685649	948580	22737069	9987937	948580	9039357
安徽	13107305	346403	12760902	7149088	323323	6825765
福建	11307113	419188	10887925	4872129	419188	4452941
江西	9546066	16009	9530057	4864047		4864047
山东	21303495	1072000	20231495	13577923	1025126	12552797
河南	20731639	57328	20674311	9977372	15308	9962064
湖北	17587779	3247183	14340596	10410443	3114336	7296107
湖南	16452025	959583	15492442	8648672	949917	7698755
广东	47928248	2029092	45899156	17898965	1999447	15899518
广西	9093083		9093083	5435476		5435476
海南	2773172	2131	2771041	914081	2131	911950
重庆	9608597	1080283	8528314	6023750	1079987	4943763
四川	17218221	1533742	15684479	8783049	1530686	7252363
贵州	5298259	23947	5274312	3192047		3192047
云南	7268905		7268905	4272881		4272881
西藏	124414		124414	106715		106715
陕西	13691975	1173399	12518576	7397561	1172317	6225244
甘肃	4500780	403016	4097764	3388098	397238	2990860
青海	546039		546039	353433		353433
宁夏	1172515	61820	1110695	585604	61820	523784
新疆	2506421	360052	2146369	1634070		1634070

收入

单位:千元

企业办学			民办学校
合计	中央	地方	地方
5312811	**1018113**	**4294698**	**165662965**
107975	3317	104658	5066772
527361	13254	514107	1748457
259959	104631	155328	5813908
140594	269	140325	3581525
53807		53807	1160747
115956		115956	4756075
22893	14170	8723	2885230
200739	171137	29602	2200552
297047	7562	289485	4889215
159768	9421	150347	11008837
617872		617872	13079840
243564	23080	220484	5714653
1518		1518	6433466
29158	16009	13149	4652861
462165	46874	415291	7263407
234384	42020	192364	10519883
200780	132847	67933	6976556
35065	9666	25399	7768288
242922	29645	213277	29786361
17249		17249	3640358
197343		197343	1661748
104630	296	104334	3480217
76190	3056	73134	8358982
163567	23947	139620	1942645
130403		130403	2865621
			17699
236452	1082	235370	6057962
35642	5778	29864	1077040
2382		2382	190224
14464		14464	572447
380962	360052	20910	491389

2-20 其他

地区	总计			教育部门和其他部门		
	合计	中央	地方	合计	中央	地方
合计	**71733841**	**16793853**	**54939988**	**62232462**	**15970744**	**46261718**
北京	7531973	5640175	1891798	7085906	5635519	1450387
天津	1014042	286094	727948	948673	277971	670702
河北	1210171	97499	1112672	1023063	32356	990707
山西	1056067	1562	1054505	994217		994217
内蒙古	454959		454959	446470		446470
辽宁	1220997	232054	988943	987606	232054	755552
吉林	915837	259375	656462	858315	257227	601088
黑龙江	1822420	1428173	394247	1779934	1419228	360706
上海	4345537	1538673	2806864	3479963	1460956	2019007
江苏	8270159	930291	7339868	7663480	929843	6733637
浙江	8647500	1380738	7266762	7379561	1380738	5998823
安徽	1558847	373700	1185147	1288975	373266	915709
福建	1776768	201365	1575403	1582614	201365	1381249
江西	1019132	3368	1015764	823632		823632
山东	1904972	374677	1530295	1603632	266658	1336974
河南	2665664	165592	2500072	2029217	3192	2026025
湖北	4219513	712428	3507085	3363428	659852	2703576
湖南	3049829	254600	2795229	2816881	253316	2563565
广东	4369322	876342	3492980	3661443	869737	2791706
广西	903137		903137	794607		794607
海南	371050	2400	368650	308599	2400	306199
重庆	2330185	334619	1995566	2034996	334619	1700377
四川	2120007	681476	1438531	1608347	673076	935271
贵州	1317672	7163	1310509	1166550		1166550
云南	2095564		2095564	1481616		1481616
西藏	10446		10446	10396		10396
陕西	2208051	491911	1716140	2070584	491911	1578673
甘肃	667406	202318	465088	650032	201775	448257
青海	255305		255305	247937		247937
宁夏	388230	13685	374545	373040	13685	359355
新疆	2013079	303575	1709504	1668748		1668748

收入

单位：千元

企业办学			民办学校
合　计	中　央	地　方	地　方
1855106	**823109**	**1031997**	**7646273**
26181	4656	21525	419886
38876	8123	30753	26493
126133	65143	60990	60975
5579	1562	4017	56271
1166		1166	7323
98632		98632	134759
2329	2148	181	55193
13013	8945	4068	29473
142490	77717	64773	723084
12245	448	11797	594434
16254		16254	1251685
103898	434	103464	165974
209		209	193945
4066	3368	698	191434
149098	108019	41079	152242
397153	162400	234753	239294
71979	52576	19403	784106
9902	1284	8618	223046
23373	6605	16768	684506
364		364	108166
7899		7899	54552
3702		3702	291487
46967	8400	38567	464693
95911	7163	88748	55211
124830		124830	489118
			50
20870		20870	116597
570	543	27	16804
4998		4998	2370
2163		2163	13027
304256	303575	681	40075

第三部分

各地区各级各类教育机构教育经费收入情况

3-1 教育经费收入情况

地区	总计	国家财政性教育经费	公共财政预算教育经费					各级政府征收用于教育的税费	
			公共财政预算教育经费	教育事业费拨款	基本建设拨款	科研拨款	其他拨款	各级政府征收用于教育的税费	教育费附加
合计	**3036471815**	**2448821774**	**2181846421**	**1945365905**	**58621713**	**17419591**	**160439212**	**235355266**	**136579532**
北京	177217700	138389090	116220588	91780434	4663332	2329348	17447474	14760336	8126749
天津	63652878	54265079	47400694	44765357	1022205	647891	965241	6435999	3665619
河北	105051625	86638716	77798270	72532399	1388502	71449	3805920	8176611	3927184
山西	69199293	57179444	51732163	46213915	1932509	95595	3490144	5251509	3001130
内蒙古	61312375	55565187	49220418	39210730	1315866	77044	8616778	5876165	3287070
辽宁	100982977	82893576	73516890	62886527	2984334	223104	7422925	7938461	4820115
吉林	60668429	50721038	45830096	42765736	492177	791511	1780672	4321411	2377717
黑龙江	70951911	58104945	54780856	49558643	1655783	973043	2593387	2582008	2213116
上海	112871062	89106707	69922022	60504535	3678901	1998325	3740261	16842306	10937481
江苏	216678007	169281315	141622936	130351674	755387	1132399	9383476	25114723	14293506
浙江	152456540	112754357	91191825	84525390	241718	664728	5759989	19310571	8941695
安徽	108351157	89033169	80458330	70243184	1315640	837953	8061553	7502886	3585362
福建	86967948	67997489	59230948	54153713	569190	222091	4285954	8216618	4107760
江西	82949064	69404926	65061763	61599495	1366453	91188	2004627	4015826	2261700
山东	185499518	154733223	135761814	132807877	621180	803946	1528811	17687606	9641467
河南	156861862	127370927	119748419	103930259	2458210	191058	13168892	6909791	4372860
湖北	108534253	79623857	71011114	62221704	3144422	1113606	4531382	6683870	3229937
湖南	113451840	88303495	82679132	76633216	2008232	912431	3125253	5456368	4378797
广东	257292474	190898681	168340639	147145041	4381279	818677	15995642	20180081	14072029
广西	77941914	65405553	60771652	56470381	2314683	111706	1874882	4459663	2400423
海南	22899658	18928908	17511936	15023276	580039	25677	1882944	1304153	450089
重庆	71150846	55675875	51432983	39140923	2384310	517873	9389877	3607654	2014517
四川	150835891	119961755	109381805	100840667	2781469	440292	5319377	9445593	5655864
贵州	68198625	59710807	55236065	51188681	1987871	190367	1869146	4310587	2234007
云南	90562091	78702177	73336208	60889624	2153523	200675	10092386	5131228	4470662
西藏	12067436	11819995	11609883	8851739	2028450	3068	726626	210112	157027
陕西	101655932	81139540	76182562	69333133	1649823	1756307	3443299	4335973	3507251
甘肃	51055590	44835008	41261428	36327415	1617201	66132	3250680	3145253	1549750
青海	15708981	14701613	13607436	9986907	1894085	42077	1684367	1035419	434562
宁夏	16411991	14386461	13221419	10670232	522020	38558	1990609	1115770	501731
新疆	67031947	61288861	56764127	52813098	2712919	31472	1206638	3990715	1962355

（各级各类教育机构）

单位：千元

地方教育附加	地方基金	企业办学中的企业拨款	校办产业和社会服务收入用于教育的经费	其他属于国家财政性教育经费	民办学校中举办者投入	社会捐赠经费	#农村	事业收入	#学杂费	其他收入
65182307	**33593427**	**4820400**	**2788183**	**24011504**	**14740887**	**8554445**	**396290**	**492620868**	**373768686**	**71733841**
4526535	2107052	92176	780098	6535892	33844	1125321		30137472	16495926	7531973
2025917	744463	96577	33769	298040	7818	131957	1589	8233982	6466082	1014042
3152495	1096932	471248	14028	178559	502622	68458	5865	16631658	14214714	1210171
1638935	611444	191199	3971	602	483214	44944	1671	10435624	8114930	1056067
1225625	1363470	227926	7580	233098	94534	40167	595	5157528	4064583	454959
1749330	1369016	225817	50976	1161432	192140	106326	265	16569938	12781812	1220997
1639242	304452	115046	6852	447633	348265	63614	100	8619675	7288142	915837
	368892	701108	21243	19730	23799	26692	33	10974055	8447099	1822420
4990816	914009	71103	179512	2091764	7348	269887		19141583	14201215	4345537
9019191	1802026	48900	332808	2161948	711909	1456418	36660	36958206	26242483	8270159
5890667	4478209	15227	139805	2096929	358551	742926	7735	29953206	23685649	8647500
1908333	2009191	86598	19641	965714	468696	162981	9281	17127464	13107305	1558847
2612137	1496721	16594	36853	496476	783210	623319	95084	15787162	11307113	1776768
887484	866642	32573	8569	286195	268970	93778	7603	12162258	9546066	1019132
5477000	2569139	744258	135598	403947	576100	308913	42735	27976310	21303495	1904972
1680370	856561	271183	65127	376407	1992978	64920	5682	24767373	20731639	2665664
1412863	2041070	90469	82658	1755746	965606	239015	16319	23486262	17587779	4219513
687491	390080	13410	75062	79523	634370	174531	10210	21289615	16452025	3049829
4881906	1226146	271477	231772	1874712	3191361	1183069	109738	57650041	47928248	4369322
1254978	804262	7854	40255	126129	175505	89976	1662	11367743	9093083	903137
358762	495302	39822	9993	63004	254695	79208	97	3265797	2773172	371050
404778	1188359	101247	23569	510422	321481	200163	5697	12623142	9608597	2330185
2308344	1481385	85277	65742	983338	1300068	439427	16814	27014634	17218221	2120007
1401386	675194	17303	38331	108521	253964	106138	2633	6810044	5298259	1317672
	660566	39366	85841	109534	331442	256306	7828	9176602	7268905	2095564
52805	280				39499	15671		181825	124414	10446
641031	187691	44939	228940	347126	263207	164141	7806	17880993	13691975	2208051
1000846	594657	231755	26391	170181	41108	54438	832	5457630	4500780	667406
408879	191978	23287	6203	29268	38189	10568	533	703306	546039	255305
330842	283197	8990	202	40080	62260	36630	1223	1538410	1172515	388230
1613319	415041	437671	36794	59554	14134	174543		3541330	2506421	2013079

3-2 教育经费收入情况

地区	总计	国家财政性教育经费	公共财政预算教育经费	教育事业费拨款	基本建设拨款	科研拨款	其他拨款	各级政府征收用于教育的税费	教育费附加
合计	**263827616**	**174573167**	**152905918**	**117472923**	**5634254**	**13467470**	**16331271**	**359544**	**57745**
北京	79772198	51508259	44779200	33307323	2002460	2271343	7198074	200000	
天津	6535843	4283987	3976395	2650933	457934	558642	308886	80	80
河北	2078097	1407018	1099160	871366	42490	23992	161312		
山西	16825	13105	10561	10163			398		
内蒙古	16677	16677	16677				16677		
辽宁	8330559	5596793	4827259	3471932	530490	76380	748457		
吉林	6302635	4921880	4574647	3301369	140000	676246	457032		
黑龙江	10821035	6772693	6086043	4681773	99120	942242	362908		
上海	24658323	15187125	13222875	10152409	199070	1479717	1391679		
江苏	18800666	12376631	10731254	8609737	448400	925458	747659	480	
浙江	8434333	4730441	2912433	2297065	30000	350000	235368	57364	56045
安徽	5338552	4205103	3328571	2422723	36500	770100	99248	100000	
福建	4810872	2978469	2651290	2236756	52000	112190	250344	1620	1620
江西	39107	17224	3223	3223					
山东	8498931	5735622	5303445	3846947	228590	605857	622051		
河南	506793	281281	134109	117705			16404		
湖北	19366884	13202585	11460819	9117474	351804	1024246	967295		
湖南	5857320	4062893	4040559	2969631	80000	812117	178811		
广东	11408036	7711818	6532051	5367440	32632	321096	810883		
广西									
海南	26080	20147	19549	15570			3979		
重庆	6098425	3999563	3541693	2813558	58480	490556	179099		
四川	13062973	7985133	7157916	5976493	239764	322345	619314		
贵州	67749	36539	23092	18428			4664		
云南									
西藏									
陕西	12768295	9054181	8574197	6329089	151500	1661548	432060		
甘肃	2777170	2016882	1828757	1664591	21000	31952	111214		
青海	7112	7112	7112				7112		
宁夏	633907	540222	540222	441179	79000	11443	8600		
新疆	6792219	5903784	5522809	4778046	353020		391743		

（中央属各级各类教育机构）

单位：千元

地方教育附加	地方基金	企业办学中的企业拨款	校办产业和社会服务收入用于教育的经费	其他属于国家财政性教育经费	民办学校中举办者投入	社会捐赠经费	#农村	事业收入	#学杂费	其他收入
301174	**625**	**2066185**	**1318763**	**17922757**		**2473165**		**69987431**	**33810059**	**16793853**
200000		14341	485223	6029495		1039720		21584044	9013805	5640175
		36361	11216	259935		55652		1910110	1175836	286094
		301123	328	6407		2090		571490	354253	97499
		2544						2158	1889	1562
			43463	726071		85589		2416123	1077027	232054
		53020		294213		5024		1116356	1087547	259375
		674154	12496			13016		2607153	873489	1428173
		20000	119509	1824741		205922		7726603	4695982	1538673
480		26739	88178	1529980		218722		5275022	1796475	930291
694	625		83300	1677344		172959		2150195	948580	1380738
100000		702	263	775567		21774		737975	346403	373700
			12500	313059		154894		1476144	419188	201365
		14001						18515	16009	3368
		264325	86651	81201		36894		2351738	1072000	374677
		147172						59920	57328	165592
		43619	48987	1649160		78595		5373276	3247183	712428
			22334			33403		1506424	959583	254600
		62577	46655	1070535		93862		2726014	2029092	876342
			598			9		3524	2131	2400
			5430	452440		22855		1741388	1080283	334619
		272	24721	802224		103798		4292566	1533742	681476
		11247		2200		100		23947	23947	7163
		13023	198511	268450		84760		3137443	1173399	491911
		5990	22400	159735		5857		552113	403016	202318
								80000	61820	13685
		374975	6000			37670		547190	360052	303575

3-3 教育经费收入情况

地区	总计	国家财政性教育经费	公共财政预算教育经费					各级政府征收用于教育的税费	
				教育事业费拨款	基本建设拨款	科研拨款	其他拨款		教育费附加
合计	**2772644199**	**2274248607**	**2028940503**	**1827892982**	**52987459**	**3952121**	**144107941**	**234995722**	**136521787**
北京	97445502	86880831	71441388	58473111	2660872	58005	10249400	14560336	8126749
天津	57117035	49981092	43424299	42114424	564271	89249	656355	6435919	3665539
河北	102973528	85231698	76699110	71661033	1346012	47457	3644608	8176611	3927184
山西	69182468	57166339	51721602	46203752	1932509	95595	3489746	5251509	3001130
内蒙古	61295698	55548510	49203741	39210730	1315866	77044	8600101	5876165	3287070
辽宁	92652418	77296783	68689631	59414595	2453844	146724	6674468	7938461	4820115
吉林	54365794	45799158	41255449	39464367	352177	115265	1323640	4321411	2377717
黑龙江	60130876	51332252	48694813	44876870	1556663	30801	2230479	2582008	2213116
上海	88212739	73919582	56699147	50352126	3479831	518608	2348582	16842306	10937481
江苏	197877341	156904684	130891682	121741937	306987	206941	8635817	25114243	14293506
浙江	144022207	108023916	88279392	82228325	211718	314728	5524621	19253207	8885650
安徽	103012605	84828066	77129759	67820461	1279140	67853	7962305	7402886	3585362
福建	82157076	65019020	56579658	51916957	517190	109901	4035610	8214998	4106140
江西	82909957	69387702	65058540	61596272	1366453	91188	2004627	4015826	2261700
山东	177000587	148997601	130458369	128960930	392590	198089	906760	17687606	9641467
河南	156355069	127089646	119614310	103812554	2458210	191058	13152488	6909791	4372860
湖北	89167369	66421272	59550295	53104230	2792618	89360	3564087	6683870	3229937
湖南	107594520	84240602	78638573	73663585	1928232	100314	2946442	5456368	4378797
广东	245884438	183186863	161808588	141777601	4348647	497581	15184759	20180081	14072029
广西	77941914	65405553	60771652	56470381	2314683	111706	1874882	4459663	2400423
海南	22873578	18908761	17492387	15007706	580039	25677	1878965	1304153	450089
重庆	65052421	51676312	47891290	36327365	2325830	27317	9210778	3607654	2014517
四川	137772918	111976622	102223889	94864174	2541705	117947	4700063	9445593	5655864
贵州	68130876	59674268	55212973	51170253	1987871	190367	1864482	4310587	2234007
云南	90562091	78702177	73336208	60889624	2153523	200675	10092386	5131228	4470662
西藏	12067436	11819995	11609883	8851739	2028450	3068	726626	210112	157027
陕西	88887637	72085359	67608365	63004044	1498323	94759	3011239	4335973	3507251
甘肃	48278420	42818126	39432671	34662824	1596201	34180	3139466	3145253	1549750
青海	15701869	14694501	13600324	9986907	1894085	42077	1677255	1035419	434562
宁夏	15778084	13846239	12681197	10229053	443020	27115	1982009	1115770	501731
新疆	60239728	55385077	51241318	48035052	2359899	31472	814895	3990715	1962355

（地方各级各类教育机构）

单位：千元

地方教育附加	地方基金	企业办学中的企业拨款	校办产业和社会服务收入用于教育的经费	其他属于国家财政性教育经费	民办学校中举办者投入	社会捐赠经费	#农村	事业收入	#学杂费	其他收入
64881133	**33592802**	**2754215**	**1469420**	**6088747**	**14740887**	**6081280**	**396290**	**422633437**	**339958627**	**54939988**
4326535	2107052	77835	294875	506397	33844	85601		8553428	7482121	1891798
2025917	744463	60216	22553	38105	7818	76305	1589	6323872	5290246	727948
3152495	1096932	170125	13700	172152	502622	66368	5865	16060168	13860461	1112672
1638935	611444	188655	3971	602	483214	44944	1671	10433466	8113041	1054505
1225625	1363470	227926	7580	233098	94534	40167	595	5157528	4064583	454959
1749330	1369016	225817	7513	435361	192140	20737	265	14153815	11704785	988943
1639242	304452	62026	6852	153420	348265	58590	100	7503319	6200595	656462
	368892	26954	8747	19730	23799	13676	33	8366902	7573610	394247
4990816	914009	51103	60003	267023	7348	63965		11414980	9505233	2806864
9018711	1802026	22161	244630	631968	711909	1237696	36660	31683184	24446008	7339868
5889973	4477584	15227	56505	419585	358551	569967	7735	27803011	22737069	7266762
1808333	2009191	85896	19378	190147	468696	141207	9281	16389489	12760902	1185147
2612137	1496721	16594	24353	183417	783210	468425	95084	14311018	10887925	1575403
887484	866642	18572	8569	286195	268970	93778	7603	12143743	9530057	1015764
5477000	2569139	479933	48947	322746	576100	272019	42735	25624572	20231495	1530295
1680370	856561	124011	65127	376407	1992978	64920	5682	24707453	20674311	2500072
1412863	2041070	46850	33671	106586	965606	160420	16319	18112986	14340596	3507085
687491	390080	13410	52728	79523	634370	141128	10210	19783191	15492442	2795229
4881906	1226146	208900	185117	804177	3191361	1089207	109738	54924027	45899156	3492980
1254978	804262	7854	40255	126129	175505	89976	1662	11367743	9093083	903137
358762	495302	39822	9395	63004	254695	79199	97	3262273	2771041	368650
404778	1188359	101247	18139	57982	321481	177308	5697	10881754	8528314	1995566
2308344	1481385	85005	41021	181114	1300068	335629	16814	22722068	15684479	1438531
1401386	675194	6056	38331	106321	253964	106038	2633	6786097	5274312	1310509
	660566	39366	85841	109534	331442	256306	7828	9176602	7268905	2095564
52805	280				39499	15671		181825	124414	10446
641031	187691	31916	30429	78676	263207	79381	7806	14743550	12518576	1716140
1000846	594657	225765	3991	10446	41108	48581	832	4905517	4097764	465088
408879	191978	23287	6203	29268	38189	10568	533	703306	546039	255305
330842	283197	8990	202	40080	62260	36630	1223	1458410	1110695	374545
1613319	415041	62696	30794	59554	14134	136873		2994140	2146369	1709504

3-4 教育经费收入情况

地区	总计	国家财政性教育经费	公共财政预算教育经费					各级政府征收用于教育的税费	
				教育事业费拨款	基本建设拨款	科研拨款	其他拨款		教育费附加
合计	**817861475**	**493339068**	**450273056**	**389278243**	**14134396**	**17293649**	**29566768**	**15933365**	**5374846**
北京	87720231	58397295	49883903	41506504	2111060	2320528	3945811	1421011	129906
天津	20973064	14162176	13734002	12048041	472934	647491	565536	106463	104683
河北	24629004	14370365	13757369	13040354	242670	71209	403136	165386	113481
山西	16034610	9989149	9587194	7931938	697174	84730	873352	387747	106542
内蒙古	11120344	7851368	7484457	6310281	109981	74884	989311	78740	23494
辽宁	32310325	19997943	18266748	14440268	1343429	222470	2260581	376675	129519
吉林	20717370	13812662	13013698	11436525	180800	788821	607552	346560	239812
黑龙江	22438687	12340044	11786528	10296289	164274	973043	352922	168535	167235
上海	51869686	35963164	28680588	22441404	2322090	1996154	1920940	5102543	112543
江苏	61811501	34491600	30738364	27778397	651373	1110667	1197927	1494052	591471
浙江	38676045	20196556	15979661	13603144	30000	659447	1687070	2008597	1298868
安徽	23306845	14541020	13216028	11025606	134500	831741	1224181	319220	196498
福建	20385847	10207254	9459896	8573258	100659	193095	592884	246597	139436
江西	18654759	11279010	10950402	10489430	81011	89818	290143	23680	11550
山东	40958991	25409303	24061852	22008740	461190	801356	790566	493489	298091
河南	32594833	19521172	18596295	16426168	233478	190640	1746009	513159	184303
湖北	44311705	25516117	23008466	19729734	841595	1111853	1325284	651576	308583
湖南	30322094	18147521	17671155	15598939	260157	910495	901564	383069	254520
广东	55300682	29934306	27408208	23260675	879692	809364	2458477	556933	412906
广西	15297872	8720196	8330432	7786446	233925	111456	198605	246476	190714
海南	4264938	2563097	2440552	2127284	193515	23757	95996	32300	
重庆	20343566	10750869	10053389	8785830	255961	516578	495020	93997	3061
四川	37207042	21022645	19641840	17444153	386048	437824	1373815	317319	86772
贵州	10231702	6706683	6528047	6031740	139206	187105	169996	46867	26264
云南	15294531	8788657	8549166	7306320	193700	195575	853571	57898	19168
西藏	1563150	1413687	1413287	1022690	364140	3068	23389	400	400
陕西	35105012	20493296	19784534	16547674	472765	1755197	1008898	140291	118738
甘肃	10709843	6890095	6626900	5783410	232600	66042	544848	64596	19216
青海	1534320	1120055	1084588	767960	51000	42077	223551	5770	5770
宁夏	3189356	2247527	2191847	1762064	125300	38508	265975	7482	5665
新疆	8983520	6494236	6343660	5966977	168169	28656	179858	75937	75637

（高等学校）

单位：千元

地方教育附加	地方基金	企业办学中的企业拨款	校办产业和社会服务收入用于教育的经费	其他属于国家财政性教育经费	民办学校中举办者投入	社会捐赠经费	#农村	事业收入	#学杂费	其他收入
8310239	2248280	1540976	1849604	23742067	3403222	4359056		274632264	204839432	42127865
844160	446945	11570	547597	6533214		992439		23381116	11710969	4949381
	1780		24929	296782		81142		6055618	4749351	674128
18875	33030	260446	8605	178559	186268	7144		9508049	8039112	557178
118403	162802	10800	2806	602	178221	18		5011303	3991505	855919
51336	3910	52218	2855	233098	1000	15965		2979756	2488461	272255
41035	206121	151074	48680	1154766	82101	98083		11313684	8366438	818514
100068	6680	780	4351	447273	260000	25023		6000340	5318962	619345
	1300	353656	12496	18829		22575		8441005	6351305	1635063
4990000		26170	62099	2091764		233359		13049525	8766367	2623638
657469	245112		194595	2064589	59000	912545		21037977	13488790	5310379
496299	213430	2000	119981	2086317		262586		14403646	10748990	3813257
121935	787	39697	7532	958543	44836	55323		7769509	6123690	896157
74757	32404		27711	473050	518033	296912		8555137	5799539	808511
10130	2000	13277	5649	286002	87000	4677		6690298	5479425	593774
163473	31925	355861	97748	400353	195548	111059		14157751	10979729	1085330
247550	81306	19330	21225	371163	217151	33794		10793428	10038042	2029288
58303	284690	45300	59437	1751338	577787	92848		16458429	12295686	1666524
16923	111626		24222	69075	52652	61889		10206560	8325293	1853472
123416	20611		141702	1827463	345830	554491		22270791	18843121	2195264
55762		2060	26068	115160	19031	25299		6131151	5158011	402195
	32300	24390	4518	61337		4434		1560345	1417377	137062
890	90046	82060	16926	504497	114736	41314		7835381	6253794	1601266
53615	176932	53312	35816	974358	327496	141445		14443670	9430961	1271786
18998	1605	9285	21010	101474	3710	30390		2835527	2341731	655392
	38730	11512	62988	107093	132822	75031		4928057	4245746	1369964
								142387	100622	7076
10570	10983	1992	221579	344900		133094		12552342	9180329	1926280
36172	9208	5990	22428	170181		25410		3374123	2828191	420215
			429	29268		873		277677	246224	135715
100	1717	8196	172	39830		1368		760849	599736	179612
	300		23450	51189		18526		1706833	1131935	763925

3-5 教育经费收入情况

地区	总计	国家财政性教育经费	公共财政预算教育经费	教育事业费拨款	基本建设拨款	科研拨款	其他拨款	各级政府征收用于教育的税费	教育费附加
合计	**238590401**	**154023623**	**133924023**	**103922335**	**5245074**	**13467470**	**11289144**	**359544**	**57745**
北京	66174459	40868442	34235609	26338596	1985330	2271343	3640340	200000	
天津	6389141	4203322	3933779	2609765	457934	558642	307438	80	80
河北	1959494	1312830	1094701	871366	42490	23992	156853		
山西									
内蒙古									
辽宁	8197152	5534201	4764681	3468278	530490	76380	689533		
吉林	6050459	4719690	4425477	3215149	140000	676246	394082		
黑龙江	8336044	4433902	4070750	2847097	45000	942242	236411		
上海	23456121	14395175	12533441	9915743	199070	1479717	938911		
江苏	18705740	12302565	10683927	8603106	448400	925458	706963	480	
浙江	8431297	4727405	2909397	2297065	30000	350000	232332	57364	56045
安徽	5272558	4148168	3272334	2398683	36500	770100	67051	100000	
福建	4671078	2930216	2603037	2200404	52000	112190	238443	1620	1620
江西	32803	15818	2541	2541					
山东	8249473	5518143	5287053	3846947	228590	605857	605659		
河南	336694	128317	128317	116809			11508		
湖北	19014250	12925701	11208954	8936237	351804	1024246	896667		
湖南	5808420	4024943	4002609	2938610	80000	812117	171882		
广东	11172515	7531503	6419240	5304030	32632	321096	761482		
广西									
海南									
重庆	5974913	3897454	3439890	2713134	58480	490556	177720		
四川	12912645	7862173	7035858	5918269	239764	322345	555480		
贵州	39144	20627	10342	10052			290		
云南									
西藏									
陕西	12700401	8992204	8525243	6323287	151500	1661548	388908		
甘肃	2724731	1978902	1790777	1664591	21000	31952	73234		
青海									
宁夏	633907	540222	540222	441179	79000	11443	8600		
新疆	1346962	1011700	1005844	941397	35090		29357		

(中央属高等学校)

单位:千元

地方教育附加	地方基金	企业办学中的企业拨款	校办产业和社会服务收入用于教育的经费	其他属于国家财政性教育经费	民办学校中举办者投入	社会捐赠经费	#农村	事业收入	#学杂费	其他收入
301174	**625**	**672800**	**1146632**	**17920624**		**2374749**		**67282730**	**32955055**	**14909299**
200000			403338	6029495		991098		19989062	8794317	4325857
			9528	259935		55652		1852757	1147744	277410
		211394	328	6407		2061		548632	331395	95971
			43449	726071		85589		2347640	1010421	229722
				294213		5024		1083166	1060377	242579
		350656	12496			13016		2508266	794155	1380860
			36993	1824741		204501		7463094	4644171	1393351
480			88178	1529980		218722		5257267	1782598	927186
694	625		83300	1677344		172959		2150195	948580	1380738
100000		100	210	775524		16827		734294	342878	373269
			12500	313059		154894		1385536	419188	200432
		13277						15105	15016	1880
		63238	86651	81201		36894		2319813	1040155	374623
								42785	40193	165592
		18600	48987	1649160		72908		5331176	3228351	684465
			22334			33403		1496758	949917	253316
			41728	1070535		93616		2677659	1988267	869737
			5124	452440		21931		1734534	1076072	320994
		260	24721	801334		103798		4278835	1525146	667839
		9285		1000				12267	12267	6250
			198511	268450		84611		3131675	1170973	491911
		5990	22400	159735		5857		551418	402321	188554
								80000	61820	13685
			5856			1388		290796	168733	43078

3-6 教育经费收入情况

地　区	总　计	国家财政性教育经费	公共财政预算教育经费	教育事业费拨款	基本建设拨款	科研拨款	其他拨款	各级政府征收用于教育的税费	教育费附加
合　计	**579271074**	**339315445**	**316349033**	**285355908**	**8889322**	**3826179**	**18277624**	**15573821**	**5317101**
北　京	21545772	17528853	15648294	15167908	125730	49185	305471	1221011	129906
天　津	14583923	9958854	9800223	9438276	15000	88849	258098	106383	104603
河　北	22669510	13057535	12662668	12168988	200180	47217	246283	165386	113481
山　西	16034610	9989149	9587194	7931938	697174	84730	873352	387747	106542
内蒙古	11120344	7851368	7484457	6310281	109981	74884	989311	78740	23494
辽　宁	24113173	14463742	13502067	10971990	812939	146090	1571048	376675	129519
吉　林	14666911	9092972	8588221	8221376	40800	112575	213470	346560	239812
黑龙江	14102643	7906142	7715778	7449192	119274	30801	116511	168535	167235
上　海	28413565	21567989	16147147	12525661	2123020	516437	982029	5102543	112543
江　苏	43105761	22189035	20054437	19175291	202973	185209	490964	1493572	591471
浙　江	30244748	15469151	13070264	11306079		309447	1454738	1951233	1242823
安　徽	18034287	10392852	9943694	8626923	98000	61641	1157130	219220	196498
福　建	15714769	7277038	6856859	6372854	48659	80905	354441	244977	137816
江　西	18621956	11263192	10947861	10486889	81011	89818	290143	23680	11550
山　东	32709518	19891160	18774799	18161793	232600	195499	184907	493489	298091
河　南	32258139	19392855	18467978	16309359	233478	190640	1734501	513159	184303
湖　北	25297455	12590416	11799512	10793497	489791	87607	428617	651576	308583
湖　南	24513674	14122578	13668546	12660329	180157	98378	729682	383069	254520
广　东	44128167	22402803	20988968	17956645	847060	488268	1696995	556933	412906
广　西	15297872	8720196	8330432	7786446	233925	111456	198605	246476	190714
海　南	4264938	2563097	2440552	2127284	193515	23757	95996	32300	
重　庆	14368653	6853415	6613499	6072696	197481	26022	317300	93997	3061
四　川	24294397	13160472	12605982	11525884	146284	115479	818335	317319	86772
贵　州	10192558	6686056	6517705	6021688	139206	187105	169706	46867	26264
云　南	15294531	8788657	8549166	7306320	193700	195575	853571	57898	19168
西　藏	1563150	1413687	1413287	1022690	364140	3068	23389	400	400
陕　西	22404611	11501092	11259291	10224387	321265	93649	619990	140291	118738
甘　肃	7985112	4911193	4836123	4118819	211600	34090	471614	64596	19216
青　海	1534320	1120055	1084588	767960	51000	42077	223551	5770	5770
宁　夏	2555449	1707305	1651625	1320885	46300	27065	257375	7482	5665
新　疆	7636558	5482536	5337816	5025580	133079	28656	150501	75937	75637

（地方高等学校）

单位：千元

地方教育附加	地方基金	企业办学中的企业拨款	校办产业和社会服务收入用于教育的经费	其他属于国家财政性教育经费	民办学校中举办者投入	社会捐赠经费	#农村	事业收入	#学杂费	其他收入
8009065	**2247655**	**868176**	**702972**	**5821443**	**3403222**	**1984307**		**207349534**	**171884377**	**27218566**
644160	446945	11570	144259	503719		1341		3392054	2916652	623524
	1780		15401	36847		25490		4202861	3601607	396718
18875	33030	49052	8277	172152	186268	5083		8959417	7707717	461207
118403	162802	10800	2806	602	178221	18		5011303	3991505	855919
51336	3910	52218	2855	233098	1000	15965		2979756	2488461	272255
41035	206121	151074	5231	428695	82101	12494		8966044	7356017	588792
100068	6680	780	4351	153060	260000	19999		4917174	4258585	376766
	1300	3000		18829		9559		5932739	5557150	254203
4990000		26170	25106	267023		28858		5586431	4122196	1230287
656989	245112		106417	534609	59000	693823		15780710	11706192	4383193
495605	212805	2000	36681	408973		89627		12253451	9800410	2432519
21935	787	39597	7322	183019	44836	38496		7035215	5780812	522888
74757	32404		15211	159991	518033	142018		7169601	5380351	608079
10130	2000		5649	286002	87000	4677		6675193	5464409	591894
163473	31925	292623	11097	319152	195548	74165		11837938	9939574	710707
247550	81306	19330	21225	371163	217151	33794		10750643	9997849	1863696
58303	284690	26700	10450	102178	577787	19940		11127253	9067335	982059
16923	111626		1888	69075	52652	28486		8709802	7375376	1600156
123416	20611		99974	756928	345830	460875		19593132	16854854	1325527
55762		2060	26068	115160	19031	25299		6131151	5158011	402195
	32300	24390	4518	61337		4434		1560345	1417377	137062
890	90046	82060	11802	52057	114736	19383		6100847	5177722	1280272
53615	176932	53052	11095	173024	327496	37647		10164835	7905815	603947
18998	1605		21010	100474	3710	30390		2823260	2329464	649142
	38730	11512	62988	107093	132822	75031		4928057	4245746	1369964
								142387	100622	7076
10570	10983	1992	23068	76450		48483		9420667	8009356	1434369
36172	9208		28	10446		19553		2822705	2425870	231661
			429	29268		873		277677	246224	135715
100	1717	8196	172	39830		1368		680849	537916	165927
	300		17594	51189		17138		1416037	963202	720847

3-7 教育经费收入情况

地区	总计	国家财政性教育经费	公共财政预算教育经费	教育事业费拨款	基本建设拨款	科研拨款	其他拨款	各级政府征收用于教育的税费	教育费附加
合计	**797576578**	**479687633**	**441943836**	**381823109**	**14057367**	**17292100**	**28771260**	**10708770**	**4873098**
北京	86232364	57714528	49247423	40970656	2111060	2320228	3845479	1389181	98076
天津	20234884	13534213	13118353	11445448	472934	647491	552480	105110	103330
河北	24101840	14105205	13501719	12794384	242670	71209	393456	155876	104571
山西	15790308	9844052	9447138	7800995	697174	84730	864239	382706	104432
内蒙古	11010620	7796290	7429466	6270727	108981	74884	974874	78653	23407
辽宁	31817993	19761252	18050433	14254704	1343429	222420	2229880	362399	123520
吉林	20092989	13346363	12570604	11021767	165800	788821	594216	324135	223224
黑龙江	22019148	12046344	11498803	10017315	164274	973043	344171	165560	165560
上海	45746859	30415896	27790417	21565384	2321090	1996154	1907789	445950	
江苏	61229078	34107269	30373457	27426445	651373	1110667	1184972	1474628	580929
浙江	37473821	19527671	15536061	13184208	30000	659155	1662698	1785442	1125824
安徽	22932794	14376541	13057899	10879421	134500	831631	1212347	313928	192139
福建	20052697	10049508	9309495	8425601	100659	193065	590170	242506	138845
江西	18277088	11144716	10816397	10360123	81011	89818	285445	23498	11368
山东	40542746	25162748	23819090	21780193	448940	801276	788681	490449	295051
河南	32048488	19217364	18304800	16200740	233478	190520	1680062	501723	181781
湖北	44093815	25398618	22891380	19621298	841595	1111850	1316637	651163	308483
湖南	29995065	18023860	17566067	15501885	259372	910487	894323	364496	237883
广东	54262133	29417745	26938612	22851564	879692	809014	2398342	512203	375264
广西	14939280	8499989	8113039	7588298	221321	111456	191964	244277	189114
海南	4200413	2527283	2404738	2102750	182265	23727	95996	32300	
重庆	20252435	10722086	10024606	8759368	255961	516578	492699	93997	3061
四川	36136136	20330983	19032324	17166580	378608	437824	1049312	263049	71015
贵州	10000782	6596661	6433948	5945250	136506	187039	165153	41229	21206
云南	14504811	8160280	7960234	6722630	193700	195545	848359	21068	19168
西藏	1563150	1413687	1413287	1022690	364140	3068	23389	400	400
陕西	34509134	20233853	19571123	16357038	470765	1755187	988133	97598	76105
甘肃	10490708	6803504	6551072	5721437	228600	65982	535053	59823	16036
青海	1490753	1092334	1056867	749105	46000	42067	219695	5770	5770
宁夏	3189356	2247527	2191847	1762064	125300	38508	265975	7482	5665
新疆	8344890	6069263	5923137	5553041	166169	28656	175271	72171	71871

（普通高等学校）

单位：千元

地方教育附加	地方基金	企业办学中的企业拨款	校办产业和社会服务收入用于教育的经费	其他属于国家财政性教育经费	民办学校中举办者投入	社会捐赠经费	#农村	事业收入	#学杂费	其他收入
3677704	**2157968**	**1486917**	**1812780**	**23735330**	**3403222**	**4332601**		**268723992**	**199999161**	**41429130**
844160	446945	11570	533140	6533214		992439		22672251	11050968	4853146
	1780		13968	296782		81136		5963712	4662865	655823
18275	33030	260446	8605	178559	186268	7144		9260881	7810180	542342
118144	160130	10800	2806	602	178221			4915990	3910531	852045
51336	3910	52218	2855	233098	1000	15965		2925118	2470894	272247
32758	206121	144974	48680	1154766	82101	97907		11075533	8256498	801200
95911	5000		4351	447273	260000	23973		5869487	5212001	593166
		350656	12496	18829		17118		8321855	6240768	1633831
445950		26170	61595	2091764		233359		12697365	8580579	2400239
649090	244609		194595	2064589	59000	910035		20863672	13364942	5289102
451559	208059	2000	118981	2085187		261597		13948746	10422959	3735807
121002	787	39697	7532	957485	44836	55323		7569576	5940042	886518
74757	28904		24457	473050	518033	296881		8381042	5650048	807233
10130	2000	13277	5649	285895	87000	4677		6467300	5289688	573395
163473	31925	355108	97748	400353	195548	111059		13989082	10825359	1084309
238636	81306	19330	20348	371163	217151	33794		10581014	9842951	1999165
57990	284690	45300	59437	1751338	577787	92848		16361046	12252794	1663516
14987	111626		24222	69075	52652	61889		10020253	8158450	1836411
116520	20419		141702	1825228	345830	554412		21757093	18393373	2187053
55163		2060	26068	114545	19031	25199		5995703	5034328	399358
	32300	24390	4518	61337		4434		1536907	1394364	131789
890	90046	82060	16926	504497	114736	41314		7773815	6195282	1600484
52176	139858	27153	34099	974358	327496	140592		14100923	9141125	1236142
18458	1565		21010	100474	3710	30390		2723222	2241612	646799
	1900	11512	60373	107093	132822	75031		4769511	4109435	1367167
								142387	100622	7076
10510	10983		220274	344858		133094		12228934	8881680	1913253
35729	8058		22428	170181		25410		3243038	2715692	418756
			429	29268		873		262631	232369	134915
100	1717	8196	172	39830		1368		760849	599736	179612
	300		23316	50639		3340		1545056	1017026	727231

3-8 教育经费收入情况

地区	总计	国家财政性教育经费	公共财政预算教育经费					各级政府征收用于教育的税费	
				教育事业费拨款	基本建设拨款	科研拨款	其他拨款		教育费附加
合计	**237840353**	**153932852**	**133849787**	**103865059**	**5243074**	**13467470**	**11274184**	**359544**	**57745**
北京	65523564	40826556	34193723	26307381	1985330	2271343	3629669	200000	
天津	6389141	4203322	3933779	2609765	457934	558642	307438	80	80
河北	1959494	1312830	1094701	871366	42490	23992	156853		
山西									
内蒙古									
辽宁	8187547	5534201	4764681	3468278	530490	76380	689533		
吉林	6050459	4719690	4425477	3215149	140000	676246	394082		
黑龙江	8335886	4433902	4070750	2847097	45000	942242	236411		
上海	23456121	14395175	12533441	9915743	199070	1479717	938911		
江苏	18705740	12302565	10683927	8603106	448400	925458	706963	480	
浙江	8431297	4727405	2909397	2297065	30000	350000	232332	57364	56045
安徽	5272558	4148168	3272334	2398683	36500	770100	67051	100000	
福建	4671078	2930216	2603037	2200404	52000	112190	238443	1620	1620
江西	32803	15818	2541	2541					
山东	8249473	5518143	5287053	3846947	228590	605857	605659		
河南	336694	128317	128317	116809			11508		
湖北	19014250	12925701	11208954	8936237	351804	1024246	896667		
湖南	5808420	4024943	4002609	2938610	80000	812117	171882		
广东	11172515	7531503	6419240	5304030	32632	321096	761482		
广西									
海南									
重庆	5974913	3897454	3439890	2713134	58480	490556	177720		
四川	12912385	7861913	7035858	5918269	239764	322345	555480		
贵州	22574	7912	7912	7912					
云南									
西藏									
陕西	12700401	8992204	8525243	6323287	151500	1661548	388908		
甘肃	2711175	1972912	1790777	1664591	21000	31952	73234		
青海									
宁夏	633907	540222	540222	441179	79000	11443	8600		
新疆	1287958	981780	975924	917476	33090		25358		

（中央属普通高等学校）

单位：千元

地方教育附加	地方基金	企业办学中的企业拨款	校办产业和社会服务收入用于教育的经费	其他属于国家财政性教育经费	民办学校中举办者投入	社会捐赠经费	#农村	事业收入	#学杂费	其他收入
301174	**625**	**657265**	**1146632**	**17919624**		**2374573**		**66711977**	**32426523**	**14820951**
200000			403338	6029495		991098		19444856	8289122	4261054
			9528	259935		55652		1852757	1147744	277410
		211394	328	6407		2061		548632	331395	95971
			43449	726071		85413		2338211	1001211	229722
				294213		5024		1083166	1060377	242579
		350656	12496			13016		2508108	793997	1380860
			36993	1824741		204501		7463094	4644171	1393351
480			88178	1529980		218722		5257267	1782598	927186
694	625		83300	1677344		172959		2150195	948580	1380738
100000		100	210	775524		16827		734294	342878	373269
			12500	313059		154894		1385536	419188	200432
		13277						15105	15016	1880
		63238	86651	81201		36894		2319813	1040155	374623
								42785	40193	165592
		18600	48987	1649160		72908		5331176	3228351	684465
			22334			33403		1496758	949917	253316
			41728	1070535		93616		2677659	1988267	869737
			5124	452440		21931		1734534	1076072	320994
			24721	801334		103798		4278835	1525146	667839
								11330	11330	3332
			198511	268450		84611		3131675	1170973	491911
			22400	159735		5857		544395	396543	188011
								80000	61820	13685
			5856			1388		281796	161479	22994

3-9 教育经费收入情况

地区	总计	国家财政性教育经费	公共财政预算教育经费					各级政府征收用于教育的税费	
				教育事业费拨款	基本建设拨款	科研拨款	其他拨款		教育费附加
合计	**559736225**	**325754781**	**308094049**	**277958050**	**8814293**	**3824630**	**17497076**	**10349226**	**4815353**
北京	20708800	16887972	15053700	14663275	125730	48885	215810	1189181	98076
天津	13845743	9330891	9184574	8835683	15000	88849	245042	105030	103250
河北	22142346	12792375	12407018	11923018	200180	47217	236603	155876	104571
山西	15790308	9844052	9447138	7800995	697174	84730	864239	382706	104432
内蒙古	11010620	7796290	7429466	6270727	108981	74884	974874	78653	23407
辽宁	23630446	14227051	13285752	10786426	812939	146040	1540347	362399	123520
吉林	14042530	8626673	8145127	7806618	25800	112575	200134	324135	223224
黑龙江	13683262	7612442	7428053	7170218	119274	30801	107760	165560	165560
上海	22290738	16020721	15256976	11649641	2122020	516437	968878	445950	
江苏	42523338	21804704	19689530	18823339	202973	185209	478009	1474148	580929
浙江	29042524	14800266	12626664	10887143		309155	1430366	1728078	1069779
安徽	17660236	10228373	9785565	8480738	98000	61531	1145296	213928	192139
福建	15381619	7119292	6706458	6225197	48659	80875	351727	240886	137225
江西	18244285	11128898	10813856	10357582	81011	89818	285445	23498	11368
山东	32293273	19644605	18532037	17933246	220350	195419	183022	490449	295051
河南	31711794	19089047	18176483	16083931	233478	190520	1668554	501723	181781
湖北	25079565	12472917	11682426	10685061	489791	87604	419970	651163	308483
湖南	24186645	13998917	13563458	12563275	179372	98370	722441	364496	237883
广东	43089618	21886242	20519372	17547534	847060	487918	1636860	512203	375264
广西	14939280	8499989	8113039	7588298	221321	111456	191964	244277	189114
海南	4200413	2527283	2404738	2102750	182265	23727	95996	32300	
重庆	14277522	6824632	6584716	6046234	197481	26022	314979	93997	3061
四川	23223751	12469070	11996466	11248311	138844	115479	493832	263049	71015
贵州	9978208	6588749	6426036	5937338	136506	187039	165153	41229	21206
云南	14504811	8160280	7960234	6722630	193700	195545	848359	21068	19168
西藏	1563150	1413687	1413287	1022690	364140	3068	23389	400	400
陕西	21808733	11241649	11045880	10033751	319265	93639	599225	97598	76105
甘肃	7779533	4830592	4760295	4056846	207600	34030	461819	59823	16036
青海	1490753	1092334	1056867	749105	46000	42067	219695	5770	5770
宁夏	2555449	1707305	1651625	1320885	46300	27065	257375	7482	5665
新疆	7056932	5087483	4947213	4635565	133079	28656	149913	72171	71871

（地方普通高等学校）

单位：千元

地方教育附加	地方基金	企业办学中的企业拨款	校办产业和社会服务收入用于教育的经费	其他属于国家财政性教育经费	民办学校中举办者投入	社会捐赠经费	#农村	事业收入	#学杂费	其他收入
3376530	**2157343**	**829652**	**666148**	**5815706**	**3403222**	**1958028**		**202012015**	**167572638**	**26608179**
644160	446945	11570	129802	503719		1341		3227395	2761846	592092
	1780		4440	36847		25484		4110955	3515121	378413
18275	33030	49052	8277	172152	186268	5083		8712249	7478785	446371
118144	160130	10800	2806	602	178221			4915990	3910531	852045
51336	3910	52218	2855	233098	1000	15965		2925118	2470894	272247
32758	206121	144974	5231	428695	82101	12494		8737322	7255287	571478
95911	5000		4351	153060	260000	18949		4786321	4151624	350587
				18829		4102		5813747	5446771	252971
445950		26170	24602	267023		28858		5234271	3936408	1006888
648610	244609		106417	534609	59000	691313		15606405	11582344	4361916
450865	207434	2000	35681	407843		88638		11798551	9474379	2355069
21002	787	39597	7322	181961	44836	38496		6835282	5597164	513249
74757	28904		11957	159991	518033	141987		6995506	5230860	606801
10130	2000		5649	285895	87000	4677		6452195	5274672	571515
163473	31925	291870	11097	319152	195548	74165		11669269	9785204	709686
238636	81306	19330	20348	371163	217151	33794		10538229	9802758	1833573
57990	284690	26700	10450	102178	577787	19940		11029870	9024443	979051
14987	111626		1888	69075	52652	28486		8523495	7208533	1583095
116520	20419		99974	754693	345830	460796		19079434	16405106	1317316
55163		2060	26068	114545	19031	25199		5995703	5034328	399358
	32300	24390	4518	61337		4434		1536907	1394364	131789
890	90046	82060	11802	52057	114736	19383		6039281	5119210	1279490
52176	139858	27153	9378	173024	327496	36794		9822088	7615979	568303
18458	1565		21010	100474	3710	30390		2711892	2230282	643467
	1900	11512	60373	107093	132822	75031		4769511	4109435	1367167
								142387	100622	7076
10510	10983		21763	76408		48483		9097259	7710707	1421342
35729	8058		28	10446		19553		2698643	2319149	230745
			429	29268		873		262631	232369	134915
100	1717	8196	172	39830		1368		680849	537916	165927
	300		17460	50639		1952		1263260	855547	704237

3-10 教育经费收入情况

地区	总计	国家财政性教育经费	公共财政预算教育经费					各级政府征收用于教育的税费	
				教育事业费拨款	基本建设拨款	科研拨款	其他拨款		教育费附加
合计	**652337106**	**397320685**	**366419236**	**315324585**	**11015164**	**17077998**	**23001489**	**5454968**	**1668658**
北京	81977382	54582334	46393793	38394370	1985330	2319728	3694365	1127634	12316
天津	17122115	11557056	11248538	9656533	472934	647477	471594	1860	80
河北	18261658	11106427	10903826	10302547	219220	70463	311596	16284	934
山西	10832523	6472886	6270507	5446879	57454	82060	684114	202379	67768
内蒙古	7596179	5251966	5002083	4193110	93101	72824	643048	13930	
辽宁	27195575	16758308	15353898	12195949	1055889	218650	1883410	206237	6816
吉林	18010987	11892503	11441998	9946148	165800	788631	541419		
黑龙江	18534180	9930907	9774809	8464010	76882	973043	260874		
上海	42940979	28927492	26332610	20786729	1921090	1996154	1628637	445950	
江苏	48985046	27143473	23935962	21131879	647097	1070404	1086582	998581	423188
浙江	29987521	15440529	11955195	10242635	30000	635391	1047169	1342972	821365
安徽	17769641	11590447	10527954	8637050	126500	808539	955865	100000	
福建	15871066	8437507	7898472	7260425	77290	190583	370174	50511	16154
江西	13483528	8211363	7912948	7507787	81011	88375	235775	9416	6416
山东	31319207	19896496	19189684	17235663	418350	796222	739449	149077	38375
河南	23711017	14372931	13883017	12404350	27699	184123	1266845	109980	67123
湖北	37418304	21586910	19398509	16869659	424455	1109890	994505	388005	118689
湖南	21896222	12992200	12832507	11427698	174932	886243	343634	75246	32904
广东	41700457	23763644	21739422	18276860	772317	784875	1905370	87184	34246
广西	11110835	6623123	6466214	5988925	221321	104926	151042	21830	3630
海南	3210190	1989950	1896515	1699645	97970	23067	75833	32300	
重庆	15954140	8602497	8088812	6992222	243961	515997	336632		
四川	29351296	16534813	15486906	13856974	315902	435499	878531	46682	2509
贵州	7496389	5224333	5108865	4708923	130750	184405	84787	15180	7615
云南	10935528	6467041	6313940	5477947		161301	674692	2403	503
西藏	1269052	1144587	1144187	872198	249140	1168	21681	400	400
陕西	29828591	17717424	17157499	14082020	409500	1755187	910792	657	657
甘肃	8502839	5656908	5460392	4823800	218600	64942	353050	4400	1200
青海	1186290	879898	844970	580280	30000	42067	192623	5770	5770
宁夏	2401509	1770646	1732618	1401083	104500	37268	189767	100	
新疆	6476860	4794086	4722586	4460287	166169	28496	67634		

（普通高等本科学校）

单位：千元

地方教育附加	地方基金	企业办学中的企业拨款	校办产业和社会服务收入用于教育的经费	其他属于国家财政性教育经费	民办学校中举办者投入	社会捐赠经费	#农村	事业收入	#学杂费	其他收入
2422284	**1364026**	**214323**	**1612308**	**23619850**	**1420202**	**3936840**		**214860753**	**153450444**	**34798626**
844160	271158		529238	6531669		990598		21870579	10324762	4533871
	1780		9916	296742		61667		4908506	3744198	594886
15350			8602	177715	180620	6384		6678911	5589414	289316
28181	106430							3539635	2648722	820002
10500	3430		2855	233098		9735		2081690	1769149	252788
7300	192121		47998	1150175	14434	94870		9690534	7084264	637429
			3232	447273	260000	23658		5256406	4655565	578420
		124913	12496	18689		13016		7115199	5190796	1475058
445950		25000	36993	2086939		225862		11526947	7526450	2260678
361358	214035		168956	2039974		835814		16477858	9816220	4527901
338258	183349	2000	91855	2048507		236144		11039873	8010500	3270975
100000			6694	955799	11220	51215		5436594	4126253	680165
28342	6015		17859	470665		239440		6464649	4092570	729470
1000	2000		5433	283566		1147		4766702	3902508	504316
97000	13702	62410	95116	400209	33645	64554		10538996	7877912	785516
20806	22051		11811	368123	183386	25307		7793048	7349358	1336345
4316	265000		50346	1750050	576787	88289		13776916	9926433	1389402
	42342		22808	61639		35685		7234042	5703250	1634295
51102	1836		118447	1818591	56500	526794		15480322	12767227	1873197
18200			23876	111203		15692		4179323	3507353	292697
	32300		392	60743				1128894	1029829	91346
			10966	502719	53900	38896		5816042	4430056	1442805
40161	4012		27997	973228	46000	133074		11583875	7021981	1053534
7000	565		134	100154	3710	10636		2075340	1706256	182370
	1900		43605	107093		50616		3679640	3125692	738231
								117389	81122	7076
			218967	340301		129174		10348155	7130635	1633838
3200			22400	169716		24036		2431366	2038131	390529
				29158		873		194846	177703	110673
100				37928		1368		505463	398057	124032
			23316	48184		2296		1123013	698078	557465

3-11 教育经费收入情况

地区	总计	国家财政性教育经费	公共财政预算教育经费					各级政府征收用于教育的税费	
				教育事业费拨款	基本建设拨款	科研拨款	其他拨款		教育费附加
合计	**234944219**	**152631903**	**133086350**	**103213125**	**5243074**	**13466010**	**11164141**	**359544**	**57745**
北京	65465978	40788463	34155630	26269288	1985330	2271343	3629669	200000	
天津	6389141	4203322	3933779	2609765	457934	558642	307438	80	80
河北	1462133	1075202	1068467	850252	42490	23992	151733		
山西									
内蒙古									
辽宁	8187547	5534201	4764681	3468278	530490	76380	689533		
吉林	6050459	4719690	4425477	3215149	140000	676246	394082		
黑龙江	7891934	4136272	3998863	2801480	45000	942242	210141		
上海	23415920	14382827	12521093	9903395	199070	1479717	938911		
江苏	18705740	12302565	10683927	8603106	448400	925458	706963	480	
浙江	8431297	4727405	2909397	2297065	30000	350000	232332	57364	56045
安徽	5245895	4144021	3268287	2394636	36500	770100	67051	100000	
福建	4671078	2930216	2603037	2200404	52000	112190	238443	1620	1620
江西									
山东	8063241	5454905	5287053	3846947	228590	605857	605659		
河南									
湖北	18779338	12879244	11186247	8913692	351804	1024246	896505		
湖南	5694725	3977196	3954862	2900363	80000	810657	163842		
广东	10696853	7355940	6243687	5154811	32632	321096	735148		
广西									
海南									
重庆	5855625	3858334	3400770	2684024	58480	490556	167710		
四川	12698221	7719663	6893608	5786319	239764	322345	545180		
贵州									
云南									
西藏									
陕西	12700401	8992204	8525243	6323287	151500	1661548	388908		
甘肃	2711175	1972912	1790777	1664591	21000	31952	73234		
青海									
宁夏	633907	540222	540222	441179	79000	11443	8600		
新疆	1193611	937099	931243	885094	33090		13059		

（中央属普通高等本科学校）

地方教育附加	地方基金	企业办学中的企业拨款	校办产业和社会服务收入用于教育的经费	其他属于国家财政性教育经费	民办学校中举办者投入	社会捐赠经费	#农村	事业收入	#学杂费	其他收入
301174	**625**	**124913**	**1141634**	**17919462**		**2369127**		**65559767**	**31628078**	**14383422**
200000			403338	6029495		990598		19427239	8273697	4259678
			9528	259935		55652		1852757	1147744	277410
			328	6407		2061		352514	249622	32356
			43449	726071		85413		2338211	1001211	229722
				294213		5024		1083166	1060377	242579
		124913	12496			13016		2364440	735808	1378206
			36993	1824741		204501		7435396	4623410	1393196
480			88178	1529980		218722		5257267	1782598	927186
694	625		83300	1677344		172959		2150195	948580	1380738
100000			210	775524		16827		712033	320617	373014
			12500	313059		154894		1385536	419188	200432
			86651	81201		36894		2304784	1025126	266658
			43999	1648998		72908		5195295	3101033	631891
			22334			28457		1446882	903803	242190
			41718	1070535		93616		2381675	1761890	865622
			5124	452440		21931		1667604	1018114	307756
			24721	801334		103798		4208510	1469272	666250
			198511	268450		84611		3131675	1170973	491911
			22400	159735		5857		544395	396543	188011
								80000	61820	13685
			5856			1388		240193	156652	14931

3-12 教育经费收入情况

地区	总计	国家财政性教育经费	公共财政预算教育经费	教育事业费拨款	基本建设拨款	科研拨款	其他拨款	各级政府征收用于教育的税费	教育费附加
合计	**417392887**	**244688782**	**233332886**	**212111460**	**5772090**	**3611988**	**11837348**	**5095424**	**1610913**
北京	16511404	13793871	12238163	12125082		48385	64696	927634	12316
天津	10732974	7353734	7314759	7046768	15000	88835	164156	1780	
河北	16799525	10031225	9835359	9452295	176730	46471	159863	16284	934
山西	10832523	6472886	6270507	5446879	57454	82060	684114	202379	67768
内蒙古	7596179	5251966	5002083	4193110	93101	72824	643048	13930	
辽宁	19008028	11224107	10589217	8727671	525399	142270	1193877	206237	6816
吉林	11960528	7172813	7016521	6730999	25800	112385	147337		
黑龙江	10642246	5794635	5775946	5662530	31882	30801	50733		
上海	19525059	14544665	13811517	10883334	1722020	516437	689726	445950	
江苏	30279306	14840908	13252035	12528773	198697	144946	379619	998101	423188
浙江	21556224	10713124	9045798	7945570		285391	814837	1285608	765320
安徽	12523746	7446426	7259667	6242414	90000	38439	888814		
福建	11199988	5507291	5295435	5060021	25290	78393	131731	48891	14534
江西	13483528	8211363	7912948	7507787	81011	88375	235775	9416	6416
山东	23255966	14441591	13902631	13388716	189760	190365	133790	149077	38375
河南	23711017	14372931	13883017	12404350	27699	184123	1266845	109980	67123
湖北	18638966	8707666	8212262	7955967	72651	85644	98000	388005	118689
湖南	16201497	9015004	8877645	8527335	94932	75586	179792	75246	32904
广东	31003604	16407704	15495735	13122049	739685	463779	1170222	87184	34246
广西	11110835	6623123	6466214	5988925	221321	104926	151042	21830	3630
海南	3210190	1989950	1896515	1699645	97970	23067	75833	32300	
重庆	10098515	4744163	4688042	4308198	185481	25441	168922		
四川	16653075	8815150	8593298	8070655	76138	113154	333351	46682	2509
贵州	7496389	5224333	5108865	4708923	130750	184405	84787	15180	7615
云南	10935528	6467041	6313940	5477947		161301	674692	2403	503
西藏	1269052	1144587	1144187	872198	249140	1168	21681	400	400
陕西	17128190	8725220	8632256	7758733	258000	93639	521884	657	657
甘肃	5791664	3683996	3669615	3159209	197600	32990	279816	4400	1200
青海	1186290	879898	844970	580280	30000	42067	192623	5770	5770
宁夏	1767602	1230424	1192396	959904	25500	25825	181167	100	
新疆	5283249	3856987	3791343	3575193	133079	28496	54575		

(地方普通高等本科学校)

单位:千元

地方教育附加	地方基金	企业办学中的企业拨款	校办产业和社会服务收入用于教育的经费	其他属于国家财政性教育经费	民办学校中举办者投入	社会捐赠经费	#农村	事业收入	#学杂费	其他收入
2121110	**1363401**	**89410**	**470674**	**5700388**	**1420202**	**1567713**		**149300986**	**121822366**	**20415204**
644160	271158		125900	502174				2443340	2051065	274193
	1780		388	36807		6015		3055749	2596454	317476
15350			8274	171308	180620	4323		6326397	5339792	256960
28181	106430							3539635	2648722	820002
10500	3430		2855	233098		9735		2081690	1769149	252788
7300	192121		4549	424104	14434	9457		7352323	6083053	407707
			3232	153060	260000	18634		4173240	3595188	335841
				18689				4750759	4454988	96852
445950		25000		262198		21361		4091551	2903040	867482
360878	214035		80778	509994		617092		11220591	8033622	3600715
337564	182724	2000	8555	371163		63185		8889678	7061920	1890237
			6484	180275	11220	34388		4724561	3805636	307151
28342	6015		5359	157606		84546		5079113	3673382	529038
1000	2000		5433	283566		1147		4766702	3902508	504316
97000	13702	62410	8465	319008	33645	27660		8234212	6852786	518858
20806	22051		11811	368123	183386	25307		7793048	7349358	1336345
4316	265000		6347	101052	576787	15381		8581621	6825400	757511
	42342		474	61639		7228		5787160	4799447	1392105
51102	1836		76729	748056	56500	433178		13098647	11005337	1007575
18200			23876	111203		15692		4179323	3507353	292697
	32300		392	60743				1128894	1029829	91346
			5842	50279	53900	16965		4148438	3411942	1135049
40161	4012		3276	171894	46000	29276		7375365	5552709	387284
7000	565		134	100154	3710	10636		2075340	1706256	182370
	1900		43605	107093		50616		3679640	3125692	738231
								117389	81122	7076
			20456	71851		44563		7216480	5959662	1141927
3200				9981		18179		1886971	1641588	202518
				29158		873		194846	177703	110673
100				37928		1368		425463	336237	110347
			17460	48184		908		882820	541426	542534

3-13 教育经费收入情况

地区	总计	国家财政性教育经费	公共财政预算教育经费					各级政府征收用于教育的税费	
				教育事业费拨款	基本建设拨款	科研拨款	其他拨款		教育费附加
合计	**145239472**	**82366948**	**75524600**	**66498524**	**3042203**	**214102**	**5769771**	**5253802**	**3204440**
北京	4254982	3132194	2853630	2576286	125730	500	151114	261547	85760
天津	3112769	1977157	1869815	1788915		14	80886	103250	103250
河北	5840182	2998778	2597893	2491837	23450	746	81860	139592	103637
山西	4957785	3371166	3176631	2354116	639720	2670	180125	180327	36664
内蒙古	3414441	2544324	2427383	2077617	15880	2060	331826	64723	23407
辽宁	4622418	3002944	2696535	2058755	287540	3770	346470	156162	116704
吉林	2082002	1453860	1128606	1075619		190	52797	324135	223224
黑龙江	3484968	2115437	1723994	1553305	87392		83297	165560	165560
上海	2805880	1488404	1457807	778655	400000		279152		
江苏	12244032	6963796	6437495	6294566	4276	40263	98390	476047	157741
浙江	7486300	4087142	3580866	2941573		23764	615529	442470	304459
安徽	5163153	2786094	2529945	2242371	8000	23092	256482	213928	192139
福建	4181631	1612001	1411023	1165176	23369	2482	219996	191995	122691
江西	4793560	2933353	2903449	2852336		1443	49670	14082	4952
山东	9223539	5266252	4629406	4544530	30590	5054	49232	341372	256676
河南	8337471	4844433	4421783	3796390	205779	6397	413217	391743	114658
湖北	6675511	3811708	3492871	2751639	417140	1960	322132	263158	189794
湖南	8098843	5031660	4733560	4074187	84440	24244	550689	289250	204979
广东	12561676	5654101	5199190	4574704	107375	24139	492972	425019	341018
广西	3828445	1876866	1646825	1599373		6530	40922	222447	185484
海南	990223	537333	508223	403105	84295	660	20163		
重庆	4298295	2119589	1935794	1767146	12000	581	156067	93997	3061
四川	6784840	3796170	3545418	3309606	62706	2325	170781	216367	68506
贵州	2504393	1372328	1325083	1236327	5756	2634	80366	26049	13591
云南	3569283	1693239	1646294	1244683	193700	34244	173667	18665	18665
西藏	294098	269100	269100	150492	115000	1900	1708		
陕西	4680543	2516429	2413624	2275018	61265		77341	96941	75448
甘肃	1987869	1146596	1090680	897637	10000	1040	182003	55423	14836
青海	304463	212436	211897	168825	16000		27072		
宁夏	787847	476881	459229	360981	20800	1240	76208	7382	5665
新疆	1868030	1275177	1200551	1092754		160	107637	72171	71871

（普通高职高专学校）

单位：千元

地方教育附加	地方基金	企业办学中的企业拨款	校办产业和社会服务收入用于教育的经费	其他属于国家财政性教育经费	民办学校中举办者投入	社会捐赠经费	#农村	事业收入	#学杂费	其他收入
1255420	**793942**	**1272594**	**200472**	**115480**	**1983020**	**395761**		**53863239**	**46548717**	**6630504**
	175787	11570	3902	1545		1841		801672	726206	319275
			4052	40		19469		1055206	918667	60937
2925	33030	260446	3	844	5648	760		2581970	2220766	253026
89963	53700	10800	2806	602	178221			1376355	1261809	32043
40836	480	52218			1000	6230		843428	701745	19459
25458	14000	144974	682	4591	67667	3037		1384999	1172234	163771
95911	5000		1119			315		613081	556436	14746
		225743		140		4102		1206656	1049972	158773
		1170	24602	4825		7497		1170418	1054129	139561
287732	30574		25639	24615	59000	74221		4385814	3548722	761201
113301	24710		27126	36680		25453		2908873	2412459	464832
21002	787	39697	838	1686	33616	4108		2132982	1813789	206353
46415	22889		6598	2385	518033	57441		1916393	1557478	77763
9130		13277	216	2329	87000	3530		1700598	1387180	69079
66473	18223	292698	2632	144	161903	46505		3450086	2947447	298793
217830	59255	19330	8537	3040	33765	8487		2787966	2493593	662820
53674	19690	45300	9091	1288	1000	4559		2584130	2326361	274114
14987	69284		1414	7436	52652	26204		2786211	2455200	202116
65418	18583		23255	6637	289330	27618		6276771	5626146	313856
36963		2060	2192	3342	19031	9507		1816380	1526975	106661
		24390	4126	594		4434		408013	364535	40443
890	90046	82060	5960	1778	60836	2418		1957773	1765226	157679
12015	135846	27153	6102	1130	281496	7518		2517048	2119144	182608
11458	1000		20876	320		19754		647882	535356	464429
		11512	16768		132822	24415		1089871	983743	628936
								24998	19500	
10510	10983		1307	4557		3920		1880779	1751045	279415
32529	8058		28	465		1374		811672	677561	28227
			429	110				67785	54666	24242
	1717	8196	172	1902				255386	201679	55580
	300			2455		1044		422043	318948	169766

3-14 教育经费收入情况

地区	总计	国家财政性教育经费	公共财政预算教育经费					各级政府征收用于教育的税费	
				教育事业费拨款	基本建设拨款	科研拨款	其他拨款		教育费附加
合计	**2896134**	**1300949**	**763437**	**651934**		**1460**	**110043**		
北京	57586	38093	38093	38093					
天津									
河北	497361	237628	26234	21114			5120		
山西									
内蒙古									
辽宁									
吉林									
黑龙江	443952	297630	71887	45617			26270		
上海	40201	12348	12348	12348					
江苏									
浙江									
安徽	26663	4147	4047	4047					
福建									
江西	32803	15818	2541	2541					
山东	186232	63238							
河南	336694	128317	128317	116809			11508		
湖北	234912	46457	22707	22545			162		
湖南	113695	47747	47747	38247		1460	8040		
广东	475662	175563	175553	149219			26334		
广西									
海南									
重庆	119288	39120	39120	29110			10010		
四川	214164	142250	142250	131950			10300		
贵州	22574	7912	7912	7912					
云南									
西藏									
陕西									
甘肃									
青海									
宁夏									
新疆	94347	44681	44681	32382			12299		

（中央属普通高职高专学校）

单位：千元

地方教育附加	地方基金	企业办学中的企业拨款	校办产业和社会服务收入用于教育的经费	其他属于国家财政性教育经费	民办学校中举办者投入	社会捐赠经费	#农村	事业收入	#学杂费	其他收入
		532352	**4998**	**162**		**5446**		**1152210**	**798445**	**437529**
						500		17617	15425	1376
		211394						196118	81773	63615
		225743						143668	58189	2654
								27698	20761	155
		100						22261	22261	255
		13277						15105	15016	1880
		63238						15029	15029	107965
								42785	40193	165592
		18600	4988	162				135881	127318	52574
						4946		49876	46114	11126
			10					295984	226377	4115
								66930	57958	13238
								70325	55874	1589
								11330	11330	3332
								41603	4827	8063

3-15 教育经费收入情况

地区	总计	国家财政性教育经费	公共财政预算教育经费					各级政府征收用于教育的税费	
				教育事业费拨款	基本建设拨款	科研拨款	其他拨款		教育费附加
合计	142343338	81065999	74761163	65846590	3042203	212642	5659728	5253802	3204440
北京	4197396	3094101	2815537	2538193	125730	500	151114	261547	85760
天津	3112769	1977157	1869815	1788915		14	80886	103250	103250
河北	5342821	2761150	2571659	2470723	23450	746	76740	139592	103637
山西	4957785	3371166	3176631	2354116	639720	2670	180125	180327	36664
内蒙古	3414441	2544324	2427383	2077617	15880	2060	331826	64723	23407
辽宁	4622418	3002944	2696535	2058755	287540	3770	346470	156162	116704
吉林	2082002	1453860	1128606	1075619		190	52797	324135	223224
黑龙江	3041016	1817807	1652107	1507688	87392		57027	165560	165560
上海	2765679	1476056	1445459	766307	400000		279152		
江苏	12244032	6963796	6437495	6294566	4276	40263	98390	476047	157741
浙江	7486300	4087142	3580866	2941573		23764	615529	442470	304459
安徽	5136490	2781947	2525898	2238324	8000	23092	256482	213928	192139
福建	4181631	1612001	1411023	1165176	23369	2482	219996	191995	122691
江西	4760757	2917535	2900908	2849795		1443	49670	14082	4952
山东	9037307	5203014	4629406	4544530	30590	5054	49232	341372	256676
河南	8000777	4716116	4293466	3679581	205779	6397	401709	391743	114658
湖北	6440599	3765251	3470164	2729094	417140	1960	321970	263158	189794
湖南	7985148	4983913	4685813	4035940	84440	22784	542649	289250	204979
广东	12086014	5478538	5023637	4425485	107375	24139	466638	425019	341018
广西	3828445	1876866	1646825	1599373		6530	40922	222447	185484
海南	990223	537333	508223	403105	84295	660	20163		
重庆	4179007	2080469	1896674	1738036	12000	581	146057	93997	3061
四川	6570676	3653920	3403168	3177656	62706	2325	160481	216367	68506
贵州	2481819	1364416	1317171	1228415	5756	2634	80366	26049	13591
云南	3569283	1693239	1646294	1244683	193700	34244	173667	18665	18665
西藏	294098	269100	269100	150492	115000	1900	1708		
陕西	4680543	2516429	2413624	2275018	61265		77341	96941	75448
甘肃	1987869	1146596	1090680	897637	10000	1040	182003	55423	14836
青海	304463	212436	211897	168825	16000		27072		
宁夏	787847	476881	459229	360981	20800	1240	76208	7382	5665
新疆	1773683	1230496	1155870	1060372		160	95338	72171	71871

（地方普通高职高专学校）

单位：千元

地方教育附加	地方基金	企业办学中的企业拨款	校办产业和社会服务收入用于教育的经费	其他属于国家财政性教育经费	民办学校中举办者投入	社会捐赠经费	#农村	事业收入	#学杂费	其他收入
1255420	**793942**	**740242**	**195474**	**115318**	**1983020**	**390315**		**52711029**	**45750272**	**6192975**
	175787	11570	3902	1545		1341		784055	710781	317899
			4052	40		19469		1055206	918667	60937
2925	33030	49052	3	844	5648	760		2385852	2138993	189411
89963	53700	10800	2806	602	178221			1376355	1261809	32043
40836	480	52218			1000	6230		843428	701745	19459
25458	14000	144974	682	4591	67667	3037		1384999	1172234	163771
95911	5000		1119			315		613081	556436	14746
				140		4102		1062988	991783	156119
		1170	24602	4825		7497		1142720	1033368	139406
287732	30574		25639	24615	59000	74221		4385814	3548722	761201
113301	24710		27126	36680		25453		2908873	2412459	464832
21002	787	39597	838	1686	33616	4108		2110721	1791528	206098
46415	22889		6598	2385	518033	57441		1916393	1557478	77763
9130			216	2329	87000	3530		1685493	1372164	67199
66473	18223	229460	2632	144	161903	46505		3435057	2932418	190828
217830	59255	19330	8537	3040	33765	8487		2745181	2453400	497228
53674	19690	26700	4103	1126	1000	4559		2448249	2199043	221540
14987	69284		1414	7436	52652	21258		2736335	2409086	190990
65418	18583		23245	6637	289330	27618		5980787	5399769	309741
36963		2060	2192	3342	19031	9507		1816380	1526975	106661
		24390	4126	594		4434		408013	364535	40443
890	90046	82060	5960	1778	60836	2418		1890843	1707268	144441
12015	135846	27153	6102	1130	281496	7518		2446723	2063270	181019
11458	1000		20876	320		19754		636552	524026	461097
		11512	16768		132822	24415		1089871	983743	628936
								24998	19500	
10510	10983		1307	4557		3920		1880779	1751045	279415
32529	8058		28	465		1374		811672	677561	28227
			429	110				67785	54666	24242
	1717	8196	172	1902				255386	201679	55580
	300			2455		1044		380440	314121	161703

3-16 教育经费收入情况

地区	总计	国家财政性教育经费	公共财政预算教育经费					各级政府征收用于教育的税费	
				教育事业费拨款	基本建设拨款	科研拨款	其他拨款		教育费附加
合计	**20284897**	**13651435**	**8329220**	**7455134**	**77029**	**1549**	**795508**	**5224595**	**501748**
北京	1487867	682767	636480	535848		300	100332	31830	31830
天津	738180	627963	615649	602593			13056	1353	1353
河北	527164	265160	255650	245970			9680	9510	8910
山西	244302	145097	140056	130943			9113	5041	2110
内蒙古	109724	55078	54991	39554	1000		14437	87	87
辽宁	492332	236691	216315	185564		50	30701	14276	5999
吉林	624381	466299	443094	414758	15000		13336	22425	16588
黑龙江	419539	293700	287725	278974			8751	2975	1675
上海	6122827	5547268	890171	876020	1000		13151	4656593	112543
江苏	582423	384331	364907	351952			12955	19424	10542
浙江	1202224	668885	443600	418936		292	24372	223155	173044
安徽	374051	164479	158129	146185		110	11834	5292	4359
福建	333150	157746	150401	147657		30	2714	4091	591
江西	377671	134294	134005	129307			4698	182	182
山东	416245	246555	242762	228547	12250	80	1885	3040	3040
河南	546345	303808	291495	225428		120	65947	11436	2522
湖北	217890	117499	117086	108436		3	8647	413	100
湖南	327029	123661	105088	97054	785	8	7241	18573	16637
广东	1038549	516561	469596	409111		350	60135	44730	37642
广西	358592	220207	217393	198148	12604		6641	2199	1600
海南	64525	35814	35814	24534	11250	30			
重庆	91131	28783	28783	26462			2321		
四川	1070906	691662	609516	277573	7440		324503	54270	15757
贵州	230920	110022	94099	86490	2700	66	4843	5638	5058
云南	789720	628377	588932	583690		30	5212	36830	
西藏									
陕西	595878	259443	213411	190636	2000	10	20765	42693	42633
甘肃	219135	86591	75828	61973	4000	60	9795	4773	3180
青海	43567	27721	27721	18855	5000	10	3856		
宁夏									
新疆	638630	424973	420523	413936	2000		4587	3766	3766

（成人高等学校）

单位：千元

地方教育附加	地方基金	企业办学中的企业拨款	校办产业和社会服务收入用于教育的经费	其他属于国家财政性教育经费	民办学校中举办者投入	社会捐赠经费	#农村	事业收入	#学杂费	其他收入
4632535	**90312**	**54059**	**36824**	**6737**		**26455**		**5908272**	**4840271**	**698735**
			14457					708865	660001	96235
			10961			6		91906	86486	18305
600								247168	228932	14836
259	2672					18		95313	80974	3874
								54638	17567	8
8277		6100				176		238151	109940	17314
4157	1680	780				1050		130853	106961	26179
	1300	3000				5457		119150	110537	1232
4544050			504					352160	185788	223399
8379	503					2510		174305	123848	21277
44740	5371		1000	1130		989		454900	326031	77450
933				1058				199933	183648	9639
	3500		3254			31		174095	149491	1278
				107				222998	189737	20379
		753						168669	154370	1021
8914			877					212414	195091	30123
313								97383	42892	3008
1936								186307	166843	17061
6896	192			2235		79		513698	449748	8211
599				615		100		135448	123683	2837
								23438	23013	5273
								61566	58512	782
1439	37074	26159	1717			853		342747	289836	35644
540	40	9285		1000				112305	100119	8593
	36830		2615					158546	136311	2797
60		1992	1305	42				323408	298649	13027
443	1150	5990						131085	112499	1459
								15046	13855	800
			134	550		15186		161777	114909	36694

3-17 教育经费收入情况

地区	总计	国家财政性教育经费	公共财政预算教育经费	教育事业费拨款	基本建设拨款	科研拨款	其他拨款	各级政府征收用于教育的税费	教育费附加
合计	**750048**	**90771**	**74236**	**57276**	**2000**		**14960**		
北京	650895	41886	41886	31215			10671		
天津									
河北									
山西									
内蒙古									
辽宁	9605								
吉林									
黑龙江	158								
上海									
江苏									
浙江									
安徽									
福建									
江西									
山东									
河南									
湖北									
湖南									
广东									
广西									
海南									
重庆									
四川	260	260							
贵州	16570	12715	2430	2140			290		
云南									
西藏									
陕西									
甘肃	13556	5990							
青海									
宁夏									
新疆	59004	29920	29920	23921	2000		3999		

(中央属成人高等学校)

单位:千元

地方教育附加	地方基金	企业办学中的企业拨款	校办产业和社会服务收入用于教育的经费	其他属于国家财政性教育经费	民办学校中举办者投入	社会捐赠经费	#农村	事业收入	#学杂费	其他收入
		15535		**1000**		**176**		**570753**	**528532**	**88348**
								544206	505195	64803
						176		9429	9210	
								158	158	
		260								
		9285		1000				937	937	2918
		5990						7023	5778	543
								9000	7254	20084

3-18 教育经费收入情况

地区	总计	国家财政性教育经费	公共财政预算教育经费					各级政府征收用于教育的税费	
				教育事业费拨款	基本建设拨款	科研拨款	其他拨款		教育费附加
合计	**19534849**	**13560664**	**8254984**	**7397858**	**75029**	**1549**	**780548**	**5224595**	**501748**
北京	836972	640881	594594	504633		300	89661	31830	31830
天津	738180	627963	615649	602593			13056	1353	1353
河北	527164	265160	255650	245970			9680	9510	8910
山西	244302	145097	140056	130943			9113	5041	2110
内蒙古	109724	55078	54991	39554	1000		14437	87	87
辽宁	482727	236691	216315	185564		50	30701	14276	5999
吉林	624381	466299	443094	414758	15000		13336	22425	16588
黑龙江	419381	293700	287725	278974			8751	2975	1675
上海	6122827	5547268	890171	876020	1000		13151	4656593	112543
江苏	582423	384331	364907	351952			12955	19424	10542
浙江	1202224	668885	443600	418936		292	24372	223155	173044
安徽	374051	164479	158129	146185		110	11834	5292	4359
福建	333150	157746	150401	147657		30	2714	4091	591
江西	377671	134294	134005	129307			4698	182	182
山东	416245	246555	242762	228547	12250	80	1885	3040	3040
河南	546345	303808	291495	225428		120	65947	11436	2522
湖北	217890	117499	117086	108436		3	8647	413	100
湖南	327029	123661	105088	97054	785	8	7241	18573	16637
广东	1038549	516561	469596	409111		350	60135	44730	37642
广西	358592	220207	217393	198148	12604		6641	2199	1600
海南	64525	35814	35814	24534	11250	30			
重庆	91131	28783	28783	26462			2321		
四川	1070646	691402	609516	277573	7440		324503	54270	15757
贵州	214350	97307	91669	84350	2700	66	4553	5638	5058
云南	789720	628377	588932	583690		30	5212	36830	
西藏									
陕西	595878	259443	213411	190636	2000	10	20765	42693	42633
甘肃	205579	80601	75828	61973	4000	60	9795	4773	3180
青海	43567	27721	27721	18855	5000	10	3856		
宁夏									
新疆	579626	395053	390603	390015			588	3766	3766

（地方成人高等学校）

单位：千元

地方教育附加	地方基金	企业办学中的企业拨款	校办产业和社会服务收入用于教育的经费	其他属于国家财政性教育经费	民办学校中举办者投入	社会捐赠经费	#农村	事业收入	#学杂费	其他收入
4632535	**90312**	**38524**	**36824**	**5737**		**26279**		**5337519**	**4311739**	**610387**
			14457					164659	154806	31432
			10961			6		91906	86486	18305
600								247168	228932	14836
259	2672					18		95313	80974	3874
								54638	17567	8
8277		6100						228722	100730	17314
4157	1680	780				1050		130853	106961	26179
	1300	3000				5457		118992	110379	1232
4544050			504					352160	185788	223399
8379	503					2510		174305	123848	21277
44740	5371		1000	1130		989		454900	326031	77450
933				1058				199933	183648	9639
	3500		3254			31		174095	149491	1278
				107				222998	189737	20379
		753						168669	154370	1021
8914			877					212414	195091	30123
313								97383	42892	3008
1936								186307	166843	17061
6896	192			2235		79		513698	449748	8211
599				615		100		135448	123683	2837
								23438	23013	5273
								61566	58512	782
1439	37074	25899	1717			853		342747	289836	35644
540	40							111368	99182	5675
	36830		2615					158546	136311	2797
60		1992	1305	42				323408	298649	13027
443	1150							124062	106721	916
								15046	13855	800
			134	550		15186		152777	107655	16610

3-19 教育经费收入情况

地区	总计	国家财政性教育经费	公共财政预算教育经费	教育事业费拨款	基本建设拨款	科研拨款	其他拨款	各级政府征收用于教育的税费	教育费附加
合计	**199786913**	**171900418**	**139862065**	**120577946**	**7055353**		**12228766**	**30789637**	**20925859**
北京	6079145	5638511	4245204	3449628	86586		708990	1366362	1240853
天津	3145977	2865366	2128639	2060122			68517	707843	529883
河北	7323800	6292332	5473068	5071488	114335		287245	724021	637720
山西	5079737	4679020	4116641	3612653	278624		225364	506928	259109
内蒙古	5254105	4955062	3481188	2633676	251059		596453	1351567	329993
辽宁	7177727	6363260	5201600	3953176	488718		759706	1154844	788424
吉林	3433866	3184202	2557668	2394411	55980		107277	615237	505953
黑龙江	3771667	3330513	3179002	2841809	157587		179606	125684	119324
上海	7262010	6454734	3594755	2947354	522548		124853	2805425	2805006
江苏	16592404	14091256	11096227	9321090	68723		1706414	2867195	1392715
浙江	11873321	10238541	8135711	7443482	55413		636816	2091141	1248049
安徽	7763235	6626168	4804582	4227525	178327		398730	1806723	1363637
福建	5575650	4882518	3737474	3340830	67894		328750	1112104	830052
江西	3549445	2912052	2716879	2444727	173573		98579	188771	122358
山东	16241972	14508374	10950799	10517113	79330		354356	3374399	2104216
河南	10727961	9186357	7970240	6725234	408381		836625	1053435	717379
湖北	4716653	3749493	3093247	2558375	256216		278656	646861	513765
湖南	6615135	5378360	4493776	4160794	186859		146123	854901	673206
广东	19466032	15853869	12715224	10786706	454861		1473657	3040793	1970505
广西	4958683	4023551	3589442	3320778	99692		168972	413954	308752
海南	1719378	1533067	1445621	1170089	71657		203875	76645	9615
重庆	5694834	4846320	4186381	2956899	650759		578723	638166	326672
四川	10681556	8898032	7407009	6763318	343020		300671	1453505	894889
贵州	4680990	3907739	3422581	3087824	203513		131244	476711	226327
云南	6727232	5887726	5517212	4243624	562890		710698	354429	334912
西藏	559402	555983	554517	270469	248900		35148	1466	1466
陕西	3703610	3048608	2876158	2642692	94648		138818	170380	134554
甘肃	2937622	2454475	2232460	1871054	124072		237334	216572	143809
青海	1188543	1102044	903980	517720	298014		88246	192290	85475
宁夏	973405	826762	756707	605933	40300		110474	69917	24388
新疆	4311816	3626123	3278073	2637353	432874		207846	331368	282853

（中等职业学校）

单位：千元

地方教育附加	地方基金	企业办学中的企业拨款	校办产业和社会服务收入用于教育的经费	其他属于国家财政性教育经费	民办学校中举办者投入	社会捐赠经费	#农村	事业收入	#学杂费	其他收入
5849456	**4014322**	**827939**	**164466**	**256311**	**887614**	**424840**	**3226**	**21222092**	**15288247**	**5351949**
48976	76533	15110	9157	2678	2387	3120		358508	280865	76619
143400	34560	25271	3613		832	2877		232720	194288	44182
18034	68267	94789	454		26842	874		812538	663716	191214
155905	91914	54672	779		31195	1459		330042	219805	38021
51474	970100	120466	1841		19577	135		248546	131717	30785
298387	68033	950		5866	10588	20		717481	503215	86378
82389	26895	10872	425		4569	594		173556	138663	70945
	6360	24646	280	901	6620	134		375236	349838	59164
419		40274	14280			954		479164	390537	327158
1195649	278831	29127	5862	92845	3075	94501	1771	1889022	1103060	514550
472386	370706	1850	540	9299	37500	11715		772245	374282	813320
120787	322299	6512	1180	7171	24368	1886	54	954967	734584	155846
231569	50483	8382	1132	23426	27872	2811	250	285859	90217	376590
24510	41903	5829	380	193	9898	4059	20	571497	482613	51939
923067	347116	146590	33852	2734	67854	42959	58	1415087	933143	207698
207009	129047	155862	1576	5244	146073	2915		1259431	911652	133185
45982	87114	3106	2396	3883	30751	1366	70	651779	558364	283264
142128	39567	10708	10767	8208	33408	628		1006001	746481	196738
1003550	66738	14107	36505	47240	43005	117758	244	3223360	2582023	228040
74275	30927	2800	6386	10969	22913	5010		799859	516327	107350
17890	49140	9127	71	1603	8355	2441		129699	99943	45816
54854	256640	12958	2890	5925	36622	13110		657510	411690	141272
251709	306907	20350	8197	8971	192589	25863	108	1415706	908222	149366
106117	144267		1400	7047	7941	21669	1	387585	338264	356056
	19517	696	12948	2441	14366	556		694985	554796	129599
								674	200	2745
19906	15920			2070	18528	826	650	550503	426535	85145
42525	30238	5318	125		9671	4218		391385	351685	77873
68815	38000		5774		9749	2000		57191	37465	17559
250	45279		24	114	40466	1256		62759	37532	42162
47494	1021	7567	1632	7483		57126		317197	216525	311370

3-20 教育经费收入情况

地区	总计	国家财政性教育经费	公共财政预算教育经费					各级政府征收用于教育的税费	
				教育事业费拨款	基本建设拨款	科研拨款	其他拨款		教育费附加
合计	**1069015**	**730165**	**554539**	**461482**	**49130**		**43927**		
北京	143222	109568	98688	93824			4864		
天津	36760	4930	2966	1518			1448		
河北	3598	393	393				393		
山西	14330	12230	9686	9686					
内蒙古									
辽宁									
吉林									
黑龙江	167267	123509	110599	86975	19130		4494		
上海	113711	28398	8156	8156					
江苏	28428	17666	4560	3948			612		
浙江									
安徽	3929	3256	2701	2701					
福建									
江西	5519	621	621	621					
山东	42500	40000							
河南	63312	62986	396	396					
湖北									
湖南	15859	5609	5609	4748			861		
广东	32101	11652	5636	5636					
广西									
海南									
重庆	1591	842	842	842					
四川	47160	33886	32984	30646			2338		
贵州	19682	9476	8276	8276					
云南									
西藏									
陕西									
甘肃									
青海									
宁夏									
新疆	330046	265143	262426	203509	30000		28917		

（中央属中等职业学校）

单位：千元

地方教育附加	地方基金	企业办学中的企业拨款	校办产业和社会服务收入用于教育的经费	其他属于国家财政性教育经费	民办学校中举办者投入	社会捐赠经费	#农村	事业收入	#学杂费	其他收入
		166846	**6647**	**2133**		**125**		**215079**	**148181**	**123646**
		10880						33137	14267	517
		276	1688					24842	1057	6988
								1960	1960	1245
		2544						538	269	1562
		12910						31845	30925	11913
		20000	242					7596	7562	77717
		13106						10314	6436	448
		512		43				494	494	179
								3410	993	1488
		40000						2500	2500	
		62590						326	326	
								8966	8966	1284
		1299	4717					20449	18710	
								749	296	
		12		890				4874	3056	8400
				1200		100		9193	9193	913
		2717				25		53886	41171	10992

3-21 教育经费收入情况

地区	总计	国家财政性教育经费	公共财政预算教育经费	教育事业费拨款	基本建设拨款	科研拨款	其他拨款	各级政府征收用于教育的税费	教育费附加
合计	**198717898**	**171170253**	**139307526**	**120116464**	**7006223**		**12184839**	**30789637**	**20925859**
北京	5935923	5528943	4146516	3355804	86586		704126	1366362	1240853
天津	3109217	2860436	2125673	2058604			67069	707843	529883
河北	7320202	6291939	5472675	5071488	114335		286852	724021	637720
山西	5065407	4666790	4106955	3602967	278624		225364	506928	259109
内蒙古	5254105	4955062	3481188	2633676	251059		596453	1351567	329993
辽宁	7177727	6363260	5201600	3953176	488718		759706	1154844	788424
吉林	3433866	3184202	2557668	2394411	55980		107277	615237	505953
黑龙江	3604400	3207004	3068403	2754834	138457		175112	125684	119324
上海	7148299	6426336	3586599	2939198	522548		124853	2805425	2805006
江苏	16563976	14073590	11091667	9317142	68723		1705802	2867195	1392715
浙江	11873321	10238541	8135711	7443482	55413		636816	2091141	1248049
安徽	7759306	6622912	4801881	4224824	178327		398730	1806723	1363637
福建	5575650	4882518	3737474	3340830	67894		328750	1112104	830052
江西	3543926	2911431	2716258	2444106	173573		98579	188771	122358
山东	16199472	14468374	10950799	10517113	79330		354356	3374399	2104216
河南	10664649	9123371	7969844	6724838	408381		836625	1053435	717379
湖北	4716653	3749493	3093247	2558375	256216		278656	646861	513765
湖南	6599276	5372751	4488167	4156046	186859		145262	854901	673206
广东	19433931	15842217	12709588	10781070	454861		1473657	3040793	1970505
广西	4958683	4023551	3589442	3320778	99692		168972	413954	308752
海南	1719378	1533067	1445621	1170089	71657		203875	76645	9615
重庆	5693243	4845478	4185539	2956057	650759		578723	638166	326672
四川	10634396	8864146	7374025	6732672	343020		298333	1453505	894889
贵州	4661308	3898263	3414305	3079548	203513		131244	476711	226327
云南	6727232	5887726	5517212	4243624	562890		710698	354429	334912
西藏	559402	555983	554517	270469	248900		35148	1466	1466
陕西	3703610	3048608	2876158	2642692	94648		138818	170380	134554
甘肃	2937622	2454475	2232460	1871054	124072		237334	216572	143809
青海	1188543	1102044	903980	517720	298014		88246	192290	85475
宁夏	973405	826762	756707	605933	40300		110474	69917	24388
新疆	3981770	3360980	3015647	2433844	402874		178929	331368	282853

（地方中等职业学校）

单位：千元

地方教育附加	地方基金	企业办学中的企业拨款	校办产业和社会服务收入用于教育的经费	其他属于国家财政性教育经费	民办学校中举办者投入	社会捐赠经费	#农村	事业收入	#学杂费	其他收入
5849456	**4014322**	**661093**	**157819**	**254178**	**887614**	**424715**	**3226**	**21007013**	**15140066**	**5228303**
48976	76533	4230	9157	2678	2387	3120		325371	266598	76102
143400	34560	24995	1925		832	2877		207878	193231	37194
18034	68267	94789	454		26842	874		810578	661756	189969
155905	91914	52128	779		31195	1459		329504	219536	36459
51474	970100	120466	1841		19577	135		248546	131717	30785
298387	68033	950		5866	10588	20		717481	503215	86378
82389	26895	10872	425		4569	594		173556	138663	70945
	6360	11736	280	901	6620	134		343391	318913	47251
419		20274	14038			954		471568	382975	249441
1195649	278831	16021	5862	92845	3075	94501	1771	1878708	1096624	514102
472386	370706	1850	540	9299	37500	11715		772245	374282	813320
120787	322299	6000	1180	7128	24368	1886	54	954473	734090	155667
231569	50483	8382	1132	23426	27872	2811	250	285859	90217	376590
24510	41903	5829	380	193	9898	4059	20	568087	481620	50451
923067	347116	106590	33852	2734	67854	42959	58	1412587	930643	207698
207009	129047	93272	1576	5244	146073	2915		1259105	911326	133185
45982	87114	3106	2396	3883	30751	1366	70	651779	558364	283264
142128	39567	10708	10767	8208	33408	628		997035	737515	195454
1003550	66738	12808	31788	47240	43005	117758	244	3202911	2563313	228040
74275	30927	2800	6386	10969	22913	5010		799859	516327	107350
17890	49140	9127	71	1603	8355	2441		129699	99943	45816
54854	256640	12958	2890	5925	36622	13110		656761	411394	141272
251709	306907	20338	8197	8081	192589	25863	108	1410832	905166	140966
106117	144267		1400	5847	7941	21569	1	378392	329071	355143
	19517	696	12948	2441	14366	556		694985	554796	129599
								674	200	2745
19906	15920			2070	18528	826	650	550503	426535	85145
42525	30238	5318	125		9671	4218		391385	351685	77873
68815	38000		5774		9749	2000		57191	37465	17559
250	45279		24	114	40466	1256		62759	37532	42162
47494	1021	4850	1632	7483		57101		263311	175354	300378

3-22 教育经费收入情况

地区	总计	国家财政性教育经费	公共财政预算教育经费	教育事业费拨款	基本建设拨款	科研拨款	其他拨款	各级政府征收用于教育的税费	教育费附加
合计	**96284503**	**81114653**	**65763508**	**55744886**	**3615358**		**6403264**	**14715688**	**9361225**
北京	1577776	1411604	1345400	1134568	35200		175632	60037	12337
天津	2794593	2578778	1888383	1842730			45653	673843	495883
河北	2407248	1879658	1590818	1493834	7135		89849	273673	254416
山西	2263400	2043568	1889696	1694114	62300		133282	143727	29318
内蒙古	2935303	2782657	1642278	1120393	184500		337385	1025170	52892
辽宁	4244106	3785630	2895232	2015273	324318		555641	887750	593709
吉林	1421738	1322413	941086	893068	1300		46718	375232	335486
黑龙江	1141709	884221	874874	743456	48074		83344	8917	7095
上海	3384088	2818133	1587213	1490641	8830		87742	1193829	1193829
江苏	8781258	7393443	5731127	4719513	35923		975691	1618445	783085
浙江	1700954	1270462	1051793	886818	30013		134962	217671	118774
安徽	3757251	3150474	2162544	1858027	74527		229990	982384	761426
福建	3978369	3422481	2576616	2318044	43981		214591	836361	616767
江西	1638563	1287257	1235765	1117156	63000		55609	51112	40942
山东	7629159	6711724	5188493	4994459	65030		129004	1384087	765021
河南	5102638	4384984	3758392	3032210	246022		480160	513764	339396
湖北	2892004	2184116	1761648	1424169	127632		209847	414883	344177
湖南	2258378	1825264	1610019	1473338	74559		62122	207230	186785
广东	10109236	8357107	6586718	5667813	193409		725496	1731314	1126621
广西	3875423	3184061	2814303	2588610	86195		139498	357321	269127
海南	1362655	1200501	1153959	939246	52940		161773	35741	9451
重庆	1430322	1096167	983877	668058	126361		189458	109055	80464
四川	4817017	3746289	3019161	2707518	199763		111880	721234	407468
贵州	3000503	2391474	2141458	1939796	103971		97691	246247	116811
云南	3502328	3021280	2881632	2149571	430887		301174	137849	130546
西藏	559402	555983	554517	270469	248900		35148	1466	1466
陕西	1072475	797790	777556	688843	20000		68713	18181	1021
甘肃	1962830	1600944	1470146	1254001	37537		178608	130673	98993
青海	1176399	1092979	894915	508655	298014		88246	192290	85475
宁夏	649054	524285	467322	367527	20300		79495	56825	16108
新疆	2858324	2408926	2286567	1742968	364737		178862	109377	86336

（中等专业学校）

单位：千元

地方教育附加	地方基金	企业办学中的企业拨款	校办产业和社会服务收入用于教育的经费	其他属于国家财政性教育经费	民办学校中举办者投入	社会捐赠经费	#农村	事业收入	#学杂费	其他收入
2762967	**2591496**	**443157**	**101492**	**90808**	**455559**	**264085**	**1679**	**11197056**	**8256281**	**3253150**
	47700		6167			134		147456	114333	18582
143400	34560	14799	1753		832	1270		186730	152319	26983
2227	17030	15049	118		22439	482		423571	353546	81098
42973	71436	9894	251		1899	50		189409	143345	28474
31964	940314	113368	1841		4995			127884	62460	19767
266728	27313			2648	3820	20		388598	288447	66038
31016	8730	5972	123		54			55759	51313	43512
	1822		130	300	3885	17		232948	219416	20638
		29534	7557			225		309856	261121	255874
664903	170457		2693	41178	2575	43587	1347	1005951	622958	335702
28101	70796		8	990		300		211128	108227	219064
18872	202086	2512	672	2362	15706	478		515752	404938	74841
184451	35143	8382	574	548	25695	2621	250	199785	64151	327787
4850	5320		380		2899	2162		313477	279665	32768
363294	255772	106393	31534	1217	20105	42517		728759	473370	126054
72407	101961	110338	983	1507	24950	1892		610958	496797	79854
16697	54009	3106	596	3883	15859	526	70	459953	396138	231550
15005	5440	2200	2437	3378	15904	50		320298	240173	96862
579533	25160	3706	24174	11195	34427	110704	11	1505066	1161825	101932
58516	29678	100	5441	6896	19659	4826		582873	352804	84004
10390	15900	9127	71	1603	8355	121		118225	97192	35453
7141	21450	1110	32	2093	1365	1102		241020	147954	90668
57436	256330		4221	1673	160470	22079		810776	530428	77403
44459	84977		1323	2446	3570	20108	1	261181	233294	324170
	7303		858	941	9201	183		419608	343898	52056
								674	200	2745
2730	14430			2053	4880			191680	143765	78125
24518	7162		125		4840	3003		295040	272843	59003
68815	38000		5774		6709	2000		57152	37426	17559
	40717		24	114	40466	1132		46698	29286	36473
22541	500	7567	1632	3783		2496		238791	172649	208111

3-23 教育经费收入情况

地区	总计	国家财政性教育经费	公共财政预算教育经费					各级政府征收用于教育的税费	
				教育事业费拨款	基本建设拨款	科研拨款	其他拨款		教育费附加
合计	**819010**	**555935**	**424399**	**341811**	**49130**		**33458**		
北京	127606	97934	97934	93714			4220		
天津	23441	1688							
河北									
山西	14330	12230	9686	9686					
内蒙古									
辽宁									
吉林									
黑龙江	103792	62099	62099	42648	19130		321		
上海	113711	28398	8156	8156					
江苏									
浙江									
安徽	3929	3256	2701	2701					
福建									
江西	5519	621	621	621					
山东	42500	40000							
河南	63312	62986	396	396					
湖北									
湖南									
广东									
广西									
海南									
重庆									
四川									
贵州	19682	9476	8276	8276					
云南									
西藏									
陕西									
甘肃									
青海									
宁夏									
新疆	301188	237247	234530	175613	30000		28917		

（中央属中等专业学校）

单位：千元

地方教育附加	地方基金	企业办学中的企业拨款	校办产业和社会服务收入用于教育的经费	其他属于国家财政性教育经费	民办学校中举办者投入	社会捐赠经费	#农村	事业收入	#学杂费	其他收入
		128363	**1930**	**1243**		**125**		**156621**	**105000**	**106329**
								29163	13329	509
			1688					20391	343	1362
		2544						538	269	1562
								29780	29476	11913
		20000	242					7596	7562	77717
		512		43				494	494	179
								3410	993	1488
		40000						2500	2500	
		62590						326	326	
				1200		100		9193	9193	913
		2717				25		53230	40515	10686

3-24 教育经费收入情况

地区	总计	国家财政性教育经费	公共财政预算教育经费					各级政府征收用于教育的税费	
				教育事业费拨款	基本建设拨款	科研拨款	其他拨款		教育费附加
合计	**95465493**	**80558718**	**65339109**	**55403075**	**3566228**		**6369806**	**14715688**	**9361225**
北京	1450170	1313670	1247466	1040854	35200		171412	60037	12337
天津	2771152	2577090	1888383	1842730			45653	673843	495883
河北	2407248	1879658	1590818	1493834	7135		89849	273673	254416
山西	2249070	2031338	1880010	1684428	62300		133282	143727	29318
内蒙古	2935303	2782657	1642278	1120393	184500		337385	1025170	52892
辽宁	4244106	3785630	2895232	2015273	324318		555641	887750	593709
吉林	1421738	1322413	941086	893068	1300		46718	375232	335486
黑龙江	1037917	822122	812775	700808	28944		83023	8917	7095
上海	3270377	2789735	1579057	1482485	8830		87742	1193829	1193829
江苏	8781258	7393443	5731127	4719513	35923		975691	1618445	783085
浙江	1700954	1270462	1051793	886818	30013		134962	217671	118774
安徽	3753322	3147218	2159843	1855326	74527		229990	982384	761426
福建	3978369	3422481	2576616	2318044	43981		214591	836361	616767
江西	1633044	1286636	1235144	1116535	63000		55609	51112	40942
山东	7586659	6671724	5188493	4994459	65030		129004	1384087	765021
河南	5039326	4321998	3757996	3031814	246022		480160	513764	339396
湖北	2892004	2184116	1761648	1424169	127632		209847	414883	344177
湖南	2258378	1825264	1610019	1473338	74559		62122	207230	186785
广东	10109236	8357107	6586718	5667813	193409		725496	1731314	1126621
广西	3875423	3184061	2814303	2588610	86195		139498	357321	269127
海南	1362655	1200501	1153959	939246	52940		161773	35741	9451
重庆	1430322	1096167	983877	668058	126361		189458	109055	80464
四川	4817017	3746289	3019161	2707518	199763		111880	721234	407468
贵州	2980821	2381998	2133182	1931520	103971		97691	246247	116811
云南	3502328	3021280	2881632	2149571	430887		301174	137849	130546
西藏	559402	555983	554517	270469	248900		35148	1466	1466
陕西	1072475	797790	777556	688843	20000		68713	18181	1021
甘肃	1962830	1600944	1470146	1254001	37537		178608	130673	98993
青海	1176399	1092979	894915	508655	298014		88246	192290	85475
宁夏	649054	524285	467322	367527	20300		79495	56825	16108
新疆	2557136	2171679	2052037	1567355	334737		149945	109377	86336

（地方中等专业学校）

单位：千元

地方教育附加	地方基金	企业办学中的企业拨款	校办产业和社会服务收入用于教育的经费	其他属于国家财政性教育经费	民办学校中举办者投入	社会捐赠经费	#农村	事业收入	#学杂费	其他收入
2762967	**2591496**	**314794**	**99562**	**89565**	**455559**	**263960**	**1679**	**11040435**	**8151281**	**3146821**
	47700		6167			134		118293	101004	18073
143400	34560	14799	65		832	1270		166339	151976	25621
2227	17030	15049	118		22439	482		423571	353546	81098
42973	71436	7350	251		1899	50		188871	143076	26912
31964	940314	113368	1841		4995			127884	62460	19767
266728	27313			2648	3820	20		388598	288447	66038
31016	8730	5972	123		54			55759	51313	43512
	1822		130	300	3885	17		203168	189940	8725
		9534	7315			225		302260	253559	178157
664903	170457		2693	41178	2575	43587	1347	1005951	622958	335702
28101	70796		8	990		300		211128	108227	219064
18872	202086	2000	672	2319	15706	478		515258	404444	74662
184451	35143	8382	574	548	25695	2621	250	199785	64151	327787
4850	5320		380		2899	2162		310067	278672	31280
363294	255772	66393	31534	1217	20105	42517		726259	470870	126054
72407	101961	47748	983	1507	24950	1892		610632	496471	79854
16697	54009	3106	596	3883	15859	526	70	459953	396138	231550
15005	5440	2200	2437	3378	15904	50		320298	240173	96862
579533	25160	3706	24174	11195	34427	110704	11	1505066	1161825	101932
58516	29678	100	5441	6896	19659	4826		582873	352804	84004
10390	15900	9127	71	1603	8355	121		118225	97192	35453
7141	21450	1110	32	2093	1365	1102		241020	147954	90668
57436	256330		4221	1673	160470	22079		810776	530428	77403
44459	84977		1323	1246	3570	20008	1	251988	224101	323257
	7303		858	941	9201	183		419608	343898	52056
								674	200	2745
2730	14430			2053	4880			191680	143765	78125
24518	7162		125		4840	3003		295040	272843	59003
68815	38000		5774		6709	2000		57152	37426	17559
	40717		24	114	40466	1132		46698	29286	36473
22541	500	4850	1632	3783		2471		185561	132134	197425

3-25 教育经费收入情况

地区	总计	国家财政性教育经费	公共财政预算教育经费					各级政府征收用于教育的税费	
				教育事业费拨款	基本建设拨款	科研拨款	其他拨款		教育费附加
合计	**73334468**	**66622124**	**52910146**	**46519947**	**2999550**		**3390649**	**13568392**	**10010659**
北京	3191062	3061718	1823331	1266524	51386		505421	1238293	1160484
天津	10313	292	292	292					
河北	3315753	3110039	2725706	2524278	97000		104428	384333	339372
山西	2185673	2050902	1698924	1427901	214624		56399	315395	223191
内蒙古	1845613	1744033	1426706	1219247	57559		149900	317327	268631
辽宁	2276315	2024838	1781860	1554656	75300		151904	241988	170319
吉林	1332946	1205075	993847	909890	50880		33077	210926	156451
黑龙江	1851517	1768486	1665228	1483509	109513		72206	98899	94371
上海	3247408	3133225	1555168	1035122	513718		6328	1578057	1578057
江苏	5479758	4975481	3913683	3293555	32800		587328	1039677	465784
浙江	8214654	7261355	5727475	5488968	19400		219107	1525623	992949
安徽	3537578	3202704	2420136	2170964	103800		145372	780060	586680
福建	833806	805589	576643	526612	10500		39531	228946	175080
江西	1563638	1336671	1210462	1071121	110573		28768	123053	74211
山东	5697071	5340937	3580354	3569245	2800		8309	1753141	1181765
河南	3650774	3203923	2756907	2500801	92550		163556	416141	291265
湖北	1507549	1322709	1099925	916128	128584		55213	220984	159162
湖南	3531906	2974712	2346107	2179297	112300		54510	619992	465191
广东	3318961	2936908	2548461	2114742	255577		178142	385006	323385
广西	323546	295695	242572	221653	2137		18782	53123	37125
海南	200793	191788	156884	131601	837		24446	34904	164
重庆	3353923	3102935	2599566	1876794	444038		278734	500248	218728
四川	4609587	4188327	3558154	3285403	136977		135774	626116	392053
贵州	1650279	1497120	1262372	1132474	99542		30356	230070	109359
云南	2041778	1886519	1696801	1445638	49935		201228	188546	176934
西藏									
陕西	2392454	2058652	1910330	1791330	68548		50452	148305	131229
甘肃	874182	779937	697392	571210	75535		50647	82545	41719
青海	8917	5838	5838	5838					
宁夏	305634	287520	274428	232300	20000		22128	13092	8280
新疆	981080	868196	654594	572854	63137		18603	213602	188720

（职业高中）

单位：千元

地方教育附加	地方基金	企业办学中的企业拨款	校办产业和社会服务收入用于教育的经费	其他属于国家财政性教育经费	民办学校中举办者投入	社会捐赠经费	#农村	事业收入	#学杂费	其他收入
2382446	**1175287**	**84212**	**10760**	**48614**	**350445**	**105168**	**1449**	**5133996**	**3740822**	**1122735**
48976	28833		94		2387	1799		107573	96666	17585
						1607		8072	8072	342
14430	30531				2321	392		175216	161082	27785
72815	19389	36055	528		29296	1409		97211	56754	6855
18910	29786				14582	135		77423	45043	9440
30949	40720	950		40	6768			228969	163451	15740
36790	17685		302		4515	541		96453	80977	26362
	4528	3913	150	296	2735	96		72060	63719	8140
						542		100005	86266	13636
498269	75624		7	22114		10774	384	386503	196214	107000
354070	178604	1850		6407	37500	9565		379330	191379	526904
73179	120201		458	2050	4344	1408	54	302800	233447	26322
44078	9788					172		21670	8361	6375
19560	29282	3000		156	6999	1897	20	203878	182913	14193
490838	80538	6538		904	35827	360		289181	194864	30766
100790	24086	30110	585	180	85017	78		344017	236480	17739
28717	33105		1800		5009	840		143012	125606	35979
121974	32827	1100	6579	934	16206	407		508048	407275	32533
53789	7832			3441	5049	6249	233	342614	277795	28141
15759	239					124		22498	12285	5229
1500	33240					34		2248	2236	6723
46450	235070			3121	33648	5727		183660	122726	27953
189855	44208		4	4053	27687	2647	108	368938	243231	21988
61421	59290		77	4601	4371	1561		121344	101912	25883
	11612	696	176	300	5165	130		121428	89838	28536
16966	110			17	13648	824	650	313159	262153	6171
17750	23076				4331	1196		83983	74492	4735
					3040			39	39	
250	4562					124		14867	7125	3123
24361	521					54530		17797	8421	40557

3-26 教育经费收入情况

地区	总计	国家财政性教育经费	公共财政预算教育经费					各级政府征收用于教育的税费	
				教育事业费拨款	基本建设拨款	科研拨款	其他拨款		教育费附加
合计	**73302892**	**66592177**	**52884112**	**46494488**	**2999550**		**3390074**	**13568392**	**10010659**
北京	3191062	3061718	1823331	1266524	51386		505421	1238293	1160484
天津	10313	292	292	292					
河北	3315753	3110039	2725706	2524278	97000		104428	384333	339372
山西	2185673	2050902	1698924	1427901	214624		56399	315395	223191
内蒙古	1845613	1744033	1426706	1219247	57559		149900	317327	268631
辽宁	2276315	2024838	1781860	1554656	75300		151904	241988	170319
吉林	1332946	1205075	993847	909890	50880		33077	210926	156451
黑龙江	1832293	1750073	1650728	1469584	109513		71631	98899	94371
上海	3247408	3133225	1555168	1035122	513718		6328	1578057	1578057
江苏	5479758	4975481	3913683	3293555	32800		587328	1039677	465784
浙江	8214654	7261355	5727475	5488968	19400		219107	1525623	992949
安徽	3537578	3202704	2420136	2170964	103800		145372	780060	586680
福建	833806	805589	576643	526612	10500		39531	228946	175080
江西	1563638	1336671	1210462	1071121	110573		28768	123053	74211
山东	5697071	5340937	3580354	3569245	2800		8309	1753141	1181765
河南	3650774	3203923	2756907	2500801	92550		163556	416141	291265
湖北	1507549	1322709	1099925	916128	128584		55213	220984	159162
湖南	3531906	2974712	2346107	2179297	112300		54510	619992	465191
广东	3318961	2936908	2548461	2114742	255577		178142	385006	323385
广西	323546	295695	242572	221653	2137		18782	53123	37125
海南	200793	191788	156884	131601	837		24446	34904	164
重庆	3353923	3102935	2599566	1876794	444038		278734	500248	218728
四川	4597235	4176793	3546620	3273869	136977		135774	626116	392053
贵州	1650279	1497120	1262372	1132474	99542		30356	230070	109359
云南	2041778	1886519	1696801	1445638	49935		201228	188546	176934
西藏									
陕西	2392454	2058652	1910330	1791330	68548		50452	148305	131229
甘肃	874182	779937	697392	571210	75535		50647	82545	41719
青海	8917	5838	5838	5838					
宁夏	305634	287520	274428	232300	20000		22128	13092	8280
新疆	981080	868196	654594	572854	63137		18603	213602	188720

（地方职业高中）

单位：千元

地方教育附加	地方基金	企业办学中的企业拨款	校办产业和社会服务收入用于教育的经费	其他属于国家财政性教育经费	民办学校中举办者投入	社会捐赠经费	#农村	事业收入	#学杂费	其他收入
2382446	**1175287**	**80299**	**10760**	**48614**	**350445**	**105168**	**1449**	**5132367**	**3740031**	**1122735**
48976	28833		94		2387	1799		107573	96666	17585
						1607		8072	8072	342
14430	30531				2321	392		175216	161082	27785
72815	19389	36055	528		29296	1409		97211	56754	6855
18910	29786				14582	135		77423	45043	9440
30949	40720	950		40	6768			228969	163451	15740
36790	17685		302		4515	541		96453	80977	26362
	4528		150	296	2735	96		71249	62928	8140
						542		100005	86266	13636
498269	75624		7	22114		10774	384	386503	196214	107000
354070	178604	1850		6407	37500	9565		379330	191379	526904
73179	120201		458	2050	4344	1408	54	302800	233447	26322
44078	9788					172		21670	8361	6375
19560	29282	3000		156	6999	1897	20	203878	182913	14193
490838	80538	6538		904	35827	360		289181	194864	30766
100790	24086	30110	585	180	85017	78		344017	236480	17739
28717	33105		1800		5009	840		143012	125606	35979
121974	32827	1100	6579	934	16206	407		508048	407275	32533
53789	7832			3441	5049	6249	233	342614	277795	28141
15759	239					124		22498	12285	5229
1500	33240					34		2248	2236	6723
46450	235070			3121	33648	5727		183660	122726	27953
189855	44208		4	4053	27687	2647	108	368120	243231	21988
61421	59290		77	4601	4371	1561		121344	101912	25883
	11612	696	176	300	5165	130		121428	89838	28536
16966	110			17	13648	824	650	313159	262153	6171
17750	23076				4331	1196		83983	74492	4735
					3040			39	39	
250	4562					124		14867	7125	3123
24361	521					54530		17797	8421	40557

3-27 教育经费收入情况

地区	总计	国家财政性教育经费	公共财政预算教育经费	教育事业费拨款	基本建设拨款	科研拨款	其他拨款	各级政府征收用于教育的税费	教育费附加
合计	**9026302**	**8111976**	**6439815**	**5804905**	**316574**		**318336**	**1652123**	**1255631**
北京	392753	364209	167310	108120	51386		7804	196805	139958
天津									
河北	359913	347637	298846	272492	20000		6354	48791	44213
山西	217602	209587	175639	143710	24797		7132	33948	18037
内蒙古	81474	77720	56550	55645			905	21170	1810
辽宁	211374	199950	165498	57714	50000		57784	34452	19934
吉林	16733	16414	16414	16075			339		
黑龙江	22357	21410	20910	20910				500	500
上海	264874	262633	117467	116229			1238	145166	145166
江苏	525250	482542	435000	430841	4000		159	37389	8622
浙江	1185327	973617	740698	729509			11189	226106	172577
安徽	1104089	998449	786765	700718	45300		40747	211226	193384
福建	56779	55325	44498	43014			1484	10827	3397
江西	123946	98246	92110	79996	10140		1974	5980	4980
山东	208836	191749	153265	153265				38484	26166
河南	685672	620044	504697	464023	2600		38074	115347	94494
湖北	35690	20833	16260	15040			1220	4573	3673
湖南	592491	510990	348964	337348	10000		1616	162026	98739
广东	514899	440406	362321	331074			31247	78085	68790
广西	17006	15056	15053	15053				3	1
海南	19762	19437	19435	16265			3170	2	2
重庆	370011	341045	303698	266842			36856	37347	32608
四川	1183349	1068331	951318	860632	58477		32209	114949	70417
贵州	122683	113517	87723	47826	33216		6681	25794	15510
云南	177500	167830	101220	87177	3444		10599	66310	65610
西藏									
陕西	391415	357833	329041	316219			12822	28792	25062
甘肃	140777	133496	125482	115535	3214		6733	8014	1944
青海									
宁夏									
新疆	3740	3670	3633	3633				37	37

（农村职业高中）

单位：千元

地方教育附加	地方基金	企业办学中的企业拨款	校办产业和社会服务收入用于教育的经费	其他属于国家财政性教育经费	民办学校中举办者投入	社会捐赠经费	#农村	事业收入	#学杂费	其他收入
257250	**139242**	**1850**	**559**	**17629**	**36565**	**6453**	**1196**	**689064**	**495801**	**182244**
28104	28743		94		2387			24846	24042	1311
4560	18							10751	9889	1525
15611	300				689			5742	4563	1584
	19360				744			2037	1949	973
14518								11424	10594	
								305	305	14
								947	947	
						534		1503	436	204
7767	21000		7	10146		460	384	40608	8492	1640
35170	18359	1850		4963	1400	1017		72741	44278	136552
6241	11601		458		4110	477	54	94125	82743	6928
7130	300					55		777		622
1000				156	1000			21181	15904	3519
10710	1608				565			15600	7894	922
16115	4738				9390			56172	27311	66
900					4959	280		9463	9463	155
63287					800	4		76224	57040	4473
7048	2247					735		71924	55881	1834
2								1873	1860	77
						4		320	320	1
263	4476							26876	25359	2090
33740	10792			2064	5810	1609	108	97516	67302	10083
284	10000							4903	1797	4263
	700			300	901			6491	5195	2278
3730					3810	824	650	27829	26210	1119
1070	5000					454		6816	6024	11
								70	3	

3-28 教育经费收入情况

地区	总计	国家财政性教育经费	公共财政预算教育经费					各级政府征收用于教育的税费	
				教育事业费拨款	基本建设拨款	科研拨款	其他拨款		教育费附加
合计	**21585677**	**16880224**	**14540143**	**12344748**	**414605**		**1780790**	**1937683**	**1162765**
北京	1252123	1119900	1040166	1014575			25591	59050	59050
天津	292874	240666	194334	174102			20232	34000	34000
河北	922709	680897	559239	512141	10200		36898	41582	21582
山西	346713	312845	263893	246322	1700		15871	40229	300
内蒙古	163859	131025	123927	87755	9000		27172		
辽宁	610706	514338	486054	356165	87600		42289	25106	24396
吉林	74662	69575	66019	64985			1034	3556	2000
黑龙江	505464	422899	403602	389927			13675	6286	6286
上海	217549	121703	104355	88045			16310		
江苏	1677791	1193344	1039947	914672			125275	117534	103499
浙江	1415792	1301534	1024760	748170	6000		270590	274410	80234
安徽	213305	94093	88033	80785			7248	2060	2048
福建	672096	578517	512146	431391	13413		67342	42935	34482
江西	65132	48320	41041	40993			48	4450	4450
山东	2278230	1933960	1722994	1499476	11500		212018	177571	120070
河南	1269340	1013654	909095	733293	69809		105993	87400	65255
湖北	173558	144826	138664	129188			9476	6162	6044
湖南	493931	312166	283239	274311			8928	17872	14597
广东	5716475	4312383	3368381	2823891	5875		538615	888666	485289
广西	692432	486060	475913	457382	11360		7171	2500	2500
海南	129950	118164	112164	80575	17880		13709	6000	
重庆	542497	345718	324343	202032	80360		41951	6065	5617
四川	563813	399318	303779	281636	740		21403	80799	77800
贵州	647								
云南	908205	720278	694057	480005	72068		141984	13107	13005
西藏									
陕西	33822	24563	24563	17952	6100		511		
甘肃	38725	23432	23432	10795	11000		1637		
青海									
宁夏									
新疆	313277	216046	212003	204184			7819	343	261

（技工学校）

单位：千元

地方教育附加	地方基金	企业办学中的企业拨款	校办产业和社会服务收入用于教育的经费	其他属于国家财政性教育经费	民办学校中举办者投入	社会捐赠经费	#农村	事业收入	#学杂费	其他收入
600313	**174605**	**264972**	**50057**	**87369**	**33916**	**37096**		**3861138**	**2831118**	**773303**
		15110	2896	2678		1187		91303	69409	39733
		10472	1860					35478	31576	16730
	20000	79740	336		2082			164108	140742	75622
39929		8723						31525	19006	2343
		7098						32052	24014	782
710				3178				92365	44688	4003
1556								4944	4814	143
		12706		305				52445	51745	30120
		10740	6608					51983	31685	43863
13885	150	29127	2300	4436	500	25380		411048	271982	47519
81516	112660		532	1832		1850		87381	58875	25027
	12	4000						71480	54896	47732
3040	5413		558	22878	2177	18		49442	13380	41942
		2829						16466	8095	346
57501		30594	2188	613	10833			295787	204859	37650
22145		13594	8	3557	6350	737		225277	125499	23322
118								23532	15084	5200
3275		7408	751	2896				123378	79172	58387
369631	33746	10401	12331	32604	3529	756		1310282	1107491	89525
		2700	945	4002	3254	60		185694	144535	17364
6000								8803	515	2983
328	120	11848	2858	604	1609	6281		169477	101402	19412
597	2402	7882	3972	2886	3582	619		123012	69410	37282
								410	410	237
	102		11914	1200		108		142761	119074	45058
								9259	5199	
								3900	3000	11393
82				3700		100		47546	30561	49585

3-29 教育经费收入情况

地区	总计	国家财政性教育经费	公共财政预算教育经费					各级政府征收用于教育的税费	
				教育事业费拨款	基本建设拨款	科研拨款	其他拨款		教育费附加
合计	**175368**	**102310**	**69850**	**60104**			**9746**		
北京	15616	11634	754	110			644		
天津	13319	3242	2966	1518			1448		
河北	3598	393	393				393		
山西									
内蒙古									
辽宁									
吉林									
黑龙江	30048	28920	27640	24190			3450		
上海									
江苏	28428	17666	4560	3948			612		
浙江									
安徽									
福建									
江西									
山东									
河南									
湖北									
湖南	15859	5609	5609	4748			861		
广东	32101	11652	5636	5636					
广西									
海南									
重庆	1591	842	842	842					
四川	34808	22352	21450	19112			2338		
贵州									
云南									
西藏									
陕西									
甘肃									
青海									
宁夏									
新疆									

（中央属技工学校）

单位：千元

地方教育附加	地方基金	企业办学中的企业拨款	校办产业和社会服务收入用于教育的经费	其他属于国家财政性教育经费	民办学校中举办者投入	社会捐赠经费	#农村	事业收入	#学杂费	其他收入
		26853	**4717**	**890**				**56047**	**41608**	**17011**
		10880						3974	938	8
		276						4451	714	5626
								1960	1960	1245
		1280						1128	532	
		13106						10314	6436	448
								8966	8966	1284
		1299	4717					20449	18710	
								749	296	
		12		890				4056	3056	8400

3-30 教育经费收入情况

地区	总计	国家财政性教育经费	公共财政预算教育经费					各级政府征收用于教育的税费	
				教育事业费拨款	基本建设拨款	科研拨款	其他拨款		教育费附加
合计	**21410309**	**16777914**	**14470293**	**12284644**	**414605**		**1771044**	**1937683**	**1162765**
北京	1236507	1108266	1039412	1014465			24947	59050	59050
天津	279555	237424	191368	172584			18784	34000	34000
河北	919111	680504	558846	512141	10200		36505	41582	21582
山西	346713	312845	263893	246322	1700		15871	40229	300
内蒙古	163859	131025	123927	87755	9000		27172		
辽宁	610706	514338	486054	356165	87600		42289	25106	24396
吉林	74662	69575	66019	64985			1034	3556	2000
黑龙江	475416	393979	375962	365737			10225	6286	6286
上海	217549	121703	104355	88045			16310		
江苏	1649363	1175678	1035387	910724			124663	117534	103499
浙江	1415792	1301534	1024760	748170	6000		270590	274410	80234
安徽	213305	94093	88033	80785			7248	2060	2048
福建	672096	578517	512146	431391	13413		67342	42935	34482
江西	65132	48320	41041	40993			48	4450	4450
山东	2278230	1933960	1722994	1499476	11500		212018	177571	120070
河南	1269340	1013654	909095	733293	69809		105993	87400	65255
湖北	173558	144826	138664	129188			9476	6162	6044
湖南	478072	306557	277630	269563			8067	17872	14597
广东	5684374	4300731	3362745	2818255	5875		538615	888666	485289
广西	692432	486060	475913	457382	11360		7171	2500	2500
海南	129950	118164	112164	80575	17880		13709	6000	
重庆	540906	344876	323501	201190	80360		41951	6065	5617
四川	529005	376966	282329	262524	740		19065	80799	77800
贵州	647								
云南	908205	720278	694057	480005	72068		141984	13107	13005
西藏									
陕西	33822	24563	24563	17952	6100		511		
甘肃	38725	23432	23432	10795	11000		1637		
青海									
宁夏									
新疆	313277	216046	212003	204184			7819	343	261

（地方技工学校）

单位：千元

地方教育附加	地方基金	企业办学中的企业拨款	校办产业和社会服务收入用于教育的经费	其他属于国家财政性教育经费	民办学校中举办者投入	社会捐赠经费	#农村	事业收入	#学杂费	其他收入
600313	**174605**	**238119**	**45340**	**86479**	**33916**	**37096**		**3805091**	**2789510**	**756292**
		4230	2896	2678		1187		87329	68471	39725
		10196	1860					31027	30862	11104
	20000	79740	336		2082			162148	138782	74377
39929		8723						31525	19006	2343
		7098						32052	24014	782
710				3178				92365	44688	4003
1556								4944	4814	143
		11426		305				51317	51213	30120
		10740	6608					51983	31685	43863
13885	150	16021	2300	4436	500	25380		400734	265546	47071
81516	112660		532	1832		1850		87381	58875	25027
	12	4000						71480	54896	47732
3040	5413		558	22878	2177	18		49442	13380	41942
		2829						16466	8095	346
57501		30594	2188	613	10833			295787	204859	37650
22145		13594	8	3557	6350	737		225277	125499	23322
118								23532	15084	5200
3275		7408	751	2896				114412	70206	57103
369631	33746	9102	7614	32604	3529	756		1289833	1088781	89525
		2700	945	4002	3254	60		185694	144535	17364
6000								8803	515	2983
328	120	11848	2858	604	1609	6281		168728	101106	19412
597	2402	7870	3972	1996	3582	619		118956	66354	28882
								410	410	237
	102		11914	1200		108		142761	119074	45058
								9259	5199	
								3900	3000	11393
82				3700		100		47546	30561	49585

3-31 教育经费收入情况

地区	总计	国家财政性教育经费	公共财政预算教育经费					各级政府征收用于教育的税费	
				教育事业费拨款	基本建设拨款	科研拨款	其他拨款		教育费附加
合计	**8582265**	**7283417**	**6648268**	**5968365**	**25840**		**654063**	**567874**	**391210**
北京	58184	45289	36307	33961			2346	8982	8982
天津	48197	45630	45630	42998			2632		
河北	678090	621738	597305	541235			56070	24433	22350
山西	283951	271705	264128	244316			19812	7577	6300
内蒙古	309330	297347	288277	206281			81996	9070	8470
辽宁	46600	38454	38454	27082	1500		9872		
吉林	604520	587139	556716	526468	3800		26448	25523	12016
黑龙江	272977	254907	235298	224917			10381	11582	11572
上海	412965	381673	348019	333546			14473	33539	33120
江苏	653597	528988	411470	393350			18120	91539	40347
浙江	541921	405190	331683	319526			12157	73437	56092
安徽	255101	178897	133869	117749			16120	42219	13483
福建	91379	75931	72069	64783			7286	3862	3723
江西	282112	239804	229611	215457			14154	10156	2755
山东	637512	521753	458958	453933			5025	59600	37360
河南	705209	583796	545846	458930			86916	36130	21463
湖北	143542	97842	93010	88890			4120	4832	4382
湖南	330920	266218	254411	233848			20563	9807	6633
广东	321360	247471	211664	180260			31404	35807	35210
广西	67282	57735	56654	53133			3521	1010	
海南	25980	22614	22614	18667			3947		
重庆	368092	301500	278595	210015			68580	22798	21863
四川	691139	564098	525915	488761	5540		31614	25356	17568
贵州	29561	19145	18751	15554			3197	394	157
云南	274921	259649	244722	168410	10000		66312	14927	14427
西藏									
陕西	204859	167603	163709	144567			19142	3894	2304
甘肃	61885	50162	41490	35048			6442	3354	3097
青海	3227	3227	3227	3227					
宁夏	18717	14957	14957	6106			8851		
新疆	159135	132955	124909	117347	5000		2562	8046	7536

（成人中等专业学校）

单位：千元

地方教育附加	地方基金	企业办学中的企业拨款	校办产业和社会服务收入用于教育的经费	其他属于国家财政性教育经费	民办学校中举办者投入	社会捐赠经费	#农村	事业收入	#学杂费	其他收入
103730	**72934**	**35598**	**2157**	**29520**	**47694**	**18491**	**98**	**1029902**	**460026**	**202761**
								12176	457	719
								2440	2321	127
1377	706							49643	8346	6709
188	1089							11897	700	349
600								11187	200	796
								7549	6629	597
13027	480	4900				53		16400	1559	928
	10	8027				21		17783	14958	266
419			115			187		17320	11465	13785
18592	32600		862	25117		14760	40	85520	11906	24329
8699	8646			70				94406	15801	42325
28736			50	2759	4318			64935	41303	6951
	139							14962	4325	486
100	7301			37				37676	11940	4632
11434	10806	3065	130		1089	82	58	101360	60050	13228
11667	3000	1820			29756	208		79179	52876	12270
450					9883			25282	21536	10535
1874	1300		1000	1000	1298	171		54277	19861	8956
597						49		65398	34912	8442
	1010			71				8794	6703	753
						2286		423		657
935				107				63353	39608	3239
3821	3967	12468		359	850	518		112980	65153	12693
237								4650	2648	5766
	500					135		11188	1986	3949
210	1380					2		36405	15418	849
257		5318			500	19		8462	1350	2742
								1194	1121	2566
510								13063	4894	13117

3-32 教育经费收入情况

地区	总计	国家财政性教育经费	公共财政预算教育经费	教育事业费拨款	基本建设拨款	科研拨款	其他拨款	各级政府征收用于教育的税费	教育费附加
合计	**8539204**	**7241444**	**6614012**	**5934257**	**25840**		**653915**	**567874**	**391210**
北京	58184	45289	36307	33961			2346	8982	8982
天津	48197	45630	45630	42998			2632		
河北	678090	621738	597305	541235			56070	24433	22350
山西	283951	271705	264128	244316			19812	7577	6300
内蒙古	309330	297347	288277	206281			81996	9070	8470
辽宁	46600	38454	38454	27082	1500		9872		
吉林	604520	587139	556716	526468	3800		26448	25523	12016
黑龙江	258774	240830	228938	218705			10233	11582	11572
上海	412965	381673	348019	333546			14473	33539	33120
江苏	653597	528988	411470	393350			18120	91539	40347
浙江	541921	405190	331683	319526			12157	73437	56092
安徽	255101	178897	133869	117749			16120	42219	13483
福建	91379	75931	72069	64783			7286	3862	3723
江西	282112	239804	229611	215457			14154	10156	2755
山东	637512	521753	458958	453933			5025	59600	37360
河南	705209	583796	545846	458930			86916	36130	21463
湖北	143542	97842	93010	88890			4120	4832	4382
湖南	330920	266218	254411	233848			20563	9807	6633
广东	321360	247471	211664	180260			31404	35807	35210
广西	67282	57735	56654	53133			3521	1010	
海南	25980	22614	22614	18667			3947		
重庆	368092	301500	278595	210015			68580	22798	21863
四川	691139	564098	525915	488761	5540		31614	25356	17568
贵州	29561	19145	18751	15554			3197	394	157
云南	274921	259649	244722	168410	10000		66312	14927	14427
西藏									
陕西	204859	167603	163709	144567			19142	3894	2304
甘肃	61885	50162	41490	35048			6442	3354	3097
青海	3227	3227	3227	3227					
宁夏	18717	14957	14957	6106			8851		
新疆	130277	105059	97013	89451	5000		2562	8046	7536

（地方成人中等专业学校）

单位：千元

地方教育附加	地方基金	企业办学中的企业拨款	校办产业和社会服务收入用于教育的经费	其他属于国家财政性教育经费	民办学校中举办者投入	社会捐赠经费	#农村	事业收入	#学杂费	其他收入
103730	**72934**	**27881**	**2157**	**29520**	**47694**	**18491**	**98**	**1029120**	**459244**	**202455**
								12176	457	719
								2440	2321	127
1377	706							49643	8346	6709
188	1089							11897	700	349
600								11187	200	796
								7549	6629	597
13027	480	4900				53		16400	1559	928
	10	310				21		17657	14832	266
419			115			187		17320	11465	13785
18592	32600		862	25117		14760	40	85520	11906	24329
8699	8646			70				94406	15801	42325
28736			50	2759	4318			64935	41303	6951
	139							14962	4325	486
100	7301			37				37676	11940	4632
11434	10806	3065	130		1089	82	58	101360	60050	13228
11667	3000	1820			29756	208		79179	52876	12270
450					9883			25282	21536	10535
1874	1300		1000	1000	1298	171		54277	19861	8956
597						49		65398	34912	8442
	1010			71				8794	6703	753
						2286		423		657
935				107				63353	39608	3239
3821	3967	12468		359	850	518		112980	65153	12693
237								4650	2648	5766
	500					135		11188	1986	3949
210	1380					2		36405	15418	849
257		5318			500	19		8462	1350	2742
								1194	1121	2566
510								12407	4238	12811

3-33 教育经费收入情况

地区	总计	国家财政性教育经费	公共财政预算教育经费					各级政府征收用于教育的税费	
				教育事业费拨款	基本建设拨款	科研拨款	其他拨款		教育费附加
合计	**839052504**	**738846244**	**650403470**	**588882606**	**18780761**		**42740103**	**87755765**	**49763238**
北京	27102762	24866861	20187478	15456504	1347965		3383009	4594060	2261401
天津	12843465	11918389	9574235	9015089	433486		125660	2326915	1440107
河北	29988892	26840961	23635955	22131154	435012		1069789	3204992	1526645
山西	22134455	18556741	15798104	14508758	554918		734428	2754544	1718194
内蒙古	18732634	18062988	15838030	13055739	589326		2192965	2223996	1400289
辽宁	25594875	23903794	20778066	18113603	764660		1899803	3124700	2180868
吉林	13995956	13052984	11150863	10650731	108514		391618	1864623	896492
黑龙江	19484876	18336861	17258286	15733412	627791		897083	1034623	834991
上海	22702986	20013877	15234868	14382192	562804		289872	4771983	3949810
江苏	58328648	51037976	41885846	38669048	23585		3193213	9147609	4886305
浙江	41877986	33335077	27382692	25711698	124648		1546346	5949194	2448321
安徽	35771670	29640651	26595933	23484339	621683		2489911	3031298	1147938
福建	25058902	21774682	17989789	16620574	234323		1134892	3781594	1531871
江西	25824188	23366050	21460298	20399496	514573		546229	1901090	895782
山东	57597254	52098392	44981654	44792018	38650		150986	7107064	3777694
河南	48614391	42912430	40053639	34546852	1197984		4308803	2856864	1862506
湖北	27335161	23011600	20642354	18321276	995861		1325217	2355359	1118691
湖南	32481638	26962787	24821334	23137136	718946		965252	2109492	1771651
广东	71479906	57597386	51778680	45965517	1415458		4397705	5752556	3953502
广西	23158882	21200866	18960207	17603589	808026		548592	2235804	1041892
海南	7330804	6533950	5823416	5045564	114543		663309	704964	249888
重庆	20066561	17805991	16401841	12528401	827140		3046300	1403844	715836
四川	44582814	38522833	34711060	32396284	877637		1437139	3811623	2271415
贵州	22707820	20506778	18439614	16956197	873249		610168	2061588	1115560
云南	25008228	23148631	21276255	18326752	578506		2370997	1864776	1526560
西藏	2888628	2878154	2821818	2394231	313670		113917	56336	53629
陕西	26530375	23937295	22407683	21026178	643402		738103	1523882	1194959
甘肃	17305662	16343673	14612189	13084566	619949		907674	1597910	738947
青海	4684728	4493966	4108284	3340035	330437		437812	379196	148559
宁夏	5356383	4966214	4457135	3750873	202054		504208	509076	262542
新疆	22480974	21217406	19335864	17734800	1281961		319103	1714210	840393

（中学）

单位：千元

地方教育附加	地方基金	企业办学中的企业拨款	校办产业和社会服务收入用于教育的经费	其他属于国家财政性教育经费	民办学校中举办者投入	社会捐赠经费	#农村	事业收入	#学杂费	其他收入
23832422	14160105	531082	146457	9470	3571872	2054116	153655	84582217	61888099	9998055
1424375	908284	27744	57579		5073	74235		1611492	1245079	545101
809925	76883	16706	533		5000	31272	783	745414	576411	143390
1105499	572848	14			115789	28231	1110	2759703	2435058	244208
825767	210583	4091	2		150522	22446	180	3331642	2411052	73104
581627	242080		962		2173	11273	180	590778	362748	65422
648248	295584	884	144		31760	4434	234	1563581	1249972	91306
808028	160103	36593	545	360	15562	5931	100	854445	572478	67034
	199632	42117	1835		2543	2709	14	1080721	887528	62042
307	821866		7026		1603	20410		2249847	2118314	417249
3573836	687468		7	4514	390578	264349	19651	5523501	4384665	1112244
1960720	1540153	1562	554	1075	96366	340604	4659	6392591	5079288	1713348
857525	1025835	13392	28		219189	74695	6295	5526877	3898635	310258
1340411	909312		3299		60253	136760	31271	2824662	2038028	262545
433187	572121	4330	332		17108	44699	1885	2247402	1434410	148929
2144189	1185181	8413	401	860	118352	55533	20401	5054353	3318310	270624
655831	338527	353	1574		609149	14481	4883	4853119	3438141	225212
583024	653644	360	13002	525	120072	60048	2894	2989070	2166489	1154371
217212	120629		29889	2072	185827	73538	6445	4745447	3102183	514039
1396567	402487	47587	18563		798614	233883	33406	12234693	9480615	615330
641086	552826		4855		35436	47810	992	1691172	1193785	183598
226093	228983	2882	2624	64	110947	55999	89	558506	420648	71402
197249	490759		306		44804	98400	2405	1757385	1069165	359981
945930	594278		150		259011	158311	9347	5306494	2640099	336165
655960	290068	5000	576		88189	28975	34	1923344	1392731	160534
	338216	6671	929		32323	84057	2953	1589980	1220129	153237
2707					53	3650		6196	6053	575
258418	70505	5730			38353	8918	2953	2430557	2043536	115252
546448	312515	133574			11548	7864		904380	743662	38197
153718	76919	6486				571	313	141195	101945	48996
130372	116162		3		5320	15581	178	290125	223051	79143
708163	165654	166593	739		355	44449		803545	633891	415219

3-34 教育经费收入情况

地区	总计	国家财政性教育经费	公共财政预算教育经费	教育事业费拨款	基本建设拨款	科研拨款	其他拨款	各级政府征收用于教育的税费	教育费附加
合计	**4891586**	**4068002**	**3851167**	**3495056**	**107886**		**248225**		
北京	886806	555659	547236	493672	8220		45344		
天津									
河北	27	14							
山西									
内蒙古									
辽宁									
吉林	87382	59900	59900	50900			9000		
黑龙江	1138633	1066138	1027701	949234	20054		58413		
上海	165402	104974	104974	95688			9286		
江苏									
浙江									
安徽	18804	13375	13347	13274			73		
福建									
江西									
山东									
河南									
湖北	206876	156440	156440	156440					
湖南									
广东	73331	61851	33325	33273			52		
广西									
海南	14588	10621	10621	8666			1955		
重庆	91139	77674	77368	77368					
四川	25807	21309	21309	14323			6986		
贵州									
云南									
西藏									
陕西									
甘肃	3869								
青海									
宁夏									
新疆	2178922	1940047	1798946	1602218	79612		117116		

（中央属中学）

单位：千元

地方教育附加	地方基金	企业办学中的企业拨款	校办产业和社会服务收入用于教育的经费	其他属于国家财政性教育经费	民办学校中举办者投入	社会捐赠经费	#农村	事业收入	#学杂费	其他收入
		208078	**8757**			**37706**		**384384**	**215559**	**401494**
			8423			19747		121792	18413	189608
		14						8	8	5
								13000	13000	14482
		38437						42743	25481	29752
						1000		44442	44249	14986
			28			2580		2788	2706	61
						1553		29850	10090	19033
		28526						11480	8918	
								2243	850	1724
			306					6105	3915	7360
								4498	1830	
								185	185	3684
		141101				12826		105250	85914	120799

3-35 教育经费收入情况

地区	总计	国家财政性教育经费	公共财政预算教育经费					各级政府征收用于教育的税费	
				教育事业费拨款	基本建设拨款	科研拨款	其他拨款		教育费附加
合计	**834160918**	**734778242**	**646552303**	**585387550**	**18672875**		**42491878**	**87755765**	**49763238**
北京	26215956	24311202	19640242	14962832	1339745		3337665	4594060	2261401
天津	12843465	11918389	9574235	9015089	433486		125660	2326915	1440107
河北	29988865	26840947	23635955	22131154	435012		1069789	3204992	1526645
山西	22134455	18556741	15798104	14508758	554918		734428	2754544	1718194
内蒙古	18732634	18062988	15838030	13055739	589326		2192965	2223996	1400289
辽宁	25594875	23903794	20778066	18113603	764660		1899803	3124700	2180868
吉林	13908574	12993084	11090963	10599831	108514		382618	1864623	896492
黑龙江	18346243	17270723	16230585	14784178	607737		838670	1034623	834991
上海	22537584	19908903	15129894	14286504	562804		280586	4771983	3949810
江苏	58328648	51037976	41885846	38669048	23585		3193213	9147609	4886305
浙江	41877986	33335077	27382692	25711698	124648		1546346	5949194	2448321
安徽	35752866	29627276	26582586	23471065	621683		2489838	3031298	1147938
福建	25058902	21774682	17989789	16620574	234323		1134892	3781594	1531871
江西	25824188	23366050	21460298	20399496	514573		546229	1901090	895782
山东	57597254	52098392	44981654	44792018	38650		150986	7107064	3777694
河南	48614391	42912430	40053639	34546852	1197984		4308803	2856864	1862506
湖北	27128285	22855160	20485914	18164836	995861		1325217	2355359	1118691
湖南	32481638	26962787	24821334	23137136	718946		965252	2109492	1771651
广东	71406575	57535535	51745355	45932244	1415458		4397653	5752556	3953502
广西	23158882	21200866	18960207	17603589	808026		548592	2235804	1041892
海南	7316216	6523329	5812795	5036898	114543		661354	704964	249888
重庆	19975422	17728317	16324473	12451033	827140		3046300	1403844	715836
四川	44557007	38501524	34689751	32381961	877637		1430153	3811623	2271415
贵州	22707820	20506778	18439614	16956197	873249		610168	2061588	1115560
云南	25008228	23148631	21276255	18326752	578506		2370997	1864776	1526560
西藏	2888628	2878154	2821818	2394231	313670		113917	56336	53629
陕西	26530375	23937295	22407683	21026178	643402		738103	1523882	1194959
甘肃	17301793	16343673	14612189	13084566	619949		907674	1597910	738947
青海	4684728	4493966	4108284	3340035	330437		437812	379196	148559
宁夏	5356383	4966214	4457135	3750873	202054		504208	509076	262542
新疆	20302052	19277359	17536918	16132582	1202349		201987	1714210	840393

（地方中学）

单位：千元

地方教育附加	地方基金	企业办学中的企业拨款	校办产业和社会服务收入用于教育的经费	其他属于国家财政性教育经费	民办学校中举办者投入	社会捐赠经费	#农村	事业收入	#学杂费	其他收入
23832422	**14160105**	**323004**	**137700**	**9470**	**3571872**	**2016410**	**153655**	**84197833**	**61672540**	**9596561**
1424375	908284	27744	49156		5073	54488		1489700	1226666	355493
809925	76883	16706	533		5000	31272	783	745414	576411	143390
1105499	572848				115789	28231	1110	2759695	2435050	244203
825767	210583	4091	2		150522	22446	180	3331642	2411052	73104
581627	242080		962		2173	11273	180	590778	362748	65422
648248	295584	884	144		31760	4434	234	1563581	1249972	91306
808028	160103	36593	545	360	15562	5931	100	841445	559478	52552
	199632	3680	1835		2543	2709	14	1037978	862047	32290
307	821866		7026		1603	19410		2205405	2074065	402263
3573836	687468		7	4514	390578	264349	19651	5523501	4384665	1112244
1960720	1540153	1562	554	1075	96366	340604	4659	6392591	5079288	1713348
857525	1025835	13392			219189	72115	6295	5524089	3895929	310197
1340411	909312		3299		60253	136760	31271	2824662	2038028	262545
433187	572121	4330	332		17108	44699	1885	2247402	1434410	148929
2144189	1185181	8413	401	860	118352	55533	20401	5054353	3318310	270624
655831	338527	353	1574		609149	14481	4883	4853119	3438141	225212
583024	653644	360	13002	525	120072	58495	2894	2959220	2156399	1135338
217212	120629		29889	2072	185827	73538	6445	4745447	3102183	514039
1396567	402487	19061	18563		798614	233883	33406	12223213	9471697	615330
641086	552826		4855		35436	47810	992	1691172	1193785	183598
226093	228983	2882	2624	64	110947	55999	89	556263	419798	69678
197249	490759				44804	98400	2405	1751280	1065250	352621
945930	594278		150		259011	158311	9347	5301996	2638269	336165
655960	290068	5000	576		88189	28975	34	1923344	1392731	160534
	338216	6671	929		32323	84057	2953	1589980	1220129	153237
2707					53	3650		6196	6053	575
258418	70505	5730			38353	8918	2953	2430557	2043536	115252
546448	312515	133574			11548	7864		904195	743477	34513
153718	76919	6486				571	313	141195	101945	48996
130372	116162		3		5320	15581	178	290125	223051	79143
708163	165654	25492	739		355	31623		698295	547977	294420

3-36 教育经费收入情况

地区	总计	国家财政性教育经费	公共财政预算教育经费	教育事业费拨款	基本建设拨款	科研拨款	其他拨款	各级政府征收用于教育的税费	教育费附加
合计	**838291150**	**738194579**	**649847190**	**588344526**	**18780761**		**42721903**	**87665817**	**49739305**
北京	27102762	24866861	20187478	15456504	1347965		3383009	4594060	2261401
天津	12819882	11894816	9550662	8991729	433486		125447	2326915	1440107
河北	29983596	26836863	23631857	22127205	435012		1069640	3204992	1526645
山西	22134455	18556741	15798104	14508758	554918		734428	2754544	1718194
内蒙古	18732634	18062988	15838030	13055739	589326		2192965	2223996	1400289
辽宁	25594835	23903754	20778026	18113563	764660		1899803	3124700	2180868
吉林	13992500	13049535	11147673	10647541	108514		391618	1864364	896420
黑龙江	19484876	18336861	17258286	15733412	627791		897083	1034623	834991
上海	22605327	19937384	15158375	14309008	562804		286563	4771983	3949810
江苏	58065814	50782843	41689905	38473107	23585		3193213	9092931	4878535
浙江	41552195	33077129	27157729	25496921	124648		1536160	5917084	2434542
安徽	35771670	29640651	26595933	23484339	621683		2489911	3031298	1147938
福建	25051762	21768080	17983227	16615198	234323		1133706	3781554	1531871
江西	25824188	23366050	21460298	20399496	514573		546229	1901090	895782
山东	57597254	52098392	44981654	44792018	38650		150986	7107064	3777694
河南	48614391	42912430	40053639	34546852	1197984		4308803	2856864	1862506
湖北	27328317	23007159	20638461	18317729	995861		1324871	2354859	1118191
湖南	32481638	26962787	24821334	23137136	718946		965252	2109492	1771651
广东	71460477	57586550	51770139	45959497	1415458		4395184	5750261	3951756
广西	23158882	21200866	18960207	17603589	808026		548592	2235804	1041892
海南	7330804	6533950	5823416	5045564	114543		663309	704964	249888
重庆	20066381	17805811	16401661	12528221	827140		3046300	1403844	715836
四川	44580142	38520161	34708454	32393968	877637		1436849	3811557	2271349
贵州	22705124	20504282	18437118	16953701	873249		610168	2061588	1115560
云南	25008228	23148631	21276255	18326752	578506		2370997	1864776	1526560
西藏	2888628	2878154	2821818	2394231	313670		113917	56336	53629
陕西	26529661	23936581	22406969	21025464	643402		738103	1523882	1194959
甘肃	17305662	16343673	14612189	13084566	619949		907674	1597910	738947
青海	4684728	4493966	4108284	3340035	330437		437812	379196	148559
宁夏	5356383	4966214	4457135	3750873	202054		504208	509076	262542
新疆	22477954	21214416	19332874	17731810	1281961		319103	1714210	840393

(普通中学)

单位:千元

地方教育附加	地方基金	企业办学中的企业拨款	校办产业和社会服务收入用于教育的经费	其他属于国家财政性教育经费	民办学校中举办者投入	社会捐赠经费	#农村	事业收入	#学杂费	其他收入
23767988	**14158524**	**531082**	**146409**	**4081**	**3571872**	**2054034**	**153639**	**84517948**	**61878950**	**9952717**
1424375	908284	27744	57579		5073	74235		1611492	1245079	545101
809925	76883	16706	533		5000	31262	773	745414	576411	143390
1105499	572848	14			115789	28231	1110	2758998	2435058	243715
825767	210583	4091	2		150522	22446	180	3331642	2411052	73104
581627	242080		962		2173	11273	180	590778	362748	65422
648248	295584	884	144		31760	4434	234	1563581	1249972	91306
807841	160103	36593	545	360	15562	5931	100	854439	572478	67033
	199632	42117	1835		2543	2709	14	1080721	887528	62042
307	821866		7026		1603	20410		2230926	2118314	415004
3526928	687468		7		390578	264349	19651	5516151	4382095	1111893
1943421	1539121	1562	554	200	96366	340532	4653	6361584	5076225	1676584
857525	1025835	13392	28		219189	74695	6295	5526877	3898635	310258
1340371	909312		3299		60253	136760	31271	2824182	2038028	262487
433187	572121	4330	332		17108	44699	1885	2247402	1434410	148929
2144189	1185181	8413	401	860	118352	55533	20401	5054353	3318310	270624
655831	338527	353	1574		609149	14481	4883	4853119	3438141	225212
583024	653644	360	12954	525	120072	60048	2894	2988809	2166489	1152229
217212	120629		29889	2072	185827	73538	6445	4745447	3102183	514039
1396567	401938	47587	18563		798614	233883	33406	12229384	9477099	612046
641086	552826		4855		35436	47810	992	1691172	1193785	183598
226093	228983	2882	2624	64	110947	55999	89	558506	420648	71402
197249	490759		306		44804	98400	2405	1757385	1069165	359981
945930	594278		150		259011	158311	9347	5306494	2640099	336165
655960	290068	5000	576		88189	28975	34	1923144	1392731	160534
	338216	6671	929		32323	84057	2953	1589980	1220129	153237
2707					53	3650		6196	6053	575
258418	70505	5730			38353	8918	2953	2430557	2043536	115252
546448	312515	133574			11548	7864		904380	743662	38197
153718	76919	6486				571	313	141195	101945	48996
130372	116162		3		5320	15581	178	290125	223051	79143
708163	165654	166593	739		355	44449		803515	633891	415219

3-37 教育经费收入情况

地区	总计	国家财政性教育经费	公共财政预算教育经费	教育事业费拨款	基本建设拨款	科研拨款	其他拨款	各级政府征收用于教育的税费	教育费附加
合计	**4891586**	**4068002**	**3851167**	**3495056**	**107886**		**248225**		
北京	886806	555659	547236	493672	8220		45344		
天津									
河北	27	14							
山西									
内蒙古									
辽宁									
吉林	87382	59900	59900	50900			9000		
黑龙江	1138633	1066138	1027701	949234	20054		58413		
上海	165402	104974	104974	95688			9286		
江苏									
浙江									
安徽	18804	13375	13347	13274			73		
福建									
江西									
山东									
河南									
湖北	206876	156440	156440	156440					
湖南									
广东	73331	61851	33325	33273			52		
广西									
海南	14588	10621	10621	8666			1955		
重庆	91139	77674	77368	77368					
四川	25807	21309	21309	14323			6986		
贵州									
云南									
西藏									
陕西									
甘肃	3869								
青海									
宁夏									
新疆	2178922	1940047	1798946	1602218	79612		117116		

(中央属普通中学)

单位:千元

地方教育附加	地方基金	企业办学中的企业拨款	校办产业和社会服务收入用于教育的经费	其他属于国家财政性教育经费	民办学校中举办者投入	社会捐赠经费	#农村	事业收入	#学杂费	其他收入
		208078	**8757**			**37706**		**384384**	**215559**	**401494**
			8423			19747		121792	18413	189608
		14						8	8	5
								13000	13000	14482
		38437						42743	25481	29752
						1000		44442	44249	14986
			28			2580		2788	2706	61
						1553		29850	10090	19033
		28526						11480	8918	
								2243	850	1724
			306					6105	3915	7360
								4498	1830	
								185	185	3684
		141101				12826		105250	85914	120799

3-38 教育经费收入情况

地区	总计	国家财政性教育经费	公共财政预算教育经费	教育事业费拨款	基本建设拨款	科研拨款	其他拨款	各级政府征收用于教育的税费	教育费附加
合计	**833399564**	**734126577**	**645996023**	**584849470**	**18672875**		**42473678**	**87665817**	**49739305**
北京	26215956	24311202	19640242	14962832	1339745		3337665	4594060	2261401
天津	12819882	11894816	9550662	8991729	433486		125447	2326915	1440107
河北	29983569	26836849	23631857	22127205	435012		1069640	3204992	1526645
山西	22134455	18556741	15798104	14508758	554918		734428	2754544	1718194
内蒙古	18732634	18062988	15838030	13055739	589326		2192965	2223996	1400289
辽宁	25594835	23903754	20778026	18113563	764660		1899803	3124700	2180868
吉林	13905118	12989635	11087773	10596641	108514		382618	1864364	896420
黑龙江	18346243	17270723	16230585	14784178	607737		838670	1034623	834991
上海	22439925	19832410	15053401	14213320	562804		277277	4771983	3949810
江苏	58065814	50782843	41689905	38473107	23585		3193213	9092931	4878535
浙江	41552195	33077129	27157729	25496921	124648		1536160	5917084	2434542
安徽	35752866	29627276	26582586	23471065	621683		2489838	3031298	1147938
福建	25051762	21768080	17983227	16615198	234323		1133706	3781554	1531871
江西	25824188	23366050	21460298	20399496	514573		546229	1901090	895782
山东	57597254	52098392	44981654	44792018	38650		150986	7107064	3777694
河南	48614391	42912430	40053639	34546852	1197984		4308803	2856864	1862506
湖北	27121441	22850719	20482021	18161289	995861		1324871	2354859	1118191
湖南	32481638	26962787	24821334	23137136	718946		965252	2109492	1771651
广东	71387146	57524699	51736814	45926224	1415458		4395132	5750261	3951756
广西	23158882	21200866	18960207	17603589	808026		548592	2235804	1041892
海南	7316216	6523329	5812795	5036898	114543		661354	704964	249888
重庆	19975242	17728137	16324293	12450853	827140		3046300	1403844	715836
四川	44554335	38498852	34687145	32379645	877637		1429863	3811557	2271349
贵州	22705124	20504282	18437118	16953701	873249		610168	2061588	1115560
云南	25008228	23148631	21276255	18326752	578506		2370997	1864776	1526560
西藏	2888628	2878154	2821818	2394231	313670		113917	56336	53629
陕西	26529661	23936581	22406969	21025464	643402		738103	1523882	1194959
甘肃	17301793	16343673	14612189	13084566	619949		907674	1597910	738947
青海	4684728	4493966	4108284	3340035	330437		437812	379196	148559
宁夏	5356383	4966214	4457135	3750873	202054		504208	509076	262542
新疆	20299032	19274369	17533928	16129592	1202349		201987	1714210	840393

（地方普通中学）

单位：千元

地方教育附加	地方基金	企业办学中的企业拨款	校办产业和社会服务收入用于教育的经费	其他属于国家财政性教育经费	民办学校中举办者投入	社会捐赠经费	#农村	事业收入	#学杂费	其他收入
23767988	**14158524**	**323004**	**137652**	**4081**	**3571872**	**2016328**	**153639**	**84133564**	**61663391**	**9551223**
1424375	908284	27744	49156		5073	54488		1489700	1226666	355493
809925	76883	16706	533		5000	31262	773	745414	576411	143390
1105499	572848				115789	28231	1110	2758990	2435050	243710
825767	210583	4091	2		150522	22446	180	3331642	2411052	73104
581627	242080		962		2173	11273	180	590778	362748	65422
648248	295584	884	144		31760	4434	234	1563581	1249972	91306
807841	160103	36593	545	360	15562	5931	100	841439	559478	52551
	199632	3680	1835		2543	2709	14	1037978	862047	32290
307	821866		7026		1603	19410		2186484	2074065	400018
3526928	687468		7		390578	264349	19651	5516151	4382095	1111893
1943421	1539121	1562	554	200	96366	340532	4653	6361584	5076225	1676584
857525	1025835	13392			219189	72115	6295	5524089	3895929	310197
1340371	909312		3299		60253	136760	31271	2824182	2038028	262487
433187	572121	4330	332		17108	44699	1885	2247402	1434410	148929
2144189	1185181	8413	401	860	118352	55533	20401	5054353	3318310	270624
655831	338527	353	1574		609149	14481	4883	4853119	3438141	225212
583024	653644	360	12954	525	120072	58495	2894	2958959	2156399	1133196
217212	120629		29889	2072	185827	73538	6445	4745447	3102183	514039
1396567	401938	19061	18563		798614	233883	33406	12217904	9468181	612046
641086	552826		4855		35436	47810	992	1691172	1193785	183598
226093	228983	2882	2624	64	110947	55999	89	556263	419798	69678
197249	490759				44804	98400	2405	1751280	1065250	352621
945930	594278		150		259011	158311	9347	5301996	2638269	336165
655960	290068	5000	576		88189	28975	34	1923144	1392731	160534
	338216	6671	929		32323	84057	2953	1589980	1220129	153237
2707					53	3650		6196	6053	575
258418	70505	5730			38353	8918	2953	2430557	2043536	115252
546448	312515	133574			11548	7864		904195	743477	34513
153718	76919	6486				571	313	141195	101945	48996
130372	116162		3		5320	15581	178	290125	223051	79143
708163	165654	25492	739		355	31623		698265	547977	294420

3-39 教育经费收入情况

地区	总计	国家财政性教育经费	公共财政预算教育经费					各级政府征收用于教育的税费	
				教育事业费拨款	基本建设拨款	科研拨款	其他拨款		教育费附加
合计	**322626836**	**249962308**	**213050621**	**191658493**	**6682063**		**14710065**	**36630472**	**20316921**
北京	11815350	10318348	8253804	6252959	632547		1368298	2019636	844427
天津	5316300	4608876	3673367	3500855	116160		56352	928314	470922
河北	11490736	9159722	8050865	7638563	70684		341618	1108857	653290
山西	9937156	7075223	5606454	5034880	263977		307597	1467346	882036
内蒙古	7431887	6885359	6044933	5079554	195398		769981	839968	522024
辽宁	9390854	8046688	6748276	5791015	191872		765389	1298400	842564
吉林	5388308	4703178	3679979	3524131	19207		136641	1011758	437256
黑龙江	6865992	5940122	5541338	4894633	311540		335165	389427	315430
上海	8301510	6759022	4861269	4628996	137711		94562	1890737	1589888
江苏	23685212	18297422	14279882	13100852	22300		1156730	4017540	2033274
浙江	17811347	11762893	9334705	8721170	27900		585635	2425872	878866
安徽	14917952	10431603	8882104	7932683	230490		718931	1541991	529007
福建	9651587	7372153	6182526	5650097	99625		432804	1187152	727116
江西	9525713	7475894	6588985	6310994	88070		189921	886637	359843
山东	20787352	16685868	13984862	13947648			37214	2699843	1397361
河南	16272994	12272700	11154224	9731201	463480		959543	1117329	673894
湖北	11187182	7787206	6738724	6008400	292389		437935	1038156	480715
湖南	11740068	7474218	6487338	6277776	62461		147101	957161	824824
广东	30513652	21395621	19380649	17273525	521145		1585979	1997903	1361418
广西	7686366	6205877	5316836	4938214	198789		179833	887429	463508
海南	2823721	2343149	2006718	1759532	22693		224493	334763	106382
重庆	9093915	7244127	6572367	4792334	553073		1226960	671565	344312
四川	15400040	11685822	9721214	9066078	202835		452301	1964458	1156902
贵州	7990670	6230149	5289862	4654775	382416		252671	936549	482528
云南	8023087	6561666	5905056	4781826	282683		840547	651784	496062
西藏	986811	981077	977522	739233	213000		25289	3555	2050
陕西	10738466	8673403	8045807	7486148	289839		269820	627596	503401
甘肃	6888837	5994205	5216952	4664329	231922		320701	737299	415592
青海	1718916	1601691	1448256	1207970	88334		151952	152070	54561
宁夏	1917261	1646004	1511179	1278351	23300		209528	134825	95046
新疆	7327594	6343022	5564568	4989771	446223		128574	704552	372422

(普通高中)

单位:千元

地方教育附加	地方基金	企业办学中的企业拨款	校办产业和社会服务收入用于教育的经费	其他属于国家财政性教育经费	民办学校中举办者投入	社会捐赠经费	#农村	事业收入	#学杂费	其他收入
9000535	7313016	176323	101480	3412	1202119	1072785	67019	65068790	47276075	5320834
612181	563028	14576	30332		315	40494		1154608	808339	301585
408739	48653	7018	177			22159	380	597555	455802	87710
66927	388640				28629	7139	8	2134355	1857192	160891
463675	121635	1421	2		64290	4630		2750410	1896165	42603
218029	99915		458		425	8516		506511	309018	31076
236027	219809		12		12531	2558	16	1302399	1039655	26678
468029	106473	11105		336	8061	1329		644161	477384	31579
	73997	9330	27		1138	2335		882314	747219	40083
	300849		7016			10629		1323750	1236671	208109
1647276	336990				373193	167130	14291	4193624	3397706	653843
785506	761500	1562	554	200	73357	147932	591	5031487	3923259	795678
316972	696012	7492	16		97606	54715	4913	4149288	2803089	184740
156397	303639		2475		3885	83483	13907	2036589	1473790	155477
187476	339318		272		4705	21891	365	1942401	1181625	80822
682210	620272		303	860	24738	23583	11149	3950190	2554821	102973
274809	168626		1147		148334	10255	4748	3744595	2661981	97110
216135	341306		9801	525	44741	33707		2501047	1815979	820481
74224	58113		28271	1448	58542	41100	3712	3942979	2546412	223229
474826	161659		17069		110711	129754	7458	8609286	6709086	268280
167820	256101		1612		9115	39160	958	1352325	969995	79889
66427	161954	1431	194	43	28955	5258		410743	312032	35616
88124	239129		195		2005	46546	707	1604688	991606	196549
389062	418494		150		25863	89182	2831	3425196	1648773	173977
268229	185792	3340	398		39907	12882	3	1604459	1173340	103273
	155722	4100	726		11249	37242	649	1372730	1076329	40200
1505								5159	5039	575
98815	25380				15402	1707	247	1958370	1628985	89584
271667	50040	39954			8817	3998		855246	708022	26571
67630	29879	1365				219	86	113469	77210	3537
7784	31995				5320	5237		220489	167500	40211
284034	48096	73629	273		285	18015		748367	622051	217905

3-40 教育经费收入情况

地区	总计	国家财政性教育经费	公共财政预算教育经费					各级政府征收用于教育的税费	
				教育事业费拨款	基本建设拨款	科研拨款	其他拨款		教育费附加
合计	**2596428**	**1921878**	**1845962**	**1701668**	**28526**		**115768**		
北京	738799	438620	433863	395768	8220		29875		
天津									
河北									
山西									
内蒙古									
辽宁									
吉林	87382	59900	59900	50900			9000		
黑龙江	542266	474558	465608	425207	9870		30531		
上海	165402	104974	104974	95688			9286		
江苏									
浙江									
安徽	14822	10677	10661	10621			40		
福建									
江西									
山东									
河南									
湖北	178984	132565	132565	132565					
湖南									
广东	22907	12878	12878	12878					
广西									
海南	8679	5281	5281	4455			826		
重庆	60491	49678	49483	49483					
四川	14474	10582	10582	7017			3565		
贵州									
云南									
西藏									
陕西									
甘肃	1088								
青海									
宁夏									
新疆	761134	622165	560167	517086	10436		32645		

（中央属普通高中）

单位：千元

地方教育附加	地方基金	企业办学中的企业拨款	校办产业和社会服务收入用于教育的经费	其他属于国家财政性教育经费	民办学校中举办者投入	社会捐赠经费	#农村	事业收入	#学杂费	其他收入
		70948	**4968**			**26419**		**377377**	**215500**	**270754**
			4757			19237		121792	18413	159150
								13000	13000	14482
		8950						41808	25481	25900
						1000		44442	44249	14986
			16			1395		2751	2706	-1
						1553		29850	10090	15016
								10029	8867	
								2243	850	1155
			195					6105	3915	4708
								3892	1830	
								185	185	903
		61998				3234		101280	85914	34455

3-41 教育经费收入情况

地区	总计	国家财政性教育经费	公共财政预算教育经费	教育事业费拨款	基本建设拨款	科研拨款	其他拨款	各级政府征收用于教育的税费	教育费附加
合计	**320030408**	**248040430**	**211204659**	**189956825**	**6653537**		**14594297**	**36630472**	**20316921**
北京	11076551	9879728	7819941	5857191	624327		1338423	2019636	844427
天津	5316300	4608876	3673367	3500855	116160		56352	928314	470922
河北	11490736	9159722	8050865	7638563	70684		341618	1108857	653290
山西	9937156	7075223	5606454	5034880	263977		307597	1467346	882036
内蒙古	7431887	6885359	6044933	5079554	195398		769981	839968	522024
辽宁	9390854	8046688	6748276	5791015	191872		765389	1298400	842564
吉林	5300926	4643278	3620079	3473231	19207		127641	1011758	437256
黑龙江	6323726	5465564	5075730	4469426	301670		304634	389427	315430
上海	8136108	6654048	4756295	4533308	137711		85276	1890737	1589888
江苏	23685212	18297422	14279882	13100852	22300		1156730	4017540	2033274
浙江	17811347	11762893	9334705	8721170	27900		585635	2425872	878866
安徽	14903130	10420926	8871443	7922062	230490		718891	1541991	529007
福建	9651587	7372153	6182526	5650097	99625		432804	1187152	727116
江西	9525713	7475894	6588985	6310994	88070		189921	886637	359843
山东	20787352	16685868	13984862	13947648			37214	2699843	1397361
河南	16272994	12272700	11154224	9731201	463480		959543	1117329	673894
湖北	11008198	7654641	6606159	5875835	292389		437935	1038156	480715
湖南	11740068	7474218	6487338	6277776	62461		147101	957161	824824
广东	30490745	21382743	19367771	17260647	521145		1585979	1997903	1361418
广西	7686366	6205877	5316836	4938214	198789		179833	887429	463508
海南	2815042	2337868	2001437	1755077	22693		223667	334763	106382
重庆	9033424	7194449	6522884	4742851	553073		1226960	671565	344312
四川	15385566	11675240	9710632	9059061	202835		448736	1964458	1156902
贵州	7990670	6230149	5289862	4654775	382416		252671	936549	482528
云南	8023087	6561666	5905056	4781826	282683		840547	651784	496062
西藏	986811	981077	977522	739233	213000		25289	3555	2050
陕西	10738466	8673403	8045807	7486148	289839		269820	627596	503401
甘肃	6887749	5994205	5216952	4664329	231922		320701	737299	415592
青海	1718916	1601691	1448256	1207970	88334		151952	152070	54561
宁夏	1917261	1646004	1511179	1278351	23300		209528	134825	95046
新疆	6566460	5720857	5004401	4472685	435787		95929	704552	372422

（地方普通高中）

单位：千元

地方教育附加	地方基金	企业办学中的企业拨款	校办产业和社会服务收入用于教育的经费	其他属于国家财政性教育经费	民办学校中举办者投入	社会捐赠经费	#农村	事业收入	#学杂费	其他收入
9000535	**7313016**	**105375**	**96512**	**3412**	**1202119**	**1046366**	**67019**	**64691413**	**47060575**	**5050080**
612181	563028	14576	25575		315	21257		1032816	789926	142435
408739	48653	7018	177			22159	380	597555	455802	87710
66927	388640				28629	7139	8	2134355	1857192	160891
463675	121635	1421	2		64290	4630		2750410	1896165	42603
218029	99915		458		425	8516		506511	309018	31076
236027	219809		12		12531	2558	16	1302399	1039655	26678
468029	106473	11105		336	8061	1329		631161	464384	17097
	73997	380	27		1138	2335		840506	721738	14183
	300849		7016			9629		1279308	1192422	193123
1647276	336990				373193	167130	14291	4193624	3397706	653843
785506	761500	1562	554	200	73357	147932	591	5031487	3923259	795678
316972	696012	7492			97606	53320	4913	4146537	2800383	184741
156397	303639		2475		3885	83483	13907	2036589	1473790	155477
187476	339318		272		4705	21891	365	1942401	1181625	80822
682210	620272		303	860	24738	23583	11149	3950190	2554821	102973
274809	168626		1147		148334	10255	4748	3744595	2661981	97110
216135	341306		9801	525	44741	32154		2471197	1805889	805465
74224	58113		28271	1448	58542	41100	3712	3942979	2546412	223229
474826	161659		17069		110711	129754	7458	8599257	6700219	268280
167820	256101		1612		9115	39160	958	1352325	969995	79889
66427	161954	1431	194	43	28955	5258		408500	311182	34461
88124	239129				2005	46546	707	1598583	987691	191841
389062	418494		150		25863	89182	2831	3421304	1646943	173977
268229	185792	3340	398		39907	12882	3	1604459	1173340	103273
	155722	4100	726		11249	37242	649	1372730	1076329	40200
1505								5159	5039	575
98815	25380				15402	1707	247	1958370	1628985	89584
271667	50040	39954			8817	3998		855061	707837	25668
67630	29879	1365				219	86	113469	77210	3537
7784	31995				5320	5237		220489	167500	40211
284034	48096	11631	273		285	14781		647087	536137	183450

3-42 教育经费收入情况

地区	总计	国家财政性教育经费	公共财政预算教育经费					各级政府征收用于教育的税费	
				教育事业费拨款	基本建设拨款	科研拨款	其他拨款		教育费附加
合计	**46524240**	**35541405**	**31364221**	**28989452**	**668405**		**1706364**	**4149599**	**2016181**
北京	1569862	1329734	683873	577058	18037		88778	645861	109703
天津	1229137	1173553	1023535	901877	116160		5498	150018	49328
河北	1133373	1000257	920332	879533	4900		35899	79925	55919
山西	559966	363827	337582	285083	33600		18899	26245	17779
内蒙古	247505	227501	224291	197343			26948	3210	3077
辽宁	579329	505653	372008	360406	2000		9602	133645	100511
吉林	221730	213474	199321	195140			4181	14153	6446
黑龙江	557412	473636	467536	425318	11571		30647	6100	6100
上海	281480	250610	214207	210065			4142	36403	36403
江苏	4359598	3308642	2740742	2677259			63483	567900	348287
浙江	4182908	2442752	1992833	1853962			138871	449919	203766
安徽	3172260	2241481	2158505	2001568	43494		113443	82976	27648
福建	3018533	2397944	2212924	2044407	30570		137947	184120	127211
江西	563237	292424	267255	256498	3292		7465	25169	16948
山东	2408162	1938317	1812671	1811461			1210	125646	48383
河南	1447637	1117208	1032843	816631	140043		76169	84365	46018
湖北	1426947	1005788	951962	870879	46046		35037	53526	22853
湖南	2254759	1304634	1235134	1205295	6273		23566	69270	56294
广东	4566420	3277403	2880838	2677203	1722		201913	396177	245522
广西	646728	526336	472727	456278	180		16269	52791	27564
海南	233216	203724	190316	162116			28200	13405	5360
重庆	2308009	1886747	1667594	1337902	39249		290443	219153	60107
四川	3253930	2588587	2285342	2179251	22600		83491	303245	105317
贵州	1014458	804174	754923	706208	18870		29845	49251	29627
云南	914467	748949	666398	584568	632		81198	82551	80699
西藏									
陕西	2042719	1749217	1642489	1568107	1442		72940	106728	82495
甘肃	1735795	1620747	1512445	1390349	69770		52326	108302	69149
青海	58572	56372	54374	43713	9717		944	1089	113
宁夏	16276	14887	14887	14609			278		
新疆	519815	476827	374334	299365	48237		26732	78456	27554

（农村高中）

单位：千元

地方教育附加	地方基金	企业办学中的企业拨款	校办产业和社会服务收入用于教育的经费	其他属于国家财政性教育经费	民办学校中举办者投入	社会捐赠经费	#农村	事业收入	#学杂费	其他收入
986213	**1147205**	**24937**	**2648**		**686918**	**215153**	**41682**	**9443412**	**6728030**	**637352**
129504	406654				315	704		231524	205408	7585
60690	40000					429	380	53768	30910	1387
9016	14990					1010	8	129992	120262	2114
8410	56				16133	122		179509	122564	375
133					425			19553	896	26
31184	1950					53	16	73229	56200	394
3121	4586							8160	6714	96
								57744	48044	26032
						1358		29486	26264	26
178753	40860				350000	29931	14262	626450	510884	44575
146961	99192				48057	40559	150	1477908	1000356	173632
21040	34288				79112	7352	913	819320	516554	24995
29881	27028		900		2771	42057	13907	482827	360210	92934
7823	398					27	25	264865	189487	5921
53946	23317				24518	968	635	433424	286921	10935
30632	7715				63862	2042	1800	254964	183551	9561
5223	25450		300		3145	1928		352923	269358	63163
10200	2776		230		29716	6617	2559	858644	551790	55148
95798	54857		388		49806	34908	4690	1189404	944184	14899
16168	9059		818			84		116107	103468	4201
6001	2044		3					26291	21625	3201
10186	148860					21231	707	394030	264249	6001
54641	143287				1187	16382	1147	606935	278908	40839
18301	1323				14257	136	3	167154	132224	28737
	1852					794	147	159575	122105	5149
12748	11485				3614	276	247	289070	244221	542
24843	14310					394		113280	108820	1374
446	530	909				86	86	2111	1790	3
						80		1237	1109	72
20564	30338	24028	9			5625		23928	18954	13435

3-43 教育经费收入情况

地区	总计	国家财政性教育经费	公共财政预算教育经费	教育事业费拨款	基本建设拨款	科研拨款	其他拨款	各级政府征收用于教育的税费	教育费附加
合计	**45802013**	**34914095**	**30760939**	**28453103**	**649607**		**1658229**	**4149599**	**2016181**
北京	1569862	1329734	683873	577058	18037		88778	645861	109703
天津	1229137	1173553	1023535	901877	116160		5498	150018	49328
河北	1133373	1000257	920332	879533	4900		35899	79925	55919
山西	559966	363827	337582	285083	33600		18899	26245	17779
内蒙古	247505	227501	224291	197343			26948	3210	3077
辽宁	579329	505653	372008	360406	2000		9602	133645	100511
吉林	221730	213474	199321	195140			4181	14153	6446
黑龙江	93257	64447	58347	55999	1701		647	6100	6100
上海	281480	250610	214207	210065			4142	36403	36403
江苏	4359598	3308642	2740742	2677259			63483	567900	348287
浙江	4182908	2442752	1992833	1853962			138871	449919	203766
安徽	3172260	2241481	2158505	2001568	43494		113443	82976	27648
福建	3018533	2397944	2212924	2044407	30570		137947	184120	127211
江西	563237	292424	267255	256498	3292		7465	25169	16948
山东	2408162	1938317	1812671	1811461			1210	125646	48383
河南	1447637	1117208	1032843	816631	140043		76169	84365	46018
湖北	1426947	1005788	951962	870879	46046		35037	53526	22853
湖南	2254759	1304634	1235134	1205295	6273		23566	69270	56294
广东	4564766	3276429	2879864	2676229	1722		201913	396177	245522
广西	646728	526336	472727	456278	180		16269	52791	27564
海南	224537	198443	185035	157661			27374	13405	5360
重庆	2308009	1886747	1667594	1337902	39249		290443	219153	60107
四川	3253930	2588587	2285342	2179251	22600		83491	303245	105317
贵州	1014458	804174	754923	706208	18870		29845	49251	29627
云南	914467	748949	666398	584568	632		81198	82551	80699
西藏									
陕西	2042719	1749217	1642489	1568107	1442		72940	106728	82495
甘肃	1734707	1620747	1512445	1390349	69770		52326	108302	69149
青海	58572	56372	54374	43713	9717		944	1089	113
宁夏	16276	14887	14887	14609			278		
新疆	273164	264961	186496	137764	39309		9423	78456	27554

（地方农村高中）

单位：千元

地方教育附加	地方基金	企业办学中的企业拨款	校办产业和社会服务收入用于教育的经费	其他属于国家财政性教育经费	民办学校中举办者投入	社会捐赠经费	#农村	事业收入	#学杂费	其他收入
986213	**1147205**	**909**	**2648**		**686918**	**212759**	**41682**	**9390443**	**6691504**	**597798**
129504	406654				315	704		231524	205408	7585
60690	40000					429	380	53768	30910	1387
9016	14990					1010	8	129992	120262	2114
8410	56				16133	122		179509	122564	375
133					425			19553	896	26
31184	1950					53	16	73229	56200	394
3121	4586							8160	6714	96
								28678	28677	132
						1358		29486	26264	26
178753	40860				350000	29931	14262	626450	510884	44575
146961	99192				48057	40559	150	1477908	1000356	173632
21040	34288				79112	7352	913	819320	516554	24995
29881	27028		900		2771	42057	13907	482827	360210	92934
7823	398					27	25	264865	189487	5921
53946	23317				24518	968	635	433424	286921	10935
30632	7715				63862	2042	1800	254964	183551	9561
5223	25450		300		3145	1928		352923	269358	63163
10200	2776		230		29716	6617	2559	858644	551790	55148
95798	54857		388		49806	34908	4690	1188724	943970	14899
16168	9059		818			84		116107	103468	4201
6001	2044		3					24048	20775	2046
10186	148860					21231	707	394030	264249	6001
54641	143287				1187	16382	1147	606935	278908	40839
18301	1323				14257	136	3	167154	132224	28737
	1852					794	147	159575	122105	5149
12748	11485				3614	276	247	289070	244221	542
24843	14310					394		113095	108635	471
446	530	909				86	86	2111	1790	3
						80		1237	1109	72
20564	30338		9			3231		3133	3044	1839

3-44 教育经费收入情况

地区	总计	国家财政性教育经费	公共财政预算教育经费	教育事业费拨款	基本建设拨款	科研拨款	其他拨款	各级政府征收用于教育的税费	教育费附加
合计	**515664314**	**488232271**	**436796569**	**396686033**	**12098698**		**28011838**	**51035345**	**29422384**
北京	15287412	14548513	11933674	9203545	715418		2014711	2574424	1416974
天津	7503582	7285940	5877295	5490874	317326		69095	1398601	969185
河北	18492860	17677141	15580992	14488642	364328		728022	2096135	873355
山西	12197299	11481518	10191650	9473878	290941		426831	1287198	836158
内蒙古	11300747	11177629	9793097	7976185	393928		1422984	1384028	878265
辽宁	16203981	15857066	14029750	12322548	572788		1134414	1826300	1338304
吉林	8604192	8346357	7467694	7123410	89307		254977	852606	459164
黑龙江	12618884	12396739	11716948	10838779	316251		561918	645196	519561
上海	14303817	13178362	10297106	9680012	425093		192001	2881246	2359922
江苏	34380602	32485421	27410023	25372255	1285		2036483	5075391	2845261
浙江	23740848	21314236	17823024	16775751	96748		950525	3491212	1555676
安徽	20853718	19209048	17713829	15551656	391193		1770980	1489307	618931
福建	15400175	14395927	11800701	10965101	134698		700902	2594402	804755
江西	16298475	15890156	14871313	14088502	426503		356308	1014453	535939
山东	36809902	35412524	30996792	30844370	38650		113772	4407221	2380333
河南	32341397	30639730	28899415	24815651	734504		3349260	1739535	1188612
湖北	16141135	15219953	13899737	12309329	703472		886936	1316703	637476
湖南	20741570	19488569	18333996	16859360	656485		818151	1152331	946827
广东	40946825	36190929	32389490	28685972	894313		2809205	3752358	2590338
广西	15472516	14994989	13643371	12665375	609237		368759	1348375	578384
海南	4507083	4190801	3816698	3286032	91850		438816	370201	143506
重庆	10972466	10561684	9829294	7735887	274067		1819340	732279	371524
四川	29180102	26834339	24987240	23327890	674802		984548	1847099	1114447
贵州	14714454	14274133	13147256	12298926	490833		357497	1125039	633032
云南	16985141	16586965	15371199	13544926	295823		1530450	1212992	1030498
西藏	1901817	1897077	1844296	1654998	100670		88628	52781	51579
陕西	15791195	15263178	14361162	13539316	353563		468283	896286	691558
甘肃	10416825	10349468	9395237	8420237	388027		586973	860611	323355
青海	2965812	2892275	2660028	2132065	242103		285860	227126	93998
宁夏	3439122	3320210	2945956	2472522	178754		294680	374251	167496
新疆	15150360	14871394	13768306	12742039	835738		190529	1009658	467971

（普通初中）

单位：千元

地方教育附加	地方基金	企业办学中的企业拨款	校办产业和社会服务收入用于教育的经费	其他属于国家财政性教育经费	民办学校中举办者投入	社会捐赠经费	#农村	事业收入	#学杂费	其他收入
14767453	**6845508**	**354759**	**44929**	**669**	**2369753**	**981249**	**86620**	**19449158**	**14602875**	**4631883**
812194	345256	13168	27247		4758	33741		456884	436740	243516
401186	28230	9688	356		5000	9103	393	147859	120609	55680
1038572	184208	14			87160	21092	1102	624643	577866	82824
362092	88948	2670			86232	17816	180	581232	514887	30501
363598	142165		504		1748	2757	180	84267	53730	34346
412221	75775	884	132		19229	1876	218	261182	210317	64628
339812	53630	25488	545	24	7501	4602	100	210278	95094	35454
	125635	32787	1808		1405	374	14	198407	140309	21959
307	521017		10		1603	9781		907176	881643	206895
1879652	350478		7		17385	97219	5360	1322527	984389	458050
1157915	777621				23009	192600	4062	1330097	1152966	880906
540553	329823	5900	12		121583	19980	1382	1377589	1095546	125518
1183974	605673		824		56368	53277	17364	787593	564238	107010
245711	232803	4330	60		12403	22808	1520	305001	252785	68107
1461979	564909	8413	98		93614	31950	9252	1104163	763489	167651
381022	169901	353	427		460815	4226	135	1108524	776160	128102
366889	312338	360	3153		75331	26341	2894	487762	350510	331748
142988	62516		1618	624	127285	32438	2733	802468	555771	290810
921741	240279	47587	1494		687903	104129	25948	3620098	2768013	343766
473266	296725		3243		26321	8650	34	338847	223790	103709
159666	67029	1451	2430	21	81992	50741	89	147763	108616	35786
109125	251630		111		42799	51854	1698	152697	77559	163432
556868	175784				233148	69129	6516	1881298	991326	162188
387731	104276	1660	178		48282	16093	31	318685	219391	57261
	182494	2571	203		21074	46815	2304	217250	143800	113037
1202					53	3650		1037	1014	
159603	45125	5730			22951	7211	2706	472187	414551	25668
274781	262475	93620			2731	3866		49134	35640	11626
86088	47040	5121				352	227	27726	24735	45459
122588	84167		3			10344	178	69636	55551	38932
424129	117558	92964	466		70	26434		55148	11840	197314

3-45 教育经费收入情况

地区	总计	国家财政性教育经费	公共财政预算教育经费	教育事业费拨款	基本建设拨款	科研拨款	其他拨款	各级政府征收用于教育的税费	教育费附加
合计	**2295158**	**2146124**	**2005205**	**1793388**	**79360**		**132457**		
北京	148007	117039	113373	97904			15469		
天津									
河北	27	14							
山西									
内蒙古									
辽宁									
吉林									
黑龙江	596367	591580	562093	524027	10184		27882		
上海									
江苏									
浙江									
安徽	3982	2698	2686	2653			33		
福建									
江西									
山东									
河南									
湖北	27892	23875	23875	23875					
湖南									
广东	50424	48973	20447	20395			52		
广西									
海南	5909	5340	5340	4211			1129		
重庆	30648	27996	27885	27885					
四川	11333	10727	10727	7306			3421		
贵州									
云南									
西藏									
陕西									
甘肃	2781								
青海									
宁夏									
新疆	1417788	1317882	1238779	1085132	69176		84471		

（中央属普通初中）

单位：千元

地方教育附加	地方基金	企业办学中的企业拨款	校办产业和社会服务收入用于教育的经费	其他属于国家财政性教育经费	民办学校中举办者投入	社会捐赠经费	#农村	事业收入	#学杂费	其他收入
		137130	**3789**			**11287**		**7007**	**59**	**130740**
			3666			510				30458
		14						8	8	5
		29487						935		3852
			12			1185		37		62
										4017
		28526						1451	51	
										569
			111							2652
								606		
										2781
		79103				9592		3970		86344

3-46 教育经费收入情况

地区	总计	国家财政性教育经费	公共财政预算教育经费					各级政府征收用于教育的税费	
				教育事业费拨款	基本建设拨款	科研拨款	其他拨款		教育费附加
合计	**513369156**	**486086147**	**434791364**	**394892645**	**12019338**		**27879381**	**51035345**	**29422384**
北京	15139405	14431474	11820301	9105641	715418		1999242	2574424	1416974
天津	7503582	7285940	5877295	5490874	317326		69095	1398601	969185
河北	18492833	17677127	15580992	14488642	364328		728022	2096135	873355
山西	12197299	11481518	10191650	9473878	290941		426831	1287198	836158
内蒙古	11300747	11177629	9793097	7976185	393928		1422984	1384028	878265
辽宁	16203981	15857066	14029750	12322548	572788		1134414	1826300	1338304
吉林	8604192	8346357	7467694	7123410	89307		254977	852606	459164
黑龙江	12022517	11805159	11154855	10314752	306067		534036	645196	519561
上海	14303817	13178362	10297106	9680012	425093		192001	2881246	2359922
江苏	34380602	32485421	27410023	25372255	1285		2036483	5075391	2845261
浙江	23740848	21314236	17823024	16775751	96748		950525	3491212	1555676
安徽	20849736	19206350	17711143	15549003	391193		1770947	1489307	618931
福建	15400175	14395927	11800701	10965101	134698		700902	2594402	804755
江西	16298475	15890156	14871313	14088502	426503		356308	1014453	535939
山东	36809902	35412524	30996792	30844370	38650		113772	4407221	2380333
河南	32341397	30639730	28899415	24815651	734504		3349260	1739535	1188612
湖北	16113243	15196078	13875862	12285454	703472		886936	1316703	637476
湖南	20741570	19488569	18333996	16859360	656485		818151	1152331	946827
广东	40896401	36141956	32369043	28665577	894313		2809153	3752358	2590338
广西	15472516	14994989	13643371	12665375	609237		368759	1348375	578384
海南	4501174	4185461	3811358	3281821	91850		437687	370201	143506
重庆	10941818	10533688	9801409	7708002	274067		1819340	732279	371524
四川	29168769	26823612	24976513	23320584	674802		981127	1847099	1114447
贵州	14714454	14274133	13147256	12298926	490833		357497	1125039	633032
云南	16985141	16586965	15371199	13544926	295823		1530450	1212992	1030498
西藏	1901817	1897077	1844296	1654998	100670		88628	52781	51579
陕西	15791195	15263178	14361162	13539316	353563		468283	896286	691558
甘肃	10414044	10349468	9395237	8420237	388027		586973	860611	323355
青海	2965812	2892275	2660028	2132065	242103		285860	227126	93998
宁夏	3439122	3320210	2945956	2472522	178754		294680	374251	167496
新疆	13732572	13553512	12529527	11656907	766562		106058	1009658	467971

（地方普通初中）

单位：千元

地方教育附加	地方基金	企业办学中的企业拨款	校办产业和社会服务收入用于教育的经费	其他属于国家财政性教育经费	民办学校中举办者投入	社会捐赠经费	#农村	事业收入	#学杂费	其他收入
14767453	**6845508**	**217629**	**41140**	**669**	**2369753**	**969962**	**86620**	**19442151**	**14602816**	**4501143**
812194	345256	13168	23581		4758	33231		456884	436740	213058
401186	28230	9688	356		5000	9103	393	147859	120609	55680
1038572	184208				87160	21092	1102	624635	577858	82819
362092	88948	2670			86232	17816	180	581232	514887	30501
363598	142165		504		1748	2757	180	84267	53730	34346
412221	75775	884	132		19229	1876	218	261182	210317	64628
339812	53630	25488	545	24	7501	4602	100	210278	95094	35454
	125635	3300	1808		1405	374	14	197472	140309	18107
307	521017		10		1603	9781		907176	881643	206895
1879652	350478		7		17385	97219	5360	1322527	984389	458050
1157915	777621				23009	192600	4062	1330097	1152966	880906
540553	329823	5900			121583	18795	1382	1377552	1095546	125456
1183974	605673		824		56368	53277	17364	787593	564238	107010
245711	232803	4330	60		12403	22808	1520	305001	252785	68107
1461979	564909	8413	98		93614	31950	9252	1104163	763489	167651
381022	169901	353	427		460815	4226	135	1108524	776160	128102
366889	312338	360	3153		75331	26341	2894	487762	350510	327731
142988	62516		1618	624	127285	32438	2733	802468	555771	290810
921741	240279	19061	1494		687903	104129	25948	3618647	2767962	343766
473266	296725		3243		26321	8650	34	338847	223790	103709
159666	67029	1451	2430	21	81992	50741	89	147763	108616	35217
109125	251630				42799	51854	1698	152697	77559	160780
556868	175784				233148	69129	6516	1880692	991326	162188
387731	104276	1660	178		48282	16093	31	318685	219391	57261
	182494	2571	203		21074	46815	2304	217250	143800	113037
1202					53	3650		1037	1014	
159603	45125	5730			22951	7211	2706	472187	414551	25668
274781	262475	93620			2731	3866		49134	35640	8845
86088	47040	5121				352	227	27726	24735	45459
122588	84167		3			10344	178	69636	55551	38932
424129	117558	13861	466		70	16842		51178	11840	110970

3-47 教育经费收入情况

地区	总计	国家财政性教育经费	公共财政预算教育经费	教育事业费拨款	基本建设拨款	科研拨款	其他拨款	各级政府征收用于教育的税费	教育费附加
合计	**277780138**	**271541571**	**249922754**	**228570505**	**6643574**		**14708675**	**21492510**	**11923473**
北京	4823222	4730281	3747093	3174656	176845		395592	983188	455252
天津	3177160	3153216	2642267	2304911	317326		20030	510949	405629
河北	9405896	9223839	8160483	7477582	270046		412855	1063356	389841
山西	5776484	5583851	5176999	4891942	133521		151536	406790	223691
内蒙古	2742586	2727060	2468939	2039987	50118		378834	258068	126045
辽宁	7158024	7103991	6412995	5708646	266467		437882	690996	493551
吉林	4542127	4522965	4050855	3845138	81204		124513	471570	238486
黑龙江	5095969	5079349	4891306	4515002	152021		224283	185605	150409
上海	2953636	2901082	2384296	2356287			28009	516786	513220
江苏	16727138	16389895	13991367	13166082	1285		824000	2398528	1449466
浙江	12950751	12286364	10387649	9762316	85818		539515	1898715	708422
安徽	13708935	13329547	12557477	11119025	309694		1128758	772070	288731
福建	9355929	9062854	8150519	7614510	101481		434528	911511	455732
江西	9785132	9659384	9271706	8762306	275146		234254	387618	239423
山东	24804911	24188778	21752209	21645412	38650		68147	2428058	1269177
河南	19710070	19331883	18673251	15884942	528068		2260241	658255	397582
湖北	9642171	9457121	8821938	7751730	528110		542098	634545	283896
湖南	13440145	13167225	12710946	11725404	284268		701274	456279	378345
广东	17606644	16353250	15050923	13440132	33641		1577150	1265741	806002
广西	9417803	9322913	8833893	8226968	391272		215653	487200	325244
海南	2271273	2227925	2115745	1807637	49734		258374	111969	46219
重庆	6538928	6441936	6044495	4773664	229872		1040959	397441	180207
四川	17631775	17313192	16469595	15447132	444145		578318	843597	443141
贵州	10242603	10116372	9494643	8889826	361929		242888	621729	354924
云南	11346646	11195927	10422048	9319102	211752		891194	773370	620538
西藏									
陕西	9388032	9327628	8942939	8385789	234109		323041	382089	300085
甘肃	6979906	6965103	6585743	5921780	292702		371261	379360	148220
青海	903078	898790	841775	683604	91454		66717	53909	23954
宁夏	1581561	1558678	1380065	1115382	131854		132829	178613	63347
新疆	8071603	7921172	7488595	6813611	571042		103942	364605	144694

（农村初中）

单位：千元

地方教育附加	地方基金	企业办学中的企业拨款	校办产业和社会服务收入用于教育的经费	其他属于国家财政性教育经费	民办学校中举办者投入	社会捐赠经费	#农村	事业收入	#学杂费	其他收入
6662156	**2906881**	**118684**	**7623**		**879518**	**379125**	**79340**	**3310853**	**2280608**	**1669071**
320166	207770				1199	356		47480	43506	43906
77320	28000					486	393	20101	18611	3357
600274	73241				25920	8100	1102	130553	121312	17484
168016	15083	62			36376	2341	180	142290	125663	11626
113506	18517		53		436	266	180	9510	5304	5314
141921	55524					1821	218	15261	1735	36951
213852	19232		540			1841	100	2514	799	14807
	35196	630	1808			140	14	11969	3143	4511
307	3259					651		15446	7335	36457
872422	76640				13556	13899	4327	202780	158932	107008
687425	502868				8376	29366	4062	208558	187145	418087
263213	220126				99273	8758	1309	242525	182434	28832
334861	120918		824		22453	38599	17254	170801	95796	61222
77569	70626		60		1538	8171	1520	83042	75985	32997
751214	407667	8413	98		48250	18907	8638	428650	324456	120326
190298	70375		377		68581	1255	120	290669	209075	17682
166751	183898		638		477	14112	2618	74183	49791	96278
55192	22742				45554	17245	2590	85217	37943	124904
384224	75515	35953	633		451317	51744	21262	680542	417971	69791
118357	43599		1820		846	1860	34	33402	15040	58782
35056	30694		211		4208	8142	89	13324	8518	17674
83525	133709				4703	28689	1698	42523	13133	21077
315619	84837				32193	40465	6375	199903	68958	46022
216039	50766				10048	11348	31	67270	55443	37565
	152832	375	134		3392	33227	2186	29945	8971	84155
51946	30058	2600			822	4309	2664	47092	42167	8181
132483	98657					2648		7741	1197	4414
20854	9101	3106				227	227	341		3720
89551	25715					6644	149	1306		14933
180195	39716	67545	427			23508		5915	245	121008

3-48 教育经费收入情况

地区	总计	国家财政性教育经费	公共财政预算教育经费					各级政府征收用于教育的税费	
				教育事业费拨款	基本建设拨款	科研拨款	其他拨款		教育费附加
合计	**276032046**	**269888972**	**248365219**	**227178370**	**6567055**		**14619794**	**21492510**	**11923473**
北京	4823222	4730281	3747093	3174656	176845		395592	983188	455252
天津	3177160	3153216	2642267	2304911	317326		20030	510949	405629
河北	9405896	9223839	8160483	7477582	270046		412855	1063356	389841
山西	5776484	5583851	5176999	4891942	133521		151536	406790	223691
内蒙古	2742586	2727060	2468939	2039987	50118		378834	258068	126045
辽宁	7158024	7103991	6412995	5708646	266467		437882	690996	493551
吉林	4542127	4522965	4050855	3845138	81204		124513	471570	238486
黑龙江	4582132	4570299	4382256	4040867	141837		199552	185605	150409
上海	2953636	2901082	2384296	2356287			28009	516786	513220
江苏	16727138	16389895	13991367	13166082	1285		824000	2398528	1449466
浙江	12950751	12286364	10387649	9762316	85818		539515	1898715	708422
安徽	13708935	13329547	12557477	11119025	309694		1128758	772070	288731
福建	9355929	9062854	8150519	7614510	101481		434528	911511	455732
江西	9785132	9659384	9271706	8762306	275146		234254	387618	239423
山东	24804911	24188778	21752209	21645412	38650		68147	2428058	1269177
河南	19710070	19331883	18673251	15884942	528068		2260241	658255	397582
湖北	9642171	9457121	8821938	7751730	528110		542098	634545	283896
湖南	13440145	13167225	12710946	11725404	284268		701274	456279	378345
广东	17557517	16305574	15030766	13420027	33641		1577098	1265741	806002
广西	9417803	9322913	8833893	8226968	391272		215653	487200	325244
海南	2265364	2222585	2110405	1803426	49734		257245	111969	46219
重庆	6538928	6441936	6044495	4773664	229872		1040959	397441	180207
四川	17631775	17313192	16469595	15447132	444145		578318	843597	443141
贵州	10242603	10116372	9494643	8889826	361929		242888	621729	354924
云南	11346646	11195927	10422048	9319102	211752		891194	773370	620538
西藏									
陕西	9388032	9327628	8942939	8385789	234109		323041	382089	300085
甘肃	6977125	6965103	6585743	5921780	292702		371261	379360	148220
青海	903078	898790	841775	683604	91454		66717	53909	23954
宁夏	1581561	1558678	1380065	1115382	131854		132829	178613	63347
新疆	6895165	6830639	6465607	5919927	504707		40973	364605	144694

（地方农村初中）

单位：千元

地方教育附加	地方基金	企业办学中的企业拨款	校办产业和社会服务收入用于教育的经费	其他属于国家财政性教育经费	民办学校中举办者投入	社会捐赠经费	#农村	事业收入	#学杂费	其他收入
6662156	**2906881**	**23620**	**7623**		**879518**	**369824**	**79340**	**3306752**	**2280557**	**1586980**
320166	207770				1199	356		47480	43506	43906
77320	28000					486	393	20101	18611	3357
600274	73241				25920	8100	1102	130553	121312	17484
168016	15083	62			36376	2341	180	142290	125663	11626
113506	18517		53		436	266	180	9510	5304	5314
141921	55524					1821	218	15261	1735	36951
213852	19232		540			1841	100	2514	799	14807
	35196	630	1808			140	14	11034	3143	659
307	3259					651		15446	7335	36457
872422	76640				13556	13899	4327	202780	158932	107008
687425	502868				8376	29366	4062	208558	187145	418087
263213	220126				99273	8758	1309	242525	182434	28832
334861	120918		824		22453	38599	17254	170801	95796	61222
77569	70626		60		1538	8171	1520	83042	75985	32997
751214	407667	8413	98		48250	18907	8638	428650	324456	120326
190298	70375		377		68581	1255	120	290669	209075	17682
166751	183898		638		477	14112	2618	74183	49791	96278
55192	22742				45554	17245	2590	85217	37943	124904
384224	75515	8434	633		451317	51744	21262	679091	417920	69791
118357	43599		1820		846	1860	34	33402	15040	58782
35056	30694		211		4208	8142	89	13324	8518	17105
83525	133709				4703	28689	1698	42523	13133	21077
315619	84837				32193	40465	6375	199903	68958	46022
216039	50766				10048	11348	31	67270	55443	37565
	152832	375	134		3392	33227	2186	29945	8971	84155
51946	30058	2600			822	4309	2664	47092	42167	8181
132483	98657					2648		7741	1197	1633
20854	9101	3106				227	227	341		3720
89551	25715					6644	149	1306		14933
180195	39716		427			14207		4200	245	46119

3-49 教育经费收入情况

地区	总计	国家财政性教育经费	公共财政预算教育经费					各级政府征收用于教育的税费	
				教育事业费拨款	基本建设拨款	科研拨款	其他拨款		教育费附加
合计	**761354**	**651665**	**556280**	**538080**			**18200**	**89948**	**23933**
北京									
天津	23583	23573	23573	23360			213		
河北	5296	4098	4098	3949			149		
山西									
内蒙古									
辽宁	40	40	40	40					
吉林	3456	3449	3190	3190				259	72
黑龙江									
上海	97659	76493	76493	73184			3309		
江苏	262834	255133	195941	195941				54678	7770
浙江	325791	257948	224963	214777			10186	32110	13779
安徽									
福建	7140	6602	6562	5376			1186	40	
江西									
山东									
河南									
湖北	6844	4441	3893	3547			346	500	500
湖南									
广东	19429	10836	8541	6020			2521	2295	1746
广西									
海南									
重庆	180	180	180	180					
四川	2672	2672	2606	2316			290	66	66
贵州	2696	2496	2496	2496					
云南									
西藏									
陕西	714	714	714	714					
甘肃									
青海									
宁夏									
新疆	3020	2990	2990	2990					

（成人中学）

单位：千元

地方教育附加	地方基金	企业办学中的企业拨款	校办产业和社会服务收入用于教育的经费	其他属于国家财政性教育经费	民办学校中举办者投入	社会捐赠经费	#农村	事业收入	#学杂费	其他收入
64434	**1581**		**48**	**5389**		**82**	**16**	**64269**	**9149**	**45338**
						10	10			
								705		493
187								6		1
								18921		2245
46908				4514				7350	2570	351
17299	1032			875		72	6	31007	3063	36764
40								480		58
			48					261		2142
	549							5309	3516	3284
								200		
								30		

3-50 教育经费收入情况

地区	总计	国家财政性教育经费	公共财政预算教育经费					各级政府征收用于教育的税费	
				教育事业费拨款	基本建设拨款	科研拨款	其他拨款		教育费附加
合计	**795124786**	**764219860**	**696415566**	**630008748**	**11240876**		**55165942**	**67308407**	**40652145**
北京	22815606	21682853	17705690	14402129	127955		3175606	3955525	2698114
天津	10436900	10253432	8311146	8089509	111385		110252	1927942	594038
河北	32265380	31380093	27874765	26010278	168527		1695960	3503398	1370615
山西	18716396	18263380	17053580	15426500	231206		1395874	1197634	768213
内蒙古	19002726	18879115	17298598	13071017	228785		3998796	1573124	1151852
辽宁	21202267	20890648	19268196	17223906	206942		1837348	1620448	1115991
吉林	14295473	14029795	12885992	12326521	49733		509738	1143713	595602
黑龙江	17554927	17484122	16843043	15671779	207395		963869	581340	486088
上海	16997925	15773000	12674741	12092048	219729		362964	3098259	3019096
江苏	56580513	54756511	45800268	43423802	7173		2369293	8956217	5842726
浙江	38164436	35286294	29243578	27967799	16537		1259242	6037716	2673365
安徽	31268017	30565738	28855498	25177872	239798		3437828	1697127	612105
福建	24460404	23565948	21182055	19466608	118374		1597073	2383600	1257427
江西	27632475	27208239	25702296	24300713	482150		919433	1500475	1018024
山东	46605147	45323086	40376488	40275224	560		100704	4937258	2608354
河南	47997651	45246327	43337078	37407588	516036		5413454	1907245	1241727
湖北	22298278	21331105	19044775	17078301	862967		1103507	2281755	988754
湖南	29834581	28586627	27142929	25693204	532820		916905	1442727	1076371
广东	66087091	57828348	52746112	46200808	865349		5679955	5017626	3858667
广西	26142316	25635043	24363083	23024800	573865		764418	1268692	665229
海南	7385771	6991831	6529841	5582484	118844		828513	457960	181005
重庆	18985662	18657892	17352263	12293322	559182		4499759	1305629	878368
四川	43214462	41370658	39022993	36426386	940920		1655687	2347665	1340754
贵州	24779844	24343993	23199558	21759541	634630		805387	1144177	553864
云南	32253097	31777268	29982295	24279497	433881		5268917	1791728	1597522
西藏	4843879	4828465	4689048	3732933	700130		255985	139417	99664
陕西	24941813	24379206	22975752	21497143	296339		1182270	1391003	1109188
甘肃	15363980	15299154	14313306	12630378	403294		1279634	907010	524878
青海	5735485	5702192	5372013	3977109	788884		606020	313492	121421
宁夏	5283663	5191397	4790824	3768741	112956		909127	400570	198792
新疆	21978621	21708100	20477762	19730808	484530		262424	1077935	404331

（小学）

单位：千元

地方教育附加	地方基金	企业办学中的企业拨款	校办产业和社会服务收入用于教育的经费	其他属于国家财政性教育经费	民办学校中举办者投入	社会捐赠经费	#农村	事业收入	#学杂费	其他收入
18234894	**8421368**	**476048**	**19839**		**2874345**	**1216993**	**216234**	**20774150**	**15762870**	**6039438**
825326	432085	15886	5752		9671	14260		731067	704114	377755
880587	453317	14125	219			15709	798	103701	81562	64058
1822833	309950	1930			49375	25381	4755	713371	673477	97160
388175	41246	12166			43027	18756	1288	357947	303865	33286
352656	68616	5693	1700		5343	8602	144	75471	42184	34195
471084	33373	2004			30809	3064	31	172828	112638	104918
497081	51030		90		7414	16004		146524	43280	95736
	95252	59739			2977	381	16	49049	37764	18398
23	79140				1597	7549		661318	642481	554461
2691233	422258		26		44139	141710	8928	956478	836754	681675
1818146	1546205	5000			49460	87203	2753	1491526	1319636	1249953
613044	471978	13088	25		78522	23832	2922	511800	348383	88125
735531	390642		293		57911	158650	58250	502967	336734	174928
329694	152757	5468			4219	35986	4616	272534	220498	111497
1700473	628431	9340			90492	65836	18068	1000171	697421	125562
416832	248686	2004			626375	6086	299	1952940	1355017	165923
531585	761416	1210	3365		31566	65407	12172	498847	255807	371353
259794	106562		971		152315	29533	3540	752139	462735	313967
860019	298940	62150	2460		1021756	193628	75651	6516326	5202601	527033
434706	168757	1838	1430		24780	7352	456	404107	251333	71034
104601	172354	2623	1407		40855	12704	8	297627	217798	42754
111781	315480				18870	29464	2273	210885	71113	68551
769127	237784				323574	72221	6618	1335078	799137	112931
376145	214168		258		55088	15932	2498	304347	179718	60484
	194206	3245			30242	66227	3850	203921	120371	175439
39473	280				1569	12021		1774	1515	50
203137	78678	12450	1		57427	16188	4203	448548	405279	40444
260836	121296	78174	664		3677	11985	832	30542	9150	18622
121219	70852	16687			8025	1438	220	3986	352	19844
128611	73167		3			12703	1045	18204	8111	61359
491142	182462	151228	1175		3270	41181		48127	22042	177943

3-51 教育经费收入情况

地区	总计	国家财政性教育经费	公共财政预算教育经费					各级政府征收用于教育的税费	
				教育事业费拨款	基本建设拨款	科研拨款	其他拨款		教育费附加
合计	**3488467**	**3268604**	**3053006**	**2741575**	**104324**		**207107**		
北京	227681	156435	156435	155510			925		
天津	40211	39650	39650	39650					
河北	1596	826							
山西									
内蒙古									
辽宁									
吉林	47486	47320	47320	35320			12000		
黑龙江	877180	870161	818444	765102	14936		38406		
上海									
江苏									
浙江									
安徽	10670	8038	8013	7947			66		
福建									
江西	785	785	61	61					
山东									
河南									
湖北	37753	31950	31950	23950			8000		
湖南	710	10	10	10					
广东	66845	57632	24670	24501			169		
广西									
海南	9604	8928	8928	6904			2024		
重庆	30234	23045	23045	22214			831		
四川	15651	12521	12521	6951			5570		
贵州									
云南									
西藏									
陕西	3598	256	256	256					
甘肃	6340								
青海									
宁夏									
新疆	2112123	2011047	1881703	1653199	89388		139116		

（中央属小学）

单位：千元

地方教育附加	地方基金	企业办学中的企业拨款	校办产业和社会服务收入用于教育的经费	其他属于国家财政性教育经费	民办学校中举办者投入	社会捐赠经费	#农村	事业收入	#学杂费	其他收入
		215363	**235**			**30920**		**16772**	**1351**	**172171**
						3059		707		67480
										561
		826						492	492	278
										166
		51717						1371		5648
			25			2367		74		191
		724								
						4134				1669
								700	700	
		32752	210					2608	159	6605
										676
						924				6265
								385		2745
								3342		
										6340
		129344				20436		7093		73547

3-52 教育经费收入情况

地区	总计	国家财政性教育经费	公共财政预算教育经费	教育事业费拨款	基本建设拨款	科研拨款	其他拨款	各级政府征收用于教育的税费	教育费附加
合计	**791636319**	**760951256**	**693362560**	**627267173**	**11136552**		**54958835**	**67308407**	**40652145**
北京	22587925	21526418	17549255	14246619	127955		3174681	3955525	2698114
天津	10396689	10213782	8271496	8049859	111385		110252	1927942	594038
河北	32263784	31379267	27874765	26010278	168527		1695960	3503398	1370615
山西	18716396	18263380	17053580	15426500	231206		1395874	1197634	768213
内蒙古	19002726	18879115	17298598	13071017	228785		3998796	1573124	1151852
辽宁	21202267	20890648	19268196	17223906	206942		1837348	1620448	1115991
吉林	14247987	13982475	12838672	12291201	49733		497738	1143713	595602
黑龙江	16677747	16613961	16024599	14906677	192459		925463	581340	486088
上海	16997925	15773000	12674741	12092048	219729		362964	3098259	3019096
江苏	56580513	54756511	45800268	43423802	7173		2369293	8956217	5842726
浙江	38164436	35286294	29243578	27967799	16537		1259242	6037716	2673365
安徽	31257347	30557700	28847485	25169925	239798		3437762	1697127	612105
福建	24460404	23565948	21182055	19466608	118374		1597073	2383600	1257427
江西	27631690	27207454	25702235	24300652	482150		919433	1500475	1018024
山东	46605147	45323086	40376488	40275224	560		100704	4937258	2608354
河南	47997651	45246327	43337078	37407588	516036		5413454	1907245	1241727
湖北	22260525	21299155	19012825	17054351	862967		1095507	2281755	988754
湖南	29833871	28586617	27142919	25693194	532820		916905	1442727	1076371
广东	66020246	57770716	52721442	46176307	865349		5679786	5017626	3858667
广西	26142316	25635043	24363083	23024800	573865		764418	1268692	665229
海南	7376167	6982903	6520913	5575580	118844		826489	457960	181005
重庆	18955428	18634847	17329218	12271108	559182		4498928	1305629	878368
四川	43198811	41358137	39010472	36419435	940920		1650117	2347665	1340754
贵州	24779844	24343993	23199558	21759541	634630		805387	1144177	553864
云南	32253097	31777268	29982295	24279497	433881		5268917	1791728	1597522
西藏	4843879	4828465	4689048	3732933	700130		255985	139417	99664
陕西	24938215	24378950	22975496	21496887	296339		1182270	1391003	1109188
甘肃	15357640	15299154	14313306	12630378	403294		1279634	907010	524878
青海	5735485	5702192	5372013	3977109	788884		606020	313492	121421
宁夏	5283663	5191397	4790824	3768741	112956		909127	400570	198792
新疆	19866498	19697053	18596059	18077609	395142		123308	1077935	404331

（地方小学）

单位：千元

地方教育附加	地方基金	企业办学中的企业拨款	校办产业和社会服务收入用于教育的经费	其他属于国家财政性教育经费	民办学校中举办者投入	社会捐赠经费	#农村	事业收入	#学杂费	其他收入
18234894	**8421368**	**260685**	**19604**		**2874345**	**1186073**	**216234**	**20757378**	**15761519**	**5867267**
825326	432085	15886	5752		9671	11201		730360	704114	310275
880587	453317	14125	219			15709	798	103701	81562	63497
1822833	309950	1104			49375	25381	4755	712879	672985	96882
388175	41246	12166			43027	18756	1288	357947	303865	33286
352656	68616	5693	1700		5343	8602	144	75471	42184	34195
471084	33373	2004			30809	3064	31	172828	112638	104918
497081	51030		90		7414	16004		146524	43280	95570
	95252	8022			2977	381	16	47678	37764	12750
23	79140				1597	7549		661318	642481	554461
2691233	422258		26		44139	141710	8928	956478	836754	681675
1818146	1546205	5000			49460	87203	2753	1491526	1319636	1249953
613044	471978	13088			78522	21465	2922	511726	348383	87934
735531	390642		293		57911	158650	58250	502967	336734	174928
329694	152757	4744			4219	35986	4616	272534	220498	111497
1700473	628431	9340			90492	65836	18068	1000171	697421	125562
416832	248686	2004			626375	6086	299	1952940	1355017	165923
531585	761416	1210	3365		31566	61273	12172	498847	255807	369684
259794	106562		971		152315	29533	3540	751439	462035	313967
860019	298940	29398	2250		1021756	193628	75651	6513718	5202442	520428
434706	168757	1838	1430		24780	7352	456	404107	251333	71034
104601	172354	2623	1407		40855	12704	8	297627	217798	42078
111781	315480				18870	28540	2273	210885	71113	62286
769127	237784				323574	72221	6618	1334693	799137	110186
376145	214168		258		55088	15932	2498	304347	179718	60484
	194206	3245			30242	66227	3850	203921	120371	175439
39473	280				1569	12021		1774	1515	50
203137	78678	12450	1		57427	16188	4203	445206	405279	40444
260836	121296	78174	664		3677	11985	832	30542	9150	12282
121219	70852	16687			8025	1438	220	3986	352	19844
128611	73167		3			12703	1045	18204	8111	61359
491142	182462	21884	1175		3270	20745		41034	22042	104396

3-53 教育经费收入情况

地区	总计	国家财政性教育经费	公共财政预算教育经费	教育事业费拨款	基本建设拨款	科研拨款	其他拨款	各级政府征收用于教育的税费	教育费附加
合计	**795089406**	**764184749**	**696380599**	**629975716**	**11240876**		**55164007**	**67308263**	**40652017**
北京	22815606	21682853	17705690	14402129	127955		3175606	3955525	2698114
天津	10436900	10253432	8311146	8089509	111385		110252	1927942	594038
河北	32263124	31377837	27872509	26008022	168527		1695960	3503398	1370615
山西	18716396	18263380	17053580	15426500	231206		1395874	1197634	768213
内蒙古	19002726	18879115	17298598	13071017	228785		3998796	1573124	1151852
辽宁	21202267	20890648	19268196	17223906	206942		1837348	1620448	1115991
吉林	14295473	14029795	12885992	12326521	49733		509738	1143713	595602
黑龙江	17554927	17484122	16843043	15671779	207395		963869	581340	486088
上海	16997925	15773000	12674741	12092048	219729		362964	3098259	3019096
江苏	56580513	54756511	45800268	43423802	7173		2369293	8956217	5842726
浙江	38164436	35286294	29243578	27967799	16537		1259242	6037716	2673365
安徽	31268017	30565738	28855498	25177872	239798		3437828	1697127	612105
福建	24438799	23544367	21160490	19445931	118374		1596185	2383584	1257427
江西	27632475	27208239	25702296	24300713	482150		919433	1500475	1018024
山东	46605147	45323086	40376488	40275224	560		100704	4937258	2608354
河南	47997651	45246327	43337078	37407588	516036		5413454	1907245	1241727
湖北	22296870	21329710	19043380	17077013	862967		1103400	2281755	988754
湖南	29834581	28586627	27142929	25693204	532820		916905	1442727	1076371
广东	66087091	57828348	52746112	46200808	865349		5679955	5017626	3858667
广西	26142266	25634993	24363033	23024750	573865		764418	1268692	665229
海南	7385771	6991831	6529841	5582484	118844		828513	457960	181005
重庆	18979974	18652204	17346703	12288568	559182		4498953	1305501	878240
四川	43211788	41368205	39020540	36424067	940920		1655553	2347665	1340754
贵州	24779844	24343993	23199558	21759541	634630		805387	1144177	553864
云南	32251664	31775846	29980873	24278075	433881		5268917	1791728	1597522
西藏	4843879	4828465	4689048	3732933	700130		255985	139417	99664
陕西	24941813	24379206	22975752	21497143	296339		1182270	1391003	1109188
甘肃	15363980	15299154	14313306	12630378	403294		1279634	907010	524878
青海	5735485	5702192	5372013	3977109	788884		606020	313492	121421
宁夏	5283663	5191397	4790824	3768741	112956		909127	400570	198792
新疆	21978355	21707834	20477496	19730542	484530		262424	1077935	404331

（普通小学）

单位：千元

地方教育附加	地方基金	企业办学中的企业拨款	校办产业和社会服务收入用于教育的经费	其他属于国家财政性教育经费	民办学校中举办者投入	社会捐赠经费	#农村	事业收入	#学杂费	其他收入
18234878	**8421368**	**476048**	**19839**		**2874345**	**1216993**	**216234**	**20773901**	**15762870**	**6039418**
825326	432085	15886	5752		9671	14260		731067	704114	377755
880587	453317	14125	219			15709	798	103701	81562	64058
1822833	309950	1930			49375	25381	4755	713371	673477	97160
388175	41246	12166			43027	18756	1288	357947	303865	33286
352656	68616	5693	1700		5343	8602	144	75471	42184	34195
471084	33373	2004			30809	3064	31	172828	112638	104918
497081	51030		90		7414	16004		146524	43280	95736
	95252	59739			2977	381	16	49049	37764	18398
23	79140				1597	7549		661318	642481	554461
2691233	422258		26		44139	141710	8928	956478	836754	681675
1818146	1546205	5000			49460	87203	2753	1491526	1319636	1249953
613044	471978	13088	25		78522	23832	2922	511800	348383	88125
735515	390642		293		57911	158650	58250	502962	336734	174909
329694	152757	5468			4219	35986	4616	272534	220498	111497
1700473	628431	9340			90492	65836	18068	1000171	697421	125562
416832	248686	2004			626375	6086	299	1952940	1355017	165923
531585	761416	1210	3365		31566	65407	12172	498834	255807	371353
259794	106562		971		152315	29533	3540	752139	462735	313967
860019	298940	62150	2460		1021756	193628	75651	6516326	5202601	527033
434706	168757	1838	1430		24780	7352	456	404107	251333	71034
104601	172354	2623	1407		40855	12704	8	297627	217798	42754
111781	315480				18870	29464	2273	210885	71113	68551
769127	237784				323574	72221	6618	1334857	799137	112931
376145	214168		258		55088	15932	2498	304347	179718	60484
	194206	3245			30242	66227	3850	203911	120371	175438
39473	280				1569	12021		1774	1515	50
203137	78678	12450	1		57427	16188	4203	448548	405279	40444
260836	121296	78174	664		3677	11985	832	30542	9150	18622
121219	70852	16687			8025	1438	220	3986	352	19844
128611	73167		3			12703	1045	18204	8111	61359
491142	182462	151228	1175		3270	41181		48127	22042	177943

3-54 教育经费收入情况

地区	总计	国家财政性教育经费	公共财政预算教育经费	教育事业费拨款	基本建设拨款	科研拨款	其他拨款	各级政府征收用于教育的税费	教育费附加
合计	**3488467**	**3268604**	**3053006**	**2741575**	**104324**		**207107**		
北京	227681	156435	156435	155510			925		
天津	40211	39650	39650	39650					
河北	1596	826							
山西									
内蒙古									
辽宁									
吉林	47486	47320	47320	35320			12000		
黑龙江	877180	870161	818444	765102	14936		38406		
上海									
江苏									
浙江									
安徽	10670	8038	8013	7947			66		
福建									
江西	785	785	61	61					
山东									
河南									
湖北	37753	31950	31950	23950			8000		
湖南	710	10	10	10					
广东	66845	57632	24670	24501			169		
广西									
海南	9604	8928	8928	6904			2024		
重庆	30234	23045	23045	22214			831		
四川	15651	12521	12521	6951			5570		
贵州									
云南									
西藏									
陕西	3598	256	256	256					
甘肃	6340								
青海									
宁夏									
新疆	2112123	2011047	1881703	1653199	89388		139116		

（中央属普通小学）

单位：千元

地方教育附加	地方基金	企业办学中的企业拨款	校办产业和社会服务收入用于教育的经费	其他属于国家财政性教育经费	民办学校中举办者投入	社会捐赠经费	#农村	事业收入	#学杂费	其他收入
		215363	**235**			**30920**		**16772**	**1351**	**172171**
						3059		707		67480
										561
		826						492	492	278
										166
		51717						1371		5648
			25			2367		74		191
		724								
						4134				1669
								700	700	
		32752	210					2608	159	6605
										676
						924				6265
								385		2745
								3342		
										6340
		129344				20436		7093		73547

3-55 教育经费收入情况

地区	总计	国家财政性教育经费	公共财政预算教育经费	教育事业费拨款	基本建设拨款	科研拨款	其他拨款	各级政府征收用于教育的税费	教育费附加
合计	**791600939**	**760916145**	**693327593**	**627234141**	**11136552**		**54956900**	**67308263**	**40652017**
北京	22587925	21526418	17549255	14246619	127955		3174681	3955525	2698114
天津	10396689	10213782	8271496	8049859	111385		110252	1927942	594038
河北	32261528	31377011	27872509	26008022	168527		1695960	3503398	1370615
山西	18716396	18263380	17053580	15426500	231206		1395874	1197634	768213
内蒙古	19002726	18879115	17298598	13071017	228785		3998796	1573124	1151852
辽宁	21202267	20890648	19268196	17223906	206942		1837348	1620448	1115991
吉林	14247987	13982475	12838672	12291201	49733		497738	1143713	595602
黑龙江	16677747	16613961	16024599	14906677	192459		925463	581340	486088
上海	16997925	15773000	12674741	12092048	219729		362964	3098259	3019096
江苏	56580513	54756511	45800268	43423802	7173		2369293	8956217	5842726
浙江	38164436	35286294	29243578	27967799	16537		1259242	6037716	2673365
安徽	31257347	30557700	28847485	25169925	239798		3437762	1697127	612105
福建	24438799	23544367	21160490	19445931	118374		1596185	2383584	1257427
江西	27631690	27207454	25702235	24300652	482150		919433	1500475	1018024
山东	46605147	45323086	40376488	40275224	560		100704	4937258	2608354
河南	47997651	45246327	43337078	37407588	516036		5413454	1907245	1241727
湖北	22259117	21297760	19011430	17053063	862967		1095400	2281755	988754
湖南	29833871	28586617	27142919	25693194	532820		916905	1442727	1076371
广东	66020246	57770716	52721442	46176307	865349		5679786	5017626	3858667
广西	26142266	25634993	24363033	23024750	573865		764418	1268692	665229
海南	7376167	6982903	6520913	5575580	118844		826489	457960	181005
重庆	18949740	18629159	17323658	12266354	559182		4498122	1305501	878240
四川	43196137	41355684	39008019	36417116	940920		1649983	2347665	1340754
贵州	24779844	24343993	23199558	21759541	634630		805387	1144177	553864
云南	32251664	31775846	29980873	24278075	433881		5268917	1791728	1597522
西藏	4843879	4828465	4689048	3732933	700130		255985	139417	99664
陕西	24938215	24378950	22975496	21496887	296339		1182270	1391003	1109188
甘肃	15357640	15299154	14313306	12630378	403294		1279634	907010	524878
青海	5735485	5702192	5372013	3977109	788884		606020	313492	121421
宁夏	5283663	5191397	4790824	3768741	112956		909127	400570	198792
新疆	19866232	19696787	18595793	18077343	395142		123308	1077935	404331

（地方普通小学）

单位：千元

地方教育附加	地方基金	企业办学中的企业拨款	校办产业和社会服务收入用于教育的经费	其他属于国家财政性教育经费	民办学校中举办者投入	社会捐赠经费	#农村	事业收入	#学杂费	其他收入
18234878	**8421368**	**260685**	**19604**		**2874345**	**1186073**	**216234**	**20757129**	**15761519**	**5867247**
825326	432085	15886	5752		9671	11201		730360	704114	310275
880587	453317	14125	219			15709	798	103701	81562	63497
1822833	309950	1104			49375	25381	4755	712879	672985	96882
388175	41246	12166			43027	18756	1288	357947	303865	33286
352656	68616	5693	1700		5343	8602	144	75471	42184	34195
471084	33373	2004			30809	3064	31	172828	112638	104918
497081	51030		90		7414	16004		146524	43280	95570
	95252	8022			2977	381	16	47678	37764	12750
23	79140				1597	7549		661318	642481	554461
2691233	422258		26		44139	141710	8928	956478	836754	681675
1818146	1546205	5000			49460	87203	2753	1491526	1319636	1249953
613044	471978	13088			78522	21465	2922	511726	348383	87934
735515	390642		293		57911	158650	58250	502962	336734	174909
329694	152757	4744			4219	35986	4616	272534	220498	111497
1700473	628431	9340			90492	65836	18068	1000171	697421	125562
416832	248686	2004			626375	6086	299	1952940	1355017	165923
531585	761416	1210	3365		31566	61273	12172	498834	255807	369684
259794	106562		971		152315	29533	3540	751439	462035	313967
860019	298940	29398	2250		1021756	193628	75651	6513718	5202442	520428
434706	168757	1838	1430		24780	7352	456	404107	251333	71034
104601	172354	2623	1407		40855	12704	8	297627	217798	42078
111781	315480				18870	28540	2273	210885	71113	62286
769127	237784				323574	72221	6618	1334472	799137	110186
376145	214168		258		55088	15932	2498	304347	179718	60484
	194206	3245			30242	66227	3850	203911	120371	175438
39473	280				1569	12021		1774	1515	50
203137	78678	12450	1		57427	16188	4203	445206	405279	40444
260836	121296	78174	664		3677	11985	832	30542	9150	12282
121219	70852	16687			8025	1438	220	3986	352	19844
128611	73167		3			12703	1045	18204	8111	61359
491142	182462	21884	1175		3270	20745		41034	22042	104396

3-56 教育经费收入情况

地区	总计	国家财政性教育经费	公共财政预算教育经费					各级政府征收用于教育的税费	
				教育事业费拨款	基本建设拨款	科研拨款	其他拨款		教育费附加
合计	**493411377**	**483715310**	**451241804**	**409080948**	**7056274**		**35104582**	**32280788**	**18182675**
北京	7303819	7188871	6041671	5152937	86252		802482	1147200	779723
天津	4497222	4478487	3755122	3601584	111385		42153	723365	378955
河北	22212592	21930856	19422146	18019962	140277		1261907	2508710	854616
山西	11846538	11716270	11189342	10261937	139866		787539	522526	335516
内蒙古	9230075	9191251	8812537	6437209	65826		2309502	373021	268239
辽宁	11402716	11341298	10479022	9334834	191501		952687	862276	581946
吉林	8914270	8870861	8277362	7926617	46733		304012	593499	219768
黑龙江	9518946	9502922	9292703	8791976	152116		348611	207050	160485
上海	4176449	3865019	3262440	3155933			106507	602579	598075
江苏	29991438	29450886	25214764	24277681	6201		930882	4236097	3105407
浙江	22386032	21346081	17935639	17231936	4029		699674	3410442	1299825
安徽	22743911	22451732	21431075	18819471	151008		2460596	1020621	296593
福建	16165328	15662300	14439844	13372450	100532		966862	1222273	552109
江西	19590453	19439498	18613925	17623380	242999		747546	825573	584558
山东	33474898	32924637	30094770	30043809			50961	2820527	1384922
河南	33838523	32448384	31609800	27269454	342447		3997899	838584	479847
湖北	13449730	13191526	12253510	11001035	543520		708955	935232	358660
湖南	19178154	18846861	18209739	17320044	224464		665231	637122	490244
广东	29310737	27406632	25692996	22023526	90714		3578756	1673410	1046976
广西	19353464	19163010	18647337	17674730	416124		556483	513046	350022
海南	4873251	4766532	4526276	3838438	55574		632264	240038	87769
重庆	11997636	11928900	11214741	7845327	324012		3045402	714159	427194
四川	30500269	29966067	28677420	26767464	662400		1247556	1288647	669946
贵州	19232968	19053268	18368917	17215528	512098		641291	684125	386746
云南	26210492	25966480	24472032	19888492	423825		4159715	1492907	1315859
西藏	3384596	3372675	3241642	2415381	641310		184951	131033	92816
陕西	16259739	16145505	15454271	14380106	188133		886032	686109	490910
甘肃	11421243	11390070	10912981	9602695	369469		940817	476425	221788
青海	3200408	3179676	3014411	2305893	395419		313099	155104	68924
宁夏	3636269	3584333	3286508	2555501	111956		619051	297825	133533
新疆	14109211	13944422	13396861	12925618	316084		155159	441263	160704

（农村小学）

单位：千元

地方教育附加	地方基金	企业办学中的企业拨款	校办产业和社会服务收入用于教育的经费	其他属于国家财政性教育经费	民办学校中举办者投入	社会捐赠经费	#农村	事业收入	#学杂费	其他收入
9727521	**4370592**	**186059**	**6659**		**1259399**	**669834**	**204690**	**5163353**	**3496223**	**2603481**
266881	100596				1051	370		76973	75480	36554
189660	154750					907	798	6566	5765	11262
1452088	202006				25189	13441	4755	203186	199565	39920
169731	17279	4402			14177	4032	1288	92785	73753	19274
67469	37313	5693			1051	3103	144	23345	15659	11325
260073	20257					1549	31	13654	5316	46215
343270	30461					5021		12731	1693	25657
	46565	3169				136	16	7744	3915	8144
23	4481					984		8604	4310	301842
970705	159985		25		15373	29641	8703	302473	259527	193065
1176143	934474				42231	21380	2753	339022	314307	637318
389317	334711	36			27459	11241	2831	204240	139456	49239
447013	223151		183		51625	127172	57253	207226	87379	117005
201593	39422				1400	18024	4490	61259	54616	70272
1039904	395701	9340			39453	46258	16966	394587	276625	69963
215537	143200				366265	5081	226	981357	704815	37436
247410	329162	1210	1574		7955	37981	10643	102760	48402	109508
106554	40324				24062	17403	3480	140158	53165	149670
505241	121193	38858	1368		441209	110523	69433	1217686	808713	134687
132340	30684	1388	1239		3534	5224	456	143167	42459	38529
34411	117858		218		16560	8104	8	63208	36854	18847
81956	205009				3177	8483	2273	27504	10289	29572
489014	129687				125857	57942	6449	281108	125955	69295
227037	70342		226		33193	14305	2498	86380	50009	45822
	177048	1541			4021	49113	3850	51801	21701	139077
37937	280					11921				
147857	47342	5124	1		6532	4918	3325	85919	74790	16865
171058	83579		664			10500	829	10478	194	10195
48754	37426	10161			8025	1305	220	834		10568
104291	60001					5550	972	1108		45278
204254	76305	105137	1161			38222		15490	1511	111077

3-57 教育经费收入情况

地区	总计	国家财政性教育经费	公共财政预算教育经费					各级政府征收用于教育的税费	
				教育事业费拨款	基本建设拨款	科研拨款	其他拨款		教育费附加
合计	**490769299**	**481178533**	**448840653**	**406927726**	**6952601**		**34960326**	**32280788**	**18182675**
北京	7303819	7188871	6041671	5152937	86252		802482	1147200	779723
天津	4497222	4478487	3755122	3601584	111385		42153	723365	378955
河北	22212592	21930856	19422146	18019962	140277		1261907	2508710	854616
山西	11846538	11716270	11189342	10261937	139866		787539	522526	335516
内蒙古	9230075	9191251	8812537	6437209	65826		2309502	373021	268239
辽宁	11402716	11341298	10479022	9334834	191501		952687	862276	581946
吉林	8914270	8870861	8277362	7926617	46733		304012	593499	219768
黑龙江	8763558	8754553	8545719	8096211	137180		312328	207050	160485
上海	4176449	3865019	3262440	3155933			106507	602579	598075
江苏	29991438	29450886	25214764	24277681	6201		930882	4236097	3105407
浙江	22386032	21346081	17935639	17231936	4029		699674	3410442	1299825
安徽	22743911	22451732	21431075	18819471	151008		2460596	1020621	296593
福建	16165328	15662300	14439844	13372450	100532		966862	1222273	552109
江西	19590453	19439498	18613925	17623380	242999		747546	825573	584558
山东	33474898	32924637	30094770	30043809			50961	2820527	1384922
河南	33838523	32448384	31609800	27269454	342447		3997899	838584	479847
湖北	13449730	13191526	12253510	11001035	543520		708955	935232	358660
湖南	19178154	18846861	18209739	17320044	224464		665231	637122	490244
广东	29260038	27358486	25673954	22004653	90714		3578587	1673410	1046976
广西	19353464	19163010	18647337	17674730	416124		556483	513046	350022
海南	4863647	4757604	4517348	3831534	55574		630240	240038	87769
重庆	11997636	11928900	11214741	7845327	324012		3045402	714159	427194
四川	30500269	29966067	28677420	26767464	662400		1247556	1288647	669946
贵州	19232968	19053268	18368917	17215528	512098		641291	684125	386746
云南	26210492	25966480	24472032	19888492	423825		4159715	1492907	1315859
西藏	3384596	3372675	3241642	2415381	641310		184951	131033	92816
陕西	16259739	16145505	15454271	14380106	188133		886032	686109	490910
甘肃	11414903	11390070	10912981	9602695	369469		940817	476425	221788
青海	3200408	3179676	3014411	2305893	395419		313099	155104	68924
宁夏	3636269	3584333	3286508	2555501	111956		619051	297825	133533
新疆	12289164	12213088	11770664	11493938	227347		49379	441263	160704

（地方农村小学）

单位：千元

地方教育附加	地方基金	企业办学中的企业拨款	校办产业和社会服务收入用于教育的经费	其他属于国家财政性教育经费	民办学校中举办者投入	社会捐赠经费	#农村	事业收入	#学杂费	其他收入
9727521	**4370592**	**50433**	**6659**		**1259399**	**649868**	**204690**	**5152424**	**3496136**	**2529075**
266881	100596				1051	370		76973	75480	36554
189660	154750					907	798	6566	5765	11262
1452088	202006				25189	13441	4755	203186	199565	39920
169731	17279	4402			14177	4032	1288	92785	73753	19274
67469	37313	5693			1051	3103	144	23345	15659	11325
260073	20257					1549	31	13654	5316	46215
343270	30461					5021		12731	1693	25657
	46565	1784				136	16	6373	3915	2496
23	4481					984		8604	4310	301842
970705	159985		25		15373	29641	8703	302473	259527	193065
1176143	934474				42231	21380	2753	339022	314307	637318
389317	334711	36			27459	11241	2831	204240	139456	49239
447013	223151		183		51625	127172	57253	207226	87379	117005
201593	39422				1400	18024	4490	61259	54616	70272
1039904	395701	9340			39453	46258	16966	394587	276625	69963
215537	143200				366265	5081	226	981357	704815	37436
247410	329162	1210	1574		7955	37981	10643	102760	48402	109508
106554	40324				24062	17403	3480	140158	53165	149670
505241	121193	9754	1368		441209	110523	69433	1215150	808626	134670
132340	30684	1388	1239		3534	5224	456	143167	42459	38529
34411	117858		218		16560	8104	8	63208	36854	18171
81956	205009				3177	8483	2273	27504	10289	29572
489014	129687				125857	57942	6449	281108	125955	69295
227037	70342		226		33193	14305	2498	86380	50009	45822
	177048	1541			4021	49113	3850	51801	21701	139077
37937	280					11921				
147857	47342	5124	1		6532	4918	3325	85919	74790	16865
171058	83579		664			10500	829	10478	194	3855
48754	37426	10161			8025	1305	220	834		10568
104291	60001					5550	972	1108		45278
204254	76305		1161			18256		8468	1511	49352

3-58 教育经费收入情况

地区	总计	国家财政性教育经费	公共财政预算教育经费					各级政府征收用于教育的税费	
				教育事业费拨款	基本建设拨款	科研拨款	其他拨款		教育费附加
合计	**35380**	**35111**	**34967**	**33032**			**1935**	**144**	**128**
北京									
天津									
河北	2256	2256	2256	2256					
山西									
内蒙古									
辽宁									
吉林									
黑龙江									
上海									
江苏									
浙江									
安徽									
福建	21605	21581	21565	20677			888	16	
江西									
山东									
河南									
湖北	1408	1395	1395	1288			107		
湖南									
广东									
广西	50	50	50	50					
海南									
重庆	5688	5688	5560	4754			806	128	128
四川	2674	2453	2453	2319			134		
贵州									
云南	1433	1422	1422	1422					
西藏									
陕西									
甘肃									
青海									
宁夏									
新疆	266	266	266	266					

（成人小学）

单位：千元

地方教育附加	地方基金	企业办学中的企业拨款	校办产业和社会服务收入用于教育的经费	其他属于国家财政性教育经费	民办学校中举办者投入	社会捐赠经费	#农村	事业收入	#学杂费	其他收入
16								**249**		**20**
16								5		19
								13		
								221		
								10		1

3-59 教育经费收入情况

地区	总计	国家财政性教育经费	公共财政预算教育经费					各级政府征收用于教育的税费	
				教育事业费拨款	基本建设拨款	科研拨款	其他拨款		教育费附加
合计	**9610398**	**9319061**	**7774585**	**7110952**	**158295**		**505338**	**1543886**	**841086**
北京	477248	468331	436370	360908			75462	31543	23079
天津	175820	174985	172642	162779			9863	2343	1593
河北	308158	304869	263809	249396	900		13513	41060	27553
山西	156350	154263	144108	138680	250		5178	10155	5663
内蒙古	186691	179832	172698	135795	9901		27002	7134	3011
辽宁	641309	637182	496889	447667			49222	140293	79407
吉林	252085	248327	222957	215575			7382	25370	7300
黑龙江	303490	301561	294797	289342			5455	6764	6537
上海	630367	626184	519094	510009	1096		7989	107090	107090
江苏	793114	764514	679154	638714			40440	85360	50242
浙江	756338	693291	419384	381825	10000		27559	273907	71549
安徽	251229	243339	198875	145959	30200		22716	44464	31632
福建	422702	408427	296394	271865	6790		17739	112033	65032
江西	187553	182578	153471	138538	2660		12273	29107	26098
山东	679500	656341	574987	571428			3559	81354	39538
河南	398376	391936	344511	290209	8164		46138	47425	16038
湖北	251001	229514	182066	168922	4350		8794	47448	17579
湖南	263132	250678	214924	201160	7280		6484	35586	29744
广东	802422	768629	567250	523769	8455		35026	201379	109458
广西	205406	202106	134220	126594	2260		5366	67886	36436
海南	83783	82162	79918	33526	42800		3592	2240	
重庆	132551	129043	125671	101709	1202		22760	3372	3092
四川	383023	378194	316144	298551	5510		12083	62050	20962
贵州	187213	182936	169957	163152	2000		4805	12979	7813
云南	206415	196771	182846	168191			14655	13925	13292
西藏	24648	24648	23948	19899	3320		729	700	700
陕西	153699	146622	115039	111199	1140		2700	31583	27930
甘肃	88404	88167	81163	73869	3000		4294	7004	3145
青海	53151	53026	52066	46111	1200		4755	960	960
宁夏	33062	32066	30756	25326	800		4630	1310	1005
新疆	122158	118539	108477	100285	5017		3175	10062	7608

（特殊教育）

单位：千元

地方教育附加	地方基金	企业办学中的企业拨款	校办产业和社会服务收入用于教育的经费	其他属于国家财政性教育经费	民办学校中举办者投入	社会捐赠经费	#农村	事业收入	#学杂费	其他收入
360311	**342489**		**422**	**168**	**1779**	**36865**	**4184**	**71230**	**25452**	**181463**
8454	10		418					3249		5668
100	650					281				554
10516	2991					265		1545	1130	1479
2346	2146				100	54		1535	710	398
1273	2850					700	271	293	80	5866
7940	52946					410		273		3444
13000	5070					1227		1034		1497
	227					272				1657
						210		28		3945
25925	9193				318	4780	745	4532	308	18970
75013	127345					1183	109	3046	1514	58818
10174	2658					304		2941	790	4645
40601	6400					1676	3	6102		6497
2220	789					883	150	909		3183
19941	21875				315	5944	1056	10739	8992	6161
17177	14210					2974		2546	620	920
11875	17994					5929	1141	3971		11587
1745	4097			168		1758	181	3962	86	6734
67416	24505				481	2690	202	15820	8617	14802
1557	29893					327	169	1301	431	1672
1740	500		4			140		574		907
153	127					1092		197		2219
30358	10730					1964	57	821		2044
4463	703					271	100	385		3621
	633					1120		1234	318	7290
3216	437				565	67		3001	1771	3444
2359	1500							230		7
						14		73		38
	305					320		68		608
749	1705					10		821	85	2788

3-60 教育经费收入情况

地区	总计	国家财政性教育经费	公共财政预算教育经费	教育事业费拨款	基本建设拨款	科研拨款	其他拨款	各级政府征收用于教育的税费	教育费附加
合计	**9198072**	**8917613**	**7477347**	**6848603**	**156615**		**472129**	**1439796**	**813499**
北京	449095	441241	410059	341162			68897	30884	22420
天津	157532	156714	154371	145419			8952	2343	1593
河北	307531	304242	263182	248769	900		13513	41060	27553
山西	156350	154263	144108	138680	250		5178	10155	5663
内蒙古	186691	179832	172698	135795	9901		27002	7134	3011
辽宁	598427	594340	458167	416868			41299	136173	76611
吉林	237816	234060	211277	204526			6751	22783	4976
黑龙江	303490	301561	294797	289342			5455	6764	6537
上海	609964	607046	500016	491537	1096		7383	107030	107030
江苏	766009	739097	661140	625472			35668	77957	46342
浙江	667109	604068	399659	364619	10000		25040	204409	66289
安徽	248976	241086	196622	144602	30200		21820	44464	31632
福建	414504	400321	288613	264481	6790		17342	111708	64707
江西	187553	182578	153471	138538	2660		12273	29107	26098
山东	679500	656341	574987	571428			3559	81354	39538
河南	386549	380315	334325	282839	7814		43672	45990	14603
湖北	251001	229514	182066	168922	4350		8794	47448	17579
湖南	263132	250678	214924	201160	7280		6484	35586	29744
广东	734450	707072	516496	475450	8310		32736	190576	103438
广西	201358	198058	130422	123032	2260		5130	67636	36186
海南	83783	82162	79918	33526	42800		3592	2240	
重庆	129254	125803	122431	99581	1202		21648	3372	3092
四川	355995	351167	294655	278474	5510		10671	56512	17316
贵州	147326	143051	131482	124810	2000		4672	11569	6903
云南	201348	191728	177805	163490			14315	13923	13290
西藏	24648	24648	23948	19899	3320		729	700	700
陕西	153699	146622	115039	111199	1140		2700	31583	27930
甘肃	88404	88167	81163	73869	3000		4294	7004	3145
青海	53151	53026	52066	46111	1200		4755	960	960
宁夏	33062	32066	30756	25326	800		4630	1310	1005
新疆	120365	116746	106684	99677	3832		3175	10062	7608

（特殊教育学校）

单位：千元

地方教育附加	地方基金	企业办学中的企业拨款	校办产业和社会服务收入用于教育的经费	其他属于国家财政性教育经费	民办学校中举办者投入	社会捐赠经费	#农村	事业收入	#学杂费	其他收入
349476	**276821**		**302**	**168**	**1779**	**36860**	**4184**	**67702**	**25452**	**174118**
8454	10		298					3185		4669
100	650					281				537
10516	2991					265		1545	1130	1479
2346	2146				100	54		1535	710	398
1273	2850					700	271	293	80	5866
7592	51970					410		233		3444
12737	5070					1227		1034		1495
	227					272				1657
						210		28		2680
22572	9043				318	4775	745	3901	308	17918
74775	63345					1183	109	3046	1514	58812
10174	2658					304		2941	790	4645
40601	6400					1676	3	6068		6439
2220	789					883	150	909		3183
19941	21875				315	5944	1056	10739	8992	6161
17177	14210					2974		2356	620	904
11875	17994					5929	1141	3971		11587
1745	4097			168		1758	181	3962	86	6734
62633	24505				481	2690	202	13332	8617	10875
1557	29893					327	169	1301	431	1672
1740	500		4			140		574		907
153	127					1092		140		2219
28508	10688					1964	57	821		2043
4463	203					271	100	385		3619
	633					1120		1210	318	7290
3216	437				565	67		3001	1771	3444
2359	1500							230		7
						14		73		38
	305					320		68		608
749	1705					10		821	85	2788

3-61 教育经费收入情况

地区	总计	国家财政性教育经费	公共财政预算教育经费					各级政府征收用于教育的税费	
				教育事业费拨款	基本建设拨款	科研拨款	其他拨款		教育费附加
合计	**412326**	**401448**	**297238**	**262349**	**1680**		**33209**	**104090**	**27587**
北京	28153	27090	26311	19746			6565	659	659
天津	18288	18271	18271	17360			911		
河北	627	627	627	627					
山西									
内蒙古									
辽宁	42882	42842	38722	30799			7923	4120	2796
吉林	14269	14267	11680	11049			631	2587	2324
黑龙江									
上海	20403	19138	19078	18472			606	60	60
江苏	27105	25417	18014	13242			4772	7403	3900
浙江	89229	89223	19725	17206			2519	69498	5260
安徽	2253	2253	2253	1357			896		
福建	8198	8106	7781	7384			397	325	325
江西									
山东									
河南	11827	11621	10186	7370	350		2466	1435	1435
湖北									
湖南									
广东	67972	61557	50754	48319	145		2290	10803	6020
广西	4048	4048	3798	3562			236	250	250
海南									
重庆	3297	3240	3240	2128			1112		
四川	27028	27027	21489	20077			1412	5538	3646
贵州	39887	39885	38475	38342			133	1410	910
云南	5067	5043	5041	4701			340	2	2
西藏									
陕西									
甘肃									
青海									
宁夏									
新疆	1793	1793	1793	608	1185				

（工读学校）

单位：千元

地方教育附加	地方基金	企业办学中的企业拨款	校办产业和社会服务收入用于教育的经费	其他属于国家财政性教育经费	民办学校中举办者投入	社会捐赠经费	#农村	事业收入	#学杂费	其他收入
10835	**65668**		**120**			**5**		**3528**		**7345**
			120					64		999
										17
348	976							40		
263										2
										1265
3353	150					5		631		1052
238	64000									6
								34		58
								190		16
4783								2488		3927
								57		
1850	42									1
	500									2
								24		

3-62 教育经费收入情况

地区	总计	国家财政性教育经费	公共财政预算教育经费					各级政府征收用于教育的税费	
				教育事业费拨款	基本建设拨款	科研拨款	其他拨款		教育费附加
合计	**175805370**	**86237156**	**72220650**	**65782685**	**2655410**		**3782555**	**12551955**	**6414410**
北京	8122735	5123239	3029628	2610265	97017		322346	2064862	878665
天津	2836893	1905077	1488282	1440060			48222	376320	252950
河北	6923238	4259555	3773277	3499885	129887		143505	368877	148181
山西	3194675	1843476	1535602	1370999	100105		64498	198404	85842
内蒙古	3998050	2865449	2336204	1978265	74993		282946	479696	292720
辽宁	4315338	1564724	1310515	1264309	4400		41806	183285	145066
吉林	2540718	1125063	892964	848298	17150		27516	165298	64941
黑龙江	2454577	1467584	1191247	1065362	87896		37989	57370	51799
上海	8804792	6346106	5480937	5121238	14474		345225	860510	847440
江苏	14638577	7595594	5857171	5493508			363663	1718291	1036839
浙江	12889952	5851436	4243802	4010591	5120		228091	1602819	569480
安徽	4679876	2466649	2085319	1844208	103635		137476	367401	114205
福建	6452433	3019223	2633661	2468179	38705		126777	377027	180561
江西	4499609	2044025	1902332	1751185	110521		40626	138024	76587
山东	11974572	5945101	4989562	4935197	38550		15815	730836	320849
河南	9480242	3357897	3020456	2760843	75810		183803	243777	115249
湖北	5196072	2021981	1680015	1498421	117722		63872	301401	94264
湖南	6214901	1752837	1684014	1535861	121140		27013	61121	53012
广东	18277932	4078153	3228705	2858901	76950		292854	695814	291939
广西	4035167	1777266	1654937	1473658	104303		76976	119670	79832
海南	1516469	708095	682417	618597	37180		26640	23509	4241
重庆	3251983	1115966	1029441	813806	58452		157183	80296	30707
四川	8088542	3508561	3230581	2966344	126796		137441	264618	99078
贵州	2849792	1512652	1416681	1282831	83023		50827	92953	35028
云南	3793138	2023212	1951671	1595469	108497		247705	54230	52018
西藏	854615	789965	785434	498783	263790		22861	4531	127
陕西	6090045	4159087	3656090	3512637	94709		48744	478229	372904
甘肃	2239738	1614288	1431396	1241253	105464		84679	174154	70337
青海	993597	780199	731764	444373	255059		32332	48321	13846
宁夏	907370	535760	440836	353104	35610		52122	94130	8184
新疆	3689732	3078936	2845709	2626255	168452		51002	126181	27519

（幼儿园）

单位：千元

地方教育附加	地方基金	企业办学中的企业拨款	校办产业和社会服务收入用于教育的经费	其他属于国家财政性教育经费	民办学校中举办者投入	社会捐赠经费	#农村	事业收入	#学杂费	其他收入
4303315	**1834230**	**1436873**	**27678**		**4002055**	**300034**	**16509**	**82030577**	**75565996**	**3235548**
1051418	134779	21866	6883		16713	35595		2583144	2517463	364044
6850	116520	40475			1986	176	8	920326	855450	9328
171475	49221	114069	3332		124348	5755		2503473	2378572	30107
59485	53077	109470			80149	1790	203	1234237	1168485	35023
154748	32228	49549			66441	1162		1056498	1022682	8500
24279	13940	70905	19		36882	155		2622747	2548569	90830
71730	28627	66801			60720	412		1337176	1214759	17347
	5571	218967			11659	27	3	973940	817981	1367
67	13003	4659			4148	6484		2317577	2283516	130477
546487	134965	19773	359		214799	23519	5565	6466164	6371370	338501
634011	399328	4815			175225	28185	214	6331298	6128334	503808
105539	147657	13909	20		101781	2832	10	2077242	1995452	31372
153463	43003	8212	323		119141	21261	5310	3214782	3042215	78026
38073	23364	3669			150745	1626	422	2242472	1926920	60741
234140	175847	224054	649		103539	25446	2988	5820911	5338984	79575
88323	40205	93634	30		394230	1760		5670910	4988167	55445
22646	184491	40493	72		205430	4738	42	2479852	2306341	484071
3330	4779	2702	5000		210168	4148	44	4191964	3800854	55784
350331	53544	147633	6001		981675	64899		12809154	11785484	344051
32229	7609	1156	1503		73345	431	45	2134722	1973042	49403
8438	10830	800	1369		94538	168		686412	617406	27256
37400	12189	6229			106449	15951	1019	1916807	1788207	96810
123536	42004	11615	1747		197398	29757	84	4202255	3373888	150571
40164	17761	3018			99036	637		1211279	1042807	26188
	2212	17242	69		121689	4729	552	1583587	1122665	59921
4404					37877			26773	15293	
97547	7778	24767	1		148334	4415		1757949	1631581	20260
65116	38701	8699	39		16212	1693		597874	565632	9671
30854	3621	114			20415	4062		180267	160053	8654
71509	14437	794			16474	371		344581	293515	10184
75723	22939	106784	262		10509	7850		534204	490309	58233

3-63 教育经费收入情况

地区	总计	国家财政性教育经费	公共财政预算教育经费					各级政府征收用于教育的税费	
				教育事业费拨款	基本建设拨款	科研拨款	其他拨款		教育费附加
合计	**1827082**	**1182413**	**381232**	**270931**	**73000**		**37301**		
北京	288186	13486	5138				5138		
天津	69731	36085							
河北	109316	88889							
山西	2187	567	567	477			90		
内蒙古									
辽宁	76842	6027	6013	3654			2359		
吉林	75358	53020							
黑龙江	272310	249382	30931	20786			10145		
上海									
江苏	26414	16316	2683	2683					
浙江									
安徽	533	208	118	118					
福建									
江西									
山东	190566	161087							
河南	101891	85082	500	500					
湖北	45377	25866	847	847					
湖南									
广东	14064								
广西									
海南	1888	598							
重庆									
四川	15320	8854	8854	6304			2550		
贵州	4549	2062	100	100					
云南									
西藏									
陕西	21144	18569	5546	5546					
甘肃	4250								
青海									
宁夏									
新疆	507156	416315	319935	229916	73000		17019		

(中央属幼儿园)

单位:千元

地方教育附加	地方基金	企业办学中的企业拨款	校办产业和社会服务收入用于教育的经费	其他属于国家财政性教育经费	民办学校中举办者投入	社会捐赠经费	#农村	事业收入	#学杂费	其他收入
		795616	**5565**			**28112**		**509889**	**463270**	**106668**
		3461	4887			25816		175346	162463	73538
		36085						32511	27035	1135
		88889				29		20398	20398	
								1620	1620	
			14					68483	66606	2332
		53020						20190	14170	2148
		218451						22928	22928	
		13633						7441	7441	2657
		90						325	325	
		161087						29425	29345	54
		84582						16809	16809	
		25019						12250	8742	7261
						246		13818	13038	
			598			9		1281	1281	
								3974	3710	2492
		1962						2487	2487	
		13023				149		2426	2426	
								510	510	3740
		96314	66			1863		77667	61936	11311

3-64 教育经费收入情况

地 区	总 计	国家财政性教育经费	公共财政预算教育经费					各级政府征收用于教育的税费	
				教育事业费拨款	基本建设拨款	科研拨款	其他拨款		教育费附加
合 计	**173978288**	**85054743**	**71839418**	**65511754**	**2582410**		**3745254**	**12551955**	**6414410**
北 京	7834549	5109753	3024490	2610265	97017		317208	2064862	878665
天 津	2767162	1868992	1488282	1440060			48222	376320	252950
河 北	6813922	4170666	3773277	3499885	129887		143505	368877	148181
山 西	3192488	1842909	1535035	1370522	100105		64408	198404	85842
内蒙古	3998050	2865449	2336204	1978265	74993		282946	479696	292720
辽 宁	4238496	1558697	1304502	1260655	4400		39447	183285	145066
吉 林	2465360	1072043	892964	848298	17150		27516	165298	64941
黑龙江	2182267	1218202	1160316	1044576	87896		27844	57370	51799
上 海	8804792	6346106	5480937	5121238	14474		345225	860510	847440
江 苏	14612163	7579278	5854488	5490825			363663	1718291	1036839
浙 江	12889952	5851436	4243802	4010591	5120		228091	1602819	569480
安 徽	4679343	2466441	2085201	1844090	103635		137476	367401	114205
福 建	6452433	3019223	2633661	2468179	38705		126777	377027	180561
江 西	4499609	2044025	1902332	1751185	110521		40626	138024	76587
山 东	11784006	5784014	4989562	4935197	38550		15815	730836	320849
河 南	9378351	3272815	3019956	2760343	75810		183803	243777	115249
湖 北	5150695	1996115	1679168	1497574	117722		63872	301401	94264
湖 南	6214901	1752837	1684014	1535861	121140		27013	61121	53012
广 东	18263868	4078153	3228705	2858901	76950		292854	695814	291939
广 西	4035167	1777266	1654937	1473658	104303		76976	119670	79832
海 南	1514581	707497	682417	618597	37180		26640	23509	4241
重 庆	3251983	1115966	1029441	813806	58452		157183	80296	30707
四 川	8073222	3499707	3221727	2960040	126796		134891	264618	99078
贵 州	2845243	1510590	1416581	1282731	83023		50827	92953	35028
云 南	3793138	2023212	1951671	1595469	108497		247705	54230	52018
西 藏	854615	789965	785434	498783	263790		22861	4531	127
陕 西	6068901	4140518	3650544	3507091	94709		48744	478229	372904
甘 肃	2235488	1614288	1431396	1241253	105464		84679	174154	70337
青 海	993597	780199	731764	444373	255059		32332	48321	13846
宁 夏	907370	535760	440836	353104	35610		52122	94130	8184
新 疆	3182576	2662621	2525774	2396339	95452		33983	126181	27519

(地方幼儿园)

单位:千元

地方教育附加	地方基金	企业办学中的企业拨款	校办产业和社会服务收入用于教育的经费	其他属于国家财政性教育经费	民办学校中举办者投入	社会捐赠经费	#农村	事业收入	#学杂费	其他收入
4303315	**1834230**	**641257**	**22113**		**4002055**	**271922**	**16509**	**81520688**	**75102726**	**3128880**
1051418	134779	18405	1996		16713	9779		2407798	2355000	290506
6850	116520	4390			1986	176	8	887815	828415	8193
171475	49221	25180	3332		124348	5726		2483075	2358174	30107
59485	53077	109470			80149	1790	203	1232617	1166865	35023
154748	32228	49549			66441	1162		1056498	1022682	8500
24279	13940	70905	5		36882	155		2554264	2481963	88498
71730	28627	13781			60720	412		1316986	1200589	15199
	5571	516			11659	27	3	951012	795053	1367
67	13003	4659			4148	6484		2317577	2283516	130477
546487	134965	6140	359		214799	23519	5565	6458723	6363929	335844
634011	399328	4815			175225	28185	214	6331298	6128334	503808
105539	147657	13819	20		101781	2832	10	2076917	1995127	31372
153463	43003	8212	323		119141	21261	5310	3214782	3042215	78026
38073	23364	3669			150745	1626	422	2242472	1926920	60741
234140	175847	62967	649		103539	25446	2988	5791486	5309639	79521
88323	40205	9052	30		394230	1760		5654101	4971358	55445
22646	184491	15474	72		205430	4738	42	2467602	2297599	476810
3330	4779	2702	5000		210168	4148	44	4191964	3800854	55784
350331	53544	147633	6001		981675	64653		12795336	11772446	344051
32229	7609	1156	1503		73345	431	45	2134722	1973042	49403
8438	10830	800	771		94538	159		685131	616125	27256
37400	12189	6229			106449	15951	1019	1916807	1788207	96810
123536	42004	11615	1747		197398	29757	84	4198281	3370178	148079
40164	17761	1056			99036	637		1208792	1040320	26188
	2212	17242	69		121689	4729	552	1583587	1122665	59921
4404					37877			26773	15293	
97547	7778	11744	1		148334	4266		1755523	1629155	20260
65116	38701	8699	39		16212	1693		597364	565122	5931
30854	3621	114			20415	4062		180267	160053	8654
71509	14437	794			16474	371		344581	293515	10184
75723	22939	10470	196		10509	5987		456537	428373	46922

3-65 教育经费收入情况

地区	总计	国家财政性教育经费	公共财政预算教育经费					各级政府征收用于教育的税费	
				教育事业费拨款	基本建设拨款	科研拨款	其他拨款		教育费附加
合计	**66738339**	**35593358**	**30757101**	**28241816**	**1685381**		**829904**	**4689495**	**2054458**
北京	1796203	1432517	751460	683451	35975		32034	680455	304553
天津	735936	511754	338596	337957			639	173158	56638
河北	3580998	2419554	2220066	2041871	114700		63495	199488	77721
山西	1095588	754015	660652	588379	63061		9212	77516	38690
内蒙古	679290	530221	478800	432863	10401		35536	51421	28713
辽宁	1011487	448043	405852	399062	4400		2390	42191	29473
吉林	552772	294145	248838	230188	12750		5900	45307	6254
黑龙江	438332	243938	234603	208196	24171		2236	8908	5191
上海	1946092	1664231	1540199	1506080			34119	124032	121073
江苏	5955924	3260766	2599987	2470869			129118	660003	399497
浙江	5742527	2548249	1798821	1717478	5120		76223	749428	204199
安徽	2173755	1402675	1196896	1090448	64581		41867	203863	54397
福建	2680704	1303752	1113670	1058324	18175		37171	188710	70969
江西	1850498	766914	742148	666714	60168		15266	24766	10706
山东	6535268	3764060	3247511	3207185	38550		1776	484152	196160
河南	4354483	1527019	1407662	1321114	61930		24618	119327	52000
湖北	2232783	995683	872240	735365	107202		29673	123303	40977
湖南	2610233	872908	850200	741021	106420		2759	22708	22096
广东	4341694	859873	745678	702667	522		42489	113061	55032
广西	1903089	823341	804306	680621	83484		40201	18133	9473
海南	691447	436925	423412	399543	16665		7204	13513	2485
重庆	1294613	492341	456082	362304	41477		52301	30480	11193
四川	3553123	1638494	1486874	1361076	87440		38358	151620	29924
贵州	1151383	790109	755608	671678	59061		24869	33771	12944
云南	1520554	776542	748829	651651	78904		18274	26390	25233
西藏	476901	476901	474677	222215	241650		10812	2224	
陕西	2530280	1701384	1550381	1490054	49569		10758	150845	137949
甘肃	1006598	788051	716140	618523	66335		31282	70097	29645
青海	276233	226518	216697	115069	100362		1266	9821	
宁夏	250273	181477	141995	109717	29980		2298	39482	5036
新疆	1769278	1660958	1528221	1420133	102328		5760	51322	16237

（农村幼儿园）

单位：千元

地方教育附加	地方基金	企业办学中的企业拨款	校办产业和社会服务收入用于教育的经费	其他属于国家财政性教育经费	民办学校中举办者投入	社会捐赠经费	#农村	事业收入	#学杂费	其他收入
1614593	**1020444**	**145253**	**1509**		**1570174**	**85854**	**14470**	**28611165**	**26339994**	**877788**
336334	39568	602			3525	1431		330191	322785	28539
	116520				1906	101	8	221697	218843	478
83395	38372				39387	1103		1115670	1066038	5284
15492	23334	15847			13706	1633	203	303341	294864	22893
18444	4264				12249			135788	134045	1032
6738	5980				10052	48		525394	509083	27950
26698	12355				9403	98		247142	225942	1984
	3717	427			1620	3	3	192732	165009	39
	2959				900	1114		271814	270541	8033
194014	66492	776			131488	10322	5456	2448424	2420137	104924
292816	252413				124342	11888	214	2813244	2727728	244804
59899	89567	1916			31449	1203	10	730720	705182	7708
101354	16387	1152	220		55285	11534	4869	1281101	1186169	29032
1020	13040				39779	206	2	1031622	939961	11977
147204	140788	32380	17		41789	15727	2888	2684098	2446046	29594
38940	28387		30		197700	35		2621551	2292061	8178
12915	69411	140			90329	2964	7	1086705	1048653	57102
582	30				48118	545	44	1668257	1512092	20405
33559	24470		1134		356091	5872		3032406	2685588	87452
7501	1159	860	42		22448	296	45	1043706	945126	13298
198	10830				39942	104		206043	184027	8433
15066	4221	5779			40866	2299	651	740047	702686	19060
92548	29148				87120	4545	70	1744523	1510214	78441
11470	9357	730			24551	550		330105	266440	6068
	1157	1323			58693	1686		662569	504231	21064
2224										
11954	942	158			76728	44		736977	682988	15147
32192	8260	1814			8854	165		205226	196190	4302
8210	1611				533	4062		44077	41390	1043
31019	3427				260	3		67620	59156	913
32807	2278	81349	66		1061	6273		88375	76779	12611

3-66 教育经费收入情况

地区	总计	国家财政性教育经费	公共财政预算教育经费					各级政府征收用于教育的税费	
				教育事业费拨款	基本建设拨款	科研拨款	其他拨款		教育费附加
合计	**66325547**	**35246908**	**30492738**	**28045848**	**1621101**		**825789**	**4689495**	**2054458**
北京	1796203	1432517	751460	683451	35975		32034	680455	304553
天津	735936	511754	338596	337957			639	173158	56638
河北	3580998	2419554	2220066	2041871	114700		63495	199488	77721
山西	1095588	754015	660652	588379	63061		9212	77516	38690
内蒙古	679290	530221	478800	432863	10401		35536	51421	28713
辽宁	1011487	448043	405852	399062	4400		2390	42191	29473
吉林	552772	294145	248838	230188	12750		5900	45307	6254
黑龙江	437825	243431	234523	208116	24171		2236	8908	5191
上海	1946092	1664231	1540199	1506080			34119	124032	121073
江苏	5955924	3260766	2599987	2470869			129118	660003	399497
浙江	5742527	2548249	1798821	1717478	5120		76223	749428	204199
安徽	2173755	1402675	1196896	1090448	64581		41867	203863	54397
福建	2680704	1303752	1113670	1058324	18175		37171	188710	70969
江西	1850498	766914	742148	666714	60168		15266	24766	10706
山东	6535268	3764060	3247511	3207185	38550		1776	484152	196160
河南	4354483	1527019	1407662	1321114	61930		24618	119327	52000
湖北	2232783	995683	872240	735365	107202		29673	123303	40977
湖南	2610233	872908	850200	741021	106420		2759	22708	22096
广东	4339622	859873	745678	702667	522		42489	113061	55032
广西	1903089	823341	804306	680621	83484		40201	18133	9473
海南	691447	436925	423412	399543	16665		7204	13513	2485
重庆	1294613	492341	456082	362304	41477		52301	30480	11193
四川	3553123	1638494	1486874	1361076	87440		38358	151620	29924
贵州	1150753	789589	755508	671578	59061		24869	33771	12944
云南	1520554	776542	748829	651651	78904		18274	26390	25233
西藏	476901	476901	474677	222215	241650		10812	2224	
陕西	2530280	1701384	1550381	1490054	49569		10758	150845	137949
甘肃	1002348	788051	716140	618523	66335		31282	70097	29645
青海	276233	226518	216697	115069	100362		1266	9821	
宁夏	250273	181477	141995	109717	29980		2298	39482	5036
新疆	1363945	1315535	1264038	1224345	38048		1645	51322	16237

（地方农村幼儿园）

单位：千元

地方教育附加	地方基金	企业办学中的企业拨款	校办产业和社会服务收入用于教育的经费	其他属于国家财政性教育经费	民办学校中举办者投入	社会捐赠经费	#农村	事业收入	#学杂费	其他收入
1614593	**1020444**	**63232**	**1443**		**1570174**	**84282**	**14470**	**28554696**	**26292839**	**869487**
336334	39568	602			3525	1431		330191	322785	28539
	116520				1906	101	8	221697	218843	478
83395	38372				39387	1103		1115670	1066038	5284
15492	23334	15847			13706	1633	203	303341	294864	22893
18444	4264				12249			135788	134045	1032
6738	5980				10052	48		525394	509083	27950
26698	12355				9403	98		247142	225942	1984
	3717				1620	3	3	192732	165009	39
	2959				900	1114		271814	270541	8033
194014	66492	776			131488	10322	5456	2448424	2420137	104924
292816	252413				124342	11888	214	2813244	2727728	244804
59899	89567	1916			31449	1203	10	730720	705182	7708
101354	16387	1152	220		55285	11534	4869	1281101	1186169	29032
1020	13040				39779	206	2	1031622	939961	11977
147204	140788	32380	17		41789	15727	2888	2684098	2446046	29594
38940	28387		30		197700	35		2621551	2292061	8178
12915	69411	140			90329	2964	7	1086705	1048653	57102
582	30				48118	545	44	1668257	1512092	20405
33559	24470		1134		356091	5872		3030334	2683516	87452
7501	1159	860	42		22448	296	45	1043706	945126	13298
198	10830				39942	104		206043	184027	8433
15066	4221	5779			40866	2299	651	740047	702686	19060
92548	29148				87120	4545	70	1744523	1510214	78441
11470	9357	310			24551	550		329995	266330	6068
	1157	1323			58693	1686		662569	504231	21064
2224										
11954	942	158			76728	44		736977	682988	15147
32192	8260	1814			8854	165		204716	195680	562
8210	1611				533	4062		44077	41390	1043
31019	3427				260	3		67620	59156	913
32807	2278	175			1061	4701		34598	32316	8050

3-67 教育经费收入情况

地区	总计	国家财政性教育经费	公共财政预算教育经费	教育事业费拨款	基本建设拨款	科研拨款	其他拨款	各级政府征收用于教育的税费	教育费附加
合计	**33075299**	**30727260**	**27592809**	**23996771**	**965380**		**2630658**	**3123450**	**2238498**
北京	656670	626426	615515	477154			138361	3758	3758
天津	344117	321223	321223	308812			12411		
河北	471124	447093	447093	400745			46348		
山西	973286	934911	928036	854471	200		73365	6875	5845
内蒙古	829946	796722	769363	608384	5187		155792	27359	18239
辽宁	716777	708160	694083	573523	1500		119060	14077	13178
吉林	506798	490191	490191	472135			18056		
黑龙江	1050442	1010240	978634	922312	16645		39677	30325	24365
上海	240263	226920	226920	198488			28432		
江苏	1466824	1330674	1261618	1204620			56998	69056	37799
浙江	959112	868634	815617	738330			77287	53017	33384
安徽	846122	736452	632329	538085			94244	104123	55623
福建	613912	537894	524853	462390			62463	13041	5987
江西	702092	663482	607523	568757			38766	55776	30616
山东	1937536	1816127	1707116	1683561			23555	109011	64562
河南	1110276	1056351	1020924	843557			177367	35427	28002
湖北	1008484	809328	763212	660568	14549		88095	46116	29528
湖南	1793916	1585029	1557818	1497509			60309	27211	18872
广东	4630838	4294989	3155130	2295177	584690		275263	1139607	832052
广西	626732	586972	586952	559056			27896	20	20
海南	321669	301138	301138	260681	1500		38957		
重庆	949582	886976	853377	552462	13604		287311	33599	25090
四川	1744703	1676805	1405093	1254006	24813		126274	271712	216271
贵州	1604040	1485649	1176480	1065195	52250		59035	309169	192335
云南	3025948	2937414	2417704	2054805	149337		213562	519710	489620
西藏	244584	244584	244566	192025	40000		12541	18	18
陕西	663597	652795	595636	540456	39650		15530	57159	42010
甘肃	429003	343376	326754	293343			33411	16622	8245
青海	367332	357325	333582	212075	16455		105052	23743	10568
宁夏	250677	221802	221802	182415	5000		34387		
新疆	1988897	1771578	1612527	1521674			90853	156919	52511

（教育行政单位）

单位：千元

地方教育附加	地方基金	企业办学中的企业拨款	校办产业和社会服务收入用于教育的经费	其他属于国家财政性教育经费	民办学校中举办者投入	社会捐赠经费	#农村	事业收入	#学杂费	其他收入
762158	**122794**	**3413**	**7588**			**87626**	**1355**	**940553**		**1319860**
			7153					15926		14318
						300		320		22274
						345		9742		13944
600	430							26503		11872
3710	5410					1280		10510		21434
899								3456		5161
								867		15740
	5960	1281				310		5282		34610
										13343
29586	1671					11300		25986		98864
13005	6628					10		19601		70867
40613	7887					168		73962		35540
6333	721					1414		55450		19154
20030	5130		183			1295		19063		18252
28837	15612					368	147	75571		45470
5805	1620					2910	500	34839		16176
12268	4320					8158		41879		149119
8339						2781		139158		66948
304484	3071		252			12538	235	126463		196848
						105		19799		19856
						3322		5105		12104
724	7785					712		38778		23116
39509	15932					8628		22052		37218
110224	6610					7252		70441		40698
	30090					20776	473	49958		17800
14409	740					90		2590		8122
7807	570					1687		7632		76308
13028	147					20		2788		7199
								24973		3902
101948	2460	2132				1857		11859		203603

3-68 教育经费收入情况

地区	总计	国家财政性教育经费	公共财政预算教育经费					各级政府征收用于教育的税费	
				教育事业费拨款	基本建设拨款	科研拨款	其他拨款		教育费附加
合计	**32865098**	**30579493**	**27455608**	**23865586**	**965380**		**2624642**	**3123450**	**2238498**
北京	537494	529864	526106	387745			138361	3758	3758
天津	344117	321223	321223	308812			12411		
河北	471124	447093	447093	400745			46348		
山西	973286	934911	928036	854471	200		73365	6875	5845
内蒙古	829946	796722	769363	608384	5187		155792	27359	18239
辽宁	716777	708160	694083	573523	1500		119060	14077	13178
吉林	506798	490191	490191	472135			18056		
黑龙江	1044762	1004560	974235	918058	16645		39532	30325	24365
上海	240263	226920	226920	198488			28432		
江苏	1466824	1330674	1261618	1204620			56998	69056	37799
浙江	959112	868634	815617	738330			77287	53017	33384
安徽	846122	736452	632329	538085			94244	104123	55623
福建	613912	537894	524853	462390			62463	13041	5987
江西	702092	663482	607523	568757			38766	55776	30616
山东	1937536	1816127	1707116	1683561			23555	109011	64562
河南	1110276	1056351	1020924	843557			177367	35427	28002
湖北	1008484	809328	763212	660568	14549		88095	46116	29528
湖南	1793916	1585029	1557818	1497509			60309	27211	18872
广东	4630838	4294989	3155130	2295177	584690		275263	1139607	832052
广西	626732	586972	586952	559056			27896	20	20
海南	321669	301138	301138	260681	1500		38957		
重庆	949582	886976	853377	552462	13604		287311	33599	25090
四川	1744703	1676805	1405093	1254006	24813		126274	271712	216271
贵州	1604040	1485649	1176480	1065195	52250		59035	309169	192335
云南	3025948	2937414	2417704	2054805	149337		213562	519710	489620
西藏	244584	244584	244566	192025	40000		12541	18	18
陕西	663597	652795	595636	540456	39650		15530	57159	42010
甘肃	429003	343376	326754	293343			33411	16622	8245
青海	367332	357325	333582	212075	16455		105052	23743	10568
宁夏	250677	221802	221802	182415	5000		34387		
新疆	1903552	1726053	1569134	1484152			84982	156919	52511

（地方教育行政单位）

单位：千元

地方教育附加	地方基金	企业办学中的企业拨款	校办产业和社会服务收入用于教育的经费	其他属于国家财政性教育经费	民办学校中举办者投入	社会捐赠经费	#农村	事业收入	#学杂费	其他收入
762158	**122794**		**435**			**87578**	**1355**	**926438**		**1271589**
								1811		5819
						300		320		22274
						345		9742		13944
600	430							26503		11872
3710	5410					1280		10510		21434
899								3456		5161
								867		15740
	5960					310		5282		34610
										13343
29586	1671					11300		25986		98864
13005	6628					10		19601		70867
40613	7887					168		73962		35540
6333	721					1414		55450		19154
20030	5130		183			1295		19063		18252
28837	15612					368	147	75571		45470
5805	1620					2910	500	34839		16176
12268	4320					8158		41879		149119
8339						2781		139158		66948
304484	3071		252			12538	235	126463		196848
						105		19799		19856
						3322		5105		12104
724	7785					712		38778		23116
39509	15932					8628		22052		37218
110224	6610					7252		70441		40698
	30090					20776	473	49958		17800
14409	740					90		2590		8122
7807	570					1687		7632		76308
13028	147					20		2788		7199
								24973		3902
101948	2460					1809		11859		163831

3-69 教育经费收入情况

地区	总计	国家财政性教育经费	公共财政预算教育经费	教育事业费拨款	基本建设拨款	科研拨款	其他拨款	各级政府征收用于教育的税费	教育费附加
合计	**85643635**	**76288101**	**67137805**	**59138663**	**1030894**		**6968248**	**8743361**	**5812044**
北京	15796471	13485407	12152966	9579467	261101		2312398	1216123	819935
天津	1677918	1458224	1443682	1420502	4400		18780	10230	2370
河北	1761161	1431310	1327594	1236347			91247	102079	91026
山西	1543386	1450064	1300072	1158494	50085		91493	149608	18885
内蒙古	1432050	1279908	1146147	853604	26710		265833	133539	66462
辽宁	2955166	2796122	2469667	2247978	3340		218349	323522	198449
吉林	1573671	1435869	1339259	1288684			50575	95169	31287
黑龙江	1869630	1823912	1626292	1512517	62720		51055	190998	150942
上海	2857600	2491990	2386725	2218457	10000		158268	96496	96496
江苏	4283065	3208694	2492909	2240345			252564	583826	326677
浙江	5333054	4564514	3428205	3246609			181596	1117523	558960
安徽	979375	814310	697369	584217			113152	110803	61156
福建	3192616	2948369	2791083	2455489			335594	153399	97244
江西	1076766	977411	850183	811113			39070	126202	79225
山东	5120922	4691272	4052509	4046008	2900		3601	635815	347013
河南	2591171	2388180	2206835	1881782			325053	141624	119510
湖北	1972955	1550158	1373168	1225061	1800		146307	172604	48435
湖南	1712439	1484116	1364998	1330488			34510	115105	78735
广东	12748002	12244860	10473453	9391960	83611		997882	1762958	1543071
广西	2126625	1911825	1857071	1548548	264289		44234	54749	38958
海南	175082	136029	129494	118041			11453	6535	5340
重庆	1350996	1184401	1138203	884822	15010		238371	42751	31691
四川	2359837	2116652	1781168	1655004	2628		123536	315852	222813
贵州	487241	413532	328872	318662			10210	84660	33993
云南	3006164	2750471	2305377	1991783	53230		260364	438218	418338
西藏	970232	967732	960488	629255	72000		259233	7244	1023
陕西	1402985	1326681	1165326	1109532			55794	159640	154781
甘肃	1005598	854041	799344	726406	17493		55445	51562	22602
青海	758222	714459	665972	498288	31360		136324	48487	27303
宁夏	223344	195625	162204	107636			54568	33285	1155
新疆	1299891	1191963	921170	821564	68217		31389	262755	118169

（教育事业单位）

单位：千元

地方教育附加	地方基金	企业办学中的企业拨款	校办产业和社会服务收入用于教育的经费	其他属于国家财政性教育经费	民办学校中举办者投入	社会捐赠经费	#农村	事业收入	#学杂费	其他收入
2090982	**840335**	**1433**	**404172**	**1330**		**66920**	**1127**	**6448510**		**2840104**
323826	72362		116318			5672		1264232		1041160
	7860		4312			200		166077		53417
5263	5790		1637			463		276464		52924
83121	47602		384			421		85585		7316
28801	38276		222			1000		138895		12247
82902	42171		2133	800		160		148434		10450
54375	9507		1441			14423		99544		23835
	40056		6622			284		35715		9719
			8769			500		156490		208620
235701	21448		131959			850		893958		179563
341764	216799		18548	238		11440		429772		327328
38247	11400		6138			3881		131717		29467
28772	27383		3887			3695		201233		39319
29640	17337		1026			553	510	74442		24360
204583	84219		2948			1768	17	359078		68804
19594	2520		39721					167891		35100
115521	8648		4386			519		331353		90925
35170	1200		4013			256		193081		34986
197270	22617		8449			2492		325591		175059
4833	10958		5			1495		150288		63017
	1195							26518		12535
627	10433		3447			120		138007		28468
49503	43536		19632			1149	600	188586		53450
50655	12					1012		62009		10688
	19880		6876			3760		83719		168214
6221								2500		
2209	2650		1559	156		543		67468		8293
27141	1819		3135			1500		125163		24894
18745	2439					1590		29331		12842
	32130			136		5031		19183		3505
106498	38088	1433	6605			2143		76186		29599

3-70 教育经费收入情况

地区	总计	国家财政性教育经费	公共财政预算教育经费	教育事业费拨款	基本建设拨款	科研拨款	其他拨款	各级政府征收用于教育的税费	教育费附加
合计	**76295478**	**68889173**	**59801046**	**53626701**	**1021984**		**5152361**	**8743361**	**5812044**
北京	6530487	6166800	4895095	4121036	252191		521868	1216123	819935
天津	1677918	1458224	1443682	1420502	4400		18780	10230	2370
河北	1761161	1431310	1327594	1236347			91247	102079	91026
山西	1543386	1450064	1300072	1158494	50085		91493	149608	18885
内蒙古	1415726	1263584	1129823	853604	26710		249509	133539	66462
辽宁	2955166	2796122	2469667	2247978	3340		218349	323522	198449
吉林	1573671	1435869	1339259	1288684			50575	95169	31287
黑龙江	1862223	1816505	1618885	1505110	62720		51055	190998	150942
上海	2857600	2491990	2386725	2218457	10000		158268	96496	96496
江苏	4283065	3208694	2492909	2240345			252564	583826	326677
浙江	5333054	4564514	3428205	3246609			181596	1117523	558960
安徽	979375	814310	697369	584217			113152	110803	61156
福建	3192616	2948369	2791083	2455489			335594	153399	97244
江西	1076766	977411	850183	811113			39070	126202	79225
山东	5120922	4691272	4052509	4046008	2900		3601	635815	347013
河南	2591171	2388180	2206835	1881782			325053	141624	119510
湖北	1972955	1550158	1373168	1225061	1800		146307	172604	48435
湖南	1686176	1457853	1338735	1304225			34510	115105	78735
广东	12748002	12244860	10473453	9391960	83611		997882	1762958	1543071
广西	2126625	1911825	1857071	1548548	264289		44234	54749	38958
海南	175082	136029	129494	118041			11453	6535	5340
重庆	1350996	1184401	1138203	884822	15010		238371	42751	31691
四川	2359837	2116652	1781168	1655004	2628		123536	315852	222813
贵州	487241	413532	328872	318662			10210	84660	33993
云南	3006164	2750471	2305377	1991783	53230		260364	438218	418338
西藏	970232	967732	960488	629255	72000		259233	7244	1023
陕西	1402985	1326681	1165326	1109532			55794	159640	154781
甘肃	1005598	854041	799344	726406	17493		55445	51562	22602
青海	758222	714459	665972	498288	31360		136324	48487	27303
宁夏	223344	195625	162204	107636			54568	33285	1155
新疆	1267712	1161636	892276	801703	68217		22356	262755	118169

（地方教育事业单位）

单位：千元

地方教育附加	地方基金	企业办学中的企业拨款	校办产业和社会服务收入用于教育的经费	其他属于国家财政性教育经费	民办学校中举办者投入	社会捐赠经费	#农村	事业收入	#学杂费	其他收入
2090982	**840335**		**343436**	**1330**		**66536**	**1127**	**5355990**		**1983779**
323826	72362		55582			5672		173133		184882
	7860		4312			200		166077		53417
5263	5790		1637			463		276464		52924
83121	47602		384			421		85585		7316
28801	38276		222			1000		138895		12247
82902	42171		2133	800		160		148434		10450
54375	9507		1441			14423		99544		23835
	40056		6622			284		35715		9719
			8769			500		156490		208620
235701	21448		131959			850		893958		179563
341764	216799		18548	238		11440		429772		327328
38247	11400		6138			3881		131717		29467
28772	27383		3887			3695		201233		39319
29640	17337		1026			553	510	74442		24360
204583	84219		2948			1768	17	359078		68804
19594	2520		39721					167891		35100
115521	8648		4386			519		331353		90925
35170	1200		4013			256		193081		34986
197270	22617		8449			2492		325591		175059
4833	10958		5			1495		150288		63017
	1195							26518		12535
627	10433		3447			120		138007		28468
49503	43536		19632			1149	600	188586		53450
50655	12					1012		62009		10688
	19880		6876			3760		83719		168214
6221								2500		
2209	2650		1559	156		543		67468		8293
27141	1819		3135			1500		125163		24894
18745	2439					1590		29331		12842
	32130			136		5031		19183		3505
106498	38088		6605			1759		74765		29552

3-71 教育经费收入情况

地区	总计	国家财政性教育经费	公共财政预算教育经费					各级政府征收用于教育的税费	
				教育事业费拨款	基本建设拨款	科研拨款	其他拨款		教育费附加
合计	**80511435**	**77944606**	**70166415**	**60589291**	**2600348**	**125942**	**6850834**	**7605440**	**4557406**
北京	8446832	8100167	7963834	3937875	631648	8820	3385491	107092	71038
天津	11218724	11206207	10226843	10220443		400	6000	977943	739995
河北	1380868	1312138	1245340	892752	297171	240	55177	66798	11963
山西	1366398	1308440	1268826	1211422	19947	10865	26592	39614	32837
内蒙古	755829	694743	693733	563969	19924	2160	107680	1010	1010
辽宁	6069193	6031743	5031126	4622097	171345	634	237050	1000617	169213
吉林	3352492	3341945	3276504	3132856	80000	2690	60958	65441	36330
黑龙江	2023615	2010108	1623027	1225821	331475		65731	386369	371835
上海	1505433	1210732	1123394	593345	26160	2171	501718		
江苏	2183361	2004496	1811379	1582150	4533	21732	202964	193117	128732
浙江	1926296	1720014	1543175	1421912		5281	115982	176657	39719
安徽	3484788	3398842	3372397	3215373	7497	6212	143315	21727	2568
福建	805482	653174	615743	494520	2445	28996	89782	37223	150
江西	822177	772079	718379	695536	1965	1370	19508	52701	1460
山东	4383624	4285227	4066847	3978588		2590	85669	218380	81150
河南	3346961	3310277	3198441	3048026	18357	418	131640	110835	88146
湖北	1443944	1404561	1223811	981046	49362	1753	191650	180750	110338
湖南	4214004	4155540	3728184	3478125	181030	1936	67093	427156	422686
广东	8499569	8298141	6267877	5861528	12213	9313	384823	2012415	1099929
广西	1390231	1347728	1295308	1026912	228323	250	39823	52412	38590
海南	101764	79539	79539	67010		1920	10609		
重庆	375111	298417	292417	223672	3000	1295	64450	6000	
四川	2573912	2467375	1865917	1636621	74097	2468	152731	601249	502910
贵州	669983	650845	554275	523539		3262	27474	81483	42823
云南	1247338	1192027	1153682	923183	73482	5100	151917	36314	19232
西藏	118298	116777	116777	91454	22500		2823		
陕西	3064796	2995950	2606344	2345622	7170	1110	252442	383806	352187
甘肃	975740	947739	837916	623136	111329	90	103361	109823	18571
青海	393603	378347	355187	183236	121676		50275	23160	20660
宁夏	194731	169308	169308	114140		50	55118		
新疆	2176338	2081980	1840885	1673382	103699	2816	60988	235348	153334

（其他教育机构）

单位：千元

地方教育附加	地方基金	企业办学中的企业拨款	校办产业和社会服务收入用于教育的经费	其他属于国家财政性教育经费	民办学校中举办者投入	社会捐赠经费	#农村	事业收入	#学杂费	其他收入
1438530	**1609504**	**2636**	**167957**	**2158**		**7995**		**1919275**	**398590**	**639559**
	36054		29241					188738	37436	157927
185055	52893		163	1258				9806	9020	2711
	54835							46773	23649	21957
5133	1644							56830	19508	1128
						50		56781	16711	4255
174556	656848							27454	980	9996
12571	16540							6189		4358
	14534	702	10					13107	2683	400
			87338			421		227634		66646
63305	1080					2864		160588	57536	15413
79323	57615		182					109481	33605	96801
469	18690		4718			60		78449	5771	7437
700	36373		208			140		140970	380	11198
	51241		999					43641	2200	6457
58297	78933							82649	26916	15748
22249	440		1001					32269		4415
31659	38753					2		31082	5092	8299
2850	1620		200					51303	14393	7161
578853	333633		17840	9		690		127843	25787	72895
10530	3292		8			2147		35344	154	5012
								1011		21214
1100	4900							68192	14628	8502
45057	53282		200	9		89		99972	65914	6476
38660			15087					15127	3008	4011
	17082		2031			50		41161	4880	14100
								1521	731	
31619			5800					68035	2944	811
12442	78810					81		26301	2460	1619
2500								10798		4458
								17668	10570	7755
81602	412	1934	2931	882		1401		42558	11634	50399

3-72 教育经费收入情况

地区	总计	国家财政性教育经费	公共财政预算教育经费					各级政府征收用于教育的税费	
				教育事业费拨款	基本建设拨款	科研拨款	其他拨款		教育费附加
合计	**4402707**	**3753665**	**3667991**	**938397**	**45930**		**2683664**		
北京	2666684	2389500	2388814	677881			1710933		
天津									
河北	4066	4066	4066				4066		
山西	308	308	308				308		
内蒙古	353	353	353				353		
辽宁	56565	56565	56565				56565		
吉林	41950	41950	41950				41950		
黑龙江	16514	16514	15812	918			14894		
上海	923089	658578	576304	132822			443482		
江苏	40084	40084	40084				40084		
浙江	3036	3036	3036				3036		
安徽	32058	32058	32058				32058		
福建	139794	48253	48253	36352			11901		
江西									
山东	16392	16392	16392				16392		
河南	4896	4896	4896				4896		
湖北	62628	62628	62628				62628		
湖南	6068	6068	6068				6068		
广东	49180	49180	49180				49180		
广西									
海南									
重庆	548	548	548				548		
四川	46390	46390	46390				46390		
贵州	4374	4374	4374				4374		
云南									
西藏									
陕西	43152	43152	43152				43152		
甘肃	37980	37980	37980				37980		
青海	7112	7112	7112				7112		
宁夏									
新疆	199486	183680	181668	90424	45930		45314		

（中央属其他教育机构）

单位：千元

地方教育附加	地方基金	企业办学中的企业拨款	校办产业和社会服务收入用于教育的经费	其他属于国家财政性教育经费	民办学校中举办者投入	社会捐赠经费	#农村	事业收入	#学杂费	其他收入
		2636	**83038**			**1121**		**471942**	**26643**	**175979**
			686					158786	24345	118398
		702								
			82274			421		211471		52619
								90608		933
		1934	78			700		11077	2298	4029

3-73 教育经费收入情况

地区	总计	国家财政性教育经费	公共财政预算教育经费					各级政府征收用于教育的税费	
				教育事业费拨款	基本建设拨款	科研拨款	其他拨款		教育费附加
合计	**76108728**	**74190941**	**66498424**	**59650894**	**2554418**	**125942**	**4167170**	**7605440**	**4557406**
北京	5780148	5710667	5575020	3259994	631648	8820	1674558	107092	71038
天津	11218724	11206207	10226843	10220443		400	6000	977943	739995
河北	1376802	1308072	1241274	892752	297171	240	51111	66798	11963
山西	1366090	1308132	1268518	1211422	19947	10865	26284	39614	32837
内蒙古	755476	694390	693380	563969	19924	2160	107327	1010	1010
辽宁	6012628	5975178	4974561	4622097	171345	634	180485	1000617	169213
吉林	3310542	3299995	3234554	3132856	80000	2690	19008	65441	36330
黑龙江	2007101	1993594	1607215	1224903	331475		50837	386369	371835
上海	582344	552154	547090	460523	26160	2171	58236		
江苏	2143277	1964412	1771295	1582150	4533	21732	162880	193117	128732
浙江	1923260	1716978	1540139	1421912		5281	112946	176657	39719
安徽	3452730	3366784	3340339	3215373	7497	6212	111257	21727	2568
福建	665688	604921	567490	458168	2445	28996	77881	37223	150
江西	822177	772079	718379	695536	1965	1370	19508	52701	1460
山东	4367232	4268835	4050455	3978588		2590	69277	218380	81150
河南	3342065	3305381	3193545	3048026	18357	418	126744	110835	88146
湖北	1381316	1341933	1161183	981046	49362	1753	129022	180750	110338
湖南	4207936	4149472	3722116	3478125	181030	1936	61025	427156	422686
广东	8450389	8248961	6218697	5861528	12213	9313	335643	2012415	1099929
广西	1390231	1347728	1295308	1026912	228323	250	39823	52412	38590
海南	101764	79539	79539	67010		1920	10609		
重庆	374563	297869	291869	223672	3000	1295	63902	6000	
四川	2527522	2420985	1819527	1636621	74097	2468	106341	601249	502910
贵州	665609	646471	549901	523539		3262	23100	81483	42823
云南	1247338	1192027	1153682	923183	73482	5100	151917	36314	19232
西藏	118298	116777	116777	91454	22500		2823		
陕西	3021644	2952798	2563192	2345622	7170	1110	209290	383806	352187
甘肃	937760	909759	799936	623136	111329	90	65381	109823	18571
青海	386491	371235	348075	183236	121676		43163	23160	20660
宁夏	194731	169308	169308	114140		50	55118		
新疆	1976852	1898300	1659217	1582958	57769	2816	15674	235348	153334

（地方其他教育机构）

单位：千元

地方教育附加	地方基金	企业办学中的企业拨款	校办产业和社会服务收入用于教育的经费	其他属于国家财政性教育经费	民办学校中举办者投入	社会捐赠经费	#农村	事业收入	#学杂费	其他收入
1438530	**1609504**		**84919**	**2158**		**6874**		**1447333**	**371947**	**463580**
	36054		28555					29952	13091	39529
185055	52893		163	1258				9806	9020	2711
	54835							46773	23649	21957
5133	1644							56830	19508	1128
						50		56781	16711	4255
174556	656848							27454	980	9996
12571	16540							6189		4358
	14534		10					13107	2683	400
			5064					16163		14027
63305	1080					2864		160588	57536	15413
79323	57615		182					109481	33605	96801
469	18690		4718			60		78449	5771	7437
700	36373		208			140		50362	380	10265
	51241		999					43641	2200	6457
58297	78933							82649	26916	15748
22249	440		1001					32269		4415
31659	38753					2		31082	5092	8299
2850	1620		200					51303	14393	7161
578853	333633		17840	9		690		127843	25787	72895
10530	3292		8			2147		35344	154	5012
								1011		21214
1100	4900							68192	14628	8502
45057	53282		200	9		89		99972	65914	6476
38660			15087					15127	3008	4011
	17082		2031			50		41161	4880	14100
								1521	731	
31619			5800					68035	2944	811
12442	78810					81		26301	2460	1619
2500								10798		4458
								17668	10570	7755
81602	412		2853	882		701		31481	9336	46370

第四部分

各地区各级各类教育机构教育经费支出明细

4-1 教育经费支出明细

地区	合计	事业性经费支出	个人部分	工资福利支出	对个人和家庭的补助支出	#助学金
合计	**2943065881**	**2877085326**	**1528910031**	**1042427433**	**486482598**	**113233553**
北京	168625362	162897835	65810857	38934887	26875970	8375549
天津	62772491	61575373	26005174	14391477	11613697	990625
河北	103300336	101690933	58683027	42736631	15946396	3968766
山西	67338839	65398640	37086358	27881805	9204553	2424604
内蒙古	61204999	59580622	36941768	25438412	11503356	2713858
辽宁	98028993	95015609	47363462	31218046	16145416	2245039
吉林	56193612	55701402	30426980	19791918	10635062	1667731
黑龙江	69735857	68012567	36089023	22906871	13182152	2020897
上海	105886429	101852984	44629236	35454698	9174538	2877235
江苏	213232703	211878322	113233685	76188710	37044975	4596130
浙江	148310708	146959713	84565020	62360301	22204719	4203832
安徽	106181858	104855852	52514736	35070570	17444166	3539438
福建	81359889	79869692	47162520	33789462	13373058	2286308
江西	80909896	79530240	38688678	26376463	12312215	3974416
山东	183182971	182329127	91804336	70357987	21446349	5192047
河南	153950423	151470661	74779091	53416837	21362254	7083290
湖北	104457164	101031130	54552322	35900007	18652315	4150849
湖南	112152604	110116523	54420546	37611997	16808549	3651734
广东	239412756	234421060	134159409	97160214	36999195	6340176
广西	75336009	72805677	43106984	26100832	17006152	4992315
海南	22303806	21712637	11091690	9090367	2001323	674169
重庆	71169002	68767482	35571371	22381504	13189867	3670291
四川	146649568	143587639	82462009	54396575	28065434	7466483
贵州	65023777	63000395	38331201	23512118	14819083	3342175
云南	88591715	86241629	51815629	30042719	21772910	7083249
西藏	11967344	9938894	6493097	3605195	2887902	1617941
陕西	99122911	97464788	48475889	32236098	16239791	5379873
甘肃	49432167	47686041	28004562	18489713	9514849	2460311
青海	15659138	13508945	8030223	5019772	3010451	877382
宁夏	15956302	15434282	8787100	6140254	2646846	862589
新疆	65616252	62748632	37824048	24424993	13399055	2504251

（各级各类教育机构）

单位：千元

公用部分	商品和服务支出	其他资本性支出			基本建设支出
			专项公用支出	专项项目支出	
1348175295	**643117404**	**705057891**	**227558323**	**477499568**	**65980555**
97086978	58661456	38425522	21478276	16947246	5727527
35570199	12191427	23378772	8027564	15351208	1197118
43007906	21173723	21834183	6720932	15113251	1609403
28312282	14663785	13648497	5038791	8609706	1940199
22638854	9485063	13153791	4614424	8539367	1624377
47652147	24862126	22790021	7193127	15596894	3013384
25274422	13419452	11854970	4055820	7799150	492210
31923544	18299786	13623758	4599250	9024508	1723290
57223748	43345652	13878096	9607471	4270625	4033445
98644637	37323836	61320801	13924110	47396691	1354381
62394693	30233041	32161652	8757923	23403729	1350995
52341116	18246931	34094185	8325753	25768432	1326006
32707172	15506008	17201164	5394592	11806572	1490197
40841562	13145417	27696145	5467369	22228776	1379656
90524791	30375124	60149667	11435102	48714565	853844
76691570	36793524	39898046	12757312	27140734	2479762
46478808	24764126	21714682	6597385	15117297	3426034
55695977	26086226	29609751	9250617	20359134	2036081
100261651	55720279	44541372	20231281	24310091	4991696
29698693	12589293	17109400	5579625	11529775	2530332
10620947	3717451	6903496	2547982	4355514	591169
33196111	15633873	17562238	5488043	12074195	2401520
61125630	29139498	31986132	12094059	19892073	3061929
24669194	12304106	12365088	4402221	7962867	2023382
34426000	15156172	19269828	5092809	14177019	2350086
3445797	1691093	1754704	503044	1251660	2028450
48988899	22562466	26426433	8792794	17633639	1658123
19681479	8710718	10970761	3174806	7795955	1746126
5478722	2318339	3160383	1127443	2032940	2150193
6647182	2806718	3840464	1419285	2421179	522020
24924584	12190695	12733889	3859113	8874776	2867620

4-2 教育经费支出明细

地区	合计	事业性经费支出	个人部分	工资福利支出	对个人和家庭的补助支出	#助学金
合计	**246863590**	**237249887**	**97024765**	**56735126**	**40289639**	**15966891**
北京	76790890	73838796	25979122	12789050	13190072	7270002
天津	6278476	5645629	2509554	1410610	1098944	300538
河北	1881056	1838566	983518	760819	222699	63857
山西	17921	17921	12557	10554	2003	1203
内蒙古	16677	16677	16324		16324	
辽宁	7775988	7245498	2884316	1784269	1100047	338417
吉林	5511482	5371482	2609086	1496975	1112111	299048
黑龙江	11107772	10981428	4813506	3567467	1246039	311487
上海	22379836	21826222	7703865	5756713	1947152	1061166
江苏	16576841	15620726	7388538	4385210	3003328	822585
浙江	7774172	6636165	2346283	1160466	1185817	436702
安徽	4624717	4588217	1438999	866110	572889	200356
福建	4086520	3922547	1870427	1088644	781783	340355
江西	37445	37445	24926	22046	2880	2670
山东	7579486	7180896	2999436	1770245	1229191	324201
河南	512423	512423	169105	144127	24978	4953
湖北	17684929	17101748	8221774	4714886	3506888	1206103
湖南	6154454	6074454	2485092	1409989	1075103	391860
广东	10298713	10254429	4506520	2577453	1929067	350574
广西						
海南	28394	28394	23906	15882	8024	5
重庆	5767750	5709270	2681536	1632263	1049273	427403
四川	12367465	11874572	5244692	3315165	1929527	659374
贵州	63175	63175	26781	20809	5972	4496
云南						
西藏						
陕西	11617548	11466048	4647539	2589369	2058170	607390
甘肃	2565508	2475098	1081144	658541	422603	169274
青海	7112	7112				
宁夏	564621	485621	185847	137546	48301	28016
新疆	6792219	6429328	4170372	2649918	1520454	344856

（中央属各级各类教育机构）

单位：千元

公用部分	商品和服务支出	其他资本性支出			基本建设支出
			专项公用支出	专项项目支出	
140225122	**101716136**	**38508986**	**22647038**	**15861948**	**9613703**
47859674	35908796	11950878	6770695	5180183	2952094
3136075	2584469	551606	423174	128432	632847
855048	515088	339960	150481	189479	42490
5364	5179	185	125	60	
353	353				
4361182	2947892	1413290	805249	608041	530490
2762396	2173000	589396	378888	210508	140000
6167922	4287651	1880271	1267240	613031	126344
14122357	10211850	3910507	2343887	1566620	553614
8232188	5812820	2419368	1649103	770265	956115
4289882	3666730	623152	623152		1138007
3149218	1991238	1157980	404356	753624	36500
2052120	1368271	683849	564873	118976	163973
12519	2511	10008	8484	1524	
4181460	3251377	930083	538365	391718	398590
343318	143089	200229	38229	162000	
8879974	6726468	2153506	1538381	615125	583181
3589362	2329339	1260023	539664	720359	80000
5747909	3941760	1806149	721422	1084727	44284
4488	3956	532	532		
3027734	2557936	469798	397811	71987	58480
6629880	4560507	2069373	1260327	809046	492893
36394	30160	6234	3501	2733	
6818509	4598592	2219917	1531876	688041	151500
1393954	896513	497441	224610	272831	90410
7112	7112				
299774	144387	155387	131426	23961	79000
2258956	1049092	1209864	331187	878677	362891

4-3 教育经费支出明细

地区	合计	事业性经费支出	个人部分	工资福利支出	对个人和家庭的补助支出	#助学金
合计	**2696202291**	**2639835439**	**1431885266**	**985692307**	**446192959**	**97266662**
北京	91834472	89059039	39831735	26145837	13685898	1105547
天津	56494015	55929744	23495620	12980867	10514753	690087
河北	101419280	99852367	57699509	41975812	15723697	3904909
山西	67320918	65380719	37073801	27871251	9202550	2423401
内蒙古	61188322	59563945	36925444	25438412	11487032	2713858
辽宁	90253005	87770111	44479146	29433777	15045369	1906622
吉林	50682130	50329920	27817894	18294943	9522951	1368683
黑龙江	58628085	57031139	31275517	19339404	11936113	1709410
上海	83506593	80026762	36925371	29697985	7227386	1816069
江苏	196655862	196257596	105845147	71803500	34041647	3773545
浙江	140536536	140323548	82218737	61199835	21018902	3767130
安徽	101557141	100267635	51075737	34204460	16871277	3339082
福建	77273369	75947145	45292093	32700818	12591275	1945953
江西	80872451	79492795	38663752	26354417	12309335	3971746
山东	175603485	175148231	88804900	68587742	20217158	4867846
河南	153438000	150958238	74609986	53272710	21337276	7078337
湖北	86772235	83929382	46330548	31185121	15145427	2944746
湖南	105998150	104042069	51935454	36202008	15733446	3259874
广东	229114043	224166631	129652889	94582761	35070128	5989602
广西	75336009	72805677	43106984	26100832	17006152	4992315
海南	22275412	21684243	11067784	9074485	1993299	674164
重庆	65401252	63058212	32889835	20749241	12140594	3242888
四川	134282103	131713067	77217317	51081410	26135907	6807109
贵州	64960602	62937220	38304420	23491309	14813111	3337679
云南	88591715	86241629	51815629	30042719	21772910	7083249
西藏	11967344	9938894	6493097	3605195	2887902	1617941
陕西	87505363	85998740	43828350	29646729	14181621	4772483
甘肃	46866659	45210943	26923418	17831172	9092246	2291037
青海	15652026	13501833	8030223	5019772	3010451	877382
宁夏	15391681	14948661	8601253	6002708	2598545	834573
新疆	58824033	56319304	33653676	21775075	11878601	2159395

（地方各级各类教育机构）

单位：千元

公用部分	商品和服务支出	其他资本性支出	专项公用支出	专项项目支出	基本建设支出
1207950173	**541401268**	**666548905**	**204911285**	**461637620**	**56366852**
49227304	22752660	26474644	14707581	11767063	2775433
32434124	9606958	22827166	7604390	15222776	564271
42152858	20658635	21494223	6570451	14923772	1566913
28306918	14658606	13648312	5038666	8609646	1940199
22638501	9484710	13153791	4614424	8539367	1624377
43290965	21914234	21376731	6387878	14988853	2482894
22512026	11246452	11265574	3676932	7588642	352210
25755622	14012135	11743487	3332010	8411477	1596946
43101391	33133802	9967589	7263584	2704005	3479831
90412449	31511016	58901433	12275007	46626426	398266
58104811	26566311	31538500	8134771	23403729	212988
49191898	16255693	32936205	7921397	25014808	1289506
30655052	14137737	16517315	4829719	11687596	1326224
40829043	13142906	27686137	5458885	22227252	1379656
86343331	27123747	59219584	10896737	48322847	455254
76348252	36650435	39697817	12719083	26978734	2479762
37598834	18037658	19561176	5059004	14502172	2842853
52106615	23756887	28349728	8710953	19638775	1956081
94513742	51778519	42735223	19509859	23225364	4947412
29698693	12589293	17109400	5579625	11529775	2530332
10616459	3713495	6902964	2547450	4355514	591169
30168377	13075937	17092440	5090232	12002208	2343040
54495750	24578991	29916759	10833732	19083027	2569036
24632800	12273946	12358854	4398720	7960134	2023382
34426000	15156172	19269828	5092809	14177019	2350086
3445797	1691093	1754704	503044	1251660	2028450
42170390	17963874	24206516	7260918	16945598	1506623
18287525	7814205	10473320	2950196	7523124	1655716
5471610	2311227	3160383	1127443	2032940	2150193
6347408	2662331	3685077	1287859	2397218	443020
22665628	11141603	11524025	3527926	7996099	2504729

4-4 教育经费支出明细

地区	合计	事业性经费支出	个人部分	工资福利支出	对个人和家庭的补助支出	#助学金
合计	**774265464**	**754661094**	**316749326**	**196803921**	**119945405**	**46865463**
北京	82915244	79854550	32270801	16609557	15661244	7906040
天津	20908840	20260993	7839349	4574358	3264991	803601
河北	24118331	23654829	10291946	6557232	3734714	1528263
山西	15133261	14436087	6547932	4341559	2206373	1117691
内蒙古	11609191	11372932	5523892	3564132	1959760	858109
辽宁	30468327	29124898	12597797	7849321	4748476	1432698
吉林	17324958	17144125	7803476	4700009	3103467	1020043
黑龙江	21813586	21622086	7975759	4628608	3347151	1044730
上海	49577349	46900715	15095275	11694963	3400312	1589341
江苏	59213584	57963217	25707363	15509921	10197442	2987650
浙江	37122263	35984256	15533504	10486308	5047196	1572255
安徽	22111987	21977487	9090078	5361482	3728596	1413740
福建	18980796	18260128	8659245	5569023	3090222	1282220
江西	17590979	17509968	7910448	5097243	2813205	1355097
山东	39777776	39083922	16135384	10180092	5955292	2152974
河南	30941013	30702514	12359906	8352721	4007185	1886631
湖北	40709756	39636784	17628976	10962709	6666267	2475303
湖南	29014295	28754138	11387673	6978811	4408862	1793343
广东	50348226	49344926	22745610	14609021	8136589	2190769
广西	14499056	14146144	6419223	3564864	2854359	1307269
海南	4065293	3861605	1533078	1198399	334679	237868
重庆	20364086	20097325	7607780	4967501	2640279	1196179
四川	35289855	34631003	14568445	9496596	5071849	2214086
贵州	9226837	9087631	3936983	2178719	1758264	638308
云南	14013000	13655132	5995610	3741735	2253875	1006591
西藏	1488719	1124579	595268	367528	227740	70064
陕西	32787374	32314609	12485106	7200291	5284815	2066926
甘肃	10204859	9900849	4296355	2737485	1558870	707375
青海	1528279	1463633	810099	491962	318137	78430
宁夏	3048470	2923170	1283171	880439	402732	172668
新疆	8069874	7866859	4113794	2351332	1762462	759201

（高等学校）

单位：千元

公用部分	商品和服务支出	其他资本性支出			基本建设支出
			专项公用支出	专项项目支出	
437911768	**249866887**	**188044881**	**87148778**	**100896103**	**19604370**
47583749	31075502	16508247	8942673	7565574	3060694
12421644	5981068	6440576	2900213	3540363	647847
13362883	6567785	6795098	3532312	3262786	463502
7888155	3870416	4017739	1929446	2088293	697174
5849040	2596204	3252836	2027095	1225741	236259
16527101	9832113	6694988	3072065	3622923	1343429
9340649	5450464	3890185	1791624	2098561	180833
13646327	8509058	5137269	2476992	2660277	191500
31805440	26537690	5267750	3372755	1894995	2676634
32255854	18163938	14091916	6135248	7956668	1250367
20450752	12570690	7880062	3333076	4546986	1138007
12887409	5608649	7278760	2951295	4327465	134500
9600883	5500297	4100586	1982892	2117694	720668
9599520	4411699	5187821	1748277	3439544	81011
22948538	11437242	11511296	4432449	7078847	693854
18342608	8693494	9649114	3833165	5815949	238499
22007808	13713223	8294585	3314931	4979654	1072972
17366465	9161828	8204637	3359131	4845506	260157
26599316	15599949	10999367	5003368	5995999	1003300
7726921	3578508	4148413	1650638	2497775	352912
2328527	951601	1376926	708717	668209	203688
12489545	6236954	6252591	2012232	4240359	266761
20062558	10594282	9468276	5456682	4011594	658852
5150648	2601813	2548835	1348814	1200021	139206
7659522	3718228	3941294	1475550	2465744	357868
529311	262484	266827	149672	117155	364140
19829503	10412183	9417320	5608474	3808846	472765
5604494	2839480	2765014	1254613	1510401	304010
653534	361581	291953	189396	102557	64646
1639999	864560	775439	464397	311042	125300
3753065	2163904	1589161	690586	898575	203015

4-5 教育经费支出明细

地区	合计	事业性经费支出	个人部分	工资福利支出	对个人和家庭的补助支出	#助学金
合计	**220968140**	**211753488**	**88073835**	**50032095**	**38041740**	**15645365**
北京	63163005	60228041	24178659	11509535	12669124	7245920
天津	6135828	5502981	2423265	1335789	1087476	297841
河北	1763112	1720622	903948	682643	221305	63857
山西						
内蒙古						
辽宁	7630319	7099829	2819995	1727316	1092679	338417
吉林	5261336	5121336	2481760	1400079	1081681	297575
黑龙江	7935612	7863388	2592905	1625143	967762	291481
上海	21262342	20708728	7530341	5598094	1932247	1057075
江苏	16477429	15521314	7344572	4343396	3001176	821445
浙江	7771136	6633129	2346283	1160466	1185817	436702
安徽	4557210	4520710	1411521	842053	569468	197323
福建	3957155	3793182	1852261	1072907	779354	340355
江西	31141	31141	20691	18150	2541	2541
山东	7330028	6931438	2830242	1616169	1214073	323297
河南	342824	342824	78865	56961	21904	4557
湖北	17328940	16745759	8026689	4563100	3463589	1205584
湖南	6106856	6026856	2473975	1401006	1072969	391064
广东	10065940	10021656	4367719	2455990	1911729	343770
广西						
海南						
重庆	5629915	5571435	2600234	1566839	1033395	425878
四川	12210664	11717771	5179253	3272046	1907207	656893
贵州	35111	35111	13627	10265	3362	2242
云南						
西藏						
陕西	11548324	11396824	4626215	2569545	2056670	606345
甘肃	2512330	2421920	1068190	646089	422101	168772
青海						
宁夏	564621	485621	185847	137546	48301	28016
新疆	1346962	1311872	716778	420968	295810	98415

(中央属高等学校)

单位:千元

公用部分	商品和服务支出	其他资本性支出	专项公用支出	专项项目支出	基本建设支出
123679653	**87488728**	**36190925**	**21628593**	**14562332**	**9214652**
36049382	24920904	11128478	6285831	4842647	2934964
3079716	2542685	537031	418967	118064	632847
816674	486797	329877	148507	181370	42490
4279834	2870448	1409386	802723	606663	530490
2639576	2081753	557823	362315	195508	140000
5270483	3625891	1644592	1128576	516016	72224
13178387	9378142	3800245	2300306	1499939	553614
8176742	5761557	2415185	1645827	769358	956115
4286846	3663694	623152	623152		1138007
3109189	1953751	1155438	401814	753624	36500
1940921	1269343	671578	552602	118976	163973
10450	1059	9391	8125	1266	
4101196	3186074	915122	532939	382183	398590
263959	64485	199474	37474	162000	
8719070	6583343	2135727	1521783	613944	583181
3552881	2318536	1234345	515090	719255	80000
5653937	3860817	1793120	714478	1078642	44284
2971201	2525788	445413	373426	71987	58480
6538518	4485745	2052773	1253970	798803	492893
21484	18417	3067	3067		
6770609	4551814	2218795	1531380	687415	151500
1353730	856822	496908	224077	272831	90410
299774	144387	155387	131426	23961	79000
595094	336476	258618	110738	147880	35090

4-6 教育经费支出明细

地区	合计	事业性经费支出	个人部分	工资福利支出	对个人和家庭的补助支出	#助学金
合计	**553297324**	**542907606**	**228675491**	**146771826**	**81903665**	**31220098**
北京	19752239	19626509	8092142	5100022	2992120	660120
天津	14773012	14758012	5416084	3238569	2177515	505760
河北	22355219	21934207	9387998	5874589	3513409	1464406
山西	15133261	14436087	6547932	4341559	2206373	1117691
内蒙古	11609191	11372932	5523892	3564132	1959760	858109
辽宁	22838008	22025069	9777802	6122005	3655797	1094281
吉林	12063622	12022789	5321716	3299930	2021786	722468
黑龙江	13877974	13758698	5382854	3003465	2379389	753249
上海	28315007	26191987	7564934	6096869	1468065	532266
江苏	42736155	42441903	18362791	11166525	7196266	2166205
浙江	29351127	29351127	13187221	9325842	3861379	1135553
安徽	17554777	17456777	7678557	4519429	3159128	1216417
福建	15023641	14466946	6806984	4496116	2310868	941865
江西	17559838	17478827	7889757	5079093	2810664	1352556
山东	32447748	32152484	13305142	8563923	4741219	1829677
河南	30598189	30359690	12281041	8295760	3985281	1882074
湖北	23380816	22891025	9602287	6399609	3202678	1269719
湖南	22907439	22727282	8913698	5577805	3335893	1402279
广东	40282286	39323270	18377891	12153031	6224860	1846999
广西	14499056	14146144	6419223	3564864	2854359	1307269
海南	4065293	3861605	1533078	1198399	334679	237868
重庆	14734171	14525890	5007546	3400662	1606884	770301
四川	23079191	22913232	9389192	6224550	3164642	1557193
贵州	9191726	9052520	3923356	2168454	1754902	636066
云南	14013000	13655132	5995610	3741735	2253875	1006591
西藏	1488719	1124579	595268	367528	227740	70064
陕西	21239050	20917785	7858891	4630746	3228145	1460581
甘肃	7692529	7478929	3228165	2091396	1136769	538603
青海	1528279	1463633	810099	491962	318137	78430
宁夏	2483849	2437549	1097324	742893	354431	144652
新疆	6722912	6554987	3397016	1930364	1466652	660786

(地方高等学校)

单位:千元

公用部分	商品和服务支出	其他资本性支出			基本建设支出
			专项公用支出	专项项目支出	
314232115	**162378159**	**151853956**	**65520185**	**86333771**	**10389718**
11534367	6154598	5379769	2656842	2722927	125730
9341928	3438383	5903545	2481246	3422299	15000
12546209	6080988	6465221	3383805	3081416	421012
7888155	3870416	4017739	1929446	2088293	697174
5849040	2596204	3252836	2027095	1225741	236259
12247267	6961665	5285602	2269342	3016260	812939
6701073	3368711	3332362	1429309	1903053	40833
8375844	4883167	3492677	1348416	2144261	119276
18627053	17159548	1467505	1072449	395056	2123020
24079112	12402381	11676731	4489421	7187310	294252
16163906	8906996	7256910	2709924	4546986	
9778220	3654898	6123322	2549481	3573841	98000
7659962	4230954	3429008	1430290	1998718	556695
9589070	4410640	5178430	1740152	3438278	81011
18847342	8251168	10596174	3899510	6696664	295264
18078649	8629009	9449640	3795691	5653949	238499
13288738	7129880	6158858	1793148	4365710	489791
13813584	6843292	6970292	2844041	4126251	180157
20945379	11739132	9206247	4288890	4917357	959016
7726921	3578508	4148413	1650638	2497775	352912
2328527	951601	1376926	708717	668209	203688
9518344	3711166	5807178	1638806	4168372	208281
13524040	6108537	7415503	4202712	3212791	165959
5129164	2583396	2545768	1345747	1200021	139206
7659522	3718228	3941294	1475550	2465744	357868
529311	262484	266827	149672	117155	364140
13058894	5860369	7198525	4077094	3121431	321265
4250764	1982658	2268106	1030536	1237570	213600
653534	361581	291953	189396	102557	64646
1340225	720173	620052	332971	287081	46300
3157971	1827428	1330543	579848	750695	167925

4-7 教育经费支出明细

地区	合计	事业性经费支出	个人部分	工资福利支出	对个人和家庭的补助支出	#助学金
合计	**754726528**	**735228926**	**309956262**	**192192124**	**117764138**	**46507857**
北京	81777200	78716506	31712220	16243160	15469060	7905155
天津	20215942	19568095	7609104	4443626	3165478	801468
河北	23595116	23131614	10003729	6354083	3649646	1494627
山西	14882406	14185232	6393866	4216503	2177363	1114105
内蒙古	11498927	11263668	5463312	3526251	1937061	851390
辽宁	29982219	28638790	12345399	7659764	4685635	1430253
吉林	16634614	16468781	7425629	4506423	2919206	948190
黑龙江	21385515	21194017	7736348	4490243	3246105	1039615
上海	43465428	40789794	14318422	11069113	3249309	1582908
江苏	58609859	57359492	25419478	15328442	10091036	2963281
浙江	35973022	34835015	15006883	10104597	4902286	1554831
安徽	21759408	21624908	8901721	5236599	3665122	1404819
福建	18674013	17977123	8514389	5466270	3048119	1282060
江西	17237992	17156981	7738117	4984622	2753495	1329076
山东	39368398	38686794	15958568	10064371	5894197	2144090
河南	30462130	30223631	12124677	8198307	3926370	1858113
湖北	40503915	39430943	17501460	10886022	6615438	2461154
湖南	28689541	28430169	11265854	6897687	4368167	1784830
广东	49331708	48328408	22252180	14277568	7974612	2178135
广西	14143153	13806804	6235749	3453833	2781916	1298067
海南	4016789	3826351	1509837	1182102	327735	232474
重庆	20274378	20007617	7593013	4956963	2636050	1196146
四川	34242375	33590963	14224469	9243125	4981344	2204877
贵州	9028043	8891537	3851191	2120186	1731005	637784
云南	13293851	12935983	5875030	3659244	2215786	990994
西藏	1488719	1124579	595268	367528	227740	70064
陕西	32210433	31739668	12292419	7061604	5230815	2053101
甘肃	10007707	9707697	4213877	2685102	1528775	698951
青海	1486939	1427293	785964	474855	311109	78430
宁夏	3048470	2923170	1283171	880439	402732	172668
新疆	7438318	7237303	3804918	2153492	1651426	746201

（普通高等学校）

单位：千元

公用部分	商品和服务支出	其他资本性支出	专项公用支出	专项项目支出	基本建设支出
425272664	**240378980**	**184893684**	**85772832**	**99120852**	**19497602**
47004286	30583480	16420806	8860056	7560750	3060694
11958991	5888151	6070840	2895824	3175016	647847
13127885	6377593	6750292	3489204	3261088	463502
7791366	3782499	4008867	1923128	2085739	697174
5800356	2554831	3245525	2019784	1225741	235259
16293391	9633621	6659770	3044248	3615522	1343429
9043152	5287514	3755638	1755424	2000214	165833
13457669	8340248	5117421	2461647	2655774	191498
26471372	21345232	5126140	3237762	1888378	2675634
31940014	18022475	13917539	6098571	7818968	1250367
19828132	12257262	7570870	3255595	4315275	1138007
12723187	5485985	7237202	2934149	4303053	134500
9462734	5375613	4087121	1972939	2114182	696890
9418864	4291926	5126938	1722250	3404688	81011
22728226	11308893	11419333	4353333	7066000	681604
18098954	8484413	9614541	3812955	5801586	238499
21929483	13648263	8281220	3310118	4971102	1072972
17164315	8984405	8179910	3340406	4839504	259372
26076228	15177185	10899043	4933357	5965686	1003300
7571055	3477195	4093860	1629379	2464481	336349
2316514	940614	1375900	708561	667339	190438
12414604	6183929	6230675	1990316	4240359	266761
19366494	10359478	9007016	5093517	3913499	651412
5040346	2539329	2501017	1328561	1172456	136506
7060953	3601024	3459929	1342095	2117834	357868
529311	262484	266827	149672	117155	364140
19447249	10226395	9220854	5551018	3669836	470765
5493820	2750326	2743494	1239499	1503995	300010
641329	351525	289804	187390	102414	59646
1639999	864560	775439	464397	311042	125300
3432385	1992532	1439853	667677	772176	201015

4-8 教育经费支出明细

地 区	合 计	事业性经费支出	个人部分	工资福利支出	对个人和家庭的补助支出	#助学金
合 计	**220531989**	**211319337**	**87900832**	**49910646**	**37990186**	**15644945**
北 京	62822247	59887283	24062664	11429309	12633355	7245920
天 津	6135828	5502981	2423265	1335789	1087476	297841
河 北	1763112	1720622	903948	682643	221305	63857
山 西						
内蒙古						
辽 宁	7617576	7087086	2813573	1721458	1092115	338415
吉 林	5261336	5121336	2481760	1400079	1081681	297575
黑龙江	7935488	7863264	2592898	1625136	967762	291481
上 海	21262342	20708728	7530341	5598094	1932247	1057075
江 苏	16477429	15521314	7344572	4343396	3001176	821445
浙 江	7771136	6633129	2346283	1160466	1185817	436702
安 徽	4557210	4520710	1411521	842053	569468	197323
福 建	3957155	3793182	1852261	1072907	779354	340355
江 西	31141	31141	20691	18150	2541	2541
山 东	7330028	6931438	2830242	1616169	1214073	323297
河 南	342824	342824	78865	56961	21904	4557
湖 北	17328940	16745759	8026689	4563100	3463589	1205584
湖 南	6106856	6026856	2473975	1401006	1072969	391064
广 东	10065940	10021656	4367719	2455990	1911729	343770
广 西						
海 南						
重 庆	5629915	5571435	2600234	1566839	1033395	425878
四 川	12210404	11717511	5178993	3271786	1907207	656893
贵 州	22574	22574	4587	1785	2802	2242
云 南						
西 藏						
陕 西	11548324	11396824	4626215	2569545	2056670	606345
甘 肃	2501605	2411195	1060762	638661	422101	168772
青 海						
宁 夏	564621	485621	185847	137546	48301	28016
新 疆	1287958	1254868	682927	401778	281149	97997

（中央属普通高等学校）

单位：千元

公用部分	商品和服务支出	其他资本性支出			基本建设支出
			专项公用支出	专项项目支出	
123418505	**87250172**	**36168333**	**21607383**	**14560950**	**9212652**
35824619	24712479	11112140	6269493	4842647	2934964
3079716	2542685	537031	418967	118064	632847
816674	486797	329877	148507	181370	42490
4273513	2866262	1407251	801970	605281	530490
2639576	2081753	557823	362315	195508	140000
5270366	3625774	1644592	1128576	516016	72224
13178387	9378142	3800245	2300306	1499939	553614
8176742	5761557	2415185	1645827	769358	956115
4286846	3663694	623152	623152		1138007
3109189	1953751	1155438	401814	753624	36500
1940921	1269343	671578	552602	118976	163973
10450	1059	9391	8125	1266	
4101196	3186074	915122	532939	382183	398590
263959	64485	199474	37474	162000	
8719070	6583343	2135727	1521783	613944	583181
3552881	2318536	1234345	515090	719255	80000
5653937	3860817	1793120	714478	1078642	44284
2971201	2525788	445413	373426	71987	58480
6538518	4485745	2052773	1253970	798803	492893
17987	15766	2221	2221		
6770609	4551814	2218795	1531380	687415	151500
1350433	855204	495229	222398	272831	90410
299774	144387	155387	131426	23961	79000
571941	314917	257024	109144	147880	33090

4-9 教育经费支出明细

地区	合计	事业性经费支出	个人部分	工资福利支出	对个人和家庭的补助支出	#助学金
合计	**534194539**	**523909589**	**222055430**	**142281478**	**79773952**	**30862912**
北京	18954953	18829223	7649556	4813851	2835705	659235
天津	14080114	14065114	5185839	3107837	2078002	503627
河北	21832004	21410992	9099781	5671440	3428341	1430770
山西	14882406	14185232	6393866	4216503	2177363	1114105
内蒙古	11498927	11263668	5463312	3526251	1937061	851390
辽宁	22364643	21551704	9531826	5938306	3593520	1091838
吉林	11373278	11347445	4943869	3106344	1837525	650615
黑龙江	13450027	13330753	5143450	2865107	2278343	748134
上海	22203086	20081066	6788081	5471019	1317062	525833
江苏	42132430	41838178	18074906	10985046	7089860	2141836
浙江	28201886	28201886	12660600	8944131	3716469	1118129
安徽	17202198	17104198	7490200	4394546	3095654	1207496
福建	14716858	14183941	6662128	4393363	2268765	941705
江西	17206851	17125840	7717426	4966472	2750954	1326535
山东	32038370	31755356	13128326	8448202	4680124	1820793
河南	30119306	29880807	12045812	8141346	3904466	1853556
湖北	23174975	22685184	9474771	6322922	3151849	1255570
湖南	22582685	22403313	8791879	5496681	3295198	1393766
广东	39265768	38306752	17884461	11821578	6062883	1834365
广西	14143153	13806804	6235749	3453833	2781916	1298067
海南	4016789	3826351	1509837	1182102	327735	232474
重庆	14644463	14436182	4992779	3390124	1602655	770268
四川	22031971	21873452	9045476	5971339	3074137	1547984
贵州	9005469	8868963	3846604	2118401	1728203	635542
云南	13293851	12935983	5875030	3659244	2215786	990994
西藏	1488719	1124579	595268	367528	227740	70064
陕西	20662109	20342844	7666204	4492059	3174145	1446756
甘肃	7506102	7296502	3153115	2046441	1106674	530179
青海	1486939	1427293	785964	474855	311109	78430
宁夏	2483849	2437549	1097324	742893	354431	144652
新疆	6150360	5982435	3121991	1751714	1370277	648204

（地方普通高等学校）

单位：千元

公用部分	商品和服务支出	其他资本性支出	专项公用支出	专项项目支出	基本建设支出
301854159	**153128808**	**148725351**	**64165449**	**84559902**	**10284950**
11179667	5871001	5308666	2590563	2718103	125730
8879275	3345466	5533809	2476857	3056952	15000
12311211	5890796	6420415	3340697	3079718	421012
7791366	3782499	4008867	1923128	2085739	697174
5800356	2554831	3245525	2019784	1225741	235259
12019878	6767359	5252519	2242278	3010241	812939
6403576	3205761	3197815	1393109	1804706	25833
8187303	4714474	3472829	1333071	2139758	119274
13292985	11967090	1325895	937456	388439	2122020
23763272	12260918	11502354	4452744	7049610	294252
15541286	8593568	6947718	2632443	4315275	
9613998	3532234	6081764	2532335	3549429	98000
7521813	4106270	3415543	1420337	1995206	532917
9408414	4290867	5117547	1714125	3403422	81011
18627030	8122819	10504211	3820394	6683817	283014
17834995	8419928	9415067	3775481	5639586	238499
13210413	7064920	6145493	1788335	4357158	489791
13611434	6665869	6945565	2825316	4120249	179372
20422291	11316368	9105923	4218879	4887044	959016
7571055	3477195	4093860	1629379	2464481	336349
2316514	940614	1375900	708561	667339	190438
9443403	3658141	5785262	1616890	4168372	208281
12827976	5873733	6954243	3839547	3114696	158519
5022359	2523563	2498796	1326340	1172456	136506
7060953	3601024	3459929	1342095	2117834	357868
529311	262484	266827	149672	117155	364140
12676640	5674581	7002059	4019638	2982421	319265
4143387	1895122	2248265	1017101	1231164	209600
641329	351525	289804	187390	102414	59646
1340225	720173	620052	332971	287081	46300
2860444	1677615	1182829	558533	624296	167925

4-10 教育经费支出明细

地区	合计	事业性经费支出	个人部分	工资福利支出	对个人和家庭的补助支出	#助学金
合计	**611294156**	**595397452**	**249711812**	**152478913**	**97232899**	**37781355**
北京	77517548	74582584	30167422	15170496	14996926	7779034
天津	16870192	16222345	6139418	3563036	2576382	681587
河北	17761852	17337058	7052698	4372315	2680383	1008726
山西	10229260	10171806	4497637	2965900	1531737	765066
内蒙古	7982123	7762744	3641487	2317898	1323589	607841
辽宁	25419426	24363537	10420886	6360496	4060390	1254863
吉林	14667711	14501878	6576542	3996915	2579627	844370
黑龙江	17955549	17851443	6203070	3510995	2692075	882305
上海	40504264	38228630	13230213	10121407	3108806	1526181
江苏	46729717	45529905	20409317	12065613	8343704	2330248
浙江	28590027	27452020	11417918	7419777	3998141	1256655
安徽	16825001	16698501	6605242	3827870	2777372	974554
福建	14441973	14003226	6864288	4403026	2461262	1001284
江西	12176760	12095749	5823945	3840073	1983872	879029
山东	29966434	29315814	12511439	7703475	4807964	1646871
河南	22079391	22047971	8792781	5895167	2897614	1319442
湖北	34260752	33604920	14807321	9213864	5593457	2058155
湖南	21036021	20861089	8206906	5006010	3200896	1260317
广东	37106355	36248111	16699344	10291753	6407591	1663519
广西	10044008	9707659	4447029	2408737	2038292	978669
海南	3070793	2964650	1153470	897380	256090	180145
重庆	15644098	15389337	6190010	3992100	2197910	964972
四川	27616733	27038376	11611651	7539304	4072347	1747181
贵州	6806998	6676248	2762997	1538689	1224308	423166
云南	9895943	9895943	4633164	2920640	1712524	742412
西藏	1184386	935246	481984	286880	195104	63949
陕西	28010716	27601216	10547875	6019714	4528161	1701763
甘肃	8014027	7724017	3414288	2179354	1234934	556642
青海	1187422	1157422	627361	379620	247741	53881
宁夏	2186757	2082257	924134	633103	291031	118847
新疆	5511919	5345750	2849975	1637306	1212669	509681

（普通高等本科学校）

单位：千元

公用部分	商品和服务支出	其他资本性支出	专项公用支出	专项项目支出	基本建设支出
345685640	**204058553**	**141627087**	**68700188**	**72926899**	**15896704**
44415162	29195910	15219252	8043201	7176051	2934964
10082927	5099449	4983478	2544578	2438900	647847
10284360	4886230	5398130	2999855	2398275	424794
5674169	2678531	2995638	1355349	1640289	57454
4121257	1733503	2387754	1348599	1039155	219379
13942651	8404024	5538627	2476308	3062319	1055889
7925336	4756989	3168347	1491370	1676977	165833
11648373	7360316	4288057	2110616	2177441	104106
24998417	20197220	4801197	3019870	1781327	2275634
25120588	14884489	10236099	4941340	5294759	1199812
16034102	10145243	5888859	2557806	3331053	1138007
10093259	4402990	5690269	2350003	3340266	126500
7138938	4460823	2678115	1543603	1134512	438747
6271804	3367299	2904505	1034986	1869519	81011
16804375	9122185	7682190	3245484	4436706	650620
13255190	6222823	7032367	2841442	4190925	31420
18797599	12148425	6649174	2869573	3779601	655832
12654183	7057526	5596657	2290415	3306242	174932
19548767	11848625	7700142	3588697	4111445	858244
5260630	2492758	2767872	1088217	1679655	336349
1811180	661415	1149765	572911	576854	106143
9199327	4872409	4326918	1352871	2974047	254761
15426725	8787505	6639220	4001107	2638113	578357
3913251	2047864	1865387	1093245	772142	130750
5262779	2929877	2332902	1115119	1217783	
453262	220682	232580	133405	99175	249140
17053341	9302134	7751207	4883420	2867787	409500
4309729	2325690	1984039	837136	1146903	290010
530061	285708	244353	152337	92016	30000
1158123	676707	481416	367099	114317	104500
2495775	1483204	1012571	450226	562345	166169

4-11 教育经费支出明细

地区	合计	事业性经费支出	个人部分	工资福利支出	对个人和家庭的补助支出	#助学金
合计	**217499464**	**208286812**	**86387211**	**48742965**	**37644246**	**15533472**
北京	62771106	59836142	24032976	11406509	12626467	7242175
天津	6135828	5502981	2423265	1335789	1087476	297841
河北	1261601	1219111	615919	430203	185716	52935
山西						
内蒙古						
辽宁	7617576	7087086	2813573	1721458	1092115	338415
吉林	5261336	5121336	2481760	1400079	1081681	297575
黑龙江	7496821	7424597	2315516	1401842	913674	286679
上海	21216100	20662486	7499819	5573185	1926634	1055747
江苏	16477429	15521314	7344572	4343396	3001176	821445
浙江	7771136	6633129	2346283	1160466	1185817	436702
安徽	4529017	4492517	1391078	821647	569431	197291
福建	3957155	3793182	1852261	1072907	779354	340355
江西						
山东	7143796	6745206	2754419	1558787	1195632	321886
河南						
湖北	17081857	16498676	7865951	4433210	3432741	1183690
湖南	5999532	5919532	2411635	1356719	1054916	390295
广东	9445568	9401284	4105108	2253734	1851374	319902
广西						
海南						
重庆	5525688	5467208	2557180	1543086	1014094	417724
四川	11999757	11506864	5089426	3222011	1867415	639896
贵州						
云南						
西藏						
陕西	11548324	11396824	4626215	2569545	2056670	606345
甘肃	2501605	2411195	1060762	638661	422101	168772
青海						
宁夏	564621	485621	185847	137546	48301	28016
新疆	1193611	1160521	613646	362185	251461	89786

（中央属普通高等本科学校）

单位：千元

公用部分	商品和服务支出	其他资本性支出			基本建设支出
			专项公用支出	专项项目支出	
121899601	**86369659**	**35529942**	**21379654**	**14150288**	**9212652**
35803166	24691896	11111270	6268623	4842647	2934964
3079716	2542685	537031	418967	118064	632847
603192	293207	309985	128615	181370	42490
4273513	2866262	1407251	801970	605281	530490
2639576	2081753	557823	362315	195508	140000
5109081	3484215	1624866	1122144	502722	72224
13162667	9363024	3799643	2299704	1499939	553614
8176742	5761557	2415185	1645827	769358	956115
4286846	3663694	623152	623152		1138007
3101439	1950011	1151428	398029	753399	36500
1940921	1269343	671578	552602	118976	163973
3990787	3082866	907921	526833	381088	398590
8632725	6519719	2113006	1506598	606408	583181
3507897	2283764	1224133	507770	716363	80000
5296176	3772720	1523456	625510	897946	44284
2910028	2474786	435242	363255	71987	58480
6417438	4413245	2004193	1246870	757323	492893
6770609	4551814	2218795	1531380	687415	151500
1350433	855204	495229	222398	272831	90410
299774	144387	155387	131426	23961	79000
546875	303507	243368	95666	147702	33090

4-12 教育经费支出明细

地区	合计	事业性经费支出	个人部分	工资福利支出	对个人和家庭的补助支出	#助学金
合计	**393794692**	**387110640**	**163324601**	**103735948**	**59588653**	**22247883**
北京	14746442	14746442	6134446	3763987	2370459	536859
天津	10734364	10719364	3716153	2227247	1488906	383746
河北	16500251	16117947	6436779	3942112	2494667	955791
山西	10229260	10171806	4497637	2965900	1531737	765066
内蒙古	7982123	7762744	3641487	2317898	1323589	607841
辽宁	17801850	17276451	7607313	4639038	2968275	916448
吉林	9406375	9380542	4094782	2596836	1497946	546795
黑龙江	10458728	10426846	3887554	2109153	1778401	595626
上海	19288164	17566144	5730394	4548222	1182172	470434
江苏	30252288	30008591	13064745	7722217	5342528	1508803
浙江	20818891	20818891	9071635	6259311	2812324	819953
安徽	12295984	12205984	5214164	3006223	2207941	777263
福建	10484818	10210044	5012027	3330119	1681908	660929
江西	12176760	12095749	5823945	3840073	1983872	879029
山东	22822638	22570608	9757020	6144688	3612332	1324985
河南	22079391	22047971	8792781	5895167	2897614	1319442
湖北	17178895	17106244	6941370	4780654	2160716	874465
湖南	15036489	14941557	5795271	3649291	2145980	870022
广东	27660787	26846827	12594236	8038019	4556217	1343617
广西	10044008	9707659	4447029	2408737	2038292	978669
海南	3070793	2964650	1153470	897380	256090	180145
重庆	10118410	9922129	3632830	2449014	1183816	547248
四川	15616976	15531512	6522225	4317293	2204932	1107285
贵州	6806998	6676248	2762997	1538689	1224308	423166
云南	9895943	9895943	4633164	2920640	1712524	742412
西藏	1184386	935246	481984	286880	195104	63949
陕西	16462392	16204392	5921660	3450169	2471491	1095418
甘肃	5512422	5312822	2353526	1540693	812833	387870
青海	1187422	1157422	627361	379620	247741	53881
宁夏	1622136	1596636	738287	495557	242730	90831
新疆	4318308	4185229	2236329	1275121	961208	419895

(地方普通高等本科学校)

单位:千元

公用部分	商品和服务支出	其他资本性支出			基本建设支出
			专项公用支出	专项项目支出	
223786039	**117688894**	**106097145**	**47320534**	**58776611**	**6684052**
8611996	4504014	4107982	1774578	2333404	
7003211	2556764	4446447	2125611	2320836	15000
9681168	4593023	5088145	2871240	2216905	382304
5674169	2678531	2995638	1355349	1640289	57454
4121257	1733503	2387754	1348599	1039155	219379
9669138	5537762	4131376	1674338	2457038	525399
5285760	2675236	2610524	1129055	1481469	25833
6539292	3876101	2663191	988472	1674719	31882
11835750	10834196	1001554	720166	281388	1722020
16943846	9122932	7820914	3295513	4525401	243697
11747256	6481549	5265707	1934654	3331053	
6991820	2452979	4538841	1951974	2586867	90000
5198017	3191480	2006537	991001	1015536	274774
6271804	3367299	2904505	1034986	1869519	81011
12813588	6039319	6774269	2718651	4055618	252030
13255190	6222823	7032367	2841442	4190925	31420
10164874	5628706	4536168	1362975	3173193	72651
9146286	4773762	4372524	1782645	2589879	94932
14252591	8075905	6176686	2963187	3213499	813960
5260630	2492758	2767872	1088217	1679655	336349
1811180	661415	1149765	572911	576854	106143
6289299	2397623	3891676	989616	2902060	196281
9009287	4374260	4635027	2754237	1880790	85464
3913251	2047864	1865387	1093245	772142	130750
5262779	2929877	2332902	1115119	1217783	
453262	220682	232580	133405	99175	249140
10282732	4750320	5532412	3352040	2180372	258000
2959296	1470486	1488810	614738	874072	199600
530061	285708	244353	152337	92016	30000
858349	532320	326029	235673	90356	25500
1948900	1179697	769203	354560	414643	133079

4-13 教育经费支出明细

地区	合计	事业性经费支出	个人部分	工资福利支出	对个人和家庭的补助支出	#助学金
合计	**143432372**	**139831474**	**60244450**	**39713211**	**20531239**	**8726502**
北京	4259652	4133922	1544798	1072664	472134	126121
天津	3345750	3345750	1469686	880590	589096	119881
河北	5833264	5794556	2951031	1981768	969263	485901
山西	4653146	4013426	1896229	1250603	645626	349039
内蒙古	3516804	3500924	1821825	1208353	613472	243549
辽宁	4562793	4275253	1924513	1299268	625245	175390
吉林	1966903	1966903	849087	509508	339579	103820
黑龙江	3429966	3342574	1533278	979248	554030	157310
上海	2961164	2561164	1088209	947706	140503	56727
江苏	11880142	11829587	5010161	3262829	1747332	633033
浙江	7382995	7382995	3588965	2684820	904145	298176
安徽	4934407	4926407	2296479	1408729	887750	430265
福建	4232040	3973897	1650101	1063244	586857	280776
江西	5061232	5061232	1914172	1144549	769623	450047
山东	9401964	9370980	3447129	2360896	1086233	497219
河南	8382739	8175660	3331896	2303140	1028756	538671
湖北	6243163	5826023	2694139	1672158	1021981	402999
湖南	7653520	7569080	3058948	1891677	1167271	524513
广东	12225353	12080297	5552836	3985815	1567021	514616
广西	4099145	4099145	1788720	1045096	743624	319398
海南	945996	861701	356367	284722	71645	52329
重庆	4630280	4618280	1403003	964863	438140	231174
四川	6625642	6552587	2612818	1703821	908997	457696
贵州	2221045	2215289	1088194	581497	506697	214618
云南	3397908	3040040	1241866	738604	503262	248582
西藏	304333	189333	113284	80648	32636	6115
陕西	4199717	4138452	1744544	1041890	702654	351338
甘肃	1993680	1983680	799589	505748	293841	142309
青海	299517	269871	158603	95235	63368	24549
宁夏	861713	840913	359037	247336	111701	53821
新疆	1926399	1891553	954943	516186	438757	236520

(普通高职高专学校)

单位:千元

公用部分	商品和服务支出	其他资本性支出	专项公用支出	专项项目支出	基本建设支出
79587024	**36320427**	**43266597**	**17072644**	**26193953**	**3600898**
2589124	1387570	1201554	816855	384699	125730
1876064	788702	1087362	351246	736116	
2843525	1491363	1352162	489349	862813	38708
2117197	1103968	1013229	567779	445450	639720
1679099	821328	857771	671185	186586	15880
2350740	1229597	1121143	567940	553203	287540
1117816	530525	587291	264054	323237	
1809296	979932	829364	351031	478333	87392
1472955	1148012	324943	217892	107051	400000
6819426	3137986	3681440	1157231	2524209	50555
3794030	2112019	1682011	697789	984222	
2629928	1082995	1546933	584146	962787	8000
2323796	914790	1409006	429336	979670	258143
3147060	924627	2222433	687264	1535169	
5923851	2186708	3737143	1107849	2629294	30984
4843764	2261590	2582174	971513	1610661	207079
3131884	1499838	1632046	440545	1191501	417140
4510132	1926879	2583253	1049991	1533262	84440
6527461	3328560	3198901	1344660	1854241	145056
2310425	984437	1325988	541162	784826	
505334	279199	226135	135650	90485	84295
3215277	1311520	1903757	637445	1266312	12000
3939769	1571973	2367796	1092410	1275386	73055
1127095	491465	635630	235316	400314	5756
1798174	671147	1127027	226976	900051	357868
76049	41802	34247	16267	17980	115000
2393908	924261	1469647	667598	802049	61265
1184091	424636	759455	402363	357092	10000
111268	65817	45451	35053	10398	29646
481876	187853	294023	97298	196725	20800
936610	509328	427282	217451	209831	34846

4-14 教育经费支出明细

地 区	合 计	事业性经费支出	个人部分	工资福利支出	对个人和家庭的补助支出	#助学金
合 计	**3032525**	**3032525**	**1513621**	**1167681**	**345940**	**111473**
北 京	51141	51141	29688	22800	6888	3745
天 津						
河 北	501511	501511	288029	252440	35589	10922
山 西						
内蒙古						
辽 宁						
吉 林						
黑龙江	438667	438667	277382	223294	54088	4802
上 海	46242	46242	30522	24909	5613	1328
江 苏						
浙 江						
安 徽	28193	28193	20443	20406	37	32
福 建						
江 西	31141	31141	20691	18150	2541	2541
山 东	186232	186232	75823	57382	18441	1411
河 南	342824	342824	78865	56961	21904	4557
湖 北	247083	247083	160738	129890	30848	21894
湖 南	107324	107324	62340	44287	18053	769
广 东	620372	620372	262611	202256	60355	23868
广 西						
海 南						
重 庆	104227	104227	43054	23753	19301	8154
四 川	210647	210647	89567	49775	39792	16997
贵 州	22574	22574	4587	1785	2802	2242
云 南						
西 藏						
陕 西						
甘 肃						
青 海						
宁 夏						
新 疆	94347	94347	69281	39593	29688	8211

（中央属普通高职高专学校）

单位：千元

公用部分	商品和服务支出	其他资本性支出	专项公用支出	专项项目支出	基本建设支出
1518904	**880513**	**638391**	**227729**	**410662**	
21453	20583	870	870		
213482	193590	19892	19892		
161285	141559	19726	6432	13294	
15720	15118	602	602		
7750	3740	4010	3785	225	
10450	1059	9391	8125	1266	
110409	103208	7201	6106	1095	
263959	64485	199474	37474	162000	
86345	63624	22721	15185	7536	
44984	34772	10212	7320	2892	
357761	88097	269664	88968	180696	
61173	51002	10171	10171		
121080	72500	48580	7100	41480	
17987	15766	2221	2221		
25066	11410	13656	13478	178	

4-15 教育经费支出明细

地区	合计	事业性经费支出	个人部分			
				工资福利支出	对个人和家庭的补助支出	
						#助学金
合计	**140399847**	**136798949**	**58730829**	**38545530**	**20185299**	**8615029**
北京	4208511	4082781	1515110	1049864	465246	122376
天津	3345750	3345750	1469686	880590	589096	119881
河北	5331753	5293045	2663002	1729328	933674	474979
山西	4653146	4013426	1896229	1250603	645626	349039
内蒙古	3516804	3500924	1821825	1208353	613472	243549
辽宁	4562793	4275253	1924513	1299268	625245	175390
吉林	1966903	1966903	849087	509508	339579	103820
黑龙江	2991299	2903907	1255896	755954	499942	152508
上海	2914922	2514922	1057687	922797	134890	55399
江苏	11880142	11829587	5010161	3262829	1747332	633033
浙江	7382995	7382995	3588965	2684820	904145	298176
安徽	4906214	4898214	2276036	1388323	887713	430233
福建	4232040	3973897	1650101	1063244	586857	280776
江西	5030091	5030091	1893481	1126399	767082	447506
山东	9215732	9184748	3371306	2303514	1067792	495808
河南	8039915	7832836	3253031	2246179	1006852	534114
湖北	5996080	5578940	2533401	1542268	991133	381105
湖南	7546196	7461756	2996608	1847390	1149218	523744
广东	11604981	11459925	5290225	3783559	1506666	490748
广西	4099145	4099145	1788720	1045096	743624	319398
海南	945996	861701	356367	284722	71645	52329
重庆	4526053	4514053	1359949	941110	418839	223020
四川	6414995	6341940	2523251	1654046	869205	440699
贵州	2198471	2192715	1083607	579712	503895	212376
云南	3397908	3040040	1241866	738604	503262	248582
西藏	304333	189333	113284	80648	32636	6115
陕西	4199717	4138452	1744544	1041890	702654	351338
甘肃	1993680	1983680	799589	505748	293841	142309
青海	299517	269871	158603	95235	63368	24549
宁夏	861713	840913	359037	247336	111701	53821
新疆	1832052	1797206	885662	476593	409069	228309

（地方普通高职高专学校）

单位：千元

公用部分	商品和服务支出	其他资本性支出	专项公用支出	专项项目支出	基本建设支出
78068120	**35439914**	**42628206**	**16844915**	**25783291**	**3600898**
2567671	1366987	1200684	815985	384699	125730
1876064	788702	1087362	351246	736116	
2630043	1297773	1332270	469457	862813	38708
2117197	1103968	1013229	567779	445450	639720
1679099	821328	857771	671185	186586	15880
2350740	1229597	1121143	567940	553203	287540
1117816	530525	587291	264054	323237	
1648011	838373	809638	344599	465039	87392
1457235	1132894	324341	217290	107051	400000
6819426	3137986	3681440	1157231	2524209	50555
3794030	2112019	1682011	697789	984222	
2622178	1079255	1542923	580361	962562	8000
2323796	914790	1409006	429336	979670	258143
3136610	923568	2213042	679139	1533903	
5813442	2083500	3729942	1101743	2628199	30984
4579805	2197105	2382700	934039	1448661	207079
3045539	1436214	1609325	425360	1183965	417140
4465148	1892107	2573041	1042671	1530370	84440
6169700	3240463	2929237	1255692	1673545	145056
2310425	984437	1325988	541162	784826	
505334	279199	226135	135650	90485	84295
3154104	1260518	1893586	627274	1266312	12000
3818689	1499473	2319216	1085310	1233906	73055
1109108	475699	633409	233095	400314	5756
1798174	671147	1127027	226976	900051	357868
76049	41802	34247	16267	17980	115000
2393908	924261	1469647	667598	802049	61265
1184091	424636	759455	402363	357092	10000
111268	65817	45451	35053	10398	29646
481876	187853	294023	97298	196725	20800
911544	497918	413626	203973	209653	34846

4-16 教育经费支出明细

地区	合计	事业性经费支出	个人部分	工资福利支出	对个人和家庭的补助支出	#助学金
合计	**19538936**	**19432168**	**6793064**	**4611797**	**2181267**	**357606**
北京	1138044	1138044	558581	366397	192184	885
天津	692898	692898	230245	130732	99513	2133
河北	523215	523215	288217	203149	85068	33636
山西	250855	250855	154066	125056	29010	3586
内蒙古	110264	109264	60580	37881	22699	6719
辽宁	486108	486108	252398	189557	62841	2445
吉林	690344	675344	377847	193586	184261	71853
黑龙江	428071	428069	239411	138365	101046	5115
上海	6111921	6110921	776853	625850	151003	6433
江苏	603725	603725	287885	181479	106406	24369
浙江	1149241	1149241	526621	381711	144910	17424
安徽	352579	352579	188357	124883	63474	8921
福建	306783	283005	144856	102753	42103	160
江西	352987	352987	172331	112621	59710	26021
山东	409378	397128	176816	115721	61095	8884
河南	478883	478883	235229	154414	80815	28518
湖北	205841	205841	127516	76687	50829	14149
湖南	324754	323969	121819	81124	40695	8513
广东	1016518	1016518	493430	331453	161977	12634
广西	355903	339340	183474	111031	72443	9202
海南	48504	35254	23241	16297	6944	5394
重庆	89708	89708	14767	10538	4229	33
四川	1047480	1040040	343976	253471	90505	9209
贵州	198794	196094	85792	58533	27259	524
云南	719149	719149	120580	82491	38089	15597
西藏						
陕西	576941	574941	192687	138687	54000	13825
甘肃	197152	193152	82478	52383	30095	8424
青海	41340	36340	24135	17107	7028	
宁夏						
新疆	631556	629556	308876	197840	111036	13000

（成人高等学校）

单位：千元

公用部分	商品和服务支出	其他资本性支出	专项公用支出	专项项目支出	基本建设支出
12639104	**9487907**	**3151197**	**1375946**	**1775251**	**106768**
579463	492022	87441	82617	4824	
462653	92917	369736	4389	365347	
234998	190192	44806	43108	1698	
96789	87917	8872	6318	2554	
48684	41373	7311	7311		1000
233710	198492	35218	27817	7401	
297497	162950	134547	36200	98347	15000
188658	168810	19848	15345	4503	2
5334068	5192458	141610	134993	6617	1000
315840	141463	174377	36677	137700	
622620	313428	309192	77481	231711	
164222	122664	41558	17146	24412	
138149	124684	13465	9953	3512	23778
180656	119773	60883	26027	34856	
220312	128349	91963	79116	12847	12250
243654	209081	34573	20210	14363	
78325	64960	13365	4813	8552	
202150	177423	24727	18725	6002	785
523088	422764	100324	70011	30313	
155866	101313	54553	21259	33294	16563
12013	10987	1026	156	870	13250
74941	53025	21916	21916		
696064	234804	461260	363165	98095	7440
110302	62484	47818	20253	27565	2700
598569	117204	481365	133455	347910	
382254	185788	196466	57456	139010	2000
110674	89154	21520	15114	6406	4000
12205	10056	2149	2006	143	5000
320680	171372	149308	22909	126399	2000

4-17 教育经费支出明细

地区	合计	事业性经费支出	个人部分	工资福利支出	对个人和家庭的补助支出	#助学金
合计	**436151**	**434151**	**173003**	**121449**	**51554**	**420**
北京	340758	340758	115995	80226	35769	
天津						
河北						
山西						
内蒙古						
辽宁	12743	12743	6422	5858	564	2
吉林						
黑龙江	124	124	7	7		
上海						
江苏						
浙江						
安徽						
福建						
江西						
山东						
河南						
湖北						
湖南						
广东						
广西						
海南						
重庆						
四川	260	260	260	260		
贵州	12537	12537	9040	8480	560	
云南						
西藏						
陕西						
甘肃	10725	10725	7428	7428		
青海						
宁夏						
新疆	59004	57004	33851	19190	14661	418

（中央属成人高等学校）

单位：千元

公用部分	商品和服务支出	其他资本性支出			基本建设支出
			专项公用支出	专项项目支出	
261148	**238556**	**22592**	**21210**	**1382**	**2000**
224763	208425	16338	16338		
6321	4186	2135	753	1382	
117	117				
3497	2651	846	846		
3297	1618	1679	1679		
23153	21559	1594	1594		2000

4-18 教育经费支出明细

地区	合计	事业性经费支出	个人部分	工资福利支出	对个人和家庭的补助支出	#助学金
合计	**19102785**	**18998017**	**6620061**	**4490348**	**2129713**	**357186**
北京	797286	797286	442586	286171	156415	885
天津	692898	692898	230245	130732	99513	2133
河北	523215	523215	288217	203149	85068	33636
山西	250855	250855	154066	125056	29010	3586
内蒙古	110264	109264	60580	37881	22699	6719
辽宁	473365	473365	245976	183699	62277	2443
吉林	690344	675344	377847	193586	184261	71853
黑龙江	427947	427945	239404	138358	101046	5115
上海	6111921	6110921	776853	625850	151003	6433
江苏	603725	603725	287885	181479	106406	24369
浙江	1149241	1149241	526621	381711	144910	17424
安徽	352579	352579	188357	124883	63474	8921
福建	306783	283005	144856	102753	42103	160
江西	352987	352987	172331	112621	59710	26021
山东	409378	397128	176816	115721	61095	8884
河南	478883	478883	235229	154414	80815	28518
湖北	205841	205841	127516	76687	50829	14149
湖南	324754	323969	121819	81124	40695	8513
广东	1016518	1016518	493430	331453	161977	12634
广西	355903	339340	183474	111031	72443	9202
海南	48504	35254	23241	16297	6944	5394
重庆	89708	89708	14767	10538	4229	33
四川	1047220	1039780	343716	253211	90505	9209
贵州	186257	183557	76752	50053	26699	524
云南	719149	719149	120580	82491	38089	15597
西藏						
陕西	576941	574941	192687	138687	54000	13825
甘肃	186427	182427	75050	44955	30095	8424
青海	41340	36340	24135	17107	7028	
宁夏						
新疆	572552	572552	275025	178650	96375	12582

（地方成人高等学校）

单位：千元

公用部分	商品和服务支出	其他资本性支出			基本建设支出
			专项公用支出	专项项目支出	
12377956	**9249351**	**3128605**	**1354736**	**1773869**	**104768**
354700	283597	71103	66279	4824	
462653	92917	369736	4389	365347	
234998	190192	44806	43108	1698	
96789	87917	8872	6318	2554	
48684	41373	7311	7311		1000
227389	194306	33083	27064	6019	
297497	162950	134547	36200	98347	15000
188541	168693	19848	15345	4503	2
5334068	5192458	141610	134993	6617	1000
315840	141463	174377	36677	137700	
622620	313428	309192	77481	231711	
164222	122664	41558	17146	24412	
138149	124684	13465	9953	3512	23778
180656	119773	60883	26027	34856	
220312	128349	91963	79116	12847	12250
243654	209081	34573	20210	14363	
78325	64960	13365	4813	8552	
202150	177423	24727	18725	6002	785
523088	422764	100324	70011	30313	
155866	101313	54553	21259	33294	16563
12013	10987	1026	156	870	13250
74941	53025	21916	21916		
696064	234804	461260	363165	98095	7440
106805	59833	46972	19407	27565	2700
598569	117204	481365	133455	347910	
382254	185788	196466	57456	139010	2000
107377	87536	19841	13435	6406	4000
12205	10056	2149	2006	143	5000
297527	149813	147714	21315	126399	

4-19 教育经费支出明细

地区	合计	事业性经费支出				
			个人部分			
				工资福利支出	对个人和家庭的补助支出	
						#助学金
合计	**194875223**	**186886263**	**91288970**	**57109760**	**34179210**	**13456683**
北京	5641464	5532967	2659035	1564054	1094981	218857
天津	2745875	2745875	1608700	747701	860999	150887
河北	7299648	7185244	4234872	2921178	1313694	627904
山西	4869992	4591368	2510444	1860960	649484	232589
内蒙古	5245419	4889565	2244363	1492764	751599	245590
辽宁	7279596	6761828	2961137	1695036	1266101	484789
吉林	3358763	3302783	1757597	1032167	725430	145144
黑龙江	3688134	3530546	2179482	1155403	1024079	410753
上海	6520123	5997575	2752579	1936427	816152	376408
江苏	16439285	16370562	7702154	5038193	2663961	645163
浙江	11558432	11503019	6124916	4184291	1940625	833333
安徽	7788261	7609934	2769336	1701199	1068137	477581
福建	5254226	5075062	2726446	1770154	956292	310303
江西	3440880	3264404	1615967	882762	733205	405363
山东	15971775	15892445	6778829	4563950	2214879	996622
河南	10520617	10112236	4747142	3246403	1500739	703877
湖北	4710325	4436485	2451037	1396755	1054282	420583
湖南	6599920	6413061	2755626	1682252	1073374	515485
广东	18578780	17656460	9249228	5872100	3377128	1207960
广西	4929220	4829028	2705031	1436037	1268994	572586
海南	1769302	1697645	758354	538398	219956	136401
重庆	5749958	5092789	2266819	1201525	1065294	485825
四川	10423036	10076834	4866165	2889119	1977046	824603
贵州	4404664	4189267	1545414	885300	660114	353640
云南	6552254	5956969	3086360	1739707	1346653	534099
西藏	562017	313117	189658	108567	81091	50357
陕西	3672378	3577730	1967142	1223547	743595	371355
甘肃	2896591	2772519	1509981	919859	590122	227884
青海	1184442	806277	365396	208988	156408	63156
宁夏	953990	913690	435523	242807	192716	116006
新疆	4265856	3788979	1764237	972157	792080	311580

（中等职业学校）

单位：千元

公用部分	商品和服务支出	其他资本性支出			基本建设支出
			专项公用支出	专项项目支出	
95597293	**39336346**	**56260947**	**17300867**	**38960080**	**7988960**
2873932	1143664	1730268	1082163	648105	108497
1137175	479794	657381	88307	569074	
2950372	1584955	1365417	304623	1060794	114404
2080924	1117101	963823	397907	565916	278624
2645202	730513	1914689	305694	1608995	355854
3800691	2564163	1236528	434522	802006	517768
1545186	708480	836706	243744	592962	55980
1351064	681139	669925	293120	376805	157588
3244996	1509914	1735082	1454920	280162	522548
8668408	2537820	6130588	1277504	4853084	68723
5378103	2153443	3224660	809322	2415338	55413
4840598	1270900	3569698	718580	2851118	178327
2348616	1033819	1314797	520512	794285	179164
1648437	677984	970453	232568	737885	176476
9113616	2569314	6544302	1035334	5508968	79330
5365094	2323805	3041289	948562	2092727	408381
1985448	843065	1142383	336561	805822	273840
3657435	1651984	2005451	732801	1272650	186859
8407232	4504886	3902346	1603907	2298439	922320
2123997	886269	1237728	725201	512527	100192
939291	466302	472989	237812	235177	71657
2825970	1091950	1734020	493576	1240444	657169
5210669	1821109	3389560	1282835	2106725	346202
2643853	1185988	1457865	319122	1138743	215397
2870609	1089595	1781014	329538	1451476	595285
123459	86552	36907	27380	9527	248900
1610588	816321	794267	257947	536320	94648
1262538	627659	634879	203262	431617	124072
440881	158901	281980	122752	159228	378165
478167	175946	302221	77205	225016	40300
2024742	843011	1181731	403586	778145	476877

4-20 教育经费支出明细

地区	合计	事业性经费支出				
			个人部分			
				工资福利支出	对个人和家庭的补助支出	
						#助学金
合计	**1196415**	**1147285**	**600068**	**427017**	**173051**	**61834**
北京	163845	163845	66988	49480	17508	4384
天津	36603	36603	20209	17524	2685	2685
河北	3533	3533	1623	1623		
山西	15016	15016	10578	8680	1898	1166
内蒙古						
辽宁						
吉林						
黑龙江	173437	154307	122858	87883	34975	5760
上海	206391	206391	52006	48473	3533	661
江苏	31583	31583	20631	18539	2092	1140
浙江						
安徽	3896	3896	3605	943	2662	2591
福建						
江西	5519	5519	3618	3289	329	123
山东	42500	42500	34900	25000	9900	900
河南	63312	63312	38612	35677	2935	396
湖北						
湖南	14557	14557	8444	6320	2124	786
广东	33111	33111	23931	21281	2650	2574
广西						
海南						
重庆	1575	1575	1106	682	424	424
四川	51904	51904	22144	15989	6155	1277
贵州	19587	19587	9580	6970	2610	2254
云南						
西藏						
陕西						
甘肃						
青海						
宁夏						
新疆	330046	300046	159235	78664	80571	34713

（中央属中等职业学校）

单位：千元

公用部分	商品和服务支出	其他资本性支出			基本建设支出
			专项公用支出	专项项目支出	
547217	**382680**	**164537**	**93481**	**71056**	**49130**
96857	59084	37773	33995	3778	
16394	15088	1306	299	1007	
1910	1910				
4438	4438				
31449	26484	4965	3825	1140	19130
154385	114390	39995	18889	21106	
10952	7067	3885	2978	907	
291	277	14	14		
1901	1384	517	259	258	
7600	2100	5500	3000	2500	
24700	23945	755	755		
6113	4535	1578	474	1104	
9180	7605	1575	513	1062	
469	469				
29760	16586	13174	3931	9243	
10007	7079	2928	195	2733	
140811	90239	50572	24354	26218	30000

4-21 教育经费支出明细

地区	合计	事业性经费支出	个人部分	工资福利支出	对个人和家庭的补助支出	#助学金
合计	**193678808**	**185738978**	**90688902**	**56682743**	**34006159**	**13394849**
北京	5477619	5369122	2592047	1514574	1077473	214473
天津	2709272	2709272	1588491	730177	858314	148202
河北	7296115	7181711	4233249	2919555	1313694	627904
山西	4854976	4576352	2499866	1852280	647586	231423
内蒙古	5245419	4889565	2244363	1492764	751599	245590
辽宁	7279596	6761828	2961137	1695036	1266101	484789
吉林	3358763	3302783	1757597	1032167	725430	145144
黑龙江	3514697	3376239	2056624	1067520	989104	404993
上海	6313732	5791184	2700573	1887954	812619	375747
江苏	16407702	16338979	7681523	5019654	2661869	644023
浙江	11558432	11503019	6124916	4184291	1940625	833333
安徽	7784365	7606038	2765731	1700256	1065475	474990
福建	5254226	5075062	2726446	1770154	956292	310303
江西	3435361	3258885	1612349	879473	732876	405240
山东	15929275	15849945	6743929	4538950	2204979	995722
河南	10457305	10048924	4708530	3210726	1497804	703481
湖北	4710325	4436485	2451037	1396755	1054282	420583
湖南	6585363	6398504	2747182	1675932	1071250	514699
广东	18545669	17623349	9225297	5850819	3374478	1205386
广西	4929220	4829028	2705031	1436037	1268994	572586
海南	1769302	1697645	758354	538398	219956	136401
重庆	5748383	5091214	2265713	1200843	1064870	485401
四川	10371132	10024930	4844021	2873130	1970891	823326
贵州	4385077	4169680	1535834	878330	657504	351386
云南	6552254	5956969	3086360	1739707	1346653	534099
西藏	562017	313117	189658	108567	81091	50357
陕西	3672378	3577730	1967142	1223547	743595	371355
甘肃	2896591	2772519	1509981	919859	590122	227884
青海	1184442	806277	365396	208988	156408	63156
宁夏	953990	913690	435523	242807	192716	116006
新疆	3935810	3488933	1605002	893493	711509	276867

（地方中等职业学校）

单位：千元

公用部分	商品和服务支出	其他资本性支出	专项公用支出	专项项目支出	基本建设支出
95050076	**38953666**	**56096410**	**17207386**	**38889024**	**7939830**
2777075	1084580	1692495	1048168	644327	108497
1120781	464706	656075	88008	568067	
2948462	1583045	1365417	304623	1060794	114404
2076486	1112663	963823	397907	565916	278624
2645202	730513	1914689	305694	1608995	355854
3800691	2564163	1236528	434522	802006	517768
1545186	708480	836706	243744	592962	55980
1319615	654655	664960	289295	375665	138458
3090611	1395524	1695087	1436031	259056	522548
8657456	2530753	6126703	1274526	4852177	68723
5378103	2153443	3224660	809322	2415338	55413
4840307	1270623	3569684	718566	2851118	178327
2348616	1033819	1314797	520512	794285	179164
1646536	676600	969936	232309	737627	176476
9106016	2567214	6538802	1032334	5506468	79330
5340394	2299860	3040534	947807	2092727	408381
1985448	843065	1142383	336561	805822	273840
3651322	1647449	2003873	732327	1271546	186859
8398052	4497281	3900771	1603394	2297377	922320
2123997	886269	1237728	725201	512527	100192
939291	466302	472989	237812	235177	71657
2825501	1091481	1734020	493576	1240444	657169
5180909	1804523	3376386	1278904	2097482	346202
2633846	1178909	1454937	318927	1136010	215397
2870609	1089595	1781014	329538	1451476	595285
123459	86552	36907	27380	9527	248900
1610588	816321	794267	257947	536320	94648
1262538	627659	634879	203262	431617	124072
440881	158901	281980	122752	159228	378165
478167	175946	302221	77205	225016	40300
1883931	752772	1131159	379232	751927	446877

4-22 教育经费支出明细

地区	合计	事业性经费支出	个人部分	工资福利支出	对个人和家庭的补助支出	#助学金
合计	**94485499**	**90439192**	**42946538**	**26000784**	**16945754**	**6910440**
北京	1529363	1472252	765911	459714	306197	106867
天津	2423464	2423464	1360950	608363	752587	132317
河北	2453025	2445849	1438674	914887	523787	283702
山西	2124817	2062517	1137894	817720	320174	106166
内蒙古	2939848	2650553	911247	587312	323935	106808
辽宁	4362548	4009180	1667219	907666	759553	269418
吉林	1434629	1433329	607876	352752	255124	51889
黑龙江	1170816	1122742	675968	391318	284650	87166
上海	3547495	3538665	1549929	1078861	471068	259627
江苏	8683344	8647421	4016270	2689751	1326519	331051
浙江	1525607	1495594	903290	537602	365688	200963
安徽	3861941	3787414	1358372	786880	571492	247349
福建	3736916	3581695	1938683	1245799	692884	241773
江西	1534784	1471103	772253	363141	409112	243482
山东	7467460	7402430	2980154	1970580	1009574	463535
河南	4994709	4748687	2334862	1561236	773626	355809
湖北	2903353	2770380	1564171	903619	660552	282044
湖南	2263206	2188647	896316	534010	362306	155924
广东	9626156	9430288	4772800	3002200	1770600	644407
广西	3869400	3782705	2076243	1095137	981106	493940
海南	1386638	1333698	590671	409951	180720	117168
重庆	1508283	1381922	551800	298092	253708	118031
四川	4675017	4474172	1944611	1077135	867476	351465
贵州	2778997	2675026	996432	552590	443842	268826
云南	3438878	2975596	1488004	781445	706559	278846
西藏	562017	313117	189658	108567	81091	50357
陕西	1054708	1034708	560088	327946	232142	109899
甘肃	1942825	1905288	1024413	607700	416713	169772
青海	1172058	793893	357984	206703	151281	61402
宁夏	659294	638994	286262	144317	141945	90753
新疆	2853903	2447863	1227533	677790	549743	229684

（中等专业学校）

单位：千元

公用部分	商品和服务支出	其他资本性支出	专项公用支出	专项项目支出	基本建设支出
47492654	**19388764**	**28103890**	**8613962**	**19489928**	**4046307**
706341	313153	393188	254417	138771	57111
1062514	425369	637145	74119	563026	
1007175	520405	486770	101671	385099	7176
924623	537336	387287	179039	208248	62300
1739306	336277	1403029	210378	1192651	289295
2341961	1685573	656388	212974	443414	353368
825453	346346	479107	108662	370445	1300
446774	280960	165814	85656	80158	48074
1988736	769989	1218747	1114832	103915	8830
4631151	1360833	3270318	728367	2541951	35923
592304	373687	218617	122758	95859	30013
2429042	568021	1861021	345698	1515323	74527
1643012	674286	968726	362987	605739	155221
698850	386576	312274	82348	229926	63681
4422276	1270699	3151577	361117	2790460	65030
2413825	1085679	1328146	452993	875153	246022
1206209	460396	745813	222107	523706	132973
1292331	643506	648825	128010	520815	74559
4657488	2239488	2418000	830765	1587235	195868
1706462	670282	1036180	596796	439384	86695
743027	380445	362582	175649	186933	52940
830122	297590	532532	127410	405122	126361
2529561	751970	1777591	691121	1086470	200845
1678594	884921	793673	196588	597085	103971
1487592	526391	961201	148566	812635	463282
123459	86552	36907	27380	9527	248900
474620	248923	225697	119461	106236	20000
880875	458575	422300	141563	280737	37537
435909	155159	280750	121522	159228	378165
352732	111112	241620	47679	193941	20300
1220330	538265	682065	241329	440736	406040

4-23 教育经费支出明细

地区	合计	事业性经费支出	个人部分	工资福利支出	对个人和家庭的补助支出	#助学金
合计	**940833**	**891703**	**438834**	**311015**	**127819**	**40180**
北京	151220	151220	55874	39953	15921	3724
天津	23433	23433	12326	12326		
河北						
山西	15016	15016	10578	8680	1898	1166
内蒙古						
辽宁						
吉林						
黑龙江	108771	89641	71301	53885	17416	2564
上海	206391	206391	52006	48473	3533	661
江苏						
浙江						
安徽	3896	3896	3605	943	2662	2591
福建						
江西	5519	5519	3618	3289	329	123
山东	42500	42500	34900	25000	9900	900
河南	63312	63312	38612	35677	2935	396
湖北						
湖南						
广东						
广西						
海南						
重庆						
四川						
贵州	19587	19587	9580	6970	2610	2254
云南						
西藏						
陕西						
甘肃						
青海						
宁夏						
新疆	301188	271188	146434	75819	70615	25801

（中央属中等专业学校）

单位：千元

公用部分	商品和服务支出	其他资本性支出			基本建设支出
			专项公用支出	专项项目支出	
452869	**311425**	**141444**	**83844**	**57600**	**49130**
95346	57763	37583	33805	3778	
11107	9917	1190	183	1007	
4438	4438				
18340	15344	2996	2996		19130
154385	114390	39995	18889	21106	
291	277	14	14		
1901	1384	517	259	258	
7600	2100	5500	3000	2500	
24700	23945	755	755		
10007	7079	2928	195	2733	
124754	74788	49966	23748	26218	30000

4-24 教育经费支出明细

地区	合计	事业性经费支出	个人部分	工资福利支出	对个人和家庭的补助支出	#助学金
合计	**93544666**	**89547489**	**42507704**	**25689769**	**16817935**	**6870260**
北京	1378143	1321032	710037	419761	290276	103143
天津	2400031	2400031	1348624	596037	752587	132317
河北	2453025	2445849	1438674	914887	523787	283702
山西	2109801	2047501	1127316	809040	318276	105000
内蒙古	2939848	2650553	911247	587312	323935	106808
辽宁	4362548	4009180	1667219	907666	759553	269418
吉林	1434629	1433329	607876	352752	255124	51889
黑龙江	1062045	1033101	604667	337433	267234	84602
上海	3341104	3332274	1497923	1030388	467535	258966
江苏	8683344	8647421	4016270	2689751	1326519	331051
浙江	1525607	1495594	903290	537602	365688	200963
安徽	3858045	3783518	1354767	785937	568830	244758
福建	3736916	3581695	1938683	1245799	692884	241773
江西	1529265	1465584	768635	359852	408783	243359
山东	7424960	7359930	2945254	1945580	999674	462635
河南	4931397	4685375	2296250	1525559	770691	355413
湖北	2903353	2770380	1564171	903619	660552	282044
湖南	2263206	2188647	896316	534010	362306	155924
广东	9626156	9430288	4772800	3002200	1770600	644407
广西	3869400	3782705	2076243	1095137	981106	493940
海南	1386638	1333698	590671	409951	180720	117168
重庆	1508283	1381922	551800	298092	253708	118031
四川	4675017	4474172	1944611	1077135	867476	351465
贵州	2759410	2655439	986852	545620	441232	266572
云南	3438878	2975596	1488004	781445	706559	278846
西藏	562017	313117	189658	108567	81091	50357
陕西	1054708	1034708	560088	327946	232142	109899
甘肃	1942825	1905288	1024413	607700	416713	169772
青海	1172058	793893	357984	206703	151281	61402
宁夏	659294	638994	286262	144317	141945	90753
新疆	2552715	2176675	1081099	601971	479128	203883

（地方中等专业学校）

单位：千元

公用部分	商品和服务支出	其他资本性支出	专项公用支出	专项项目支出	基本建设支出
47039785	**19077339**	**27962446**	**8530118**	**19432328**	**3997177**
610995	255390	355605	220612	134993	57111
1051407	415452	635955	73936	562019	
1007175	520405	486770	101671	385099	7176
920185	532898	387287	179039	208248	62300
1739306	336277	1403029	210378	1192651	289295
2341961	1685573	656388	212974	443414	353368
825453	346346	479107	108662	370445	1300
428434	265616	162818	82660	80158	28944
1834351	655599	1178752	1095943	82809	8830
4631151	1360833	3270318	728367	2541951	35923
592304	373687	218617	122758	95859	30013
2428751	567744	1861007	345684	1515323	74527
1643012	674286	968726	362987	605739	155221
696949	385192	311757	82089	229668	63681
4414676	1268599	3146077	358117	2787960	65030
2389125	1061734	1327391	452238	875153	246022
1206209	460396	745813	222107	523706	132973
1292331	643506	648825	128010	520815	74559
4657488	2239488	2418000	830765	1587235	195868
1706462	670282	1036180	596796	439384	86695
743027	380445	362582	175649	186933	52940
830122	297590	532532	127410	405122	126361
2529561	751970	1777591	691121	1086470	200845
1668587	877842	790745	196393	594352	103971
1487592	526391	961201	148566	812635	463282
123459	86552	36907	27380	9527	248900
474620	248923	225697	119461	106236	20000
880875	458575	422300	141563	280737	37537
435909	155159	280750	121522	159228	378165
352732	111112	241620	47679	193941	20300
1095576	463477	632099	217581	414518	376040

4-25 教育经费支出明细

地区	合计	事业性经费支出	个人部分	工资福利支出	对个人和家庭的补助支出	#助学金
合计	**71266595**	**68231545**	**33005039**	**21294912**	**11710127**	**4721723**
北京	2790398	2739012	1380690	767434	613256	42182
天津	14119	14119	9820	9393	427	413
河北	3295071	3198071	1842906	1310670	532236	272298
山西	2129613	1914989	999825	767763	232062	112137
内蒙古	1826486	1768927	971301	671371	299930	121284
辽宁	2228757	2153457	1009030	591856	417174	200341
吉林	1242985	1192105	676284	417265	259019	71520
黑龙江	1810508	1700994	1044746	490389	554357	268862
上海	2346821	1833103	871006	596861	274145	115868
江苏	5530185	5497385	2423096	1573227	849869	195428
浙江	8296923	8277523	4520917	3165245	1355672	566726
安徽	3438682	3334882	1188467	764337	424130	196591
福建	768692	758192	404573	274728	129845	31396
江西	1569629	1456834	651126	395162	255964	146882
山东	5605746	5602946	2290548	1658388	632160	197576
河南	3609698	3517148	1437815	1001217	436598	249845
湖北	1492128	1351261	728019	404487	323532	122695
湖南	3520228	3407928	1389058	843026	546032	302983
广东	3319812	3064235	1738646	1127898	610748	121869
广西	286136	283999	164004	101874	62130	15028
海南	195892	195055	87489	66688	20801	12590
重庆	3309283	2858835	1296547	677422	619125	308563
四川	4534044	4397067	2190960	1351846	839114	391452
贵州	1597050	1485624	530174	325507	204667	83745
云南	2042176	1992241	1044086	631002	413084	175858
西藏						
陕西	2381360	2312812	1247785	786039	461746	259185
甘肃	849954	774419	435111	278007	157104	55902
青海	8917	8917	5144	581	4563	1754
宁夏	277489	257489	138545	92642	45903	24513
新疆	947813	881976	287321	152587	134734	56237

（职业高中）

单位：千元

公用部分	商品和服务支出	其他资本性支出	专项公用支出	专项项目支出	基本建设支出
35226506	**12661535**	**22564971**	**6128773**	**16436198**	**3035050**
1358322	490405	867917	391284	476633	51386
4299	3307	992	62	930	
1355165	689555	665610	148614	516996	97000
915164	448097	467067	143660	323407	214624
797626	307212	490414	78462	411952	57559
1144427	668830	475597	175616	299981	75300
515821	236706	279115	119399	159716	50880
656248	281937	374311	156943	217368	109514
962097	498567	463530	308202	155328	513718
3074289	659397	2414892	356472	2058420	32800
3756606	1393020	2363586	560883	1802703	19400
2146415	526846	1619569	337702	1281867	103800
353619	132989	220630	94884	125746	10500
805708	204945	600763	134543	466220	112795
3312398	745793	2566605	457148	2109457	2800
2079333	752624	1326709	297425	1029284	92550
623242	284518	338724	85405	253319	140867
2018870	767778	1251092	557986	693106	112300
1325589	678920	646669	323837	322832	255577
119995	37645	82350	42710	39640	2137
107566	38445	69121	26877	42244	837
1562288	548601	1013687	294050	719637	450448
2206107	782127	1423980	499627	924353	136977
955450	292928	662522	122173	540349	111426
948155	293672	654483	104186	550297	49935
1065027	501723	563304	135140	428164	68548
339308	147107	192201	59406	132795	75535
3773	2673	1100	1100		
118944	58616	60328	29403	30925	20000
594655	186552	408103	85574	322529	65837

4-26 教育经费支出明细

地区	合计	事业性经费支出	个人部分	工资福利支出	对个人和家庭的补助支出	#助学金
合计	**71233827**	**68198777**	**32979790**	**21276685**	**11703105**	**4721245**
北京	2790398	2739012	1380690	767434	613256	42182
天津	14119	14119	9820	9393	427	413
河北	3295071	3198071	1842906	1310670	532236	272298
山西	2129613	1914989	999825	767763	232062	112137
内蒙古	1826486	1768927	971301	671371	299930	121284
辽宁	2228757	2153457	1009030	591856	417174	200341
吉林	1242985	1192105	676284	417265	259019	71520
黑龙江	1790092	1680578	1029278	478104	551174	268471
上海	2346821	1833103	871006	596861	274145	115868
江苏	5530185	5497385	2423096	1573227	849869	195428
浙江	8296923	8277523	4520917	3165245	1355672	566726
安徽	3438682	3334882	1188467	764337	424130	196591
福建	768692	758192	404573	274728	129845	31396
江西	1569629	1456834	651126	395162	255964	146882
山东	5605746	5602946	2290548	1658388	632160	197576
河南	3609698	3517148	1437815	1001217	436598	249845
湖北	1492128	1351261	728019	404487	323532	122695
湖南	3520228	3407928	1389058	843026	546032	302983
广东	3319812	3064235	1738646	1127898	610748	121869
广西	286136	283999	164004	101874	62130	15028
海南	195892	195055	87489	66688	20801	12590
重庆	3309283	2858835	1296547	677422	619125	308563
四川	4521692	4384715	2181179	1345904	835275	391365
贵州	1597050	1485624	530174	325507	204667	83745
云南	2042176	1992241	1044086	631002	413084	175858
西藏						
陕西	2381360	2312812	1247785	786039	461746	259185
甘肃	849954	774419	435111	278007	157104	55902
青海	8917	8917	5144	581	4563	1754
宁夏	277489	257489	138545	92642	45903	24513
新疆	947813	881976	287321	152587	134734	56237

（地方职业高中）

单位：千元

公用部分	商品和服务支出	其他资本性支出			基本建设支出
			专项公用支出	专项项目支出	
35218987	**12655417**	**22563570**	**6127743**	**16435827**	**3035050**
1358322	490405	867917	391284	476633	51386
4299	3307	992	62	930	
1355165	689555	665610	148614	516996	97000
915164	448097	467067	143660	323407	214624
797626	307212	490414	78462	411952	57559
1144427	668830	475597	175616	299981	75300
515821	236706	279115	119399	159716	50880
651300	277721	373579	156582	216997	109514
962097	498567	463530	308202	155328	513718
3074289	659397	2414892	356472	2058420	32800
3756606	1393020	2363586	560883	1802703	19400
2146415	526846	1619569	337702	1281867	103800
353619	132989	220630	94884	125746	10500
805708	204945	600763	134543	466220	112795
3312398	745793	2566605	457148	2109457	2800
2079333	752624	1326709	297425	1029284	92550
623242	284518	338724	85405	253319	140867
2018870	767778	1251092	557986	693106	112300
1325589	678920	646669	323837	322832	255577
119995	37645	82350	42710	39640	2137
107566	38445	69121	26877	42244	837
1562288	548601	1013687	294050	719637	450448
2203536	780225	1423311	498958	924353	136977
955450	292928	662522	122173	540349	111426
948155	293672	654483	104186	550297	49935
1065027	501723	563304	135140	428164	68548
339308	147107	192201	59406	132795	75535
3773	2673	1100	1100		
118944	58616	60328	29403	30925	20000
594655	186552	408103	85574	322529	65837

4-27 教育经费支出明细

地区	合计	事业性经费支出	个人部分	工资福利支出	对个人和家庭的补助支出	#助学金
合计	**8893294**	**8562614**	**4076545**	**2880914**	**1195631**	**562842**
北京	324853	273467	104708	68703	36005	7063
天津						
河北	366962	346962	187420	137050	50370	30316
山西	212527	187730	100214	76469	23745	14661
内蒙古	81278	81278	36828	29885	6943	5404
辽宁	211251	161251	50649	35876	14773	1953
吉林	16743	16743	13219	9096	4123	1968
黑龙江	21330	21330	13914	8822	5092	1333
上海	243702	243702	74042	58995	15047	9925
江苏	524928	520928	223212	156152	67060	8230
浙江	1202303	1202303	698764	507705	191059	99627
安徽	1098976	1053676	431170	288927	142243	74278
福建	50836	50836	28270	20430	7840	2298
江西	121211	108849	44447	26296	18151	12154
山东	208118	208118	123238	100138	23100	6356
河南	688838	686238	279031	203594	75437	39312
湖北	35690	35690	24220	18454	5766	4145
湖南	592491	582491	211741	140172	71569	43057
广东	516419	516419	283487	228619	54868	15236
广西	16999	16999	11375	7901	3474	857
海南	19766	19766	17164	15513	1651	442
重庆	369780	369780	166189	109941	56248	26324
四川	1136043	1077566	547396	368322	179074	96092
贵州	124829	79729	43218	28582	14636	5186
云南	172213	168769	80850	43160	37690	17431
西藏						
陕西	393686	393686	177224	119867	57357	27851
甘肃	137880	134666	101201	69085	32116	11269
青海						
宁夏						
新疆	3642	3642	3354	3160	194	74

(农村职业高中)

单位:千元

公用部分	商品和服务支出	其他资本性支出			基本建设支出
			专项公用支出	专项项目支出	
4486069	**1651221**	**2834848**	**706179**	**2128669**	**330680**
168759	36158	132601	49106	83495	51386
159542	98634	60908	20114	40794	20000
87516	44557	42959	14298	28661	24797
44450	12866	31584	5670	25914	
110602	60780	49822	26722	23100	50000
3524	2683	841	841		
7416	5924	1492	618	874	
169660	35403	134257	7257	127000	
297716	56874	240842	36462	204380	4000
503539	201196	302343	76224	226119	
622506	171378	451128	97206	353922	45300
22566	7358	15208	6378	8830	
64402	29854	34548	12349	22199	12362
84880	36654	48226	14541	33685	
407207	156899	250308	90556	159752	2600
11470	7609	3861	1691	2170	
370750	96061	274689	45634	229055	10000
232932	123575	109357	26443	82914	
5624	4963	661	161	500	
2602	2284	318	218	100	
203591	117125	86466	41912	44554	
530170	209257	320913	69240	251673	58477
36511	18836	17675	14675	3000	45100
87919	18695	69224	5758	63466	3444
216462	74027	142435	35014	107421	
33465	21283	12182	7091	5091	3214
288	288				

4-28 教育经费支出明细

地区	合计	事业性经费支出	个人部分	工资福利支出	对个人和家庭的补助支出	#助学金
合计	**20638161**	**19758498**	**10121253**	**6367379**	**3753874**	**1652167**
北京	1270958	1270958	487043	321095	165948	69808
天津	257499	257499	194298	111978	82320	18157
河北	876601	866373	460423	333866	126557	69169
山西	332907	331207	150632	115179	35453	14186
内蒙古	168480	159480	104118	62731	41387	17236
辽宁	641703	554103	263917	183237	80680	12501
吉林	72124	72124	47176	18944	28232	21488
黑龙江	429397	429397	281073	164833	116240	45794
上海	225217	225217	124736	94399	30337	913
江苏	1585552	1585552	892751	554128	338623	113877
浙江	1224756	1218756	431472	289113	142359	53720
安徽	225088	225088	99694	73384	26310	18197
福建	656649	643206	329034	206197	122837	36624
江西	49414	49414	26318	13298	13020	9998
山东	2265637	2254137	1170910	663181	507729	327558
河南	1219802	1149993	612002	422897	189105	81885
湖北	171662	171662	74625	48749	25876	9549
湖南	485566	485566	283875	178855	105020	51095
广东	5313144	4842269	2546463	1621265	925198	424591
广西	697598	686238	416615	214510	202105	63568
海南	158190	140310	64318	47603	16715	6643
重庆	578995	498635	228246	129872	98374	35900
四川	538858	538118	289834	185955	103879	53270
贵州	566	566	303	235	68	68
云南	797986	725918	350014	193059	156955	79395
西藏						
陕西	33120	27020	17511	13580	3931	2067
甘肃	45011	34011	10162	7082	3080	1766
青海						
宁夏						
新疆	315681	315681	163690	98154	65536	13144

（技工学校）

单位：千元

公用部分	商品和服务支出	其他资本性支出			基本建设支出
			专项公用支出	专项项目支出	
9637245	**5094743**	**4542502**	**2217923**	**2324579**	**879663**
783915	321071	462844	431399	31445	
63201	45029	18172	13054	5118	
405950	251065	154885	38496	116389	10228
180575	78607	101968	69708	32260	1700
55362	38983	16379	12437	3942	9000
290186	190859	99327	45716	53611	87600
24948	12944	12004	2004	10000	
148324	82226	66098	40559	25539	
100481	72686	27795	23440	4355	
692801	352174	340627	171443	169184	
787284	198585	588699	99547	489152	6000
125394	69388	56006	18876	37130	
314172	199129	115043	58243	56800	13443
23096	11380	11716	2444	9272	
1083227	448864	634363	191399	442964	11500
537991	288880	249111	145023	104088	69809
97037	66524	30513	13367	17146	
201691	133370	68321	27798	40523	
2295806	1489511	806295	438832	367463	470875
269623	152555	117068	84832	32236	11360
75992	39901	36091	30091	6000	17880
270389	115063	155326	46718	108608	80360
248284	129641	118643	69224	49419	740
263	152	111	21	90	
375904	220317	155587	71140	84447	72068
9509	9136	373	373		6100
23849	8071	15778	953	14825	11000
151991	68632	83359	70786	12573	

4-29 教育经费支出明细

地区	合计	事业性经费支出	个人部分	工资福利支出	对个人和家庭的补助支出	#助学金
合计	**179754**	**179754**	**111670**	**85552**	**26118**	**12264**
北京	12625	12625	11114	9527	1587	660
天津	13170	13170	7883	5198	2685	2685
河北	3533	3533	1623	1623		
山西						
内蒙古						
辽宁						
吉林						
黑龙江	30048	30048	24575	12335	12240	2805
上海						
江苏	31583	31583	20631	18539	2092	1140
浙江						
安徽						
福建						
江西						
山东						
河南						
湖北						
湖南	14557	14557	8444	6320	2124	786
广东	33111	33111	23931	21281	2650	2574
广西						
海南						
重庆	1575	1575	1106	682	424	424
四川	39552	39552	12363	10047	2316	1190
贵州						
云南						
西藏						
陕西						
甘肃						
青海						
宁夏						
新疆						

（中央属技工学校）

单位：千元

公用部分	商品和服务支出	其他资本性支出			基本建设支出
			专项公用支出	专项项目支出	
68084	**47416**	**20668**	**7583**	**13085**	
1511	1321	190	190		
5287	5171	116	116		
1910	1910				
5473	4654	819	50	769	
10952	7067	3885	2978	907	
6113	4535	1578	474	1104	
9180	7605	1575	513	1062	
469	469				
27189	14684	12505	3262	9243	

4-30 教育经费支出明细

地区	合计	事业性经费支出	个人部分	工资福利支出	对个人和家庭的补助支出	#助学金
合计	**20458407**	**19578744**	**10009583**	**6281827**	**3727756**	**1639903**
北京	1258333	1258333	475929	311568	164361	69148
天津	244329	244329	186415	106780	79635	15472
河北	873068	862840	458800	332243	126557	69169
山西	332907	331207	150632	115179	35453	14186
内蒙古	168480	159480	104118	62731	41387	17236
辽宁	641703	554103	263917	183237	80680	12501
吉林	72124	72124	47176	18944	28232	21488
黑龙江	399349	399349	256498	152498	104000	42989
上海	225217	225217	124736	94399	30337	913
江苏	1553969	1553969	872120	535589	336531	112737
浙江	1224756	1218756	431472	289113	142359	53720
安徽	225088	225088	99694	73384	26310	18197
福建	656649	643206	329034	206197	122837	36624
江西	49414	49414	26318	13298	13020	9998
山东	2265637	2254137	1170910	663181	507729	327558
河南	1219802	1149993	612002	422897	189105	81885
湖北	171662	171662	74625	48749	25876	9549
湖南	471009	471009	275431	172535	102896	50309
广东	5280033	4809158	2522532	1599984	922548	422017
广西	697598	686238	416615	214510	202105	63568
海南	158190	140310	64318	47603	16715	6643
重庆	577420	497060	227140	129190	97950	35476
四川	499306	498566	277471	175908	101563	52080
贵州	566	566	303	235	68	68
云南	797986	725918	350014	193059	156955	79395
西藏						
陕西	33120	27020	17511	13580	3931	2067
甘肃	45011	34011	10162	7082	3080	1766
青海						
宁夏						
新疆	315681	315681	163690	98154	65536	13144

（地方技工学校）

单位：千元

公用部分	商品和服务支出	其他资本性支出	专项公用支出	专项项目支出	基本建设支出
9569161	**5047327**	**4521834**	**2210340**	**2311494**	**879663**
782404	319750	462654	431209	31445	
57914	39858	18056	12938	5118	
404040	249155	154885	38496	116389	10228
180575	78607	101968	69708	32260	1700
55362	38983	16379	12437	3942	9000
290186	190859	99327	45716	53611	87600
24948	12944	12004	2004	10000	
142851	77572	65279	40509	24770	
100481	72686	27795	23440	4355	
681849	345107	336742	168465	168277	
787284	198585	588699	99547	489152	6000
125394	69388	56006	18876	37130	
314172	199129	115043	58243	56800	13443
23096	11380	11716	2444	9272	
1083227	448864	634363	191399	442964	11500
537991	288880	249111	145023	104088	69809
97037	66524	30513	13367	17146	
195578	128835	66743	27324	39419	
2286626	1481906	804720	438319	366401	470875
269623	152555	117068	84832	32236	11360
75992	39901	36091	30091	6000	17880
269920	114594	155326	46718	108608	80360
221095	114957	106138	65962	40176	740
263	152	111	21	90	
375904	220317	155587	71140	84447	72068
9509	9136	373	373		6100
23849	8071	15778	953	14825	11000
151991	68632	83359	70786	12573	

4-31 教育经费支出明细

地区	合计	事业性经费支出	个人部分	工资福利支出	对个人和家庭的补助支出	#助学金
合计	**8484968**	**8457028**	**5216140**	**3446685**	**1769455**	**172353**
北京	50745	50745	25391	15811	9580	
天津	50793	50793	43632	17967	25665	
河北	674951	674951	492869	361755	131114	2735
山西	282655	282655	222093	160298	61795	100
内蒙古	310605	310605	257697	171350	86347	262
辽宁	46588	45088	20971	12277	8694	2529
吉林	609025	605225	426261	243206	183055	247
黑龙江	277413	277413	177695	108863	68832	8931
上海	400590	400590	206908	166306	40602	
江苏	640204	640204	370037	221087	148950	4807
浙江	511146	511146	269237	192331	76906	11924
安徽	262550	262550	122803	76598	46205	15444
福建	91969	91969	54156	43430	10726	510
江西	287053	287053	166270	111161	55109	5001
山东	632932	632932	337217	271801	65416	7953
河南	696408	696408	362463	261053	101410	16338
湖北	143182	143182	84222	39900	44322	6295
湖南	330920	330920	186377	126361	60016	5483
广东	319668	319668	191319	120737	70582	17093
广西	76086	76086	48169	24516	23653	50
海南	28582	28582	15876	14156	1720	
重庆	353397	353397	190226	96139	94087	23331
四川	675117	667477	440760	274183	166577	28416
贵州	28051	28051	18505	6968	11537	1001
云南	273214	263214	204256	134201	70055	
西藏						
陕西	203190	203190	141758	95982	45776	204
甘肃	58801	58801	40295	27070	13225	444
青海	3467	3467	2268	1704	564	
宁夏	17207	17207	10716	5848	4868	740
新疆	148459	143459	85693	43626	42067	12515

（成人中等专业学校）

单位：千元

公用部分	商品和服务支出	其他资本性支出	专项公用支出	专项项目支出	基本建设支出
3240888	**2191304**	**1049584**	**340209**	**709375**	**27940**
25354	19035	6319	5063	1256	
7161	6089	1072	1072		
182082	123930	58152	15842	42310	
60562	53061	7501	5500	2001	
52908	48041	4867	4417	450	
24117	18901	5216	216	5000	1500
178964	112484	66480	13679	52801	3800
99718	36016	63702	9962	53740	
193682	168672	25010	8446	16564	
270167	165416	104751	21222	83529	
241909	188151	53758	26134	27624	
139747	106645	33102	16304	16798	
37813	27415	10398	4398	6000	
120783	75083	45700	13233	32467	
295715	103958	191757	25670	166087	
333945	196622	137323	53121	84202	
58960	31627	27333	15682	11651	
144543	107330	37213	19007	18206	
128349	96967	31382	10473	20909	
27917	25787	2130	863	1267	
12706	7511	5195	5195		
163171	130696	32475	25398	7077	
226717	157371	69346	22863	46483	7640
9546	7987	1559	340	1219	
58958	49215	9743	5646	4097	10000
61432	56539	4893	2973	1920	
18506	13906	4600	1340	3260	
1199	1069	130	130		
6491	6218	273	123	150	
57766	49562	8204	5897	2307	5000

4-32 教育经费支出明细

地区	合计	事业性经费支出	个人部分	工资福利支出	对个人和家庭的补助支出	#助学金
合计	**8441908**	**8413968**	**5191825**	**3434462**	**1757363**	**163441**
北京	50745	50745	25391	15811	9580	
天津	50793	50793	43632	17967	25665	
河北	674951	674951	492869	361755	131114	2735
山西	282655	282655	222093	160298	61795	100
内蒙古	310605	310605	257697	171350	86347	262
辽宁	46588	45088	20971	12277	8694	2529
吉林	609025	605225	426261	243206	183055	247
黑龙江	263211	263211	166181	99485	66696	8931
上海	400590	400590	206908	166306	40602	
江苏	640204	640204	370037	221087	148950	4807
浙江	511146	511146	269237	192331	76906	11924
安徽	262550	262550	122803	76598	46205	15444
福建	91969	91969	54156	43430	10726	510
江西	287053	287053	166270	111161	55109	5001
山东	632932	632932	337217	271801	65416	7953
河南	696408	696408	362463	261053	101410	16338
湖北	143182	143182	84222	39900	44322	6295
湖南	330920	330920	186377	126361	60016	5483
广东	319668	319668	191319	120737	70582	17093
广西	76086	76086	48169	24516	23653	50
海南	28582	28582	15876	14156	1720	
重庆	353397	353397	190226	96139	94087	23331
四川	675117	667477	440760	274183	166577	28416
贵州	28051	28051	18505	6968	11537	1001
云南	273214	263214	204256	134201	70055	
西藏						
陕西	203190	203190	141758	95982	45776	204
甘肃	58801	58801	40295	27070	13225	444
青海	3467	3467	2268	1704	564	
宁夏	17207	17207	10716	5848	4868	740
新疆	119601	114601	72892	40781	32111	3603

（地方成人中等专业学校）

单位：千元

公用部分	商品和服务支出	其他资本性支出	专项公用支出	专项项目支出	基本建设支出
3222143	**2173583**	**1048560**	**339185**	**709375**	**27940**
25354	19035	6319	5063	1256	
7161	6089	1072	1072		
182082	123930	58152	15842	42310	
60562	53061	7501	5500	2001	
52908	48041	4867	4417	450	
24117	18901	5216	216	5000	1500
178964	112484	66480	13679	52801	3800
97030	33746	63284	9544	53740	
193682	168672	25010	8446	16564	
270167	165416	104751	21222	83529	
241909	188151	53758	26134	27624	
139747	106645	33102	16304	16798	
37813	27415	10398	4398	6000	
120783	75083	45700	13233	32467	
295715	103958	191757	25670	166087	
333945	196622	137323	53121	84202	
58960	31627	27333	15682	11651	
144543	107330	37213	19007	18206	
128349	96967	31382	10473	20909	
27917	25787	2130	863	1267	
12706	7511	5195	5195		
163171	130696	32475	25398	7077	
226717	157371	69346	22863	46483	7640
9546	7987	1559	340	1219	
58958	49215	9743	5646	4097	10000
61432	56539	4893	2973	1920	
18506	13906	4600	1340	3260	
1199	1069	130	130		
6491	6218	273	123	150	
41709	34111	7598	5291	2307	5000

4-33 教育经费支出明细

地区	合计	事业性经费支出	个人部分	工资福利支出	对个人和家庭的补助支出	#助学金
合计	**821165526**	**802028590**	**474151646**	**343168767**	**130982879**	**27818091**
北京	25677203	24329238	12361695	8160232	4201463	148350
天津	12694099	12260613	7358315	4121720	3236595	34288
河北	29421495	28986483	17892785	13758105	4134680	1031416
山西	21709337	21150179	11942804	9778015	2164789	663178
内蒙古	18478846	17851952	11423868	8297040	3126828	969371
辽宁	24876742	24112082	13830289	9684136	4146153	193128
吉林	13263857	13155343	8498176	5751672	2746504	321151
黑龙江	19569244	18941452	11489452	7907407	3582045	495903
上海	20725319	20162515	11208193	9009778	2198415	419601
江苏	57850908	57827323	34522408	25421733	9100675	463520
浙江	41154366	41028448	26708761	20995261	5713500	863455
安徽	35279393	34647408	18543888	13596583	4947305	951034
福建	23513892	23192072	14743753	11327414	3416339	470041
江西	25332246	24807767	11579091	8309875	3269216	1194249
山东	57266179	57227529	31768615	25678284	6090331	1048212
河南	47927931	46714877	24459010	17640280	6818730	2231632
湖北	27071384	26045336	16535136	11353958	5181178	767842
湖南	32329518	31605631	18103530	12893417	5210113	833609
广东	68424836	66996615	43047614	32809445	10238169	1503102
广西	22529221	21713065	13014347	8400490	4613857	1462163
海南	7017541	6902041	3483729	2853938	629791	183685
重庆	20185455	19358315	11225419	7543051	3682368	998740
四川	43699924	42822287	26916838	18950933	7965905	2346079
贵州	22039846	21145420	13131923	8428175	4703748	1334833
云南	24686345	24107839	15712897	9694053	6018844	2495821
西藏	2865870	2552200	1804458	1064334	740124	489462
陕西	26371344	25720042	14570357	10545575	4024782	1418600
甘肃	16805489	16177515	9887182	6611472	3275710	1129005
青海	4674932	4281270	2582784	1721921	860863	246873
宁夏	5288997	5086943	2989618	2195961	793657	306833
新疆	22433767	21118790	12814711	8664509	4150202	802915

（中学）

单位：千元

公用部分	商品和服务支出	其他资本性支出			基本建设支出
			专项公用支出	专项项目支出	
327876944	**137250326**	**190626618**	**47094276**	**143532342**	**19136936**
11967543	5141619	6825924	3451060	3374864	1347965
4902298	1312961	3589337	1254896	2334441	433486
11093698	5222495	5871203	1109531	4761672	435012
9207375	4564752	4642623	1300667	3341956	559158
6428084	2727411	3700673	1007506	2693167	626894
10281793	4899935	5381858	1419561	3962297	764660
4657167	2680067	1977100	833293	1143807	108514
7452000	3823274	3628726	986207	2642519	627792
8954322	5743718	3210604	2089527	1121077	562804
23304915	6064345	17240570	2690860	14549710	23585
14319687	5754932	8564755	1640810	6923945	125918
16103520	5540910	10562610	2286231	8276379	631985
8448319	3366775	5081544	1145692	3935852	321820
13228676	3191053	10037623	1289764	8747859	524479
25458914	6811568	18647346	2619555	16027791	38650
22255867	10552003	11703864	2327103	9376761	1213054
9510200	4146313	5363887	1193806	4170081	1026048
13502101	5606193	7895908	2089550	5806358	723887
23949001	14427859	9521142	3679061	5842081	1428221
8698718	3054277	5644441	1418299	4226142	816156
3418312	984628	2433684	821154	1612530	115500
8132896	3548040	4584856	1276979	3307877	827140
15905449	7374071	8531378	2328487	6202891	877637
8013497	3780713	4232784	1395666	2837118	894426
8394942	3944514	4450428	1244458	3205970	578506
747742	426192	321550	97173	224377	313670
11149685	4786857	6362828	1195291	5167537	651302
6290333	2445602	3844731	989573	2855158	627974
1698486	619802	1078684	263734	814950	393662
2097325	751426	1345899	538088	807811	202054
8304079	3956021	4348058	1110694	3237364	1314977

4-34 教育经费支出明细

地区	合计	事业性经费支出	个人部分	工资福利支出	对个人和家庭的补助支出	#助学金
合计	**5359486**	**5250542**	**3438733**	**2560260**	**878473**	**115113**
北京	925992	917772	468180	330768	137412	2557
天津						
河北	30	30	21	21		
山西						
内蒙古						
辽宁						
吉林	93467	93467	46211	33932	12279	133
黑龙江	1559806	1539752	1048122	921574	126548	12276
上海	159814	159814	81864	74231	7633	2548
江苏						
浙江						
安徽	18566	18566	13637	13055	582	383
福建						
江西						
山东						
河南						
湖北	209496	209496	141249	103809	37440	519
湖南						
广东	70953	70953	54079	46874	7205	2228
广西						
海南	14646	14646	12371	7629	4742	4
重庆	107114	107114	59992	48854	11138	1101
四川	25807	25807	18918	12218	6700	988
贵州						
云南						
西藏						
陕西						
甘肃	4608	4608	3771	3559	212	212
青海						
宁夏						
新疆	2169187	2088517	1490318	963736	526582	92164

(中央属中学)

单位:千元

公用部分	商品和服务支出	其他资本性支出	专项公用支出	专项项目支出	基本建设支出
1811809	**1070424**	**741385**	**278465**	**462920**	**108944**
449592	307575	142017	58665	83352	8220
9	9				
47256	27948	19308	10308	9000	
491630	343951	147679	89702	57977	20054
77950	37413	40537	7567	32970	
4929	3375	1554	1554		
68247	60797	7450	7450		
16874	10317	6557	3095	3462	
2275	2023	252	252		
47122	23198	23924	23924		
6889	5311	1578	1578		
837	469	368	368		
598199	248038	350161	74002	276159	80670

4-35 教育经费支出明细

地 区	合 计	事业性经费支出				
			个人部分			
				工资福利支出	对个人和家庭的补助支出	
						#助学金
合 计	**815806040**	**796778048**	**470712913**	**340608507**	**130104406**	**27702978**
北 京	24751211	23411466	11893515	7829464	4064051	145793
天 津	12694099	12260613	7358315	4121720	3236595	34288
河 北	29421465	28986453	17892764	13758084	4134680	1031416
山 西	21709337	21150179	11942804	9778015	2164789	663178
内蒙古	18478846	17851952	11423868	8297040	3126828	969371
辽 宁	24876742	24112082	13830289	9684136	4146153	193128
吉 林	13170390	13061876	8451965	5717740	2734225	321018
黑龙江	18009438	17401700	10441330	6985833	3455497	483627
上 海	20565505	20002701	11126329	8935547	2190782	417053
江 苏	57850908	57827323	34522408	25421733	9100675	463520
浙 江	41154366	41028448	26708761	20995261	5713500	863455
安 徽	35260827	34628842	18530251	13583528	4946723	950651
福 建	23513892	23192072	14743753	11327414	3416339	470041
江 西	25332246	24807767	11579091	8309875	3269216	1194249
山 东	57266179	57227529	31768615	25678284	6090331	1048212
河 南	47927931	46714877	24459010	17640280	6818730	2231632
湖 北	26861888	25835840	16393887	11250149	5143738	767323
湖 南	32329518	31605631	18103530	12893417	5210113	833609
广 东	68353883	66925662	42993535	32762571	10230964	1500874
广 西	22529221	21713065	13014347	8400490	4613857	1462163
海 南	7002895	6887395	3471358	2846309	625049	183681
重 庆	20078341	19251201	11165427	7494197	3671230	997639
四 川	43674117	42796480	26897920	18938715	7959205	2345091
贵 州	22039846	21145420	13131923	8428175	4703748	1334833
云 南	24686345	24107839	15712897	9694053	6018844	2495821
西 藏	2865870	2552200	1804458	1064334	740124	489462
陕 西	26371344	25720042	14570357	10545575	4024782	1418600
甘 肃	16800881	16172907	9883411	6607913	3275498	1128793
青 海	4674932	4281270	2582784	1721921	860863	246873
宁 夏	5288997	5086943	2989618	2195961	793657	306833
新 疆	20264580	19030273	11324393	7700773	3623620	710751

（地方中学）

单位：千元

公用部分	商品和服务支出	其他资本性支出			基本建设支出
			专项公用支出	专项项目支出	
326065135	**136179902**	**189885233**	**46815811**	**143069422**	**19027992**
11517951	4834044	6683907	3392395	3291512	1339745
4902298	1312961	3589337	1254896	2334441	433486
11093689	5222486	5871203	1109531	4761672	435012
9207375	4564752	4642623	1300667	3341956	559158
6428084	2727411	3700673	1007506	2693167	626894
10281793	4899935	5381858	1419561	3962297	764660
4609911	2652119	1957792	822985	1134807	108514
6960370	3479323	3481047	896505	2584542	607738
8876372	5706305	3170067	2081960	1088107	562804
23304915	6064345	17240570	2690860	14549710	23585
14319687	5754932	8564755	1640810	6923945	125918
16098591	5537535	10561056	2284677	8276379	631985
8448319	3366775	5081544	1145692	3935852	321820
13228676	3191053	10037623	1289764	8747859	524479
25458914	6811568	18647346	2619555	16027791	38650
22255867	10552003	11703864	2327103	9376761	1213054
9441953	4085516	5356437	1186356	4170081	1026048
13502101	5606193	7895908	2089550	5806358	723887
23932127	14417542	9514585	3675966	5838619	1428221
8698718	3054277	5644441	1418299	4226142	816156
3416037	982605	2433432	820902	1612530	115500
8085774	3524842	4560932	1253055	3307877	827140
15898560	7368760	8529800	2326909	6202891	877637
8013497	3780713	4232784	1395666	2837118	894426
8394942	3944514	4450428	1244458	3205970	578506
747742	426192	321550	97173	224377	313670
11149685	4786857	6362828	1195291	5167537	651302
6289496	2445133	3844363	989205	2855158	627974
1698486	619802	1078684	263734	814950	393662
2097325	751426	1345899	538088	807811	202054
7705880	3707983	3997897	1036692	2961205	1234307

4-36 教育经费支出明细

地区	合计	事业性经费支出	个人部分	工资福利支出	对个人和家庭的补助支出	#助学金
合计	**820415264**	**801278328**	**473824194**	**342909393**	**130914801**	**27817618**
北京	25677203	24329238	12361695	8160232	4201463	148350
天津	12670514	12237028	7334791	4104673	3230118	34288
河北	29416454	28981442	17889172	13754921	4134251	1031416
山西	21709337	21150179	11942804	9778015	2164789	663178
内蒙古	18478846	17851952	11423868	8297040	3126828	969371
辽宁	24876702	24112042	13830289	9684136	4146153	193128
吉林	13260835	13152321	8495285	5750596	2744689	321151
黑龙江	19569244	18941452	11489452	7907407	3582045	495903
上海	20633070	20070266	11153800	8963422	2190378	419599
江苏	57589620	57566035	34487594	25397260	9090334	463520
浙江	40831750	40705832	26528171	20846398	5681773	863030
安徽	35279393	34647408	18543888	13596583	4947305	951034
福建	23506835	23185015	14738834	11324540	3414294	470041
江西	25332246	24807767	11579091	8309875	3269216	1194249
山东	57266179	57227529	31768615	25678284	6090331	1048212
河南	47927931	46714877	24459010	17640280	6818730	2231632
湖北	27064530	26038482	16530625	11349777	5180848	767842
湖南	32329518	31605631	18103530	12893417	5210113	833609
广东	68405608	66977387	43037638	32802652	10234986	1503056
广西	22529221	21713065	13014347	8400490	4613857	1462163
海南	7017541	6902041	3483729	2853938	629791	183685
重庆	20185275	19358135	11225419	7543051	3682368	998740
四川	43697252	42819615	26914778	18949621	7965157	2346079
贵州	22037150	21142724	13129427	8426733	4702694	1334833
云南	24686345	24107839	15712897	9694053	6018844	2495821
西藏	2865870	2552200	1804458	1064334	740124	489462
陕西	26370630	25719328	14569653	10544933	4024720	1418600
甘肃	16805489	16177515	9887182	6611472	3275710	1129005
青海	4674932	4281270	2582784	1721921	860863	246873
宁夏	5288997	5086943	2989618	2195961	793657	306833
新疆	22430747	21115770	12811750	8663378	4148372	802915

(普通中学)

单位:千元

公用部分	商品和服务支出	其他资本性支出	专项公用支出	专项项目支出	基本建设支出
327454134	**137062393**	**190391741**	**47073262**	**143318479**	**19136936**
11967543	5141619	6825924	3451060	3374864	1347965
4902237	1312900	3589337	1254896	2334441	433486
11092270	5221105	5871165	1109493	4761672	435012
9207375	4564752	4642623	1300667	3341956	559158
6428084	2727411	3700673	1007506	2693167	626894
10281753	4899895	5381858	1419561	3962297	764660
4657036	2679943	1977093	833286	1143807	108514
7452000	3823274	3628726	986207	2642519	627792
8916466	5707467	3208999	2087922	1121077	562804
23078441	6048862	17029579	2690012	14339567	23585
14177661	5631651	8546010	1624948	6921062	125918
16103520	5540910	10562610	2286231	8276379	631985
8446181	3364972	5081209	1145357	3935852	321820
13228676	3191053	10037623	1289764	8747859	524479
25458914	6811568	18647346	2619555	16027791	38650
22255867	10552003	11703864	2327103	9376761	1213054
9507857	4144541	5363316	1193735	4169581	1026048
13502101	5606193	7895908	2089550	5806358	723887
23939749	14421192	9518557	3676813	5841744	1428221
8698718	3054277	5644441	1418299	4226142	816156
3418312	984628	2433684	821154	1612530	115500
8132716	3547860	4584856	1276979	3307877	827140
15904837	7373459	8531378	2328487	6202891	877637
8013297	3780513	4232784	1395666	2837118	894426
8394942	3944514	4450428	1244458	3205970	578506
747742	426192	321550	97173	224377	313670
11149675	4786847	6362828	1195291	5167537	651302
6290333	2445602	3844731	989573	2855158	627974
1698486	619802	1078684	263734	814950	393662
2097325	751426	1345899	538088	807811	202054
8304020	3955962	4348058	1110694	3237364	1314977

4-37 教育经费支出明细

地区	合计	事业性经费支出	个人部分	工资福利支出	对个人和家庭的补助支出	#助学金
合计	**5359486**	**5250542**	**3438733**	**2560260**	**878473**	**115113**
北京	925992	917772	468180	330768	137412	2557
天津						
河北	30	30	21	21		
山西						
内蒙古						
辽宁						
吉林	93467	93467	46211	33932	12279	133
黑龙江	1559806	1539752	1048122	921574	126548	12276
上海	159814	159814	81864	74231	7633	2548
江苏						
浙江						
安徽	18566	18566	13637	13055	582	383
福建						
江西						
山东						
河南						
湖北	209496	209496	141249	103809	37440	519
湖南						
广东	70953	70953	54079	46874	7205	2228
广西						
海南	14646	14646	12371	7629	4742	4
重庆	107114	107114	59992	48854	11138	1101
四川	25807	25807	18918	12218	6700	988
贵州						
云南						
西藏						
陕西						
甘肃	4608	4608	3771	3559	212	212
青海						
宁夏						
新疆	2169187	2088517	1490318	963736	526582	92164

（中央属普通中学）

单位：千元

公用部分	商品和服务支出	其他资本性支出			基本建设支出
			专项公用支出	专项项目支出	
1811809	**1070424**	**741385**	**278465**	**462920**	**108944**
449592	307575	142017	58665	83352	8220
9	9				
47256	27948	19308	10308	9000	
491630	343951	147679	89702	57977	20054
77950	37413	40537	7567	32970	
4929	3375	1554	1554		
68247	60797	7450	7450		
16874	10317	6557	3095	3462	
2275	2023	252	252		
47122	23198	23924	23924		
6889	5311	1578	1578		
837	469	368	368		
598199	248038	350161	74002	276159	80670

4-38 教育经费支出明细

地区	合计	事业性经费支出	个人部分	工资福利支出	对个人和家庭的补助支出	#助学金
合计	**815055778**	**796027786**	**470385461**	**340349133**	**130036328**	**27702505**
北京	24751211	23411466	11893515	7829464	4064051	145793
天津	12670514	12237028	7334791	4104673	3230118	34288
河北	29416424	28981412	17889151	13754900	4134251	1031416
山西	21709337	21150179	11942804	9778015	2164789	663178
内蒙古	18478846	17851952	11423868	8297040	3126828	969371
辽宁	24876702	24112042	13830289	9684136	4146153	193128
吉林	13167368	13058854	8449074	5716664	2732410	321018
黑龙江	18009438	17401700	10441330	6985833	3455497	483627
上海	20473256	19910452	11071936	8889191	2182745	417051
江苏	57589620	57566035	34487594	25397260	9090334	463520
浙江	40831750	40705832	26528171	20846398	5681773	863030
安徽	35260827	34628842	18530251	13583528	4946723	950651
福建	23506835	23185015	14738834	11324540	3414294	470041
江西	25332246	24807767	11579091	8309875	3269216	1194249
山东	57266179	57227529	31768615	25678284	6090331	1048212
河南	47927931	46714877	24459010	17640280	6818730	2231632
湖北	26855034	25828986	16389376	11245968	5143408	767323
湖南	32329518	31605631	18103530	12893417	5210113	833609
广东	68334655	66906434	42983559	32755778	10227781	1500828
广西	22529221	21713065	13014347	8400490	4613857	1462163
海南	7002895	6887395	3471358	2846309	625049	183681
重庆	20078161	19251021	11165427	7494197	3671230	997639
四川	43671445	42793808	26895860	18937403	7958457	2345091
贵州	22037150	21142724	13129427	8426733	4702694	1334833
云南	24686345	24107839	15712897	9694053	6018844	2495821
西藏	2865870	2552200	1804458	1064334	740124	489462
陕西	26370630	25719328	14569653	10544933	4024720	1418600
甘肃	16800881	16172907	9883411	6607913	3275498	1128793
青海	4674932	4281270	2582784	1721921	860863	246873
宁夏	5288997	5086943	2989618	2195961	793657	306833
新疆	20261560	19027253	11321432	7699642	3621790	710751

（地方普通中学）

单位：千元

公用部分	商品和服务支出	其他资本性支出	专项公用支出	专项项目支出	基本建设支出
325642325	**135991969**	**189650356**	**46794797**	**142855559**	**19027992**
11517951	4834044	6683907	3392395	3291512	1339745
4902237	1312900	3589337	1254896	2334441	433486
11092261	5221096	5871165	1109493	4761672	435012
9207375	4564752	4642623	1300667	3341956	559158
6428084	2727411	3700673	1007506	2693167	626894
10281753	4899895	5381858	1419561	3962297	764660
4609780	2651995	1957785	822978	1134807	108514
6960370	3479323	3481047	896505	2584542	607738
8838516	5670054	3168462	2080355	1088107	562804
23078441	6048862	17029579	2690012	14339567	23585
14177661	5631651	8546010	1624948	6921062	125918
16098591	5537535	10561056	2284677	8276379	631985
8446181	3364972	5081209	1145357	3935852	321820
13228676	3191053	10037623	1289764	8747859	524479
25458914	6811568	18647346	2619555	16027791	38650
22255867	10552003	11703864	2327103	9376761	1213054
9439610	4083744	5355866	1186285	4169581	1026048
13502101	5606193	7895908	2089550	5806358	723887
23922875	14410875	9512000	3673718	5838282	1428221
8698718	3054277	5644441	1418299	4226142	816156
3416037	982605	2433432	820902	1612530	115500
8085594	3524662	4560932	1253055	3307877	827140
15897948	7368148	8529800	2326909	6202891	877637
8013297	3780513	4232784	1395666	2837118	894426
8394942	3944514	4450428	1244458	3205970	578506
747742	426192	321550	97173	224377	313670
11149675	4786847	6362828	1195291	5167537	651302
6289496	2445133	3844363	989205	2855158	627974
1698486	619802	1078684	263734	814950	393662
2097325	751426	1345899	538088	807811	202054
7705821	3707924	3997897	1036692	2961205	1234307

4-39 教育经费支出明细

地区	合计	事业性经费支出	个人部分			
				工资福利支出	对个人和家庭的补助支出	
						#助学金
合计	**307637139**	**300744151**	**164899937**	**122453911**	**42446026**	**8822886**
北京	11067296	10434749	5082676	3365719	1716957	105862
天津	5104621	4988461	2863362	1626624	1236738	25509
河北	11114622	11043938	6298864	4902441	1396423	377558
山西	9263949	8996639	4572805	3750995	821810	282402
内蒙古	7327230	7104205	4224330	2980133	1244197	442909
辽宁	8867472	8675600	4342467	3218170	1124297	112835
吉林	4750651	4731444	2799735	1908460	891275	149062
黑龙江	6911003	6599463	3606008	2606378	999630	160082
上海	7636590	7498879	3852927	3211034	641893	71718
江苏	22793313	22771013	12711600	9589195	3122405	246927
浙江	16943281	16915381	10211416	8246885	1964531	252066
安徽	14260687	14030197	6810247	5066202	1744045	427271
福建	9249587	9086300	5557514	4230758	1326756	114257
江西	9033172	8935542	3669972	2692057	977915	284813
山东	20744342	20744342	10442445	8499266	1943179	294528
河南	15600443	15130021	7208881	5620808	1588073	620904
湖北	10865587	10543095	6235560	4542684	1692876	354439
湖南	11014802	10952341	5994057	4570173	1423884	302290
广东	27652141	27123719	16340345	12480747	3859598	416939
广西	7450078	7247108	4042203	2708663	1333540	343349
海南	2534890	2511240	1157052	961028	196024	73368
重庆	8822867	8269794	4349819	2996940	1352879	402260
四川	15140009	14937174	8787599	6388072	2399527	833982
贵州	7544254	7161838	4091984	2691156	1400828	312880
云南	7521631	7238948	4426606	2980955	1445651	411191
西藏	979603	766603	550974	312538	238436	160890
陕西	10297468	9999729	5107901	3774806	1333095	489699
甘肃	6546895	6310048	3512649	2375593	1137056	292619
青海	1700914	1583676	893244	597205	296039	72716
宁夏	1906868	1883568	1135301	869763	265538	87167
新疆	6990873	6529096	4019394	2688463	1330931	300394

（普通高中）

单位：千元

公用部分	商品和服务支出	其他资本性支出	专项公用支出	专项项目支出	基本建设支出
135844214	**56154363**	**79689851**	**20002819**	**59687032**	**6892988**
5352073	2187891	3164182	1463424	1700758	632547
2125099	598279	1526820	577696	949124	116160
4745074	2112164	2632910	398913	2233997	70684
4423834	2070838	2352996	679605	1673391	267310
2879875	1378464	1501411	410891	1090520	223025
4333133	2093105	2240028	641784	1598244	191872
1931709	1040740	890969	402058	488911	19207
2993455	1494510	1498945	326999	1171946	311540
3645952	1933963	1711989	1148599	563390	137711
10059413	2632840	7426573	1242458	6184115	22300
6703965	2671445	4032520	633678	3398842	27900
7219950	2317213	4902737	875623	4027114	230490
3528786	1444076	2084710	502410	1582300	163287
5265570	1194365	4071205	477800	3593405	97630
10301897	3160018	7141879	1020208	6121671	
7921140	4014150	3906990	866510	3040480	470422
4307535	1940832	2366703	516297	1850406	322492
4958284	2170514	2787770	798799	1988971	62461
10783374	6487316	4296058	1614181	2681877	528422
3204905	1094512	2110393	445662	1664731	202970
1354188	434135	920053	348210	571843	23650
3919975	1391374	2528601	596137	1932464	553073
6149575	2577465	3572110	1134502	2437608	202835
3069854	1234923	1834931	650874	1184057	382416
2812342	1462421	1349921	395424	954497	282683
215629	140566	75063	20285	54778	213000
4891828	2179768	2712060	469748	2242312	297739
2797399	1167235	1630164	614441	1015723	236847
690432	212984	477448	80511	396937	117238
748267	292843	455424	223829	231595	23300
2509702	1023414	1486288	425263	1061025	461777

4-40 教育经费支出明细

地区	合计	事业性经费支出	个人部分	工资福利支出	对个人和家庭的补助支出	#助学金
合计	**2778502**	**2749794**	**1675164**	**1254648**	**420516**	**53285**
北京	705690	697470	367673	256109	111564	2157
天津						
河北						
山西						
内蒙古						
辽宁						
吉林	93467	93467	46211	33932	12279	133
黑龙江	785412	775542	481014	415417	65597	11644
上海	159814	159814	81864	74231	7633	2548
江苏						
浙江						
安徽	13781	13781	9990	9489	501	354
福建						
江西						
山东						
河南						
湖北	174408	174408	116870	85837	31033	422
湖南						
广东	19978	19978	16528	13748	2780	794
广西						
海南	7817	7817	6511	3820	2691	3
重庆	68520	68520	38374	31248	7126	705
四川	14474	14474	9929	6461	3468	613
贵州						
云南						
西藏						
陕西						
甘肃	1211	1211	1026	966	60	60
青海						
宁夏						
新疆	733930	723312	499174	323390	175784	33852

（中央属普通高中）

单位：千元

公用部分	商品和服务支出	其他资本性支出	专项公用支出	专项项目支出	基本建设支出
1074630	**649250**	**425380**	**176070**	**249310**	**28708**
329797	210503	119294	44103	75191	8220
47256	27948	19308	10308	9000	
294528	204214	90314	60314	30000	9870
77950	37413	40537	7567	32970	
3791	2725	1066	1066		
57538	51788	5750	5750		
3450	2300	1150	160	990	
1306	1185	121	121		
30146	14844	15302	15302		
4545	3602	943	943		
185	118	67	67		
224138	92610	131528	30369	101159	10618

4-41 教育经费支出明细

地区	合计	事业性经费支出	个人部分	工资福利支出	对个人和家庭的补助支出	#助学金
合计	**304858637**	**297994357**	**163224773**	**121199263**	**42025510**	**8769601**
北京	10361606	9737279	4715003	3109610	1605393	103705
天津	5104621	4988461	2863362	1626624	1236738	25509
河北	11114622	11043938	6298864	4902441	1396423	377558
山西	9263949	8996639	4572805	3750995	821810	282402
内蒙古	7327230	7104205	4224330	2980133	1244197	442909
辽宁	8867472	8675600	4342467	3218170	1124297	112835
吉林	4657184	4637977	2753524	1874528	878996	148929
黑龙江	6125591	5823921	3124994	2190961	934033	148438
上海	7476776	7339065	3771063	3136803	634260	69170
江苏	22793313	22771013	12711600	9589195	3122405	246927
浙江	16943281	16915381	10211416	8246885	1964531	252066
安徽	14246906	14016416	6800257	5056713	1743544	426917
福建	9249587	9086300	5557514	4230758	1326756	114257
江西	9033172	8935542	3669972	2692057	977915	284813
山东	20744342	20744342	10442445	8499266	1943179	294528
河南	15600443	15130021	7208881	5620808	1588073	620904
湖北	10691179	10368687	6118690	4456847	1661843	354017
湖南	11014802	10952341	5994057	4570173	1423884	302290
广东	27632163	27103741	16323817	12466999	3856818	416145
广西	7450078	7247108	4042203	2708663	1333540	343349
海南	2527073	2503423	1150541	957208	193333	73365
重庆	8754347	8201274	4311445	2965692	1345753	401555
四川	15125535	14922700	8777670	6381611	2396059	833369
贵州	7544254	7161838	4091984	2691156	1400828	312880
云南	7521631	7238948	4426606	2980955	1445651	411191
西藏	979603	766603	550974	312538	238436	160890
陕西	10297468	9999729	5107901	3774806	1333095	489699
甘肃	6545684	6308837	3511623	2374627	1136996	292559
青海	1700914	1583676	893244	597205	296039	72716
宁夏	1906868	1883568	1135301	869763	265538	87167
新疆	6256943	5805784	3520220	2365073	1155147	266542

（地方普通高中）

单位：千元

公用部分	商品和服务支出	其他资本性支出	专项公用支出	专项项目支出	基本建设支出
134769584	**55505113**	**79264471**	**19826749**	**59437722**	**6864280**
5022276	1977388	3044888	1419321	1625567	624327
2125099	598279	1526820	577696	949124	116160
4745074	2112164	2632910	398913	2233997	70684
4423834	2070838	2352996	679605	1673391	267310
2879875	1378464	1501411	410891	1090520	223025
4333133	2093105	2240028	641784	1598244	191872
1884453	1012792	871661	391750	479911	19207
2698927	1290296	1408631	266685	1141946	301670
3568002	1896550	1671452	1141032	530420	137711
10059413	2632840	7426573	1242458	6184115	22300
6703965	2671445	4032520	633678	3398842	27900
7216159	2314488	4901671	874557	4027114	230490
3528786	1444076	2084710	502410	1582300	163287
5265570	1194365	4071205	477800	3593405	97630
10301897	3160018	7141879	1020208	6121671	
7921140	4014150	3906990	866510	3040480	470422
4249997	1889044	2360953	510547	1850406	322492
4958284	2170514	2787770	798799	1988971	62461
10779924	6485016	4294908	1614021	2680887	528422
3204905	1094512	2110393	445662	1664731	202970
1352882	432950	919932	348089	571843	23650
3889829	1376530	2513299	580835	1932464	553073
6145030	2573863	3571167	1133559	2437608	202835
3069854	1234923	1834931	650874	1184057	382416
2812342	1462421	1349921	395424	954497	282683
215629	140566	75063	20285	54778	213000
4891828	2179768	2712060	469748	2242312	297739
2797214	1167117	1630097	614374	1015723	236847
690432	212984	477448	80511	396937	117238
748267	292843	455424	223829	231595	23300
2285564	930804	1354760	394894	959866	451159

4-42 教育经费支出明细

地区	合计	事业性经费支出	个人部分	工资福利支出	对个人和家庭的补助支出	#助学金
合计	**44873055**	**44179484**	**25071084**	**19333346**	**5737738**	**1416573**
北京	1453671	1435634	460109	369023	91086	3521
天津	1173941	1057781	472494	328348	144146	3717
河北	1127767	1122867	786055	638373	147682	42818
山西	547167	513567	325513	261186	64327	27725
内蒙古	238309	238309	165438	106851	58587	30103
辽宁	584773	582773	263803	198341	65462	6517
吉林	219455	219455	156529	117367	39162	5721
黑龙江	782825	771254	470516	406513	64003	11944
上海	255029	255029	174342	156530	17812	2648
江苏	4343038	4343038	2421667	1896550	525117	53554
浙江	3891162	3891162	2452944	2053342	399602	59598
安徽	3112352	3068858	1345950	1021700	324250	99873
福建	2843964	2788410	1844032	1441849	402183	37379
江西	469593	466301	251408	197479	53929	21379
山东	2395443	2395443	1137682	953074	184608	32051
河南	1404582	1264539	676426	527957	148469	60945
湖北	1418164	1372118	887820	683980	203840	62947
湖南	2102179	2095906	1284387	1018242	266145	79272
广东	4215308	4213586	2447497	1965113	482384	72374
广西	645502	645322	417128	277440	139688	36179
海南	204697	204697	121968	100452	21516	4733
重庆	2211616	2172367	1224476	860876	363600	131700
四川	3210415	3187815	1960655	1460806	499849	201390
贵州	904764	885894	567604	377002	190602	60552
云南	850575	849943	544807	364445	180362	64056
西藏						
陕西	2022020	2020578	1116978	814764	302214	110234
甘肃	1683970	1614200	787209	526572	260637	70175
青海	56967	47250	31018	23239	7779	1919
宁夏	16032	16032	7309	5942	1367	535
新疆	487775	439356	267320	179990	87330	21014

（农村高中）

单位：千元

公用部分	商品和服务支出	其他资本性支出	专项公用支出	专项项目支出	基本建设支出
19108400	**7855350**	**11253050**	**2517510**	**8735540**	**693571**
975525	263239	712286	132965	579321	18037
585287	92321	492966	22576	470390	116160
336812	214671	122141	26638	95503	4900
188054	137621	50433	20654	29779	33600
72871	64550	8321	3320	5001	
318970	129369	189601	31895	157706	2000
62926	40758	22168	5888	16280	
300738	199500	101238	61171	40067	11571
80687	61695	18992	12709	6283	
1921371	471867	1449504	296799	1152705	
1438218	664094	774124	163473	610651	
1722908	466332	1256576	158650	1097926	43494
944378	460858	483520	124889	358631	55554
214893	101106	113787	24000	89787	3292
1257761	291820	965941	82549	883392	
588113	347582	240531	70833	169698	140043
484298	247353	236945	54707	182238	46046
811519	457870	353649	120731	232918	6273
1766089	1039668	726421	209706	516715	1722
228194	104321	123873	47833	76040	180
82729	46744	35985	5614	30371	
947891	402449	545442	126419	419023	39249
1227160	549100	678060	143077	534983	22600
318290	142616	175674	37273	138401	18870
305136	130212	174924	39689	135235	632
903600	452001	451599	82568	369031	1442
826991	220531	606460	391831	214629	69770
16232	5418	10814	558	10256	9717
8723	5304	3419	3419		
172036	44380	127656	15076	112580	48419

4-43 教育经费支出明细

地区	合计	事业性经费支出	个人部分	工资福利支出	对个人和家庭的补助支出	#助学金
合计	**43918125**	**43243534**	**24479479**	**18848293**	**5631186**	**1396426**
北京	1453671	1435634	460109	369023	91086	3521
天津	1173941	1057781	472494	328348	144146	3717
河北	1127767	1122867	786055	638373	147682	42818
山西	547167	513567	325513	261186	64327	27725
内蒙古	238309	238309	165438	106851	58587	30103
辽宁	584773	582773	263803	198341	65462	6517
吉林	219455	219455	156529	117367	39162	5721
黑龙江	75524	73823	44996	31213	13783	2224
上海	255029	255029	174342	156530	17812	2648
江苏	4343038	4343038	2421667	1896550	525117	53554
浙江	3891162	3891162	2452944	2053342	399602	59598
安徽	3112352	3068858	1345950	1021700	324250	99873
福建	2843964	2788410	1844032	1441849	402183	37379
江西	469593	466301	251408	197479	53929	21379
山东	2395443	2395443	1137682	953074	184608	32051
河南	1404582	1264539	676426	527957	148469	60945
湖北	1418164	1372118	887820	683980	203840	62947
湖南	2102179	2095906	1284387	1018242	266145	79272
广东	4214236	4212514	2446747	1964431	482316	72311
广西	645502	645322	417128	277440	139688	36179
海南	196880	196880	115457	96632	18825	4730
重庆	2211616	2172367	1224476	860876	363600	131700
四川	3210415	3187815	1960655	1460806	499849	201390
贵州	904764	885894	567604	377002	190602	60552
云南	850575	849943	544807	364445	180362	64056
西藏						
陕西	2022020	2020578	1116978	814764	302214	110234
甘肃	1682759	1612989	786183	525606	260577	70115
青海	56967	47250	31018	23239	7779	1919
宁夏	16032	16032	7309	5942	1367	535
新疆	250246	210937	109522	75705	33817	10713

(地方农村高中)

单位:千元

公用部分					基本建设支出
	商品和服务支出	其他资本性支出			
			专项公用支出	专项项目支出	
18764055	**7645599**	**11118456**	**2453673**	**8664783**	**674591**
975525	263239	712286	132965	579321	18037
585287	92321	492966	22576	470390	116160
336812	214671	122141	26638	95503	4900
188054	137621	50433	20654	29779	33600
72871	64550	8321	3320	5001	
318970	129369	189601	31895	157706	2000
62926	40758	22168	5888	16280	
28827	15723	13104	3037	10067	1701
80687	61695	18992	12709	6283	
1921371	471867	1449504	296799	1152705	
1438218	664094	774124	163473	610651	
1722908	466332	1256576	158650	1097926	43494
944378	460858	483520	124889	358631	55554
214893	101106	113787	24000	89787	3292
1257761	291820	965941	82549	883392	
588113	347582	240531	70833	169698	140043
484298	247353	236945	54707	182238	46046
811519	457870	353649	120731	232918	6273
1765767	1039496	726271	209556	516715	1722
228194	104321	123873	47833	76040	180
81423	45559	35864	5493	30371	
947891	402449	545442	126419	419023	39249
1227160	549100	678060	143077	534983	22600
318290	142616	175674	37273	138401	18870
305136	130212	174924	39689	135235	632
903600	452001	451599	82568	369031	1442
826806	220413	606393	391764	214629	69770
16232	5418	10814	558	10256	9717
8723	5304	3419	3419		
101415	19881	81534	9711	71823	39309

4-44 教育经费支出明细

地区	合计	事业性经费支出	个人部分	工资福利支出	对个人和家庭的补助支出	#助学金
合计	**512778125**	**500534177**	**308924257**	**220455482**	**88468775**	**18994732**
北京	14609907	13894489	7279019	4794513	2484506	42488
天津	7565893	7248567	4471429	2478049	1993380	8779
河北	18301832	17937504	11590308	8852480	2737828	653858
山西	12445388	12153540	7369999	6027020	1342979	380776
内蒙古	11151616	10747747	7199538	5316907	1882631	526462
辽宁	16009230	15436442	9487822	6465966	3021856	80293
吉林	8510184	8420877	5695550	3842136	1853414	172089
黑龙江	12658241	12341989	7883444	5301029	2582415	335821
上海	12996480	12571387	7300873	5752388	1548485	347881
江苏	34796307	34795022	21775994	15808065	5967929	216593
浙江	23888469	23790451	16316755	12599513	3717242	610964
安徽	21018706	20617211	11733641	8530381	3203260	523763
福建	14257248	14098715	9181320	7093782	2087538	355784
江西	16299074	15872225	7909119	5617818	2291301	909436
山东	36521837	36483187	21326170	17179018	4147152	753684
河南	32327488	31584856	17250129	12019472	5230657	1610728
湖北	16198943	15495387	10295065	6807093	3487972	413403
湖南	21314716	20653290	12109473	8323244	3786229	531319
广东	40753467	39853668	26697293	20321905	6375388	1086117
广西	15079143	14465957	8972144	5691827	3280317	1118814
海南	4482651	4390801	2326677	1892910	433767	110317
重庆	11362408	11088341	6875600	4546111	2329489	596480
四川	28557243	27882441	18127179	12561549	5565630	1512097
贵州	14492896	13980886	9037443	5735577	3301866	1021953
云南	17164714	16868891	11286291	6713098	4573193	2084630
西藏	1886267	1785597	1253484	751796	501688	328572
陕西	16073162	15719599	9461752	6770127	2691625	928901
甘肃	10258594	9867467	6374533	4235879	2138654	836386
青海	2974018	2697594	1689540	1124716	564824	174157
宁夏	3382129	3203375	1854317	1326198	528119	219666
新疆	15439874	14586674	8792356	5974915	2817441	502521

（普通初中）

单位：千元

公用部分	商品和服务支出	其他资本性支出			基本建设支出
			专项公用支出	专项项目支出	
191609920	**80908030**	**110701890**	**27070443**	**83631447**	**12243948**
6615470	2953728	3661742	1987636	1674106	715418
2777138	714621	2062517	677200	1385317	317326
6347196	3108941	3238255	710580	2527675	364328
4783541	2493914	2289627	621062	1668565	291848
3548209	1348947	2199262	596615	1602647	403869
5948620	2806790	3141830	777777	2364053	572788
2725327	1639203	1086124	431228	654896	89307
4458545	2328764	2129781	659208	1470573	316252
5270514	3773504	1497010	939323	557687	425093
13019028	3416022	9603006	1447554	8155452	1285
7473696	2960206	4513490	991270	3522220	98018
8883570	3223697	5659873	1410608	4249265	401495
4917395	1920896	2996499	642947	2353552	158533
7963106	1996688	5966418	811964	5154454	426849
15157017	3651550	11505467	1599347	9906120	38650
14334727	6537853	7796874	1460593	6336281	742632
5200322	2203709	2996613	677438	2319175	703556
8543817	3435679	5108138	1290751	3817387	661426
13156375	7933876	5222499	2062632	3159867	899799
5493813	1959765	3534048	972637	2561411	613186
2064124	550493	1513631	472944	1040687	91850
4212741	2156486	2056255	680842	1375413	274067
9755262	4795994	4959268	1193985	3765283	674802
4943443	2545590	2397853	744792	1653061	512010
5582600	2482093	3100507	849034	2251473	295823
532113	285626	246487	76888	169599	100670
6257847	2607079	3650768	725543	2925225	353563
3492934	1278367	2214567	375132	1839435	391127
1008054	406818	601236	183223	418013	276424
1349058	458583	890475	314259	576216	178754
5794318	2932548	2861770	685431	2176339	853200

4-45 教育经费支出明细

地区	合计	事业性经费支出	个人部分	工资福利支出	对个人和家庭的补助支出	#助学金
合计	**2580984**	**2500748**	**1763569**	**1305612**	**457957**	**61828**
北京	220302	220302	100507	74659	25848	400
天津						
河北	30	30	21	21		
山西						
内蒙古						
辽宁						
吉林						
黑龙江	774394	764210	567108	506157	60951	632
上海						
江苏						
浙江						
安徽	4785	4785	3647	3566	81	29
福建						
江西						
山东						
河南						
湖北	35088	35088	24379	17972	6407	97
湖南						
广东	50975	50975	37551	33126	4425	1434
广西						
海南	6829	6829	5860	3809	2051	1
重庆	38594	38594	21618	17606	4012	396
四川	11333	11333	8989	5757	3232	375
贵州						
云南						
西藏						
陕西						
甘肃	3397	3397	2745	2593	152	152
青海						
宁夏						
新疆	1435257	1365205	991144	640346	350798	58312

(中央属普通初中)

单位:千元

公用部分	商品和服务支出	其他资本性支出	专项公用支出	专项项目支出	基本建设支出
737179	**421174**	**316005**	**102395**	**213610**	**80236**
119795	97072	22723	14562	8161	
9	9				
197102	139737	57365	29388	27977	10184
1138	650	488	488		
10709	9009	1700	1700		
13424	8017	5407	2935	2472	
969	838	131	131		
16976	8354	8622	8622		
2344	1709	635	635		
652	351	301	301		
374061	155428	218633	43633	175000	70052

4-46 教育经费支出明细

地 区	合 计	事业性经费支出	个人部分	工资福利支出	对个人和家庭的补助支出	#助学金
合 计	**510197141**	**498033429**	**307160688**	**219149870**	**88010818**	**18932904**
北 京	14389605	13674187	7178512	4719854	2458658	42088
天 津	7565893	7248567	4471429	2478049	1993380	8779
河 北	18301802	17937474	11590287	8852459	2737828	653858
山 西	12445388	12153540	7369999	6027020	1342979	380776
内蒙古	11151616	10747747	7199538	5316907	1882631	526462
辽 宁	16009230	15436442	9487822	6465966	3021856	80293
吉 林	8510184	8420877	5695550	3842136	1853414	172089
黑龙江	11883847	11577779	7316336	4794872	2521464	335189
上 海	12996480	12571387	7300873	5752388	1548485	347881
江 苏	34796307	34795022	21775994	15808065	5967929	216593
浙 江	23888469	23790451	16316755	12599513	3717242	610964
安 徽	21013921	20612426	11729994	8526815	3203179	523734
福 建	14257248	14098715	9181320	7093782	2087538	355784
江 西	16299074	15872225	7909119	5617818	2291301	909436
山 东	36521837	36483187	21326170	17179018	4147152	753684
河 南	32327488	31584856	17250129	12019472	5230657	1610728
湖 北	16163855	15460299	10270686	6789121	3481565	413306
湖 南	21314716	20653290	12109473	8323244	3786229	531319
广 东	40702492	39802693	26659742	20288779	6370963	1084683
广 西	15079143	14465957	8972144	5691827	3280317	1118814
海 南	4475822	4383972	2320817	1889101	431716	110316
重 庆	11323814	11049747	6853982	4528505	2325477	596084
四 川	28545910	27871108	18118190	12555792	5562398	1511722
贵 州	14492896	13980886	9037443	5735577	3301866	1021953
云 南	17164714	16868891	11286291	6713098	4573193	2084630
西 藏	1886267	1785597	1253484	751796	501688	328572
陕 西	16073162	15719599	9461752	6770127	2691625	928901
甘 肃	10255197	9864070	6371788	4233286	2138502	836234
青 海	2974018	2697594	1689540	1124716	564824	174157
宁 夏	3382129	3203375	1854317	1326198	528119	219666
新 疆	14004617	13221469	7801212	5334569	2466643	444209

（地方普通初中）

单位：千元

公用部分	商品和服务支出	其他资本性支出	专项公用支出	专项项目支出	基本建设支出
190872741	**80486856**	**110385885**	**26968048**	**83417837**	**12163712**
6495675	2856656	3639019	1973074	1665945	715418
2777138	714621	2062517	677200	1385317	317326
6347187	3108932	3238255	710580	2527675	364328
4783541	2493914	2289627	621062	1668565	291848
3548209	1348947	2199262	596615	1602647	403869
5948620	2806790	3141830	777777	2364053	572788
2725327	1639203	1086124	431228	654896	89307
4261443	2189027	2072416	629820	1442596	306068
5270514	3773504	1497010	939323	557687	425093
13019028	3416022	9603006	1447554	8155452	1285
7473696	2960206	4513490	991270	3522220	98018
8882432	3223047	5659385	1410120	4249265	401495
4917395	1920896	2996499	642947	2353552	158533
7963106	1996688	5966418	811964	5154454	426849
15157017	3651550	11505467	1599347	9906120	38650
14334727	6537853	7796874	1460593	6336281	742632
5189613	2194700	2994913	675738	2319175	703556
8543817	3435679	5108138	1290751	3817387	661426
13142951	7925859	5217092	2059697	3157395	899799
5493813	1959765	3534048	972637	2561411	613186
2063155	549655	1513500	472813	1040687	91850
4195765	2148132	2047633	672220	1375413	274067
9752918	4794285	4958633	1193350	3765283	674802
4943443	2545590	2397853	744792	1653061	512010
5582600	2482093	3100507	849034	2251473	295823
532113	285626	246487	76888	169599	100670
6257847	2607079	3650768	725543	2925225	353563
3492282	1278016	2214266	374831	1839435	391127
1008054	406818	601236	183223	418013	276424
1349058	458583	890475	314259	576216	178754
5420257	2777120	2643137	641798	2001339	783148

4-47 教育经费支出明细

地区	合计	事业性经费支出	个人部分	工资福利支出	对个人和家庭的补助支出	#助学金
合计	**275711941**	**269001318**	**170113351**	**119983179**	**50130172**	**13208504**
北京	4488159	4311314	1957529	1369278	588251	23258
天津	3193295	2875969	1713851	1154805	559046	1100
河北	9298714	9028668	6007804	4425519	1582285	527716
山西	5723864	5590343	3565266	2833150	732116	292001
内蒙古	2730243	2680125	1929548	1457756	471792	103195
辽宁	7041488	6775021	4260510	2957579	1302931	57982
吉林	4471301	4390097	2946080	1998693	947387	149351
黑龙江	5217864	5065843	3059838	2184565	875273	47563
上海	2668967	2668967	1782005	1392070	389935	80134
江苏	16753510	16752225	10538020	7583505	2954515	100247
浙江	12905494	12818406	8919545	6851222	2068323	344721
安徽	13643797	13324103	7626155	5315418	2310737	416164
福建	8961538	8847051	5919004	4579639	1339365	312488
江西	9581715	9306569	5074155	3462972	1611183	780470
山东	24734433	24695783	15032051	12217651	2814400	660565
河南	19656477	19127863	10774980	7098946	3676034	1164970
湖北	9661679	9133485	6305818	4096237	2209581	324344
湖南	13558491	13274223	8333571	5428804	2904767	408886
广东	17449403	17415762	11538905	8941941	2596964	546754
广西	9263661	8868669	5863276	3609312	2253964	844312
海南	2253271	2203537	1251477	1053425	198052	46820
重庆	6603283	6373411	4148932	2728868	1420064	450248
四川	17381509	16937364	11387807	7778690	3609117	1139809
贵州	10254305	9871999	6360451	4022851	2337600	869889
云南	11367751	11155999	7436853	4409829	3027024	1614986
西藏						
陕西	9388501	9154392	5853735	4054321	1799414	637624
甘肃	6908221	6615519	4493240	2864770	1628470	744005
青海	901138	804100	525612	376472	149140	52937
宁夏	1565531	1433677	774667	510920	263747	135061
新疆	8084338	7500834	4732666	3223971	1508695	330904

（农村初中）

单位：千元

公用部分	商品和服务支出	其他资本性支出			基本建设支出
			专项公用支出	专项项目支出	
98887967	**40933225**	**57954742**	**12862904**	**45091838**	**6710623**
2353785	826454	1527331	800907	726424	176845
1162118	223902	938216	239744	698472	317326
3020864	1482720	1538144	353404	1184740	270046
2025077	1172155	852922	294811	558111	133521
750577	299332	451245	128487	322758	50118
2514511	1279687	1234824	400878	833946	266467
1444017	833005	611012	213011	398001	81204
2006005	1039484	966521	209861	756660	152021
886962	684071	202891	191213	11678	
6214205	1542180	4672025	675277	3996748	1285
3898861	1465082	2433779	480024	1953755	87088
5697948	2071033	3626915	864173	2762742	319694
2928047	1120969	1807078	367945	1439133	114487
4232414	1132359	3100055	488591	2611464	275146
9663732	2209217	7454515	965176	6489339	38650
8352883	4016010	4336873	833671	3503202	528614
2827667	1152748	1674919	342363	1332556	528194
4940652	2113378	2827274	694532	2132742	284268
5876857	3209594	2667263	804714	1862549	33641
3005393	1153674	1851719	401807	1449912	394992
952060	252886	699174	224242	474932	49734
2224479	1152890	1071589	370684	700905	229872
5549557	2888718	2660839	570122	2090717	444145
3511548	1902377	1609171	515828	1093343	382306
3719146	1698488	2020658	471697	1548961	211752
3300657	1331868	1968789	265776	1703013	234109
2122279	805988	1316291	217953	1098338	292702
278488	128876	149612	48411	101201	97038
659010	195810	463200	185962	277238	131854
2768168	1548270	1219898	241640	978258	583504

4-48 教育经费支出明细

地区	合计	事业性经费支出	个人部分	工资福利支出	对个人和家庭的补助支出	#助学金
合计	**273775554**	**267142326**	**168763422**	**118971933**	**49791489**	**13154275**
北京	4488159	4311314	1957529	1369278	588251	23258
天津	3193295	2875969	1713851	1154805	559046	1100
河北	9298714	9028668	6007804	4425519	1582285	527716
山西	5723864	5590343	3565266	2833150	732116	292001
内蒙古	2730243	2680125	1929548	1457756	471792	103195
辽宁	7041488	6775021	4260510	2957579	1302931	57982
吉林	4471301	4390097	2946080	1998693	947387	149351
黑龙江	4526040	4384203	2555989	1733339	822650	47563
上海	2668967	2668967	1782005	1392070	389935	80134
江苏	16753510	16752225	10538020	7583505	2954515	100247
浙江	12905494	12818406	8919545	6851222	2068323	344721
安徽	13643797	13324103	7626155	5315418	2310737	416164
福建	8961538	8847051	5919004	4579639	1339365	312488
江西	9581715	9306569	5074155	3462972	1611183	780470
山东	24734433	24695783	15032051	12217651	2814400	660565
河南	19656477	19127863	10774980	7098946	3676034	1164970
湖北	9661679	9133485	6305818	4096237	2209581	324344
湖南	13558491	13274223	8333571	5428804	2904767	408886
广东	17399725	17366084	11502361	8909429	2592932	545350
广西	9263661	8868669	5863276	3609312	2253964	844312
海南	2246442	2196708	1245617	1049616	196001	46819
重庆	6603283	6373411	4148932	2728868	1420064	450248
四川	17381509	16937364	11387807	7778690	3609117	1139809
贵州	10254305	9871999	6360451	4022851	2337600	869889
云南	11367751	11155999	7436853	4409829	3027024	1614986
西藏						
陕西	9388501	9154392	5853735	4054321	1799414	637624
甘肃	6904824	6612122	4490495	2862177	1628318	743853
青海	901138	804100	525612	376472	149140	52937
宁夏	1565531	1433677	774667	510920	263747	135061
新疆	6899679	6383386	3931735	2702865	1228870	278232

（地方农村初中）

单位：千元

公用部分	商品和服务支出	其他资本性支出	专项公用支出	专项项目支出	基本建设支出
98378904	**40678284**	**57700620**	**12798701**	**44901919**	**6633228**
2353785	826454	1527331	800907	726424	176845
1162118	223902	938216	239744	698472	317326
3020864	1482720	1538144	353404	1184740	270046
2025077	1172155	852922	294811	558111	133521
750577	299332	451245	128487	322758	50118
2514511	1279687	1234824	400878	833946	266467
1444017	833005	611012	213011	398001	81204
1828214	915135	913079	181150	731929	141837
886962	684071	202891	191213	11678	
6214205	1542180	4672025	675277	3996748	1285
3898861	1465082	2433779	480024	1953755	87088
5697948	2071033	3626915	864173	2762742	319694
2928047	1120969	1807078	367945	1439133	114487
4232414	1132359	3100055	488591	2611464	275146
9663732	2209217	7454515	965176	6489339	38650
8352883	4016010	4336873	833671	3503202	528614
2827667	1152748	1674919	342363	1332556	528194
4940652	2113378	2827274	694532	2132742	284268
5863723	3201857	2661866	801789	1860077	33641
3005393	1153674	1851719	401807	1449912	394992
951091	252048	699043	224111	474932	49734
2224479	1152890	1071589	370684	700905	229872
5549557	2888718	2660839	570122	2090717	444145
3511548	1902377	1609171	515828	1093343	382306
3719146	1698488	2020658	471697	1548961	211752
3300657	1331868	1968789	265776	1703013	234109
2121627	805637	1315990	217652	1098338	292702
278488	128876	149612	48411	101201	97038
659010	195810	463200	185962	277238	131854
2451651	1426604	1025047	209505	815542	516293

4-49 教育经费支出明细

地区	合计	事业性经费支出	个人部分	工资福利支出	对个人和家庭的补助支出	#助学金
合计	**750262**	**750262**	**327452**	**259374**	**68078**	**473**
北京						
天津	23585	23585	23524	17047	6477	
河北	5041	5041	3613	3184	429	
山西						
内蒙古						
辽宁	40	40				
吉林	3022	3022	2891	1076	1815	
黑龙江						
上海	92249	92249	54393	46356	8037	2
江苏	261288	261288	34814	24473	10341	
浙江	322616	322616	180590	148863	31727	425
安徽						
福建	7057	7057	4919	2874	2045	
江西						
山东						
河南						
湖北	6854	6854	4511	4181	330	
湖南						
广东	19228	19228	9976	6793	3183	46
广西						
海南						
重庆	180	180				
四川	2672	2672	2060	1312	748	
贵州	2696	2696	2496	1442	1054	
云南						
西藏						
陕西	714	714	704	642	62	
甘肃						
青海						
宁夏						
新疆	3020	3020	2961	1131	1830	

（成人中学）

单位：千元

公用部分	商品和服务支出	其他资本性支出			基本建设支出
			专项公用支出	专项项目支出	
422810	**187933**	**234877**	**21014**	**213863**	
61	61				
1428	1390	38	38		
40	40				
131	124	7	7		
37856	36251	1605	1605		
226474	15483	210991	848	210143	
142026	123281	18745	15862	2883	
2138	1803	335	335		
2343	1772	571	71	500	
9252	6667	2585	2248	337	
180	180				
612	612				
200	200				
10	10				
59	59				

4-50 教育经费支出明细

地区	合计	事业性经费支出	个人部分	工资福利支出	对个人和家庭的补助支出	#助学金
合计	**784663333**	**773079432**	**504195015**	**334719793**	**169475222**	**22654326**
北京	21979065	21819501	10753817	7180006	3573811	78745
天津	10410174	10298789	6382883	3344870	3038013	859
河北	31850503	31681976	20708830	14937362	5771468	706775
山西	18602589	18371383	12809636	9488436	3321200	339627
内蒙古	18866359	18609591	13995320	9320593	4674727	583391
辽宁	21106730	20899788	13373704	8646878	4726826	118314
吉林	14221710	14171977	9908118	6501194	3406924	164346
黑龙江	17587186	17374267	11867332	7406759	4460573	61708
上海	15543828	15324099	8809851	6814702	1995149	457200
江苏	56601288	56594115	34443105	21566501	12876604	300332
浙江	37754195	37737658	26213945	18239672	7974273	905719
安徽	30907364	30667502	18956070	11900640	7055430	648251
福建	23297411	23124626	15845897	10781228	5064669	202204
江西	27366487	26883943	14709273	9719976	4989297	963145
山东	46284852	46284292	28593509	22722252	5871257	704588
河南	47880640	47363143	26536932	18848047	7688885	2140402
湖北	22233492	21368720	13546795	8748636	4798159	476121
湖南	30000919	29445406	17257896	12031598	5226298	419374
广东	63977881	63110135	45052863	32142258	12910605	1249004
广西	25687600	25028310	17652819	10299269	7353550	1555054
海南	7305700	7186856	4444142	3759435	684707	91672
重庆	18734510	18175328	12036189	6794029	5242160	909883
四川	42540901	41596954	29194545	17848220	11346325	1894588
贵州	24109710	23472630	17215854	10269763	6946091	1000465
云南	32234291	31800410	23223588	12503185	10720403	3003922
西藏	4855181	4155051	2947295	1612695	1334600	859326
陕西	24932618	24635879	15319808	10052712	5267096	1310289
甘肃	15048351	14637057	10519178	6906644	3612534	389701
青海	5724297	4860862	3278006	2104831	1173175	417242
宁夏	5189317	5076361	3324447	2249411	1075036	263942
新疆	21828184	21322823	15273368	9977991	5295377	438137

(小学)

单位:千元

公用部分	商品和服务支出	其他资本性支出			基本建设支出
			专项公用支出	专项项目支出	
268884417	**115551841**	**153332576**	**38024213**	**115308363**	**11583901**
11065684	4960128	6105556	3472923	2632633	159564
3915906	975771	2940135	798904	2141231	111385
10973146	5414006	5559140	1192299	4366841	168527
5561747	3351534	2210213	750376	1459837	231206
4614271	1904271	2710000	747637	1962363	256768
7526084	3466982	4059102	949806	3109296	206942
4263859	2320459	1943400	599330	1344070	49733
5506935	2955058	2551877	481720	2070157	212919
6514248	4503847	2010401	1562012	448389	219729
22151010	5415119	16735891	2213963	14521928	7173
11523713	4488077	7035636	1415696	5619940	16537
11711432	4003230	7708202	1787583	5920619	239862
7278729	3060017	4218712	1023593	3195119	172785
12174670	3413182	8761488	1606058	7155430	482544
17690783	5304323	12386460	2028230	10358230	560
20826211	10670551	10155660	2731731	7423929	517497
7821925	3272619	4549306	1040212	3509094	864772
12187510	4870116	7317394	1561265	5756129	555513
18057272	11250487	6806785	3175926	3630859	867746
7375491	3315028	4060463	1087272	2973191	659290
2742714	859047	1883667	498311	1385356	118844
6139139	2696769	3442370	770206	2672164	559182
12402409	5641149	6761260	1582331	5178929	943947
6256776	3329750	2927026	934568	1992458	637080
8576822	3675802	4901020	1159185	3741835	433881
1207756	576328	631428	93516	537912	700130
9316071	3891875	5424196	817523	4606673	296739
4117879	1717857	2400022	476697	1923325	411294
1582856	700493	882363	311411	570952	863435
1751914	701702	1050212	246080	804132	112956
6049455	2846264	3203191	907849	2295342	505361

4-51 教育经费支出明细

地区	合计	事业性经费支出	个人部分			
				工资福利支出	对个人和家庭的补助支出	
						#助学金
合计	**3718527**	**3612904**	**2581210**	**1930157**	**651053**	**96828**
北京	195968	195968	114376	91198	23178	
天津	40268	40268	21803	13463	8340	
河北	1593	1593	1283	1283		
山西						
内蒙古						
辽宁						
吉林	39574	39574	22785	17364	5421	
黑龙江	1138158	1123222	838265	742880	95385	193
上海						
江苏						
浙江						
安徽	12446	12446	9812	9635	177	59
福建						
江西	785	785	617	607	10	6
山东						
河南						
湖北	36560	36560	21841	16188	5653	
湖南	710	710	410	400	10	10
广东	63843	63843	48447	41683	6764	2002
广西						
海南	10911	10911	9460	6339	3121	1
重庆	28598	28598	20204	15888	4316	
四川	17317	17317	14108	7274	6834	165
贵州						
云南						
西藏						
陕西	3598	3598	3330	2875	455	
甘肃	6340	6340	5383	5093	290	290
青海						
宁夏						
新疆	2121858	2031171	1449086	957987	491099	94102

（中央属小学）

单位：千元

公用部分	商品和服务支出	其他资本性支出			基本建设支出
			专项公用支出	专项项目支出	
1031694	**530460**	**501234**	**140734**	**360500**	**105623**
81592	38238	43354	8159	35195	
18465	10583	7882	882	7000	
310	310				
16789	10279	6510	510	6000	
284957	203301	81656	44468	37188	14936
2634	1660	974	974		
168	68	100	100		
14719	6620	8099	8099		
300	200	100	100		
15396	10688	4708	3147	1561	
1451	1229	222	222		
8394	7933	461	461		
3209	2780	429	429		
268	268				
957	802	155	155		
582085	235501	346584	73028	273556	90687

4-52 教育经费支出明细

地区	合计	事业性经费支出	个人部分	工资福利支出	对个人和家庭的补助支出	#助学金
合计	**780944806**	**769466528**	**501613805**	**332789636**	**168824169**	**22557498**
北京	21783097	21623533	10639441	7088808	3550633	78745
天津	10369906	10258521	6361080	3331407	3029673	859
河北	31848910	31680383	20707547	14936079	5771468	706775
山西	18602589	18371383	12809636	9488436	3321200	339627
内蒙古	18866359	18609591	13995320	9320593	4674727	583391
辽宁	21106730	20899788	13373704	8646878	4726826	118314
吉林	14182136	14132403	9885333	6483830	3401503	164346
黑龙江	16449028	16251045	11029067	6663879	4365188	61515
上海	15543828	15324099	8809851	6814702	1995149	457200
江苏	56601288	56594115	34443105	21566501	12876604	300332
浙江	37754195	37737658	26213945	18239672	7974273	905719
安徽	30894918	30655056	18946258	11891005	7055253	648192
福建	23297411	23124626	15845897	10781228	5064669	202204
江西	27365702	26883158	14708656	9719369	4989287	963139
山东	46284852	46284292	28593509	22722252	5871257	704588
河南	47880640	47363143	26536932	18848047	7688885	2140402
湖北	22196932	21332160	13524954	8732448	4792506	476121
湖南	30000209	29444696	17257486	12031198	5226288	419364
广东	63914038	63046292	45004416	32100575	12903841	1247002
广西	25687600	25028310	17652819	10299269	7353550	1555054
海南	7294789	7175945	4434682	3753096	681586	91671
重庆	18705912	18146730	12015985	6778141	5237844	909883
四川	42523584	41579637	29180437	17840946	11339491	1894423
贵州	24109710	23472630	17215854	10269763	6946091	1000465
云南	32234291	31800410	23223588	12503185	10720403	3003922
西藏	4855181	4155051	2947295	1612695	1334600	859326
陕西	24929020	24632281	15316478	10049837	5266641	1310289
甘肃	15042011	14630717	10513795	6901551	3612244	389411
青海	5724297	4860862	3278006	2104831	1173175	417242
宁夏	5189317	5076361	3324447	2249411	1075036	263942
新疆	19706326	19291652	13824282	9020004	4804278	344035

(地方小学)

单位:千元

公用部分	商品和服务支出	其他资本性支出			基本建设支出
			专项公用支出	专项项目支出	
267852723	**115021381**	**152831342**	**37883479**	**114947863**	**11478278**
10984092	4921890	6062202	3464764	2597438	159564
3897441	965188	2932253	798022	2134231	111385
10972836	5413696	5559140	1192299	4366841	168527
5561747	3351534	2210213	750376	1459837	231206
4614271	1904271	2710000	747637	1962363	256768
7526084	3466982	4059102	949806	3109296	206942
4247070	2310180	1936890	598820	1338070	49733
5221978	2751757	2470221	437252	2032969	197983
6514248	4503847	2010401	1562012	448389	219729
22151010	5415119	16735891	2213963	14521928	7173
11523713	4488077	7035636	1415696	5619940	16537
11708798	4001570	7707228	1786609	5920619	239862
7278729	3060017	4218712	1023593	3195119	172785
12174502	3413114	8761388	1605958	7155430	482544
17690783	5304323	12386460	2028230	10358230	560
20826211	10670551	10155660	2731731	7423929	517497
7807206	3265999	4541207	1032113	3509094	864772
12187210	4869916	7317294	1561165	5756129	555513
18041876	11239799	6802077	3172779	3629298	867746
7375491	3315028	4060463	1087272	2973191	659290
2741263	857818	1883445	498089	1385356	118844
6130745	2688836	3441909	769745	2672164	559182
12399200	5638369	6760831	1581902	5178929	943947
6256776	3329750	2927026	934568	1992458	637080
8576822	3675802	4901020	1159185	3741835	433881
1207756	576328	631428	93516	537912	700130
9315803	3891607	5424196	817523	4606673	296739
4116922	1717055	2399867	476542	1923325	411294
1582856	700493	882363	311411	570952	863435
1751914	701702	1050212	246080	804132	112956
5467370	2610763	2856607	834821	2021786	414674

4-53 教育经费支出明细

地区	合计	事业性经费支出	个人部分	工资福利支出	对个人和家庭的补助支出	#助学金
合计	**784627921**	**773044020**	**504164410**	**334692553**	**169471857**	**22654202**
北京	21979065	21819501	10753817	7180006	3573811	78745
天津	10410174	10298789	6382883	3344870	3038013	859
河北	31848247	31679720	20706594	14935126	5771468	706775
山西	18602589	18371383	12809636	9488436	3321200	339627
内蒙古	18866359	18609591	13995320	9320593	4674727	583391
辽宁	21106730	20899788	13373704	8646878	4726826	118314
吉林	14221710	14171977	9908118	6501194	3406924	164346
黑龙江	17587186	17374267	11867332	7406759	4460573	61708
上海	15543828	15324099	8809851	6814702	1995149	457200
江苏	56601288	56594115	34443105	21566501	12876604	300332
浙江	37754195	37737658	26213945	18239672	7974273	905719
安徽	30907364	30667502	18956070	11900640	7055430	648251
福建	23275594	23102809	15826192	10763953	5062239	202204
江西	27366487	26883943	14709273	9719976	4989297	963145
山东	46284852	46284292	28593509	22722252	5871257	704588
河南	47880640	47363143	26536932	18848047	7688885	2140402
湖北	22232084	21367312	13545630	8747486	4798144	476120
湖南	30000919	29445406	17257896	12031598	5226298	419374
广东	63977881	63110135	45052863	32142258	12910605	1249004
广西	25687550	25028260	17652819	10299269	7353550	1555054
海南	7305700	7186856	4444142	3759435	684707	91672
重庆	18728822	18169640	12030883	6789213	5241670	909879
四川	42538244	41594297	29192449	17846554	11345895	1894469
贵州	24109710	23472630	17215854	10269763	6946091	1000465
云南	32233021	31799140	23223491	12503088	10720403	3003922
西藏	4855181	4155051	2947295	1612695	1334600	859326
陕西	24932618	24635879	15319808	10052712	5267096	1310289
甘肃	15048351	14637057	10519178	6906644	3612534	389701
青海	5724297	4860862	3278006	2104831	1173175	417242
宁夏	5189317	5076361	3324447	2249411	1075036	263942
新疆	21827918	21322557	15273368	9977991	5295377	438137

（普通小学）

单位：千元

公用部分	商品和服务支出	其他资本性支出			基本建设支出
			专项公用支出	专项项目支出	
268879610	**115547288**	**153332322**	**38024108**	**115308214**	**11583901**
11065684	4960128	6105556	3472923	2632633	159564
3915906	975771	2940135	798904	2141231	111385
10973126	5413986	5559140	1192299	4366841	168527
5561747	3351534	2210213	750376	1459837	231206
4614271	1904271	2710000	747637	1962363	256768
7526084	3466982	4059102	949806	3109296	206942
4263859	2320459	1943400	599330	1344070	49733
5506935	2955058	2551877	481720	2070157	212919
6514248	4503847	2010401	1562012	448389	219729
22151010	5415119	16735891	2213963	14521928	7173
11523713	4488077	7035636	1415696	5619940	16537
11711432	4003230	7708202	1787583	5920619	239862
7276617	3058000	4218617	1023498	3195119	172785
12174670	3413182	8761488	1606058	7155430	482544
17690783	5304323	12386460	2028230	10358230	560
20826211	10670551	10155660	2731731	7423929	517497
7821682	3272380	4549302	1040208	3509094	864772
12187510	4870116	7317394	1561265	5756129	555513
18057272	11250487	6806785	3175926	3630859	867746
7375441	3314978	4060463	1087272	2973191	659290
2742714	859047	1883667	498311	1385356	118844
6138757	2696536	3442221	770206	2672015	559182
12401848	5640589	6761259	1582330	5178929	943947
6256776	3329750	2927026	934568	1992458	637080
8575649	3674634	4901015	1159180	3741835	433881
1207756	576328	631428	93516	537912	700130
9316071	3891875	5424196	817523	4606673	296739
4117879	1717857	2400022	476697	1923325	411294
1582856	700493	882363	311411	570952	863435
1751914	701702	1050212	246080	804132	112956
6049189	2845998	3203191	907849	2295342	505361

4-54 教育经费支出明细

地区	合计	事业性经费支出	个人部分	工资福利支出	对个人和家庭的补助支出	#助学金
合计	**3718527**	**3612904**	**2581210**	**1930157**	**651053**	**96828**
北京	195968	195968	114376	91198	23178	
天津	40268	40268	21803	13463	8340	
河北	1593	1593	1283	1283		
山西						
内蒙古						
辽宁						
吉林	39574	39574	22785	17364	5421	
黑龙江	1138158	1123222	838265	742880	95385	193
上海						
江苏						
浙江						
安徽	12446	12446	9812	9635	177	59
福建						
江西	785	785	617	607	10	6
山东						
河南						
湖北	36560	36560	21841	16188	5653	
湖南	710	710	410	400	10	10
广东	63843	63843	48447	41683	6764	2002
广西						
海南	10911	10911	9460	6339	3121	1
重庆	28598	28598	20204	15888	4316	
四川	17317	17317	14108	7274	6834	165
贵州						
云南						
西藏						
陕西	3598	3598	3330	2875	455	
甘肃	6340	6340	5383	5093	290	290
青海						
宁夏						
新疆	2121858	2031171	1449086	957987	491099	94102

(中央属普通小学)

单位:千元

公用部分	商品和服务支出	其他资本性支出	专项公用支出	专项项目支出	基本建设支出
1031694	**530460**	**501234**	**140734**	**360500**	**105623**
81592	38238	43354	8159	35195	
18465	10583	7882	882	7000	
310	310				
16789	10279	6510	510	6000	
284957	203301	81656	44468	37188	14936
2634	1660	974	974		
168	68	100	100		
14719	6620	8099	8099		
300	200	100	100		
15396	10688	4708	3147	1561	
1451	1229	222	222		
8394	7933	461	461		
3209	2780	429	429		
268	268				
957	802	155	155		
582085	235501	346584	73028	273556	90687

4-55 教育经费支出明细

地区	合计	事业性经费支出	个人部分	工资福利支出	对个人和家庭的补助支出	#助学金
合计	**780909394**	**769431116**	**501583200**	**332762396**	**168820804**	**22557374**
北京	21783097	21623533	10639441	7088808	3550633	78745
天津	10369906	10258521	6361080	3331407	3029673	859
河北	31846654	31678127	20705311	14933843	5771468	706775
山西	18602589	18371383	12809636	9488436	3321200	339627
内蒙古	18866359	18609591	13995320	9320593	4674727	583391
辽宁	21106730	20899788	13373704	8646878	4726826	118314
吉林	14182136	14132403	9885333	6483830	3401503	164346
黑龙江	16449028	16251045	11029067	6663879	4365188	61515
上海	15543828	15324099	8809851	6814702	1995149	457200
江苏	56601288	56594115	34443105	21566501	12876604	300332
浙江	37754195	37737658	26213945	18239672	7974273	905719
安徽	30894918	30655056	18946258	11891005	7055253	648192
福建	23275594	23102809	15826192	10763953	5062239	202204
江西	27365702	26883158	14708656	9719369	4989287	963139
山东	46284852	46284292	28593509	22722252	5871257	704588
河南	47880640	47363143	26536932	18848047	7688885	2140402
湖北	22195524	21330752	13523789	8731298	4792491	476120
湖南	30000209	29444696	17257486	12031198	5226288	419364
广东	63914038	63046292	45004416	32100575	12903841	1247002
广西	25687550	25028260	17652819	10299269	7353550	1555054
海南	7294789	7175945	4434682	3753096	681586	91671
重庆	18700224	18141042	12010679	6773325	5237354	909879
四川	42520927	41576980	29178341	17839280	11339061	1894304
贵州	24109710	23472630	17215854	10269763	6946091	1000465
云南	32233021	31799140	23223491	12503088	10720403	3003922
西藏	4855181	4155051	2947295	1612695	1334600	859326
陕西	24929020	24632281	15316478	10049837	5266641	1310289
甘肃	15042011	14630717	10513795	6901551	3612244	389411
青海	5724297	4860862	3278006	2104831	1173175	417242
宁夏	5189317	5076361	3324447	2249411	1075036	263942
新疆	19706060	19291386	13824282	9020004	4804278	344035

（地方普通小学）

单位：千元

公用部分	商品和服务支出	其他资本性支出			基本建设支出
			专项公用支出	专项项目支出	
267847916	**115016828**	**152831088**	**37883374**	**114947714**	**11478278**
10984092	4921890	6062202	3464764	2597438	159564
3897441	965188	2932253	798022	2134231	111385
10972816	5413676	5559140	1192299	4366841	168527
5561747	3351534	2210213	750376	1459837	231206
4614271	1904271	2710000	747637	1962363	256768
7526084	3466982	4059102	949806	3109296	206942
4247070	2310180	1936890	598820	1338070	49733
5221978	2751757	2470221	437252	2032969	197983
6514248	4503847	2010401	1562012	448389	219729
22151010	5415119	16735891	2213963	14521928	7173
11523713	4488077	7035636	1415696	5619940	16537
11708798	4001570	7707228	1786609	5920619	239862
7276617	3058000	4218617	1023498	3195119	172785
12174502	3413114	8761388	1605958	7155430	482544
17690783	5304323	12386460	2028230	10358230	560
20826211	10670551	10155660	2731731	7423929	517497
7806963	3265760	4541203	1032109	3509094	864772
12187210	4869916	7317294	1561165	5756129	555513
18041876	11239799	6802077	3172779	3629298	867746
7375441	3314978	4060463	1087272	2973191	659290
2741263	857818	1883445	498089	1385356	118844
6130363	2688603	3441760	769745	2672015	559182
12398639	5637809	6760830	1581901	5178929	943947
6256776	3329750	2927026	934568	1992458	637080
8575649	3674634	4901015	1159180	3741835	433881
1207756	576328	631428	93516	537912	700130
9315803	3891607	5424196	817523	4606673	296739
4116922	1717055	2399867	476542	1923325	411294
1582856	700493	882363	311411	570952	863435
1751914	701702	1050212	246080	804132	112956
5467104	2610497	2856607	834821	2021786	414674

4-56 教育经费支出明细

地区	合计	事业性经费支出	个人部分	工资福利支出	对个人和家庭的补助支出	#助学金
合计	**489101443**	**481853128**	**327356004**	**213437291**	**113918713**	**17811632**
北京	7190398	7104146	3576275	2438091	1138184	32370
天津	4497464	4386079	2514135	1506716	1007419	645
河北	22002558	21862281	14311706	10106558	4205148	662375
山西	11795195	11655329	8626894	6114579	2512315	316040
内蒙古	9184337	9112048	7448803	4770363	2678440	282595
辽宁	11263597	11072096	7575452	4865085	2710367	97255
吉林	8894574	8847841	6358232	4248468	2109764	148827
黑龙江	9747657	9590017	6757618	4263659	2493959	43690
上海	3766389	3766389	2469582	1956526	513056	121779
江苏	30007390	30001189	19062270	11288576	7773694	197831
浙江	22178693	22174664	15716307	10589086	5127221	563291
安徽	22480840	22329768	14087392	8607553	5479839	579287
福建	15477318	15323306	10709121	7176569	3532552	189972
江西	19393612	19150357	10961086	7029998	3931088	901739
山东	33360244	33360244	21689935	17401756	4288179	632441
河南	33752382	33408774	19287319	13410571	5876748	1769412
湖北	13441310	12895985	8579965	5605693	2974272	414751
湖南	19221883	18997419	11924829	8231535	3693294	363609
广东	28713142	28622428	21449901	14934899	6515002	606943
广西	19012832	18512958	13430960	8048747	5382213	771699
海南	4840368	4784794	3301056	2776815	524241	55520
重庆	11868168	11544156	8324200	4632934	3691266	779827
四川	30183693	29521073	21559907	12798336	8761571	1698596
贵州	18894537	18379989	13564071	8232167	5331904	931264
云南	26194180	25770355	18767139	9949144	8817995	2731292
西藏	3392402	2751092	1898458	1002789	895669	625381
陕西	16251842	16063709	10698303	6778339	3919964	1032999
甘肃	11227611	10850142	8043503	5236028	2807475	337473
青海	3189303	2772358	1908786	1236772	672014	278248
宁夏	3469851	3357895	2172490	1382090	790400	253127
新疆	14207673	13884247	10580309	6816849	3763460	391354

（农村小学）

单位：千元

公用部分	商品和服务支出	其他资本性支出			基本建设支出
			专项公用支出	专项项目支出	
154497124	**66689064**	**87808060**	**19655997**	**68152063**	**7248315**
3527871	1476709	2051162	1129365	921797	86252
1871944	398069	1473875	227562	1246313	111385
7550575	3711698	3838877	748932	3089945	140277
3028435	1965063	1063372	396943	666429	139866
1663245	734419	928826	193245	735581	72289
3496644	1563585	1933059	567593	1365466	191501
2489609	1279504	1210105	354213	855892	46733
2832399	1466033	1366366	246441	1119925	157640
1296807	983411	313396	186990	126406	
10938919	3013349	7925570	1094414	6831156	6201
6458357	2446220	4012137	793529	3218608	4029
8242376	2995995	5246381	1196874	4049507	151072
4614185	1974649	2639536	586072	2053464	154012
8189271	2412079	5777192	1007483	4769709	243255
11670309	3442537	8227772	1220708	7007064	
14121455	7845190	6276265	1724864	4551401	343608
4316020	1737807	2578213	560341	2017872	545325
7072590	2989457	4083133	943328	3139805	224464
7172527	4201060	2971467	1133525	1837942	90714
5081998	2511438	2570560	650928	1919632	499874
1483738	535074	948664	277827	670837	55574
3219956	1651602	1568354	334987	1233367	324012
7961166	3681021	4280145	922137	3358008	662620
4815918	2560999	2254919	693921	1560998	514548
7003216	2957266	4045950	916701	3129249	423825
852634	361872	490762	66487	424275	641310
5365406	2337590	3027816	484353	2543463	188133
2806639	1133629	1673010	274520	1398490	377469
863572	410590	452982	136903	316079	416945
1185405	460429	724976	148599	576377	111956
3303938	1450720	1853218	436212	1417006	323426

4-57 教育经费支出明细

地区	合计	事业性经费支出	个人部分	工资福利支出	对个人和家庭的补助支出	#助学金
合计	**486196598**	**479053255**	**325334381**	**211905194**	**113429187**	**17721566**
北京	7190398	7104146	3576275	2438091	1138184	32370
天津	4497464	4386079	2514135	1506716	1007419	645
河北	22002558	21862281	14311706	10106558	4205148	662375
山西	11795195	11655329	8626894	6114579	2512315	316040
内蒙古	9184337	9112048	7448803	4770363	2678440	282595
辽宁	11263597	11072096	7575452	4865085	2710367	97255
吉林	8894574	8847841	6358232	4248468	2109764	148827
黑龙江	8731251	8588547	6017169	3600737	2416432	43690
上海	3766389	3766389	2469582	1956526	513056	121779
江苏	30007390	30001189	19062270	11288576	7773694	197831
浙江	22178693	22174664	15716307	10589086	5127221	563291
安徽	22480840	22329768	14087392	8607553	5479839	579287
福建	15477318	15323306	10709121	7176569	3532552	189972
江西	19393612	19150357	10961086	7029998	3931088	901739
山东	33360244	33360244	21689935	17401756	4288179	632441
河南	33752382	33408774	19287319	13410571	5876748	1769412
湖北	13441310	12895985	8579965	5605693	2974272	414751
湖南	19221883	18997419	11924829	8231535	3693294	363609
广东	28662902	28572188	21411851	14901886	6509965	604994
广西	19012832	18512958	13430960	8048747	5382213	771699
海南	4829457	4773883	3291596	2770476	521120	55519
重庆	11868168	11544156	8324200	4632934	3691266	779827
四川	30183693	29521073	21559907	12798336	8761571	1698596
贵州	18894537	18379989	13564071	8232167	5331904	931264
云南	26194180	25770355	18767139	9949144	8817995	2731292
西藏	3392402	2751092	1898458	1002789	895669	625381
陕西	16251842	16063709	10698303	6778339	3919964	1032999
甘肃	11221271	10843802	8038120	5230935	2807185	337183
青海	3189303	2772358	1908786	1236772	672014	278248
宁夏	3469851	3357895	2172490	1382090	790400	253127
新疆	12386725	12153335	9352028	5992119	3359909	303528

（地方农村小学）

单位：千元

公用部分	商品和服务支出	其他资本性支出			基本建设支出
			专项公用支出	专项项目支出	
153718874	**66300185**	**87418689**	**19553814**	**67864875**	**7143343**
3527871	1476709	2051162	1129365	921797	86252
1871944	398069	1473875	227562	1246313	111385
7550575	3711698	3838877	748932	3089945	140277
3028435	1965063	1063372	396943	666429	139866
1663245	734419	928826	193245	735581	72289
3496644	1563585	1933059	567593	1365466	191501
2489609	1279504	1210105	354213	855892	46733
2571378	1283385	1287993	204337	1083656	142704
1296807	983411	313396	186990	126406	
10938919	3013349	7925570	1094414	6831156	6201
6458357	2446220	4012137	793529	3218608	4029
8242376	2995995	5246381	1196874	4049507	151072
4614185	1974649	2639536	586072	2053464	154012
8189271	2412079	5777192	1007483	4769709	243255
11670309	3442537	8227772	1220708	7007064	
14121455	7845190	6276265	1724864	4551401	343608
4316020	1737807	2578213	560341	2017872	545325
7072590	2989457	4083133	943328	3139805	224464
7160337	4193190	2967147	1130766	1836381	90714
5081998	2511438	2570560	650928	1919632	499874
1482287	533845	948442	277605	670837	55574
3219956	1651602	1568354	334987	1233367	324012
7961166	3681021	4280145	922137	3358008	662620
4815918	2560999	2254919	693921	1560998	514548
7003216	2957266	4045950	916701	3129249	423825
852634	361872	490762	66487	424275	641310
5365406	2337590	3027816	484353	2543463	188133
2805682	1132827	1672855	274365	1398490	377469
863572	410590	452982	136903	316079	416945
1185405	460429	724976	148599	576377	111956
2801307	1254390	1546917	379269	1167648	233390

4-58 教育经费支出明细

地区	合计	事业性经费支出	个人部分	工资福利支出	对个人和家庭的补助支出	#助学金
合计	**35412**	**35412**	**30605**	**27240**	**3365**	**124**
北京						
天津						
河北	2256	2256	2236	2236		
山西						
内蒙古						
辽宁						
吉林						
黑龙江						
上海						
江苏						
浙江						
安徽						
福建	21817	21817	19705	17275	2430	
江西						
山东						
河南						
湖北	1408	1408	1165	1150	15	1
湖南						
广东						
广西	50	50				
海南						
重庆	5688	5688	5306	4816	490	4
四川	2657	2657	2096	1666	430	119
贵州						
云南	1270	1270	97	97		
西藏						
陕西						
甘肃						
青海						
宁夏						
新疆	266	266				

（成人小学）

单位：千元

公用部分	商品和服务支出	其他资本性支出	专项公用支出	专项项目支出	基本建设支出
4807	**4553**	**254**	**105**	**149**	
20	20				
2112	2017	95	95		
243	239	4	4		
50	50				
382	233	149		149	
561	560	1	1		
1173	1168	5	5		
266	266				

4-59 教育经费支出明细

地区	合计	事业性经费支出	个人部分	工资福利支出	对个人和家庭的补助支出	#助学金
合计	**9487227**	**9328932**	**5033188**	**3559275**	**1473913**	**175681**
北京	498617	498617	280047	175563	104484	2933
天津	176242	176242	127621	65369	62252	181
河北	304239	303339	200621	160940	39681	6091
山西	153993	153743	104840	84495	20345	2935
内蒙古	194470	184569	127380	95824	31556	4583
辽宁	591230	591230	257192	166852	90340	5264
吉林	250832	250832	153500	93516	59984	3370
黑龙江	280318	280318	180609	105325	75284	4401
上海	624940	623844	347658	272761	74897	13968
江苏	810025	810025	490467	321901	168566	12162
浙江	744195	734195	300118	223226	76892	8937
安徽	249070	218870	128449	91233	37216	5726
福建	408976	402186	188490	136174	52316	8915
江西	185242	182582	67885	48182	19703	3980
山东	685626	685626	421939	323897	98042	18215
河南	382726	374562	215057	162451	52606	7370
湖北	251859	247509	132375	86888	45487	7286
湖南	263897	256617	128743	94693	34050	5158
广东	767870	759415	376570	283751	92819	2286
广西	199410	197150	80848	56954	23894	3872
海南	83971	41171	17197	13498	3699	1357
重庆	131507	130305	81247	52894	28353	6564
四川	383832	378322	188387	134580	53807	13717
贵州	180129	178129	103923	67763	36160	3197
云南	218838	218838	95732	67340	28392	11140
西藏	23861	20541	14910	11813	3097	2187
陕西	151324	150184	76478	60458	16020	5100
甘肃	108200	105200	49620	37020	12600	1681
青海	52980	51780	17791	11939	5852	471
宁夏	25135	24335	15974	10803	5171	433
新疆	103673	98656	61520	41172	20348	2201

(特殊教育)

单位:千元

公用部分	商品和服务支出	其他资本性支出			基本建设支出
			专项公用支出	专项项目支出	
4295744	**1783401**	**2512343**	**803670**	**1708673**	**158295**
218570	107936	110634	80965	29669	
48621	39094	9527	7610	1917	
102718	57635	45083	15964	29119	900
48903	29850	19053	10437	8616	250
57189	27989	29200	12548	16652	9901
334038	228262	105776	71105	34671	
97332	55553	41779	21424	20355	
99709	61666	38043	13775	24268	
276186	176432	99754	86252	13502	1096
319558	91293	228265	40149	188116	
434077	105673	328404	81549	246855	10000
90421	39912	50509	35387	15122	30200
213696	53755	159941	29176	130765	6790
114697	25790	88907	13478	75429	2660
263687	111512	152175	34503	117672	
159505	54586	104919	18857	86062	8164
115134	47786	67348	11479	55869	4350
127874	58997	68877	18931	49946	7280
382845	138734	244111	58191	185920	8455
116302	21959	94343	14129	80214	2260
23974	9484	14490	3758	10732	42800
49058	30625	18433	6333	12100	1202
189935	84553	105382	34950	70432	5510
74206	27546	46660	7940	38720	2000
123106	27573	95533	39580	55953	
5631	3774	1857	1677	180	3320
73706	25497	48209	12110	36099	1140
55580	20418	35162	5711	29451	3000
33989	2606	31383	447	30936	1200
8361	2923	5438	4618	820	800
37136	13988	23148	10637	12511	5017

4-60 教育经费支出明细

地区	合计	事业性经费支出	个人部分	工资福利支出	对个人和家庭的补助支出	#助学金
合计	**9094933**	**8938318**	**4834155**	**3429700**	**1404455**	**171205**
北京	469307	469307	260166	164811	95355	2893
天津	157660	157660	112792	59341	53451	181
河北	303612	302712	200021	160784	39237	6091
山西	153993	153743	104840	84495	20345	2935
内蒙古	194470	184569	127380	95824	31556	4583
辽宁	546648	546648	225323	148964	76359	5264
吉林	236760	236760	143374	87498	55876	3370
黑龙江	280318	280318	180609	105325	75284	4401
上海	606045	604949	338773	268617	70156	10643
江苏	783121	783121	474222	309587	164635	12056
浙江	673820	663820	286916	214042	72874	8603
安徽	246817	216617	126294	89924	36370	5726
福建	400656	393866	182305	131016	51289	8883
江西	185242	182582	67885	48182	19703	3980
山东	685626	685626	421939	323897	98042	18215
河南	370654	362840	207476	157722	49754	7364
湖北	251859	247509	132375	86888	45487	7286
湖南	263897	256617	128743	94693	34050	5158
广东	698490	690180	343087	257115	85972	1906
广西	195202	192942	78152	55296	22856	3871
海南	83971	41171	17197	13498	3699	1357
重庆	128210	127008	78164	50989	27175	6523
四川	358238	352728	174416	123369	51047	13533
贵州	143165	141165	93786	60984	32802	3197
云南	213771	213771	91963	63938	28025	11113
西藏	23861	20541	14910	11813	3097	2187
陕西	151324	150184	76478	60458	16020	5100
甘肃	108200	105200	49620	37020	12600	1681
青海	52980	51780	17791	11939	5852	471
宁夏	25135	24335	15974	10803	5171	433
新疆	101881	98049	61184	40868	20316	2201

（特殊教育学校）

单位：千元

公用部分	商品和服务支出	其他资本性支出			基本建设支出
			专项公用支出	专项项目支出	
4104163	**1709714**	**2394449**	**735148**	**1659301**	**156615**
209141	101027	108114	79026	29088	
44868	36573	8295	6378	1917	
102691	57611	45080	15961	29119	900
48903	29850	19053	10437	8616	250
57189	27989	29200	12548	16652	9901
321325	218185	103140	70507	32633	
93386	53738	39648	21239	18409	
99709	61666	38043	13775	24268	
266176	167451	98725	85223	13502	1096
308899	83293	225606	37990	187616	
376904	99980	276924	35229	241695	10000
90323	39865	50458	35336	15122	30200
211561	51893	159668	29143	130525	6790
114697	25790	88907	13478	75429	2660
263687	111512	152175	34503	117672	
155364	52758	102606	17100	85506	7814
115134	47786	67348	11479	55869	4350
127874	58997	68877	18931	49946	7280
347093	127798	219295	47865	171430	8310
114790	21147	93643	13429	80214	2260
23974	9484	14490	3758	10732	42800
48844	30411	18433	6333	12100	1202
178312	78486	99826	33255	66571	5510
47379	21214	26165	7445	18720	2000
121808	26275	95533	39580	55953	
5631	3774	1857	1677	180	3320
73706	25497	48209	12110	36099	1140
55580	20418	35162	5711	29451	3000
33989	2606	31383	447	30936	1200
8361	2923	5438	4618	820	800
36865	13717	23148	10637	12511	3832

4-61 教育经费支出明细

地区	合计	事业性经费支出	个人部分	工资福利支出	对个人和家庭的补助支出	#助学金
合计	**392294**	**390614**	**199033**	**129575**	**69458**	**4476**
北京	29310	29310	19881	10752	9129	40
天津	18582	18582	14829	6028	8801	
河北	627	627	600	156	444	
山西						
内蒙古						
辽宁	44582	44582	31869	17888	13981	
吉林	14072	14072	10126	6018	4108	
黑龙江						
上海	18895	18895	8885	4144	4741	3325
江苏	26904	26904	16245	12314	3931	106
浙江	70375	70375	13202	9184	4018	334
安徽	2253	2253	2155	1309	846	
福建	8320	8320	6185	5158	1027	32
江西						
山东						
河南	12072	11722	7581	4729	2852	6
湖北						
湖南						
广东	69380	69235	33483	26636	6847	380
广西	4208	4208	2696	1658	1038	1
海南						
重庆	3297	3297	3083	1905	1178	41
四川	25594	25594	13971	11211	2760	184
贵州	36964	36964	10137	6779	3358	
云南	5067	5067	3769	3402	367	27
西藏						
陕西						
甘肃						
青海						
宁夏						
新疆	1792	607	336	304	32	

(工读学校)

单位:千元

公用部分	商品和服务支出	其他资本性支出			基本建设支出
			专项公用支出	专项项目支出	
191581	**73687**	**117894**	**68522**	**49372**	**1680**
9429	6909	2520	1939	581	
3753	2521	1232	1232		
27	24	3	3		
12713	10077	2636	598	2038	
3946	1815	2131	185	1946	
10010	8981	1029	1029		
10659	8000	2659	2159	500	
57173	5693	51480	46320	5160	
98	47	51	51		
2135	1862	273	33	240	
4141	1828	2313	1757	556	350
35752	10936	24816	10326	14490	145
1512	812	700	700		
214	214				
11623	6067	5556	1695	3861	
26827	6332	20495	495	20000	
1298	1298				
271	271				1185

4-62 教育经费支出明细

地区	合计	事业性经费支出	个人部分	工资福利支出	对个人和家庭的补助支出	#助学金
合计	**172115385**	**169358961**	**88420882**	**77948342**	**10472540**	**2232859**
北京	7709855	7612838	3659668	3094069	565599	920
天津	2803293	2803293	1451735	989533	462202	809
河北	6759552	6629665	3689102	3301754	387348	63875
山西	3140481	3036926	1532050	1371705	160345	68584
内蒙古	3825835	3747902	2035094	1675504	359590	52731
辽宁	4225662	4221262	2093627	1932452	161175	10846
吉林	2474425	2457275	1266677	1097591	169086	13677
黑龙江	2409540	2321644	1154382	1011111	143271	840
上海	8732080	8717606	5099153	4658936	440217	19835
江苏	14497958	14497958	7457823	6602630	855193	186503
浙江	12529982	12524862	7003497	6451031	552466	20107
安徽	4636569	4532934	1994866	1793816	201050	43096
福建	6055681	6000201	3525340	3239250	286090	12625
江西	4452854	4342333	1890651	1728861	161790	51574
山东	11879268	11840718	5384299	4840730	543569	271436
河南	9291207	9215397	4281130	3991646	289484	113378
湖北	5168785	5050444	2618778	2381850	236928	3513
湖南	6195261	6073906	3034815	2812005	222810	84750
广东	17613839	17532699	10358492	9482591	875901	186650
广西	3933682	3829169	2053365	1702400	350965	91371
海南	1464904	1427724	609039	558687	50352	23186
重庆	3223802	3165350	1584418	1391712	192706	73100
四川	8034766	7907843	4380809	3740691	640118	173310
贵州	2672638	2589615	1366477	1123218	243259	11732
云南	3816546	3708049	1939122	1626479	312643	31663
西藏	853559	589769	374034	173964	200070	146545
陕西	6087107	5992398	2683362	2325803	357559	207449
甘肃	2195255	2060901	921478	776432	145046	4665
青海	993717	714123	351835	222892	128943	71210
宁夏	881371	845761	391696	336207	55489	2707
新疆	3555911	3368396	2234068	1512792	721276	190172

(幼儿园)

单位:千元

公用部分	商品和服务支出	其他资本性支出			基本建设支出
			专项公用支出	专项项目支出	
80938079	**39437343**	**41500736**	**12055983**	**29444753**	**2756424**
3953170	2348528	1604642	724165	880477	97017
1351558	497290	854268	129289	724979	
2940563	1471959	1468604	395476	1073128	129887
1504876	768424	736452	222942	513510	103555
1712808	743856	968952	304466	664486	77933
2127635	1441511	686124	239584	446540	4400
1190598	683229	507369	168894	338475	17150
1167262	649116	518146	108409	409737	87896
3618453	2749404	869049	649169	219880	14474
7040135	2445029	4595106	885628	3709478	
5521365	2567756	2953609	820414	2133195	5120
2538068	816633	1721435	374334	1347101	103635
2474861	1348292	1126569	421324	705245	55480
2451682	734007	1717675	322731	1394944	110521
6456419	2351794	4104625	716813	3387812	38550
4934267	2668628	2265639	627103	1638536	75810
2431666	1109912	1321754	316405	1005349	118341
3039091	1599340	1439751	561271	878480	121355
7174207	4326685	2847522	1536360	1311162	81140
1775804	841806	933998	344230	589768	104513
818685	202895	615790	196688	419102	37180
1580932	1038987	541945	224130	317815	58452
3527034	1828526	1698508	492685	1205823	126923
1223138	640754	582384	182757	399627	83023
1768927	835300	933627	265342	668285	108497
215735	91970	123765	69417	54348	263790
3309036	1378661	1930375	427342	1503033	94709
1139423	368537	770886	88391	682495	134354
362288	128885	233403	53514	179889	279594
454065	158568	295497	65645	229852	35610
1134328	601061	533267	121065	412202	187515

4-63 教育经费支出明细

地 区	合 计	事业性经费支出	个人部分	工资福利支出	对个人和家庭的补助支出	#助学金
合 计	**1884508**	**1803994**	**1176464**	**1043032**	**133432**	**27961**
北 京	332634	332634	233919	202520	31399	10
天 津	65777	65777	44277	43834	443	12
河 北	108722	108722	76643	75249	1394	
山 西	2597	2597	1979	1874	105	37
内蒙古						
辽 宁	89104	89104	64321	56953	7368	
吉 林	75155	75155	58330	45600	12730	1340
黑龙江	271082	271082	199586	181950	17636	
上 海						
江 苏	27745	27745	23335	23275	60	
浙 江						
安 徽	541	541	424	424		
福 建						
江 西						
山 东	190566	190566	134294	129076	5218	4
河 南	101391	101391	51628	51489	139	
湖 北	47305	47305	31995	31789	206	
湖 南						
广 东	15686	15686	12344	11625	719	
广 西						
海 南	2837	2837	2075	1914	161	
重 庆						
四 川	15383	15383	10269	7638	2631	51
贵 州	4103	4103	3574	3574		
云 南						
西 藏						
陕 西	22474	22474	17994	16949	1045	1045
甘 肃	4250	4250	3800	3800		
青 海						
宁 夏						
新 疆	507156	426642	205677	153499	52178	25462

（中央属幼儿园）

单位：千元

公用部分	商品和服务支出	其他资本性支出			基本建设支出
			专项公用支出	专项项目支出	
627530	**387172**	**240358**	**51754**	**188604**	**80514**
98715	76387	22328	8970	13358	
21500	16113	5387	3026	2361	
32079	21996	10083	1974	8109	
618	433	185	125	60	
24783	20879	3904	2526	1378	
16825	11070	5755	5755		
71496	70142	1354	644	710	
4410	4112	298	298		
117	117				
56272	46811	9461	2426	7035	
49763	49763				
15310	13080	2230	1049	1181	
3342	3153	189	189		
762	704	58	58		
5114	3695	1419	419	1000	
529	290	239	239		
4480	3358	1122	496	626	
450	440	10	10		
220965	44629	176336	23550	152786	80514

4-64 教育经费支出明细

地区	合计	事业性经费支出	个人部分	工资福利支出	对个人和家庭的补助支出	#助学金
合计	**170230877**	**167554967**	**87244418**	**76905310**	**10339108**	**2204898**
北京	7377221	7280204	3425749	2891549	534200	910
天津	2737516	2737516	1407458	945699	461759	797
河北	6650830	6520943	3612459	3226505	385954	63875
山西	3137884	3034329	1530071	1369831	160240	68547
内蒙古	3825835	3747902	2035094	1675504	359590	52731
辽宁	4136558	4132158	2029306	1875499	153807	10846
吉林	2399270	2382120	1208347	1051991	156356	12337
黑龙江	2138458	2050562	954796	829161	125635	840
上海	8732080	8717606	5099153	4658936	440217	19835
江苏	14470213	14470213	7434488	6579355	855133	186503
浙江	12529982	12524862	7003497	6451031	552466	20107
安徽	4636028	4532393	1994442	1793392	201050	43096
福建	6055681	6000201	3525340	3239250	286090	12625
江西	4452854	4342333	1890651	1728861	161790	51574
山东	11688702	11650152	5250005	4711654	538351	271432
河南	9189816	9114006	4229502	3940157	289345	113378
湖北	5121480	5003139	2586783	2350061	236722	3513
湖南	6195261	6073906	3034815	2812005	222810	84750
广东	17598153	17517013	10346148	9470966	875182	186650
广西	3933682	3829169	2053365	1702400	350965	91371
海南	1462067	1424887	606964	556773	50191	23186
重庆	3223802	3165350	1584418	1391712	192706	73100
四川	8019383	7892460	4370540	3733053	637487	173259
贵州	2668535	2585512	1362903	1119644	243259	11732
云南	3816546	3708049	1939122	1626479	312643	31663
西藏	853559	589769	374034	173964	200070	146545
陕西	6064633	5969924	2665368	2308854	356514	206404
甘肃	2191005	2056651	917678	772632	145046	4665
青海	993717	714123	351835	222892	128943	71210
宁夏	881371	845761	391696	336207	55489	2707
新疆	3048755	2941754	2028391	1359293	669098	164710

（地方幼儿园）

单位：千元

公用部分	商品和服务支出	其他资本性支出	专项公用支出	专项项目支出	基本建设支出
80310549	**39050171**	**41260378**	**12004229**	**29256149**	**2675910**
3854455	2272141	1582314	715195	867119	97017
1330058	481177	848881	126263	722618	
2908484	1449963	1458521	393502	1065019	129887
1504258	767991	736267	222817	513450	103555
1712808	743856	968952	304466	664486	77933
2102852	1420632	682220	237058	445162	4400
1173773	672159	501614	163139	338475	17150
1095766	578974	516792	107765	409027	87896
3618453	2749404	869049	649169	219880	14474
7035725	2440917	4594808	885330	3709478	
5521365	2567756	2953609	820414	2133195	5120
2537951	816516	1721435	374334	1347101	103635
2474861	1348292	1126569	421324	705245	55480
2451682	734007	1717675	322731	1394944	110521
6400147	2304983	4095164	714387	3380777	38550
4884504	2618865	2265639	627103	1638536	75810
2416356	1096832	1319524	315356	1004168	118341
3039091	1599340	1439751	561271	878480	121355
7170865	4323532	2847333	1536171	1311162	81140
1775804	841806	933998	344230	589768	104513
817923	202191	615732	196630	419102	37180
1580932	1038987	541945	224130	317815	58452
3521920	1824831	1697089	492266	1204823	126923
1222609	640464	582145	182518	399627	83023
1768927	835300	933627	265342	668285	108497
215735	91970	123765	69417	54348	263790
3304556	1375303	1929253	426846	1502407	94709
1138973	368097	770876	88381	682495	134354
362288	128885	233403	53514	179889	279594
454065	158568	295497	65645	229852	35610
913363	556432	356931	97515	259416	107001

4-65 教育经费支出明细

地区	合计	事业性经费支出	个人部分	工资福利支出	对个人和家庭的补助支出	#助学金
合计	**65626447**	**63901737**	**29816980**	**26856030**	**2960950**	**1334667**
北京	1616053	1580078	599585	543410	56175	182
天津	715954	715954	242818	211090	31728	138
河北	3484222	3369522	1764268	1614015	150253	48206
山西	1089312	1025801	403012	351606	51406	39240
内蒙古	670709	660308	375741	321415	54326	9155
辽宁	1035333	1030933	386355	371602	14753	2319
吉林	534454	521704	234006	216681	17325	3679
黑龙江	418684	394513	173336	166951	6385	84
上海	1944653	1944653	1278178	1186069	92109	3944
江苏	5935104	5935104	2625973	2332428	293545	113385
浙江	5470247	5465127	2943492	2796000	147492	11379
安徽	2136025	2071444	679446	623656	55790	22451
福建	2565566	2539450	1464411	1363615	100796	9267
江西	1843113	1782945	735098	703775	31323	23138
山东	6516958	6478408	2627488	2336926	290562	192807
河南	4291390	4229460	1783676	1684880	98796	73234
湖北	2223621	2115800	940604	904251	36353	941
湖南	2605325	2498905	1221712	1138972	82740	55983
广东	4326697	4326175	2423031	2318389	104642	61517
广西	1867120	1783626	790898	677511	113387	66157
海南	659200	642535	183978	163396	20582	11178
重庆	1274998	1233521	549108	488784	60324	46150
四川	3509678	3422238	1660521	1451694	208827	114986
贵州	1139077	1080016	461887	388921	72966	7121
云南	1541552	1462648	540486	486083	54403	19805
西藏	476947	235297	138196	41234	96962	82125
陕西	2504741	2455172	1112667	968159	144508	119213
甘肃	989727	898192	279089	247174	31915	2866
青海	296397	196035	94744	57922	36822	30508
宁夏	236597	206617	49803	46151	3652	1033
新疆	1706993	1599556	1053373	653270	400103	162476

（农村幼儿园）

单位：千元

公用部分	商品和服务支出	其他资本性支出	专项公用支出	专项项目支出	基本建设支出
34084757	**13982685**	**20102072**	**4594644**	**15507428**	**1724710**
980493	418652	561841	194461	367380	35975
473136	102027	371109	28768	342341	
1605254	712553	892701	206934	685767	114700
622789	251635	371154	110434	260720	63511
284567	110795	173772	41107	132665	10401
644578	422310	222268	53631	168637	4400
287698	143596	144102	27902	116200	12750
221177	109003	112174	23573	88601	24171
666475	528327	138148	101780	36368	
3309131	932923	2376208	417206	1959002	
2521635	1008579	1513056	374829	1138227	5120
1391998	338365	1053633	162092	891541	64581
1075039	546405	528634	204392	324242	26116
1047847	335548	712299	156633	555666	60168
3850920	1186018	2664902	358863	2306039	38550
2445784	1266041	1179743	312653	867090	61930
1175196	420131	755065	131550	623515	107821
1277193	699469	577724	206578	371146	106420
1903144	979073	924071	393653	530418	522
992728	448424	544304	181769	362535	83494
458557	68884	389673	115167	274506	16665
684413	452621	231792	68906	162886	41477
1761717	781190	980527	198519	782008	87440
618129	275779	342350	78444	263906	59061
922162	334868	587294	122538	464756	78904
97101	26645	70456	37745	32711	241650
1342505	606570	735935	175474	560461	49569
619103	147066	472037	26074	445963	91535
101291	32881	68410	17408	51002	100362
156814	41143	115671	19863	95808	29980
546183	255164	291019	45698	245321	107437

4-66 教育经费支出明细

地区	合计	事业性经费支出	个人部分	工资福利支出	对个人和家庭的补助支出	#助学金
合计	**65213756**	**63558400**	**29666315**	**26738696**	**2927619**	**1309455**
北京	1616053	1580078	599585	543410	56175	182
天津	715954	715954	242818	211090	31728	138
河北	3484222	3369522	1764268	1614015	150253	48206
山西	1089312	1025801	403012	351606	51406	39240
内蒙古	670709	660308	375741	321415	54326	9155
辽宁	1035333	1030933	386355	371602	14753	2319
吉林	534454	521704	234006	216681	17325	3679
黑龙江	418177	394006	172947	166562	6385	84
上海	1944653	1944653	1278178	1186069	92109	3944
江苏	5935104	5935104	2625973	2332428	293545	113385
浙江	5470247	5465127	2943492	2796000	147492	11379
安徽	2136025	2071444	679446	623656	55790	22451
福建	2565566	2539450	1464411	1363615	100796	9267
江西	1843113	1782945	735098	703775	31323	23138
山东	6516958	6478408	2627488	2336926	290562	192807
河南	4291390	4229460	1783676	1684880	98796	73234
湖北	2223621	2115800	940604	904251	36353	941
湖南	2605325	2498905	1221712	1138972	82740	55983
广东	4324625	4324103	2421969	2317327	104642	61517
广西	1867120	1783626	790898	677511	113387	66157
海南	659200	642535	183978	163396	20582	11178
重庆	1274998	1233521	549108	488784	60324	46150
四川	3509678	3422238	1660521	1451694	208827	114986
贵州	1138548	1079487	461467	388501	72966	7121
云南	1541552	1462648	540486	486083	54403	19805
西藏	476947	235297	138196	41234	96962	82125
陕西	2504741	2455172	1112667	968159	144508	119213
甘肃	985477	893942	275289	243374	31915	2866
青海	296397	196035	94744	57922	36822	30508
宁夏	236597	206617	49803	46151	3652	1033
新疆	1301660	1263577	908379	541607	366772	137264

（地方农村幼儿园）

单位：千元

公用部分	商品和服务支出	其他资本性支出			基本建设支出
			专项公用支出	专项项目支出	
33892085	**13946777**	**19945308**	**4578794**	**15366514**	**1655356**
980493	418652	561841	194461	367380	35975
473136	102027	371109	28768	342341	
1605254	712553	892701	206934	685767	114700
622789	251635	371154	110434	260720	63511
284567	110795	173772	41107	132665	10401
644578	422310	222268	53631	168637	4400
287698	143596	144102	27902	116200	12750
221059	108886	112173	23572	88601	24171
666475	528327	138148	101780	36368	
3309131	932923	2376208	417206	1959002	
2521635	1008579	1513056	374829	1138227	5120
1391998	338365	1053633	162092	891541	64581
1075039	546405	528634	204392	324242	26116
1047847	335548	712299	156633	555666	60168
3850920	1186018	2664902	358863	2306039	38550
2445784	1266041	1179743	312653	867090	61930
1175196	420131	755065	131550	623515	107821
1277193	699469	577724	206578	371146	106420
1902134	978063	924071	393653	530418	522
992728	448424	544304	181769	362535	83494
458557	68884	389673	115167	274506	16665
684413	452621	231792	68906	162886	41477
1761717	781190	980527	198519	782008	87440
618020	275774	342246	78340	263906	59061
922162	334868	587294	122538	464756	78904
97101	26645	70456	37745	32711	241650
1342505	606570	735935	175474	560461	49569
618653	146626	472027	26064	445963	91535
101291	32881	68410	17408	51002	100362
156814	41143	115671	19863	95808	29980
355198	220828	134370	29963	104407	38083

4-67 教育经费支出明细

地区	合计	事业性经费支出	个人部分	工资福利支出	对个人和家庭的补助支出	#助学金
合计	**32757863**	**31792483**	**13125960**	**7558266**	**5567694**	
北京	630563	630563	443406	268055	175351	
天津	334331	334331	224248	111451	112797	
河北	476323	476323	310719	187555	123164	
山西	920810	920610	489236	328177	161059	
内蒙古	787493	782306	441024	250697	190327	
辽宁	707444	705944	388321	183259	205062	
吉林	507742	507742	176575	101109	75466	
黑龙江	942017	925372	302317	154285	148032	
上海	230281	230281	171581	117858	53723	
江苏	1555072	1555072	701706	405962	295744	
浙江	910260	910260	554762	354015	200747	
安徽	807974	807974	377064	223251	153813	
福建	524785	524785	297977	189724	108253	
江西	689381	689381	302152	191444	110708	
山东	1978227	1978227	922631	706403	216228	
河南	1102208	1102208	445492	283292	162200	
湖北	921857	907308	524042	268622	255420	
湖南	1787965	1787965	809356	503905	305451	
广东	5169565	4584875	1037566	567123	470443	
广西	558622	558622	228245	130605	97640	
海南	321096	319596	155945	98830	57115	
重庆	1020368	1006764	269281	122711	146570	
四川	1626693	1601880	752308	386692	365616	
贵州	1436899	1384649	580801	315002	265799	
云南	2964250	2814913	639650	236045	403605	
西藏	235238	195238	110598	81443	29155	
陕西	663488	623838	278101	169635	108466	
甘肃	372209	372209	185515	108252	77263	
青海	372993	356538	207826	54259	153567	
宁夏	168165	163165	104717	68457	36260	
新疆	2033544	2033544	692798	390148	302650	

（教育行政单位）

单位：千元

公用部分	商品和服务支出	其他资本性支出			基本建设支出
			专项公用支出	专项项目支出	
18666523	**11970048**	**6696475**	**2537302**	**4159173**	**965380**
187157	166712	20445	20445		
110083	87396	22687	1655	21032	
165604	150216	15388	10958	4430	
431374	228723	202651	87156	115495	200
341282	226260	115022	48082	66940	5187
317623	249481	68142	37508	30634	1500
331167	281530	49637	21629	28008	
623055	380808	242247	112799	129448	16645
58700	56232	2468	2468		
853366	701096	152270	88994	63276	
355498	309410	46088	40953	5135	
430910	343509	87401	32918	54483	
226808	168325	58483	32312	26171	
387229	195168	192061	69443	122618	
1055596	641349	414247	122092	292155	
656716	508051	148665	70714	77951	
383266	300071	83195	55405	27790	14549
978609	752527	226082	152460	73622	
3547309	2792441	754868	291789	463079	584690
330377	176538	153839	63846	89993	
163651	121872	41779	41495	284	1500
737483	349382	388101	226016	162085	13604
849572	588705	260867	121100	139767	24813
803848	493602	310246	95845	214401	52250
2175263	637917	1537346	227307	1310039	149337
84640	42744	41896	5797	36099	40000
345737	207273	138464	48493	89971	39650
186694	136509	50185	26468	23717	
148712	106771	41941	9733	32208	16455
58448	54731	3717	3575	142	5000
1340746	514699	826047	367847	458200	

4-68 教育经费支出明细

地区	合计	事业性经费支出	个人部分	工资福利支出	对个人和家庭的补助支出	#助学金
合计	**32549845**	**31584465**	**13013113**	**7476484**	**5536629**	
北京	513646	513646	371930	203866	168064	
天津	334331	334331	224248	111451	112797	
河北	476323	476323	310719	187555	123164	
山西	920810	920610	489236	328177	161059	
内蒙古	787493	782306	441024	250697	190327	
辽宁	707444	705944	388321	183259	205062	
吉林	507742	507742	176575	101109	75466	
黑龙江	936261	919616	298768	151172	147596	
上海	230281	230281	171581	117858	53723	
江苏	1555072	1555072	701706	405962	295744	
浙江	910260	910260	554762	354015	200747	
安徽	807974	807974	377064	223251	153813	
福建	524785	524785	297977	189724	108253	
江西	689381	689381	302152	191444	110708	
山东	1978227	1978227	922631	706403	216228	
河南	1102208	1102208	445492	283292	162200	
湖北	921857	907308	524042	268622	255420	
湖南	1787965	1787965	809356	503905	305451	
广东	5169565	4584875	1037566	567123	470443	
广西	558622	558622	228245	130605	97640	
海南	321096	319596	155945	98830	57115	
重庆	1020368	1006764	269281	122711	146570	
四川	1626693	1601880	752308	386692	365616	
贵州	1436899	1384649	580801	315002	265799	
云南	2964250	2814913	639650	236045	403605	
西藏	235238	195238	110598	81443	29155	
陕西	663488	623838	278101	169635	108466	
甘肃	372209	372209	185515	108252	77263	
青海	372993	356538	207826	54259	153567	
宁夏	168165	163165	104717	68457	36260	
新疆	1948199	1948199	654976	375668	279308	

（地方教育行政单位）

单位：千元

公用部分	商品和服务支出	其他资本性支出	专项公用支出	专项项目支出	基本建设支出
18571352	**11897404**	**6673948**	**2515515**	**4158433**	**965380**
141716	122852	18864	18864		
110083	87396	22687	1655	21032	
165604	150216	15388	10958	4430	
431374	228723	202651	87156	115495	200
341282	226260	115022	48082	66940	5187
317623	249481	68142	37508	30634	1500
331167	281530	49637	21629	28008	
620848	378601	242247	112799	129448	16645
58700	56232	2468	2468		
853366	701096	152270	88994	63276	
355498	309410	46088	40953	5135	
430910	343509	87401	32918	54483	
226808	168325	58483	32312	26171	
387229	195168	192061	69443	122618	
1055596	641349	414247	122092	292155	
656716	508051	148665	70714	77951	
383266	300071	83195	55405	27790	14549
978609	752527	226082	152460	73622	
3547309	2792441	754868	291789	463079	584690
330377	176538	153839	63846	89993	
163651	121872	41779	41495	284	1500
737483	349382	388101	226016	162085	13604
849572	588705	260867	121100	139767	24813
803848	493602	310246	95845	214401	52250
2175263	637917	1537346	227307	1310039	149337
84640	42744	41896	5797	36099	40000
345737	207273	138464	48493	89971	39650
186694	136509	50185	26468	23717	
148712	106771	41941	9733	32208	16455
58448	54731	3717	3575	142	5000
1293223	488122	805101	347641	457460	

4-69 教育经费支出明细

地 区	合 计	事业性经费支出	个人部分	工资福利支出	对个人和家庭的补助支出	#助学金
合 计	**77999653**	**76926823**	**24287800**	**14517972**	**9769828**	
北 京	16406878	16104736	2753209	1500729	1252480	
天 津	1428716	1424316	708725	358252	350473	
河 北	1708176	1708176	898731	631827	266904	
山 西	1469229	1419144	687075	413696	273379	
内蒙古	1427067	1400357	822739	527030	295709	
辽 宁	2829919	2826579	1312987	821924	491063	
吉 林	1515265	1515265	583605	351330	232275	
黑龙江	1790398	1727678	692062	396064	295998	
上 海	2620307	2610307	879337	735466	143871	
江 苏	4096964	4096964	1281198	798593	482605	
浙 江	4629924	4629924	1547064	1033044	514020	
安 徽	934584	934584	344869	207116	137753	
福 建	2619684	2618789	844086	565106	278980	
江 西	1078077	1078077	376860	245683	131177	
山 东	5055277	5052377	1221114	916941	304173	
河 南	2578546	2578546	1355405	630416	724989	
湖 北	1956136	1954336	806697	532787	273910	
湖 南	1740928	1740928	556130	371544	184586	
广 东	7864880	7781269	1227598	621010	606588	
广 西	1937102	1672813	720285	368291	351994	
海 南	179515	179515	50601	41149	9452	
重 庆	1383232	1368222	364974	217701	147273	
四 川	2098344	2095716	979937	597550	382387	
贵 州	397552	397552	206023	101201	104822	
云 南	2892298	2839068	776217	222832	553385	
西 藏	968927	896927	390979	138607	252372	
陕 西	1408435	1408435	643577	487951	155626	
甘 肃	833140	815647	395385	235194	160191	
青 海	734827	703467	291581	121154	170427	
宁 夏	203963	203963	143974	94125	49849	
新 疆	1211363	1143146	424776	233659	191117	

（教育事业单位）

单位：千元

公用部分	商品和服务支出	其他资本性支出			基本建设支出
			专项公用支出	专项项目支出	
52639023	**28595827**	**24043196**	**7670791**	**16372405**	**1072830**
13351527	10933998	2417529	1178126	1239403	302142
715591	461492	254099	72691	181408	4400
809445	509639	299806	104878	194928	
732069	318659	413410	277835	135575	50085
577618	370281	207337	136397	70940	26710
1513592	717500	796092	190683	605409	3340
931660	486435	445225	239605	205620	
1035616	709757	325859	111063	214796	62720
1730970	1116618	614352	341259	273093	10000
2815766	1404577	1411189	534363	876826	
3082860	1646569	1436291	434386	1001905	
589715	363064	226651	94019	132632	
1774703	706642	1068061	200129	867932	895
701217	351459	349758	84856	264902	
3831263	705115	3126148	115671	3010477	2900
1223141	733262	489879	288258	201621	
1147639	685107	462532	182270	280262	1800
1184798	763560	421238	268458	152780	
6553671	1636334	4917337	988119	3929218	83611
952528	424514	528014	211410	316604	264289
128914	84939	43975	34143	9832	
1003248	494558	508690	459312	49378	15010
1115779	646267	469512	291077	178435	2628
191529	167246	24283	14082	10201	
2062851	855018	1207833	279658	928175	53230
505948	183473	322475	52729	269746	72000
764858	319259	445599	139085	306514	
420262	262889	157373	76154	81219	17493
411886	174418	237468	166909	70559	31360
59989	46853	13136	7041	6095	
718370	316325	402045	96125	305920	68217

4-70 教育经费支出明细

地区	合计	事业性经费支出	个人部分	工资福利支出	对个人和家庭的补助支出	#助学金
合计	**68641259**	**67577339**	**23654490**	**14084862**	**9569628**	
北京	7130657	6837425	2165442	1088073	1077369	
天津	1428716	1424316	708725	358252	350473	
河北	1708176	1708176	898731	631827	266904	
山西	1469229	1419144	687075	413696	273379	
内蒙古	1410743	1384033	806415	527030	279385	
辽宁	2829919	2826579	1312987	821924	491063	
吉林	1515265	1515265	583605	351330	232275	
黑龙江	1782991	1720271	686943	392285	294658	
上海	2620307	2610307	879337	735466	143871	
江苏	4096964	4096964	1281198	798593	482605	
浙江	4629924	4629924	1547064	1033044	514020	
安徽	934584	934584	344869	207116	137753	
福建	2619684	2618789	844086	565106	278980	
江西	1078077	1078077	376860	245683	131177	
山东	5055277	5052377	1221114	916941	304173	
河南	2578546	2578546	1355405	630416	724989	
湖北	1956136	1954336	806697	532787	273910	
湖南	1714665	1714665	553867	369281	184586	
广东	7864880	7781269	1227598	621010	606588	
广西	1937102	1672813	720285	368291	351994	
海南	179515	179515	50601	41149	9452	
重庆	1383232	1368222	364974	217701	147273	
四川	2098344	2095716	979937	597550	382387	
贵州	397552	397552	206023	101201	104822	
云南	2892298	2839068	776217	222832	553385	
西藏	968927	896927	390979	138607	252372	
陕西	1408435	1408435	643577	487951	155626	
甘肃	833140	815647	395385	235194	160191	
青海	734827	703467	291581	121154	170427	
宁夏	203963	203963	143974	94125	49849	
新疆	1179184	1110967	402939	219247	183692	

（地方教育事业单位）

单位：千元

公用部分	商品和服务支出	其他资本性支出			基本建设支出
			专项公用支出	专项项目支出	
43922849	**20276947**	**23645902**	**7296823**	**16349079**	**1063920**
4671983	2626607	2045376	829299	1216077	293232
715591	461492	254099	72691	181408	4400
809445	509639	299806	104878	194928	
732069	318659	413410	277835	135575	50085
577618	370281	207337	136397	70940	26710
1513592	717500	796092	190683	605409	3340
931660	486435	445225	239605	205620	
1033328	707469	325859	111063	214796	62720
1730970	1116618	614352	341259	273093	10000
2815766	1404577	1411189	534363	876826	
3082860	1646569	1436291	434386	1001905	
589715	363064	226651	94019	132632	
1774703	706642	1068061	200129	867932	895
701217	351459	349758	84856	264902	
3831263	705115	3126148	115671	3010477	2900
1223141	733262	489879	288258	201621	
1147639	685107	462532	182270	280262	1800
1160798	763560	397238	244458	152780	
6553671	1636334	4917337	988119	3929218	83611
952528	424514	528014	211410	316604	264289
128914	84939	43975	34143	9832	
1003248	494558	508690	459312	49378	15010
1115779	646267	469512	291077	178435	2628
191529	167246	24283	14082	10201	
2062851	855018	1207833	279658	928175	53230
505948	183473	322475	52729	269746	72000
764858	319259	445599	139085	306514	
420262	262889	157373	76154	81219	17493
411886	174418	237468	166909	70559	31360
59989	46853	13136	7041	6095	
708028	307124	400904	94984	305920	68217

4-71 教育经费支出明细

地区	合计	事业性经费支出	个人部分	工资福利支出	对个人和家庭的补助支出	#助学金
合计	**75736207**	**73022748**	**11657244**	**7041337**	**4615907**	**30450**
北京	7166473	6514825	629179	382622	246557	19704
天津	11270921	11270921	303598	78223	225375	
河北	1362069	1064898	455421	280678	174743	4442
山西	1339147	1319200	462341	214762	247579	
内蒙古	770319	741448	328088	214828	113260	83
辽宁	5943343	5771998	548408	238188	310220	
吉林	3276060	3196060	279256	163330	115926	
黑龙江	1655434	1289204	247628	141909	105719	2562
上海	1312202	1286042	265609	213807	51802	882
江苏	2167619	2163086	927461	523276	404185	800
浙江	1907091	1907091	578453	393453	185000	26
安徽	3466656	3459159	310116	195250	114866	10
福建	704438	671843	331286	211389	119897	
江西	773750	771785	236351	152437	83914	1008
山东	4283991	4283991	578016	425438	152578	
河南	3325535	3307178	379017	261581	117436	
湖北	1433570	1384208	308486	167802	140684	201
湖南	4219901	4038871	386777	243772	143005	15
广东	6666879	6654666	1063868	772915	290953	405
广西	1062096	831376	232821	141922	90899	
海南	96484	96484	39605	28033	11572	
重庆	376084	373084	135244	90380	44864	
四川	2552217	2476800	614575	352194	262381	100
贵州	555502	555502	243803	142977	100826	
云南	1213893	1140411	346453	211343	135110	13
西藏	113972	91472	65897	46244	19653	
陕西	3048843	3041673	451958	170126	281832	154
甘肃	968073	844144	239868	157355	82513	
青海	392671	270995	124905	81826	43079	
宁夏	196894	196894	97980	62044	35936	
新疆	2114080	2007439	444776	281233	163543	45

（其他教育机构）

单位：千元

公用部分	商品和服务支出	其他资本性支出			基本建设支出
			专项公用支出	专项项目支出	
61365504	**19325385**	**42040119**	**14922443**	**27117676**	**2713459**
5885646	2783369	3102277	2525756	576521	651648
10967323	2356561	8610762	2773999	5836763	
609477	195033	414444	54891	359553	297171
856859	414326	442533	62025	380508	19947
413360	158278	255082	24999	230083	28871
5223590	1462179	3761411	778293	2983118	171345
2916804	753235	2163569	136277	2027292	80000
1041576	529910	511666	15165	496501	366230
1020433	951797	68636	49109	19527	26160
1235625	500619	735006	57401	677605	4533
1328638	636491	692147	181717	510430	
3149043	260124	2888919	45406	2843513	7497
340557	268086	72471	38962	33509	32595
535434	145075	390359	100194	290165	1965
3705975	442907	3263068	330455	2932613	
2928161	589144	2339017	1911819	427198	18357
1075722	646030	429692	146316	283376	49362
3652094	1621681	2030413	506750	1523663	181030
5590798	1042904	4547894	3894560	653334	12213
598555	290394	308161	64600	243561	230720
56879	36683	20196	5904	14292	
237840	146608	91232	19259	71973	3000
1862225	560836	1301389	503912	797477	75417
311699	76694	235005	103427	131578	
793958	372225	421733	72191	349542	73482
25575	17576	7999	5683	2316	22500
2589715	724540	1865175	286529	1578646	7170
604276	291767	312509	53937	258572	123929
146090	64882	81208	9547	71661	121676
98914	50009	48905	12636	36269	
1562663	935422	627241	150724	476517	106641

4-72 教育经费支出明细

地区	合计	事业性经费支出	个人部分	工资福利支出	对个人和家庭的补助支出	#助学金
合计	**4170102**	**4124172**	**408298**	**227673**	**180625**	**19790**
北京	2616308	2616308	257757	128704	129053	17131
天津						
河北	4066	4066				
山西	308	308				
内蒙古	353	353				
辽宁	56565	56565				
吉林	41950	41950				
黑龙江	16514	16514	3102	1145	1957	1777
上海	751289	751289	39654	35915	3739	882
江苏	40084	40084				
浙江	3036	3036				
安徽	32058	32058				
福建	129365	129365	18166	15737	2429	
江西						
山东	16392	16392				
河南	4896	4896				
湖北	62628	62628				
湖南	6068	6068				
广东	49180	49180				
广西						
海南						
重庆	548	548				
四川	46390	46390				
贵州	4374	4374				
云南						
西藏						
陕西	43152	43152				
甘肃	37980	37980				
青海	7112	7112				
宁夏						
新疆	199486	153556	89619	46172	43447	

（中央属其他教育机构）

单位：千元

公用部分	商品和服务支出	其他资本性支出	专项公用支出	专项项目支出	基本建设支出
3715874	**3465148**	**250726**	**58256**	**192470**	**45930**
2358551	2155357	203194	24667	178527	
4066	4066				
308	308				
353	353				
56565	56565				
41950	41950				
13412	13387	25	25		
711635	681905	29730	17125	12605	
40084	40084				
3036	3036				
32058	32058				
111199	98928	12271	12271		
16392	16392				
4896	4896				
62628	62628				
6068	6068				
49180	49180				
548	548				
46390	46390				
4374	4374				
43152	43152				
37980	37980				
7112	7112				
63937	58431	5506	4168	1338	45930

4-73 教育经费支出明细

地区	合计	事业性经费支出	个人部分	工资福利支出	对个人和家庭的补助支出	#助学金
合计	**71566105**	**68898576**	**11248946**	**6813664**	**4435282**	**10660**
北京	4550165	3898517	371422	253918	117504	2573
天津	11270921	11270921	303598	78223	225375	
河北	1358003	1060832	455421	280678	174743	4442
山西	1338839	1318892	462341	214762	247579	
内蒙古	769966	741095	328088	214828	113260	83
辽宁	5886778	5715433	548408	238188	310220	
吉林	3234110	3154110	279256	163330	115926	
黑龙江	1638920	1272690	244526	140764	103762	785
上海	560913	534753	225955	177892	48063	
江苏	2127535	2123002	927461	523276	404185	800
浙江	1904055	1904055	578453	393453	185000	26
安徽	3434598	3427101	310116	195250	114866	10
福建	575073	542478	313120	195652	117468	
江西	773750	771785	236351	152437	83914	1008
山东	4267599	4267599	578016	425438	152578	
河南	3320639	3302282	379017	261581	117436	
湖北	1370942	1321580	308486	167802	140684	201
湖南	4213833	4032803	386777	243772	143005	15
广东	6617699	6605486	1063868	772915	290953	405
广西	1062096	831376	232821	141922	90899	
海南	96484	96484	39605	28033	11572	
重庆	375536	372536	135244	90380	44864	
四川	2505827	2430410	614575	352194	262381	100
贵州	551128	551128	243803	142977	100826	
云南	1213893	1140411	346453	211343	135110	13
西藏	113972	91472	65897	46244	19653	
陕西	3005691	2998521	451958	170126	281832	154
甘肃	930093	806164	239868	157355	82513	
青海	385559	263883	124905	81826	43079	
宁夏	196894	196894	97980	62044	35936	
新疆	1914594	1853883	355157	235061	120096	45

（地方其他教育机构）

单位：千元

公用部分	商品和服务支出	其他资本性支出	专项公用支出	专项项目支出	基本建设支出
57649630	**15860237**	**41789393**	**14864187**	**26925206**	**2667529**
3527095	628012	2899083	2501089	397994	651648
10967323	2356561	8610762	2773999	5836763	
605411	190967	414444	54891	359553	297171
856551	414018	442533	62025	380508	19947
413007	157925	255082	24999	230083	28871
5167025	1405614	3761411	778293	2983118	171345
2874854	711285	2163569	136277	2027292	80000
1028164	516523	511641	15140	496501	366230
308798	269892	38906	31984	6922	26160
1195541	460535	735006	57401	677605	4533
1325602	633455	692147	181717	510430	
3116985	228066	2888919	45406	2843513	7497
229358	169158	60200	26691	33509	32595
535434	145075	390359	100194	290165	1965
3689583	426515	3263068	330455	2932613	
2923265	584248	2339017	1911819	427198	18357
1013094	583402	429692	146316	283376	49362
3646026	1615613	2030413	506750	1523663	181030
5541618	993724	4547894	3894560	653334	12213
598555	290394	308161	64600	243561	230720
56879	36683	20196	5904	14292	
237292	146060	91232	19259	71973	3000
1815835	514446	1301389	503912	797477	75417
307325	72320	235005	103427	131578	
793958	372225	421733	72191	349542	73482
25575	17576	7999	5683	2316	22500
2546563	681388	1865175	286529	1578646	7170
566296	253787	312509	53937	258572	123929
138978	57770	81208	9547	71661	121676
98914	50009	48905	12636	36269	
1498726	876991	621735	146556	475179	60711

第五部分

各地区各级各类教育机构公共财政预算教育事业费和基本建设支出明细

5-1 公共财政预算教育事业费和

地区	合计	事业费支出	个人部分	工资福利支出	对个人和家庭的补助支出	#助学金
合计	**1975949849**	**1917328136**	**1169232516**	**825428181**	**343804335**	**96397574**
北京	98316611	93653279	45317073	28164136	17152937	7191059
天津	45655170	44632965	21109394	10970150	10139244	668785
河北	72710763	71322261	47382643	35604027	11778616	3447169
山西	46870942	44938433	29764682	23157362	6607320	2219024
内蒙古	41013941	39698075	26910660	23121673	3788987	2587530
辽宁	64569614	61585280	34200401	25312594	8887807	1671058
吉林	41497675	41005498	26424466	17053819	9370647	1383680
黑龙江	50847134	49191351	30408264	19167784	11240480	1741293
上海	63380700	59701799	31327516	24634572	6692944	1715012
江苏	129929674	129174287	87890558	57781530	30109028	3316736
浙江	83252858	83011140	60545548	45371042	15174506	2800355
安徽	71631573	70315933	37226581	27504051	9722530	2916796
福建	51448018	50878828	35351831	26030249	9321582	1561653
江西	61891857	60525404	31120373	21149632	9970741	3676715
山东	132353689	131732509	79826842	60856442	18970400	4488759
河南	105281231	102823021	51457807	42648860	8808947	6583222
湖北	65803551	62659129	40253002	26071442	14181560	3173243
湖南	78550048	76541816	42508750	29269411	13239339	2922654
广东	143962806	139581527	92378553	70066876	22311677	4857016
广西	57640966	55326283	36374038	21255700	15118338	4683068
海南	15230811	14650772	7651447	6513316	1138131	616697
重庆	41256275	38871965	21192953	15875677	5317276	3217624
四川	102141027	99359558	65536806	42731052	22805754	6611472
贵州	52241190	50253319	34158561	20722287	13436274	3157045
云南	62163678	60010155	37777763	25307169	12470594	6623373
西藏	10854326	8825876	5981360	3377427	2603933	1612190
陕西	71054335	69404512	38920141	26319049	12601092	4817203
甘肃	37061390	35444189	22939476	16632252	6307224	2282190
青海	12171171	10277086	6209667	4622643	1587024	819389
宁夏	10908550	10386530	6229427	5301439	927988	824366
新疆	54258275	51545356	34855933	22834518	12021415	2211198

基本建设支出明细（各级各类教育机构）

单位：千元

公用部分	商品和服务支出	其他资本性支出	专项公用支出	专项项目支出	基本建设支出
748095620	**352228389**	**395867231**	**128581188**	**267286043**	**58621713**
48336206	28031702	20304504	13740868	6563636	4663332
23523571	7132511	16391060	5792669	10598391	1022205
23939618	11900177	12039441	4232897	7806544	1388502
15173751	9054175	6119576	2693075	3426501	1932509
12787415	6341073	6446342	2526899	3919443	1315866
27384879	13791792	13593087	4252724	9340363	2984334
14581032	7822869	6758163	2312526	4445637	492177
18783087	10271116	8511971	2897029	5614942	1655783
28374283	22930155	5444128	3990888	1453240	3678901
41283729	16964968	24318761	5857725	18461036	755387
22465592	11399990	11065602	3220748	7844854	241718
33089352	9791806	23297546	4938818	18358728	1315640
15526997	7844675	7682322	2351182	5331140	569190
29405031	8755607	20649424	3829812	16819612	1366453
51905667	15355069	36550598	5102096	31448502	621180
51365214	25752622	25612592	8593247	17019345	2458210
22406127	12157787	10248340	2821393	7426947	3144422
34033066	15461491	18571575	5631526	12940049	2008232
47202974	24577837	22625137	10782995	11842142	4381279
18952245	7907248	11044997	3682001	7362996	2314683
6999325	2330368	4668957	1775771	2893186	580039
17679012	8965374	8713638	3246602	5467036	2384310
33822752	16773460	17049292	6136223	10913069	2781469
16094758	8239088	7855670	2649438	5206232	1987871
22232392	9491306	12741086	3607402	9133684	2153523
2844516	1552495	1292021	431799	860222	2028450
30484371	13620857	16863514	5249535	11613979	1649823
12504713	5614310	6890403	2095027	4795376	1617201
4067419	1653326	2414093	838666	1575427	1894085
4157103	1774924	2382179	949968	1432211	522020
16689423	8968211	7721212	2349639	5371573	2712919

5-2 公共财政预算教育事业费和

地区	合计	事业费支出	个人部分	工资福利支出	对个人和家庭的补助支出	#助学金
合计	**124064151**	**118429897**	**62660104**	**35233429**	**27426675**	**11922703**
北京	37626295	35623835	16712016	6848195	9863821	6360132
天津	3189722	2731788	1359701	731671	628030	142850
河北	752784	710294	492149	335284	156865	51757
山西	10163	10163	5725	4532	1193	1193
内蒙古						
辽宁	3845541	3315051	1727728	1100838	626890	219561
吉林	3402348	3262348	2240408	1310187	930221	229620
黑龙江	4960214	4861094	3050097	2207499	842598	244790
上海	9949172	9750102	4053933	2946427	1107506	561529
江苏	7831754	7383354	4833692	2607857	2225835	536871
浙江	2524805	2494805	1428350	979281	449069	164353
安徽	2663215	2626715	1118325	707507	410818	104018
福建	2176408	2124408	1026743	615125	411618	178762
江西	3223	3223	2670		2670	2670
山东	3437376	3208786	1579238	925780	653458	232876
河南	117705	117705	53146	43024	10122	4833
湖北	9809327	9457523	5382044	3134564	2247480	679087
湖南	3049631	2969631	1339310	642244	697066	156311
广东	5408617	5375985	3074777	1891122	1183655	255800
广西						
海南	14421	14421	12393	7981	4412	
重庆	2917234	2858754	1746127	989235	756892	300261
四川	6356542	6116778	3552636	2224270	1328366	520952
贵州	16796	16796	6484	1428	5056	4496
云南						
西藏						
陕西	6694718	6543218	3545426	1987622	1557804	506741
甘肃	1697467	1676467	811719	473951	337768	145006
青海						
宁夏	477607	398607	171268	132450	38818	28016
新疆	5131066	4778046	3333999	2385355	948644	290218

基本建设支出明细(中央属各级各类教育机构)

单位:千元

公用部分	商品和服务支出	其他资本性支出	专项公用支出	专项项目支出	基本建设支出
55769793	**38519695**	**17250098**	**11386329**	**5863769**	**5634254**
18911819	14191686	4720133	3091842	1628291	2002460
1372087	1100786	271301	223411	47890	457934
218145	164252	53893	38722	15171	42490
4438	4438				
1587323	1061187	526136	497062	29074	530490
1021940	736120	285820	248676	37144	140000
1810997	1004503	806494	603113	203381	99120
5696169	3937312	1758857	1180706	578151	199070
2549662	1531515	1018147	697285	320862	448400
1066455	767146	299309	299309		30000
1508390	806099	702291	95291	607000	36500
1097665	692541	405124	329471	75653	52000
553	553				
1629548	1220182	409366	259366	150000	228590
64559	27325	37234	37234		
4075479	3022091	1053388	704400	348988	351804
1630321	910442	719879	423768	296111	80000
2301208	1447173	854035	463038	390997	32632
2028	1554	474	474		
1112627	924522	188105	188105		58480
2564142	1434159	1129983	811963	318020	239764
10312	9712	600	600		
2997792	2128925	868867	711807	157060	151500
864748	560152	304596	202605	101991	21000
227339	130650	96689	72728	23961	79000
1444047	704670	739377	205353	534024	353020

5-3 公共财政预算教育事业费和

地区	合计	事业费支出	个人部分	工资福利支出	对个人和家庭的补助支出	#助学金
合计	**1851885698**	**1798898239**	**1106572412**	**790194752**	**316377660**	**84474871**
北京	60690316	58029444	28605057	21315941	7289116	830927
天津	42465448	41901177	19749693	10238479	9511214	525935
河北	71957979	70611967	46890494	35268743	11621751	3395412
山西	46860779	44928270	29758957	23152830	6606127	2217831
内蒙古	41013941	39698075	26910660	23121673	3788987	2587530
辽宁	60724073	58270229	32472673	24211756	8260917	1451497
吉林	38095327	37743150	24184058	15743632	8440426	1154060
黑龙江	45886920	44330257	27358167	16960285	10397882	1496503
上海	53431528	49951697	27273583	21688145	5585438	1153483
江苏	122097920	121790933	83056866	55173673	27883193	2779865
浙江	80728053	80516335	59117198	44391761	14725437	2636002
安徽	68968358	67689218	36108256	26796544	9311712	2812778
福建	49271610	48754420	34325088	25415124	8909964	1382891
江西	61888634	60522181	31117703	21149632	9968071	3674045
山东	128916313	128523723	78247604	59930662	18316942	4255883
河南	105163526	102705316	51404661	42605836	8798825	6578389
湖北	55994224	53201606	34870958	22936878	11934080	2494156
湖南	75500417	73572185	41169440	28627167	12542273	2766343
广东	138554189	134205542	89303776	68175754	21128022	4601216
广西	57640966	55326283	36374038	21255700	15118338	4683068
海南	15216390	14636351	7639054	6505335	1133719	616697
重庆	38339041	36013211	19446826	14886442	4560384	2917363
四川	95784485	93242780	61984170	40506782	21477388	6090520
贵州	52224394	50236523	34152077	20720859	13431218	3152549
云南	62163678	60010155	37777763	25307169	12470594	6623373
西藏	10854326	8825876	5981360	3377427	2603933	1612190
陕西	64359617	62861294	35374715	24331427	11043288	4310462
甘肃	35363923	33767722	22127757	16158301	5969456	2137184
青海	12171171	10277086	6209667	4622643	1587024	819389
宁夏	10430943	9987923	6058159	5168989	889170	796350
新疆	49127209	46767310	31521934	20449163	11072771	1920980

基本建设支出明细（地方各级各类教育机构）

单位：千元

公用部分	商品和服务支出	其他资本性支出			基本建设支出
			专项公用支出	专项项目支出	
692325827	**313708694**	**378617133**	**117194859**	**261422274**	**52987459**
29424387	13840016	15584371	10649026	4935345	2660872
22151484	6031725	16119759	5569258	10550501	564271
23721473	11735925	11985548	4194175	7791373	1346012
15169313	9049737	6119576	2693075	3426501	1932509
12787415	6341073	6446342	2526899	3919443	1315866
25797556	12730605	13066951	3755662	9311289	2453844
13559092	7086749	6472343	2063850	4408493	352177
16972090	9266613	7705477	2293916	5411561	1556663
22678114	18992843	3685271	2810182	875089	3479831
38734067	15433453	23300614	5160440	18140174	306987
21399137	10632844	10766293	2921439	7844854	211718
31580962	8985707	22595255	4843527	17751728	1279140
14429332	7152134	7277198	2021711	5255487	517190
29404478	8755054	20649424	3829812	16819612	1366453
50276119	14134887	36141232	4842730	31298502	392590
51300655	25725297	25575358	8556013	17019345	2458210
18330648	9135696	9194952	2116993	7077959	2792618
32402745	14551049	17851696	5207758	12643938	1928232
44901766	23130664	21771102	10319957	11451145	4348647
18952245	7907248	11044997	3682001	7362996	2314683
6997297	2328814	4668483	1775297	2893186	580039
16566385	8040852	8525533	3058497	5467036	2325830
31258610	15339301	15919309	5324260	10595049	2541705
16084446	8229376	7855070	2648838	5206232	1987871
22232392	9491306	12741086	3607402	9133684	2153523
2844516	1552495	1292021	431799	860222	2028450
27486579	11491932	15994647	4537728	11456919	1498323
11639965	5054158	6585807	1892422	4693385	1596201
4067419	1653326	2414093	838666	1575427	1894085
3929764	1644274	2285490	877240	1408250	443020
15245376	8263541	6981835	2144286	4837549	2359899

5-4 公共财政预算教育事业费和

地区	合计	事业费支出	个人部分	工资福利支出	对个人和家庭的补助支出	#助学金
合计	**396277581**	**382143185**	**189503645**	**112520125**	**76983520**	**35375463**
北京	43177085	41066025	21889683	9931943	11957740	6874012
天津	12771608	12298674	4714806	2468434	2246372	500734
河北	12756229	12513559	5789129	3174523	2614606	1228265
山西	7641024	6943850	3749151	2365432	1383719	969846
内蒙古	7104565	6994584	3931712	2989927	941785	795911
辽宁	15190433	13847004	6784052	4839195	1944857	944328
吉林	9773954	9593154	6088391	3527035	2561356	793532
黑龙江	10523066	10358792	5719159	3136870	2582289	818838
上海	24657974	22335884	7031141	5359213	1671928	843996
江苏	27213355	26561982	13134338	7144867	5989471	1988665
浙江	13756948	13726948	7493362	5368665	2124697	701089
安徽	11891859	11757359	5016691	3263505	1753186	1027082
福建	8288331	8187672	4389982	2491870	1898112	760584
江西	10179141	10098130	4901649	2737077	2164572	1109842
山东	22031926	21570736	11630685	7140198	4490487	1644592
河南	16150042	15916564	7337830	5543050	1794780	1542304
湖北	20903519	20061924	10811752	6474639	4337113	1669930
湖南	15845758	15585601	7453543	4445389	3008154	1203737
广东	23792159	22912467	13220654	8630607	4590047	1502862
广西	8050277	7816352	3813135	1508120	2305015	1127274
海南	2126709	1933194	809566	549835	259731	201759
重庆	9040646	8784685	3775649	2031757	1743892	947817
四川	17423612	17037564	8604499	5114345	3490154	1732427
贵州	6064748	5925542	2939255	1430379	1508876	559048
云南	7050422	6856722	3044342	1880505	1163837	804751
西藏	1356694	992554	520549	309499	211050	66764
陕西	17338919	16866154	7762791	4190006	3572785	1623229
甘肃	5902426	5669826	2557534	1625519	932015	588260
青海	998733	947733	607827	415456	192371	66626
宁夏	1849563	1724263	793588	620507	173081	165493
新疆	5425856	5257687	3187200	1811758	1375442	571866

基本建设支出明细(高等学校)

单位:千元

公用部分	商品和服务支出	其他资本性支出			基本建设支出
			专项公用支出	专项项目支出	
192639540	**104342891**	**88296649**	**46978964**	**41317685**	**14134396**
19176342	11025668	8150674	4716166	3434508	2111060
7583868	2462664	5121204	2225887	2895317	472934
6724430	2971174	3753256	2487379	1265877	242670
3194699	1762655	1432044	835791	596253	697174
3062872	1329337	1733535	1224876	508659	109981
7062952	4625633	2437319	1539493	897826	1343429
3504763	2179641	1325122	883932	441190	180800
4639633	2835029	1804604	1233564	571040	164274
15304743	12844652	2460091	1864213	595878	2322090
13427644	7208155	6219489	3220682	2998807	651373
6233586	3026566	3207020	1419389	1787631	30000
6740668	2026578	4714090	1651171	3062919	134500
3797690	2215183	1582507	998757	583750	100659
5196481	2537552	2658929	1016059	1642870	81011
9940051	4694436	5245615	1755422	3490193	461190
8578734	5025048	3553686	2126139	1427547	233478
9250172	5920368	3329804	1275009	2054795	841595
8132058	4135058	3997000	1962565	2034435	260157
9691813	4652086	5039727	2580916	2458811	879692
4003217	1617004	2386213	929233	1456980	233925
1123628	439643	683985	506731	177254	193515
5009036	2855282	2153754	1055452	1098302	255961
8433065	4479369	3953696	2706598	1247098	386048
2986287	1157924	1828363	1044832	783531	139206
3812380	1821545	1990835	1023807	967028	193700
472005	209637	262368	145213	117155	364140
9103363	4890489	4212874	2973580	1239294	472765
3112292	1532765	1579527	773427	806100	232600
339906	143825	196081	106649	89432	51000
930675	469854	460821	311660	149161	125300
2070487	1248071	822416	384372	438044	168169

5-5 公共财政预算教育事业费和

地 区	合 计	事业费支出	个人部分	工资福利支出	对个人和家庭的补助支出	#助学金
合 计	**108379505**	**103134431**	**56971785**	**30965027**	**26006758**	**11632810**
北 京	28924014	26938684	15671754	6189235	9482519	6339347
天 津	3147586	2689652	1335769	718394	617375	140165
河 北	752784	710294	492149	335284	156865	51757
山 西						
内蒙古						
辽 宁	3841887	3311397	1725074	1098184	626890	219561
吉 林	3316128	3176128	2188166	1271515	916651	229529
黑龙江	3019640	2974640	1607396	984849	622547	230738
上 海	9737646	9538576	3961162	2861455	1099707	558285
江 苏	7825123	7376723	4828571	2603616	2224955	535991
浙 江	2524805	2494805	1428350	979281	449069	164353
安 徽	2637989	2601489	1098603	690873	407730	101092
福 建	2132465	2080465	1021229	610791	410438	178762
江 西	2541	2541	2541		2541	2541
山 东	3437376	3208786	1579238	925780	653458	232876
河 南	116809	116809	52750	43024	9726	4437
湖 北	9628149	9276345	5271640	3050426	2221214	678789
湖 南	3018610	2938610	1336251	639981	696270	155515
广 东	5345927	5313295	3032826	1854934	1177892	251690
广 西						
海 南						
重 庆	2816971	2758491	1681253	936464	744789	299579
四 川	6302576	6062812	3511509	2188934	1322575	518710
贵 州	10002	10002	4230	1428	2802	2242
云 南						
西 藏						
陕 西	6688916	6537416	3540234	1982989	1557245	506182
甘 肃	1697467	1676467	811719	473951	337768	145006
青 海						
宁 夏	477607	398607	171268	132450	38818	28016
新 疆	976487	941397	618103	391189	226914	57647

基本建设支出明细(中央属高等学校)

单位:千元

公用部分	商品和服务支出	其他资本性支出	专项公用支出	专项项目支出	基本建设支出
46162646	**30480839**	**15681807**	**10727297**	**4954510**	**5245074**
11266930	7248884	4018046	2699442	1318604	1985330
1353883	1090355	263528	222548	40980	457934
218145	164252	53893	38722	15171	42490
1586323	1060187	526136	497062	29074	530490
987962	708652	279310	248166	31144	140000
1367244	690708	676536	526155	150381	45000
5577414	3835903	1741511	1178045	563466	199070
2548152	1530005	1018147	697285	320862	448400
1066455	767146	299309	299309		30000
1502886	801525	701361	94361	607000	36500
1059236	661737	397499	321846	75653	52000
1629548	1220182	409366	259366	150000	228590
64059	26825	37234	37234		
4004705	2961749	1042956	693980	348976	351804
1602359	906480	695879	399768	296111	80000
2280469	1431658	848811	460627	388184	32632
1077238	907771	169467	169467		58480
2551303	1425413	1125890	808570	317320	239764
5772	5272	500	500		
2997182	2128428	868754	711694	157060	151500
864748	560152	304596	202605	101991	21000
227339	130650	96689	72728	23961	79000
323294	216905	106389	87817	18572	35090

5-6 公共财政预算教育事业费和

地区	合计	事业费支出	个人部分	工资福利支出	对个人和家庭的补助支出	#助学金
合计	**287898076**	**279008754**	**132531860**	**81555098**	**50976762**	**23742653**
北京	14253071	14127341	6217929	3742708	2475221	534665
天津	9624022	9609022	3379037	1750040	1628997	360569
河北	12003445	11803265	5296980	2839239	2457741	1176508
山西	7641024	6943850	3749151	2365432	1383719	969846
内蒙古	7104565	6994584	3931712	2989927	941785	795911
辽宁	11348546	10535607	5058978	3741011	1317967	724767
吉林	6457826	6417026	3900225	2255520	1644705	564003
黑龙江	7503426	7384152	4111763	2152021	1959742	588100
上海	14920328	12797308	3069979	2497758	572221	285711
江苏	19388232	19185259	8305767	4541251	3764516	1452674
浙江	11232143	11232143	6065012	4389384	1675628	536736
安徽	9253870	9155870	3918088	2572632	1345456	925990
福建	6155866	6107207	3368753	1881079	1487674	581822
江西	10176600	10095589	4899108	2737077	2162031	1107301
山东	18594550	18361950	10051447	6214418	3837029	1411716
河南	16033233	15799755	7285080	5500026	1785054	1537867
湖北	11275370	10785579	5540112	3424213	2115899	991141
湖南	12827148	12646991	6117292	3805408	2311884	1048222
广东	18446232	17599172	10187828	6775673	3412155	1251172
广西	8050277	7816352	3813135	1508120	2305015	1127274
海南	2126709	1933194	809566	549835	259731	201759
重庆	6223675	6026194	2094396	1095293	999103	648238
四川	11121036	10974752	5092990	2925411	2167579	1213717
贵州	6054746	5915540	2935025	1428951	1506074	556806
云南	7050422	6856722	3044342	1880505	1163837	804751
西藏	1356694	992554	520549	309499	211050	66764
陕西	10650003	10328738	4222557	2207017	2015540	1117047
甘肃	4204959	3993359	1745815	1151568	594247	443254
青海	998733	947733	607827	415456	192371	66626
宁夏	1371956	1325656	622320	488057	134263	137477
新疆	4449369	4316290	2569097	1420569	1148528	514219

基本建设支出明细(地方高等学校)

单位:千元

公用部分	商品和服务支出	其他资本性支出	专项公用支出	专项项目支出	基本建设支出
146476894	**73862052**	**72614842**	**36251667**	**36363175**	**8889322**
7909412	3776784	4132628	2016724	2115904	125730
6229985	1372309	4857676	2003339	2854337	15000
6506285	2806922	3699363	2448657	1250706	200180
3194699	1762655	1432044	835791	596253	697174
3062872	1329337	1733535	1224876	508659	109981
5476629	3565446	1911183	1042431	868752	812939
2516801	1470989	1045812	635766	410046	40800
3272389	2144321	1128068	707409	420659	119274
9727329	9008749	718580	686168	32412	2123020
10879492	5678150	5201342	2523397	2677945	202973
5167131	2259420	2907711	1120080	1787631	
5237782	1225053	4012729	1556810	2455919	98000
2738454	1553446	1185008	676911	508097	48659
5196481	2537552	2658929	1016059	1642870	81011
8310503	3474254	4836249	1496056	3340193	232600
8514675	4998223	3516452	2088905	1427547	233478
5245467	2958619	2286848	581029	1705819	489791
6529699	3228578	3301121	1562797	1738324	180157
7411344	3220428	4190916	2120289	2070627	847060
4003217	1617004	2386213	929233	1456980	233925
1123628	439643	683985	506731	177254	193515
3931798	1947511	1984287	885985	1098302	197481
5881762	3053956	2827806	1898028	929778	146284
2980515	1152652	1827863	1044332	783531	139206
3812380	1821545	1990835	1023807	967028	193700
472005	209637	262368	145213	117155	364140
6106181	2762061	3344120	2261886	1082234	321265
2247544	972613	1274931	570822	704109	211600
339906	143825	196081	106649	89432	51000
703336	339204	364132	238932	125200	46300
1747193	1031166	716027	296555	419472	133079

5-7 公共财政预算教育事业费和

地区	合计	事业费支出	个人部分	工资福利支出	对个人和家庭的补助支出	#助学金
合计	**388811053**	**374753686**	**185260930**	**109678125**	**75582805**	**35110740**
北京	42671972	40560912	21539557	9703791	11835766	6873706
天津	12213804	11740870	4553815	2386041	2167774	499493
河北	12509333	12266663	5602613	3041717	2560896	1196772
山西	7514034	6816860	3652012	2283678	1368334	966596
内蒙古	7059939	6950958	3900760	2967264	933496	789192
辽宁	14986639	13643210	6636476	4717555	1918921	942809
吉林	9327616	9161816	5803855	3387068	2416787	748504
黑龙江	10240522	10076248	5535105	3036272	2498833	814086
上海	23775431	21454341	6486418	4932049	1554369	842591
江苏	26874499	26223126	12905098	6997549	5907549	1973078
浙江	13339340	13309340	7195970	5159279	2036691	691503
安徽	11746863	11612363	4897076	3176507	1720569	1026137
福建	8144103	8043444	4299114	2432281	1866833	760575
江西	10042775	9961764	4813651	2678398	2135253	1095580
山东	21777146	21328206	11485311	7050849	4434462	1636758
河南	15943355	15709877	7192082	5432005	1760077	1514889
湖北	20792302	19950707	10738073	6436928	4301145	1656272
湖南	15747919	15488547	7372743	4394592	2978151	1196074
广东	23378280	22498588	12943230	8434174	4509056	1494838
广西	7846840	7625519	3716659	1465688	2250971	1120256
海南	2094032	1911767	792610	539325	253285	196371
重庆	9014184	8758223	3769405	2026482	1742923	947813
四川	17133587	16754979	8502335	5043758	3458577	1725949
贵州	5973489	5836983	2889838	1403702	1486136	558576
云南	6509398	6315698	2983809	1834644	1149165	792031
西藏	1356694	992554	520549	309499	211050	66764
陕西	17148785	16678020	7699288	4143984	3555304	1612283
甘肃	5837049	5608449	2514153	1595846	918307	580213
青海	968789	922789	583692	398349	185343	66626
宁夏	1849563	1724263	793588	620507	173081	165493
新疆	4992771	4826602	2942045	1648344	1293701	558912

基本建设支出明细(普通高等学校)

单位:千元

公用部分	商品和服务支出	其他资本性支出	专项公用支出	专项项目支出	基本建设支出
189492756	**102930852**	**86561904**	**46382399**	**40179505**	**14057367**
19021355	10905333	8116022	4684419	3431603	2111060
7187055	2432479	4754576	2224459	2530117	472934
6664050	2929052	3734998	2469160	1265838	242670
3164848	1734681	1430167	833914	596253	697174
3050198	1316701	1733497	1224838	508659	108981
7006734	4583077	2423657	1526774	896883	1343429
3357961	2090721	1267240	864413	402827	165800
4541143	2751055	1790088	1222815	567273	164274
14967923	12564011	2403912	1812999	590913	2321090
13318028	7177270	6140758	3207732	2933026	651373
6113370	2960627	3152743	1400285	1752458	30000
6715287	2006859	4708428	1647591	3060837	134500
3744330	2165049	1579281	996531	582750	100659
5148113	2520772	2627341	997937	1629404	81011
9842895	4661742	5181153	1695827	3485326	448940
8517795	4969683	3548112	2121727	1426385	233478
9212634	5889502	3323132	1272881	2050251	841595
8115804	4120229	3995575	1961140	2034435	259372
9555358	4570266	4985092	2541333	2443759	879692
3908860	1572137	2336723	912585	1424138	221321
1119157	435308	683849	506595	177254	182265
4988818	2835064	2153754	1055452	1098302	255961
8252644	4422003	3830641	2602086	1228555	378608
2947145	1150816	1796329	1025635	770694	136506
3331889	1781291	1550598	894650	655948	193700
472005	209637	262368	145213	117155	364140
8978732	4868951	4109781	2963185	1146596	470765
3094296	1516133	1578163	772063	806100	228600
339097	143559	195538	106249	89289	46000
930675	469854	460821	311660	149161	125300
1884557	1176990	707567	380251	327316	166169

5-8 公共财政预算教育事业费和

地区	合计	事业费支出	个人部分	工资福利支出	对个人和家庭的补助支出	#助学金
合计	**108309871**	**103066797**	**56917750**	**30941005**	**25976745**	**11632392**
北京	28882391	26897061	15640051	6181270	9458781	6339347
天津	3147586	2689652	1335769	718394	617375	140165
河北	752784	710294	492149	335284	156865	51757
山西						
内蒙古						
辽宁	3841887	3311397	1725074	1098184	626890	219561
吉林	3316128	3176128	2188166	1271515	916651	229529
黑龙江	3019640	2974640	1607396	984849	622547	230738
上海	9737646	9538576	3961162	2861455	1099707	558285
江苏	7825123	7376723	4828571	2603616	2224955	535991
浙江	2524805	2494805	1428350	979281	449069	164353
安徽	2637989	2601489	1098603	690873	407730	101092
福建	2132465	2080465	1021229	610791	410438	178762
江西	2541	2541	2541		2541	2541
山东	3437376	3208786	1579238	925780	653458	232876
河南	116809	116809	52750	43024	9726	4437
湖北	9628149	9276345	5271640	3050426	2221214	678789
湖南	3018610	2938610	1336251	639981	696270	155515
广东	5345927	5313295	3032826	1854934	1177892	251690
广西						
海南						
重庆	2816971	2758491	1681253	936464	744789	299579
四川	6302576	6062812	3511509	2188934	1322575	518710
贵州	7912	7912	4190	1388	2802	2242
云南						
西藏						
陕西	6688916	6537416	3540234	1982989	1557245	506182
甘肃	1697467	1676467	811719	473951	337768	145006
青海						
宁夏	477607	398607	171268	132450	38818	28016
新疆	950566	917476	595811	375172	220639	57229

基本建设支出明细(中央属普通高等学校)

单位:千元

公用部分	商品和服务支出	其他资本性支出	专项公用支出	专项项目支出	基本建设支出
46149047	**30467740**	**15681307**	**10726797**	**4954510**	**5243074**
11257010	7238964	4018046	2699442	1318604	1985330
1353883	1090355	263528	222548	40980	457934
218145	164252	53893	38722	15171	42490
1586323	1060187	526136	497062	29074	530490
987962	708652	279310	248166	31144	140000
1367244	690708	676536	526155	150381	45000
5577414	3835903	1741511	1178045	563466	199070
2548152	1530005	1018147	697285	320862	448400
1066455	767146	299309	299309		30000
1502886	801525	701361	94361	607000	36500
1059236	661737	397499	321846	75653	52000
1629548	1220182	409366	259366	150000	228590
64059	26825	37234	37234		
4004705	2961749	1042956	693980	348976	351804
1602359	906480	695879	399768	296111	80000
2280469	1431658	848811	460627	388184	32632
1077238	907771	169467	169467		58480
2551303	1425413	1125890	808570	317320	239764
3722	3722				
2997182	2128428	868754	711694	157060	151500
864748	560152	304596	202605	101991	21000
227339	130650	96689	72728	23961	79000
321665	215276	106389	87817	18572	33090

5-9 公共财政预算教育事业费和

地区	合计	事业费支出	个人部分	工资福利支出	对个人和家庭的补助支出	#助学金
合计	**280501182**	**271686889**	**128343180**	**78737120**	**49606060**	**23478348**
北京	13789581	13663851	5899506	3522521	2376985	534359
天津	9066218	9051218	3218046	1667647	1550399	359328
河北	11756549	11556369	5110464	2706433	2404031	1145015
山西	7514034	6816860	3652012	2283678	1368334	966596
内蒙古	7059939	6950958	3900760	2967264	933496	789192
辽宁	11144752	10331813	4911402	3619371	1292031	723248
吉林	6011488	5985688	3615689	2115553	1500136	518975
黑龙江	7220882	7101608	3927709	2051423	1876286	583348
上海	14037785	11915765	2525256	2070594	454662	284306
江苏	19049376	18846403	8076527	4393933	3682594	1437087
浙江	10814535	10814535	5767620	4179998	1587622	527150
安徽	9108874	9010874	3798473	2485634	1312839	925045
福建	6011638	5962979	3277885	1821490	1456395	581813
江西	10040234	9959223	4811110	2678398	2132712	1093039
山东	18339770	18119420	9906073	6125069	3781004	1403882
河南	15826546	15593068	7139332	5388981	1750351	1510452
湖北	11164153	10674362	5466433	3386502	2079931	977483
湖南	12729309	12549937	6036492	3754611	2281881	1040559
广东	18032353	17185293	9910404	6579240	3331164	1243148
广西	7846840	7625519	3716659	1465688	2250971	1120256
海南	2094032	1911767	792610	539325	253285	196371
重庆	6197213	5999732	2088152	1090018	998134	648234
四川	10831011	10692167	4990826	2854824	2136002	1207239
贵州	5965577	5829071	2885648	1402314	1483334	556334
云南	6509398	6315698	2983809	1834644	1149165	792031
西藏	1356694	992554	520549	309499	211050	66764
陕西	10459869	10140604	4159054	2160995	1998059	1106101
甘肃	4139582	3931982	1702434	1121895	580539	435207
青海	968789	922789	583692	398349	185343	66626
宁夏	1371956	1325656	622320	488057	134263	137477
新疆	4042205	3909126	2346234	1273172	1073062	501683

基本建设支出明细(地方普通高等学校)

单位:千元

公用部分	商品和服务支出	其他资本性支出			基本建设支出
			专项公用支出	专项项目支出	
143343709	**72463112**	**70880597**	**35655602**	**35224995**	**8814293**
7764345	3666369	4097976	1984977	2112999	125730
5833172	1342124	4491048	2001911	2489137	15000
6445905	2764800	3681105	2430438	1250667	200180
3164848	1734681	1430167	833914	596253	697174
3050198	1316701	1733497	1224838	508659	108981
5420411	3522890	1897521	1029712	867809	812939
2369999	1382069	987930	616247	371683	25800
3173899	2060347	1113552	696660	416892	119274
9390509	8728108	662401	634954	27447	2122020
10769876	5647265	5122611	2510447	2612164	202973
5046915	2193481	2853434	1100976	1752458	
5212401	1205334	4007067	1553230	2453837	98000
2685094	1503312	1181782	674685	507097	48659
5148113	2520772	2627341	997937	1629404	81011
8213347	3441560	4771787	1436461	3335326	220350
8453736	4942858	3510878	2084493	1426385	233478
5207929	2927753	2280176	578901	1701275	489791
6513445	3213749	3299696	1561372	1738324	179372
7274889	3138608	4136281	2080706	2055575	847060
3908860	1572137	2336723	912585	1424138	221321
1119157	435308	683849	506595	177254	182265
3911580	1927293	1984287	885985	1098302	197481
5701341	2996590	2704751	1793516	911235	138844
2943423	1147094	1796329	1025635	770694	136506
3331889	1781291	1550598	894650	655948	193700
472005	209637	262368	145213	117155	364140
5981550	2740523	3241027	2251491	989536	319265
2229548	955981	1273567	569458	704109	207600
339097	143559	195538	106249	89289	46000
703336	339204	364132	238932	125200	46300
1562892	961714	601178	292434	308744	133079

5-10 公共财政预算教育事业费和

地 区	合 计	事业费支出	个人部分	工资福利支出	对个人和家庭的补助支出	#助学金
合 计	**319364402**	**308349238**	**150372402**	**88093252**	**62279150**	**28113116**
北 京	40159240	38173910	20420154	8935586	11484568	6773043
天 津	10352770	9879836	3689397	1925479	1763918	404688
河 北	9986478	9767258	3925795	2056885	1868910	792449
山 西	4836764	4779310	2395768	1523813	871955	639599
内蒙古	4682007	4588906	2574085	1968328	605757	557573
辽 宁	12611937	11556048	5594899	3912183	1682716	837751
吉 林	8390924	8225124	5222563	3050488	2172075	664918
黑龙江	8636759	8559877	4545593	2495967	2049626	666330
上 海	22581401	20660311	6295775	4780908	1514867	829558
江 苏	20561958	19914861	10289332	5403470	4885862	1526078
浙 江	10273852	10243852	5407182	3818266	1588916	525254
安 徽	9465958	9339458	3645758	2394914	1250844	686118
福 建	6926998	6849708	3484711	1974816	1509895	580995
江 西	7243714	7162703	3477847	1993568	1484279	684456
山 东	17066457	16648107	9012405	5486641	3525764	1204682
河 南	12050573	12022874	5233110	4009944	1223166	1061654
湖 北	17649995	17225540	9415569	5753686	3661883	1302281
湖 南	11602630	11427698	5333059	3163213	2169846	784457
广 东	18452557	17680240	9968978	6304577	3664401	1130313
广 西	6337128	6115807	2813225	1107965	1705260	859920
海 南	1643987	1546017	619603	423725	195878	151412
重 庆	7268122	7024161	3236147	1787903	1448244	759384
四 川	13909446	13593544	7118334	4300973	2817361	1332359
贵 州	4782952	4652202	2117479	1063237	1054242	384108
云 南	5017096	5017096	2268839	1424332	844507	576742
西 藏	1092418	843278	428016	246565	181451	60649
陕 西	14852550	14443050	6509404	3449512	3059892	1320679
甘 肃	4904383	4685783	2015754	1261553	754201	459966
青 海	763417	733417	453258	320573	132685	42987
宁 夏	1463892	1359392	617366	482607	134759	114970
新 疆	3796039	3629870	2242997	1271575	971422	397743

基本建设支出明细(普通高等本科学校)

单位:千元

公用部分	商品和服务支出	其他资本性支出			基本建设支出
			专项公用支出	专项项目支出	
157976836	**87923993**	**70052843**	**38971124**	**31081719**	**11015164**
17753756	10289235	7464521	4163090	3301431	1985330
6190439	2036993	4153446	2034295	2119151	472934
5841463	2568854	3272609	2285332	987277	219220
2383542	1254810	1128732	622151	506581	57454
2014821	763167	1251654	805687	445967	93101
5961149	4045583	1915566	1306941	608625	1055889
3002561	1826387	1176174	797252	378922	165800
4014284	2413816	1600468	1092778	507690	76882
14364536	12069488	2295048	1717227	577821	1921090
9625529	5355642	4269887	2631261	1638626	647097
4836670	2163229	2673441	1134018	1539423	30000
5693700	1707299	3986401	1432806	2553595	126500
3364997	1886851	1478146	926134	552012	77290
3684856	2125127	1559729	651672	908057	81011
7635702	4010095	3625607	1388640	2236967	418350
6789764	3949238	2840526	1795490	1045036	27699
7809971	5314032	2495939	1152562	1343377	424455
6094639	3318009	2776630	1383414	1393216	174932
7711262	3635218	4076044	1995901	2080143	772317
3302582	1343630	1958952	715043	1243909	221321
926414	318398	608016	446187	161829	97970
3788014	2092140	1695874	723875	971999	243961
6475210	3603909	2871301	2109295	762006	315902
2534723	982275	1552448	901284	651164	130750
2748257	1476406	1271851	783705	488146	
415262	186995	228267	129092	99175	249140
7933646	4458095	3475551	2619582	855969	409500
2670029	1356466	1313563	576045	737518	218600
280159	119376	160783	80504	80279	30000
742026	389770	352256	264891	87365	104500
1386873	863460	523413	304970	218443	166169

5-11 公共财政预算教育事业费和

地区	合计	事业费支出	个人部分	工资福利支出	对个人和家庭的补助支出	#助学金
合计	**107585362**	**102342288**	**56494670**	**30665197**	**25829473**	**11540000**
北京	28845051	26859721	15613911	6159755	9454156	6337865
天津	3147586	2689652	1335769	718394	617375	140165
河北	731670	689180	473975	335284	138691	46156
山西						
内蒙古						
辽宁	3841887	3311397	1725074	1098184	626890	219561
吉林	3316128	3176128	2188166	1271515	916651	229529
黑龙江	2970467	2925467	1565221	955917	609304	227747
上海	9725298	9526228	3950068	2854493	1095575	557785
江苏	7825123	7376723	4828571	2603616	2224955	535991
浙江	2524805	2494805	1428350	979281	449069	164353
安徽	2633942	2597442	1098603	690873	407730	101092
福建	2132465	2080465	1021229	610791	410438	178762
江西						
山东	3437376	3208786	1579238	925780	653458	232876
河南						
湖北	9605604	9253800	5249535	3050116	2199419	656994
湖南	2980363	2900363	1308298	612137	696161	155446
广东	5123470	5090838	2922451	1769475	1152976	233849
广西						
海南						
重庆	2791327	2732847	1663089	935664	727425	291425
四川	6170626	5930862	3449081	2143934	1305147	502182
贵州						
云南						
西藏						
陕西	6688916	6537416	3540234	1982989	1557245	506182
甘肃	1697467	1676467	811719	473951	337768	145006
青海						
宁夏	477607	398607	171268	132450	38818	28016
新疆	918184	885094	570820	360598	210222	49018

基本建设支出明细(中央属普通高等本科学校)

单位:千元

公用部分	商品和服务支出	其他资本性支出	专项公用支出	专项项目支出	基本建设支出
45847618	**30303533**	**15544085**	**10639981**	**4904104**	**5243074**
11245810	7228245	4017565	2698961	1318604	1985330
1353883	1090355	263528	222548	40980	457934
215205	161972	53233	38062	15171	42490
1586323	1060187	526136	497062	29074	530490
987962	708652	279310	248166	31144	140000
1360246	685308	674938	525684	149254	45000
5576160	3834649	1741511	1178045	563466	199070
2548152	1530005	1018147	697285	320862	448400
1066455	767146	299309	299309		30000
1498839	797785	701054	94054	607000	36500
1059236	661737	397499	321846	75653	52000
1629548	1220182	409366	259366	150000	228590
4004265	2961309	1042956	693980	348976	351804
1592065	896626	695439	399738	295701	80000
2168387	1403544	764843	425445	339398	32632
1069758	903791	165967	165967		58480
2481781	1362891	1118890	801570	317320	239764
2997182	2128428	868754	711694	157060	151500
864748	560152	304596	202605	101991	21000
227339	130650	96689	72728	23961	79000
314274	209919	104355	85866	18489	33090

5-12 公共财政预算教育事业费和

地区	合计	事业费支出	个人部分	工资福利支出	对个人和家庭的补助支出	#助学金
合 计	**211779040**	**206006950**	**93877732**	**57428055**	**36449677**	**16573116**
北 京	11314189	11314189	4806243	2775831	2030412	435178
天 津	7205184	7190184	2353628	1207085	1146543	264523
河 北	9254808	9078078	3451820	1721601	1730219	746293
山 西	4836764	4779310	2395768	1523813	871955	639599
内蒙古	4682007	4588906	2574085	1968328	605757	557573
辽 宁	8770050	8244651	3869825	2813999	1055826	618190
吉 林	5074796	5048996	3034397	1778973	1255424	435389
黑龙江	5666292	5634410	2980372	1540050	1440322	438583
上 海	12856103	11134083	2345707	1926415	419292	271773
江 苏	12736835	12538138	5460761	2799854	2660907	990087
浙 江	7749047	7749047	3978832	2838985	1139847	360901
安 徽	6832016	6742016	2547155	1704041	843114	585026
福 建	4794533	4769243	2463482	1364025	1099457	402233
江 西	7243714	7162703	3477847	1993568	1484279	684456
山 东	13629081	13439321	7433167	4560861	2872306	971806
河 南	12050573	12022874	5233110	4009944	1223166	1061654
湖 北	8044391	7971740	4166034	2703570	1462464	645287
湖 南	8622267	8527335	4024761	2551076	1473685	629011
广 东	13329087	12589402	7046527	4535102	2511425	896464
广 西	6337128	6115807	2813225	1107965	1705260	859920
海 南	1643987	1546017	619603	423725	195878	151412
重 庆	4476795	4291314	1573058	852239	720819	467959
四 川	7738820	7662682	3669253	2157039	1512214	830177
贵 州	4782952	4652202	2117479	1063237	1054242	384108
云 南	5017096	5017096	2268839	1424332	844507	576742
西 藏	1092418	843278	428016	246565	181451	60649
陕 西	8163634	7905634	2969170	1466523	1502647	814497
甘 肃	3206916	3009316	1204035	787602	416433	314960
青 海	763417	733417	453258	320573	132685	42987
宁 夏	986285	960785	446098	350157	95941	86954
新 疆	2877855	2744776	1672177	910977	761200	348725

基本建设支出明细(地方普通高等本科学校)

单位:千元

公用部分	商品和服务支出	其他资本性支出			基本建设支出
			专项公用支出	专项项目支出	
112129218	**57620460**	**54508758**	**28331143**	**26177615**	**5772090**
6507946	3060990	3446956	1464129	1982827	
4836556	946638	3889918	1811747	2078171	15000
5626258	2406882	3219376	2247270	972106	176730
2383542	1254810	1128732	622151	506581	57454
2014821	763167	1251654	805687	445967	93101
4374826	2985396	1389430	809879	579551	525399
2014599	1117735	896864	549086	347778	25800
2654038	1728508	925530	567094	358436	31882
8788376	8234839	553537	539182	14355	1722020
7077377	3825637	3251740	1933976	1317764	198697
3770215	1396083	2374132	834709	1539423	
4194861	909514	3285347	1338752	1946595	90000
2305761	1225114	1080647	604288	476359	25290
3684856	2125127	1559729	651672	908057	81011
6006154	2789913	3216241	1129274	2086967	189760
6789764	3949238	2840526	1795490	1045036	27699
3805706	2352723	1452983	458582	994401	72651
4502574	2421383	2081191	983676	1097515	94932
5542875	2231674	3311201	1570456	1740745	739685
3302582	1343630	1958952	715043	1243909	221321
926414	318398	608016	446187	161829	97970
2718256	1188349	1529907	557908	971999	185481
3993429	2241018	1752411	1307725	444686	76138
2534723	982275	1552448	901284	651164	130750
2748257	1476406	1271851	783705	488146	
415262	186995	228267	129092	99175	249140
4936464	2329667	2606797	1907888	698909	258000
1805281	796314	1008967	373440	635527	197600
280159	119376	160783	80504	80279	30000
514687	259120	255567	192163	63404	25500
1072599	653541	419058	219104	199954	133079

5-13 公共财政预算教育事业费和

地 区	合 计	事业费支出	个人部分	工资福利支出	对个人和家庭的补助支出	#助学金
合 计	**69446651**	**66404448**	**34888528**	**21584873**	**13303655**	**6997624**
北 京	2512732	2387002	1119403	768205	351198	100663
天 津	1861034	1861034	864418	460562	403856	94805
河 北	2522855	2499405	1676818	984832	691986	404323
山 西	2677270	2037550	1256244	759865	496379	326997
内蒙古	2377932	2362052	1326675	998936	327739	231619
辽 宁	2374702	2087162	1041577	805372	236205	105058
吉 林	936692	936692	581292	336580	244712	83586
黑龙江	1603763	1516371	989512	540305	449207	147756
上 海	1194030	794030	190643	151141	39502	13033
江 苏	6312541	6308265	2615766	1594079	1021687	447000
浙 江	3065488	3065488	1788788	1341013	447775	166249
安 徽	2280905	2272905	1251318	781593	469725	340019
福 建	1217105	1193736	814403	457465	356938	179580
江 西	2799061	2799061	1335804	684830	650974	411124
山 东	4710689	4680099	2472906	1564208	908698	432076
河 南	3892782	3687003	1958972	1422061	536911	453235
湖 北	3142307	2725167	1322504	683242	639262	353991
湖 南	4145289	4060849	2039684	1231379	808305	411617
广 东	4925723	4818348	2974252	2129597	844655	364525
广 西	1509712	1509712	903434	357723	545711	260336
海 南	450045	365750	173007	115600	57407	44959
重 庆	1746062	1734062	533258	238579	294679	188429
四 川	3224141	3161435	1384001	742785	641216	393590
贵 州	1190537	1184781	772359	340465	431894	174468
云 南	1492302	1298602	714970	410312	304658	215289
西 藏	264276	149276	92533	62934	29599	6115
陕 西	2296235	2234970	1189884	694472	495412	291604
甘 肃	932666	922666	498399	334293	164106	120247
青 海	205372	189372	130434	77776	52658	23639
宁 夏	385671	364871	176222	137900	38322	50523
新 疆	1196732	1196732	699048	376769	322279	161169

基本建设支出明细(普通高职高专学校)

单位:千元

公用部分	商品和服务支出	其他资本性支出	专项公用支出	专项项目支出	基本建设支出
31515920	**15006859**	**16509061**	**7411275**	**9097786**	**3042203**
1267599	616098	651501	521329	130172	125730
996616	395486	601130	190164	410966	
822587	360198	462389	183828	278561	23450
781306	479871	301435	211763	89672	639720
1035377	553534	481843	419151	62692	15880
1045585	537494	508091	219833	288258	287540
355400	264334	91066	67161	23905	
526859	337239	189620	130037	59583	87392
603387	494523	108864	95772	13092	400000
3692499	1821628	1870871	576471	1294400	4276
1276700	797398	479302	266267	213035	
1021587	299560	722027	214785	507242	8000
379333	278198	101135	70397	30738	23369
1463257	395645	1067612	346265	721347	
2207193	651647	1555546	307187	1248359	30590
1728031	1020445	707586	326237	381349	205779
1402663	575470	827193	120319	706874	417140
2021165	802220	1218945	577726	641219	84440
1844096	935048	909048	545432	363616	107375
606278	228507	377771	197542	180229	
192743	116910	75833	60408	15425	84295
1200804	742924	457880	331577	126303	12000
1777434	818094	959340	492791	466549	62706
412422	168541	243881	124351	119530	5756
583632	304885	278747	110945	167802	193700
56743	22642	34101	16121	17980	115000
1045086	410856	634230	343603	290627	61265
424267	159667	264600	196018	68582	10000
58938	24183	34755	25745	9010	16000
188649	80084	108565	46769	61796	20800
497684	313530	184154	75281	108873	

5-14 公共财政预算教育事业费和

地区	合计	事业费支出	个人部分	工资福利支出	对个人和家庭的补助支出	#助学金
合计	**724509**	**724509**	**423080**	**275808**	**147272**	**92392**
北京	37340	37340	26140	21515	4625	1482
天津						
河北	21114	21114	18174		18174	5601
山西						
内蒙古						
辽宁						
吉林						
黑龙江	49173	49173	42175	28932	13243	2991
上海	12348	12348	11094	6962	4132	500
江苏						
浙江						
安徽	4047	4047				
福建						
江西	2541	2541	2541		2541	2541
山东						
河南	116809	116809	52750	43024	9726	4437
湖北	22545	22545	22105	310	21795	21795
湖南	38247	38247	27953	27844	109	69
广东	222457	222457	110375	85459	24916	17841
广西						
海南						
重庆	25644	25644	18164	800	17364	8154
四川	131950	131950	62428	45000	17428	16528
贵州	7912	7912	4190	1388	2802	2242
云南						
西藏						
陕西						
甘肃						
青海						
宁夏						
新疆	32382	32382	24991	14574	10417	8211

基本建设支出明细(中央属普通高职高专学校)

单位:千元

公用部分	商品和服务支出	其他资本性支出	专项公用支出	专项项目支出	基本建设支出
301429	**164207**	**137222**	**86816**	**50406**	
11200	10719	481	481		
2940	2280	660	660		
6998	5400	1598	471	1127	
1254	1254				
4047	3740	307	307		
64059	26825	37234	37234		
440	440				
10294	9854	440	30	410	
112082	28114	83968	35182	48786	
7480	3980	3500	3500		
69522	62522	7000	7000		
3722	3722				
7391	5357	2034	1951	83	

5-15 公共财政预算教育事业费和

地区	合计	事业费支出	个人部分	工资福利支出	对个人和家庭的补助支出	#助学金
合计	**68722142**	**65679939**	**34465448**	**21309065**	**13156383**	**6905232**
北京	2475392	2349662	1093263	746690	346573	99181
天津	1861034	1861034	864418	460562	403856	94805
河北	2501741	2478291	1658644	984832	673812	398722
山西	2677270	2037550	1256244	759865	496379	326997
内蒙古	2377932	2362052	1326675	998936	327739	231619
辽宁	2374702	2087162	1041577	805372	236205	105058
吉林	936692	936692	581292	336580	244712	83586
黑龙江	1554590	1467198	947337	511373	435964	144765
上海	1181682	781682	179549	144179	35370	12533
江苏	6312541	6308265	2615766	1594079	1021687	447000
浙江	3065488	3065488	1788788	1341013	447775	166249
安徽	2276858	2268858	1251318	781593	469725	340019
福建	1217105	1193736	814403	457465	356938	179580
江西	2796520	2796520	1333263	684830	648433	408583
山东	4710689	4680099	2472906	1564208	908698	432076
河南	3775973	3570194	1906222	1379037	527185	448798
湖北	3119762	2702622	1300399	682932	617467	332196
湖南	4107042	4022602	2011731	1203535	808196	411548
广东	4703266	4595891	2863877	2044138	819739	346684
广西	1509712	1509712	903434	357723	545711	260336
海南	450045	365750	173007	115600	57407	44959
重庆	1720418	1708418	515094	237779	277315	180275
四川	3092191	3029485	1321573	697785	623788	377062
贵州	1182625	1176869	768169	339077	429092	172226
云南	1492302	1298602	714970	410312	304658	215289
西藏	264276	149276	92533	62934	29599	6115
陕西	2296235	2234970	1189884	694472	495412	291604
甘肃	932666	922666	498399	334293	164106	120247
青海	205372	189372	130434	77776	52658	23639
宁夏	385671	364871	176222	137900	38322	50523
新疆	1164350	1164350	674057	362195	311862	152958

基本建设支出明细(地方普通高职高专学校)

单位:千元

公用部分	商品和服务支出	其他资本性支出			基本建设支出
			专项公用支出	专项项目支出	
31214491	**14842652**	**16371839**	**7324459**	**9047380**	**3042203**
1256399	605379	651020	520848	130172	125730
996616	395486	601130	190164	410966	
819647	357918	461729	183168	278561	23450
781306	479871	301435	211763	89672	639720
1035377	553534	481843	419151	62692	15880
1045585	537494	508091	219833	288258	287540
355400	264334	91066	67161	23905	
519861	331839	188022	129566	58456	87392
602133	493269	108864	95772	13092	400000
3692499	1821628	1870871	576471	1294400	4276
1276700	797398	479302	266267	213035	
1017540	295820	721720	214478	507242	8000
379333	278198	101135	70397	30738	23369
1463257	395645	1067612	346265	721347	
2207193	651647	1555546	307187	1248359	30590
1663972	993620	670352	289003	381349	205779
1402223	575030	827193	120319	706874	417140
2010871	792366	1218505	577696	640809	84440
1732014	906934	825080	510250	314830	107375
606278	228507	377771	197542	180229	
192743	116910	75833	60408	15425	84295
1193324	738944	454380	328077	126303	12000
1707912	755572	952340	485791	466549	62706
408700	164819	243881	124351	119530	5756
583632	304885	278747	110945	167802	193700
56743	22642	34101	16121	17980	115000
1045086	410856	634230	343603	290627	61265
424267	159667	264600	196018	68582	10000
58938	24183	34755	25745	9010	16000
188649	80084	108565	46769	61796	20800
490293	308173	182120	73330	108790	

5-16 公共财政预算教育事业费和

地区	合计	事业费支出	个人部分	工资福利支出	对个人和家庭的补助支出	#助学金
合计	**7466528**	**7389499**	**4242715**	**2842000**	**1400715**	**264723**
北京	505113	505113	350126	228152	121974	306
天津	557804	557804	160991	82393	78598	1241
河北	246896	246896	186516	132806	53710	31493
山西	126990	126990	97139	81754	15385	3250
内蒙古	44626	43626	30952	22663	8289	6719
辽宁	203794	203794	147576	121640	25936	1519
吉林	446338	431338	284536	139967	144569	45028
黑龙江	282544	282544	184054	100598	83456	4752
上海	882543	881543	544723	427164	117559	1405
江苏	338856	338856	229240	147318	81922	15587
浙江	417608	417608	297392	209386	88006	9586
安徽	144996	144996	119615	86998	32617	945
福建	144228	144228	90868	59589	31279	9
江西	136366	136366	87998	58679	29319	14262
山东	254780	242530	145374	89349	56025	7834
河南	206687	206687	145748	111045	34703	27415
湖北	111217	111217	73679	37711	35968	13658
湖南	97839	97054	80800	50797	30003	7663
广东	413879	413879	277424	196433	80991	8024
广西	203437	190833	96476	42432	54044	7018
海南	32677	21427	16956	10510	6446	5388
重庆	26462	26462	6244	5275	969	4
四川	290025	282585	102164	70587	31577	6478
贵州	91259	88559	49417	26677	22740	472
云南	541024	541024	60533	45861	14672	12720
西藏						
陕西	190134	188134	63503	46022	17481	10946
甘肃	65377	61377	43381	29673	13708	8047
青海	29944	24944	24135	17107	7028	
宁夏						
新疆	433085	431085	245155	163414	81741	12954

基本建设支出明细(成人高等学校)

单位:千元

公用部分	商品和服务支出	其他资本性支出			基本建设支出
			专项公用支出	专项项目支出	
3146784	**1412039**	**1734745**	**596565**	**1138180**	**77029**
154987	120335	34652	31747	2905	
396813	30185	366628	1428	365200	
60380	42122	18258	18219	39	
29851	27974	1877	1877		
12674	12636	38	38		1000
56218	42556	13662	12719	943	
146802	88920	57882	19519	38363	15000
98490	83974	14516	10749	3767	
336820	280641	56179	51214	4965	1000
109616	30885	78731	12950	65781	
120216	65939	54277	19104	35173	
25381	19719	5662	3580	2082	
53360	50134	3226	2226	1000	
48368	16780	31588	18122	13466	
97156	32694	64462	59595	4867	12250
60939	55365	5574	4412	1162	
37538	30866	6672	2128	4544	
16254	14829	1425	1425		785
136455	81820	54635	39583	15052	
94357	44867	49490	16648	32842	12604
4471	4335	136	136		11250
20218	20218				
180421	57366	123055	104512	18543	7440
39142	7108	32034	19197	12837	2700
480491	40254	440237	129157	311080	
124631	21538	103093	10395	92698	2000
17996	16632	1364	1364		4000
809	266	543	400	143	5000
185930	71081	114849	4121	110728	2000

5-17 公共财政预算教育事业费和

地区	合计	事业费支出	个人部分	工资福利支出	对个人和家庭的补助支出	#助学金
合计	**69634**	**67634**	**54035**	**24022**	**30013**	**418**
北京	41623	41623	31703	7965	23738	
天津						
河北						
山西						
内蒙古						
辽宁						
吉林						
黑龙江						
上海						
江苏						
浙江						
安徽						
福建						
江西						
山东						
河南						
湖北						
湖南						
广东						
广西						
海南						
重庆						
四川						
贵州	2090	2090	40	40		
云南						
西藏						
陕西						
甘肃						
青海						
宁夏						
新疆	25921	23921	22292	16017	6275	418

基本建设支出明细(中央属成人高等学校)

单位:千元

公用部分	商品和服务支出	其他资本性支出	专项公用支出	专项项目支出	基本建设支出
13599	**13099**	**500**	**500**		**2000**
9920	9920				
2050	1550	500	500		
1629	1629				2000

5-18 公共财政预算教育事业费和

地区	合计	事业费支出	个人部分	工资福利支出	对个人和家庭的补助支出	#助学金
合计	**7396894**	**7321865**	**4188680**	**2817978**	**1370702**	**264305**
北京	463490	463490	318423	220187	98236	306
天津	557804	557804	160991	82393	78598	1241
河北	246896	246896	186516	132806	53710	31493
山西	126990	126990	97139	81754	15385	3250
内蒙古	44626	43626	30952	22663	8289	6719
辽宁	203794	203794	147576	121640	25936	1519
吉林	446338	431338	284536	139967	144569	45028
黑龙江	282544	282544	184054	100598	83456	4752
上海	882543	881543	544723	427164	117559	1405
江苏	338856	338856	229240	147318	81922	15587
浙江	417608	417608	297392	209386	88006	9586
安徽	144996	144996	119615	86998	32617	945
福建	144228	144228	90868	59589	31279	9
江西	136366	136366	87998	58679	29319	14262
山东	254780	242530	145374	89349	56025	7834
河南	206687	206687	145748	111045	34703	27415
湖北	111217	111217	73679	37711	35968	13658
湖南	97839	97054	80800	50797	30003	7663
广东	413879	413879	277424	196433	80991	8024
广西	203437	190833	96476	42432	54044	7018
海南	32677	21427	16956	10510	6446	5388
重庆	26462	26462	6244	5275	969	4
四川	290025	282585	102164	70587	31577	6478
贵州	89169	86469	49377	26637	22740	472
云南	541024	541024	60533	45861	14672	12720
西藏						
陕西	190134	188134	63503	46022	17481	10946
甘肃	65377	61377	43381	29673	13708	8047
青海	29944	24944	24135	17107	7028	
宁夏						
新疆	407164	407164	222863	147397	75466	12536

基本建设支出明细(地方成人高等学校)

单位:千元

公用部分	商品和服务支出	其他资本性支出			基本建设支出
			专项公用支出	专项项目支出	
3133185	**1398940**	**1734245**	**596065**	**1138180**	**75029**
145067	110415	34652	31747	2905	
396813	30185	366628	1428	365200	
60380	42122	18258	18219	39	
29851	27974	1877	1877		
12674	12636	38	38		1000
56218	42556	13662	12719	943	
146802	88920	57882	19519	38363	15000
98490	83974	14516	10749	3767	
336820	280641	56179	51214	4965	1000
109616	30885	78731	12950	65781	
120216	65939	54277	19104	35173	
25381	19719	5662	3580	2082	
53360	50134	3226	2226	1000	
48368	16780	31588	18122	13466	
97156	32694	64462	59595	4867	12250
60939	55365	5574	4412	1162	
37538	30866	6672	2128	4544	
16254	14829	1425	1425		785
136455	81820	54635	39583	15052	
94357	44867	49490	16648	32842	12604
4471	4335	136	136		11250
20218	20218				
180421	57366	123055	104512	18543	7440
37092	5558	31534	18697	12837	2700
480491	40254	440237	129157	311080	
124631	21538	103093	10395	92698	2000
17996	16632	1364	1364		4000
809	266	543	400	143	5000
184301	69452	114849	4121	110728	

5-19 公共财政预算教育事业费和

地区	合计	事业费支出	个人部分	工资福利支出	对个人和家庭的补助支出	#助学金
合计	**125719118**	**118663765**	**70374219**	**45643843**	**24730376**	**11351254**
北京	3552470	3465884	1819754	1329203	490551	88566
天津	1830636	1830636	1361122	600840	760282	135755
河北	5153540	5039205	3507689	2468083	1039606	554276
山西	3822148	3543524	2197190	1694367	502823	219319
内蒙古	2731575	2480516	1602159	1298029	304130	232261
辽宁	4383575	3894857	2185082	1436547	748535	430020
吉林	2410268	2354288	1612469	940541	671928	130973
黑龙江	2989353	2831766	1883689	967009	916680	382197
上海	3426671	2904123	1790278	1404626	385652	79337
江苏	9348538	9279815	6236859	4161814	2075045	483480
浙江	7228626	7173213	4772434	3463674	1308760	618490
安徽	4429287	4250960	1873829	1216037	657792	397965
福建	3319903	3252009	2223189	1500002	723187	272248
江西	2551246	2377673	1277257	649825	627432	393371
山东	10543175	10463845	5764405	3844392	1920013	922300
河南	6983836	6575455	3325050	2537825	787225	660469
湖北	2827900	2571684	1793059	952913	840146	360970
湖南	4349089	4162230	2154568	1280130	874438	458481
广东	11141476	10686615	6529815	4311486	2218329	862026
广西	3303164	3203472	2223406	1099553	1123853	521840
海南	1259598	1187941	556358	403175	153183	132180
重庆	3594758	2943999	1417208	807530	609678	419603
四川	6976347	6633327	3768677	2136433	1632244	734401
贵州	3089029	2885516	1164380	575078	589302	331277
云南	4728519	4165629	2253283	1443428	809855	494778
西藏	519299	270399	172032	100073	71959	49703
陕西	2740479	2645831	1609949	992815	617134	346310
甘肃	1983845	1859773	1204869	822587	382282	202232
青海	839251	541237	281456	178640	102816	59454
宁夏	651667	611367	319582	199099	120483	114079
新疆	3009850	2576976	1493122	828089	665033	262893

基本建设支出明细(中等职业学校)

单位:千元

公用部分	商品和服务支出	其他资本性支出			基本建设支出
			专项公用支出	专项项目支出	
48289546	**22042760**	**26246786**	**8408533**	**17838253**	**7055353**
1646130	729153	916977	708367	208610	86586
469514	241023	228491	41980	186511	
1531516	853218	678298	163120	515178	114335
1346334	836691	509643	229641	280002	278624
878357	504062	374295	172324	201971	251059
1709775	1052838	656937	251374	405563	488718
741819	427630	314189	142861	171328	55980
948077	410516	537561	239622	297939	157587
1113845	841225	272620	204326	68294	522548
3042956	1119112	1923844	410192	1513652	68723
2400779	1218956	1181823	375307	806516	55413
2377131	532924	1844207	348862	1495345	178327
1028820	582858	445962	163987	281975	67894
1100416	442369	658047	159750	498297	173573
4699440	1381039	3318401	411487	2906914	79330
3250405	1388987	1861418	550677	1310741	408381
778625	407969	370656	111112	259544	256216
2007662	1002808	1004854	358628	646226	186859
4156800	2291963	1864837	752934	1111903	454861
980066	407897	572169	365381	206788	99692
631583	297449	334134	161079	173055	71657
1526791	720760	806031	287220	518811	650759
2864650	1119426	1745224	840256	904968	343020
1721136	928848	792288	119340	672948	203513
1912346	650022	1262324	236678	1025646	562890
98367	67795	30572	21808	8764	248900
1035882	474325	561557	173796	387761	94648
654904	377917	276987	83443	193544	124072
259781	90150	169631	94115	75516	298014
291785	110591	181194	65607	115587	40300
1083854	532239	551615	163259	388356	432874

5-20 公共财政预算教育事业费和

地区	合计	事业费支出	个人部分	工资福利支出	对个人和家庭的补助支出	#助学金
合计	**538693**	**489563**	**292571**	**186580**	**105991**	**50048**
北京	126370	126370	49793	36553	13240	2864
天津	2685	2685	2685		2685	2685
河北						
山西	9686	9686	5248	4082	1166	1166
内蒙古						
辽宁						
吉林						
黑龙江	106583	87453	75560	53560	22000	1746
上海	8156	8156	8156	8156		
江苏	3948	3948	3702	2822	880	880
浙江						
安徽	2591	2591	2591		2591	2591
福建						
江西	621	621	123		123	123
山东						
河南	396	396	396		396	396
湖北						
湖南	4748	4748	786		786	786
广东	5636	5636	5636	3062	2574	2574
广西						
海南						
重庆	682	682	682	682		
四川	26388	26388	18287	13554	4733	1204
贵州	6694	6694	2254		2254	2254
云南						
西藏						
陕西						
甘肃						
青海						
宁夏						
新疆	233509	203509	116672	64109	52563	30779

基本建设支出明细(中央属中等职业学校)

单位:千元

公用部分	商品和服务支出	其他资本性支出			基本建设支出
			专项公用支出	专项项目支出	
196992	**132387**	**64605**	**45069**	**19536**	**49130**
76577	41180	35397	31619	3778	
4438	4438				
11893	11233	660	660		19130
246	246				
498	498				
3962	3962				
8101	5007	3094	3094		
4440	4440				
86837	61383	25454	9696	15758	30000

5-21 公共财政预算教育事业费和

地 区	合 计	事业费支出	个人部分			
				工资福利支出	对个人和家庭的补助支出	
						#助学金
合 计	**125180425**	**118174202**	**70081648**	**45457263**	**24624385**	**11301206**
北 京	3426100	3339514	1769961	1292650	477311	85702
天 津	1827951	1827951	1358437	600840	757597	133070
河 北	5153540	5039205	3507689	2468083	1039606	554276
山 西	3812462	3533838	2191942	1690285	501657	218153
内蒙古	2731575	2480516	1602159	1298029	304130	232261
辽 宁	4383575	3894857	2185082	1436547	748535	430020
吉 林	2410268	2354288	1612469	940541	671928	130973
黑龙江	2882770	2744313	1808129	913449	894680	380451
上 海	3418515	2895967	1782122	1396470	385652	79337
江 苏	9344590	9275867	6233157	4158992	2074165	482600
浙 江	7228626	7173213	4772434	3463674	1308760	618490
安 徽	4426696	4248369	1871238	1216037	655201	395374
福 建	3319903	3252009	2223189	1500002	723187	272248
江 西	2550625	2377052	1277134	649825	627309	393248
山 东	10543175	10463845	5764405	3844392	1920013	922300
河 南	6983440	6575059	3324654	2537825	786829	660073
湖 北	2827900	2571684	1793059	952913	840146	360970
湖 南	4344341	4157482	2153782	1280130	873652	457695
广 东	11135840	10680979	6524179	4308424	2215755	859452
广 西	3303164	3203472	2223406	1099553	1123853	521840
海 南	1259598	1187941	556358	403175	153183	132180
重 庆	3594076	2943317	1416526	806848	609678	419603
四 川	6949959	6606939	3750390	2122879	1627511	733197
贵 州	3082335	2878822	1162126	575078	587048	329023
云 南	4728519	4165629	2253283	1443428	809855	494778
西 藏	519299	270399	172032	100073	71959	49703
陕 西	2740479	2645831	1609949	992815	617134	346310
甘 肃	1983845	1859773	1204869	822587	382282	202232
青 海	839251	541237	281456	178640	102816	59454
宁 夏	651667	611367	319582	199099	120483	114079
新 疆	2776341	2373467	1376450	763980	612470	232114

基本建设支出明细(地方中等职业学校)

单位:千元

公用部分	商品和服务支出	其他资本性支出	专项公用支出	专项项目支出	基本建设支出
48092554	**21910373**	**26182181**	**8363464**	**17818717**	**7006223**
1569553	687973	881580	676748	204832	86586
469514	241023	228491	41980	186511	
1531516	853218	678298	163120	515178	114335
1341896	832253	509643	229641	280002	278624
878357	504062	374295	172324	201971	251059
1709775	1052838	656937	251374	405563	488718
741819	427630	314189	142861	171328	55980
936184	399283	536901	238962	297939	138457
1113845	841225	272620	204326	68294	522548
3042710	1118866	1923844	410192	1513652	68723
2400779	1218956	1181823	375307	806516	55413
2377131	532924	1844207	348862	1495345	178327
1028820	582858	445962	163987	281975	67894
1099918	441871	658047	159750	498297	173573
4699440	1381039	3318401	411487	2906914	79330
3250405	1388987	1861418	550677	1310741	408381
778625	407969	370656	111112	259544	256216
2003700	998846	1004854	358628	646226	186859
4156800	2291963	1864837	752934	1111903	454861
980066	407897	572169	365381	206788	99692
631583	297449	334134	161079	173055	71657
1526791	720760	806031	287220	518811	650759
2856549	1114419	1742130	837162	904968	343020
1716696	924408	792288	119340	672948	203513
1912346	650022	1262324	236678	1025646	562890
98367	67795	30572	21808	8764	248900
1035882	474325	561557	173796	387761	94648
654904	377917	276987	83443	193544	124072
259781	90150	169631	94115	75516	298014
291785	110591	181194	65607	115587	40300
997017	470856	526161	153563	372598	402874

5-22 公共财政预算教育事业费和

地区	合计	事业费支出	个人部分	工资福利支出	对个人和家庭的补助支出	#助学金
合计	**57954505**	**54339147**	**31960372**	**19847257**	**12113115**	**5739704**
北京	1106048	1070848	553267	337534	215733	70003
天津	1606169	1606169	1162595	502280	660315	118020
河北	1519063	1511928	1097832	682573	415259	240161
山西	1689200	1626900	992889	754809	238080	101972
内蒙古	1146296	961796	581191	463091	118100	98644
辽宁	2270933	1946615	1171971	774532	397439	235997
吉林	885372	884072	556317	324231	232086	47732
黑龙江	815141	767067	514621	285521	229100	65857
上海	1503095	1494265	840154	688002	152152	38294
江苏	4691614	4655691	3176016	2213106	962910	257679
浙江	879876	849863	611745	404153	207592	102537
安徽	1936470	1861943	857397	545498	311899	195844
福建	2313298	2269317	1578096	1037598	540498	210530
江西	1112523	1049523	599306	242604	356702	238518
山东	5026708	4961678	2469625	1612018	857607	427675
河南	3180588	2934566	1590829	1192714	398115	331435
湖北	1559835	1432203	1063523	570268	493255	227599
湖南	1547897	1473338	713339	430737	282602	136184
广东	5717394	5523985	3366629	2200022	1166607	475438
广西	2576987	2490792	1689992	839054	850938	445278
海南	1010770	957830	417930	291299	126631	112965
重庆	817857	691496	322023	168735	153288	100631
四川	2805273	2605510	1416939	689943	726996	308419
贵州	1852237	1748266	685249	284455	400794	254853
云南	2525510	2094623	1058761	581899	476862	262164
西藏	519299	270399	172032	100073	71959	49703
陕西	718671	698671	419659	250293	169366	97870
甘肃	1290200	1252663	796865	540876	255989	148845
青海	829946	531932	274350	176661	97689	57700
宁夏	412365	392065	199560	107663	91897	88874
新疆	2087870	1723133	1009670	555015	454655	192283

基本建设支出明细(中等专业学校)

单位:千元

公用部分	商品和服务支出	其他资本性支出		基本建设支出
		专项公用支出	专项项目支出	
22378775	**10406984**	**11971791**	**3852225**	**8119566**	**3615358**
517581	214647	302934	208205	94729	35200
443574	224778	218796	35477	183319	
414096	244617	169479	46120	123359	7135
634011	407605	226406	105332	121074	62300
380605	217570	163035	101330	61705	184500
774644	439815	334829	119770	215059	324318
327755	210141	117614	71028	46586	1300
252446	130225	122221	54830	67391	48074
654111	447269	206842	141823	65019	8830
1479675	626601	853074	208287	644787	35923
238118	173618	64500	43860	20640	30013
1004546	219294	785252	139406	645846	74527
691221	364612	326609	125992	200617	43981
450217	291764	158453	57937	100516	63000
2492053	669204	1822849	142595	1680254	65030
1343737	614407	729330	274653	454677	246022
368680	183878	184802	52678	132124	127632
759999	435617	324382	56245	268137	74559
2157356	1059030	1098326	365297	733029	193409
800800	332400	468400	303945	164455	86195
539900	236366	303534	138891	164643	52940
369473	172883	196590	54760	141830	126361
1188571	429929	758642	462236	296406	199763
1063017	749055	313962	46599	267363	103971
1035862	326656	709206	104667	604539	430887
98367	67795	30572	21808	8764	248900
279012	143638	135374	81542	53832	20000
455798	277908	177890	54783	123107	37537
257582	89081	168501	92985	75516	298014
192505	65751	126754	37594	89160	20300
713463	340830	372633	101550	271083	364737

5-23 公共财政预算教育事业费和

地 区	合 计	事业费支出	个人部分			
				工资福利支出	对个人和家庭的补助支出	
						#助学金
合 计	**421795**	**372665**	**211379**	**138688**	**72691**	**32451**
北 京	126260	126260	49683	36553	13130	2754
天 津						
河 北						
山 西	9686	9686	5248	4082	1166	1166
内蒙古						
辽 宁						
吉 林						
黑龙江	61778	42648	39057	28633	10424	1300
上 海	8156	8156	8156	8156		
江 苏						
浙 江						
安 徽	2591	2591	2591		2591	2591
福 建						
江 西	621	621	123		123	123
山 东						
河 南	396	396	396		396	396
湖 北						
湖 南						
广 东						
广 西						
海 南						
重 庆						
四 川						
贵 州	6694	6694	2254		2254	2254
云 南						
西 藏						
陕 西						
甘 肃						
青 海						
宁 夏						
新 疆	205613	175613	103871	61264	42607	21867

基本建设支出明细(中央属中等专业学校)

单位:千元

公用部分	商品和服务支出	其他资本性支出	专项公用支出	专项项目支出	基本建设支出
161286	**100216**	**61070**	**41534**	**19536**	**49130**
76577	41180	35397	31619	3778	
4438	4438				
3591	3372	219	219		19130
498	498				
4440	4440				
71742	46288	25454	9696	15758	30000

5-24 公共财政预算教育事业费和

地 区	合 计	事业费支出	个人部分			
				工资福利支出	对个人和家庭的补助支出	
						#助学金
合 计	**57532710**	**53966482**	**31748993**	**19708569**	**12040424**	**5707253**
北 京	979788	944588	503584	300981	202603	67249
天 津	1606169	1606169	1162595	502280	660315	118020
河 北	1519063	1511928	1097832	682573	415259	240161
山 西	1679514	1617214	987641	750727	236914	100806
内蒙古	1146296	961796	581191	463091	118100	98644
辽 宁	2270933	1946615	1171971	774532	397439	235997
吉 林	885372	884072	556317	324231	232086	47732
黑龙江	753363	724419	475564	256888	218676	64557
上 海	1494939	1486109	831998	679846	152152	38294
江 苏	4691614	4655691	3176016	2213106	962910	257679
浙 江	879876	849863	611745	404153	207592	102537
安 徽	1933879	1859352	854806	545498	309308	193253
福 建	2313298	2269317	1578096	1037598	540498	210530
江 西	1111902	1048902	599183	242604	356579	238395
山 东	5026708	4961678	2469625	1612018	857607	427675
河 南	3180192	2934170	1590433	1192714	397719	331039
湖 北	1559835	1432203	1063523	570268	493255	227599
湖 南	1547897	1473338	713339	430737	282602	136184
广 东	5717394	5523985	3366629	2200022	1166607	475438
广 西	2576987	2490792	1689992	839054	850938	445278
海 南	1010770	957830	417930	291299	126631	112965
重 庆	817857	691496	322023	168735	153288	100631
四 川	2805273	2605510	1416939	689943	726996	308419
贵 州	1845543	1741572	682995	284455	398540	252599
云 南	2525510	2094623	1058761	581899	476862	262164
西 藏	519299	270399	172032	100073	71959	49703
陕 西	718671	698671	419659	250293	169366	97870
甘 肃	1290200	1252663	796865	540876	255989	148845
青 海	829946	531932	274350	176661	97689	57700
宁 夏	412365	392065	199560	107663	91897	88874
新 疆	1882257	1547520	905799	493751	412048	170416

基本建设支出明细(地方中等专业学校)

单位:千元

公用部分	商品和服务支出	其他资本性支出			基本建设支出
			专项公用支出	专项项目支出	
22217489	**10306768**	**11910721**	**3810691**	**8100030**	**3566228**
441004	173467	267537	176586	90951	35200
443574	224778	218796	35477	183319	
414096	244617	169479	46120	123359	7135
629573	403167	226406	105332	121074	62300
380605	217570	163035	101330	61705	184500
774644	439815	334829	119770	215059	324318
327755	210141	117614	71028	46586	1300
248855	126853	122002	54611	67391	28944
654111	447269	206842	141823	65019	8830
1479675	626601	853074	208287	644787	35923
238118	173618	64500	43860	20640	30013
1004546	219294	785252	139406	645846	74527
691221	364612	326609	125992	200617	43981
449719	291266	158453	57937	100516	63000
2492053	669204	1822849	142595	1680254	65030
1343737	614407	729330	274653	454677	246022
368680	183878	184802	52678	132124	127632
759999	435617	324382	56245	268137	74559
2157356	1059030	1098326	365297	733029	193409
800800	332400	468400	303945	164455	86195
539900	236366	303534	138891	164643	52940
369473	172883	196590	54760	141830	126361
1188571	429929	758642	462236	296406	199763
1058577	744615	313962	46599	267363	103971
1035862	326656	709206	104667	604539	430887
98367	67795	30572	21808	8764	248900
279012	143638	135374	81542	53832	20000
455798	277908	177890	54783	123107	37537
257582	89081	168501	92985	75516	298014
192505	65751	126754	37594	89160	20300
641721	294542	347179	91854	255325	334737

5-25 公共财政预算教育事业费和

地区	合计	事业费支出	个人部分	工资福利支出	对个人和家庭的补助支出	#助学金
合计	**49137166**	**46137616**	**27172993**	**18395260**	**8777733**	**4170342**
北京	1314467	1263081	856963	697896	159067	2616
天津	393	393	393		393	393
河北	2594159	2497159	1676079	1244445	431634	250627
山西	1650521	1435897	878452	684060	194392	103977
内蒙古	1279322	1221763	784630	623565	161065	116666
辽宁	1596137	1520837	816974	510950	306024	182811
吉林	937436	886556	612788	371050	241738	61781
黑龙江	1585087	1475574	976207	459508	516699	265506
上海	1508780	995062	721535	531128	190407	40797
江苏	3343887	3311087	2116131	1382326	733805	143192
浙江	5295765	5276365	3605991	2654471	951520	453541
安徽	2297644	2193844	908875	611157	297718	171530
福建	512874	502374	345116	258479	86637	29029
江西	1191896	1081323	514302	294603	219699	140387
山东	3583493	3580693	2091570	1532630	558940	173425
河南	2585005	2492455	1089099	807383	281716	236899
湖北	1051652	923068	599257	315055	284202	118073
湖南	2293047	2180747	1085488	603457	482031	286511
广东	2400073	2144496	1442242	1012687	429555	105114
广西	220216	218079	153650	96022	57628	14264
海南	131550	130713	70349	55239	15110	12572
重庆	2292657	1848619	898190	524912	373278	278671
四川	3392347	3255370	1827101	1132786	694315	361859
贵州	1221238	1121696	468832	286643	182189	75446
云南	1504812	1454877	812190	570426	241764	167477
西藏						
陕西	1854842	1786294	1057053	640384	416669	246169
甘肃	637280	561745	375382	257041	118341	52943
青海	5838	5838	4838	275	4563	1754
宁夏	233213	213213	115298	87458	27840	24465
新疆	621535	558398	268018	149224	118794	51847

基本建设支出明细(职业高中)

单位:千元

公用部分	商品和服务支出	其他资本性支出	专项公用支出	专项项目支出	基本建设支出
18964623	**7649527**	**11315096**	**3076219**	**8238877**	**2999550**
406118	254950	151168	68732	82436	51386
821080	447414	373666	87235	286431	97000
557445	328447	228998	91748	137250	214624
437133	239432	197701	57535	140166	57559
703863	463657	240206	94351	145855	75300
273768	125580	148188	61708	86480	50880
499367	187436	311931	138345	173586	109513
273527	230051	43476	40201	3275	513718
1194956	304728	890228	134292	755936	32800
1670374	828475	841899	274505	567394	19400
1284969	275649	1009320	200680	808640	103800
157258	84670	72588	21286	51302	10500
567021	109067	457954	90225	367729	110573
1489123	374645	1114478	174208	940270	2800
1403356	467402	935954	163610	772344	92550
323811	160512	163299	46299	117000	128584
1095259	448784	646475	289973	356502	112300
702254	404133	298121	132258	165863	255577
64429	22608	41821	22646	19175	2137
60364	34162	26202	17790	8412	837
950429	397819	552610	186112	366498	444038
1428269	540531	887738	340006	547732	136977
652864	176092	476772	72406	404366	99542
642687	177869	464818	69022	395796	49935
729241	303840	425401	91472	333929	68548
186363	88618	97745	27368	70377	75535
1000		1000	1000		
97915	43586	54329	27902	26427	20000
290380	129370	161010	53304	107706	63137

5-26 公共财政预算教育事业费和

地区	合计	事业费支出	个人部分	工资福利支出	对个人和家庭的补助支出	#助学金
合计	**49111229**	**46111679**	**27152064**	**18379525**	**8772539**	**4169864**
北京	1314467	1263081	856963	697896	159067	2616
天津	393	393	393		393	393
河北	2594159	2497159	1676079	1244445	431634	250627
山西	1650521	1435897	878452	684060	194392	103977
内蒙古	1279322	1221763	784630	623565	161065	116666
辽宁	1596137	1520837	816974	510950	306024	182811
吉林	937436	886556	612788	371050	241738	61781
黑龙江	1570684	1461171	964836	449715	515121	265115
上海	1508780	995062	721535	531128	190407	40797
江苏	3343887	3311087	2116131	1382326	733805	143192
浙江	5295765	5276365	3605991	2654471	951520	453541
安徽	2297644	2193844	908875	611157	297718	171530
福建	512874	502374	345116	258479	86637	29029
江西	1191896	1081323	514302	294603	219699	140387
山东	3583493	3580693	2091570	1532630	558940	173425
河南	2585005	2492455	1089099	807383	281716	236899
湖北	1051652	923068	599257	315055	284202	118073
湖南	2293047	2180747	1085488	603457	482031	286511
广东	2400073	2144496	1442242	1012687	429555	105114
广西	220216	218079	153650	96022	57628	14264
海南	131550	130713	70349	55239	15110	12572
重庆	2292657	1848619	898190	524912	373278	278671
四川	3380813	3243836	1817543	1126844	690699	361772
贵州	1221238	1121696	468832	286643	182189	75446
云南	1504812	1454877	812190	570426	241764	167477
西藏						
陕西	1854842	1786294	1057053	640384	416669	246169
甘肃	637280	561745	375382	257041	118341	52943
青海	5838	5838	4838	275	4563	1754
宁夏	233213	213213	115298	87458	27840	24465
新疆	621535	558398	268018	149224	118794	51847

基本建设支出明细(地方职业高中)

单位:千元

公用部分	商品和服务支出	其他资本性支出			基本建设支出
			专项公用支出	专项项目支出	
18959615	**7645420**	**11314195**	**3075318**	**8238877**	**2999550**
406118	254950	151168	68732	82436	51386
821080	447414	373666	87235	286431	97000
557445	328447	228998	91748	137250	214624
437133	239432	197701	57535	140166	57559
703863	463657	240206	94351	145855	75300
273768	125580	148188	61708	86480	50880
496335	184636	311699	138113	173586	109513
273527	230051	43476	40201	3275	513718
1194956	304728	890228	134292	755936	32800
1670374	828475	841899	274505	567394	19400
1284969	275649	1009320	200680	808640	103800
157258	84670	72588	21286	51302	10500
567021	109067	457954	90225	367729	110573
1489123	374645	1114478	174208	940270	2800
1403356	467402	935954	163610	772344	92550
323811	160512	163299	46299	117000	128584
1095259	448784	646475	289973	356502	112300
702254	404133	298121	132258	165863	255577
64429	22608	41821	22646	19175	2137
60364	34162	26202	17790	8412	837
950429	397819	552610	186112	366498	444038
1426293	539224	887069	339337	547732	136977
652864	176092	476772	72406	404366	99542
642687	177869	464818	69022	395796	49935
729241	303840	425401	91472	333929	68548
186363	88618	97745	27368	70377	75535
1000		1000	1000		
97915	43586	54329	27902	26427	20000
290380	129370	161010	53304	107706	63137

5-27 公共财政预算教育事业费和

地区	合计	事业费支出	个人部分	工资福利支出	对个人和家庭的补助支出	#助学金
合计	**6057413**	**5740839**	**3346752**	**2439142**	**907610**	**496536**
北京	158927	107541	75344	57689	17655	
天津						
河北	298030	278030	179273	135266	44007	30219
山西	165963	141166	95656	73199	22457	14661
内蒙古	55082	55082	35354	29136	6218	5404
辽宁	107594	57594	42297	29336	12961	1945
吉林	16074	16074	12869	8989	3880	1958
黑龙江	19883	19883	13914	8822	5092	1333
上海	88567	88567	66676	58437	8239	3387
江苏	435242	431242	208304	142388	65916	7929
浙江	713486	713486	531185	386287	144898	82251
安徽	760841	715541	341725	240043	101682	64700
福建	41638	41638	23940	18648	5292	2298
江西	87426	77286	35294	19786	15508	11581
山东	153265	153265	112492	91929	20563	5506
河南	470573	467973	231295	189296	41999	36753
湖北	15040	15040	10186	5728	4458	4038
湖南	347348	337348	179487	111559	67928	42416
广东	330107	330107	198895	171892	27003	13111
广西	15038	15038	10720	7251	3469	853
海南	16731	16731	14437	13789	648	434
重庆	266808	266808	115540	98151	17389	13967
四川	890031	831554	461205	304077	157128	92695
贵州	84401	51185	40609	27533	13076	4916
云南	87136	83692	65423	37826	27597	17202
西藏						
陕西	310543	310543	147491	100734	46757	26025
甘肃	118029	114815	93798	68197	25601	10880
青海						
宁夏						
新疆	3610	3610	3343	3154	189	74

基本建设支出明细(农村职业高中)

单位:千元

公用部分	商品和服务支出	其他资本性支出			基本建设支出
			专项公用支出	专项项目支出	
2394087	**1015225**	**1378862**	**346326**	**1032536**	**316574**
32197	18127	14070	14070		51386
98757	72134	26623	10747	15876	20000
45510	34745	10765	7663	3102	24797
19728	11229	8499	5277	3222	
15297	13266	2031	892	1139	50000
3205	2378	827	827		
5969	4985	984	133	851	
21891	20581	1310	1310		
222938	39232	183706	23629	160077	4000
182301	80901	101400	43502	57898	
373816	93492	280324	62435	217889	45300
17698	5831	11867	3517	8350	
41992	15109	26883	7664	19219	10140
40773	15341	25432	8478	16954	
236678	92679	143999	27344	116655	2600
4854	4854				
157861	48794	109067	15059	94008	10000
131212	83939	47273	15303	31970	
4318	3657	661	161	500	
2294	2200	94	94		
151268	108163	43105	21088	22017	
370349	162540	207809	41177	166632	58477
10576	3728	6848	3848	3000	33216
18269	10921	7348	3882	3466	3444
163052	51626	111426	24302	87124	
21017	14506	6511	3924	2587	3214
267	267				

5-28 公共财政预算教育事业费和

地区	合计	事业费支出	个人部分	工资福利支出	对个人和家庭的补助支出	#助学金
合计	12653748	12239143	7049842	4402187	2647655	1289405
北京	1098837	1098837	391675	282868	108807	15947
天津	181075	181075	158515	83214	75301	17342
河北	499120	488920	301469	198279	103190	60964
山西	240556	238856	122485	97811	24674	13312
内蒙古	98553	89553	63972	46744	17228	16689
辽宁	487783	400183	185426	145835	39591	8683
吉林	64688	64688	45252	17819	27433	21213
黑龙江	364013	364013	237544	127256	110288	42870
上海	85263	85263	42822	36577	6245	246
江苏	914837	914837	610647	364043	246604	78306
浙江	734510	728510	336787	245436	91351	51427
安徽	78714	78714	38347	17351	20996	16748
福建	429094	415681	255627	165113	90514	32262
江西	33157	33157	19322	7241	12081	9609
山东	1478163	1466663	915500	471798	443702	314443
河南	761790	691981	405048	317734	87314	76380
湖北	127523	127523	60020	37957	22063	9003
湖南	274311	274311	202541	135330	67211	30417
广东	2842470	2836595	1594247	1011026	583221	264445
广西	451509	440149	335154	141586	193568	62268
海南	98232	80352	53860	43485	10375	6643
重庆	272372	192012	101025	41497	59528	24708
四川	285512	284772	174455	108454	66001	39537
贵州						
云南	520140	448072	244156	162274	81882	65137
西藏						
陕西	24052	17952	12250	8580	3670	2067
甘肃	21795	10795	3910	3910		
青海						
宁夏						
新疆	185679	185679	137786	82969	54817	8739

基本建设支出明细（技工学校）

单位：千元

公用部分	商品和服务支出	其他资本性支出	专项公用支出	专项项目支出	基本建设支出
5189301	**2789757**	**2399544**	**1301560**	**1097984**	**414605**
707162	247742	459420	427975	31445	
22560	13792	8768	5576	3192	
187451	96973	90478	21152	69326	10200
116371	65914	50457	28794	21663	1700
25581	16076	9505	9505		9000
214757	137891	76866	37217	39649	87600
19436	8834	10602	602	10000	
126469	69207	57262	38418	18844	
42441	24961	17480	17480		
304190	142373	161817	63185	98632	
391723	126282	265441	47082	218359	6000
40367	7611	32756	1569	31187	
160054	121706	38348	14292	24056	13413
13835	2757	11078	2078	9000	
551163	299445	251718	87417	164301	11500
286933	170572	116361	76449	39912	69809
67503	47206	20297	10297	10000	
71770	55956	15814	4523	11291	
1242348	791553	450795	251535	199260	5875
104995	44835	60160	38216	21944	11360
26492	22605	3887	3887		17880
90987	55931	35056	24573	10483	80360
110317	53715	56602	23726	32876	740
203916	121654	82262	59081	23181	72068
5702	5526	176	176		6100
6885	6421	464	464		11000
47893	32219	15674	6291	9383	

5-29 公共财政预算教育事业费和

地区	合计	事业费支出	个人部分	工资福利支出	对个人和家庭的补助支出	#助学金
合计	**56853**	**56853**	**42855**	**25213**	**17642**	**8207**
北京	110	110	110		110	110
天津	2685	2685	2685		2685	2685
河北						
山西						
内蒙古						
辽宁						
吉林						
黑龙江	24190	24190	20525	11035	9490	55
上海						
江苏	3948	3948	3702	2822	880	880
浙江						
安徽						
福建						
江西						
山东						
河南						
湖北						
湖南	4748	4748	786		786	786
广东	5636	5636	5636	3062	2574	2574
广西						
海南						
重庆	682	682	682	682		
四川	14854	14854	8729	7612	1117	1117
贵州						
云南						
西藏						
陕西						
甘肃						
青海						
宁夏						
新疆						

基本建设支出明细(中央属技工学校)

单位:千元

公用部分	商品和服务支出	其他资本性支出	专项公用支出	专项项目支出	基本建设支出
13998	**11573**	**2425**	**2425**		
3665	3665				
246	246				
3962	3962				
6125	3700	2425	2425		

5-30 公共财政预算教育事业费和

地区	合计	事业费支出	个人部分	工资福利支出	对个人和家庭的补助支出	#助学金
合计	**12596895**	**12182290**	**7006987**	**4376974**	**2630013**	**1281198**
北京	1098727	1098727	391565	282868	108697	15837
天津	178390	178390	155830	83214	72616	14657
河北	499120	488920	301469	198279	103190	60964
山西	240556	238856	122485	97811	24674	13312
内蒙古	98553	89553	63972	46744	17228	16689
辽宁	487783	400183	185426	145835	39591	8683
吉林	64688	64688	45252	17819	27433	21213
黑龙江	339823	339823	217019	116221	100798	42815
上海	85263	85263	42822	36577	6245	246
江苏	910889	910889	606945	361221	245724	77426
浙江	734510	728510	336787	245436	91351	51427
安徽	78714	78714	38347	17351	20996	16748
福建	429094	415681	255627	165113	90514	32262
江西	33157	33157	19322	7241	12081	9609
山东	1478163	1466663	915500	471798	443702	314443
河南	761790	691981	405048	317734	87314	76380
湖北	127523	127523	60020	37957	22063	9003
湖南	269563	269563	201755	135330	66425	29631
广东	2836834	2830959	1588611	1007964	580647	261871
广西	451509	440149	335154	141586	193568	62268
海南	98232	80352	53860	43485	10375	6643
重庆	271690	191330	100343	40815	59528	24708
四川	270658	269918	165726	100842	64884	38420
贵州						
云南	520140	448072	244156	162274	81882	65137
西藏						
陕西	24052	17952	12250	8580	3670	2067
甘肃	21795	10795	3910	3910		
青海						
宁夏						
新疆	185679	185679	137786	82969	54817	8739

基本建设支出明细(地方技工学校)

单位:千元

公用部分					基本建设支出
	商品和服务支出	其他资本性支出	专项公用支出	专项项目支出	
5175303	**2778184**	**2397119**	**1299135**	**1097984**	**414605**
707162	247742	459420	427975	31445	
22560	13792	8768	5576	3192	
187451	96973	90478	21152	69326	10200
116371	65914	50457	28794	21663	1700
25581	16076	9505	9505		9000
214757	137891	76866	37217	39649	87600
19436	8834	10602	602	10000	
122804	65542	57262	38418	18844	
42441	24961	17480	17480		
303944	142127	161817	63185	98632	
391723	126282	265441	47082	218359	6000
40367	7611	32756	1569	31187	
160054	121706	38348	14292	24056	13413
13835	2757	11078	2078	9000	
551163	299445	251718	87417	164301	11500
286933	170572	116361	76449	39912	69809
67503	47206	20297	10297	10000	
67808	51994	15814	4523	11291	
1242348	791553	450795	251535	199260	5875
104995	44835	60160	38216	21944	11360
26492	22605	3887	3887		17880
90987	55931	35056	24573	10483	80360
104192	50015	54177	21301	32876	740
203916	121654	82262	59081	23181	72068
5702	5526	176	176		6100
6885	6421	464	464		11000
47893	32219	15674	6291	9383	

5-31 公共财政预算教育事业费和

地区	合计	事业费支出	个人部分	工资福利支出	对个人和家庭的补助支出	#助学金
合 计	**5973699**	**5947859**	**4191012**	**2999139**	**1191873**	**151803**
北 京	33118	33118	17849	10905	6944	
天 津	42999	42999	39619	15346	24273	
河 北	541198	541198	432309	342786	89523	2524
山 西	241871	241871	203364	157687	45677	58
内蒙古	207404	207404	172366	164629	7737	262
辽 宁	28722	27222	10711	5230	5481	2529
吉 林	522772	518972	398112	227441	170671	247
黑龙江	225112	225112	155317	94724	60593	7964
上 海	329533	329533	185767	148919	36848	
江 苏	398200	398200	334065	202339	131726	4303
浙 江	318475	318475	217911	159614	58297	10985
安 徽	116459	116459	69210	42031	27179	13843
福 建	64637	64637	44350	38812	5538	427
江 西	213670	213670	144327	105377	38950	4857
山 东	454811	454811	287710	227946	59764	6757
河 南	456453	456453	240074	219994	20080	15755
湖 北	88890	88890	70259	29633	40626	6295
湖 南	233834	233834	153200	110606	42594	5369
广 东	181539	181539	126697	87751	38946	17029
广 西	54452	54452	44610	22891	21719	30
海 南	19046	19046	14219	13152	1067	
重 庆	211872	211872	95970	72386	23584	15593
四 川	493215	487675	350182	205250	144932	24586
贵 州	15554	15554	10299	3980	6319	978
云 南	178057	168057	138176	128829	9347	
西 藏						
陕 西	142914	142914	120987	93558	27429	204
甘 肃	34570	34570	28712	20760	7952	444
青 海	3467	3467	2268	1704	564	
宁 夏	6089	6089	4724	3978	746	740
新 疆	114766	109766	77648	40881	36767	10024

基本建设支出明细(成人中等专业学校)

单位:千元

公用部分	商品和服务支出	其他资本性支出			基本建设支出
			专项公用支出	专项项目支出	
1756847	**1196492**	**560355**	**178529**	**381826**	**25840**
15269	11814	3455	3455		
3380	2453	927	927		
108889	64214	44675	8613	36062	
38507	34725	3782	3767	15	
35038	30984	4054	3954	100	
16511	11475	5036	36	5000	1500
120860	83075	37785	9523	28262	3800
69795	23648	46147	8029	38118	
143766	138944	4822	4822		
64135	45410	18725	4428	14297	
100564	90581	9983	9860	123	
47249	30370	16879	7207	9672	
20287	11870	8417	2417	6000	
69343	38781	30562	9510	21052	
167101	37745	129356	7267	122089	
216379	136606	79773	35965	43808	
18631	16373	2258	1838	420	
80634	62451	18183	7887	10296	
54842	37247	17595	3844	13751	
9842	8054	1788	574	1214	
4827	4316	511	511		
115902	94127	21775	21775		
137493	95251	42242	14288	27954	5540
5255	3701	1554	335	1219	
29881	23843	6038	3908	2130	10000
21927	21321	606	606		
5858	4970	888	828	60	
1199	1069	130	130		
1365	1254	111	111		
32118	29820	2298	2114	184	5000

5-32 公共财政预算教育事业费和

地区	合计	事业费支出	个人部分	工资福利支出	对个人和家庭的补助支出	#助学金
合计	**5939591**	**5913751**	**4173604**	**2992195**	**1181409**	**142891**
北京	33118	33118	17849	10905	6944	
天津	42999	42999	39619	15346	24273	
河北	541198	541198	432309	342786	89523	2524
山西	241871	241871	203364	157687	45677	58
内蒙古	207404	207404	172366	164629	7737	262
辽宁	28722	27222	10711	5230	5481	2529
吉林	522772	518972	398112	227441	170671	247
黑龙江	218900	218900	150710	90625	60085	7964
上海	329533	329533	185767	148919	36848	
江苏	398200	398200	334065	202339	131726	4303
浙江	318475	318475	217911	159614	58297	10985
安徽	116459	116459	69210	42031	27179	13843
福建	64637	64637	44350	38812	5538	427
江西	213670	213670	144327	105377	38950	4857
山东	454811	454811	287710	227946	59764	6757
河南	456453	456453	240074	219994	20080	15755
湖北	88890	88890	70259	29633	40626	6295
湖南	233834	233834	153200	110606	42594	5369
广东	181539	181539	126697	87751	38946	17029
广西	54452	54452	44610	22891	21719	30
海南	19046	19046	14219	13152	1067	
重庆	211872	211872	95970	72386	23584	15593
四川	493215	487675	350182	205250	144932	24586
贵州	15554	15554	10299	3980	6319	978
云南	178057	168057	138176	128829	9347	
西藏						
陕西	142914	142914	120987	93558	27429	204
甘肃	34570	34570	28712	20760	7952	444
青海	3467	3467	2268	1704	564	
宁夏	6089	6089	4724	3978	746	740
新疆	86870	81870	64847	38036	26811	1112

基本建设支出明细(地方成人中等专业学校)

单位:千元

公用部分	商品和服务支出	其他资本性支出			基本建设支出
			专项公用支出	专项项目支出	
1740147	**1180001**	**560146**	**178320**	**381826**	**25840**
15269	11814	3455	3455		
3380	2453	927	927		
108889	64214	44675	8613	36062	
38507	34725	3782	3767	15	
35038	30984	4054	3954	100	
16511	11475	5036	36	5000	1500
120860	83075	37785	9523	28262	3800
68190	22252	45938	7820	38118	
143766	138944	4822	4822		
64135	45410	18725	4428	14297	
100564	90581	9983	9860	123	
47249	30370	16879	7207	9672	
20287	11870	8417	2417	6000	
69343	38781	30562	9510	21052	
167101	37745	129356	7267	122089	
216379	136606	79773	35965	43808	
18631	16373	2258	1838	420	
80634	62451	18183	7887	10296	
54842	37247	17595	3844	13751	
9842	8054	1788	574	1214	
4827	4316	511	511		
115902	94127	21775	21775		
137493	95251	42242	14288	27954	5540
5255	3701	1554	335	1219	
29881	23843	6038	3908	2130	10000
21927	21321	606	606		
5858	4970	888	828	60	
1199	1069	130	130		
1365	1254	111	111		
17023	14725	2298	2114	184	5000

5-33 公共财政预算教育事业费和

地区	合计	事业费支出	个人部分	工资福利支出	对个人和家庭的补助支出	#助学金
合计	**602880604**	**584099843**	**394779974**	**298778511**	**96001463**	**25798528**
北京	17061550	15713585	8914756	7125952	1788804	131515
天津	9389508	8956022	6755158	3669134	3086024	30612
河北	22278758	21843746	15667918	12532653	3135265	934054
山西	15075082	14520164	10067543	8423136	1644407	627744
内蒙古	13736007	13146681	9076301	7797931	1278370	933338
辽宁	18511888	17747228	11491061	8963675	2527386	172868
吉林	10801303	10692789	7769385	5305070	2464315	300334
黑龙江	16289913	15662122	10178009	7043698	3134311	477234
上海	14674004	14111200	9591128	7555696	2035432	356264
江苏	38721260	38697675	29934601	21887570	8047031	395278
浙江	25372144	25247496	20466390	16373180	4093210	691140
安徽	23623811	23002128	13337646	10616213	2721433	814919
福建	15823904	15589581	12028205	9618608	2409597	349404
江西	20628330	20113757	10064875	7414401	2650474	1161241
山东	44598477	44559827	29842695	24145884	5696811	981213
河南	35590212	34392228	18251260	15408165	2843095	2155742
湖北	19376224	18380363	13385216	9172271	4212945	686478
湖南	23849163	23130217	14953477	10667790	4285687	773326
广东	46542987	45127529	33543450	27171547	6371903	1282245
广西	18301678	17493652	11802605	7652053	4150552	1403220
海南	5069308	4954765	2590109	2276362	313747	171385
重庆	13343889	12516749	7475731	6147118	1328613	909875
四川	32979913	32102276	22742787	16258398	6484389	2147057
贵州	17746128	16872879	11919283	7677666	4241617	1281080
云南	18772894	18194388	12806185	8877616	3928569	2385502
西藏	2710276	2396606	1702728	1023269	679459	489458
陕西	21569780	20926378	13087916	9634771	3453145	1369852
甘肃	13509424	12889475	8795351	6348392	2446959	1109507
青海	3704441	3374004	2062252	1632931	429321	230268
宁夏	3882215	3680161	2329408	2003708	325700	282164
新疆	19346133	18064172	12146545	8353653	3792892	764211

基本建设支出明细(中学)

单位:千元

公用部分	商品和服务支出	其他资本性支出			基本建设支出
			专项公用支出	专项项目支出	
189319869	**83950409**	**105369460**	**25033276**	**80336184**	**18780761**
6798829	3378195	3420634	2377042	1043592	1347965
2200864	762069	1438795	346017	1092778	433486
6175828	3048549	3127279	568542	2558737	435012
4452621	2725013	1727608	639827	1087781	554918
4070380	2105954	1964426	548999	1415427	589326
6256167	2887374	3368793	880494	2488299	764660
2923404	1829587	1093817	500063	593754	108514
5484113	2685093	2799020	756210	2042810	627791
4520072	3451873	1068199	752096	316103	562804
8763074	3206396	5556678	811268	4745410	23585
4781106	2427902	2353204	466887	1886317	124648
9664482	3088858	6575624	1281562	5294062	621683
3561376	1726432	1834944	399443	1435501	234323
10048882	2096845	7952037	929905	7022132	514573
14717132	3419414	11297718	1157155	10140563	38650
16140968	7742199	8398769	1512304	6886465	1197984
4995147	2245488	2749659	579421	2170238	995861
8176740	3220082	4956658	1178537	3778121	718946
11584079	7440863	4143216	1601455	2541761	1415458
5691047	2140073	3550974	949948	2601026	808026
2364656	700103	1664553	579475	1085078	114543
5041018	2288833	2752185	772508	1979677	827140
9359489	4821231	4538258	945482	3592776	877637
4953596	2620436	2333160	659469	1673691	873249
5388203	2482021	2906182	906744	1999438	578506
693878	415939	277939	86630	191309	313670
7838462	3180095	4658367	842531	3815836	643402
4094124	1663790	2430334	742160	1688174	619949
1311752	487876	823876	202263	621613	330437
1350753	494335	856418	349552	506866	202054
5917627	3167491	2750136	709287	2040849	1281961

5-34 公共财政预算教育事业费和

地区	合计	事业费支出	个人部分	工资福利支出	对个人和家庭的补助支出	#助学金
合计	**3654650**	**3546764**	**2584104**	**2027743**	**556361**	**106276**
北京	521987	513767	319240	229968	89272	790
天津						
河北						
山西						
内蒙古						
辽宁						
吉林	50900	50900	31717	23289	8428	91
黑龙江	1002163	982109	753801	641843	111958	12126
上海	95125	95125	62135	57563	4572	2508
江苏						
浙江						
安徽	13861	13861	10309	9896	413	295
福建						
江西						
山东						
河南						
湖北	156407	156407	96909	76308	20601	298
湖南						
广东	32561	32561	21307	19703	1604	1232
广西						
海南	7847	7847	6478	3875	2603	
重庆	77367	77367	48727	39964	8763	682
四川	14323	14323	11932	10932	1000	988
贵州						
云南						
西藏						
陕西						
甘肃						
青海						
宁夏						
新疆	1682109	1602497	1221549	914402	307147	87266

基本建设支出明细(中央属中学)

单位:千元

公用部分	商品和服务支出	其他资本性支出	专项公用支出	专项项目支出	基本建设支出
962660	**554838**	**407822**	**122526**	**285296**	**107886**
194527	106313	88214	14827	73387	8220
19183	19183				
228308	151192	77116	43377	33739	20054
32990	18305	14685		14685	
3552	3067	485	485		
59498	53049	6449	6449		
11254	6831	4423	1626	2797	
1369	1117	252	252		
28640	10430	18210	18210		
2391	2151	240	240		
380948	183200	197748	37060	160688	79612

5-35 公共财政预算教育事业费和

地区	合计	事业费支出	个人部分	工资福利支出	对个人和家庭的补助支出	#助学金
合计	**599225954**	**580553079**	**392195870**	**296750768**	**95445102**	**25692252**
北京	16539563	15199818	8595516	6895984	1699532	130725
天津	9389508	8956022	6755158	3669134	3086024	30612
河北	22278758	21843746	15667918	12532653	3135265	934054
山西	15075082	14520164	10067543	8423136	1644407	627744
内蒙古	13736007	13146681	9076301	7797931	1278370	933338
辽宁	18511888	17747228	11491061	8963675	2527386	172868
吉林	10750403	10641889	7737668	5281781	2455887	300243
黑龙江	15287750	14680013	9424208	6401855	3022353	465108
上海	14578879	14016075	9528993	7498133	2030860	353756
江苏	38721260	38697675	29934601	21887570	8047031	395278
浙江	25372144	25247496	20466390	16373180	4093210	691140
安徽	23609950	22988267	13327337	10606317	2721020	814624
福建	15823904	15589581	12028205	9618608	2409597	349404
江西	20628330	20113757	10064875	7414401	2650474	1161241
山东	44598477	44559827	29842695	24145884	5696811	981213
河南	35590212	34392228	18251260	15408165	2843095	2155742
湖北	19219817	18223956	13288307	9095963	4192344	686180
湖南	23849163	23130217	14953477	10667790	4285687	773326
广东	46510426	45094968	33522143	27151844	6370299	1281013
广西	18301678	17493652	11802605	7652053	4150552	1403220
海南	5061461	4946918	2583631	2272487	311144	171385
重庆	13266522	12439382	7427004	6107154	1319850	909193
四川	32965590	32087953	22730855	16247466	6483389	2146069
贵州	17746128	16872879	11919283	7677666	4241617	1281080
云南	18772894	18194388	12806185	8877616	3928569	2385502
西藏	2710276	2396606	1702728	1023269	679459	489458
陕西	21569780	20926378	13087916	9634771	3453145	1369852
甘肃	13509424	12889475	8795351	6348392	2446959	1109507
青海	3704441	3374004	2062252	1632931	429321	230268
宁夏	3882215	3680161	2329408	2003708	325700	282164
新疆	17664024	16461675	10924996	7439251	3485745	676945

基本建设支出明细(地方中学)

单位:千元

公用部分	商品和服务支出	其他资本性支出			基本建设支出
			专项公用支出	专项项目支出	
188357209	**83395571**	**104961638**	**24910750**	**80050888**	**18672875**
6604302	3271882	3332420	2362215	970205	1339745
2200864	762069	1438795	346017	1092778	433486
6175828	3048549	3127279	568542	2558737	435012
4452621	2725013	1727608	639827	1087781	554918
4070380	2105954	1964426	548999	1415427	589326
6256167	2887374	3368793	880494	2488299	764660
2904221	1810404	1093817	500063	593754	108514
5255805	2533901	2721904	712833	2009071	607737
4487082	3433568	1053514	752096	301418	562804
8763074	3206396	5556678	811268	4745410	23585
4781106	2427902	2353204	466887	1886317	124648
9660930	3085791	6575139	1281077	5294062	621683
3561376	1726432	1834944	399443	1435501	234323
10048882	2096845	7952037	929905	7022132	514573
14717132	3419414	11297718	1157155	10140563	38650
16140968	7742199	8398769	1512304	6886465	1197984
4935649	2192439	2743210	572972	2170238	995861
8176740	3220082	4956658	1178537	3778121	718946
11572825	7434032	4138793	1599829	2538964	1415458
5691047	2140073	3550974	949948	2601026	808026
2363287	698986	1664301	579223	1085078	114543
5012378	2278403	2733975	754298	1979677	827140
9357098	4819080	4538018	945242	3592776	877637
4953596	2620436	2333160	659469	1673691	873249
5388203	2482021	2906182	906744	1999438	578506
693878	415939	277939	86630	191309	313670
7838462	3180095	4658367	842531	3815836	643402
4094124	1663790	2430334	742160	1688174	619949
1311752	487876	823876	202263	621613	330437
1350753	494335	856418	349552	506866	202054
5536679	2984291	2552388	672227	1880161	1202349

5-36 公共财政预算教育事业费和

地区	合计	事业费支出	个人部分	工资福利支出	对个人和家庭的补助支出	#助学金
合计	**602341504**	**583560743**	**394491522**	**298543171**	**95948351**	**25798470**
北京	17061550	15713585	8914756	7125952	1788804	131515
天津	9366148	8932662	6731848	3652187	3079661	30612
河北	22274988	21839976	15664514	12529536	3134978	934054
山西	15075082	14520164	10067543	8423136	1644407	627744
内蒙古	13736007	13146681	9076301	7797931	1278370	933338
辽宁	18511848	17747188	11491061	8963675	2527386	172868
吉林	10798361	10689847	7766494	5303994	2462500	300334
黑龙江	16289913	15662122	10178009	7043698	3134311	477234
上海	14597988	14035184	9540920	7512318	2028602	356264
江苏	38525319	38501734	29900115	21863334	8036781	395278
浙江	25159086	25034438	20311545	16240943	4070602	691128
安徽	23623811	23002128	13337646	10616213	2721433	814919
福建	15818183	15583860	12024337	9615820	2408517	349404
江西	20628330	20113757	10064875	7414401	2650474	1161241
山东	44598477	44559827	29842695	24145884	5696811	981213
河南	35590212	34392228	18251260	15408165	2843095	2155742
湖北	19372677	18376816	13382698	9169790	4212908	686478
湖南	23849163	23130217	14953477	10667790	4285687	773326
广东	46537008	45121550	33538473	27166902	6371571	1282199
广西	18301678	17493652	11802605	7652053	4150552	1403220
海南	5069308	4954765	2590109	2276362	313747	171385
重庆	13343709	12516569	7475731	6147118	1328613	909875
四川	32977597	32099960	22741003	16257178	6483825	2147057
贵州	17743632	16870383	11916787	7676224	4240563	1281080
云南	18772894	18194388	12806185	8877616	3928569	2385502
西藏	2710276	2396606	1702728	1023269	679459	489458
陕西	21569066	20925664	13087212	9634129	3453083	1369852
甘肃	13509424	12889475	8795351	6348392	2446959	1109507
青海	3704441	3374004	2062252	1632931	429321	230268
宁夏	3882215	3680161	2329408	2003708	325700	282164
新疆	19343113	18061152	12143584	8352522	3791062	764211

基本建设支出明细(普通中学)

单位:千元

公用部分	商品和服务支出	其他资本性支出	专项公用支出	专项项目支出	基本建设支出
189069221	**83862176**	**105207045**	**25027922**	**80179123**	**18780761**
6798829	3378195	3420634	2377042	1043592	1347965
2200814	762019	1438795	346017	1092778	433486
6175462	3048200	3127262	568525	2558737	435012
4452621	2725013	1727608	639827	1087781	554918
4070380	2105954	1964426	548999	1415427	589326
6256127	2887334	3368793	880494	2488299	764660
2923353	1829543	1093810	500056	593754	108514
5484113	2685093	2799020	756210	2042810	627791
4494264	3426591	1067673	751570	316103	562804
8601619	3200971	5400648	810753	4589895	23585
4722893	2375088	2347805	462912	1884893	124648
9664482	3088858	6575624	1281562	5294062	621683
3559523	1724753	1834770	399269	1435501	234323
10048882	2096845	7952037	929905	7022132	514573
14717132	3419414	11297718	1157155	10140563	38650
16140968	7742199	8398769	1512304	6886465	1197984
4994118	2244500	2749618	579380	2170238	995861
8176740	3220082	4956658	1178537	3778121	718946
11583077	7440082	4142995	1601356	2541639	1415458
5691047	2140073	3550974	949948	2601026	808026
2364656	700103	1664553	579475	1085078	114543
5040838	2288653	2752185	772508	1979677	827140
9358957	4820699	4538258	945482	3592776	877637
4953596	2620436	2333160	659469	1673691	873249
5388203	2482021	2906182	906744	1999438	578506
693878	415939	277939	86630	191309	313670
7838452	3180085	4658367	842531	3815836	643402
4094124	1663790	2430334	742160	1688174	619949
1311752	487876	823876	202263	621613	330437
1350753	494335	856418	349552	506866	202054
5917568	3167432	2750136	709287	2040849	1281961

5-37 公共财政预算教育事业费和

地 区	合 计	事业费支出	个人部分	工资福利支出	对个人和家庭的补助支出	#助学金
合 计	**3654650**	**3546764**	**2584104**	**2027743**	**556361**	**106276**
北 京	521987	513767	319240	229968	89272	790
天 津						
河 北						
山 西						
内蒙古						
辽 宁						
吉 林	50900	50900	31717	23289	8428	91
黑龙江	1002163	982109	753801	641843	111958	12126
上 海	95125	95125	62135	57563	4572	2508
江 苏						
浙 江						
安 徽	13861	13861	10309	9896	413	295
福 建						
江 西						
山 东						
河 南						
湖 北	156407	156407	96909	76308	20601	298
湖 南						
广 东	32561	32561	21307	19703	1604	1232
广 西						
海 南	7847	7847	6478	3875	2603	
重 庆	77367	77367	48727	39964	8763	682
四 川	14323	14323	11932	10932	1000	988
贵 州						
云 南						
西 藏						
陕 西						
甘 肃						
青 海						
宁 夏						
新 疆	1682109	1602497	1221549	914402	307147	87266

基本建设支出明细(中央属普通中学)

单位:千元

公用部分	商品和服务支出	其他资本性支出	专项公用支出	专项项目支出	基本建设支出
962660	**554838**	**407822**	**122526**	**285296**	**107886**
194527	106313	88214	14827	73387	8220
19183	19183				
228308	151192	77116	43377	33739	20054
32990	18305	14685		14685	
3552	3067	485	485		
59498	53049	6449	6449		
11254	6831	4423	1626	2797	
1369	1117	252	252		
28640	10430	18210	18210		
2391	2151	240	240		
380948	183200	197748	37060	160688	79612

5-38 公共财政预算教育事业费和

地 区	合 计	事业费支出	个人部分	工资福利支出	对个人和家庭的补助支出	#助学金
合 计	**598686854**	**580013979**	**391907418**	**296515428**	**95391990**	**25692194**
北 京	16539563	15199818	8595516	6895984	1699532	130725
天 津	9366148	8932662	6731848	3652187	3079661	30612
河 北	22274988	21839976	15664514	12529536	3134978	934054
山 西	15075082	14520164	10067543	8423136	1644407	627744
内蒙古	13736007	13146681	9076301	7797931	1278370	933338
辽 宁	18511848	17747188	11491061	8963675	2527386	172868
吉 林	10747461	10638947	7734777	5280705	2454072	300243
黑龙江	15287750	14680013	9424208	6401855	3022353	465108
上 海	14502863	13940059	9478785	7454755	2024030	353756
江 苏	38525319	38501734	29900115	21863334	8036781	395278
浙 江	25159086	25034438	20311545	16240943	4070602	691128
安 徽	23609950	22988267	13327337	10606317	2721020	814624
福 建	15818183	15583860	12024337	9615820	2408517	349404
江 西	20628330	20113757	10064875	7414401	2650474	1161241
山 东	44598477	44559827	29842695	24145884	5696811	981213
河 南	35590212	34392228	18251260	15408165	2843095	2155742
湖 北	19216270	18220409	13285789	9093482	4192307	686180
湖 南	23849163	23130217	14953477	10667790	4285687	773326
广 东	46504447	45088989	33517166	27147199	6369967	1280967
广 西	18301678	17493652	11802605	7652053	4150552	1403220
海 南	5061461	4946918	2583631	2272487	311144	171385
重 庆	13266342	12439202	7427004	6107154	1319850	909193
四 川	32963274	32085637	22729071	16246246	6482825	2146069
贵 州	17743632	16870383	11916787	7676224	4240563	1281080
云 南	18772894	18194388	12806185	8877616	3928569	2385502
西 藏	2710276	2396606	1702728	1023269	679459	489458
陕 西	21569066	20925664	13087212	9634129	3453083	1369852
甘 肃	13509424	12889475	8795351	6348392	2446959	1109507
青 海	3704441	3374004	2062252	1632931	429321	230268
宁 夏	3882215	3680161	2329408	2003708	325700	282164
新 疆	17661004	16458655	10922035	7438120	3483915	676945

基本建设支出明细(地方普通中学)

单位:千元

公用部分	商品和服务支出	其他资本性支出			基本建设支出
			专项公用支出	专项项目支出	
188106561	**83307338**	**104799223**	**24905396**	**79893827**	**18672875**
6604302	3271882	3332420	2362215	970205	1339745
2200814	762019	1438795	346017	1092778	433486
6175462	3048200	3127262	568525	2558737	435012
4452621	2725013	1727608	639827	1087781	554918
4070380	2105954	1964426	548999	1415427	589326
6256127	2887334	3368793	880494	2488299	764660
2904170	1810360	1093810	500056	593754	108514
5255805	2533901	2721904	712833	2009071	607737
4461274	3408286	1052988	751570	301418	562804
8601619	3200971	5400648	810753	4589895	23585
4722893	2375088	2347805	462912	1884893	124648
9660930	3085791	6575139	1281077	5294062	621683
3559523	1724753	1834770	399269	1435501	234323
10048882	2096845	7952037	929905	7022132	514573
14717132	3419414	11297718	1157155	10140563	38650
16140968	7742199	8398769	1512304	6886465	1197984
4934620	2191451	2743169	572931	2170238	995861
8176740	3220082	4956658	1178537	3778121	718946
11571823	7433251	4138572	1599730	2538842	1415458
5691047	2140073	3550974	949948	2601026	808026
2363287	698986	1664301	579223	1085078	114543
5012198	2278223	2733975	754298	1979677	827140
9356566	4818548	4538018	945242	3592776	877637
4953596	2620436	2333160	659469	1673691	873249
5388203	2482021	2906182	906744	1999438	578506
693878	415939	277939	86630	191309	313670
7838452	3180085	4658367	842531	3815836	643402
4094124	1663790	2430334	742160	1688174	619949
1311752	487876	823876	202263	621613	330437
1350753	494335	856418	349552	506866	202054
5536620	2984232	2552388	672227	1880161	1202349

5-39 公共财政预算教育事业费和

地 区	合 计	事业费支出	个人部分	工资福利支出	对个人和家庭的补助支出	#助学金
合 计	**197103335**	**190421272**	**128563356**	**99296463**	**29266893**	**7790917**
北 京	7071978	6439431	3556632	2846347	710285	93074
天 津	3538818	3422658	2520502	1372899	1147603	23249
河 北	7550237	7479553	5302869	4250262	1052607	343835
山 西	5385662	5121685	3593437	2995370	598067	259804
内蒙古	5374216	5178818	3326400	2769916	556484	414560
辽 宁	5752215	5560343	3490086	2829435	660651	94224
吉 林	3536773	3517566	2458156	1687357	770799	138799
黑龙江	5174088	4862548	3040948	2238265	802683	149802
上 海	4741308	4603597	3218768	2643446	575322	51203
江 苏	13144494	13122194	10242678	7666443	2576235	204647
浙 江	8530718	8502818	6606849	5418505	1188344	180983
安 徽	8018121	7787631	4364326	3473939	890387	321175
福 建	5409411	5309786	4291531	3439339	852192	79805
江 西	6429716	6341646	2857428	2147630	709798	263800
山 东	13954293	13954293	9317434	7587868	1729566	266605
河 南	10181842	9718362	5251424	4545489	705935	572967
湖 北	6334852	6042463	4396677	3107956	1288721	303006
湖 南	6342201	6279740	4363981	3271128	1092853	263926
广 东	17604866	17083721	12688070	10343457	2344613	327789
广 西	5150113	4951324	3423940	2279532	1144408	317058
海 南	1727363	1704670	855111	743605	111506	68912
重 庆	5361200	4808127	2707516	2196764	510752	345239
四 川	9238378	9035543	6677067	4845920	1831147	726758
贵 州	5057415	4674999	3483576	2274596	1208980	284593
云 南	4953578	4670895	3275981	2626717	649264	383537
西 藏	947389	734389	524870	303228	221642	160890
陕 西	7713273	7423434	4455769	3357243	1098526	460209
甘 肃	4850282	4618360	3033993	2218802	815191	278888
青 海	1299492	1211158	706497	566122	140375	61483
宁 夏	1329067	1305767	846235	756310	89925	71466
新 疆	5399976	4953753	3684605	2492573	1192032	278631

基本建设支出明细(普通高中)

单位:千元

公用部分	商品和服务支出	其他资本性支出	专项公用支出	专项项目支出	基本建设支出
61857916	**23517311**	**38340605**	**8233317**	**30107288**	**6682063**
2882799	1350776	1532023	1013721	518302	632547
902156	284621	617535	107538	509997	116160
2176684	820422	1356262	141887	1214375	70684
1528248	826215	702033	248766	453267	263977
1852418	1037699	814719	249403	565316	195398
2070257	953567	1116690	324748	791942	191872
1059410	566867	492543	282946	209597	19207
1821600	731058	1090542	199537	891005	311540
1384829	1017561	367268	211751	155517	137711
2879516	881029	1998487	228233	1770254	22300
1895969	877544	1018425	145960	872465	27900
3423305	678242	2745063	322994	2422069	230490
1018255	501464	516791	143972	372819	99625
3484218	450312	3033906	282556	2751350	88070
4636859	607923	4028936	293974	3734962	
4466938	2024956	2441982	390744	2051238	463480
1645786	597304	1048482	172159	876323	292389
1915759	528759	1387000	265943	1121057	62461
4395651	2483534	1912117	653349	1258768	521145
1527384	484712	1042672	186346	856326	198789
849559	289878	559681	220867	338814	22693
2100611	724100	1376511	294227	1082284	553073
2358476	989614	1368862	277951	1090911	202835
1191423	431667	759756	160233	599523	382416
1394914	649228	745686	207202	538484	282683
209519	138440	71079	17184	53895	213000
2967665	1135260	1832405	296996	1535409	289839
1584367	578702	1005665	476243	529422	231922
504661	143417	361244	59894	301350	88334
459532	130566	328966	161744	167222	23300
1269148	601874	667274	194249	473025	446223

5-40 公共财政预算教育事业费和

地区	合计	事业费支出	个人部分	工资福利支出	对个人和家庭的补助支出	#助学金
合计	**1769178**	**1740652**	**1254589**	**983294**	**271295**	**48527**
北京	424096	415876	260231	187686	72545	495
天津						
河北						
山西						
内蒙古						
辽宁						
吉林	50900	50900	31717	23289	8428	91
黑龙江	455377	445507	348726	293030	55696	11644
上海	95125	95125	62135	57563	4572	2508
江苏						
浙江						
安徽	10979	10979	8158	7780	378	275
福建						
江西						
山东						
河南						
湖北	132544	132544	81817	64114	17703	252
湖南						
广东	12162	12162	10882	10229	653	648
广西						
海南	3907	3907	3038	1599	1439	
重庆	49486	49486	31168	25561	5607	437
四川	7017	7017	6364	5746	618	613
贵州						
云南						
西藏						
陕西						
甘肃						
青海						
宁夏						
新疆	527585	517149	410353	306697	103656	31564

基本建设支出明细(中央属普通高中)

单位:千元

公用部分	商品和服务支出	其他资本性支出	专项公用支出	专项项目支出	基本建设支出
486063	**287345**	**198718**	**61748**	**136970**	**28526**
155645	77576	78069	12843	65226	8220
19183	19183				
96781	55211	41570	21570	20000	9870
32990	18305	14685		14685	
2821	2558	263	263		
50727	45749	4978	4978		
1280	131	1149	159	990	
869	749	120	120		
18318	6671	11647	11647		
653	553	100	100		
106796	60659	46137	10068	36069	10436

5-41 公共财政预算教育事业费和

地区	合计	事业费支出	个人部分	工资福利支出	对个人和家庭的补助支出	#助学金
合计	**195334157**	**188680620**	**127308767**	**98313169**	**28995598**	**7742390**
北京	6647882	6023555	3296401	2658661	637740	92579
天津	3538818	3422658	2520502	1372899	1147603	23249
河北	7550237	7479553	5302869	4250262	1052607	343835
山西	5385662	5121685	3593437	2995370	598067	259804
内蒙古	5374216	5178818	3326400	2769916	556484	414560
辽宁	5752215	5560343	3490086	2829435	660651	94224
吉林	3485873	3466666	2426439	1664068	762371	138708
黑龙江	4718711	4417041	2692222	1945235	746987	138158
上海	4646183	4508472	3156633	2585883	570750	48695
江苏	13144494	13122194	10242678	7666443	2576235	204647
浙江	8530718	8502818	6606849	5418505	1188344	180983
安徽	8007142	7776652	4356168	3466159	890009	320900
福建	5409411	5309786	4291531	3439339	852192	79805
江西	6429716	6341646	2857428	2147630	709798	263800
山东	13954293	13954293	9317434	7587868	1729566	266605
河南	10181842	9718362	5251424	4545489	705935	572967
湖北	6202308	5909919	4314860	3043842	1271018	302754
湖南	6342201	6279740	4363981	3271128	1092853	263926
广东	17592704	17071559	12677188	10333228	2343960	327141
广西	5150113	4951324	3423940	2279532	1144408	317058
海南	1723456	1700763	852073	742006	110067	68912
重庆	5311714	4758641	2676348	2171203	505145	344802
四川	9231361	9028526	6670703	4840174	1830529	726145
贵州	5057415	4674999	3483576	2274596	1208980	284593
云南	4953578	4670895	3275981	2626717	649264	383537
西藏	947389	734389	524870	303228	221642	160890
陕西	7713273	7423434	4455769	3357243	1098526	460209
甘肃	4850282	4618360	3033993	2218802	815191	278888
青海	1299492	1211158	706497	566122	140375	61483
宁夏	1329067	1305767	846235	756310	89925	71466
新疆	4872391	4436604	3274252	2185876	1088376	247067

基本建设支出明细(地方普通高中)

单位:千元

公用部分	商品和服务支出	其他资本性支出	专项公用支出	专项项目支出	基本建设支出
61371853	**23229966**	**38141887**	**8171569**	**29970318**	**6653537**
2727154	1273200	1453954	1000878	453076	624327
902156	284621	617535	107538	509997	116160
2176684	820422	1356262	141887	1214375	70684
1528248	826215	702033	248766	453267	263977
1852418	1037699	814719	249403	565316	195398
2070257	953567	1116690	324748	791942	191872
1040227	547684	492543	282946	209597	19207
1724819	675847	1048972	177967	871005	301670
1351839	999256	352583	211751	140832	137711
2879516	881029	1998487	228233	1770254	22300
1895969	877544	1018425	145960	872465	27900
3420484	675684	2744800	322731	2422069	230490
1018255	501464	516791	143972	372819	99625
3484218	450312	3033906	282556	2751350	88070
4636859	607923	4028936	293974	3734962	
4466938	2024956	2441982	390744	2051238	463480
1595059	551555	1043504	167181	876323	292389
1915759	528759	1387000	265943	1121057	62461
4394371	2483403	1910968	653190	1257778	521145
1527384	484712	1042672	186346	856326	198789
848690	289129	559561	220747	338814	22693
2082293	717429	1364864	282580	1082284	553073
2357823	989061	1368762	277851	1090911	202835
1191423	431667	759756	160233	599523	382416
1394914	649228	745686	207202	538484	282683
209519	138440	71079	17184	53895	213000
2967665	1135260	1832405	296996	1535409	289839
1584367	578702	1005665	476243	529422	231922
504661	143417	361244	59894	301350	88334
459532	130566	328966	161744	167222	23300
1162352	541215	621137	184181	436956	435787

5-42 公共财政预算教育事业费和

地 区	合 计	事业费支出	个人部分	工资福利支出	对个人和家庭的补助支出	#助学金
合 计	29246518	28578113	20068096	15931203	4136893	1275944
北 京	610995	592958	311527	274326	37201	3473
天 津	1002350	886190	449041	314376	134665	3689
河 北	882840	877940	715115	606529	108586	39535
山 西	323056	289456	229148	180784	48364	23359
内蒙古	192081	192081	138566	101714	36852	30053
辽 宁	363086	361086	249681	197013	52668	6323
吉 林	193948	193948	150503	115640	34863	5597
黑龙江	456316	444745	345255	291417	53838	11727
上 海	199249	199249	167426	150136	17290	2127
江 苏	2677666	2677666	2153316	1701345	451971	49046
浙 江	1800141	1800141	1530752	1259799	270953	46407
安 徽	2055968	2012474	1019610	795400	224210	83069
福 建	1934766	1904196	1525202	1254748	270454	25851
江 西	260038	256746	166808	124246	42562	20585
山 东	1805503	1805503	1062709	889708	173001	27826
河 南	963162	823119	510489	445115	65374	53619
湖 北	919930	873884	705113	537431	167682	59129
湖 南	1211781	1205508	938994	733662	205332	73305
广 东	2564519	2562797	1830494	1589952	240542	53053
广 西	454623	454443	371679	247309	124370	32942
海 南	157863	157863	89368	76868	12500	4451
重 庆	1395185	1355936	841216	688298	152918	121327
四 川	2177762	2155162	1636332	1215741	420591	186634
贵 州	689531	670661	508041	339548	168493	56913
云 南	575398	574766	428295	321624	106671	61880
西 藏						
陕 西	1552291	1550849	1036721	784157	252564	105281
甘 肃	1420577	1350807	697946	498918	199028	66611
青 海	51445	41728	28504	22459	6045	1280
宁 夏	14608	14608	7309	5942	1367	535
新 疆	339840	291603	222936	166998	55938	20317

基本建设支出明细(农村高中)

单位:千元

公用部分	商品和服务支出	其他资本性支出	专项公用支出	专项项目支出	基本建设支出
8510017	**3116646**	**5393371**	**1114724**	**4278647**	**668405**
281431	127356	154075	95401	58674	18037
437149	56549	380600	19503	361097	116160
162825	96925	65900	10136	55764	4900
60308	39230	21078	11955	9123	33600
53515	47830	5685	2833	2852	
111405	56637	54768	13521	41247	2000
43445	27824	15621	4070	11551	
99490	49116	50374	20818	29556	11571
31823	28499	3324	3324		
524350	178546	345804	41026	304778	
269389	147382	122007	39602	82405	
992864	132541	860323	60991	799332	43494
378994	177237	201757	48079	153678	30570
89938	29117	60821	6600	54221	3292
742794	36388	706406	14880	691526	
312630	193448	119182	14548	104634	140043
168771	69430	99341	15688	83653	46046
266514	92013	174501	35009	139492	6273
732303	457603	274700	65875	208825	1722
82764	47316	35448	10120	25328	180
68495	39797	28698	3727	24971	
514720	246876	267844	47272	220572	39249
518830	210824	308006	63429	244577	22600
162620	70400	92220	16066	76154	18870
146471	71515	74956	20067	54889	632
514128	223519	290609	49402	241207	1442
652861	125997	526864	373989	152875	69770
13224	3609	9615	333	9282	9717
7299	3880	3419	3419		
68667	29242	39425	3041	36384	48237

5-43 公共财政预算教育事业费和

地 区	合 计	事业费支出	个人部分	工资福利支出	对个人和家庭的补助支出	#助学金
合 计	**28671871**	**28022264**	**19636694**	**15568719**	**4067975**	**1256228**
北 京	610995	592958	311527	274326	37201	3473
天 津	1002350	886190	449041	314376	134665	3689
河 北	882840	877940	715115	606529	108586	39535
山 西	323056	289456	229148	180784	48364	23359
内蒙古	192081	192081	138566	101714	36852	30053
辽 宁	363086	361086	249681	197013	52668	6323
吉 林	193948	193948	150503	115640	34863	5597
黑龙江	57127	55426	38658	27040	11618	2007
上 海	199249	199249	167426	150136	17290	2127
江 苏	2677666	2677666	2153316	1701345	451971	49046
浙 江	1800141	1800141	1530752	1259799	270953	46407
安 徽	2055968	2012474	1019610	795400	224210	83069
福 建	1934766	1904196	1525202	1254748	270454	25851
江 西	260038	256746	166808	124246	42562	20585
山 东	1805503	1805503	1062709	889708	173001	27826
河 南	963162	823119	510489	445115	65374	53619
湖 北	919930	873884	705113	537431	167682	59129
湖 南	1211781	1205508	938994	733662	205332	73305
广 东	2563541	2561819	1829796	1589309	240487	53003
广 西	454623	454443	371679	247309	124370	32942
海 南	153956	153956	86330	75269	11061	4451
重 庆	1395185	1355936	841216	688298	152918	121327
四 川	2177762	2155162	1636332	1215741	420591	186634
贵 州	689531	670661	508041	339548	168493	56913
云 南	575398	574766	428295	321624	106671	61880
西 藏						
陕 西	1552291	1550849	1036721	784157	252564	105281
甘 肃	1420577	1350807	697946	498918	199028	66611
青 海	51445	41728	28504	22459	6045	1280
宁 夏	14608	14608	7309	5942	1367	535
新 疆	169267	129958	101867	71133	30734	10371

基本建设支出明细(地方农村高中)

单位:千元

公用部分	商品和服务支出	其他资本性支出			基本建设支出
			专项公用支出	专项项目支出	
8385570	**3056198**	**5329372**	**1092658**	**4236714**	**649607**
281431	127356	154075	95401	58674	18037
437149	56549	380600	19503	361097	116160
162825	96925	65900	10136	55764	4900
60308	39230	21078	11955	9123	33600
53515	47830	5685	2833	2852	
111405	56637	54768	13521	41247	2000
43445	27824	15621	4070	11551	
16768	6394	10374	818	9556	1701
31823	28499	3324	3324		
524350	178546	345804	41026	304778	
269389	147382	122007	39602	82405	
992864	132541	860323	60991	799332	43494
378994	177237	201757	48079	153678	30570
89938	29117	60821	6600	54221	3292
742794	36388	706406	14880	691526	
312630	193448	119182	14548	104634	140043
168771	69430	99341	15688	83653	46046
266514	92013	174501	35009	139492	6273
732023	457472	274551	65726	208825	1722
82764	47316	35448	10120	25328	180
67626	39048	28578	3607	24971	
514720	246876	267844	47272	220572	39249
518830	210824	308006	63429	244577	22600
162620	70400	92220	16066	76154	18870
146471	71515	74956	20067	54889	632
514128	223519	290609	49402	241207	1442
652861	125997	526864	373989	152875	69770
13224	3609	9615	333	9282	9717
7299	3880	3419	3419		
28091	12396	15695	1244	14451	39309

5-44 公共财政预算教育事业费和

地 区	合 计	事业费支出	个人部分	工资福利支出	对个人和家庭的补助支出	#助学金
合 计	**405238169**	**393139471**	**265928166**	**199246708**	**66681458**	**18007553**
北 京	9989572	9274154	5358124	4279605	1078519	38441
天 津	5827330	5510004	4211346	2279288	1932058	7363
河 北	14724751	14360423	10361645	8279274	2082371	590219
山 西	9689420	9398479	6474106	5427766	1046340	367940
内蒙古	8361791	7967863	5749901	5028015	721886	518778
辽 宁	12759633	12186845	8000975	6134240	1866735	78644
吉 林	7261588	7172281	5308338	3616637	1691701	161535
黑龙江	11115825	10799574	7137061	4805433	2331628	327432
上 海	9856680	9431587	6322152	4868872	1453280	305061
江 苏	25380825	25379540	19657437	14196891	5460546	190631
浙 江	16628368	16531620	13704696	10822438	2882258	510145
安 徽	15605690	15214497	8973320	7142274	1831046	493744
福 建	10408772	10274074	7732806	6176481	1556325	269599
江 西	14198614	13772111	7207447	5266771	1940676	897441
山 东	30644184	30605534	20525261	16558016	3967245	714608
河 南	25408370	24673866	12999836	10862676	2137160	1582775
湖 北	13037825	12334353	8986021	6061834	2924187	383472
湖 南	17506962	16850477	10589496	7396662	3192834	509400
广 东	28932142	28037829	20850403	16823445	4026958	954410
广 西	13151565	12542328	8378665	5372521	3006144	1086162
海 南	3341945	3250095	1734998	1532757	202241	102473
重 庆	7982509	7708442	4768215	3950354	817861	564636
四 川	23739219	23064417	16063936	11411258	4652678	1420299
贵 州	12686217	12195384	8433211	5401628	3031583	996487
云 南	13819316	13523493	9530204	6250899	3279305	2001965
西 藏	1762887	1662217	1177858	720041	457817	328568
陕 西	13855793	13502230	8631443	6276886	2354557	909643
甘 肃	8659142	8271115	5761358	4129590	1631768	830619
青 海	2404949	2162846	1355755	1066809	288946	168785
宁 夏	2553148	2374394	1483173	1247398	235775	210698
新 疆	13943137	13107399	8458979	5859949	2599030	485580

基本建设支出明细(普通初中)

单位:千元

公用部分	商品和服务支出	其他资本性支出			基本建设支出
			专项公用支出	专项项目支出	
127211305	**60344865**	**66866440**	**16794605**	**50071835**	**12098698**
3916030	2027419	1888611	1363321	525290	715418
1298658	477398	821260	238479	582781	317326
3998778	2227778	1771000	426638	1344362	364328
2924373	1898798	1025575	391061	634514	290941
2217962	1068255	1149707	299596	850111	393928
4185870	1933767	2252103	555746	1696357	572788
1863943	1262676	601267	217110	384157	89307
3662513	1954035	1708478	556673	1151805	316251
3109435	2409030	700405	539819	160586	425093
5722103	2319942	3402161	582520	2819641	1285
2826924	1497544	1329380	316952	1012428	96748
6241177	2410616	3830561	958568	2871993	391193
2541268	1223289	1317979	255297	1062682	134698
6564664	1646533	4918131	647349	4270782	426503
10080273	2811491	7268782	863181	6405601	38650
11674030	5717243	5956787	1121560	4835227	734504
3348332	1647196	1701136	407221	1293915	703472
6260981	2691323	3569658	912594	2657064	656485
7187426	4956548	2230878	948007	1282871	894313
4163663	1655361	2508302	763602	1744700	609237
1515097	410225	1104872	358608	746264	91850
2940227	1564553	1375674	478281	897393	274067
7000481	3831085	3169396	667531	2501865	674802
3762173	2188769	1573404	499236	1074168	490833
3993289	1832793	2160496	699542	1460954	295823
484359	277499	206860	69446	137414	100670
4870787	2044825	2825962	545535	2280427	353563
2509757	1085088	1424669	265917	1158752	388027
807091	344459	462632	142369	320263	242103
891221	363769	527452	187808	339644	178754
4648420	2565558	2082862	515038	1567824	835738

5-45 公共财政预算教育事业费和

地区	合计	事业费支出	个人部分	工资福利支出	对个人和家庭的补助支出	#助学金
合计	**1885472**	**1806112**	**1329515**	**1044449**	**285066**	**57749**
北京	97891	97891	59009	42282	16727	295
天津						
河北						
山西						
内蒙古						
辽宁						
吉林						
黑龙江	546786	536602	405075	348813	56262	482
上海						
江苏						
浙江						
安徽	2882	2882	2151	2116	35	20
福建						
江西						
山东						
河南						
湖北	23863	23863	15092	12194	2898	46
湖南						
广东	20399	20399	10425	9474	951	584
广西						
海南	3940	3940	3440	2276	1164	
重庆	27881	27881	17559	14403	3156	245
四川	7306	7306	5568	5186	382	375
贵州						
云南						
西藏						
陕西						
甘肃						
青海						
宁夏						
新疆	1154524	1085348	811196	607705	203491	55702

基本建设支出明细(中央属普通初中)

单位:千元

公用部分	商品和服务支出	其他资本性支出			基本建设支出
			专项公用支出	专项项目支出	
476597	**267493**	**209104**	**60778**	**148326**	**79360**
38882	28737	10145	1984	8161	
131527	95981	35546	21807	13739	10184
731	509	222	222		
8771	7300	1471	1471		
9974	6700	3274	1467	1807	
500	368	132	132		
10322	3759	6563	6563		
1738	1598	140	140		
274152	122541	151611	26992	124619	69176

5-46 公共财政预算教育事业费和

地区	合计	事业费支出	个人部分	工资福利支出	对个人和家庭的补助支出	#助学金
合计	**403352697**	**391333359**	**264598651**	**198202259**	**66396392**	**17949804**
北京	9891681	9176263	5299115	4237323	1061792	38146
天津	5827330	5510004	4211346	2279288	1932058	7363
河北	14724751	14360423	10361645	8279274	2082371	590219
山西	9689420	9398479	6474106	5427766	1046340	367940
内蒙古	8361791	7967863	5749901	5028015	721886	518778
辽宁	12759633	12186845	8000975	6134240	1866735	78644
吉林	7261588	7172281	5308338	3616637	1691701	161535
黑龙江	10569039	10262972	6731986	4456620	2275366	326950
上海	9856680	9431587	6322152	4868872	1453280	305061
江苏	25380825	25379540	19657437	14196891	5460546	190631
浙江	16628368	16531620	13704696	10822438	2882258	510145
安徽	15602808	15211615	8971169	7140158	1831011	493724
福建	10408772	10274074	7732806	6176481	1556325	269599
江西	14198614	13772111	7207447	5266771	1940676	897441
山东	30644184	30605534	20525261	16558016	3967245	714608
河南	25408370	24673866	12999836	10862676	2137160	1582775
湖北	13013962	12310490	8970929	6049640	2921289	383426
湖南	17506962	16850477	10589496	7396662	3192834	509400
广东	28911743	28017430	20839978	16813971	4026007	953826
广西	13151565	12542328	8378665	5372521	3006144	1086162
海南	3338005	3246155	1731558	1530481	201077	102473
重庆	7954628	7680561	4750656	3935951	814705	564391
四川	23731913	23057111	16058368	11406072	4652296	1419924
贵州	12686217	12195384	8433211	5401628	3031583	996487
云南	13819316	13523493	9530204	6250899	3279305	2001965
西藏	1762887	1662217	1177858	720041	457817	328568
陕西	13855793	13502230	8631443	6276886	2354557	909643
甘肃	8659142	8271115	5761358	4129590	1631768	830619
青海	2404949	2162846	1355755	1066809	288946	168785
宁夏	2553148	2374394	1483173	1247398	235775	210698
新疆	12788613	12022051	7647783	5252244	2395539	429878

基本建设支出明细(地方普通初中)

单位:千元

公用部分	商品和服务支出	其他资本性支出			基本建设支出
			专项公用支出	专项项目支出	
126734708	**60077372**	**66657336**	**16733827**	**49923509**	**12019338**
3877148	1998682	1878466	1361337	517129	715418
1298658	477398	821260	238479	582781	317326
3998778	2227778	1771000	426638	1344362	364328
2924373	1898798	1025575	391061	634514	290941
2217962	1068255	1149707	299596	850111	393928
4185870	1933767	2252103	555746	1696357	572788
1863943	1262676	601267	217110	384157	89307
3530986	1858054	1672932	534866	1138066	306067
3109435	2409030	700405	539819	160586	425093
5722103	2319942	3402161	582520	2819641	1285
2826924	1497544	1329380	316952	1012428	96748
6240446	2410107	3830339	958346	2871993	391193
2541268	1223289	1317979	255297	1062682	134698
6564664	1646533	4918131	647349	4270782	426503
10080273	2811491	7268782	863181	6405601	38650
11674030	5717243	5956787	1121560	4835227	734504
3339561	1639896	1699665	405750	1293915	703472
6260981	2691323	3569658	912594	2657064	656485
7177452	4949848	2227604	946540	1281064	894313
4163663	1655361	2508302	763602	1744700	609237
1514597	409857	1104740	358476	746264	91850
2929905	1560794	1369111	471718	897393	274067
6998743	3829487	3169256	667391	2501865	674802
3762173	2188769	1573404	499236	1074168	490833
3993289	1832793	2160496	699542	1460954	295823
484359	277499	206860	69446	137414	100670
4870787	2044825	2825962	545535	2280427	353563
2509757	1085088	1424669	265917	1158752	388027
807091	344459	462632	142369	320263	242103
891221	363769	527452	187808	339644	178754
4374268	2443017	1931251	488046	1443205	766562

5-47 公共财政预算教育事业费和

地 区	合 计	事业费支出	个人部分			
				工资福利支出	对个人和家庭的补助支出	
						#助学金
合 计	233005220	226361646	153161625	114237140	38924485	12745068
北 京	3299617	3122772	1635255	1299404	335851	22960
天 津	2650792	2333466	1654946	1105100	549846	929
河 北	7703630	7433584	5476399	4270114	1206285	483155
山 西	4981538	4848017	3359180	2715510	643670	286424
内蒙古	2077638	2027520	1563523	1402682	160841	102530
辽 宁	5894640	5628173	3738425	2897646	840779	57495
吉 林	3965645	3884441	2846609	1967593	879016	145239
黑龙江	4650417	4498396	2830037	2017606	812431	42842
上 海	2286345	2286345	1752532	1375107	377425	69207
江 苏	13165913	13164628	10057717	7289035	2768682	96271
浙 江	9698468	9612650	8023731	6296756	1726975	294410
安 徽	11269681	10959987	6368644	4943730	1424914	408412
福 建	7173763	7072282	5285311	4232855	1052456	254110
江 西	8735743	8460597	4756361	3364277	1392084	777190
山 东	21621008	21582358	14674841	11932413	2742428	641784
河 南	16340898	15812830	8313747	6787361	1526386	1156992
湖 北	8286135	7758025	5665253	3848421	1816832	308358
湖 南	12003975	11719707	7639405	5164513	2474892	403894
广 东	13088076	13054435	9352945	7963809	1389136	504409
广 西	8553473	8162201	5633260	3531885	2101375	817005
海 南	1837856	1788122	989783	889881	99902	44716
重 庆	5001454	4771582	3089693	2498301	591392	437676
四 川	15692572	15248427	10615067	7493626	3121441	1105601
贵 州	9332039	8970110	6053579	3902431	2151148	852760
云 南	9524003	9312251	6473450	4220320	2253130	1554541
西 藏						
陕 西	8607336	8373227	5547938	3958724	1589214	627727
甘 肃	6070650	5777948	4130317	2831731	1298586	740149
青 海	772997	681543	446854	359132	87722	51921
宁 夏	1240645	1108791	641358	494947	146411	132811
新 疆	7478273	6907231	4545465	3182230	1363235	323550

基本建设支出明细(农村初中)

单位:千元

公用部分					基本建设支出
	商品和服务支出	其他资本性支出			
			专项公用支出	专项项目支出	
73200021	**34398176**	**38801845**	**8980925**	**29820920**	**6643574**
1487517	672518	814999	617039	197960	176845
678520	196151	482369	114753	367616	317326
1957185	1117641	839544	213761	625783	270046
1488837	1000274	488563	235098	253465	133521
463997	248857	215140	52486	162654	50118
1889748	955078	934670	298419	636251	266467
1037832	674948	362884	122408	240476	81204
1668359	923496	744863	180345	564518	152021
533813	451862	81951	80754	1197	
3106911	1278632	1828279	325869	1502410	1285
1588919	833885	755034	191586	563448	85818
4591343	1810609	2780734	704512	2076222	309694
1786971	797607	989364	186951	802413	101481
3704236	1023553	2680683	406361	2274322	275146
6907517	1844039	5063478	574109	4489369	38650
7499083	3755066	3744017	742485	3001532	528068
2092772	1002704	1090068	235535	854533	528110
4080302	1898407	2181895	575911	1605984	284268
3701490	2471097	1230393	427079	803314	33641
2528941	1084260	1444681	312962	1131719	391272
798339	211863	586476	182392	404084	49734
1681889	884452	797437	275790	521647	229872
4633360	2608740	2024620	417289	1607331	444145
2916531	1710618	1205913	401764	804149	361929
2838801	1337558	1501243	388227	1113016	211752
2825289	1197593	1627696	207344	1420352	234109
1647631	714113	933518	159262	774256	292702
234689	113362	121327	35170	86157	91454
467433	165314	302119	128114	174005	131854
2361766	1413879	947887	187150	760737	571042

5-48 公共财政预算教育事业费和

地 区	合 计	事业费支出	个人部分	工资福利支出	对个人和家庭的补助支出	
						#助学金
合 计	**231524068**	**224957013**	**152124960**	**113415840**	**38709120**	**12694022**
北 京	3299617	3122772	1635255	1299404	335851	22960
天 津	2650792	2333466	1654946	1105100	549846	929
河 北	7703630	7433584	5476399	4270114	1206285	483155
山 西	4981538	4848017	3359180	2715510	643670	286424
内蒙古	2077638	2027520	1563523	1402682	160841	102530
辽 宁	5894640	5628173	3738425	2897646	840779	57495
吉 林	3965645	3884441	2846609	1967593	879016	145239
黑龙江	4153528	4011691	2458754	1698946	759808	42842
上 海	2286345	2286345	1752532	1375107	377425	69207
江 苏	13165913	13164628	10057717	7289035	2768682	96271
浙 江	9698468	9612650	8023731	6296756	1726975	294410
安 徽	11269681	10959987	6368644	4943730	1424914	408412
福 建	7173763	7072282	5285311	4232855	1052456	254110
江 西	8735743	8460597	4756361	3364277	1392084	777190
山 东	21621008	21582358	14674841	11932413	2742428	641784
河 南	16340898	15812830	8313747	6787361	1526386	1156992
湖 北	8286135	7758025	5665253	3848421	1816832	308358
湖 南	12003975	11719707	7639405	5164513	2474892	403894
广 东	13067967	13034326	9342520	7954335	1388185	503825
广 西	8553473	8162201	5633260	3531885	2101375	817005
海 南	1833916	1784182	986343	887605	98738	44716
重 庆	5001454	4771582	3089693	2498301	591392	437676
四 川	15692572	15248427	10615067	7493626	3121441	1105601
贵 州	9332039	8970110	6053579	3902431	2151148	852760
云 南	9524003	9312251	6473450	4220320	2253130	1554541
西 藏						
陕 西	8607336	8373227	5547938	3958724	1589214	627727
甘 肃	6070650	5777948	4130317	2831731	1298586	740149
青 海	772997	681543	446854	359132	87722	51921
宁 夏	1240645	1108791	641358	494947	146411	132811
新 疆	6518059	6013352	3893948	2691340	1202608	273088

基本建设支出明细(地方农村初中)

单位:千元

公用部分	商品和服务支出	其他资本性支出	专项公用支出	专项项目支出	基本建设支出
72832053	**34209793**	**38622260**	**8936534**	**29685726**	**6567055**
1487517	672518	814999	617039	197960	176845
678520	196151	482369	114753	367616	317326
1957185	1117641	839544	213761	625783	270046
1488837	1000274	488563	235098	253465	133521
463997	248857	215140	52486	162654	50118
1889748	955078	934670	298419	636251	266467
1037832	674948	362884	122408	240476	81204
1552937	842048	710889	158939	551950	141837
533813	451862	81951	80754	1197	
3106911	1278632	1828279	325869	1502410	1285
1588919	833885	755034	191586	563448	85818
4591343	1810609	2780734	704512	2076222	309694
1786971	797607	989364	186951	802413	101481
3704236	1023553	2680683	406361	2274322	275146
6907517	1844039	5063478	574109	4489369	38650
7499083	3755066	3744017	742485	3001532	528068
2092772	1002704	1090068	235535	854533	528110
4080302	1898407	2181895	575911	1605984	284268
3691806	2464677	1227129	425622	801507	33641
2528941	1084260	1444681	312962	1131719	391272
797839	211495	586344	182260	404084	49734
1681889	884452	797437	275790	521647	229872
4633360	2608740	2024620	417289	1607331	444145
2916531	1710618	1205913	401764	804149	361929
2838801	1337558	1501243	388227	1113016	211752
2825289	1197593	1627696	207344	1420352	234109
1647631	714113	933518	159262	774256	292702
234689	113362	121327	35170	86157	91454
467433	165314	302119	128114	174005	131854
2119404	1313732	805672	165754	639918	504707

5-49 公共财政预算教育事业费和

地区	合计	事业费支出	个人部分	工资福利支出	对个人和家庭的补助支出	#助学金
合计	**539100**	**539100**	**288452**	**235340**	**53112**	**58**
北京						
天津	23360	23360	23310	16947	6363	
河北	3770	3770	3404	3117	287	
山西						
内蒙古						
辽宁	40	40				
吉林	2942	2942	2891	1076	1815	
黑龙江						
上海	76016	76016	50208	43378	6830	
江苏	195941	195941	34486	24236	10250	
浙江	213058	213058	154845	132237	22608	12
安徽						
福建	5721	5721	3868	2788	1080	
江西						
山东						
河南						
湖北	3547	3547	2518	2481	37	
湖南						
广东	5979	5979	4977	4645	332	46
广西						
海南						
重庆	180	180				
四川	2316	2316	1784	1220	564	
贵州	2496	2496	2496	1442	1054	
云南						
西藏						
陕西	714	714	704	642	62	
甘肃						
青海						
宁夏						
新疆	3020	3020	2961	1131	1830	

基本建设支出明细(成人中学)

单位:千元

公用部分	商品和服务支出	其他资本性支出	专项公用支出	专项项目支出	基本建设支出
250648	**88233**	**162415**	**5354**	**157061**	
50	50				
366	349	17	17		
40	40				
51	44	7	7		
25808	25282	526	526		
161455	5425	156030	515	155515	
58213	52814	5399	3975	1424	
1853	1679	174	174		
1029	988	41	41		
1002	781	221	99	122	
180	180				
532	532				
10	10				
59	59				

5-50 公共财政预算教育事业费和

地区	合计	事业费支出	个人部分	工资福利支出	对个人和家庭的补助支出	#助学金
合计	**634329887**	**623089011**	**435357120**	**310927347**	**124429773**	**21721276**
北京	14737431	14609476	7925716	6435724	1489992	77603
天津	8298917	8187532	6169691	3206098	2963593	740
河北	25977248	25808721	18539027	14258603	4280424	673809
山西	15569504	15338298	11463873	9060486	2403387	335616
内蒙古	13214846	12986061	9943808	8923498	1020310	575183
辽宁	17262669	17055727	11210152	8319860	2890292	113259
吉林	12532154	12482421	9355375	6243019	3112356	147455
黑龙江	15628565	15421170	10878011	6911878	3966133	57711
上海	11984594	11764865	7870645	5935136	1935509	408000
江苏	43400732	43393559	32428192	20194324	12233868	278937
浙江	27608528	27591991	22907614	16284384	6623230	769775
安徽	25262305	25022507	15495892	11201318	4294574	641093
福建	18574056	18455682	13896611	10127499	3769112	164582
江西	24526083	24043933	13571812	9439591	4132221	957890
山东	40011590	40011030	27781310	22080622	5700688	671794
河南	37688862	37172826	19828091	17054967	2773124	2118835
湖北	17968235	17105268	12099045	7990992	4108053	448940
湖南	26160552	25627732	15658565	11281974	4376591	407034
广东	45463735	44598386	34350250	26566582	7783668	1056203
广西	23218378	22644513	16679615	9925099	6754516	1545899
海南	5608971	5490127	3365260	3032087	333173	88900
重庆	12633968	12074786	7651753	6202255	1449498	882261
四川	37040713	36099793	26646500	16734097	9912403	1825188
贵州	22039873	21405243	16359868	9913149	6446719	976386
云南	24648054	24214173	17624403	11736950	5887453	2900549
西藏	4444891	3744761	2741974	1534377	1207597	859284
陕西	21676704	21380365	13929832	9561528	4368304	1278067
甘肃	12622325	12219031	9089636	6801902	2287734	377850
青海	4806249	4017365	2674999	2021668	653331	397131
宁夏	3780294	3667338	2425949	2129612	296337	259807
新疆	19938861	19454331	14793651	9818068	4975583	425495

基本建设支出明细(小学)

单位:千元

公用部分	商品和服务支出	其他资本性支出			基本建设支出
			专项公用支出	专项项目支出	
187731891	**91030344**	**96701547**	**23933887**	**72767660**	**11240876**
6683760	3319934	3363826	2337500	1026326	127955
2017841	764277	1253564	252181	1001383	111385
7269694	4248926	3020768	728765	2292003	168527
3874425	2694175	1180250	518200	662050	231206
3042253	1596623	1445630	339237	1106393	228785
5845575	2733108	3112467	739969	2372498	206942
3127046	1867258	1259788	415625	844163	49733
4543159	2569987	1973172	388128	1585044	207395
3894220	3199401	694819	551814	143005	219729
10965367	3579724	7385643	891589	6494054	7173
4684377	2602108	2082269	466010	1616259	16537
9526615	3381594	6145021	1421388	4723633	239798
4559071	2328421	2230650	486535	1744115	118374
10472121	3096805	7375316	1392290	5983026	482150
12229720	4255275	7974445	1115779	6858666	560
17344735	9628391	7716344	2034313	5682031	516036
5006223	2487295	2518928	595166	1923762	862967
9969167	4180352	5788815	1227017	4561798	532820
10248136	7248260	2999876	1343629	1656247	865349
5964898	2941493	3023405	957497	2065908	573865
2124867	665670	1459197	364905	1094292	118844
4423033	2142138	2280895	617353	1663542	559182
9453293	4707803	4745490	1010647	3734843	940920
5045375	2903114	2142261	660707	1481554	634630
6589770	2997633	3592137	917207	2674930	433881
1002787	545680	457107	65305	391802	700130
7450533	3269249	4181284	632176	3549108	296339
3129395	1470167	1659228	357391	1301837	403294
1342366	595665	746701	262085	484616	788884
1241389	562348	679041	171568	507473	112956
4660680	2447470	2213210	671911	1541299	484530

5-51 公共财政预算教育事业费和

地区	合计	事业费支出	个人部分	工资福利支出	对个人和家庭的补助支出	#助学金
合计	**2875551**	**2771227**	**1994534**	**1574536**	**419998**	**89631**
北京	166843	166843	93890	75162	18728	
天津	39451	39451	21247	13277	7970	
河北						
山西						
内蒙古						
辽宁						
吉林	35320	35320	20525	15383	5142	
黑龙江	798463	783527	592800	510334	82466	180
上海						
江苏						
浙江						
安徽	8657	8657	6822	6738	84	40
福建						
江西	61	61	6		6	6
山东						
河南						
湖北	23950	23950	13467	7814	5653	
湖南	10	10	10		10	10
广东	24493	24493	15008	13423	1585	304
广西						
海南	6574	6574	5915	4106	1809	
重庆	22214	22214	15465	12125	3340	
四川	6951	6951	5304	5302	2	
贵州						
云南						
西藏						
陕西	256	256				
甘肃						
青海						
宁夏						
新疆	1742308	1652920	1204075	910872	293203	89091

基本建设支出明细(中央属小学)

单位:千元

公用部分	商品和服务支出	其他资本性支出			基本建设支出
			专项公用支出	专项项目支出	
776693	**413262**	**363431**	**91741**	**271690**	**104324**
72953	31790	41163	5968	35195	
18204	10431	7773	863	6910	
14795	8285	6510	510	6000	
190727	138703	52024	32763	19261	14936
1835	1390	445	445		
55	55				
10483	6620	3863	3863		
9485	8684	801	785	16	
659	437	222	222		
6749	6321	428	428		
1647	1588	59	59		
256	256				
448845	198702	250143	45835	204308	89388

5-52 公共财政预算教育事业费和

地 区	合 计	事业费支出	个人部分	工资福利支出	对个人和家庭的补助支出	#助学金
合 计	**631454336**	**620317784**	**433362586**	**309352811**	**124009775**	**21631645**
北 京	14570588	14442633	7831826	6360562	1471264	77603
天 津	8259466	8148081	6148444	3192821	2955623	740
河 北	25977248	25808721	18539027	14258603	4280424	673809
山 西	15569504	15338298	11463873	9060486	2403387	335616
内蒙古	13214846	12986061	9943808	8923498	1020310	575183
辽 宁	17262669	17055727	11210152	8319860	2890292	113259
吉 林	12496834	12447101	9334850	6227636	3107214	147455
黑龙江	14830102	14637643	10285211	6401544	3883667	57531
上 海	11984594	11764865	7870645	5935136	1935509	408000
江 苏	43400732	43393559	32428192	20194324	12233868	278937
浙 江	27608528	27591991	22907614	16284384	6623230	769775
安 徽	25253648	25013850	15489070	11194580	4294490	641053
福 建	18574056	18455682	13896611	10127499	3769112	164582
江 西	24526022	24043872	13571806	9439591	4132215	957884
山 东	40011590	40011030	27781310	22080622	5700688	671794
河 南	37688862	37172826	19828091	17054967	2773124	2118835
湖 北	17944285	17081318	12085578	7983178	4102400	448940
湖 南	26160542	25627722	15658555	11281974	4376581	407024
广 东	45439242	44573893	34335242	26553159	7782083	1055899
广 西	23218378	22644513	16679615	9925099	6754516	1545899
海 南	5602397	5483553	3359345	3027981	331364	88900
重 庆	12611754	12052572	7636288	6190130	1446158	882261
四 川	37033762	36092842	26641196	16728795	9912401	1825188
贵 州	22039873	21405243	16359868	9913149	6446719	976386
云 南	24648054	24214173	17624403	11736950	5887453	2900549
西 藏	4444891	3744761	2741974	1534377	1207597	859284
陕 西	21676448	21380109	13929832	9561528	4368304	1278067
甘 肃	12622325	12219031	9089636	6801902	2287734	377850
青 海	4806249	4017365	2674999	2021668	653331	397131
宁 夏	3780294	3667338	2425949	2129612	296337	259807
新 疆	18196553	17801411	13589576	8907196	4682380	336404

基本建设支出明细(地方小学)

单位:千元

公用部分	商品和服务支出	其他资本性支出	专项公用支出	专项项目支出	基本建设支出
186955198	**90617082**	**96338116**	**23842146**	**72495970**	**11136552**
6610807	3288144	3322663	2331532	991131	127955
1999637	753846	1245791	251318	994473	111385
7269694	4248926	3020768	728765	2292003	168527
3874425	2694175	1180250	518200	662050	231206
3042253	1596623	1445630	339237	1106393	228785
5845575	2733108	3112467	739969	2372498	206942
3112251	1858973	1253278	415115	838163	49733
4352432	2431284	1921148	355365	1565783	192459
3894220	3199401	694819	551814	143005	219729
10965367	3579724	7385643	891589	6494054	7173
4684377	2602108	2082269	466010	1616259	16537
9524780	3380204	6144576	1420943	4723633	239798
4559071	2328421	2230650	486535	1744115	118374
10472066	3096750	7375316	1392290	5983026	482150
12229720	4255275	7974445	1115779	6858666	560
17344735	9628391	7716344	2034313	5682031	516036
4995740	2480675	2515065	591303	1923762	862967
9969167	4180352	5788815	1227017	4561798	532820
10238651	7239576	2999075	1342844	1656231	865349
5964898	2941493	3023405	957497	2065908	573865
2124208	665233	1458975	364683	1094292	118844
4416284	2135817	2280467	616925	1663542	559182
9451646	4706215	4745431	1010588	3734843	940920
5045375	2903114	2142261	660707	1481554	634630
6589770	2997633	3592137	917207	2674930	433881
1002787	545680	457107	65305	391802	700130
7450277	3268993	4181284	632176	3549108	296339
3129395	1470167	1659228	357391	1301837	403294
1342366	595665	746701	262085	484616	788884
1241389	562348	679041	171568	507473	112956
4211835	2248768	1963067	626076	1336991	395142

5-53 公共财政预算教育事业费和

地区	合计	事业费支出	个人部分	工资福利支出	对个人和家庭的补助支出	#助学金
合计	**634297203**	**623056327**	**435328530**	**310900675**	**124427855**	**21721153**
北京	14737431	14609476	7925716	6435724	1489992	77603
天津	8298917	8187532	6169691	3206098	2963593	740
河北	25974992	25806465	18536791	14256367	4280424	673809
山西	15569504	15338298	11463873	9060486	2403387	335616
内蒙古	13214846	12986061	9943808	8923498	1020310	575183
辽宁	17262669	17055727	11210152	8319860	2890292	113259
吉林	12532154	12482421	9355375	6243019	3112356	147455
黑龙江	15628565	15421170	10878011	6911878	3966133	57711
上海	11984594	11764865	7870645	5935136	1935509	408000
江苏	43400732	43393559	32428192	20194324	12233868	278937
浙江	27608528	27591991	22907614	16284384	6623230	769775
安徽	25262305	25022507	15495892	11201318	4294574	641093
福建	18553383	18435009	13877827	10110272	3767555	164582
江西	24526083	24043933	13571812	9439591	4132221	957890
山东	40011590	40011030	27781310	22080622	5700688	671794
河南	37688862	37172826	19828091	17054967	2773124	2118835
湖北	17966947	17103980	12097987	7989934	4108053	448940
湖南	26160552	25627732	15658565	11281974	4376591	407034
广东	45463735	44598386	34350250	26566582	7783668	1056203
广西	23218328	22644463	16679615	9925099	6754516	1545899
海南	5608971	5490127	3365260	3032087	333173	88900
重庆	12629214	12070032	7647283	6197816	1449467	882257
四川	37038394	36097474	26644555	16732482	9912073	1825069
贵州	22039873	21405243	16359868	9913149	6446719	976386
云南	24646976	24213095	17624306	11736853	5887453	2900549
西藏	4444891	3744761	2741974	1534377	1207597	859284
陕西	21676704	21380365	13929832	9561528	4368304	1278067
甘肃	12622325	12219031	9089636	6801902	2287734	377850
青海	4806249	4017365	2674999	2021668	653331	397131
宁夏	3780294	3667338	2425949	2129612	296337	259807
新疆	19938595	19454065	14793651	9818068	4975583	425495

基本建设支出明细(普通小学)

单位:千元

公用部分	商品和服务支出	其他资本性支出			基本建设支出
			专项公用支出	专项项目支出	
187727797	**91026498**	**96701299**	**23933788**	**72767511**	**11240876**
6683760	3319934	3363826	2337500	1026326	127955
2017841	764277	1253564	252181	1001383	111385
7269674	4248906	3020768	728765	2292003	168527
3874425	2694175	1180250	518200	662050	231206
3042253	1596623	1445630	339237	1106393	228785
5845575	2733108	3112467	739969	2372498	206942
3127046	1867258	1259788	415625	844163	49733
4543159	2569987	1973172	388128	1585044	207395
3894220	3199401	694819	551814	143005	219729
10965367	3579724	7385643	891589	6494054	7173
4684377	2602108	2082269	466010	1616259	16537
9526615	3381594	6145021	1421388	4723633	239798
4557182	2326622	2230560	486445	1744115	118374
10472121	3096805	7375316	1392290	5983026	482150
12229720	4255275	7974445	1115779	6858666	560
17344735	9628391	7716344	2034313	5682031	516036
5005993	2487069	2518924	595162	1923762	862967
9969167	4180352	5788815	1227017	4561798	532820
10248136	7248260	2999876	1343629	1656247	865349
5964848	2941443	3023405	957497	2065908	573865
2124867	665670	1459197	364905	1094292	118844
4422749	2142003	2280746	617353	1663393	559182
9452919	4707429	4745490	1010647	3734843	940920
5045375	2903114	2142261	660707	1481554	634630
6588789	2996657	3592132	917202	2674930	433881
1002787	545680	457107	65305	391802	700130
7450533	3269249	4181284	632176	3549108	296339
3129395	1470167	1659228	357391	1301837	403294
1342366	595665	746701	262085	484616	788884
1241389	562348	679041	171568	507473	112956
4660414	2447204	2213210	671911	1541299	484530

5-54 公共财政预算教育事业费和

地区	合计	事业费支出	个人部分	工资福利支出	对个人和家庭的补助支出	#助学金
合计	**2875551**	**2771227**	**1994534**	**1574536**	**419998**	**89631**
北京	166843	166843	93890	75162	18728	
天津	39451	39451	21247	13277	7970	
河北						
山西						
内蒙古						
辽宁						
吉林	35320	35320	20525	15383	5142	
黑龙江	798463	783527	592800	510334	82466	180
上海						
江苏						
浙江						
安徽	8657	8657	6822	6738	84	40
福建						
江西	61	61	6		6	6
山东						
河南						
湖北	23950	23950	13467	7814	5653	
湖南	10	10	10		10	10
广东	24493	24493	15008	13423	1585	304
广西						
海南	6574	6574	5915	4106	1809	
重庆	22214	22214	15465	12125	3340	
四川	6951	6951	5304	5302	2	
贵州						
云南						
西藏						
陕西	256	256				
甘肃						
青海						
宁夏						
新疆	1742308	1652920	1204075	910872	293203	89091

基本建设支出明细(中央属普通小学)

单位:千元

公用部分	商品和服务支出	其他资本性支出			基本建设支出
			专项公用支出	专项项目支出	
776693	**413262**	**363431**	**91741**	**271690**	**104324**
72953	31790	41163	5968	35195	
18204	10431	7773	863	6910	
14795	8285	6510	510	6000	
190727	138703	52024	32763	19261	14936
1835	1390	445	445		
55	55				
10483	6620	3863	3863		
9485	8684	801	785	16	
659	437	222	222		
6749	6321	428	428		
1647	1588	59	59		
256	256				
448845	198702	250143	45835	204308	89388

5-55 公共财政预算教育事业费和

地区	合计	事业费支出	个人部分	工资福利支出	对个人和家庭的补助支出	#助学金
合计	**631421652**	**620285100**	**433333996**	**309326139**	**124007857**	**21631522**
北京	14570588	14442633	7831826	6360562	1471264	77603
天津	8259466	8148081	6148444	3192821	2955623	740
河北	25974992	25806465	18536791	14256367	4280424	673809
山西	15569504	15338298	11463873	9060486	2403387	335616
内蒙古	13214846	12986061	9943808	8923498	1020310	575183
辽宁	17262669	17055727	11210152	8319860	2890292	113259
吉林	12496834	12447101	9334850	6227636	3107214	147455
黑龙江	14830102	14637643	10285211	6401544	3883667	57531
上海	11984594	11764865	7870645	5935136	1935509	408000
江苏	43400732	43393559	32428192	20194324	12233868	278937
浙江	27608528	27591991	22907614	16284384	6623230	769775
安徽	25253648	25013850	15489070	11194580	4294490	641053
福建	18553383	18435009	13877827	10110272	3767555	164582
江西	24526022	24043872	13571806	9439591	4132215	957884
山东	40011590	40011030	27781310	22080622	5700688	671794
河南	37688862	37172826	19828091	17054967	2773124	2118835
湖北	17942997	17080030	12084520	7982120	4102400	448940
湖南	26160542	25627722	15658555	11281974	4376581	407024
广东	45439242	44573893	34335242	26553159	7782083	1055899
广西	23218328	22644463	16679615	9925099	6754516	1545899
海南	5602397	5483553	3359345	3027981	331364	88900
重庆	12607000	12047818	7631818	6185691	1446127	882257
四川	37031443	36090523	26639251	16727180	9912071	1825069
贵州	22039873	21405243	16359868	9913149	6446719	976386
云南	24646976	24213095	17624306	11736853	5887453	2900549
西藏	4444891	3744761	2741974	1534377	1207597	859284
陕西	21676448	21380109	13929832	9561528	4368304	1278067
甘肃	12622325	12219031	9089636	6801902	2287734	377850
青海	4806249	4017365	2674999	2021668	653331	397131
宁夏	3780294	3667338	2425949	2129612	296337	259807
新疆	18196287	17801145	13589576	8907196	4682380	336404

基本建设支出明细(地方普通小学)

单位:千元

公用部分	商品和服务支出	其他资本性支出	专项公用支出	专项项目支出	基本建设支出
186951104	**90613236**	**96337868**	**23842047**	**72495821**	**11136552**
6610807	3288144	3322663	2331532	991131	127955
1999637	753846	1245791	251318	994473	111385
7269674	4248906	3020768	728765	2292003	168527
3874425	2694175	1180250	518200	662050	231206
3042253	1596623	1445630	339237	1106393	228785
5845575	2733108	3112467	739969	2372498	206942
3112251	1858973	1253278	415115	838163	49733
4352432	2431284	1921148	355365	1565783	192459
3894220	3199401	694819	551814	143005	219729
10965367	3579724	7385643	891589	6494054	7173
4684377	2602108	2082269	466010	1616259	16537
9524780	3380204	6144576	1420943	4723633	239798
4557182	2326622	2230560	486445	1744115	118374
10472066	3096750	7375316	1392290	5983026	482150
12229720	4255275	7974445	1115779	6858666	560
17344735	9628391	7716344	2034313	5682031	516036
4995510	2480449	2515061	591299	1923762	862967
9969167	4180352	5788815	1227017	4561798	532820
10238651	7239576	2999075	1342844	1656231	865349
5964848	2941443	3023405	957497	2065908	573865
2124208	665233	1458975	364683	1094292	118844
4416000	2135682	2280318	616925	1663393	559182
9451272	4705841	4745431	1010588	3734843	940920
5045375	2903114	2142261	660707	1481554	634630
6588789	2996657	3592132	917202	2674930	433881
1002787	545680	457107	65305	391802	700130
7450277	3268993	4181284	632176	3549108	296339
3129395	1470167	1659228	357391	1301837	403294
1342366	595665	746701	262085	484616	788884
1241389	562348	679041	171568	507473	112956
4211569	2248502	1963067	626076	1336991	395142

5-56 公共财政预算教育事业费和

地 区	合 计	事业费支出	个人部分	工资福利支出	对个人和家庭的补助支出	#助学金
合 计	**412327892**	**405271618**	**288114755**	**204173102**	**83941653**	**17238242**
北 京	5322595	5236343	2919114	2320623	598491	32257
天 津	3815246	3703861	2454424	1470134	984290	645
河 北	18114248	17973971	12901535	9828858	3072677	636690
山 西	10341974	10202108	7820187	5988197	1831990	313361
内蒙古	6464314	6398488	5121068	4633864	487204	280661
辽 宁	9384314	9192813	6494365	4779705	1714660	92853
吉 林	8092619	8045886	6103690	4160309	1943381	139847
黑龙江	8877697	8725581	6330952	4030063	2300889	40043
上 海	3061812	3061812	2252574	1762104	490470	102120
江 苏	24268217	24262016	18324403	10839918	7484485	186385
浙 江	16975850	16971821	14275486	9796897	4478589	483890
安 徽	18935140	18784132	11754000	8246427	3507573	575636
福 建	12709892	12609360	9555290	6878010	2677280	159393
江 西	17668155	17425156	10159010	6928877	3230133	899855
山 东	30002191	30002191	21272212	17081798	4190414	609144
河 南	27529183	27186736	14685168	12505939	2179229	1754250
湖 北	11560037	11016517	7825157	5281864	2543293	398971
湖 南	17486140	17261676	11040957	7952762	3088195	357858
广 东	21567212	21476498	16660152	13500242	3159910	547014
广 西	17695148	17279024	12859434	7887278	4972156	763938
海 南	3814671	3759097	2559522	2312370	247152	53612
重 庆	8033970	7709958	5395050	4288307	1106743	757395
四 川	27211967	26549567	20018111	12302047	7716064	1646649
贵 州	17567208	17055110	12974168	8044703	4929465	911763
云 南	20269010	19845185	14343666	9403064	4940602	2637384
西 藏	3064750	2423440	1758757	954187	804570	625381
陕 西	14514908	14326775	9818461	6582838	3235623	1006829
甘 肃	9567619	9198150	6975859	5173382	1802477	328791
青 海	2702117	2306698	1598596	1188480	410116	263321
宁 夏	2528056	2416100	1594301	1317412	276889	251692
新 疆	13181632	12865548	10269086	6732443	3536643	380614

基本建设支出明细(农村小学)

单位:千元

公用部分	商品和服务支出	其他资本性支出			基本建设支出
			专项公用支出	专项项目支出	
117156863	**56287006**	**60869857**	**13753575**	**47116282**	**7056274**
2317229	1136102	1181127	817068	364059	86252
1249437	373922	875515	109088	766427	111385
5072436	3012567	2059869	472272	1587597	140277
2381921	1696836	685085	306994	378091	139866
1277420	654536	622884	103145	519739	65826
2698448	1237489	1460959	456382	1004577	191501
1942196	1079203	862993	261543	601450	46733
2394629	1301285	1093344	213159	880185	152116
809238	668861	140377	81180	59197	
5937613	2011783	3925830	491461	3434369	6201
2696335	1503701	1192634	297035	895599	4029
7030132	2566489	4463643	980118	3483525	151008
3054070	1557622	1496448	299595	1196853	100532
7266146	2236917	5029229	880416	4148813	242999
8729979	2993537	5736442	782785	4953657	
12501568	7343902	5157666	1301876	3855790	342447
3191360	1513690	1677670	363972	1313698	543520
6220719	2777275	3443444	786014	2657430	224464
4816346	3202122	1614224	550804	1063420	90714
4419590	2299117	2120473	589521	1530952	416124
1199575	448081	751494	194149	557345	55574
2314908	1323925	990983	240998	749985	324012
6531456	3258059	3273397	658706	2614691	662400
4080942	2292431	1788511	554260	1234251	512098
5501519	2473441	3028078	744263	2283815	423825
664683	336899	327784	40166	287618	641310
4508314	2060186	2448128	404442	2043686	188133
2222291	986524	1235767	237606	998161	369469
708102	334653	373449	110463	262986	395419
821799	357827	463972	100424	363548	111956
2596462	1248024	1348438	323670	1024768	316084

5-57 公共财政预算教育事业费和

地区	合计	事业费支出	个人部分	工资福利支出	对个人和家庭的补助支出	#助学金
合计	**410053144**	**403100543**	**286527235**	**202909882**	**83617353**	**17154748**
北京	5322595	5236343	2919114	2320623	598491	32257
天津	3815246	3703861	2454424	1470134	984290	645
河北	18114248	17973971	12901535	9828858	3072677	636690
山西	10341974	10202108	7820187	5988197	1831990	313361
内蒙古	6464314	6398488	5121068	4633864	487204	280661
辽宁	9384314	9192813	6494365	4779705	1714660	92853
吉林	8092619	8045886	6103690	4160309	1943381	139847
黑龙江	8148566	8011386	5786300	3562588	2223712	40043
上海	3061812	3061812	2252574	1762104	490470	102120
江苏	24268217	24262016	18324403	10839918	7484485	186385
浙江	16975850	16971821	14275486	9796897	4478589	483890
安徽	18935140	18784132	11754000	8246427	3507573	575636
福建	12709892	12609360	9555290	6878010	2677280	159393
江西	17668155	17425156	10159010	6928877	3230133	899855
山东	30002191	30002191	21272212	17081798	4190414	609144
河南	27529183	27186736	14685168	12505939	2179229	1754250
湖北	11560037	11016517	7825157	5281864	2543293	398971
湖南	17486140	17261676	11040957	7952762	3088195	357858
广东	21548347	21457633	16649114	13490159	3158955	546710
广西	17695148	17279024	12859434	7887278	4972156	763938
海南	3808097	3752523	2553607	2308264	245343	53612
重庆	8033970	7709958	5395050	4288307	1106743	757395
四川	27211967	26549567	20018111	12302047	7716064	1646649
贵州	17567208	17055110	12974168	8044703	4929465	911763
云南	20269010	19845185	14343666	9403064	4940602	2637384
西藏	3064750	2423440	1758757	954187	804570	625381
陕西	14514908	14326775	9818461	6582838	3235623	1006829
甘肃	9567619	9198150	6975859	5173382	1802477	328791
青海	2702117	2306698	1598596	1188480	410116	263321
宁夏	2528056	2416100	1594301	1317412	276889	251692
新疆	11661454	11434107	9243171	5950887	3292284	297424

基本建设支出明细(地方农村小学)

单位:千元

公用部分	商品和服务支出	其他资本性支出	专项公用支出	专项项目支出	基本建设支出
116573308	**55989394**	**60583914**	**13681696**	**46902218**	**6952601**
2317229	1136102	1181127	817068	364059	86252
1249437	373922	875515	109088	766427	111385
5072436	3012567	2059869	472272	1587597	140277
2381921	1696836	685085	306994	378091	139866
1277420	654536	622884	103145	519739	65826
2698448	1237489	1460959	456382	1004577	191501
1942196	1079203	862993	261543	601450	46733
2225086	1181568	1043518	181765	861753	137180
809238	668861	140377	81180	59197	
5937613	2011783	3925830	491461	3434369	6201
2696335	1503701	1192634	297035	895599	4029
7030132	2566489	4463643	980118	3483525	151008
3054070	1557622	1496448	299595	1196853	100532
7266146	2236917	5029229	880416	4148813	242999
8729979	2993537	5736442	782785	4953657	
12501568	7343902	5157666	1301876	3855790	342447
3191360	1513690	1677670	363972	1313698	543520
6220719	2777275	3443444	786014	2657430	224464
4808519	3194797	1613722	550318	1063404	90714
4419590	2299117	2120473	589521	1530952	416124
1198916	447644	751272	193927	557345	55574
2314908	1323925	990983	240998	749985	324012
6531456	3258059	3273397	658706	2614691	662400
4080942	2292431	1788511	554260	1234251	512098
5501519	2473441	3028078	744263	2283815	423825
664683	336899	327784	40166	287618	641310
4508314	2060186	2448128	404442	2043686	188133
2222291	986524	1235767	237606	998161	369469
708102	334653	373449	110463	262986	395419
821799	357827	463972	100424	363548	111956
2190936	1077891	1113045	283893	829152	227347

5-58 公共财政预算教育事业费和

地区	合计	事业费支出	个人部分	工资福利支出	对个人和家庭的补助支出	#助学金
合计	**32684**	**32684**	**28590**	**26672**	**1918**	**123**
北京						
天津						
河北	2256	2256	2236	2236		
山西						
内蒙古						
辽宁						
吉林						
黑龙江						
上海						
江苏						
浙江						
安徽						
福建	20673	20673	18784	17227	1557	
江西						
山东						
河南						
湖北	1288	1288	1058	1058		
湖南						
广东						
广西	50	50				
海南						
重庆	4754	4754	4470	4439	31	4
四川	2319	2319	1945	1615	330	119
贵州						
云南	1078	1078	97	97		
西藏						
陕西						
甘肃						
青海						
宁夏						
新疆	266	266				

基本建设支出明细(成人小学)

单位:千元

公用部分	商品和服务支出	其他资本性支出	专项公用支出	专项项目支出	基本建设支出
4094	**3846**	**248**	**99**	**149**	
20	20				
1889	1799	90	90		
230	226	4	4		
50	50				
284	135	149		149	
374	374				
981	976	5	5		
266	266				

5-59 公共财政预算教育事业费和

地区	合计	事业费支出	个人部分	工资福利支出	对个人和家庭的补助支出	#助学金
合计	**7277025**	**7118730**	**4524579**	**3421339**	**1103240**	**153044**
北京	365140	365140	215566	165127	50439	2219
天津	161261	161261	121553	62049	59504	181
河北	247836	246936	183473	156963	26510	5057
山西	137252	137002	99032	83453	15579	2635
内蒙古	153001	143100	102561	91438	11123	4084
辽宁	435412	435412	218573	158284	60289	4332
吉林	214949	214949	147083	91755	55328	2411
黑龙江	266778	266778	176021	104840	71181	4364
上海	522310	521214	337981	269193	68788	12056
江苏	640521	640521	462498	308876	153622	9669
浙江	413213	403213	262042	212344	49698	6669
安徽	176107	145907	102451	84959	17492	5317
福建	277388	270598	160342	127143	33199	5957
江西	136837	134177	64979	46937	18042	3939
山东	575791	575791	406454	313143	93311	17110
河南	295581	287417	168913	156097	12816	7300
湖北	175175	170825	116190	78841	37349	5817
湖南	208440	201160	123259	91974	31285	4923
广东	542013	533558	337244	271530	65714	1624
广西	129421	127161	76256	54937	21319	3568
海南	77950	35150	13820	11451	2369	1357
重庆	102150	100948	59502	50071	9431	6171
四川	305960	300450	172590	130771	41819	12299
贵州	162152	160152	100500	66921	33579	2638
云南	169431	169431	81153	64897	16256	10430
西藏	22478	19158	14227	11381	2846	2187
陕西	111717	110577	70688	57494	13194	4448
甘肃	95304	92304	45790	36519	9271	1654
青海	47588	46388	13327	11392	1935	471
宁夏	18164	17364	10517	9968	549	368
新疆	89705	84688	59994	40591	19403	1789

基本建设支出明细(特殊教育)

单位:千元

公用部分	商品和服务支出	其他资本性支出			基本建设支出
			专项公用支出	专项项目支出	
2594151	**1315033**	**1279118**	**446293**	**832825**	**158295**
149574	63753	85821	63413	22408	
39708	32061	7647	5730	1917	
63463	46449	17014	7446	9568	900
37970	26757	11213	6585	4628	250
40539	25010	15529	10618	4911	9901
216839	118771	98068	66133	31935	
67866	38996	28870	11831	17039	
90757	58388	32369	12204	20165	
183233	160546	22687	19291	3396	1096
178023	61394	116629	17061	99568	
141171	77569	63602	18611	44991	10000
43456	31398	12058	9692	2366	30200
110256	28897	81359	6329	75030	6790
69198	21808	47390	10274	37116	2660
169337	90403	78934	18350	60584	
118504	47189	71315	9400	61915	8164
54635	27301	27334	3089	24245	4350
77901	38850	39051	11176	27875	7280
196314	106401	89913	39102	50811	8455
50905	19651	31254	13083	18171	2260
21330	8686	12644	3252	9392	42800
41446	27680	13766	5029	8737	1202
127860	59160	68700	20269	48431	5510
59652	22377	37275	5743	31532	2000
88278	21834	66444	32071	34373	
4931	3774	1157	977	180	3320
39889	18096	21793	4539	17254	1140
46514	15727	30787	4950	25837	3000
33061	1810	31251	338	30913	1200
6847	1961	4886	4066	820	800
24694	12336	12358	5641	6717	5017

5-60 公共财政预算教育事业费和

地区	合计	事业费支出	个人部分	工资福利支出	对个人和家庭的补助支出	#助学金
合计	**7005493**	**6848878**	**4359594**	**3301407**	**1058187**	**148673**
北京	344274	344274	201935	155274	46661	2219
天津	143590	143590	107635	56371	51264	181
河北	247210	246310	182873	156807	26066	5057
山西	137252	137002	99032	83453	15579	2635
内蒙古	153001	143100	102561	91438	11123	4084
辽宁	404240	404240	194895	141511	53384	4332
吉林	203718	203718	137568	85914	51654	2411
黑龙江	266778	266778	176021	104840	71181	4364
上海	504810	503714	330356	266094	64262	8746
江苏	627054	627054	451040	300432	150608	9581
浙江	396008	386008	251351	203466	47885	6335
安徽	174750	144550	101141	83725	17416	5317
福建	270002	263212	154564	122250	32314	5925
江西	136837	134177	64979	46937	18042	3939
山东	575791	575791	406454	313143	93311	17110
河南	287753	279939	164120	151939	12181	7294
湖北	175175	170825	116190	78841	37349	5817
湖南	208440	201160	123259	91974	31285	4923
广东	485384	477074	305827	244894	60933	1244
广西	125563	123303	73763	53469	20294	3567
海南	77950	35150	13820	11451	2369	1357
重庆	100022	98820	57479	48166	9313	6130
四川	286410	280900	160202	120240	39962	12145
贵州	125587	123587	90596	60242	30354	2638
云南	164730	164730	77726	61495	16231	10405
西藏	22478	19158	14227	11381	2846	2187
陕西	111717	110577	70688	57494	13194	4448
甘肃	95304	92304	45790	36519	9271	1654
青海	47588	46388	13327	11392	1935	471
宁夏	18164	17364	10517	9968	549	368
新疆	87913	84081	59658	40287	19371	1789

基本建设支出明细(特殊教育学校)

单位:千元

公用部分	商品和服务支出	其他资本性支出			基本建设支出
			专项公用支出	专项项目支出	
2489284	**1258783**	**1230501**	**429154**	**801347**	**156615**
142339	58635	83704	61602	22102	
35955	29540	6415	4498	1917	
63437	46425	17012	7444	9568	900
37970	26757	11213	6585	4628	250
40539	25010	15529	10618	4911	9901
209345	111648	97697	65762	31935	
66150	37400	28750	11711	17039	
90757	58388	32369	12204	20165	
173358	151640	21718	18322	3396	1096
176014	60049	115965	16397	99568	
134657	71977	62680	17689	44991	10000
43409	31351	12058	9692	2366	30200
108648	27322	81326	6296	75030	6790
69198	21808	47390	10274	37116	2660
169337	90403	78934	18350	60584	
115819	45612	70207	8292	61915	7814
54635	27301	27334	3089	24245	4350
77901	38850	39051	11176	27875	7280
171247	99103	72144	31521	40623	8310
49540	18855	30685	12514	18171	2260
21330	8686	12644	3252	9392	42800
41341	27575	13766	5029	8737	1202
120698	54293	66405	18958	47447	5510
32991	16162	16829	5297	11532	2000
87004	20560	66444	32071	34373	
4931	3774	1157	977	180	3320
39889	18096	21793	4539	17254	1140
46514	15727	30787	4950	25837	3000
33061	1810	31251	338	30913	1200
6847	1961	4886	4066	820	800
24423	12065	12358	5641	6717	3832

5-61 公共财政预算教育事业费和

地区	合计	事业费支出	个人部分		
			工资福利支出	对个人和家庭的补助支出	#助学金
合计	**271532**	**269852**	**164985**	**119932**	**45053**	**4371**
北京	20866	20866	13631	9853	3778	
天津	17671	17671	13918	5678	8240	
河北	626	626	600	156	444	
山西						
内蒙古						
辽宁	31172	31172	23678	16773	6905	
吉林	11231	11231	9515	5841	3674	
黑龙江						
上海	17500	17500	7625	3099	4526	3310
江苏	13467	13467	11458	8444	3014	88
浙江	17205	17205	10691	8878	1813	334
安徽	1357	1357	1310	1234	76	
福建	7386	7386	5778	4893	885	32
江西						
山东						
河南	7828	7478	4793	4158	635	6
湖北						
湖南						
广东	56629	56484	31417	26636	4781	380
广西	3858	3858	2493	1468	1025	1
海南						
重庆	2128	2128	2023	1905	118	41
四川	19550	19550	12388	10531	1857	154
贵州	36565	36565	9904	6679	3225	
云南	4701	4701	3427	3402	25	25
西藏						
陕西						
甘肃						
青海						
宁夏						
新疆	1792	607	336	304	32	

基本建设支出明细(工读学校)

单位:千元

公用部分					基本建设支出
	商品和服务支出	其他资本性支出			
			专项公用支出	专项项目支出	
104867	**56250**	**48617**	**17139**	**31478**	**1680**
7235	5118	2117	1811	306	
3753	2521	1232	1232		
26	24	2	2		
7494	7123	371	371		
1716	1596	120	120		
9875	8906	969	969		
2009	1345	664	664		
6514	5592	922	922		
47	47				
1608	1575	33	33		
2685	1577	1108	1108		350
25067	7298	17769	7581	10188	145
1365	796	569	569		
105	105				
7162	4867	2295	1311	984	
26661	6215	20446	446	20000	
1274	1274				
271	271				1185

5-62 公共财政预算教育事业费和

地 区	合 计	事业费支出	个人部分	工资福利支出	对个人和家庭的补助支出	#助学金
合 计	**67554072**	**64898662**	**34222352**	**27200084**	**7022268**	**1973058**
北 京	2696350	2599333	1734714	1447120	287594	13
天 津	1421364	1421364	839619	467798	371821	763
河 北	3581833	3451946	2272472	2004075	268397	47640
山 西	1453045	1352940	720728	596973	123755	63864
内蒙古	1990272	1915279	1197458	1082171	115287	46670
辽 宁	1249951	1245551	489300	396724	92576	6251
吉 林	856610	839460	467480	342210	125270	8975
黑龙江	1136818	1048922	442857	338816	104041	599
上 海	5219553	5205079	3539521	3148545	390976	14623
江 苏	5497791	5497791	3065669	2505856	559813	159907
浙 江	3918113	3912993	2394067	2083045	311022	13167
安 徽	1944438	1840803	653551	557380	96171	30420
福 建	2234014	2195309	1487161	1293059	194102	8878
江 西	1864277	1753756	428566	301168	127398	49424
山 东	4926894	4888344	1763952	1332466	431486	251750
河 南	2826979	2751169	936845	816815	120030	98572
湖 北	1613667	1495945	717692	558989	158703	907
湖 南	1655523	1534383	596010	451415	144595	75153
广 东	2875502	2798552	1807215	1283095	524120	151706
广 西	1567954	1463651	680748	399822	280926	81267
海 南	634672	597492	133822	98966	34856	21116
重 庆	853656	795204	324923	254795	70128	51897
四 川	3065514	2938718	1619446	1120697	498749	160100
贵 州	1332234	1249211	710616	527548	183068	6616
云 南	1723573	1615076	773675	690333	83342	27363
西 藏	762130	498340	328935	138509	190426	144794
陕 西	3602911	3508202	1378256	1076845	301411	195143
甘 肃	1328745	1223281	593773	508735	85038	2687
青 海	693544	438485	215205	123488	91717	65439
宁 夏	382498	346888	145708	140740	4968	2455
新 疆	2643647	2475195	1762368	1111886	650482	184899

基本建设支出明细(幼儿园)

单位:千元

公用部分	商品和服务支出	其他资本性支出	专项公用支出	专项项目支出	基本建设支出
30676310	**9675482**	**21000828**	**3693300**	**17307528**	**2655410**
864619	688809	175810	167275	8535	97017
581745	130660	451085	90409	360676	
1179474	293155	886319	150710	735609	129887
632212	231158	401054	120150	280904	100105
717821	264959	452862	103855	349007	74993
756251	369499	386752	64409	322343	4400
371980	137124	234856	44478	190378	17150
606065	227407	378658	71968	306690	87896
1665558	1348481	317077	255760	61317	14474
2432122	592710	1839412	144809	1694603	
1518926	548557	970369	196586	773783	5120
1187252	160488	1026764	137831	888933	103635
708148	251256	456892	115582	341310	38705
1325190	69204	1255986	116294	1139692	110521
3124392	375071	2749321	180494	2568827	38550
1814324	497319	1317005	210952	1106053	75810
778253	138211	640042	50650	589392	117722
938373	200700	737673	166836	570837	121140
991337	377414	613923	184678	429245	76950
782903	161759	621144	177992	443152	104303
463670	30990	432680	90056	342624	37180
470281	263632	206649	50165	156484	58452
1319272	426147	893125	135084	758041	126796
538595	181545	357050	65520	291530	83023
841401	221896	619505	121550	497955	108497
169405	71782	97623	55359	42264	263790
2129946	848952	1280994	271228	1009766	94709
629508	88975	540533	35888	504645	105464
223280	65162	158118	21695	136423	255059
201180	36860	164320	31131	133189	35610
712827	375600	337227	63906	273321	168452

5-63 公共财政预算教育事业费和

地区	合计	事业费支出	个人部分	工资福利支出	对个人和家庭的补助支出	#助学金
合计	**343931**	**270931**	**105781**	**69285**	**36496**	**26071**
北京	27	27				
天津						
河北						
山西	477	477	477	450	27	27
内蒙古						
辽宁	3654	3654	2654	2654		
吉林						
黑龙江	20786	20786	12730	10448	2282	
上海						
江苏	2683	2683	1419	1419		
浙江						
安徽	117	117				
福建						
江西						
山东						
河南	500	500				
湖北	821	821	28	16	12	
湖南						
广东						
广西						
海南						
重庆						
四川	6304	6304	5604	5548	56	50
贵州	100	100				
云南						
西藏						
陕西	5546	5546	5192	4633	559	559
甘肃						
青海						
宁夏						
新疆	302916	229916	77677	44117	33560	25435

基本建设支出明细(中央属幼儿园)

单位:千元

公用部分	商品和服务支出	其他资本性支出			基本建设支出
			专项公用支出	专项项目支出	
165150	**19700**	**145450**	**10738**	**134712**	**73000**
27	27				
1000	1000				
8056	7898	158	158		
1264	1264				
117	117				
500	500				
793	673	120	108	12	
700		700		700	
100		100	100		
354	241	113	113		
152239	7980	144259	10259	134000	73000

5-64 公共财政预算教育事业费和

地区	合计	事业费支出	个人部分	工资福利支出	对个人和家庭的补助支出	#助学金
合 计	**67210141**	**64627731**	**34116571**	**27130799**	**6985772**	**1946987**
北 京	2696323	2599306	1734714	1447120	287594	13
天 津	1421364	1421364	839619	467798	371821	763
河 北	3581833	3451946	2272472	2004075	268397	47640
山 西	1452568	1352463	720251	596523	123728	63837
内蒙古	1990272	1915279	1197458	1082171	115287	46670
辽 宁	1246297	1241897	486646	394070	92576	6251
吉 林	856610	839460	467480	342210	125270	8975
黑龙江	1116032	1028136	430127	328368	101759	599
上 海	5219553	5205079	3539521	3148545	390976	14623
江 苏	5495108	5495108	3064250	2504437	559813	159907
浙 江	3918113	3912993	2394067	2083045	311022	13167
安 徽	1944321	1840686	653551	557380	96171	30420
福 建	2234014	2195309	1487161	1293059	194102	8878
江 西	1864277	1753756	428566	301168	127398	49424
山 东	4926894	4888344	1763952	1332466	431486	251750
河 南	2826479	2750669	936845	816815	120030	98572
湖 北	1612846	1495124	717664	558973	158691	907
湖 南	1655523	1534383	596010	451415	144595	75153
广 东	2875502	2798552	1807215	1283095	524120	151706
广 西	1567954	1463651	680748	399822	280926	81267
海 南	634672	597492	133822	98966	34856	21116
重 庆	853656	795204	324923	254795	70128	51897
四 川	3059210	2932414	1613842	1115149	498693	160050
贵 州	1332134	1249111	710616	527548	183068	6616
云 南	1723573	1615076	773675	690333	83342	27363
西 藏	762130	498340	328935	138509	190426	144794
陕 西	3597365	3502656	1373064	1072212	300852	194584
甘 肃	1328745	1223281	593773	508735	85038	2687
青 海	693544	438485	215205	123488	91717	65439
宁 夏	382498	346888	145708	140740	4968	2455
新 疆	2340731	2245279	1684691	1067769	616922	159464

基本建设支出明细(地方幼儿园)

单位:千元

公用部分	商品和服务支出	其他资本性支出			基本建设支出
			专项公用支出	专项项目支出	
30511160	**9655782**	**20855378**	**3682562**	**17172816**	**2582410**
864592	688782	175810	167275	8535	97017
581745	130660	451085	90409	360676	
1179474	293155	886319	150710	735609	129887
632212	231158	401054	120150	280904	100105
717821	264959	452862	103855	349007	74993
755251	368499	386752	64409	322343	4400
371980	137124	234856	44478	190378	17150
598009	219509	378500	71810	306690	87896
1665558	1348481	317077	255760	61317	14474
2430858	591446	1839412	144809	1694603	
1518926	548557	970369	196586	773783	5120
1187135	160371	1026764	137831	888933	103635
708148	251256	456892	115582	341310	38705
1325190	69204	1255986	116294	1139692	110521
3124392	375071	2749321	180494	2568827	38550
1813824	496819	1317005	210952	1106053	75810
777460	137538	639922	50542	589380	117722
938373	200700	737673	166836	570837	121140
991337	377414	613923	184678	429245	76950
782903	161759	621144	177992	443152	104303
463670	30990	432680	90056	342624	37180
470281	263632	206649	50165	156484	58452
1318572	426147	892425	135084	757341	126796
538495	181545	356950	65420	291530	83023
841401	221896	619505	121550	497955	108497
169405	71782	97623	55359	42264	263790
2129592	848711	1280881	271115	1009766	94709
629508	88975	540533	35888	504645	105464
223280	65162	158118	21695	136423	255059
201180	36860	164320	31131	133189	35610
560588	367620	192968	53647	139321	95452

5-65 公共财政预算教育事业费和

地区	合计	事业费支出	个人部分	工资福利支出	对个人和家庭的补助支出	#助学金
合计	**29617416**	**27932035**	**12169274**	**9865915**	**2303359**	**1208157**
北京	695798	659823	384477	352450	32027	5
天津	331277	331277	129139	98009	31130	107
河北	2109203	1994503	1282132	1181805	100327	35982
山西	637688	574627	185457	136965	48492	38206
内蒙古	448364	437963	279465	259801	19664	8194
辽宁	399605	395205	77347	69703	7644	1455
吉林	244998	232248	126003	110353	15650	3306
黑龙江	215007	190836	74893	70631	4262	84
上海	1555539	1555539	1120848	1033482	87366	2913
江苏	2475111	2475111	1080137	859809	220328	97895
浙江	1649010	1643890	914710	834779	79931	7086
安徽	1144110	1079529	268307	240248	28059	17958
福建	1002349	984174	647119	569004	78115	6649
江西	726923	666755	78666	53858	24808	21605
山东	3250806	3212256	1081053	820165	260888	181269
河南	1381149	1319219	361876	292281	69595	62710
湖北	842349	735147	225687	207173	18514	369
湖南	847340	740920	268259	208328	59931	51224
广东	686509	685987	327744	258588	69156	53086
广西	797019	713535	176710	85223	91487	60169
海南	397270	380605	44596	28376	16220	10592
重庆	382792	341315	122550	85247	37303	35076
四川	1445109	1357669	584332	417083	167249	108334
贵州	741410	682349	295868	246409	49459	3820
云南	746510	667606	140580	107118	33462	17099
西藏	463918	222268	133275	38349	94926	82125
陕西	1537498	1487929	572392	450412	121980	112646
甘肃	667575	601240	189708	165616	24092	1023
青海	223180	122818	59581	27450	32131	26725
宁夏	136108	106128	18013	16761	1252	968
新疆	1435892	1333564	918350	540439	377911	159477

基本建设支出明细(农村幼儿园)

单位:千元

公用部分	商品和服务支出	其他资本性支出			基本建设支出
			专项公用支出	专项项目支出	
15762761	**3705838**	**12056923**	**1782369**	**10274554**	**1685381**
275346	238802	36544	36066	478	35975
202138	13552	188586	20786	167800	
712371	115276	597095	97215	499880	114700
389170	131248	257922	88615	169307	63061
158498	41340	117158	18206	98952	10401
317858	145379	172479	25532	146947	4400
106245	22832	83413	10880	72533	12750
115943	27244	88699	17339	71360	24171
434691	369218	65473	52457	13016	
1394974	263868	1131106	80813	1050293	
729180	234444	494736	87742	406994	5120
811222	66887	744335	68381	675954	64581
337055	119993	217062	60086	156976	18175
588089	12251	575838	67235	508603	60168
2131203	202345	1928858	117660	1811198	38550
957343	229071	728272	122366	605906	61930
509460	37853	471607	29651	441956	107202
472661	87606	385055	91881	293174	106420
358243	83589	274654	60701	213953	522
536825	87956	448869	116489	332380	83484
336009	11796	324213	71837	252376	16665
218765	110784	107981	17241	90740	41477
773337	167070	606267	82300	523967	87440
386481	117299	269182	43607	225575	59061
527026	90937	436089	62238	373851	78904
88993	25257	63736	36512	27224	241650
915537	388680	526857	130524	396333	49569
411532	38803	372729	11249	361480	66335
63237	16540	46697	9143	37554	100362
88115	7580	80535	15864	64671	29980
415214	200338	214876	31753	183123	102328

5-66 公共财政预算教育事业费和

地区	合计	事业费支出	个人部分	工资福利支出	对个人和家庭的补助支出	#助学金
合计	**29357168**	**27736067**	**12115891**	**9839034**	**2276857**	**1182972**
北京	695798	659823	384477	352450	32027	5
天津	331277	331277	129139	98009	31130	107
河北	2109203	1994503	1282132	1181805	100327	35982
山西	637688	574627	185457	136965	48492	38206
内蒙古	448364	437963	279465	259801	19664	8194
辽宁	399605	395205	77347	69703	7644	1455
吉林	244998	232248	126003	110353	15650	3306
黑龙江	214927	190756	74823	70561	4262	84
上海	1555539	1555539	1120848	1033482	87366	2913
江苏	2475111	2475111	1080137	859809	220328	97895
浙江	1649010	1643890	914710	834779	79931	7086
安徽	1144110	1079529	268307	240248	28059	17958
福建	1002349	984174	647119	569004	78115	6649
江西	726923	666755	78666	53858	24808	21605
山东	3250806	3212256	1081053	820165	260888	181269
河南	1381149	1319219	361876	292281	69595	62710
湖北	842349	735147	225687	207173	18514	369
湖南	847340	740920	268259	208328	59931	51224
广东	686509	685987	327744	258588	69156	53086
广西	797019	713535	176710	85223	91487	60169
海南	397270	380605	44596	28376	16220	10592
重庆	382792	341315	122550	85247	37303	35076
四川	1445109	1357669	584332	417083	167249	108334
贵州	741310	682249	295868	246409	49459	3820
云南	746510	667606	140580	107118	33462	17099
西藏	463918	222268	133275	38349	94926	82125
陕西	1537498	1487929	572392	450412	121980	112646
甘肃	667575	601240	189708	165616	24092	1023
青海	223180	122818	59581	27450	32131	26725
宁夏	136108	106128	18013	16761	1252	968
新疆	1175824	1137776	865037	513628	351409	134292

基本建设支出明细(地方农村幼儿园)

单位:千元

公用部分	商品和服务支出	其他资本性支出	专项公用支出	专项项目支出	基本建设支出
15620176	**3698890**	**11921286**	**1776012**	**10145274**	**1621101**
275346	238802	36544	36066	478	35975
202138	13552	188586	20786	167800	
712371	115276	597095	97215	499880	114700
389170	131248	257922	88615	169307	63061
158498	41340	117158	18206	98952	10401
317858	145379	172479	25532	146947	4400
106245	22832	83413	10880	72533	12750
115933	27234	88699	17339	71360	24171
434691	369218	65473	52457	13016	
1394974	263868	1131106	80813	1050293	
729180	234444	494736	87742	406994	5120
811222	66887	744335	68381	675954	64581
337055	119993	217062	60086	156976	18175
588089	12251	575838	67235	508603	60168
2131203	202345	1928858	117660	1811198	38550
957343	229071	728272	122366	605906	61930
509460	37853	471607	29651	441956	107202
472661	87606	385055	91881	293174	106420
358243	83589	274654	60701	213953	522
536825	87956	448869	116489	332380	83484
336009	11796	324213	71837	252376	16665
218765	110784	107981	17241	90740	41477
773337	167070	606267	82300	523967	87440
386381	117299	269082	43507	225575	59061
527026	90937	436089	62238	373851	78904
88993	25257	63736	36512	27224	241650
915537	388680	526857	130524	396333	49569
411532	38803	372729	11249	361480	66335
63237	16540	46697	9143	37554	100362
88115	7580	80535	15864	64671	29980
272739	193400	79339	25496	53843	38048

5-67 公共财政预算教育事业费

地区	合计	事业费支出	个人部分	工资福利支出	对个人和家庭的补助支出	#助学金
合计	**23938259**	**22972879**	**10803025**	**7191897**	**3611128**	
北京	469067	469067	301201	246982	54219	
天津	314993	314993	215708	108161	107547	
河北	403213	403213	265264	183791	81473	
山西	797354	797154	419522	323287	96235	
内蒙古	574303	569116	293323	234140	59183	
辽宁	567263	565763	277838	177293	100545	
吉林	471964	471964	160936	98918	62018	
黑龙江	890191	873546	279944	149325	130619	
上海	192933	192933	140524	106885	33639	
江苏	1292622	1292622	668357	392648	275709	
浙江	687742	687742	473955	334974	138981	
安徽	521279	521279	281937	207963	73974	
福建	386015	386015	250814	174913	75901	
江西	566832	566832	261194	184900	76294	
山东	1679198	1679198	898937	690996	207941	
河南	829403	829403	290338	267806	22532	
湖北	677683	663134	426580	247282	179298	
湖南	1492401	1492401	727964	474006	253958	
广东	2400323	1815633	753637	525721	227916	
广西	483408	483408	212941	128610	84331	
海南	255742	254242	115428	86577	28851	
重庆	530845	517241	146126	107185	38941	
四川	1259978	1235165	647460	369210	278250	
贵州	1057061	1004811	547384	300684	246700	
云南	2239092	2089755	453197	218074	235123	
西藏	230897	190897	106257	79923	26334	
陕西	577642	537992	257428	166414	91014	
甘肃	287723	287723	141077	106817	34260	
青海	240174	223719	107236	52694	54542	
宁夏	113266	108266	66197	62236	3961	
新疆	1447652	1447652	614321	383482	230839	

和基本建设支出明细（教育行政单位）

单位：千元

公用部分	商品和服务支出	其他资本性支出			基本建设支出
			专项公用支出	专项项目支出	
12169854	**7657419**	**4512435**	**1597182**	**2915253**	**965380**
167866	149598	18268	18268		
99285	76851	22434	1402	21032	
137949	123357	14592	10224	4368	
377632	188079	189553	74679	114874	200
275793	185640	90153	36511	53642	5187
287925	230011	57914	29851	28063	1500
311028	266082	44946	17988	26958	
593602	361400	232202	107774	124428	16645
52409	50224	2185	2185		
624265	512955	111310	61199	50111	
213787	194099	19688	14689	4999	
239342	204401	34941	17457	17484	
135201	95161	40040	18300	21740	
305638	152189	153449	53416	100033	
780261	492672	287589	75530	212059	
539065	441375	97690	42909	54781	
236554	197958	38596	27288	11308	14549
764437	580981	183456	125460	57996	
1061996	760595	301401	82190	219211	584690
270467	138901	131566	56322	75244	
138814	104750	34064	34064		1500
371115	212952	158163	135079	23084	13604
587705	442253	145452	78095	67357	24813
457427	279490	177937	38729	139208	52250
1636558	423188	1213370	163765	1049605	149337
84640	42744	41896	5797	36099	40000
280564	176475	104089	30413	73676	39650
146646	105905	40741	21120	19621	
116483	77128	39355	8497	30858	16455
42069	39751	2318	2318		5000
833331	350254	483077	205663	277414	

5-68 公共财政预算教育事业费

地区	合计	事业费支出	个人部分	工资福利支出	对个人和家庭的补助支出	#助学金
合计	**23807358**	**22841978**	**10729961**	**7125436**	**3604525**	
北京	379942	379942	248755	194695	54060	
天津	314993	314993	215708	108161	107547	
河北	403213	403213	265264	183791	81473	
山西	797354	797154	419522	323287	96235	
内蒙古	574303	569116	293323	234140	59183	
辽宁	567263	565763	277838	177293	100545	
吉林	471964	471964	160936	98918	62018	
黑龙江	885937	869292	277851	147237	130614	
上海	192933	192933	140524	106885	33639	
江苏	1292622	1292622	668357	392648	275709	
浙江	687742	687742	473955	334974	138981	
安徽	521279	521279	281937	207963	73974	
福建	386015	386015	250814	174913	75901	
江西	566832	566832	261194	184900	76294	
山东	1679198	1679198	898937	690996	207941	
河南	829403	829403	290338	267806	22532	
湖北	677683	663134	426580	247282	179298	
湖南	1492401	1492401	727964	474006	253958	
广东	2400323	1815633	753637	525721	227916	
广西	483408	483408	212941	128610	84331	
海南	255742	254242	115428	86577	28851	
重庆	530845	517241	146126	107185	38941	
四川	1259978	1235165	647460	369210	278250	
贵州	1057061	1004811	547384	300684	246700	
云南	2239092	2089755	453197	218074	235123	
西藏	230897	190897	106257	79923	26334	
陕西	577642	537992	257428	166414	91014	
甘肃	287723	287723	141077	106817	34260	
青海	240174	223719	107236	52694	54542	
宁夏	113266	108266	66197	62236	3961	
新疆	1410130	1410130	595796	371396	224400	

和基本建设支出明细(地方教育行政单位)

单位:千元

公用部分	商品和服务支出	其他资本性支出		基本建设支出
			专项公用支出	专项项目支出	
12112017	**7611367**	**4500650**	**1585397**	**2915253**	**965380**
131187	114500	16687	16687		
99285	76851	22434	1402	21032	
137949	123357	14592	10224	4368	
377632	188079	189553	74679	114874	200
275793	185640	90153	36511	53642	5187
287925	230011	57914	29851	28063	1500
311028	266082	44946	17988	26958	
591441	359239	232202	107774	124428	16645
52409	50224	2185	2185		
624265	512955	111310	61199	50111	
213787	194099	19688	14689	4999	
239342	204401	34941	17457	17484	
135201	95161	40040	18300	21740	
305638	152189	153449	53416	100033	
780261	492672	287589	75530	212059	
539065	441375	97690	42909	54781	
236554	197958	38596	27288	11308	14549
764437	580981	183456	125460	57996	
1061996	760595	301401	82190	219211	584690
270467	138901	131566	56322	75244	
138814	104750	34064	34064		1500
371115	212952	158163	135079	23084	13604
587705	442253	145452	78095	67357	24813
457427	279490	177937	38729	139208	52250
1636558	423188	1213370	163765	1049605	149337
84640	42744	41896	5797	36099	40000
280564	176475	104089	30413	73676	39650
146646	105905	40741	21120	19621	
116483	77128	39355	8497	30858	16455
42069	39751	2318	2318		5000
814334	341461	472873	195459	277414	

5-69 公共财政预算教育事业费

地区	合计	事业费支出	个人部分	工资福利支出	对个人和家庭的补助支出	#助学金
合计	**55728384**	**54697490**	**20016475**	**13155914**	**6860561**	
北京	11574531	11313430	1986392	1148403	837989	
天津	1190269	1185869	638824	312185	326639	
河北	1198363	1198363	790911	586867	204044	
山西	1163910	1113825	623082	400330	222752	
内蒙古	908968	882258	546843	498362	48481	
辽宁	2182229	2178889	1093195	788620	304575	
吉林	1299013	1299013	555620	343218	212402	
黑龙江	1575524	1512804	646354	383388	262966	
上海	2109128	2099128	785493	661094	124399	
江苏	2229338	2229338	1118625	695310	423315	
浙江	2867066	2867066	1331262	916396	414866	
安徽	566102	566102	240342	179780	60562	
福建	2112566	2112566	676319	514076	162243	
江西	789149	789149	332613	227047	105566	
山东	4063426	4060526	1178888	895374	283514	
河南	1882077	1882077	1055127	608452	446675	
湖北	1224223	1222423	646477	436593	209884	
湖南	1330488	1330488	513659	351592	162067	
广东	5406785	5323174	896510	559900	336610	
广西	1617194	1352905	666124	352227	313897	
海南	123324	123324	37259	32909	4350	
重庆	921685	906675	252400	189798	62602	
四川	1398507	1395879	832455	541331	291124	
贵州	298320	298320	186657	92677	93980	
云南	1867092	1813862	515539	198708	316831	
西藏	698033	626033	331584	134975	196609	
陕西	1105190	1105190	578725	473108	105617	
甘肃	603819	586326	321976	225964	96012	
青海	537356	505996	165492	110147	55345	
宁夏	110318	110318	81040	79128	1912	
新疆	774391	706174	390688	217955	172733	

和基本建设支出明细(教育事业单位)

单位:千元

公用部分	商品和服务支出	其他资本性支出			基本建设支出
			专项公用支出	专项项目支出	
34681015	**18329031**	**16351984**	**4750513**	**11601471**	**1030894**
9327038	8039399	1287639	845229	442410	261101
547045	315711	231334	55248	176086	4400
407452	194687	212765	73877	138888	
490743	214871	275872	226060	49812	50085
335415	213240	122175	72598	49577	26710
1085694	509652	576042	88742	487300	3340
743393	380295	363098	173064	190034	
866450	622727	243723	72855	170868	62720
1313635	744506	569129	310804	258325	10000
1110713	420735	689978	251511	438467	
1535804	818611	717193	172030	545163	
325760	222418	103342	35040	68302	
1436247	475652	960595	136823	823772	
456536	234165	222371	57083	165288	
2881638	289512	2592126	63538	2528588	2900
826950	467977	358973	199563	159410	
575946	298683	277263	94844	182419	1800
816829	544183	272646	127654	144992	
4426664	911175	3515489	545710	2969779	83611
686781	254742	432039	173322	258717	264289
86065	49447	36618	30888	5730	
654275	341024	313251	309285	3966	15010
563424	292636	270788	178112	92676	2628
111663	92124	19539	9611	9928	
1298323	549191	749132	146889	602243	53230
294449	177618	116831	46498	70333	72000
526465	204186	322279	39880	282399	
264350	137025	127325	47843	79482	17493
340504	139704	200800	140097	60703	31360
29278	25675	3603	3603		
315486	147460	168026	22212	145814	68217

5-70 公共财政预算教育事业费

地区	合计	事业费支出	个人部分	工资福利支出	对个人和家庭的补助支出	#助学金
合计	**48648489**	**47626505**	**19701426**	**12983338**	**6718088**	
北京	4548167	4295976	1694195	992882	701313	
天津	1190269	1185869	638824	312185	326639	
河北	1198363	1198363	790911	586867	204044	
山西	1163910	1113825	623082	400330	222752	
内蒙古	908968	882258	546843	498362	48481	
辽宁	2182229	2178889	1093195	788620	304575	
吉林	1299013	1299013	555620	343218	212402	
黑龙江	1568117	1505397	641235	379609	261626	
上海	2109128	2099128	785493	661094	124399	
江苏	2229338	2229338	1118625	695310	423315	
浙江	2867066	2867066	1331262	916396	414866	
安徽	566102	566102	240342	179780	60562	
福建	2112566	2112566	676319	514076	162243	
江西	789149	789149	332613	227047	105566	
山东	4063426	4060526	1178888	895374	283514	
河南	1882077	1882077	1055127	608452	446675	
湖北	1224223	1222423	646477	436593	209884	
湖南	1304225	1304225	511396	349329	162067	
广东	5406785	5323174	896510	559900	336610	
广西	1617194	1352905	666124	352227	313897	
海南	123324	123324	37259	32909	4350	
重庆	921685	906675	252400	189798	62602	
四川	1398507	1395879	832455	541331	291124	
贵州	298320	298320	186657	92677	93980	
云南	1867092	1813862	515539	198708	316831	
西藏	698033	626033	331584	134975	196609	
陕西	1105190	1105190	578725	473108	105617	
甘肃	603819	586326	321976	225964	96012	
青海	537356	505996	165492	110147	55345	
宁夏	110318	110318	81040	79128	1912	
新疆	754530	686313	375218	206942	168276	

和基本建设支出明细(地方教育事业单位)

单位:千元

公用部分	商品和服务支出	其他资本性支出			基本建设支出
			专项公用支出	专项项目支出	
27925079	**11947266**	**15977813**	**4397428**	**11580385**	**1021984**
2601781	1663267	938514	517190	421324	252191
547045	315711	231334	55248	176086	4400
407452	194687	212765	73877	138888	
490743	214871	275872	226060	49812	50085
335415	213240	122175	72598	49577	26710
1085694	509652	576042	88742	487300	3340
743393	380295	363098	173064	190034	
864162	620439	243723	72855	170868	62720
1313635	744506	569129	310804	258325	10000
1110713	420735	689978	251511	438467	
1535804	818611	717193	172030	545163	
325760	222418	103342	35040	68302	
1436247	475652	960595	136823	823772	
456536	234165	222371	57083	165288	
2881638	289512	2592126	63538	2528588	2900
826950	467977	358973	199563	159410	
575946	298683	277263	94844	182419	1800
792829	544183	248646	103654	144992	
4426664	911175	3515489	545710	2969779	83611
686781	254742	432039	173322	258717	264289
86065	49447	36618	30888	5730	
654275	341024	313251	309285	3966	15010
563424	292636	270788	178112	92676	2628
111663	92124	19539	9611	9928	
1298323	549191	749132	146889	602243	53230
294449	177618	116831	46498	70333	72000
526465	204186	322279	39880	282399	
264350	137025	127325	47843	79482	17493
340504	139704	200800	140097	60703	31360
29278	25675	3603	3603		
311095	144115	166980	21166	145814	68217

5-71 公共财政预算教育事业费

地区	合计	事业费支出	个人部分	工资福利支出	对个人和家庭的补助支出	#助学金
合计	**62244919**	**59644571**	**9651127**	**6589121**	**3062006**	**24951**
北京	4682987	4051339	529291	333682	195609	17131
天津	10276614	10276614	292913	75451	217462	
河北	1113743	816572	366760	238469	128291	4068
山西	1211623	1191676	424561	209898	214663	
内蒙古	600404	580480	216495	206177	10318	83
辽宁	4786194	4614849	451148	232396	218752	
吉林	3137460	3057460	267727	162053	105674	
黑龙江	1546926	1215451	204220	131960	72260	350
上海	593533	567373	240805	194184	46621	736
江苏	1585517	1580984	841419	490265	351154	800
浙江	1400478	1400478	444422	334380	110042	25
安徽	3216385	3208888	224242	176896	47346	
福建	431841	429396	239208	183079	56129	
江西	649962	647997	217428	148686	68742	1008
山东	3923212	3923212	559516	413367	146149	
河南	3034239	3015882	264353	255683	8670	
湖北	1036925	987563	256991	158922	98069	201
湖南	3658634	3477604	327705	225141	102564	
广东	5797826	5785613	939778	746408	193370	350
广西	969492	741169	219208	135279	83929	
海南	74537	74537	29825	21954	7871	
重庆	234678	231678	89661	85168	4493	
四川	1690483	1616386	502392	325770	176622	
贵州	451645	451645	230618	138185	92433	
云南	964601	891119	225986	196658	29328	
西藏	109628	87128	63074	45421	17653	
陕西	2330993	2323823	244556	166068	78488	154
甘肃	727779	616450	189470	155817	33653	
青海	303835	182159	81873	76227	5646	
宁夏	120565	120565	57438	56441	997	
新疆	1582180	1478481	408044	269036	139008	45

和基本建设支出明细(其他教育机构)

单位:千元

公用部分	商品和服务支出	其他资本性支出	专项公用支出	专项项目支出	基本建设支出
49993444	**13885020**	**36108424**	**13739240**	**22369184**	**2600348**
3522048	637193	2884855	2507608	377247	631648
9983701	2347195	7636506	2773815	4862691	
449812	120662	329150	42834	286316	297171
767115	374776	392339	42142	350197	19947
363985	116248	247737	17881	229856	19924
4163701	1264906	2898795	592259	2306536	171345
2789733	696256	2093477	122684	1970793	80000
1011231	500569	510662	14704	495958	331475
326568	289247	37321	30399	6922	26160
739565	263787	475778	49414	426364	4533
956056	485622	470434	91239	379195	
2984646	143147	2841499	35815	2805684	7497
190188	140815	49373	25426	23947	2445
430569	104670	325899	94741	231158	1965
3363696	357247	3006449	324341	2682108	
2751529	514137	2237392	1906990	330402	18357
730572	434514	296058	84814	211244	49362
3149899	1558477	1591422	473653	1117769	181030
4845835	789080	4056755	3652381	404374	12213
521961	225728	296233	59223	237010	228323
44712	33630	11082	5321	5761	
142017	113073	28944	14511	14433	3000
1113994	425435	688559	221680	466879	74097
221027	53230	167797	45487	122310	
665133	323976	341157	58691	282466	73482
24054	17526	6528	4212	2316	22500
2079267	558990	1520277	281392	1238885	7170
426980	222039	204941	28805	176136	111329
100286	52006	48280	2927	45353	121676
63127	33549	29578	10463	19115	
1070437	687290	383147	123388	259759	103699

5-72 公共财政预算教育事业费

地区	合计	事业费支出	个人部分	工资福利支出	对个人和家庭的补助支出	#助学金
合计	**1061025**	**1015095**	**323216**	**171221**	**151995**	**17867**
北京	771565	771565	232696	109469	123227	17131
天津						
河北						
山西						
内蒙古						
辽宁						
吉林						
黑龙江	918	918	598	598		
上海	108245	108245	22480	19253	3227	736
江苏						
浙江						
安徽						
福建	43943	43943	5514	4334	1180	
江西						
山东						
河南						
湖北						
湖南						
广东						
广西						
海南						
重庆						
四川						
贵州						
云南						
西藏						
陕西						
甘肃						
青海						
宁夏						
新疆	136354	90424	61928	37567	24361	

和基本建设支出明细(中央属其他教育机构)

单位:千元

公用部分	商品和服务支出	其他资本性支出	专项公用支出	专项项目支出	基本建设支出
691879	**490852**	**201027**	**24088**	**176939**	**45930**
538869	352262	186607	10366	176241	
320	320				
85765	83104	2661	2661		
38429	30804	7625	7625		
28496	24362	4134	3436	698	45930

5-73 公共财政预算教育事业费

地区	合计	事业费支出	个人部分	工资福利支出	对个人和家庭的补助支出	#助学金
合计	**61183894**	**58629476**	**9327911**	**6417900**	**2910011**	**7084**
北京	3911422	3279774	296595	224213	72382	
天津	10276614	10276614	292913	75451	217462	
河北	1113743	816572	366760	238469	128291	4068
山西	1211623	1191676	424561	209898	214663	
内蒙古	600404	580480	216495	206177	10318	83
辽宁	4786194	4614849	451148	232396	218752	
吉林	3137460	3057460	267727	162053	105674	
黑龙江	1546008	1214533	203622	131362	72260	350
上海	485288	459128	218325	174931	43394	
江苏	1585517	1580984	841419	490265	351154	800
浙江	1400478	1400478	444422	334380	110042	25
安徽	3216385	3208888	224242	176896	47346	
福建	387898	385453	233694	178745	54949	
江西	649962	647997	217428	148686	68742	1008
山东	3923212	3923212	559516	413367	146149	
河南	3034239	3015882	264353	255683	8670	
湖北	1036925	987563	256991	158922	98069	201
湖南	3658634	3477604	327705	225141	102564	
广东	5797826	5785613	939778	746408	193370	350
广西	969492	741169	219208	135279	83929	
海南	74537	74537	29825	21954	7871	
重庆	234678	231678	89661	85168	4493	
四川	1690483	1616386	502392	325770	176622	
贵州	451645	451645	230618	138185	92433	
云南	964601	891119	225986	196658	29328	
西藏	109628	87128	63074	45421	17653	
陕西	2330993	2323823	244556	166068	78488	154
甘肃	727779	616450	189470	155817	33653	
青海	303835	182159	81873	76227	5646	
宁夏	120565	120565	57438	56441	997	
新疆	1445826	1388057	346116	231469	114647	45

和基本建设支出明细(地方其他教育机构)

单位:千元

公用部分	商品和服务支出	其他资本性支出	专项公用支出	专项项目支出	基本建设支出
49301565	**13394168**	**35907397**	**13715152**	**22192245**	**2554418**
2983179	284931	2698248	2497242	201006	631648
9983701	2347195	7636506	2773815	4862691	
449812	120662	329150	42834	286316	297171
767115	374776	392339	42142	350197	19947
363985	116248	247737	17881	229856	19924
4163701	1264906	2898795	592259	2306536	171345
2789733	696256	2093477	122684	1970793	80000
1010911	500249	510662	14704	495958	331475
240803	206143	34660	27738	6922	26160
739565	263787	475778	49414	426364	4533
956056	485622	470434	91239	379195	
2984646	143147	2841499	35815	2805684	7497
151759	110011	41748	17801	23947	2445
430569	104670	325899	94741	231158	1965
3363696	357247	3006449	324341	2682108	
2751529	514137	2237392	1906990	330402	18357
730572	434514	296058	84814	211244	49362
3149899	1558477	1591422	473653	1117769	181030
4845835	789080	4056755	3652381	404374	12213
521961	225728	296233	59223	237010	228323
44712	33630	11082	5321	5761	
142017	113073	28944	14511	14433	3000
1113994	425435	688559	221680	466879	74097
221027	53230	167797	45487	122310	
665133	323976	341157	58691	282466	73482
24054	17526	6528	4212	2316	22500
2079267	558990	1520277	281392	1238885	7170
426980	222039	204941	28805	176136	111329
100286	52006	48280	2927	45353	121676
63127	33549	29578	10463	19115	
1041941	662928	379013	119952	259061	57769

第六部分

各地区教育和其他部门各级各类学校生均教育经费支出

6-1 生均教育经费支出(高等学校)

单位:元

地 区	教育经费支出	事业性经费支出	个人部分	公用部分	基本建设支出
合 计	**25434.44**	**24728.93**	**10770.29**	**13958.64**	**705.51**
北 京	56995.01	54837.91	22382.65	32455.26	2157.11
天 津	34731.50	33569.44	12728.70	20840.74	1162.06
河 北	18731.26	18504.00	8249.80	10254.21	227.25
山 西	19268.91	18263.62	8807.18	9456.43	1005.29
内蒙古	22680.70	22291.10	10802.34	11488.75	389.60
辽 宁	26582.50	25297.33	11079.45	14217.88	1285.17
吉 林	20818.16	20570.98	9963.63	10607.36	247.18
黑龙江	23476.22	23249.40	8590.53	14658.87	226.82
上 海	51269.14	48082.28	17012.71	31069.56	3186.87
江 苏	29566.75	28859.75	13413.91	15445.84	706.99
浙 江	31708.56	30563.05	13471.71	17091.33	1145.51
安 徽	19106.87	18979.11	7939.78	11039.33	127.75
福 建	21761.33	21189.94	10647.40	10542.54	571.39
江 西	17043.17	16950.15	8018.96	8931.18	93.03
山 东	19376.33	18987.49	8118.14	10869.35	388.84
河 南	16697.85	16548.10	7011.79	9536.31	149.75
湖 北	25149.81	24388.21	11440.69	12947.52	761.61
湖 南	20166.49	19964.46	8183.83	11780.63	202.04
广 东	24224.83	23643.82	11662.90	11980.92	581.01
广 西	18587.17	18070.48	8714.57	9355.90	516.70
海 南	22117.28	20623.07	9245.41	11377.65	1494.21
重 庆	25360.39	24964.17	10262.25	14701.92	396.21
四 川	23369.47	22880.45	9983.49	12896.96	489.01
贵 州	19400.82	19093.81	8216.85	10876.96	307.01
云 南	18923.34	18343.82	8696.79	9647.03	579.52
西 藏	36836.72	27826.47	14729.25	13097.22	9010.24
陕 西	25826.10	25397.15	10090.08	15307.07	428.95
甘 肃	19474.05	18853.18	8310.29	10542.89	620.87
青 海	22802.98	21814.83	12259.78	9555.05	988.15
宁 夏	25084.21	23915.07	11264.58	12650.48	1169.15
新 疆	21918.29	21377.55	11059.22	10318.33	540.74

6-2 生均公共财政预算教育经费支出(高等学校)

单位:元

地区	公共财政预算教育经费支出	事业费支出	个人部分	公用部分	基本建设支出
合计	**16194.04**	**15605.63**	**7725.45**	**7880.18**	**588.41**
北京	35668.95	33921.08	18090.69	15830.39	1747.86
天津	23732.80	22826.62	8567.57	14259.05	906.18
河北	13188.20	12929.52	5764.57	7164.95	258.68
山西	12096.48	10982.69	5887.07	5095.62	1113.79
内蒙古	15697.73	15453.37	8666.17	6787.20	244.36
辽宁	15599.01	14208.50	6912.78	7295.73	1390.51
吉林	15130.67	14847.02	9404.23	5442.79	283.66
黑龙江	13829.62	13612.48	7488.91	6123.56	217.14
上海	33779.49	30564.46	9621.99	20942.47	3215.03
江苏	16503.64	16103.16	7960.58	8142.58	400.49
浙江	15744.57	15708.18	8956.23	6751.95	36.39
安徽	12032.57	11894.30	4991.47	6902.84	138.27
福建	12467.09	12313.82	6546.47	5767.35	153.27
江西	12729.09	12625.15	6052.89	6572.26	103.95
山东	12769.89	12481.25	7086.02	5395.23	288.64
河南	10631.33	10474.77	4818.84	5655.93	156.55
湖北	15948.55	15299.33	8168.36	7130.97	649.23
湖南	14158.46	13922.95	6611.73	7311.22	235.51
广东	16671.38	16049.80	9226.72	6823.09	621.58
广西	13733.82	13331.44	6470.58	6860.86	402.38
海南	16694.92	15148.05	6194.03	8954.02	1546.87
重庆	14204.81	13784.98	5938.05	7846.93	419.83
四川	14496.36	14169.08	7085.95	7083.13	327.28
贵州	15372.06	15016.18	7405.17	7611.01	355.87
云南	12610.90	12255.27	5307.85	6947.42	355.63
西藏	37423.29	27378.79	14358.92	13019.87	10044.50
陕西	16392.89	15931.82	7273.33	8658.48	461.07
甘肃	13038.14	12520.00	5587.10	6932.90	518.14
青海	17862.91	16950.74	10871.33	6079.41	912.16
宁夏	19831.47	18518.32	8717.27	9801.05	1313.16
新疆	16567.49	16070.65	9547.71	6522.94	496.83

6-3 生均教育经费支出(中央属高等学校)

单位:元

地 区	教育经费支出	事业性经费支出	个人部分	公用部分	基本建设支出
合 计	**46105.77**	**44161.36**	**18283.53**	**25877.83**	**1944.41**
北 京	59707.67	56933.25	22855.97	34077.27	2774.42
天 津	41012.15	36782.17	16197.21	20584.96	4229.98
河 北	26158.01	25277.03	12770.45	12506.57	880.99
山 西					
内蒙古					
辽 宁	50147.01	46660.59	18533.21	28127.38	3486.42
吉 林	27824.80	27084.41	13124.89	13959.51	740.40
黑龙江	50265.49	49761.83	15023.27	34738.56	503.66
上 海	57304.25	55812.21	20295.06	35517.14	1492.05
江 苏	42687.75	40210.76	19027.44	21183.32	2476.99
浙 江	71387.83	60933.78	21553.61	39380.16	10454.05
安 徽	50220.85	49816.12	15425.23	34390.89	404.74
福 建	43711.46	41900.19	20460.42	21439.77	1811.28
江 西					
山 东	44151.74	41688.28	17023.50	24664.79	2463.46
河 南	34012.46	34012.46	14051.61	19960.86	
湖 北	35155.52	33955.30	16188.62	17766.68	1200.22
湖 南	34927.46	34469.90	14149.61	20320.29	457.55
广 东	41429.76	41247.49	17976.82	23270.68	182.27
广 西					
海 南					
重 庆	30351.91	30036.63	14018.34	16018.29	315.28
四 川	39327.76	37740.23	16680.71	21059.52	1587.53
贵 州					
云 南					
西 藏					
陕 西	41979.56	41428.84	16816.85	24611.98	550.72
甘 肃	33540.77	32328.58	14222.38	18106.20	1212.19
青 海					
宁 夏	30809.83	26499.02	10141.17	16357.85	4310.82
新 疆					

6-4 生均公共财政预算教育经费支出(中央属高等学校)

单位:元

地区	公共财政预算教育经费支出	事业费支出			基本建设支出
			个人部分	公用部分	
合计	**25279.50**	**24051.91**	**13255.95**	**10795.96**	**1227.58**
北京	31358.62	29206.18	16990.89	12215.30	2152.44
天津	21610.71	18466.63	9171.13	9295.50	3144.09
河北	16021.74	15091.31	10378.86	4712.45	930.42
山西					
内蒙古					
辽宁	26241.74	22618.27	11783.00	10835.27	3623.47
吉林	20924.58	20041.19	13807.21	6233.99	883.39
黑龙江	22622.77	22279.49	11903.04	10376.45	343.28
上海	29112.06	28516.92	11842.45	16674.46	595.15
江苏	22193.45	20921.71	13694.69	7227.02	1271.74
浙江	29664.85	29312.37	16782.20	12530.17	352.48
安徽	31174.60	30742.60	13002.76	17739.84	432.00
福建	24167.47	23578.15	11573.70	12004.44	589.32
江西					
山东	23222.64	21678.30	10669.21	11009.10	1544.34
河南	27570.97	27570.97	12450.83	15120.14	
湖北	21354.38	20572.27	11670.33	8901.95	782.10
湖南	21457.38	20888.71	9498.56	11390.15	568.67
广东	25423.95	25268.76	14423.39	10845.36	155.19
广西					
海南					
重庆	18245.69	17866.92	10889.58	6977.34	378.78
四川	21501.74	20683.77	11979.79	8703.97	817.97
贵州					
云南					
西藏					
陕西	25723.73	25141.10	13614.77	11526.34	582.63
甘肃	24027.90	23730.64	11490.00	12240.64	297.26
青海					
宁夏	26061.72	21750.90	9345.63	12405.27	4310.82
新疆					

6-5 生均教育经费支出(地方高等学校)

单位:元

地区	教育经费支出	事业性经费支出	个人部分	公用部分	基本建设支出
合计	21032.25	20590.57	9170.26	11420.31	441.67
北京	49046.42	48698.16	20995.71	27702.45	348.26
天津	32427.81	32391.04	11456.48	20934.55	36.77
河北	18379.95	18183.62	8035.96	10147.66	196.33
山西	19268.91	18263.62	8807.18	9456.43	1005.29
内蒙古	22680.70	22291.10	10802.34	11488.75	389.60
辽宁	22568.09	21657.91	9809.64	11848.28	910.17
吉林	18375.98	18300.71	8861.76	9438.95	75.27
黑龙江	17995.19	17825.01	7274.41	10550.60	170.18
上海	46493.04	41964.92	14415.11	27549.81	4528.12
江苏	25903.51	25690.68	11846.68	13844.00	212.83
浙江	26825.62	26825.62	12477.15	14348.46	
安徽	16192.02	16090.22	7238.53	8851.69	101.80
福建	18571.39	18180.18	9221.30	8958.88	391.21
江西	17043.17	16950.15	8018.96	8931.18	93.03
山东	16905.83	16723.86	7230.14	9493.72	181.97
河南	16647.99	16497.81	6991.52	9506.29	150.18
湖北	19882.12	19351.43	8941.05	10410.38	530.69
湖南	17847.30	17685.41	7246.51	10438.91	161.89
广东	21407.74	20761.44	10629.08	10132.37	646.30
广西	18587.17	18070.48	8714.57	9355.90	516.70
海南	22117.28	20623.07	9245.41	11377.65	1494.21
重庆	23462.28	23035.29	8833.94	14201.35	426.99
四川	18510.77	18356.22	7944.45	10411.77	154.56
贵州	19400.82	19093.81	8216.85	10876.96	307.01
云南	18923.34	18343.82	8696.79	9647.03	579.52
西藏	36836.72	27826.47	14729.25	13097.22	9010.24
陕西	20453.11	20064.66	7852.60	12212.06	388.45
甘肃	16946.36	16431.75	7247.93	9183.82	514.62
青海	22802.98	21814.83	12259.78	9555.05	988.15
宁夏	23777.40	23325.31	11520.99	11804.32	452.09
新疆	21918.29	21377.55	11059.22	10318.33	540.74

6-6 生均公共财政预算教育经费支出(地方高等学校)

单位:元

地　区	公共财政预算教育经费支出	事业费支出	个人部分	公用部分	基本建设支出
合　计	**14236.76**	**13786.05**	**6534.01**	**7252.03**	**450.71**
北　京	49597.61	49157.12	21644.68	27512.45	440.49
天　津	24554.28	24514.42	8333.92	16180.50	39.87
河　北	13043.21	12818.90	5528.45	7290.45	224.31
山　西	12096.48	10982.69	5887.07	5095.62	1113.79
内蒙古	15697.73	15453.37	8666.17	6787.20	244.36
辽　宁	13698.24	12706.54	6042.97	6663.57	991.70
吉　林	13213.38	13128.19	7947.21	5180.97	85.19
黑龙江	11986.60	11795.89	6563.72	5232.17	190.71
上　海	37805.55	32330.64	7706.65	24623.99	5474.90
江　苏	14928.80	14769.46	6373.47	8395.99	159.34
浙　江	14141.76	14141.76	8055.13	6086.63	
安　徽	10211.83	10101.50	4229.45	5872.05	110.33
福　建	10651.04	10565.45	5766.18	4799.27	85.59
江　西	12729.09	12625.15	6052.89	6572.26	103.95
山　东	11702.70	11542.26	6720.18	4822.08	160.44
河　南	10583.07	10426.07	4797.10	5628.97	157.00
湖　北	13075.92	12497.30	6307.42	6189.88	578.62
湖　南	13093.28	12906.39	6190.44	6715.96	186.89
广　东	15144.05	14441.09	8319.90	6121.20	702.96
广　西	13733.82	13331.44	6470.58	6860.86	402.38
海　南	16694.92	15148.05	6194.03	8954.02	1546.87
重　庆	12834.50	12400.74	4258.93	8141.81	433.76
四　川	12179.89	12014.87	5467.71	6547.16	165.02
贵　州	15372.06	15016.18	7405.17	7611.01	355.87
云　南	12610.90	12255.27	5307.85	6947.42	355.63
西　藏	37423.29	27378.79	14358.92	13019.87	10044.50
陕　西	13222.64	12802.86	5118.76	7684.10	419.77
甘　肃	10985.69	10426.31	4484.68	5941.63	559.39
青　海	17862.91	16950.74	10871.33	6079.41	912.16
宁　夏	18188.13	17665.66	8551.52	9114.14	522.47
新　疆	16567.49	16070.65	9547.71	6522.94	496.83

6-7 生均教育经费支出(普通高等学校)

单位:元

地区	教育经费支出	事业性经费支出	个人部分	公用部分	基本建设支出
合计	**26086.47**	**25351.25**	**11030.24**	**14321.01**	**735.22**
北京	58673.81	56421.48	22959.76	33461.73	2252.33
天津	34610.86	33410.11	12732.44	20677.67	1200.75
河北	19194.62	18955.48	8396.94	10558.55	239.13
山西	19629.88	18586.16	8913.17	9672.99	1043.71
内蒙古	22741.88	22349.41	10815.08	11534.32	392.47
辽宁	26724.35	25411.83	11106.94	14304.89	1312.52
吉林	21082.06	20841.63	10021.03	10820.60	240.43
黑龙江	23960.96	23724.40	8667.92	15056.47	236.57
上海	52417.26	49039.70	17083.34	31956.36	3377.56
江苏	29995.48	29269.86	13600.31	15669.55	725.62
浙江	33282.01	32034.13	14098.15	17935.97	1247.88
安徽	19442.48	19310.16	8038.08	11272.08	132.32
福建	23659.62	23062.82	11584.35	11478.47	596.79
江西	17393.12	17295.87	8176.12	9119.76	97.25
山东	19950.46	19552.47	8356.05	11196.42	397.99
河南	17093.73	16937.64	7155.64	9782.00	156.08
湖北	25386.50	24613.23	11523.98	13089.26	773.27
湖南	20654.38	20445.47	8389.85	12055.62	208.91
广东	24970.11	24356.32	12019.32	12337.00	613.79
广西	19312.69	18786.26	9028.74	9757.52	526.43
海南	22742.97	21282.95	9484.23	11798.72	1460.02
重庆	25421.58	25022.42	10320.38	14702.04	399.16
四川	23933.92	23424.35	10279.19	13145.16	509.57
贵州	21295.47	20957.86	9024.57	11933.29	337.61
云南	20429.15	19762.49	9779.90	9982.59	666.66
西藏	36836.72	27826.47	14729.25	13097.22	9010.24
陕西	26491.20	26045.83	10400.86	15644.97	445.37
甘肃	19827.67	19191.40	8470.75	10720.65	636.27
青海	24260.36	23262.72	13011.39	10251.33	997.64
宁夏	25084.21	23915.07	11264.58	12650.48	1169.15
新疆	22316.03	21713.55	11310.88	10402.67	602.48

6-8 生均公共财政预算教育经费支出(普通高等学校)

单位:元

地 区	公共财政预算教育经费支出	事业费支出			基本建设支出
			个人部分	公用部分	
合 计	**16188.08**	**15591.72**	**7692.66**	**7899.07**	**596.36**
北 京	35267.50	33518.80	17809.27	15709.53	1748.70
天 津	22674.67	21768.06	8262.98	13505.08	906.61
河 北	13279.52	13013.74	5718.41	7295.33	265.78
山 西	12072.50	10941.96	5818.10	5123.86	1130.54
内蒙古	15598.61	15356.47	8597.42	6759.06	242.14
辽 宁	15424.95	14031.30	6775.32	7255.98	1393.65
吉 林	14977.29	14707.31	9297.30	5410.01	269.98
黑龙江	13700.92	13479.83	7377.43	6102.40	221.09
上 海	32632.47	29411.43	8888.20	20523.23	3221.04
江 苏	16587.26	16179.60	7959.74	8219.86	407.66
浙 江	15428.01	15391.16	8702.65	6688.51	36.85
安 徽	12062.75	11922.40	4941.93	6980.47	140.35
福 建	13151.82	12987.23	6881.28	6105.95	164.59
江 西	12743.92	12638.40	6029.78	6608.62	105.52
山 东	12782.11	12497.31	7090.26	5407.05	284.80
河 南	10893.84	10731.30	4901.59	5829.71	162.54
湖 北	15998.70	15343.91	8181.04	7162.88	654.79
湖 南	14251.43	14013.60	6622.95	7390.65	237.83
广 东	16466.73	15841.82	9079.10	6762.72	624.91
广 西	13773.88	13382.09	6488.34	6893.75	391.79
海 南	16639.93	15164.70	6134.51	9030.19	1475.23
重 庆	14173.99	13753.92	5933.23	7820.69	420.07
四 川	14524.34	14198.68	7101.53	7097.15	325.66
贵 州	15310.05	14957.26	7358.71	7598.55	352.79
云 南	13230.90	12825.88	5918.37	6907.51	405.02
西 藏	37423.29	27378.79	14358.92	13019.87	10044.50
陕 西	16565.84	16096.87	7376.68	8720.19	468.98
甘 肃	13138.66	12619.72	5595.30	7024.42	518.95
青 海	17327.24	16504.51	10439.60	6064.91	822.73
宁 夏	19831.47	18518.32	8717.27	9801.05	1313.16
新 疆	15897.37	15372.47	9208.01	6164.47	524.90

6-9 生均教育经费支出(中央属普通高等学校)

单位:元

地 区	教育经费支出	事业性经费支出	个人部分	公用部分	基本建设支出
合 计	**46089.08**	**44142.22**	**18280.68**	**25861.54**	**1946.86**
北 京	59627.64	56841.92	22839.04	34002.88	2785.72
天 津	41012.15	36782.17	16197.21	20584.96	4229.98
河 北	26158.01	25277.03	12770.45	12506.57	880.99
山 西					
内蒙古					
辽 宁	50616.80	47091.84	18695.46	28396.38	3524.97
吉 林	27824.80	27084.41	13124.89	13959.51	740.40
黑龙江	50265.49	49761.83	15023.27	34738.56	503.66
上 海	57304.25	55812.21	20295.06	35517.14	1492.05
江 苏	42687.75	40210.76	19027.44	21183.32	2476.99
浙 江	71387.83	60933.78	21553.61	39380.16	10454.05
安 徽	50220.85	49816.12	15425.23	34390.89	404.74
福 建	43711.46	41900.19	20460.42	21439.77	1811.28
江 西					
山 东	44151.74	41688.28	17023.50	24664.79	2463.46
河 南	34012.46	34012.46	14051.61	19960.86	
湖 北	35155.52	33955.30	16188.62	17766.68	1200.22
湖 南	34927.46	34469.90	14149.61	20320.29	457.55
广 东	41429.76	41247.49	17976.82	23270.68	182.27
广 西					
海 南					
重 庆	30351.91	30036.63	14018.34	16018.29	315.28
四 川	39327.76	37740.23	16680.71	21059.52	1587.53
贵 州					
云 南					
西 藏					
陕 西	41979.56	41428.84	16816.85	24611.98	550.72
甘 肃	33540.77	32328.58	14222.38	18106.20	1212.19
青 海					
宁 夏	30809.83	26499.02	10141.17	16357.85	4310.82
新 疆					

6-10 生均公共财政预算教育经费支出(中央属普通高等学校)

单位:元

地 区	公共财政预算教育经费支出	事业费支出	个人部分	公用部分	基本建设支出
合 计	**25269.69**	**24042.11**	**13248.48**	**10793.62**	**1227.58**
北 京	31313.49	29161.05	16956.51	12204.54	2152.44
天 津	21610.71	18466.63	9171.13	9295.50	3144.09
河 北	16021.74	15091.31	10378.86	4712.45	930.42
山 西					
内蒙古					
辽 宁	26241.80	22618.32	11783.02	10835.29	3623.48
吉 林	20924.58	20041.19	13807.21	6233.99	883.39
黑龙江	22622.77	22279.49	11903.04	10376.45	343.28
上 海	29112.06	28516.92	11842.45	16674.46	595.15
江 苏	22193.45	20921.71	13694.69	7227.02	1271.74
浙 江	29664.85	29312.37	16782.20	12530.17	352.48
安 徽	31174.60	30742.60	13002.76	17739.84	432.00
福 建	24167.47	23578.15	11573.70	12004.44	589.32
江 西					
山 东	23222.64	21678.30	10669.21	11009.10	1544.34
河 南	27570.97	27570.97	12450.83	15120.14	
湖 北	21354.38	20572.27	11670.33	8901.95	782.10
湖 南	21457.38	20888.71	9498.56	11390.15	568.67
广 东	25423.95	25268.76	14423.39	10845.36	155.19
广 西					
海 南					
重 庆	18245.69	17866.92	10889.58	6977.34	378.78
四 川	21501.74	20683.77	11979.79	8703.97	817.97
贵 州					
云 南					
西 藏					
陕 西	25723.73	25141.10	13614.77	11526.34	582.63
甘 肃	24027.90	23730.64	11490.00	12240.64	297.26
青 海					
宁 夏	26061.72	21750.90	9345.63	12405.27	4310.82
新 疆					

6-11 生均教育经费支出(地方普通高等学校)

单位:元

地 区	教育经费支出	事业性经费支出			基本建设支出
			个人部分	公用部分	
合 计	**21583.62**	**21121.15**	**9398.07**	**11723.08**	**462.46**
北 京	55382.48	54970.68	23376.31	31594.37	411.79
天 津	32154.76	32116.29	11403.05	20713.25	38.47
河 北	18847.15	18640.05	8178.71	10461.34	207.10
山 西	19629.88	18586.16	8913.17	9672.99	1043.71
内蒙古	22741.88	22349.41	10815.08	11534.32	392.47
辽 宁	22605.83	21674.68	9798.85	11875.83	931.14
吉 林	18535.48	18483.88	8848.77	9635.11	51.60
黑龙江	18298.03	18118.96	7299.72	10819.24	179.07
上 海	48111.57	43072.77	14253.65	28819.12	5038.80
江 苏	26331.61	26111.56	12033.66	14077.90	220.06
浙 江	28116.83	28116.83	13087.58	15029.25	
安 徽	16446.06	16340.27	7318.91	9021.36	105.79
福 建	20375.39	19977.51	10130.57	9846.94	397.88
江 西	17393.12	17295.87	8176.12	9119.76	97.25
山 东	17425.49	17243.00	7451.76	9791.24	182.49
河 南	17042.94	16886.39	7134.94	9751.45	156.55
湖 北	20122.26	19579.07	9010.34	10568.73	543.19
湖 南	18314.84	18146.69	7445.75	10700.93	168.16
广 东	22096.43	21407.29	10979.20	10428.09	689.13
广 西	19312.69	18786.26	9028.74	9757.52	526.43
海 南	22742.97	21282.95	9484.23	11798.72	1460.02
重 庆	23527.47	23096.08	8899.72	14196.37	431.38
四 川	18910.87	18753.05	8190.36	10562.69	157.82
贵 州	21295.47	20957.86	9024.57	11933.29	337.61
云 南	20429.15	19762.49	9779.90	9982.59	666.66
西 藏	36836.72	27826.47	14729.25	13097.22	9010.24
陕 西	21042.12	20633.81	8143.60	12490.22	408.31
甘 肃	17250.94	16722.89	7390.00	9332.89	528.05
青 海	24260.36	23262.72	13011.39	10251.33	997.64
宁 夏	23777.40	23325.31	11520.99	11804.32	452.09
新 疆	22316.03	21713.55	11310.88	10402.67	602.48

6-12 生均公共财政预算教育经费支出(地方普通高等学校)

单位:元

地区	公共财政预算教育经费支出	事业费支出	个人部分	公用部分	基本建设支出
合计	**14186.42**	**13729.19**	**6468.11**	**7261.08**	**457.23**
北京	48070.52	47629.14	20570.48	27058.65	441.38
天津	23086.81	23046.92	7911.20	15135.72	39.89
河北	13135.14	12904.36	5473.04	7431.32	230.78
山西	12072.50	10941.96	5818.10	5123.86	1130.54
内蒙古	15598.61	15356.47	8597.42	6759.06	242.14
辽宁	13487.94	12493.59	5878.57	6615.02	994.35
吉林	12908.71	12852.09	7728.67	5123.42	56.62
黑龙江	11789.62	11594.71	6407.92	5186.78	194.92
上海	35682.16	30186.34	6328.96	23857.38	5495.82
江苏	14999.89	14836.89	6335.90	8500.99	163.00
浙江	13765.91	13765.91	7759.40	6006.52	
安徽	10214.81	10102.66	4162.52	5940.13	112.15
福建	11294.51	11201.53	6090.10	5111.43	92.98
江西	12743.92	12638.40	6029.78	6608.62	105.52
山东	11700.15	11545.88	6719.37	4826.51	154.27
河南	10844.50	10681.49	4879.25	5802.23	163.02
湖北	13115.19	12528.95	6302.39	6226.56	586.25
湖南	13184.24	12995.41	6197.07	6798.33	188.83
广东	14893.84	14186.45	8140.64	6045.81	707.39
广西	13773.88	13382.09	6488.34	6893.75	391.79
海南	16639.93	15164.70	6134.51	9030.19	1475.23
重庆	12792.17	12358.08	4251.19	8106.90	434.09
四川	12172.09	12012.40	5456.95	6555.45	159.69
贵州	15310.05	14957.26	7358.71	7598.55	352.79
云南	13230.90	12825.88	5918.37	6907.51	405.02
西藏	37423.29	27378.79	14358.92	13019.87	10044.50
陕西	13364.21	12934.96	5195.82	7739.15	429.25
甘肃	11058.75	10497.46	4469.37	6028.09	561.29
青海	17327.24	16504.51	10439.60	6064.91	822.73
宁夏	18188.13	17665.66	8551.52	9114.14	522.47
新疆	15897.37	15372.47	9208.01	6164.47	524.90

6-13 生均教育经费支出(普通高等本科学校)

单位:元

地区	教育经费支出	事业性经费支出	个人部分	公用部分	基本建设支出
合计	**29533.45**	**28707.05**	**12389.21**	**16317.84**	**826.40**
北京	59120.47	56851.86	23087.11	33764.75	2268.61
天津	37342.52	35838.62	13483.75	22354.87	1503.89
河北	21687.66	21367.56	9083.83	12283.74	320.09
山西	21692.81	21555.05	10070.28	11484.77	137.76
内蒙古	24002.37	23460.91	11019.82	12441.09	541.46
辽宁	28101.25	26836.49	11645.67	15190.82	1264.76
吉林	21487.20	21206.30	10335.98	10870.33	280.89
黑龙江	25509.83	25350.69	8865.75	16484.94	159.14
上海	53579.50	50493.11	17431.44	33061.68	3086.39
江苏	34352.48	33353.96	15777.78	17576.18	998.52
浙江	38853.54	36979.35	15748.01	21231.34	1874.18
安徽	23867.09	23672.71	9530.60	14142.11	194.38
福建	26232.32	25642.33	12991.05	12651.28	589.98
江西	18202.04	18059.45	8979.74	9079.71	142.59
山东	21576.96	21060.93	9266.22	11794.72	516.03
河南	19785.51	19752.69	8353.82	11398.87	32.82
湖北	28919.58	28280.25	13298.98	14981.27	639.33
湖南	24631.37	24400.92	10013.01	14387.91	230.45
广东	29774.75	28969.09	14054.95	14914.14	805.65
广西	20749.34	19968.22	9569.62	10398.60	781.13
海南	25110.64	23934.53	10555.90	13378.63	1176.11
重庆	27338.16	26840.07	11352.85	15487.22	498.09
四川	26355.20	25745.41	11383.18	14362.22	609.79
贵州	25729.92	25219.37	10329.75	14889.63	510.54
云南	21310.69	21310.69	10464.14	10846.55	
西藏	38197.37	30162.41	15544.36	14618.05	8034.96
陕西	28910.66	28426.41	11222.92	17203.50	484.25
甘肃	22134.34	21274.21	9620.11	11654.10	860.12
青海	27167.81	26459.66	14618.76	11840.90	708.15
宁夏	28986.33	27528.04	12856.52	14671.52	1458.29
新疆	23580.43	22853.74	12211.64	10642.11	726.69

6-14 生均公共财政预算教育经费支出(普通高等本科学校)

单位:元

地区	公共财政预算教育经费支出	事业费支出	个人部分	公用部分	基本建设支出
合计	**18663.95**	**18011.46**	**8766.79**	**9244.67**	**652.49**
北京	35054.56	33318.20	17839.56	15478.64	1736.36
天津	24960.86	23818.23	8861.92	14956.32	1142.62
河北	16374.27	16005.36	6175.19	9830.17	368.91
山西	12995.71	12839.73	6368.86	6470.87	155.98
内蒙古	16007.85	15688.50	8777.20	6911.30	319.36
辽宁	16085.85	14727.99	7071.77	7656.21	1357.86
吉林	16012.09	15690.98	9944.60	5746.37	321.11
黑龙江	14589.48	14459.46	7670.26	6789.20	130.03
上海	33481.75	30613.31	9288.37	21324.94	2868.45
江苏	18461.93	17871.78	9253.26	8618.52	590.15
浙江	18056.33	17999.47	10066.35	7933.13	56.85
安徽	15708.54	15496.59	5970.36	9526.23	211.95
福建	15414.13	15240.74	7702.52	7538.22	173.39
江西	13998.12	13838.20	6570.93	7267.27	159.92
山东	14305.82	13934.87	7934.77	6000.10	370.95
河南	13632.71	13601.15	5877.55	7723.60	31.55
湖北	18721.30	18266.81	9909.87	8356.95	454.48
湖南	17281.92	17018.36	7844.24	9174.12	263.57
广东	19937.99	19097.16	10739.79	8357.38	840.83
广西	17233.15	16627.75	7620.81	9006.94	605.40
海南	19347.54	18172.34	7096.70	11075.64	1175.20
重庆	15468.98	14940.05	6798.86	8141.18	528.93
四川	16032.80	15664.04	8105.52	7558.52	368.76
贵州	19833.48	19288.68	8738.05	10550.63	544.80
云南	13955.74	13955.74	6215.35	7740.38	
西藏	40533.49	31289.30	15881.27	15408.04	9244.18
陕西	18256.65	17740.25	7930.83	9809.41	516.40
甘肃	15730.31	15023.36	6388.45	8634.91	706.96
青海	19692.78	18918.92	11692.05	7226.86	773.87
宁夏	24299.54	22629.26	10493.45	12135.81	1670.27
新疆	17143.08	16350.34	9960.98	6389.36	792.74

6-15 生均教育经费支出(中央属普通高等本科学校)

单位:元

地区	教育经费支出	事业性经费支出	个人部分	公用部分	基本建设支出
合计	**46523.73**	**44546.72**	**18438.39**	**26108.33**	**1977.01**
北京	59751.85	56958.05	22877.00	34081.05	2793.79
天津	41012.15	36782.17	16197.21	20584.96	4229.98
河北	26158.01	25277.03	12770.45	12506.57	880.99
山西					
内蒙古					
辽宁	50616.80	47091.84	18695.46	28396.38	3524.97
吉林	27824.80	27084.41	13124.89	13959.51	740.40
黑龙江	50265.49	49761.83	15023.27	34738.56	503.66
上海	57458.52	55959.20	20311.39	35647.81	1499.33
江苏	42687.75	40210.76	19027.44	21183.32	2476.99
浙江	71387.83	60933.78	21553.61	39380.16	10454.05
安徽	50220.85	49816.12	15425.23	34390.89	404.74
福建	43711.46	41900.19	20460.42	21439.77	1811.28
江西					
山东	44151.74	41688.28	17023.50	24664.79	2463.46
河南					
湖北	35155.52	33955.30	16188.62	17766.68	1200.22
湖南	36174.45	35692.08	14541.06	21151.02	482.36
广东	44543.22	44334.39	19358.79	24975.60	208.83
广西					
海南					
重庆	31126.43	30797.01	14404.70	16392.31	329.42
四川	40557.53	38891.62	17201.56	21690.06	1665.91
贵州					
云南					
西藏					
陕西	41979.56	41428.84	16816.85	24611.98	550.72
甘肃	33540.77	32328.58	14222.38	18106.20	1212.19
青海					
宁夏	30809.83	26499.02	10141.17	16357.85	4310.82
新疆					

6-16 生均公共财政预算教育经费支出(中央属普通高等本科学校)

单位:元

地区	公共财政预算教育经费支出	事业费支出	个人部分	公用部分	基本建设支出
合计	**25556.09**	**24307.78**	**13398.08**	**10909.70**	**1248.30**
北京	31376.62	29217.05	16984.26	12232.79	2159.57
天津	21610.71	18466.63	9171.13	9295.50	3144.09
河北	16021.74	15091.31	10378.86	4712.45	930.42
山西					
内蒙古					
辽宁	26241.80	22618.32	11783.02	10835.29	3623.48
吉林	20924.58	20041.19	13807.21	6233.99	883.39
黑龙江	22622.77	22279.49	11903.04	10376.45	343.28
上海	29232.55	28634.18	11873.21	16760.96	598.37
江苏	22193.45	20921.71	13694.69	7227.02	1271.74
浙江	29664.85	29312.37	16782.20	12530.17	352.48
安徽	31174.60	30742.60	13002.76	17739.84	432.00
福建	24167.47	23578.15	11573.70	12004.44	589.32
江西					
山东	23222.64	21678.30	10669.21	11009.10	1544.34
河南					
湖北	21354.38	20572.27	11670.33	8901.95	782.10
湖南	22632.46	22024.95	9935.03	12089.92	607.51
广东	28401.19	28220.30	16200.17	12020.13	180.89
广西					
海南					
重庆	19062.93	18663.55	11357.80	7305.74	399.38
四川	22149.41	21288.78	12380.45	8908.33	860.63
贵州					
云南					
西藏					
陕西	25723.73	25141.10	13614.77	11526.34	582.63
甘肃	24027.90	23730.64	11490.00	12240.64	297.26
青海					
宁夏	26061.72	21750.90	9345.63	12405.27	4310.82
新疆					

6-17 生均教育经费支出(地方普通高等本科学校)

单位:元

地区	教育经费支出	事业性经费支出	个人部分	公用部分	基本建设支出
合计	**23917.06**	**23471.02**	**10389.57**	**13081.45**	**446.05**
北京	56393.17	56393.17	23994.70	32398.47	
天津	35389.91	35336.56	12039.92	23296.64	53.35
河北	21348.99	21071.39	8804.54	12266.85	277.60
山西	21692.81	21555.05	10070.28	11484.77	137.76
内蒙古	24002.37	23460.91	11019.82	12441.09	541.46
辽宁	23149.92	22382.20	10095.37	12286.82	767.73
吉林	18500.90	18436.53	9021.83	9414.69	64.38
黑龙江	18559.87	18497.45	7137.08	11360.38	62.42
上海	49688.14	45009.64	14542.32	30467.32	4678.50
江苏	30407.62	30108.83	14239.81	15869.02	298.80
浙江	31746.76	31746.76	14479.84	17266.93	
安徽	19627.62	19467.08	8582.34	10884.74	160.54
福建	22071.10	21771.87	11212.84	10559.03	299.23
江西	18202.04	18059.45	8979.74	9079.71	142.59
山东	18253.45	18024.13	8124.18	9899.96	229.32
河南	19785.51	19752.69	8353.82	11398.87	32.82
湖北	23307.63	23173.07	10698.49	12474.58	134.56
湖南	21404.26	21244.24	8747.10	12497.14	160.03
广东	26104.29	25150.30	12736.77	12413.53	953.98
广西	20749.34	19968.22	9569.62	10398.60	781.13
海南	25110.64	23934.53	10555.90	13378.63	1176.11
重庆	25324.35	24736.59	9730.51	15006.08	587.76
四川	19916.08	19785.12	8745.22	11039.90	130.96
贵州	25729.92	25219.37	10329.75	14889.63	510.54
云南	21310.69	21310.69	10464.14	10846.55	
西藏	38197.37	30162.41	15544.36	14618.05	8034.96
陕西	22609.41	22157.21	8525.77	13631.44	452.20
甘肃	18894.52	18134.39	8312.91	9821.48	760.13
青海	27167.81	26459.66	14618.76	11840.90	708.15
宁夏	28267.30	27933.79	13927.21	14006.58	333.51
新疆	23580.43	22853.74	12211.64	10642.11	726.69

6-18 生均公共财政预算教育经费支出(地方普通高等本科学校)

单位:元

地 区	公共财政预算教育经费支出	事业费支出	个人部分	公用部分	基本建设支出
合 计	**16388.57**	**15932.78**	**7237.81**	**8694.97**	**455.79**
北 京	50144.39	50144.39	21348.71	28795.68	
天 津	26779.84	26723.92	8694.03	18029.90	55.92
河 北	16403.62	16081.45	5825.24	10256.21	322.16
山 西	12995.71	12839.73	6368.86	6470.87	155.98
内蒙古	16007.85	15688.50	8777.20	6911.30	319.36
辽 宁	13730.26	12897.89	5979.04	6918.85	832.37
吉 林	13836.49	13764.39	8233.97	5530.42	72.10
黑龙江	12301.10	12231.82	6464.50	5767.32	69.28
上 海	37676.03	32566.85	6736.93	25829.92	5109.18
江 苏	16693.33	16426.24	7148.20	9278.04	267.10
浙 江	15823.82	15823.82	8774.78	7049.04	
安 徽	13158.09	12982.43	4810.68	8171.75	175.66
福 建	13253.83	13183.09	6747.12	6435.98	70.74
江 西	13998.12	13838.20	6570.93	7267.27	159.92
山 东	12958.69	12765.01	7521.66	5243.35	193.68
河 南	13632.71	13601.15	5877.55	7723.60	31.55
湖 北	16274.71	16124.64	8274.09	7850.55	150.07
湖 南	15957.57	15779.14	7326.73	8452.41	178.44
广 东	17869.60	16867.49	9405.28	7462.21	1002.11
广 西	17233.15	16627.75	7620.81	9006.94	605.40
海 南	19347.54	18172.34	7096.70	11075.64	1175.20
重 庆	13797.31	13208.11	4678.34	8529.77	589.19
四 川	13085.02	12953.31	6045.31	6908.01	131.71
贵 州	19833.48	19288.68	8738.05	10550.63	544.80
云 南	13955.74	13955.74	6215.35	7740.38	
西 藏	40533.49	31289.30	15881.27	15408.04	9244.18
陕 西	14613.48	14129.38	5157.65	8971.73	484.09
甘 肃	13273.19	12444.92	4877.75	7567.17	828.28
青 海	19692.78	18918.92	11692.05	7226.86	773.87
宁 夏	23455.29	23050.08	11043.36	12006.72	405.21
新 疆	17143.08	16350.34	9960.98	6389.36	792.74

6-19 生均教育经费支出(地方普通高职高专学校)

单位:元

地区	教育经费支出	事业性经费支出	个人部分	公用部分	基本建设支出
合计	**16832.88**	**16336.99**	**7379.44**	**8957.55**	**495.89**
北京	51425.87	49402.02	20955.49	28446.53	2023.86
天津	23790.83	23790.83	9756.51	14034.32	
河北	14019.57	13948.49	6971.09	6977.40	71.08
山西	16201.30	13651.91	6990.08	6661.83	2549.39
内蒙古	20237.43	20140.97	10408.30	9732.66	96.46
辽宁	20632.54	19108.73	8723.44	10385.29	1523.81
吉林	18675.10	18675.10	8149.90	10525.20	
黑龙江	17436.86	16874.16	7834.63	9039.53	562.70
上海	37176.10	29638.18	12251.35	17386.83	7537.93
江苏	19957.84	19860.91	8583.85	11277.07	96.93
浙江	22180.96	22180.96	10810.88	11370.08	
安徽	11569.27	11547.40	5382.28	6165.12	21.87
福建	16636.39	16020.99	7744.18	8276.81	615.40
江西	15658.09	15658.09	6452.43	9205.66	
山东	15411.41	15342.83	5816.06	9526.76	68.58
河南	12403.87	12038.02	5073.20	6964.82	365.85
湖北	15368.32	14215.27	6490.89	7724.38	1153.05
湖南	14443.91	14265.56	5815.21	8450.35	178.35
广东	15745.10	15475.69	8193.96	7281.72	269.42
广西	16343.30	16343.30	7910.80	8432.49	
海南	17425.70	15328.07	7077.49	8250.58	2097.62
重庆	19496.72	19416.11	7036.08	12380.02	80.61
四川	16716.38	16499.91	6979.03	9520.88	216.46
贵州	13634.11	13595.28	6769.62	6825.66	38.83
云南	17545.48	14698.05	7541.60	7156.44	2847.43
西藏	32351.76	20126.82	12042.52	8084.30	12224.94
陕西	16811.62	16521.77	7112.02	9409.75	289.84
甘肃	14038.35	13963.91	5586.05	8377.87	74.44
青海	17190.90	15489.35	9103.08	6386.27	1701.54
宁夏	17606.77	16991.69	8214.03	8777.66	615.08
新疆	19710.53	19364.00	9454.74	9909.26	346.53

6-20 生均公共财政预算教育经费支出(地方普通高职高专学校)

单位:元

地区	公共财政预算教育经费支出	事业费支出	个人部分	公用部分	基本建设支出
合计	**9976.97**	**9516.98**	**4996.81**	**4520.17**	**459.99**
北京	40425.80	38357.40	17701.79	20655.61	2068.39
天津	13892.70	13892.70	5962.28	7930.42	
河北	7511.42	7437.87	4867.04	2570.83	73.55
山西	10703.06	8126.91	5001.13	3125.78	2576.15
内蒙古	14846.16	14746.01	8266.87	6479.14	100.15
辽宁	12667.14	11124.15	5538.25	5585.89	1543.00
吉林	9513.85	9513.85	5879.71	3634.15	
黑龙江	10238.40	9662.45	6236.33	3426.12	575.95
上海	21987.24	13835.79	3526.79	10309.00	8151.45
江苏	12486.99	12478.46	5130.54	7347.92	8.53
浙江	10586.71	10586.71	6190.76	4395.95	
安徽	6042.86	6020.72	3243.80	2776.92	22.13
福建	7069.50	6928.56	4673.33	2255.22	140.95
江西	10311.31	10311.31	4980.20	5331.11	
山东	8951.37	8883.18	4967.10	3916.08	68.19
河南	6429.80	6058.64	3298.61	2760.03	371.17
湖北	8762.00	7574.79	3585.77	3989.02	1187.21
湖南	9653.38	9451.31	4758.86	4692.45	202.07
广东	10111.81	9878.04	6108.37	3769.66	233.77
广西	7429.05	7429.05	4411.22	3017.84	
海南	11023.09	8925.47	4138.48	4786.99	2097.62
重庆	10534.07	10448.43	3291.55	7156.88	85.64
四川	10360.98	10145.78	4289.74	5856.04	215.19
贵州	7921.49	7882.31	5105.69	2776.62	39.17
云南	11142.34	9570.28	5062.62	4507.65	1572.06
西藏	28411.68	16048.31	9948.00	6100.30	12363.38
陕西	10206.10	9915.50	5292.30	4623.21	290.60
甘肃	7034.94	6958.78	3727.31	3231.47	76.17
青海	11978.54	11045.32	7607.70	3437.62	933.22
宁夏	11735.89	11069.78	5499.04	5570.74	666.11
新疆	13456.08	13456.08	7732.34	5723.73	

6-21 生均教育经费支出(地方中等职业学校)

单位:元

地 区	教育经费支出	事业性经费支出	个人部分	公用部分	基本建设支出
合 计	**13914.39**	**13308.78**	**6440.72**	**6868.06**	**605.61**
北 京	38260.31	37492.42	18061.53	19430.88	767.90
天 津	29103.38	29103.38	16039.96	13063.42	
河 北	9436.05	9271.90	5498.13	3773.78	164.14
山 西	11137.66	10454.13	5718.91	4735.21	683.53
内蒙古	24740.57	22963.27	10354.61	12608.66	1777.30
辽 宁	18004.77	16682.86	7207.80	9475.05	1321.92
吉 林	20445.38	20092.04	10634.19	9457.85	353.34
黑龙江	12154.80	11650.68	7066.80	4583.87	504.12
上 海	44527.87	40744.63	18890.53	21854.10	3783.24
江 苏	17116.22	17043.03	7962.83	9080.20	73.19
浙 江	20070.84	19968.70	10537.87	9430.82	102.14
安 徽	12952.76	12630.51	4385.16	8245.36	322.24
福 建	15516.06	14965.78	8052.60	6913.18	550.28
江 西	9976.74	9424.75	4577.81	4846.94	551.99
山 东	14520.56	14441.82	6236.71	8205.11	78.74
河 南	8761.20	8384.11	3843.30	4540.80	377.09
湖 北	11564.91	10864.17	5995.49	4868.68	700.74
湖 南	13318.59	12908.00	5414.74	7493.26	410.58
广 东	11740.01	11140.42	5852.68	5287.74	599.58
广 西	9801.60	9594.49	5376.76	4217.73	207.11
海 南	12358.35	11820.76	5175.08	6645.68	537.59
重 庆	14439.53	12673.60	5480.17	7193.43	1765.94
四 川	11608.34	11163.46	5344.56	5818.89	444.89
贵 州	13079.02	12383.88	4051.79	8332.10	695.14
云 南	12526.50	11336.92	5812.38	5524.54	1189.58
西 藏	32887.65	18322.72	11098.25	7224.47	14564.92
陕 西	11007.53	10692.15	5861.44	4830.71	315.38
甘 肃	10519.43	10054.33	5455.81	4598.52	465.10
青 海	16734.49	11152.39	4991.25	6161.15	5582.10
宁 夏	13458.47	12846.49	6243.31	6603.18	611.99
新 疆	21055.47	18656.93	8578.12	10078.81	2398.54

6-22 生均公共财政预算教育经费支出(地方中等职业学校)

单位:元

地 区	公共财政预算教育经费支出	事业费支出	个人部分	公用部分	基本建设支出
合 计	**9310.68**	**8776.58**	**5202.11**	**3574.48**	**534.09**
北 京	24248.54	23635.72	12527.06	11108.66	612.82
天 津	19901.89	19901.89	14104.54	5797.35	
河 北	7054.26	6890.12	4842.74	2047.38	164.14
山 西	9067.44	8383.91	5211.41	3172.49	683.53
内蒙古	13197.76	11943.86	7741.45	4202.41	1253.90
辽 宁	11107.66	9859.91	5500.10	4359.81	1247.75
吉 林	14994.66	14641.32	9973.99	4667.33	353.34
黑龙江	10284.38	9780.26	6423.38	3356.87	504.12
上 海	24486.03	20702.80	12790.34	7912.46	3783.24
江 苏	9809.83	9736.64	6556.66	3179.97	73.19
浙 江	12814.82	12712.68	8466.39	4246.30	102.14
安 徽	7737.15	7414.91	3170.67	4244.24	322.24
福 建	9968.13	9759.55	6693.12	3066.43	208.59
江 西	7761.13	7218.22	3827.45	3390.77	542.91
山 东	9965.13	9886.38	5636.48	4249.90	78.74
河 南	6224.09	5847.00	2946.10	2900.90	377.09
湖 北	7139.38	6483.74	4523.26	1960.47	655.64
湖 南	9180.43	8769.85	4547.36	4222.49	410.58
广 东	7390.19	7111.91	4338.13	2773.78	278.28
广 西	6734.36	6528.29	4527.00	2001.29	206.07
海 南	9010.85	8473.26	3942.39	4530.87	537.59
重 庆	9308.96	7560.24	3565.06	3995.18	1748.71
四 川	8591.33	8146.44	4603.40	3543.05	444.89
贵 州	9717.11	9060.32	3533.40	5526.92	656.79
云 南	9230.10	8105.25	4322.26	3782.99	1124.85
西 藏	30387.91	15822.99	10066.83	5756.16	14564.92
陕 西	8794.30	8478.92	5132.91	3346.02	315.38
甘 肃	7303.67	6838.57	4433.30	2405.27	465.10
青 海	12073.26	7674.27	3964.56	3709.71	4398.99
宁 夏	9679.59	9067.61	4673.06	4394.54	611.99
新 疆	14906.24	12741.22	7390.65	5350.56	2165.02

6-23 生均教育经费支出(地方中等专业学校)

单位:元

地区	教育经费支出	事业性经费支出	个人部分	公用部分	基本建设支出
合计	**14544.52**	**13879.39**	**6544.92**	**7334.47**	**665.13**
北京	34031.11	32590.15	17569.38	15020.77	1440.96
天津	29787.48	29787.48	15897.64	13889.84	
河北	11566.69	11526.75	6798.73	4728.02	39.94
山西	9810.90	9511.65	5273.94	4237.71	299.25
内蒙古	30870.95	27652.92	8938.23	18714.69	3218.04
辽宁	20545.10	18860.70	7813.69	11047.00	1684.41
吉林	20026.35	20007.91	8491.81	11516.10	18.44
黑龙江	10883.29	10554.95	6179.22	4375.73	328.35
上海	38243.47	38139.47	16925.82	21213.65	104.00
江苏	16524.36	16454.97	7629.00	8825.97	69.38
浙江	17030.33	16661.44	10068.39	6593.05	368.90
安徽	16286.49	15942.74	5504.40	10438.35	343.75
福建	15937.78	15254.94	8236.19	7018.75	682.84
江西	9351.43	8947.91	4654.51	4293.40	403.52
山东	14400.35	14259.82	5939.91	8319.92	140.53
河南	8928.68	8449.76	4091.17	4358.59	478.92
湖北	11315.16	10771.75	6063.23	4708.52	543.42
湖南	13322.60	12862.92	5280.91	7582.01	459.68
广东	13107.88	12821.35	6494.94	6326.41	286.53
广西	10167.78	9930.60	5438.65	4491.95	237.18
海南	11310.51	10838.86	4680.06	6158.80	471.66
重庆	13600.13	12400.10	4827.74	7572.37	1200.03
四川	14387.15	13586.16	5921.06	7665.10	800.99
贵州	16250.92	15574.90	4853.36	10721.54	676.02
云南	14429.42	12366.97	6069.20	6297.77	2062.46
西藏	32887.65	18322.72	11098.25	7224.47	14564.92
陕西	14993.60	14693.83	7997.12	6696.71	299.77
甘肃	10038.68	9840.12	5278.34	4561.79	198.55
青海	16683.32	11101.22	4957.77	6143.45	5582.10
宁夏	17656.34	17050.44	7815.99	9234.45	605.90
新疆	21837.74	18604.88	9236.13	9368.75	3232.86

6-24 生均公共财政预算教育经费支出(地方中等专业学校)

单位:元

地 区	公共财政预算教育经费支出	事业费支出	个人部分	公用部分	基本建设支出
合 计	**9220.28**	**8626.60**	**5086.40**	**3540.20**	**593.68**
北 京	24720.90	23832.77	12705.86	11126.91	888.13
天 津	20119.43	20119.43	13960.34	6159.08	
河 北	7815.95	7776.00	5686.74	2089.26	39.94
山 西	7911.98	7612.73	4649.42	2963.31	299.25
内蒙古	12387.64	10335.31	6184.10	4151.22	2052.33
辽 宁	10790.14	9244.20	5554.95	3689.25	1545.93
吉 林	12497.54	12479.10	7831.84	4647.26	18.44
黑龙江	8082.22	7753.88	5062.14	2691.73	328.35
上 海	17178.44	17074.44	9617.01	7457.43	104.00
江 苏	8954.04	8884.65	6068.35	2816.31	69.38
浙 江	10046.10	9677.21	7029.41	2647.80	368.90
安 徽	8477.07	8133.33	3617.74	4515.59	343.75
福 建	10015.03	9821.49	6828.82	2992.67	193.54
江 西	6934.95	6535.74	3717.51	2818.24	399.20
山 东	10052.17	9911.65	5280.07	4631.58	140.53
河 南	6026.08	5547.16	3020.05	2527.11	478.92
湖 北	6276.03	5754.44	4276.20	1478.23	521.59
湖 南	9428.99	8969.31	4348.91	4620.40	459.68
广 东	8076.21	7793.28	4759.67	3033.61	282.93
广 西	6937.42	6701.61	4543.25	2158.35	235.82
海 南	8509.62	8037.96	3461.08	4576.88	471.66
重 庆	7550.57	6350.54	2981.11	3369.43	1200.03
四 川	9890.68	9089.70	4988.34	4101.36	800.99
贵 州	11607.58	10931.55	4051.77	6879.78	676.02
云 南	10873.09	8954.84	4394.90	4559.95	1918.24
西 藏	30387.91	15822.99	10066.83	5756.16	14564.92
陕 西	10581.39	10281.62	6129.64	4151.98	299.77
甘 肃	6710.17	6511.62	4147.19	2364.42	198.55
青 海	12022.08	7623.09	3931.08	3692.01	4398.99
宁 夏	11882.43	11276.53	5602.44	5674.10	605.90
新 疆	16183.78	13301.80	7788.55	5513.25	2881.99

6-25 生均教育经费支出(地方职业高中)

单位:元

地区	教育经费支出	事业性经费支出	个人部分	公用部分	基本建设支出
合计	**13299.84**	**12712.98**	**6068.03**	**6644.95**	**586.86**
北京	44109.47	43287.21	21806.37	21480.85	822.25
天津					
河北	7344.12	7126.32	4107.45	3018.87	217.80
山西	11246.81	9980.54	5195.89	4784.65	1266.27
内蒙古	17624.60	17038.41	9457.81	7580.60	586.18
辽宁	16820.30	16218.92	7478.88	8740.05	601.38
吉林	16446.98	15721.39	8786.03	6935.36	725.59
黑龙江	17769.91	16671.53	10189.82	6481.71	1098.38
上海	49796.54	38877.29	18457.97	20419.33	10919.25
江苏	19043.79	18930.15	8318.84	10611.32	113.63
浙江	19498.67	19450.05	10538.63	8911.42	48.62
安徽	11034.57	10682.91	3618.30	7064.62	351.65
福建	14473.66	14271.23	7595.07	6676.16	202.44
江西	9231.40	8482.88	3617.70	4865.18	748.53
山东	16084.99	16076.61	6498.94	9577.67	8.38
河南	7939.20	7709.17	3000.42	4708.75	230.03
湖北	11772.29	10638.94	5720.54	4918.40	1133.36
湖南	13802.15	13306.84	5139.36	8167.48	495.31
广东	12373.66	11577.89	6577.64	5000.26	795.77
广西	8705.39	8638.13	5003.43	3634.70	67.26
海南	16910.22	16836.11	7464.49	9371.61	74.11
重庆	15063.46	12886.66	5698.46	7188.19	2176.80
四川	9294.07	9012.69	4322.86	4689.83	281.38
贵州	9922.39	9197.92	3194.20	6003.71	724.48
云南	10231.86	9972.14	5193.69	4778.45	259.72
西藏					
陕西	9280.14	8972.36	4787.56	4184.80	307.78
甘肃	11421.82	10360.56	5805.75	4554.82	1061.26
青海					
宁夏	8679.67	8054.08	4333.59	3720.49	625.59
新疆	18207.91	16943.16	5519.57	11423.59	1264.76

6-26 生均公共财政预算教育经费支出(地方职业高中)

单位:元

地区	公共财政预算教育经费支出	事业费支出	个人部分	公用部分	基本建设支出
合计	**9435.70**	**8855.84**	**5195.02**	**3660.82**	**579.86**
北京	21033.49	20211.24	13712.72	6498.51	822.25
天津					
河北	5814.13	5596.33	3756.61	1839.72	217.80
山西	9245.46	7979.19	4903.00	3076.19	1266.27
内蒙古	12512.32	11926.14	7748.42	4177.71	586.18
辽宁	12571.08	11969.70	6359.83	5609.87	601.38
吉林	12947.05	12221.46	8347.01	3874.45	725.59
黑龙江	15718.54	14620.17	9649.59	4970.58	1098.37
上海	32069.63	21150.38	15336.47	5813.91	10919.25
江苏	11546.89	11433.25	7295.91	4137.35	113.63
浙江	12754.93	12706.31	8697.63	4008.67	48.62
安徽	7654.91	7303.26	2959.10	4344.17	351.65
福建	9775.26	9572.82	6569.99	3002.83	202.44
江西	7588.26	6854.48	3158.65	3695.82	733.78
山东	10584.62	10576.24	6171.59	4404.66	8.38
河南	6079.37	5849.33	2508.58	3340.75	230.03
湖北	8389.69	7355.16	4794.48	2560.67	1034.53
湖南	9491.47	8996.15	4477.73	4518.43	495.31
广东	8967.52	8171.74	5513.51	2658.23	795.77
广西	6830.95	6763.68	4736.74	2026.94	67.26
海南	11391.89	11317.78	6103.42	5214.36	74.11
重庆	10695.89	8550.06	4032.90	4517.16	2145.83
四川	7269.46	6988.08	3832.06	3156.02	281.38
贵州	7868.47	7221.26	3000.05	4221.21	647.21
云南	7695.64	7435.92	4133.21	3302.70	259.72
西藏					
陕西	7930.90	7623.12	4482.18	3140.94	307.78
甘肃	8771.09	7709.83	5148.61	2561.22	1061.26
青海					
宁夏	7294.75	6669.16	3606.44	3062.72	625.59
新疆	11939.97	10727.08	5148.75	5578.33	1212.89

6-27 生均教育经费支出(地方农村职业高中)

单位:元

地区	教育经费支出	事业性经费支出	个人部分	公用部分	基本建设支出
合计	**10791.75**	**10383.08**	**4853.87**	**5529.21**	**408.67**
北京	62268.75	52046.75	19543.27	32503.48	10222.00
天津					
河北	6290.71	5947.85	3212.88	2734.97	342.85
山西	9773.86	8553.24	4530.84	4022.40	1220.63
内蒙古	8633.14	8633.14	3905.21	4727.94	
辽宁	26323.66	19987.33	6127.23	13860.09	6336.33
吉林	7382.28	7382.28	5828.48	1553.79	
黑龙江	11023.26	11023.26	7190.70	3832.56	
上海	55588.96	55588.96	16889.14	38699.82	
江苏	17568.50	17433.89	7424.77	10009.12	134.60
浙江	17267.12	17267.12	9879.18	7387.94	
安徽	10289.66	9838.03	3804.05	6033.99	451.63
福建	16962.30	16962.30	9432.77	7529.53	
江西	6234.93	5529.17	2083.58	3445.59	705.75
山东	13475.93	13475.93	7967.53	5508.41	
河南	7523.46	7493.29	3071.78	4421.51	30.17
湖北	5461.04	5461.04	3693.24	1767.80	
湖南	16480.21	16180.81	5655.96	10524.85	299.40
广东	9037.94	9037.94	4957.49	4080.45	
广西	6112.55	6112.55	4090.26	2022.29	
海南	10866.41	10866.41	9435.95	1430.46	
重庆	8000.75	8000.75	3575.94	4424.81	
四川	8099.90	7740.66	3848.32	3892.34	359.24
贵州	9257.04	5881.29	3168.26	2713.02	3375.75
云南	7963.55	7799.67	3669.05	4130.62	163.88
西藏					
陕西	9835.89	9835.89	4320.47	5515.42	
甘肃	11657.00	11384.61	8565.30	2819.31	272.40
青海					
宁夏					
新疆	23803.92	23803.92	21921.57	1882.35	

6-28 生均公共财政预算教育经费支出(地方农村职业高中)

单位:元

地 区	公共财政预算教育经费支出	事业费支出			基本建设支出
			个人部分	公用部分	
合 计	**7550.68**	**7160.12**	**4162.51**	**2997.61**	**390.55**
北 京	31614.68	21392.68	14987.87	6404.81	10222.00
天 津					
河 北	5109.03	4766.17	3073.22	1692.96	342.85
山 西	7693.63	6473.00	4444.06	2028.94	1220.63
内蒙古	5961.37	5961.37	3824.84	2136.53	
辽 宁	13622.86	7286.53	5353.82	1932.71	6336.33
吉 林	7087.30	7087.30	5674.16	1413.14	
黑龙江	10275.45	10275.45	7190.70	3084.75	
上 海	20202.33	20202.33	15208.94	4993.39	
江 苏	14615.81	14481.21	6979.17	7502.04	134.60
浙 江	10524.15	10524.15	7842.52	2681.64	
安 徽	7445.33	6993.70	3271.55	3722.14	451.63
福 建	13893.23	13893.23	7987.99	5905.24	
江 西	4879.48	4300.58	1903.23	2397.35	578.90
山 东	10283.34	10283.34	7587.65	2695.69	
河 南	5287.12	5256.95	2648.64	2608.30	30.17
湖 北	2985.50	2985.50	2109.50	876.00	
湖 南	9852.49	9553.08	5068.86	4484.22	299.40
广 东	5799.04	5799.04	3501.30	2297.73	
广 西	5407.41	5407.41	3854.73	1552.68	
海 南	9197.91	9197.91	7936.78	1261.13	
重 庆	5884.53	5884.53	2549.70	3334.83	
四 川	6605.86	6246.62	3456.04	2790.57	359.24
贵 州	6304.27	3818.04	3026.42	791.62	2486.23
云 南	4115.96	3952.08	3085.94	866.14	163.88
西 藏					
陕 西	8101.02	8101.02	3835.36	4265.66	
甘 肃	9991.52	9719.13	7937.88	1781.25	272.40
青 海					
宁 夏					
新 疆	23594.77	23594.77	21849.67	1745.10	

6-29 生均教育经费支出(地方技工学校)

单位:元

地 区	教育经费支出	事业性经费支出	个人部分	公用部分	基本建设支出
合 计	**11239.93**	**10694.49**	**5410.84**	**5283.65**	**545.44**
北 京	32114.27	32114.27	12011.54	20102.74	
天 津	18539.50	18539.50	13848.31	4691.19	
河 北	10865.05	10667.54	5680.48	4987.07	197.51
山 西	11354.55	11292.00	4800.10	6491.91	62.55
内蒙古	16061.83	15007.85	9755.59	5252.25	1053.99
辽 宁	18920.60	16108.04	7272.75	8835.29	2812.56
吉 林	4611.71	4611.71	3012.68	1599.03	
黑龙江	4876.03	4876.03	3071.11	1804.92	
上 海	92144.59	92144.59	55796.08	36348.50	
江 苏	11949.06	11949.06	6548.60	5400.46	
浙 江	24257.08	24137.38	8499.81	15637.57	119.70
安 徽	11333.62	11333.62	4741.38	6592.25	
福 建	14718.19	14380.52	7569.72	6810.81	337.67
江 西	11377.07	11377.07	5602.87	5774.20	
山 东	10885.73	10823.63	5710.03	5113.59	62.11
河 南	7353.20	6893.52	3559.36	3334.16	459.68
湖 北	13585.70	13585.70	5862.52	7723.18	
湖 南	9143.35	9143.35	5334.02	3809.33	
广 东	9657.65	8669.84	4582.72	4087.12	987.81
广 西	9817.33	9651.49	5927.39	3724.11	165.84
海 南	16214.64	14381.92	6592.66	7789.26	1832.72
重 庆	12521.38	10427.42	4326.32	6101.10	2093.96
四 川	9552.77	9533.73	5725.74	3807.99	19.03
贵 州					
云 南	9639.13	8756.23	4195.89	4560.34	882.89
西 藏					
陕 西	9054.13	7386.55	4787.04	2599.51	1667.58
甘 肃	9118.92	6890.40	2058.75	4831.65	2228.53
青 海					
宁 夏					
新 疆	21644.92	21644.92	11246.18	10398.75	

6-30 生均公共财政预算教育经费支出(地方技工学校)

单位:元

地区	公共财政预算教育经费支出	事业费支出	个人部分	公用部分	基本建设支出
合计	**7449.65**	**7192.57**	**4128.57**	**3064.00**	**257.09**
北京	28234.02	28234.02	10062.06	18171.96	
天津	14029.85	14029.85	11970.86	2058.99	
河北	7491.55	7294.04	4879.98	2414.05	197.51
山西	8832.36	8769.81	4488.01	4281.81	62.55
内蒙古	10871.53	9817.54	7127.65	2689.89	1053.99
辽宁	15547.26	12734.70	5839.53	6895.17	2812.56
吉林	4196.15	4196.15	2933.13	1263.02	
黑龙江	4408.28	4408.28	2794.60	1613.68	
上海	49114.63	49114.63	24667.05	24447.58	
江苏	7312.70	7312.70	4978.67	2334.04	
浙江	14578.47	14458.77	6685.65	7773.13	119.70
安徽	5978.20	5978.20	2777.77	3200.43	
福建	9973.68	9636.76	6069.86	3566.90	336.92
江西	9464.65	9464.65	5314.33	4150.32	
山东	7602.52	7540.41	4811.00	2729.41	62.11
河南	4971.61	4511.92	2641.51	1870.42	459.68
湖北	10260.10	10260.10	4781.85	5478.25	
湖南	5395.75	5395.75	4028.13	1367.61	
广东	5733.02	5720.70	3160.91	2559.78	12.32
广西	6578.28	6412.45	4879.70	1532.75	165.84
海南	10068.88	8236.16	5520.71	2715.46	1832.72
重庆	6416.53	4322.56	2183.81	2138.75	2093.96
四川	6107.44	6088.40	3964.30	2124.10	19.03
贵州					
云南	6356.52	5473.63	2975.49	2498.14	882.89
西藏					
陕西	6575.18	4907.60	3348.82	1558.78	1667.58
甘肃	4415.52	2186.99	792.14	1394.85	2228.53
青海					
宁夏					
新疆	12789.57	12789.57	9490.70	3298.87	

6-31 生均教育经费支出(地方普通中学)

单位:元

地区	教育经费支出	事业性经费支出	个人部分	公用部分	基本建设支出
合计	**11941.82**	**11645.69**	**6930.01**	**4715.68**	**296.13**
北京	52689.07	49683.50	25434.20	24249.30	3005.58
天津	30510.60	29435.91	17656.03	11779.89	1074.68
河北	9458.02	9311.37	5777.85	3533.53	146.65
山西	10371.53	10077.42	5711.67	4365.75	294.11
内蒙古	15504.63	14973.03	9581.44	5391.60	531.59
辽宁	14429.34	13971.88	8086.95	5884.93	457.46
吉林	11975.38	11873.54	7688.67	4184.87	101.84
黑龙江	11447.48	11047.79	6599.69	4448.10	399.70
上海	36313.11	35222.86	19456.57	15766.29	1090.25
江苏	20073.16	20064.38	12040.97	8023.41	8.78
浙江	18149.93	18086.21	11972.08	6114.13	63.72
安徽	11378.46	11153.23	5993.98	5159.26	225.22
福建	13769.70	13577.88	8706.99	4870.89	191.82
江西	9838.25	9625.70	4440.23	5185.47	212.55
山东	12205.96	12197.40	6788.13	5409.27	8.56
河南	8185.24	7962.72	4178.63	3784.09	222.52
湖北	10750.12	10318.24	6594.86	3723.38	431.88
湖南	10645.38	10392.16	6015.49	4376.67	253.22
广东	10447.09	10199.52	6782.94	3416.58	247.57
广西	8450.42	8135.28	4897.08	3238.21	315.14
海南	13483.81	13246.30	6768.89	6477.41	237.50
重庆	11786.33	11282.08	6591.42	4690.65	504.26
四川	9761.12	9550.76	6115.69	3435.06	210.37
贵州	7814.66	7485.04	4665.71	2819.32	329.62
云南	9398.78	9172.33	6011.42	3160.91	226.45
西藏	16092.35	14328.77	10127.94	4200.83	1763.59
陕西	12329.51	12009.01	6805.87	5203.14	320.50
甘肃	9526.38	9163.84	5622.67	3541.17	362.54
青海	14986.47	13713.43	8270.00	5443.42	1273.04
宁夏	11991.18	11525.18	6783.49	4741.68	466.00
新疆	16650.54	15624.38	9301.32	6323.06	1026.15

6-32 生均公共财政预算教育经费支出(地方普通中学)

单位:元

地区	公共财政预算教育经费支出	事业费支出	个人部分	公用部分	基本建设支出
合计	**9258.28**	**8967.22**	**6069.91**	**2897.31**	**291.05**
北京	37100.61	34095.04	19283.06	14811.97	3005.58
天津	23217.02	22142.34	16688.85	5453.49	1074.68
河北	7488.40	7341.76	5261.18	2080.58	146.65
山西	7819.05	7527.17	5225.87	2301.30	291.88
内蒙古	11609.58	11109.84	7677.62	3432.22	499.74
辽宁	11009.07	10551.61	6872.62	3679.00	457.46
吉林	10081.47	9979.63	7256.06	2723.57	101.84
黑龙江	9988.19	9588.50	6148.97	3439.52	399.69
上海	28001.98	26911.73	18344.60	8567.13	1090.25
江苏	14255.06	14246.29	11097.30	3148.98	8.78
浙江	12532.97	12469.89	10134.40	2335.49	63.07
安徽	8351.91	8130.35	4712.81	3417.54	221.55
福建	9971.00	9822.57	7595.39	2227.18	148.43
江西	8299.07	8090.53	4029.79	4060.74	208.54
山东	9769.84	9761.27	6542.20	3219.07	8.56
河南	6411.97	6192.21	3293.19	2899.02	219.76
湖北	8068.56	7649.39	5574.30	2075.09	419.18
湖南	8322.89	8069.67	5237.15	2832.52	253.22
广东	7945.63	7699.34	5765.11	1934.22	246.30
广西	7052.06	6739.97	4550.19	2189.78	312.08
海南	10389.96	10154.43	5302.79	4851.64	235.54
重庆	8037.30	7533.05	4506.73	3026.32	504.26
四川	7831.33	7620.96	5418.55	2202.41	210.37
贵州	6509.03	6187.21	4375.52	1811.69	321.82
云南	7313.42	7086.97	4990.50	2096.47	226.45
西藏	15229.20	13465.62	9564.33	3901.28	1763.59
陕西	10504.55	10187.93	6383.23	3804.70	316.61
甘肃	7783.79	7425.88	5066.41	2359.47	357.91
青海	11958.47	10889.88	6657.95	4231.93	1068.58
宁夏	8919.87	8453.86	5350.16	3103.71	466.00
新疆	14678.68	13679.09	9077.83	4601.26	999.59

6-33 生均教育经费支出(地方普通高中)

单位:元

地 区	教育经费支出	事业性经费支出	个人部分	公用部分	基本建设支出
合 计	**12862.41**	**12553.90**	**6899.29**	**5654.61**	**308.51**
北 京	59251.14	55440.72	27030.93	28409.79	3810.43
天 津	30237.70	29521.43	16956.75	12564.68	716.27
河 北	10037.58	9970.10	5706.96	4263.15	67.47
山 西	11784.26	11403.85	5752.24	5651.60	380.42
内蒙古	15036.23	14574.71	8657.19	5917.52	461.52
辽 宁	13734.76	13419.49	6839.43	6580.06	315.27
吉 林	10259.13	10215.41	6068.43	4146.98	43.72
黑龙江	11148.98	10585.69	5635.34	4950.34	563.29
上 海	47954.46	47017.77	24014.49	23003.28	936.69
江 苏	20722.61	20700.79	11647.68	9053.11	21.83
浙 江	21088.86	21048.15	12854.41	8193.73	40.71
安 徽	11771.89	11561.73	5616.33	5945.41	210.16
福 建	14154.13	13894.42	8542.27	5352.16	259.71
江 西	11692.59	11558.74	4618.87	6939.88	133.84
山 东	13011.16	13011.16	6521.89	6489.27	
河 南	8510.92	8235.09	3893.43	4341.66	275.83
湖 北	10730.43	10386.44	6154.34	4232.10	343.99
湖 南	10894.85	10829.05	5971.61	4857.44	65.80
广 东	11988.38	11737.79	7181.11	4556.69	250.58
广 西	9774.87	9498.75	5306.76	4192.00	276.11
海 南	14274.13	14130.57	6512.57	7618.00	143.56
重 庆	13313.66	12449.89	6565.00	5884.89	863.77
四 川	9841.98	9700.45	5800.50	3899.95	141.53
贵 州	9777.00	9257.28	5298.26	3959.02	519.72
云 南	10637.99	10222.30	6281.26	3941.04	415.69
西 藏	20412.38	15966.54	11475.31	4491.23	4445.84
陕 西	11462.90	11114.80	5645.59	5469.21	348.10
甘 肃	10160.57	9784.37	5445.64	4338.72	376.21
青 海	16381.38	15249.79	8600.12	6649.68	1131.59
宁 夏	12161.89	12011.21	7245.48	4765.73	150.67
新 疆	16198.98	15001.57	9110.95	5890.61	1197.41

6-34 生均公共财政预算教育经费支出(地方普通高中)

单位:元

地区	公共财政预算教育经费支出	事业费支出			基本建设支出
			个人部分	公用部分	
合计	**8721.93**	**8422.63**	**5688.41**	**2734.22**	**299.30**
北京	40573.46	36763.03	20118.74	16644.28	3810.43
天津	21820.19	21103.92	15541.03	5562.89	716.27
河北	7172.81	7105.34	5030.38	2074.95	67.47
山西	7496.93	7121.26	4993.15	2128.11	375.67
内蒙古	11074.94	10670.59	6858.47	3812.12	404.35
辽宁	9275.70	8960.43	5732.31	3228.12	315.27
吉林	7925.75	7882.03	5516.76	2365.27	43.72
黑龙江	8780.61	8217.32	5006.74	3210.58	563.29
上海	31530.52	30593.83	21439.32	9154.50	936.69
江苏	12810.01	12788.19	9996.08	2792.11	21.83
浙江	12233.34	12192.62	9475.51	2717.11	40.71
安徽	7250.06	7039.90	3935.09	3104.81	210.16
福建	8882.60	8718.26	7059.34	1658.92	164.34
江西	8707.86	8587.12	3832.48	4754.64	120.74
山东	8972.57	8972.57	5972.10	3000.47	
河南	5889.42	5617.66	3043.33	2574.33	271.76
湖北	6589.62	6277.74	4578.88	1698.87	311.88
湖南	6609.66	6543.86	4572.95	1970.91	65.80
广东	8274.85	8027.72	5976.81	2050.91	247.13
广西	6983.10	6712.68	4646.48	2066.20	270.43
海南	10443.68	10305.92	5163.14	5142.78	137.75
重庆	8281.86	7418.09	4174.81	3243.28	863.77
四川	6394.45	6252.92	4635.31	1617.61	141.53
贵州	6832.61	6312.89	4704.67	1608.22	519.72
云南	7218.68	6802.99	4770.77	2032.22	415.69
西藏	19761.49	15315.65	10942.48	4373.18	4445.84
陕西	8916.04	8577.17	5153.64	3423.53	338.87
甘肃	7674.49	7306.10	4792.97	2513.14	368.38
青海	12526.37	11673.77	6812.21	4861.56	852.60
宁夏	8559.07	8408.39	5445.43	2962.96	150.67
新疆	12928.14	11771.52	8687.65	3083.87	1156.61

6-35 生均教育经费支出(地方农村高中)

单位:元

地区	教育经费支出	事业性经费支出	个人部分	公用部分	基本建设支出
合计	**10929.07**	**10747.44**	**6240.31**	**4507.14**	**181.63**
北京	80677.35	79489.93	24802.17	54687.76	1187.43
天津	26710.20	24067.26	10750.47	13316.78	2642.94
河北	9048.95	9008.18	6344.17	2664.00	40.77
山西	9234.18	8538.16	5437.88	3100.28	696.03
内蒙古	12011.34	12011.34	8351.16	3660.18	
辽宁	12189.63	12147.94	5498.99	6648.95	41.69
吉林	11135.33	11135.33	7942.41	3192.92	
黑龙江	7224.54	7045.06	4313.81	2731.24	179.49
上海	33365.14	33365.14	23024.86	10340.28	
江苏	15892.30	15892.30	9631.56	6260.74	
浙江	16153.20	16153.20	10943.49	5209.72	
安徽	10807.53	10635.63	4906.77	5728.86	171.90
福建	12170.60	11923.81	7887.93	4035.88	246.78
江西	7429.98	7360.90	4028.85	3332.05	69.08
山东	13951.08	13951.08	6659.00	7292.08	
河南	7750.00	6906.52	3786.45	3120.07	843.48
湖北	8070.50	7799.97	5061.57	2738.40	270.53
湖南	8267.83	8241.78	5178.68	3063.10	26.05
广东	9067.83	9063.79	5264.96	3798.83	4.04
广西	7232.02	7229.95	4687.04	2542.91	2.08
海南	10989.62	10989.62	6405.28	4584.34	
重庆	10663.99	10474.74	5904.19	4570.55	189.25
四川	7973.83	7913.98	5082.80	2831.18	59.85
贵州	7001.34	6841.56	4553.72	2287.84	159.77
云南	8608.44	8601.71	5601.78	2999.93	6.73
西藏					
陕西	10436.15	10428.51	5752.01	4676.50	7.64
甘肃	11741.98	11253.89	5483.76	5770.13	488.09
青海	16717.61	13817.01	9007.76	4809.25	2900.60
宁夏	11583.82	11583.82	5281.07	6302.75	
新疆	18833.90	15875.44	8242.79	7632.65	2958.46

6-36 生均公共财政预算教育经费支出(地方农村高中)

单位:元

地区	公共财政预算教育经费支出	事业费支出			基本建设支出
			个人部分	公用部分	
合计	**7665.24**	**7490.34**	**5250.84**	**2239.50**	**174.90**
北京	40222.98	39035.55	20508.69	18526.86	1187.43
天津	22806.08	20163.14	10216.86	9946.28	2642.94
河北	7229.34	7188.58	5833.91	1354.67	40.77
山西	6478.37	5782.35	4541.29	1241.06	696.03
内蒙古	9721.13	9721.13	7034.62	2686.51	
辽宁	7568.55	7526.86	5204.62	2322.24	41.69
吉林	9841.08	9841.08	7636.65	2204.43	
黑龙江	6020.89	5841.41	4072.07	1769.34	179.49
上海	26593.33	26593.33	22489.58	4103.75	
江苏	10834.41	10834.41	8715.55	2118.86	
浙江	9185.22	9185.22	7829.37	1355.85	
安徽	8084.70	7912.80	3990.51	3922.29	171.90
福建	8544.28	8408.48	6738.18	1670.29	135.80
江西	5155.90	5086.82	3236.02	1850.80	69.08
山东	10948.21	10948.21	6391.55	4556.66	
河南	5756.75	4913.27	3053.19	1860.09	843.48
湖北	5396.58	5126.05	4135.11	990.94	270.53
湖南	4872.96	4846.91	3870.12	976.79	26.05
广东	5978.78	5974.74	4270.83	1703.91	4.04
广西	5230.78	5228.70	4274.42	954.28	2.08
海南	8927.15	8927.15	5005.80	3921.35	
重庆	6727.32	6538.07	4056.18	2481.88	189.25
四川	5758.97	5699.12	4326.86	1372.26	59.85
贵州	5806.15	5646.37	4279.86	1366.52	159.77
云南	6117.70	6110.97	4555.14	1555.84	6.73
西藏					
陕西	8160.51	8152.87	5462.45	2690.41	7.64
甘肃	9921.82	9433.72	4866.47	4567.25	488.09
青海	15356.72	12456.12	8508.66	3947.46	2900.60
宁夏	10554.91	10554.91	5281.07	5273.84	
新疆	12739.29	9780.84	7666.67	2114.17	2958.46

6-37 生均教育经费支出(地方普通初中)

单位:元

地 区	教育经费支出	事业性经费支出	个人部分	公用部分	基本建设支 出
合 计	11453.69	11164.13	6946.31	4217.82	289.56
北 京	48875.13	46337.34	24506.17	21831.17	2537.79
天 津	30694.10	29378.41	18126.22	11252.19	1315.68
河 北	9141.61	8951.74	5816.55	3135.19	189.87
山 西	9543.26	9299.74	5687.88	3611.86	243.51
内蒙古	15829.83	15249.58	10223.13	5026.45	580.24
辽 宁	14827.03	14288.16	8801.22	5486.94	538.87
吉 林	13179.61	13036.98	8825.53	4211.45	142.63
黑龙江	11609.79	11299.04	7124.04	4175.00	310.74
上 海	31677.37	30525.97	17641.55	12884.42	1151.40
江 苏	19674.73	19673.96	12282.26	7391.70	0.77
浙 江	16589.93	16514.00	11503.74	5010.27	75.93
安 徽	11126.02	10891.14	6236.28	4654.86	234.88
福 建	13530.05	13380.56	8809.68	4570.88	149.50
江 西	9060.02	8814.43	4365.26	4449.17	245.59
山 东	11787.42	11774.40	6926.52	4847.88	13.01
河 南	8036.97	7838.72	4308.47	3530.24	198.25
湖 北	10762.96	10273.78	6882.01	3391.77	489.18
湖 南	10520.19	10172.91	6037.51	4135.40	347.28
广 东	9553.70	9307.89	6552.14	2755.74	245.82
广 西	7925.30	7594.69	4734.65	2860.04	330.61
海 南	13078.93	12793.30	6900.20	5893.10	285.63
重 庆	10808.39	10534.33	6608.34	3925.98	274.06
四 川	9718.81	9472.42	6280.62	3191.80	246.39
贵 州	7084.55	6825.66	4430.37	2395.29	258.89
云 南	8949.26	8791.46	5913.54	2877.92	157.80
西 藏	14499.63	13724.95	9631.19	4093.76	774.69
陕 西	12959.37	12658.93	7649.16	5009.77	300.44
甘 肃	9164.27	8809.53	5723.75	3085.78	354.74
青 海	14283.63	12939.32	8103.67	4835.64	1344.32
宁 夏	11896.54	11255.73	6527.38	4728.35	640.81
新 疆	16856.50	15908.46	9388.15	6520.31	948.04

6-38　生均公共财政预算教育经费支出(地方普通初中)

单位:元

地　区	公共财政预算教育经费支出	事业费支出			基本建设支出
			个人部分	公用部分	
合　计	**9542.68**	**9255.99**	**6272.21**	**2983.79**	**286.68**
北　京	35082.16	32544.37	18797.35	13747.01	2537.79
天　津	24156.26	22840.57	17460.64	5379.93	1315.68
河　北	7660.70	7470.83	5387.18	2083.65	189.87
山　西	8007.91	7765.15	5362.31	2402.84	242.75
内蒙古	11980.77	11414.81	8246.35	3168.45	565.96
辽　宁	12001.51	11462.64	7525.50	3937.15	538.87
吉　林	11594.07	11451.44	8476.46	2974.98	142.63
黑龙江	10644.79	10334.05	6770.04	3564.01	310.74
上　海	26596.87	25445.47	17112.24	8333.24	1151.40
江　苏	15141.58	15140.80	11772.88	3367.92	0.77
浙　江	12692.01	12617.07	10484.14	2132.93	74.94
安　徽	9058.85	8830.00	5211.80	3618.20	228.86
福　建	10649.48	10510.97	7929.55	2581.42	138.52
江　西	8127.51	7882.12	4112.60	3769.52	245.39
山　东	10184.25	10171.24	6838.54	3332.70	13.01
河　南	6649.87	6453.79	3406.95	3046.85	196.08
湖　北	9032.59	8543.48	6223.15	2320.33	489.12
湖　南	9182.66	8835.38	5570.47	3264.91	347.28
广　东	7754.81	7508.99	5642.41	1866.58	245.82
广　西	7079.39	6750.79	4512.02	2238.77	328.60
海　南	10362.45	10076.82	5374.32	4702.49	285.63
重　庆	7880.72	7606.65	4719.26	2887.39	274.06
四　川	8583.22	8336.83	5828.41	2508.43	246.39
贵　州	6388.63	6140.45	4253.05	1887.40	248.19
云　南	7347.78	7189.98	5070.20	2119.78	157.80
西　藏	13558.23	12783.54	9056.24	3727.30	774.69
陕　西	11659.08	11358.64	7276.90	4081.73	300.44
甘　肃	7846.20	7494.27	5222.54	2271.73	351.92
青　海	11672.32	10494.92	6580.22	3914.69	1177.41
宁　夏	9119.88	8479.07	5297.34	3181.74	640.81
新　疆	15477.12	14549.15	9255.80	5293.35	927.96

6-39 生均教育经费支出(地方农村初中)

单位:元

地区	教育经费支出	事业性经费支出	个人部分	公用部分	基本建设支出
合计	**10996.02**	**10724.35**	**6811.88**	**3912.48**	**271.67**
北京	64326.34	61767.27	27992.91	33774.36	2559.08
天津	27497.05	24745.88	14767.31	9978.57	2751.17
河北	10289.91	9985.47	6669.52	3315.95	304.44
山西	10692.86	10434.71	6668.45	3766.26	258.15
内蒙古	19360.36	19003.41	13701.84	5301.57	356.95
辽宁	14098.60	13564.94	8530.33	5034.61	533.66
吉林	15390.90	15111.32	10140.63	4970.69	279.59
黑龙江	11747.75	11377.86	6635.00	4742.86	369.90
上海	26155.91	26155.91	17521.60	8634.31	
江苏	21223.88	21222.22	13337.24	7884.98	1.65
浙江	16567.95	16451.58	11568.48	4883.09	116.37
安徽	11705.92	11421.47	6622.63	4798.85	284.45
福建	14171.64	14000.00	9377.14	4622.86	171.64
江西	9292.79	9021.38	4921.81	4099.57	271.40
山东	11537.51	11518.97	7064.50	4454.48	18.54
河南	8087.42	7863.66	4438.82	3424.84	223.76
湖北	10754.21	10160.81	7030.29	3130.53	593.39
湖南	10810.85	10580.08	6676.93	3903.15	230.78
广东	7574.35	7558.42	5208.77	2349.65	15.93
广西	7609.62	7284.39	4817.14	2467.25	325.23
海南	13519.35	13217.64	7496.48	5721.16	301.71
重庆	10808.59	10429.68	6789.29	3640.39	378.91
四川	9744.07	9491.39	6409.49	3081.90	252.68
贵州	7040.62	6775.42	4366.02	2409.40	265.20
云南	8633.42	8472.09	5654.30	2817.79	161.33
西藏					
陕西	14332.08	13971.96	8941.10	5030.85	360.12
甘肃	9677.25	9266.93	6293.50	2973.43	410.32
青海	14052.64	12534.10	8191.37	4342.73	1518.54
宁夏	16242.48	14874.48	8037.22	6837.27	1367.99
新疆	17309.75	16014.41	9863.85	6150.56	1295.34

6-40 生均公共财政预算教育经费支出(地方农村初中)

单位:元

地区	公共财政预算教育经费支出	事业费支出	个人部分	公用部分	基本建设支出
合计	**9463.19**	**9193.88**	**6224.37**	**2969.51**	**269.31**
北京	47745.66	45186.59	23662.96	21523.62	2559.08
天津	22972.58	20221.40	14348.16	5873.24	2751.17
河北	8672.60	8368.17	6161.75	2206.41	304.44
山西	9584.31	9326.16	6468.45	2857.71	258.15
内蒙古	14787.23	14430.28	11134.37	3295.91	356.95
辽宁	11805.26	11271.61	7486.99	3784.62	533.66
吉林	13653.78	13374.19	9800.92	3573.27	279.59
黑龙江	10830.91	10461.01	6411.13	4049.89	369.90
上海	22604.93	22604.93	17341.78	5263.15	
江苏	16897.39	16895.74	12925.36	3970.38	1.65
浙江	12891.91	12777.23	10674.87	2102.36	114.68
安徽	10000.84	9725.29	5647.21	4078.08	275.55
福建	11615.16	11450.68	8562.30	2888.38	164.48
江西	8606.29	8334.88	4682.50	3652.39	271.40
山东	10281.52	10262.98	7006.89	3256.10	18.54
河南	6848.23	6624.69	3486.81	3137.89	223.53
湖北	9307.96	8714.66	6363.63	2351.03	593.30
湖南	9700.65	9469.87	6190.49	3279.38	230.78
广东	6145.48	6129.55	4406.85	1722.70	15.93
广西	7040.71	6718.54	4637.79	2080.75	322.17
海南	11119.54	10817.84	5979.30	4838.54	301.71
重庆	8209.56	7830.65	5071.58	2759.07	378.91
四川	8903.10	8650.42	6029.89	2620.52	252.68
贵州	6461.75	6210.68	4193.05	2017.64	251.07
云南	7254.05	7092.72	4930.64	2162.08	161.33
西藏					
陕西	13213.83	12853.70	8522.45	4331.25	360.12
甘肃	8509.56	8099.24	5789.95	2309.30	410.32
青海	12096.60	10665.44	6992.80	3672.64	1431.16
宁夏	12871.76	11503.77	6654.13	4849.64	1367.99
新疆	16353.13	15086.86	9769.60	5317.26	1266.27

6-41 生均教育经费支出(地方普通小学)

单位:元

地 区	教育经费支出	事业性经费支出	个人部分	公用部分	基本建设支出
合 计	**8400.93**	**8272.96**	**5434.41**	**2838.54**	**127.97**
北 京	31501.72	31261.52	15421.49	15840.03	240.20
天 津	19457.87	19246.66	11940.80	7305.85	211.21
河 北	5948.77	5916.51	3873.12	2043.39	32.25
山 西	7719.25	7620.66	5334.92	2285.74	98.59
内蒙古	14234.31	14039.47	10571.20	3468.27	194.85
辽 宁	10199.63	10098.83	6469.50	3629.33	100.79
吉 林	10307.29	10270.64	7191.20	3079.44	36.66
黑龙江	9853.90	9732.64	6585.31	3147.32	121.26
上 海	23239.26	22872.55	13288.71	9583.84	366.71
江 苏	13493.54	13491.79	8200.19	5291.60	1.75
浙 江	11484.62	11479.25	8074.49	3404.76	5.37
安 徽	7798.17	7736.31	4793.68	2942.62	61.86
福 建	9298.77	9237.53	6360.73	2876.80	61.24
江 西	6527.56	6410.54	3505.79	2904.75	117.02
山 东	7522.46	7522.36	4670.43	2851.93	0.09
河 南	4773.71	4717.86	2678.37	2039.50	55.84
湖 北	6898.54	6624.62	4206.89	2417.73	273.92
湖 南	6483.79	6362.34	3755.46	2606.88	121.45
广 东	8483.80	8349.24	6240.26	2108.98	134.55
广 西	6123.95	5964.85	4219.47	1745.38	159.10
海 南	10582.29	10400.92	6475.63	3925.28	181.37
重 庆	9699.01	9405.52	6239.60	3165.92	293.49
四 川	7766.95	7587.58	5401.22	2186.36	179.37
贵 州	6639.54	6461.22	4760.28	1700.94	178.31
云 南	8125.38	8015.11	5866.01	2149.09	110.27
西 藏	16612.18	14214.07	10079.89	4134.18	2398.11
陕 西	10976.41	10842.03	6766.83	4075.20	134.38
甘 肃	7575.26	7366.78	5315.43	2051.35	208.49
青 海	11631.55	9864.02	6659.50	3204.52	1767.53
宁 夏	8461.00	8275.85	5426.17	2849.68	185.15
新 疆	11539.24	11295.43	8096.90	3198.54	243.81

6-42 生均公共财政预算教育经费支出(地方普通小学)

单位:元

地区	公共财政预算教育经费支出	事业费支出	个人部分	公用部分	基本建设支出
合计	**7022.84**	**6898.23**	**4830.71**	**2067.52**	**124.61**
北京	21920.50	21727.88	11788.91	9938.97	192.62
天津	15658.60	15447.39	11658.49	3788.90	211.21
河北	4969.05	4936.80	3545.99	1390.81	32.25
山西	6615.75	6517.16	4877.89	1639.27	98.59
内蒙古	10011.61	9837.99	7539.48	2298.51	173.61
辽宁	8405.37	8304.58	5458.05	2846.53	100.79
吉林	9211.13	9174.47	6880.46	2294.01	36.66
黑龙江	9012.89	8895.02	6244.81	2650.21	117.88
上海	19884.74	19518.03	13100.59	6417.43	366.71
江苏	10586.39	10584.64	7920.54	2664.10	1.75
浙江	8879.91	8874.54	7381.73	1492.81	5.37
安徽	6499.81	6437.96	3986.64	2451.32	61.85
福建	7570.96	7522.51	5673.07	1849.43	48.45
江西	5934.04	5817.11	3280.88	2536.23	116.93
山东	6642.29	6642.19	4622.89	2019.30	0.09
河南	3969.64	3913.95	2107.35	1806.61	55.68
湖北	5681.47	5408.12	3826.94	1581.18	273.35
湖南	5840.61	5721.18	3499.34	2221.84	119.43
广东	6877.39	6742.84	5261.28	1481.56	134.55
广西	5611.23	5472.39	4032.54	1439.85	138.84
海南	8528.85	8347.48	5113.54	3233.94	181.37
重庆	6602.19	6308.70	3999.05	2309.65	293.49
四川	7001.47	6822.64	5050.93	1771.71	178.84
贵州	6153.35	5975.72	4575.41	1400.32	177.63
云南	6255.65	6145.38	4475.12	1670.26	110.27
西藏	15218.35	12820.24	9385.49	3434.75	2398.11
陕西	9767.26	9633.06	6289.17	3343.90	134.20
甘肃	6395.94	6191.50	4606.41	1585.10	204.43
青海	9815.41	8200.50	5459.33	2741.16	1614.92
宁夏	6196.41	6011.26	3976.46	2034.80	185.15
新疆	10695.54	10463.21	7988.04	2475.17	232.33

6-43 生均教育经费支出(地方农村小学)

单位:元

地区	教育经费支出	事业性经费支出	个人部分	公用部分	基本建设支出
合计	**8152.16**	**8030.69**	**5478.41**	**2552.28**	**121.47**
北京	32312.97	31920.98	16044.52	15876.46	391.99
天津	16979.09	16557.52	9499.44	7058.09	421.57
河北	6230.86	6190.70	4055.10	2135.60	40.15
山西	9473.63	9360.20	6938.70	2421.50	113.43
内蒙古	21305.43	21137.09	17302.03	3835.06	168.34
辽宁	10486.56	10308.18	7052.75	3255.44	178.37
吉林	11539.90	11479.25	8249.17	3230.08	60.65
黑龙江	11495.19	11307.13	7923.05	3384.08	188.07
上海	18195.38	18195.38	12487.16	5708.22	
江苏	13425.63	13422.81	8530.34	4892.48	2.81
浙江	11525.04	11522.87	8255.88	3266.99	2.17
安徽	8194.13	8138.44	5143.29	2995.15	55.68
福建	10135.67	10048.39	7036.71	3011.68	87.28
江西	6855.52	6768.98	3880.21	2888.77	86.53
山东	7192.42	7192.42	4694.34	2498.08	
河南	4641.09	4590.85	2684.36	1906.49	50.24
湖北	6457.80	6194.12	4121.00	2073.12	263.68
湖南	6282.29	6208.16	3903.22	2304.94	74.13
广东	7489.06	7463.73	5725.69	1738.04	25.33
广西	5865.45	5710.68	4144.98	1565.69	154.78
海南	11199.91	11069.09	7658.75	3410.34	130.83
重庆	9419.70	9161.72	6605.76	2555.96	257.98
四川	7914.32	7738.01	5679.55	2058.46	176.31
贵州	6766.29	6581.03	4865.26	1715.77	185.26
云南	8390.66	8254.60	6014.96	2239.64	136.06
西藏	17684.97	14341.75	9896.87	4444.88	3343.22
陕西	12706.65	12558.37	8369.76	4188.61	148.28
甘肃	8199.92	7924.08	5873.82	2050.26	275.84
青海	12014.40	10430.76	7191.60	3239.16	1583.64
宁夏	10204.69	9875.44	6389.21	3486.23	329.26
新疆	12029.62	11802.91	9082.85	2720.07	226.70

6-44 生均公共财政预算教育经费支出(地方农村小学)

单位:元

地区	公共财政预算教育经费支出	事业费支出	个人部分	公用部分	基本建设支出
合计	**6970.26**	**6851.66**	**4878.44**	**1973.22**	**118.60**
北京	24183.85	23791.86	13264.43	10527.42	391.99
天津	14434.34	14012.77	9289.50	4723.27	421.57
河北	5183.91	5143.76	3691.96	1451.80	40.15
山西	8374.92	8261.49	6337.11	1924.38	113.43
内蒙古	15039.55	14886.26	11921.77	2964.49	153.29
辽宁	8741.05	8562.68	6049.20	2513.48	178.37
吉林	10502.16	10441.51	7921.04	2520.48	60.65
黑龙江	10737.38	10556.59	7625.62	2930.97	180.79
上海	16720.54	16720.54	12385.79	4334.74	
江苏	10991.86	10989.05	8305.71	2683.33	2.81
浙江	9078.36	9076.19	7638.97	1437.23	2.17
安徽	6971.99	6916.33	4326.78	2589.55	55.66
福建	8414.63	8348.05	6327.68	2020.36	66.59
江西	6283.38	6196.94	3612.42	2584.51	86.44
山东	6551.62	6551.62	4657.95	1893.67	
河南	3927.92	3877.84	2117.10	1760.75	50.07
湖北	5588.88	5326.07	3783.30	1542.77	262.81
湖南	5763.60	5689.47	3640.51	2048.95	74.13
广东	5960.61	5935.28	4626.76	1308.52	25.33
广西	5475.93	5347.08	3979.96	1367.12	128.84
海南	8956.67	8825.84	6007.35	2818.49	130.83
重庆	6388.00	6130.02	4290.52	1839.49	257.98
四川	7212.82	7036.51	5317.69	1718.82	176.31
贵州	6320.00	6135.61	4668.93	1466.69	184.38
云南	6504.66	6368.60	4603.07	1765.53	136.06
西藏	15976.89	12633.66	9168.60	3465.07	3343.22
陕西	11414.05	11265.77	7724.37	3541.40	148.28
甘肃	6991.63	6721.64	5097.68	1623.96	269.99
青海	10235.36	8733.48	6047.26	2686.21	1501.88
宁夏	7434.91	7105.65	4688.78	2416.88	329.26
新疆	11327.05	11106.22	8978.41	2127.81	220.83

6-45 生均教育经费支出（地方特殊教育学校）

单位：元

地 区	教育经费支出	事业性经费支出			基本建设支出
			个人部分	公用部分	
合 计	**49375.48**	**48681.39**	**26314.20**	**22367.19**	**694.09**
北 京	124286.81	124286.81	68899.89	55386.92	
天 津	74543.74	74543.74	53329.55	21214.18	
河 北	33240.49	33141.57	21892.72	11248.85	98.92
山 西	29004.09	28955.40	19834.86	9120.55	48.69
内蒙古	63946.55	60679.97	41868.69	18811.28	3266.58
辽 宁	73861.37	73861.37	30444.94	43416.43	
吉 林	45338.95	45338.95	27455.76	17883.19	
黑龙江	39459.18	39459.18	25423.56	14035.61	
上 海	92413.08	92245.96	51657.97	40587.98	167.12
江 苏	59784.33	59784.33	36153.96	23630.38	
浙 江	77044.53	75887.93	32646.08	43241.85	1156.60
安 徽	29910.46	29882.57	17445.75	12436.82	27.89
福 建	52246.93	51360.74	23775.39	27585.36	886.19
江 西	34240.96	33745.25	12508.76	21236.49	495.71
山 东	44125.88	44125.88	27198.54	16927.34	
河 南	31470.60	30805.75	17621.20	13184.55	664.85
湖 北	33104.50	32532.73	17399.45	15133.28	571.77
湖 南	41617.72	40468.18	20296.86	20171.32	1149.53
广 东	71184.89	70325.09	34962.44	35362.65	859.80
广 西	37471.47	37035.85	14945.26	22090.59	435.62
海 南	117936.80	57824.44	24153.09	33671.35	60112.36
重 庆	27530.60	27272.49	16784.20	10488.30	258.11
四 川	36196.63	35639.89	17623.12	18016.77	556.73
贵 州	32456.36	32002.95	21261.85	10741.10	453.41
云 南	40823.91	40823.91	17540.33	23283.58	
西 藏	59802.01	51481.20	37368.42	14112.78	8320.80
陕 西	49166.05	48782.08	24575.95	24206.13	383.97
甘 肃	31917.40	31032.45	14637.17	16395.28	884.96
青 海	59796.84	58442.44	20080.14	38362.30	1354.40
宁 夏	35753.91	34615.93	22722.62	11893.31	1137.98
新 疆	47633.11	45830.67	28628.41	17202.26	1802.45

6-46 生均公共财政预算教育经费支出(地方特殊教育学校)

单位:元

地 区	公共财政预算教育经费支出	事业费支出	个人部分	公用部分	基本建设支出
合 计	**38140.60**	**37446.51**	**23853.81**	**13592.69**	**694.09**
北 京	91174.26	91174.26	53478.55	37695.71	
天 津	67891.25	67891.25	50891.25	17000.00	
河 北	27171.91	27072.98	20100.35	6972.63	98.92
山 西	26017.33	25968.65	18811.49	7157.16	48.69
内蒙古	50433.85	47167.27	33792.48	13374.79	3266.58
辽 宁	54619.65	54619.65	26333.60	28286.04	
吉 林	39011.49	39011.49	26343.93	12667.56	
黑龙江	37553.21	37553.21	24777.73	12775.48	
上 海	76976.21	76809.09	50374.50	26434.58	167.12
江 苏	48220.36	48220.36	34686.54	13533.82	
浙 江	45416.03	44259.43	28788.46	15470.97	1156.60
安 徽	20040.86	20012.97	14071.55	5941.42	27.89
福 建	35221.09	34334.90	20154.79	14180.11	886.19
江 西	25280.84	24785.13	12027.77	12757.36	495.71
山 东	37610.93	37610.93	26678.93	10932.00	
河 南	24483.37	23818.51	13964.09	9854.42	664.85
湖 北	23025.11	22453.34	15272.08	7181.26	571.77
湖 南	32902.57	31753.04	19462.97	12290.07	1149.53
广 东	49955.30	49095.50	31593.38	17502.12	859.80
广 西	24173.67	23738.05	14189.09	9548.96	435.62
海 南	109480.34	49367.98	19410.11	29957.87	60112.36
重 庆	21477.78	21219.67	12342.50	8877.17	258.11
四 川	28939.07	28382.34	16186.93	12195.41	556.73
贵 州	28471.32	28017.91	20538.65	7479.26	453.41
云 南	31540.53	31540.53	14892.89	16647.63	
西 藏	56335.84	48015.04	35656.64	12358.40	8320.80
陕 西	37002.36	36618.39	23415.29	13203.10	383.97
甘 肃	28113.27	27228.32	13507.37	13720.94	884.96
青 海	53711.06	52356.66	15041.76	37314.90	1354.40
宁 夏	25837.84	24699.86	14960.17	9739.69	1137.98
新 疆	41329.73	39527.28	28061.15	11466.13	1802.45

6-47 生均教育经费支出(地方幼儿园)

单位:元

地 区	教育经费支出	事业性经费支出	个人部分	公用部分	基本建设支出
合 计	**6503.81**	**6336.72**	**2973.64**	**3363.08**	**167.09**
北 京	32875.00	32282.29	14652.38	17629.91	592.71
天 津	18391.96	18391.96	9227.41	9164.55	
河 北	3570.35	3476.08	1873.12	1602.96	94.26
山 西	4561.74	4336.18	1945.13	2391.04	225.56
内蒙古	11353.09	11039.61	6064.24	4975.37	313.49
辽 宁	7063.95	7049.24	2721.08	4328.17	14.70
吉 林	7474.79	7382.29	3322.21	4060.08	92.50
黑龙江	7766.22	7241.51	2728.51	4512.99	524.72
上 海	21376.63	21333.17	12488.99	8844.18	43.46
江 苏	7149.03	7149.03	3593.28	3555.75	
浙 江	11479.33	11471.14	5792.95	5678.20	8.19
安 徽	4588.84	4424.63	1445.70	2978.93	164.22
福 建	6306.04	6216.34	3361.00	2855.35	89.70
江 西	7909.56	7534.69	1938.97	5595.71	374.87
山 东	5529.85	5503.11	2074.95	3428.16	26.74
河 南	4065.22	3990.15	1332.75	2657.40	75.07
湖 北	5870.93	5609.34	2412.88	3196.45	261.59
湖 南	5600.30	5298.84	1940.03	3358.82	301.46
广 东	6548.50	6483.40	3846.30	2637.10	65.10
广 西	3263.14	3121.49	1376.12	1745.37	141.65
海 南	18372.31	17418.32	4212.28	13206.04	953.99
重 庆	3987.14	3829.72	1507.94	2321.79	157.42
四 川	4540.93	4406.31	2150.51	2255.81	134.61
贵 州	3267.21	3108.14	1538.31	1569.84	159.07
云 南	4202.05	4005.35	1942.56	2062.79	196.70
西 藏	14817.34	9796.59	6404.85	3391.74	5020.75
陕 西	8957.53	8728.00	3242.63	5485.36	229.53
甘 肃	6485.47	5994.76	2456.20	3538.56	490.71
青 海	9749.86	6406.42	2977.27	3429.14	3343.44
宁 夏	7466.60	7003.59	2730.20	4273.38	463.01
新 疆	5298.51	5088.37	3513.47	1574.90	210.14

6-48 生均公共财政预算教育经费支出(地方幼儿园)

单位:元

地区	公共财政预算教育经费支出	事业费支出	个人部分	公用部分	基本建设支出
合计	**4052.79**	**3891.01**	**2093.44**	**1797.57**	**161.78**
北京	16460.53	15867.82	10597.94	5269.87	592.71
天津	10875.79	10875.79	6432.59	4443.20	
河北	2569.32	2475.06	1645.07	829.99	94.26
山西	3029.76	2811.71	1466.80	1344.92	218.05
内蒙古	7666.54	7364.88	4732.43	2632.45	301.66
辽宁	4143.50	4128.79	1615.60	2513.19	14.70
吉林	4511.42	4418.93	2500.18	1918.74	92.50
黑龙江	6614.09	6089.37	2551.55	3537.83	524.72
上海	15519.26	15475.80	10565.07	4910.74	43.46
江苏	3289.32	3289.32	1884.91	1404.42	
浙江	5466.19	5458.01	3501.41	1956.60	8.19
安徽	2914.77	2750.55	1000.12	1750.43	164.22
福建	3871.79	3801.34	2626.36	1174.99	70.45
江西	6022.48	5647.60	1346.63	4300.97	374.87
山东	3275.86	3249.12	1158.69	2090.43	26.74
河南	2632.23	2557.16	897.04	1660.12	75.07
湖北	3496.04	3235.82	1582.18	1653.64	260.22
湖南	3639.20	3338.29	1360.29	1978.00	300.91
广东	3145.94	3080.84	2103.01	977.83	65.10
广西	2087.73	1946.08	911.15	1034.93	141.65
海南	15237.47	14283.48	2869.91	11413.57	953.99
重庆	1891.12	1733.71	786.09	947.62	157.42
四川	3009.29	2874.81	1623.07	1251.74	134.48
贵州	2519.32	2360.25	1354.35	1005.91	159.07
云南	2978.97	2782.27	1366.45	1415.82	196.70
西藏	14259.59	9238.85	6089.86	3148.99	5020.75
陕西	7099.49	6869.96	2763.93	4106.03	229.53
甘肃	4764.22	4379.03	2148.25	2230.78	385.19
青海	8120.93	5095.74	2329.95	2765.79	3025.19
宁夏	4866.09	4403.08	1863.61	2539.47	463.01
新疆	4587.97	4400.19	3306.72	1093.46	187.78

6-49 生均教育经费支出(地方农村幼儿园)

单位:元

地 区	教育经费支出	事业性经费支出	个人部分	公用部分	基本建设支出
合 计	**4224.93**	**4061.06**	**1607.26**	**2453.80**	**163.88**
北 京	32458.78	31583.76	10894.49	20689.27	875.03
天 津	10044.50	10044.50	2710.24	7334.26	
河 北	2781.86	2672.67	1371.48	1301.20	109.19
山 西	3216.12	2991.52	1021.91	1969.61	224.60
内蒙古	6184.71	6070.31	3558.89	2511.42	114.40
辽 宁	4036.73	4011.03	1113.13	2897.90	25.70
吉 林	3547.59	3419.39	1339.16	2080.23	128.20
黑龙江	3779.79	3422.36	1167.30	2255.06	357.44
上 海	18999.24	18999.24	12527.56	6471.69	
江 苏	5287.87	5287.87	2286.58	3001.29	
浙 江	9279.05	9263.09	4173.77	5089.32	15.96
安 徽	3541.31	3396.86	801.37	2595.49	144.45
福 建	4334.74	4276.42	2178.37	2098.05	58.32
江 西	4716.25	4401.65	787.07	3614.58	314.60
山 东	4633.61	4597.21	1559.46	3037.76	36.40
河 南	2755.14	2665.29	685.28	1980.01	89.85
湖 北	4556.38	4164.95	1287.54	2877.42	391.43
湖 南	3855.09	3484.89	1175.08	2309.82	370.20
广 东	2902.46	2901.07	1418.51	1482.56	1.38
广 西	2115.91	1965.43	609.29	1356.14	150.48
海 南	19136.09	18380.62	2131.87	16248.74	755.47
重 庆	2610.94	2457.30	783.23	1674.08	153.64
四 川	3111.53	2974.77	1113.47	1861.30	136.76
贵 州	2393.92	2237.00	868.13	1368.87	156.92
云 南	2358.93	2149.42	474.81	1674.61	209.51
西 藏	15437.18	7615.78	4472.94	3142.83	7821.40
陕 西	6364.61	6137.91	2340.87	3797.04	226.69
甘 肃	5409.88	4832.50	1296.59	3535.91	577.38
青 海	7850.43	4373.03	1732.30	2640.73	3477.39
宁 夏	3948.45	3338.27	559.97	2778.30	610.18
新 疆	3528.14	3422.71	2463.45	959.26	105.43

6-50 生均公共财政预算教育经费支出(地方农村幼儿园)

单位:元

地 区	公共财政预算教育经费支出	事业费支出	个人部分	公用部分	基本建设支出
合 计	**2758.45**	**2597.57**	**1153.28**	**1444.29**	**160.88**
北 京	16898.74	16023.72	9351.71	6672.00	875.03
天 津	5626.59	5626.59	2193.37	3433.23	
河 北	1993.75	1884.56	1218.53	666.03	109.19
山 西	2172.10	1949.09	609.78	1339.31	223.01
内蒙古	4814.52	4700.12	3055.80	1644.32	114.40
辽 宁	2327.71	2302.01	451.51	1850.50	25.70
吉 林	2415.03	2286.83	1254.70	1032.14	128.20
黑龙江	3163.60	2806.16	1104.95	1701.21	357.44
上 海	16082.66	16082.66	11595.30	4487.36	
江 苏	2503.96	2503.96	1127.74	1376.22	
浙 江	4324.14	4308.18	2460.02	1848.16	15.96
安 徽	2475.93	2331.48	582.94	1748.54	144.45
福 建	2612.98	2564.25	1714.90	849.35	48.73
江 西	3566.11	3251.51	328.66	2922.86	314.60
山 东	2941.39	2905.00	966.14	1938.86	36.40
河 南	1842.12	1752.27	492.14	1260.13	89.85
湖 北	2999.32	2610.14	815.70	1794.44	389.18
湖 南	2559.75	2189.55	839.18	1350.37	370.20
广 东	1368.91	1367.52	696.31	671.21	1.38
广 西	1353.72	1203.24	279.47	923.77	150.48
海 南	17303.32	16547.85	1626.05	14921.80	755.47
重 庆	1183.34	1029.70	400.04	629.66	153.64
四 川	2049.77	1913.01	837.20	1075.81	136.76
贵 州	1955.97	1799.04	780.01	1019.03	156.92
云 南	1865.85	1656.34	350.74	1305.60	209.51
西 藏	15015.47	7194.07	4313.67	2880.41	7821.40
陕 西	5549.10	5322.41	2187.42	3134.99	226.69
甘 肃	4143.25	3724.82	1178.55	2546.27	418.42
青 海	7177.38	3699.99	1512.75	2187.24	3477.39
宁 夏	2766.29	2156.11	366.62	1789.49	610.18
新 疆	3251.93	3146.51	2391.78	754.73	105.42

附　录

全国教育经费指标说明

全国教育经费统计指标说明

全国教育经费指标体系是在多年的统计工作实践的基础上，通过不断修改、充实、完善建立起来的。为了便于参考和使用教育经费统计资料，现就教育经费统计指标和统计范围作简要说明。

一、全国教育经费来源

全国教育经费来源包括国家财政性教育经费，民办学校中举办者投入，社会捐赠经费，事业收入及其他教育经费。

1. 国家财政性教育经费：包括公共财政预算教育经费，各级政府征收用于教育的税费，企业办学中的企业拨款，校办产业和社会服务收入用于教育的经费，其他属于国家财政性教育经费。

(1)公共财政预算教育经费：指中央、地方各级财政或上级主管部门在本年度内安排，列入国家预算支出科目的教育经费。

①**教育事业费拨款**：指学校或单位从中央和地方财政取得的列入《政府收支分类科目》第205类“教育”科目中教育事业费拨款数，不含205类第09款“教育费附加安排的支出”、10款“地方教育附加安排的支出”、51款“国有资本经营预算支出”。

②**科研拨款**：指高等学校从中央和地方取得的《政府收支分类科目》第206类“科学技术”科目的科学研究经费。

③**基本建设拨款**：指学校或单位从中央和地方发展与改革部门取得的列《政府收支分类科目》经济分类第309类的“基本建设支出”拨款。

④**其他拨款**：指学校或单位学校从中央和地方取得的除《政府收支分类科目》第205类、206类以外的其他属于公共财政预算教育经费拨款。如第208类“社会保障和就业”中的相关经费、第210类中的“医疗卫生”中的相关经费、第218类“地震灾后恢复重建支出”中的相关经费、第221类中的“住房保障支出”中的相关经费等。

(2)各级政府征收用于教育的税费：指中央和地方各级政府为发展教育事业划拨给教育部门使用的相关非税收入。例如：教育费附加，地方教育附加。

①**教育费附加**：指按照国家规定比例向缴纳增值税、营业税、消费税的单位和个人征收的教育费附加。

②**地方教育附加**：指地方各级政府根据《教育法》的有关规定，在征收教育费附加以外，开征的用于教育的地方附加。

③**地方基金**：指地方各级政府除公共财政预算教育经费、教育费附加、地方教育附加以外纳入基金预算管理的用于教育的拨款。如国有土地使用权出让收入、城市基础设施配套

费收入、彩票公益金收入、国有资源(资产)有偿使用收入等安排用于教育的拨款。

(3)企业办学中的企业拨款:指中央和地方所属企业在企业营业外资金列支或企业自有资金列支,并实际拨付所属学校的办学经费。

(4)校办产业和社会服务收入用于教育的经费:指学校举办的校办产业和各种经营取得的收益及投资收益中用于补充教育经费的部分。

(5)其他属于国家财政性教育经费:指高等学校从非本级财政或其他政府部门、公办科研机构取得的,未列入"科研拨款"的所有用于科学研究并源自财政拨款的经费;学校因承担农民工培训、复转军人培训、岗前培训等任务,而收到的非本级财政或其他政府部门的财政拨款;各级各类学校和教育事业单位以外的培训机构承办农民工培训、复转军人培训、岗前培训等继续教育培训任务所取得的财政拨款。

2. 民办学校中举办者投入:指办学的单位或公民个人拨给民办学校的办学经费。

3. 社会捐赠经费:指境内外社会各界及个人对教育的资助和捐赠。

4. 事业收入:指学校和单位开展教学及其辅助活动依法取得的、经财政部门核准留用的资金,以及经财政专户核拨回的资金,包括教学事业收入和科研事业收入。

其中,学杂费:指学生缴纳的学杂费(含普通高中按省级人民政府规定收取的择校费和幼儿园的保育教育费),不包括学校收取的课本费和其他代收费项目。

5. 其他收入:指除上述各项收入以外的其他各项收入。

二、全国教育经费支出

教育经费支出分为事业性经费支出和基建支出两部分。

1. 事业性经费支出:分为"个人部分支出"和"公用部分支出"两部分。

(1)个人部分支出:包括"工资福利支出"、"对个人和家庭的补助"两部分。

①工资福利支出:反映学校或单位开支的在职职工和临时聘用人员的各类劳动报酬,以及为上述人员缴纳的各项社会保险费等。

②对个人和家庭的补助:反映政府对个人和家庭的补助支出。

(2)公用部分支出:包括"商品和服务支出"和"其他资本性支出"两部分。

①商品和服务支出:反映学校或单位购买商品和服务的支出(不包括用于购置固定资产的支出)。

②其他资本性支出:反映非各级发展与改革部门集中安排用于学校或单位购置固定资产、土地和无形资产,以及购建基础设施、大型修缮所发生的支出。

2. 基本建设支出:反映各级发展和改革部门集中安排用于学校或单位购置固定资产、土地和无形资产,以及购建基础设施、大型修缮所发生的支出以及与之配套完成上述项目的非公共财政预算资金支出,不包括公共财政预算配套资金。

公共财政预算教育事业费和基建支出:反映学校或单位对应"公共财政预算教育事业费拨款"和"基本建设拨款"的支出。

本统计中央和地方教育经费支出按学校与其他教育机构隶属关系划分。中央教育经费支出指中央部委属学校及其他教育机构支出,地方教育经费支出指地方属学校及其他教育机构支出。中央和地方教育经费收入按经费来源划分。

本资料统计的范围包括：

1. 凡列入财政部制定的《政府收支分类科目》中第205类“教育”科目的：

县级及以上人民政府教育行政单位(部门)。

教育部门办各级各类学校、幼儿园、教育事业单位；其他部门办各级各类学校、幼儿园。

独立师资并按学校体制管理的中央、省(自治区、直辖市)、地(市)、县各级党委举办的党校，各级政府举办的社会主义学院、行政学院(不含行业、部门办的党校和行政学院)；财政部举办的国家会计学院。

除上述以外的列支《政府收支分类科目》中第205类“教育”科目的机构。

2. 国有及国有控股企业举办的普通高等学校、中等专业学校、职业高中、技工学校、普通中学、十二年一贯制学校、九年一贯制学校、普通小学、幼儿园和经过教育主管部门批准承认学历的成人高校、成人中等专业学校、成人中学、成人小学等。

3. 由国家机构以外的社会组织或者个人，利用非国家财政性经费，面向社会举办的，经县级以上人民政府教育行政部门按照国家规定的权限审批的普通高等学校(含按新机制和模式举办的独立学院)、中等专业学校、职业高中、普通中学、十二年一贯制学校、九年一贯制学校、普通小学、特殊教育学校、幼儿园等；或经县级以上人民政府人力资源和社会保障部门按照国家规定的权限审批的技工学校等。

4. 科研机构用于国家计划内研究生培养的财政拨款。

5. 列支《政府收支分类科目》第206类07款03项“科学技术普及-青少年科技活动”的财政拨款。

6. 各级各类学校和教育事业单位以外的培训机构承办农民工培训、复转军人培训、岗前培训等继续教育培训任务所取得的财政拨款。

香港、澳门和台湾省的教育经费统计资料暂缺。

本资料的统计时间：2013年1月1日至2013年12月31日。